"大学堂" 开放给所有向往知识、崇尚科学，对宇宙和人生有所追问的人。

"大学堂" 中展开一本本书，阐明各种传统和新兴的学科，导向真理和智慧。既有接引之台阶，又具深化之门径。无论何时，无论何地，请你把它翻开……

A First Look at Communication Theory, 7e

初 识 传 播 学

在信息社会里正确认知自我、他人及世界

（插图第 7 版）

［美］埃姆·格里芬（Em Griffin）著

展 江 译

北京联合出版公司
Beijing United Publishing Co.,Ltd.

目 录

写在前面 / 1

第一部分　给初学者搭建基础

第1章　从理论的"定义"开始 / 2
1.1　理论的定义与功能 / 2
1.2　什么是传播？/ 5
1.3　理解全书框架 / 8
1.4　鲜活生动的章节特色 / 9

第2章　基本分类：实证还是阐释？/ 12
2.1　两位传播学者对"铁杆粉丝"的看法 / 12
2.2　实证性还是阐释性：两者的差别 / 14
2.3　认知方式：发现真理或建立多重现实？/ 15
2.4　人类本性：决定论或自由意志？/ 16
2.5　最高价值：实证性或思想解放？/ 17
2.6　理论目标：一般法则或阐释性引导？/ 18
2.7　研究方法：定量或定性？/ 19
2.8　在实证性—阐释性量表中绘制理论地图 / 22

第3章　何为成熟的理论？/ 26
3.1　典型案例：欧内斯特·博尔曼的符号聚合理论 / 27
3.2　实证性传播理论的成熟标准是什么？/ 28
3.3　阐释性传播理论的成熟标准是什么？/ 33
3.4　两种标准的共性 / 37

第4章　绘制传播学的导引地图 / 40
4.1　社会心理学派 / 41
4.2　控制论学派 / 42
4.3　修辞学派 / 44
4.4　符号学派 / 45
4.5　社会文化学派 / 47
4.6　批判学派 / 48
4.7　现象学派 / 49
4.8　绘制理论的导引地图 / 50
4.9　伦理学派 / 51

第二部分　人际传播

单元引言　人际信息 / 56

第5章　符号互动论 / 58
5.1　意义：社会现实的建构 / 59
5.2　语言：意义的来源 / 60
5.3　思维：扮演他人角色的过程 / 61
5.4　自我：镜子中的映像 / 62
5.5　社群：他人预期的社会化效果 / 64
5.6　符号互动的应用案例 / 65
5.7　评论：一个过于随意的理论？/ 66

核心案例：在隔绝环境中长大的特殊个体的社交障碍。

主题电影：《妮尔的芳心》

第6章　意义协调管理理论 / 69

6.1　行动中的CMM理论——现场调查 / 69
6.2　对话中的人：创造共同体的纽带 / 72
6.3　讲述的故事和现实故事 / 74
6.4　世界化沟通：不认同，但试着协调 / 78
6.5　伦理反思：马丁·布伯的对话伦理 / 79
6.6　评论：不易掌握的敏锐阐释 / 80

核心案例：年轻夫妻因沟通模式差异而无法相互理解；陷入怪圈的亲子关系；多种族共居社区面临的公共事务难题。

第7章　违反预期理论 / 83

7.1　个人空间预期：一致还是偏离？ / 84
7.2　原始模型的应用性测试 / 85
7.3　由复杂的模型变为精炼的理论 / 87
7.4　EVT的核心概念 / 88
7.5　互动调适——调整预期 / 91
7.6　评论：一项持续进展且广受好评的工作 / 92
7.7　伦理反思：康德与绝对命令 / 93

核心案例：师生对话时，违反预期的谈话距离影响教师的最终决定。

第8章　建构主义 / 96

8.1　关于角色类型问卷的说明 / 96
8.2　人际建构：认知复杂性的证据 / 97
8.3　衡量建构差异的RCQ计分方式 / 98
8.4　个人中心信息——人际边界 / 99
8.5　信息生产：创建基于目标的行动计划 / 100
8.6　个人中心信息的有利结果 / 103
8.7　认知复杂的传播者的社会化过程 / 104
8.8　评论：认知复杂度的再思考 / 105

核心案例：孩子们在请求陌生人收养流浪狗时表现出能力差异；职业女性利用个人中心信息应付性骚扰的上司。

单元引言　关系发展 / 109

第9章　社会渗透理论 / 112

9.1　人格结构：多层的洋葱 / 113
9.2　通过自我暴露而亲密 / 113
9.3　自我暴露的深度与广度 / 114
9.4　基于成本和收益调整亲密关系 / 116
9.5　伦理反思：伊壁鸠鲁与伦理利己主义 / 118
9.6　在实践中变得复杂的简单概念 / 119
9.7　评论：对社会渗透的反思 / 121

核心案例：大一新生与新室友逐渐建立的友情。

第10章　不确定性递减理论 / 124

10.1　不确定性递减：预测和解释 / 125
10.2　不证自明的理论：对不确定性的确定 / 125
10.3　定理：不确定性公理的逻辑力 / 127
10.4　应对不确定反应的信息计划 / 128
10.5　焦虑/不确定性管理理论 / 131
10.6　评论：对不确定性的持续疑虑 / 133

核心案例：兼职快递员应对素不相识的合作者的策略。

第11章　社会信息加工理论 / 137

11.1　CMC与面对面：一小口代替一大口 / 138
11.2　用具有亲密感的语言线索取代非语言线索 / 139
11.3　延长的时间——CMC的关键变量 / 142
11.4　超人际视角理论——CMC传播比面对面沟通更亲密 / 143
11.5　评论：沃尔瑟的坦诚评价 / 146

核心案例：冷冰冰的计算机沟通比面对面沟通更能达成亲密的人际关系。

主题电影：《电子情书》

单元引言　关系维持 / 150

第12章　关系辩证法 / 152

12.1　亲密关系的"拔河"辩证法 / 153
12.2　影响人际关系的3种辩证法 / 154
12.3　第二代辩证法：巴赫金论对话 / 158
12.4　伦理反思：西塞拉·博克与诚实原则 / 162
12.5　评论：满足一个好的阐释性理论的标准 / 163

核心案例：印度新女性面临复杂的社会压力。

主题电影：《我爱贝克汉姆》

第13章　互动观点 / 166

13.1　作为一个系统的家庭 / 167
13.2　与人际沟通有关的公理 / 168
13.3　陷入一个无路可去的系统 / 172
13.4　重构：通过改变规则来改变游戏 / 172
13.5　评论：系统理论内部所需的调整 / 174

核心案例：成功家庭的"污点"成员预示失序的元沟通。

单元引言　影响力 / 177

第14章　社会判断理论 / 179

14.1　三种态度：接受、拒绝，或中立 / 180
14.2　自我投入——你有多在乎？/ 181
14.3　判断信息：对比和同化错误 / 182
14.4　差异和态度改变 / 183
14.5　给传播者的实用建议 / 184
14.6　促成态度转变的条件 / 185
14.7　评论：理论上的接受区域有多宽？/ 186

核心案例：根据乘客的态度区域有效缓解飞行恐惧。

第15章　详述可能性模型 / 189

15.1　说服策略的中心路线和边缘路线 / 190

15.2　详述的动力：值得为它耗费脑力吗？/ 191
15.3　详述的能力：他们能做到吗？/ 192
15.4　详述的类型：实证性思考与偏向性思考 / 193
15.5　详述的论据：强论据、弱论据和中立论据 / 193
15.6　边缘线索：发挥影响力的替代性路线 / 194
15.7　边缘路线及其效果的有限性 / 195
15.8　选择一条路线：给说服者的实际建议 / 196
15.9　伦理反思：尼尔森与重大选择 / 197
15.10　评论：详述ELM模型 / 198

核心案例：呼吁杜绝年轻人酒驾的两种策略；"魔术师"约翰逊等人明星效应的影响力。

第16章　认知不协调理论 / 201

16.1　不协调：行为与信念不一致 / 201
16.2　烟民的健康意识：应对不协调 / 202
16.3　如何减少行为与态度间的不协调？/ 203
16.4　经典实验："我会为了1美元撒谎吗？" / 206
16.5　三种高水准的修正：不协调的因果 / 207
16.6　付诸实践的理论：通过不协调来说服 / 210
16.7　评论：不协调理论的不协调 / 210

核心案例：烟民拒绝相信"吸烟有害健康"一类信息；微小代价更易触发个体有违道德的行为。

主题电影：《感谢你抽烟》

第三部分　群体和公共传播

单元引言　群体决策 / 216

第17章　群体决策的功能视角 / 219

17.1　有效决策的4大功能函数 / 220
17.2　功能函数的优先排序 / 222
17.3　履行功能函数时沟通的作用 / 223

17.4 从池塘到大海 / 225
17.5 给入门者和专家的实用建议 / 226
17.6 伦理反思：哈贝马斯与对话伦理学 / 227
17.7 评论：理性是否被高估了？ / 228

核心案例： 最优的决策往往出自貌似低效的委员会。

第18章 适应性结构化理论 / 231

18.1 单序列阶段模型的逐步淘汰 / 232
18.2 吉登斯的结构化 / 233
18.3 互动：道德、沟通和权力的问题 / 235
18.4 规则和资源的使用与滥用 / 236
18.5 研究规则与资源的使用 / 237
18.6 改变的生产与稳定的再生产 / 238
18.7 我们该怎样生活（在群体里）？ / 239
18.8 评论：取决于吉登斯——褒贬皆是 / 240

核心案例： 学生们在互动过程中达成自主课程设计。

单元引言 组织沟通 / 244

第19章 组织文化的研究方法 / 246

19.1 文化是组织生活的隐喻 / 246
19.2 什么是文化？什么不是文化？ / 247
19.3 深描——民族志学者的工作 / 248
19.4 隐喻：重视语言的暗示 / 249
19.5 揭开故事的象征性阐释 / 250
19.6 仪式：一直是，永远是 / 251
19.7 管理者能成为改变企业文化的代理人吗？ / 253
19.8 评论：文化研究方法有用吗？ / 254

核心案例： 戈尔公司与迪克西传播公司内部的文化故事。

第20章 组织沟通的批判理论 / 257

20.1 日常生活的公司殖民 / 258
20.2 信息或沟通：至关重要的差异 / 259
20.3 策略：为扩大控制而采取的公共管理行为 / 261
20.4 共识：自愿服从于隐性控制 / 262
20.5 关联：自由表达观点，但没有投票权 / 264
20.6 参与：实践中的股东式民主 / 264
20.7 股东式参与的典型案例 / 265
20.8 伦理反思：韦斯特与预言实用主义 / 267
20.9 评论：职场民主只是一场梦吗？ / 268

核心案例： PG&E公司非法排放致使邻近居民健康受损；SRC公司员工参与管理的政策使企业竞争力获提升。

主题电影：《永不妥协》

单元引言 公共修辞 / 272

第21章 修辞学 / 275

21.1 修辞学：让说服成为可能 / 276
21.2 修辞论证：理性、道德和情感 / 276
21.3 修辞学的五大准则 / 281
21.4 伦理反思：亚里士多德的黄金分割 / 282
21.5 评论：经受住时间的考验 / 283

核心案例： 解析马丁·路德·金的《我有一个梦想》。

第22章 戏剧主义 / 286

22.1 认同：没有认同，就不可能说服别人 / 287
22.2 戏剧五元素 / 288
22.3 罪感—救赎循环：一切修辞学的根源 / 289
22.4 运用戏剧主义视角的修辞批评 / 291
22.5 评论：如何评估批判学者的分析？ / 292

核心案例： 解析马尔科姆·艾克斯的《选票还

是子弹》。

第23章 叙事范式 / 296

23.1 讲述一个动人的故事 / 297
23.2 叙事和范式：基本术语的定义 / 298
23.3 范式转换：从理性世界范式转至叙事范式 / 299
23.4 叙事理性：一致性和逼真度 / 300
23.5 评论：费希尔的故事前后一致和逼真吗？ / 302

核心案例：《旧约·路得记》在20世纪的全新改编。

第四部分 大众传播

单元引言 传媒与文化 / 308

第24章 传媒生态学 / 312

24.1 媒介即信息 / 313
24.2 传媒生态学的挑战 / 313
24.3 对人类历史上传媒工具的分析 / 314
24.4 伦理反思：波兹曼与浮士德式交易 / 318
24.5 评论：他怎么可能是正确的？如果他正确又该如何呢？ / 319

核心案例：人类历史上的传媒生态。

第25章 符号学 / 322

25.1 绞尽脑汁处理符号 / 323
25.2 黄丝带的转变：从宽恕到自豪 / 325
25.3 神话的制造：剥除符号的历史 / 326
25.4 揭秘同质社会的神话 / 328
25.5 大众传播符号学："我想成为像乔丹那样的人" / 329
25.6 评论：神话符号能永远维系现状吗？ / 330

核心案例：解析摔跤手的角色符号；黄丝带在海湾战争期间的意义转换；对佳得乐运动饮料广告的分析。

第26章 文化研究 / 333

26.1 传媒是强有力的意识形态工具 / 334
26.2 早期的文化批判学者 / 335
26.3 通过对话制造意义 / 336
26.4 大众传播的集团控制 / 337
26.5 1991年海湾战争中传媒的作用：变为戏剧的战争 / 338
26.6 后"9·11"事件的传媒报道——强制性的恐惧 / 339
26.7 固执的受众 / 341
26.8 评论：你的意识形态决定你的判断 / 342

核心案例：解构海湾战争及"9·11"事件期间的传媒报道。

单元引言 传媒效果 / 345

第27章 涵化理论 / 348

27.1 暴力指数 / 349
27.2 相等的暴力，不等的风险 / 350
27.3 电视观众分类 / 350
27.4 受电视影响的意识造就可怕的思想 / 351
27.5 主流化：观众立场的模糊、混合与转向 / 352
27.6 共鸣：现实生活中暴力行为的再现 / 353
27.7 电视暴力还在培育恐惧吗？ / 353
27.8 评论：涵化差异是否真实、巨大而且至关重要？ / 354

核心案例：一个被电视暴力渲染的危机四伏的世界。

第28章 议程设置理论 / 358

28.1 初始议程：不是思考的对象，而是聚焦的目标 / 358
28.2 恰逢其时的理论 / 359
28.3 传媒议程与公众议程：高度匹配的一对 / 360
28.4 何者为因，何者为果？ / 360
28.5 谁为议程设置者设置议程？ / 361
28.6 哪些人最受传媒议程的影响？ / 363
28.7 架构：特性显著性的转移 / 363
28.8 不仅主导聚焦的目标，而且影响聚焦的方式 / 364
28.9 引导观念——传媒议程的行为效应 / 366
28.10 伦理反思：克里斯琴斯与社群主义伦理 / 367
28.11 评论：效果有限，而且范围太广？ / 368

核心案例：媒体议程对教堂山地区美国总统选举的影响；媒体议程改变人们对男篮四强赛的关注点。

第29章 沉默的螺旋假说 / 372

29.1 感知舆论气候的准统计器官 / 373
29.2 被孤立的恐惧：驱动沉默螺旋的引擎 / 373
29.3 大众传媒的强大作用 / 375
29.4 什么时候说话，什么时候沉默？ / 376
29.5 加速的沉默螺旋 / 377
29.6 死硬派和前卫派：改变世界的抵抗者 / 379
29.7 评论：勾画螺旋图形时的致命瑕疵？ / 380

核心案例：1980年美国总统选举里根的压倒性胜利；1988年总统选举中老布什致胜之策。

第五部分 文化语境

单元引言 跨文化传播 / 384

第30章 传播适应理论 / 386

30.1 从简单的概念发展成综合性传播理论 / 387
30.2 两种传播调适策略 / 387
30.3 融合和分歧的动机 / 389
30.4 接受者对融合与分歧的评估 / 392
30.5 CAT如何看待对老人的偏见 / 394
30.6 评论：以降低清晰度的代价来扩展应用范围 / 395

核心案例：建立老年人与年轻人的顺畅沟通。

第31章 面子协商理论 / 398

31.1 集体主义文化和个人主义文化 / 400
31.2 自我构念：文化中多样的自我镜像 / 401
31.3 面子的多面性 / 402
31.4 可预测的冲突管理方式 / 403
31.5 应用：充分的跨文化面子功夫 / 406
31.6 评论：高分通过测试的理论 / 407

核心案例：东西方迥然不同的冲突解决方式。

第32章 口语代码理论 / 411

32.1 口语代码的独特性 / 412
32.2 口语代码的多样性 / 413
32.3 口语代码的本质 / 414
32.4 口语代码的阐释 / 415
32.5 口语代码的定位 / 416
32.6 口语代码在对话中的力量 / 417
32.7 表现民族志 / 418
32.8 评论：传播学理论中的各种口语代码 / 419

核心案例：提姆斯特维尔文化与纳库瑞玛文化的不同沟通方式。

单元引言　性别与传播 / 423

第 33 章　性别方言类型 / 425

33.1　当哈利遇到莎莉：两种文化的碰撞 / 426
33.2　女性渴望联系，男性渴望地位 / 428
33.3　融洽对话与报告对话 / 429
33.4　"现在才算开始明白了" / 431
33.5　伦理反思：卡罗尔·吉利根的不同立场 / 432
33.6　评论：是否对传播学研究和男人过于宽厚？ / 433

核心案例：使用各自的"方言"的两性对话。

主题电影：《当哈利遇到莎莉》

第 34 章　立场理论 / 437

34.1　源于哲学与文学的女性主义立场 / 438
34.2　作为边缘人群的女性 / 440
34.3　本然知识与局部知识 / 441
34.4　强实证性：缘于女性立场的客观观念 / 443
34.5　理论应用：基于女性生活的传播学研究 / 444
34.6　黑人女权主义的特殊立场 / 445
34.7　伦理反思：本哈比与互动性普适主义 / 445
34.8　评论：边缘人群的立场更客观吗？ / 447

核心案例：奴隶主与女性黑奴的观察视角；传统观念中照顾家人是女性"天职"。

第 35 章　失声群体理论 / 450

35.1　失声群体：他人宇宙中的黑洞 / 451
35.2　为人类经验命名的男权 / 452
35.3　作为传播守门人的男性 / 453
35.4　互联网尚未履行的承诺 / 454
35.5　转译的问题：男性话语里的女性真相 / 455
35.6　私下表达：女性之间的沟通 / 456
35.7　公共表达：女性主义词典 / 457
35.8　性骚扰：用创造的新词来表达感受 / 457
35.9　评论：男性希望女性沉默吗？ / 459

核心案例：女性主义词典的出版；一个象征女性主义的新名词——性骚扰。

第六部分　回顾与整合

单元引言　传播理论 / 464

第 36 章　传播理论的共享线索 / 468

附录一　理论概要 / 483
附录二　印证传播学理论的电影 / 487
附录三　美国传播协会的传播道德信条 / 491
注　释 / 492
出版后记 / 529

写在前面

用过这本教材旧版的教师们可以直接跳到第6页"第7版的新增变化"。不过,对于那些第一次接触这本书的教师,好好读一下这篇前言会帮助你获得对本书结构的充分理解。

平衡入选热门理论

《初识传播学》专为没有任何传播理论基础的学生而写。它是为初入大学的新生设计的入门课程,无论这些学生将进入哪个专业。在传播学领域,讲师们倾向于在早期阶段给学生们提供涉猎多个领域的一般性介绍。《初识传播学》正是写给这些入门的学生。假如某个院系要在大三或大四才开始讲授传播学理论,而它的学生是初次接触传播理论,那么本书也将适合他们。

这本教材旨在向读者通俗易懂地介绍32种传播学理论。读完之后,读者应对这些理论有所掌握,并且可以解释各种传播现象。我的目的是帮助学生们了解不同传播理论的定位和关系。因此,最后一章又将所有理论重新梳理一遍。在学生们有能力把传播领域的顶尖理论融会贯通之前,他们必须先了解这些理论说了些什么。这本教材的主干部分提供的正是这样的原始材料。

在传播领域的期刊和年鉴主编的协助下,借助数百位传播学教授的反馈,我挑选出多种视角的传播学理论以反映该学科的多元性。其中一些理论堪称传播理论名人堂的候选。例如,古希腊哲学家亚里士多德[①]对逻辑、情感和道德论据的分析始终是公共演讲课程的必修部分。符号互动论的创立者乔治·赫伯特·米德[②]的理论是研究语言、思想、自我概念和社会对个人影响的阐释学派学者的基础理论。多年来,研究人际关系的学者一直在为保罗·瓦茨拉威克[③]的互动观点原理而争论不休。而任何一名学生,只要稍稍对传播学有所涉猎,就不可能对格伯纳[④]的涵化理论一无所

---

① 亚里士多德(前384—前322),代表作品有《工具论》《物理学》《形而上学》《伦理学》《政治学》。
② 乔治·赫伯特·米德(1863—1931),美国社会学家、社会心理学家及符号互动论的奠基人。
③ 保罗·瓦茨拉威克(1921—2007),长于对沟通行为与模型的分析,代表作为《人类沟通的实际行为》和《建构的现实》等。《改变——问题形成和解决的原则》已有中文版。
④ 乔治·格伯纳(1919—2005),美国传播学家及涵化理论的奠基人,生前长期任教于宾夕法尼亚大学,代表作品有《反主流》《信息鸿沟》等。

知,该理论解释了电视重度观众为什么会形成世界处处充满危机的恐惧心理。

然而,假如我仅仅选入传播学领域的经典,未免有些目光短浅。这个学科中的一些最具创造力的研究方法恰恰是领域中新近的成员。例如,莱斯利·巴克斯特[①]和芭芭拉·蒙哥马利的关系辩证法对于固着于人际关系中的持续张力提出了深刻见解。约瑟夫·沃尔瑟[②]的社会信息加工理论是少数几个体系完整且足够深入的以计算机为中介的传播理论之一。格里·菲利普森[③]的口语代码理论将传播领域的民族志研究从方法论提升为解释、预测与控制元对话的应用理论。

本书的组织结构

每种传播理论单辟一章,占用10页至15页的篇幅。鉴于我发现大多数入学新生根据信息碎片进行思考,这种设计或许有助于他们在阅读每个独立章节时进行聚焦式的思考。通过这种方式,学生们可以更深入地理解这些重要的理论,而不只是模糊地学习一大堆相互联系的观点。每章讲解一个理论的安排,也使讲师们有机会跳过某些理论或重新安排授课顺序,而不必大费周折拆解教科书的结构。

第1章"从理论的'定义'开始",在一开始就给出理论和传播的现行定义,同时介绍了本书的结构安排和章节特色。第2章"基本分类:实证还是阐释?",介绍区分实证性理论和阐释性理论的基本知识。第3章"何为成熟的理论?",分别给出判定好的实证性理论和阐释性理论的两组标准。我以欧内斯特·博尔曼(Ernest Bormann)[④]的符号聚合理论验证这些标准,因为他的理论内嵌实证性和修辞性的双重方法。第4章"绘制传播学的导引地图",基于科罗拉多大学罗伯特·克雷格[⑤]教授的整体构想,着重介绍传播理论领域里的七大流派。

紧随这些综合性的章节,我用31章的篇幅介绍31种传播学理论。每一种理论涉及不同的传播语境,例如:人际信息、关系发展、关系维持、影响力、群体决策、组织沟通、公共修辞、传媒与文化、传媒效果、跨文化传播和性别与传播,等等。每个传播语境一般涵盖两至三个理论。每个语境单元都提供一篇导语,介绍章节序列以及各个理论解决的关键议题。用这种方式介绍,是为了使学生们辨识哪些理论可

---

① 莱斯莉·巴克斯特,俄勒冈大学博士,现为艾奥瓦大学传播学教授,著有《传播研究的基础》《人际传播:多元视角之下》等。后者已被译成中文版。
② 约瑟夫·沃尔瑟,密歇根州立大学传播系教授,主要因建立社会信息过程理论(1992)、超人际模型(1996)而著称。
③ 格里·菲利普森,华盛顿大学传播学教授,西北大学博士,建立了口语代码理论,著有《接受各种文化》等。
④ 欧内斯特·博尔曼(1925—2008),明尼苏达大学语言传播系荣休教授,著有《传播理论》《小群体传播:理论与实务》。
⑤ 罗伯特·克雷格(1947—),美国传播理论家,密歇根州立大学传播学博士,著有《作为一个领域的传播理论》《扎根理论》《作为一种实践的传播》等。

以回答他们一直在询问的问题。最后一章"传播理论的共享线索"采用全新的梳理方式，试图帮助读者在花样繁复的传播理论织毯上找出规律。

任何理论和实践都有价值意蕴，我在书中粗略探讨了12条道德准则。每个准则都是某种道德理论的核心宗旨。传播学以外的某些学科可能宁愿略过这些棘手的话题，然而如果仅仅探讨传播过程，却不触及好坏、对错、善恶的判别，那将是对我们这一领域的关注焦点的无视。

章节的设计特色

由于大多数人借助画面来思考，学生们如果不能将理论细节应用于具体情境，对该理论的理解就会遇到困难。本书中绝大多数章节运用了扩展案例以具体阐释该理论提出的"真理"。我建议读者们设想一下作为室友的大一新生的首次会面、回应某个不够和谐的家庭内部的冲突、说服其他学生对酒后驾车零容忍的尝试，或者其他一些情境，以验证书中的理论和观点。我还借助电影《我爱贝克汉姆》《感谢你抽烟》《永不妥协》《当哈利遇到莎莉》《电子情书》《银翼杀手》、托尼·莫里森[①]的小说《宠儿》，以及黑人民权运动领袖马丁·路德·金和马尔科姆·艾克斯的演讲来说明某些理论的观点。这些案例研究遵循以下的教学规范，即根据学生们已有经验中的认识和画面解释他们尚不理解的内容。

书中一些理论是与各种各样的研究项目紧密相关的。例如，利昂·费斯廷格[②]在其经典的1美元/20美元实验中的惊人发现，使认知不协调理论的影响力为之大增。格里·菲利普森的口语代码理论始于一项为时3年的民族志研究，意在考察用提姆斯特维尔[③]的男人的方式说话意味着什么。杰西·迪利亚的建构主义研究一直在使用由沃尔特·克罗克特设计的角色类型问卷。假如出现这种情况，我将细致地描述整个研究过程，以便于学生们在系统的观察中学习与评价基础性理论的重要性。可以说，《初识传播学》试图用多样的研究设计与数据分析引导读者进行阅读。

学生们在随后的课程中会逐一认识莱斯利·巴克斯特、查尔斯·伯杰[④]、朱

[①] 托尼·莫里森（1931— ），美国小说家、主编、教授。她的小说因恢弘的主题、生动的对话和丰富的细节而闻名。主要作品有《最蓝的眼睛》《所罗门之歌》《宠儿》等。她于1988年获得普利策小说奖，1993年获得诺贝尔文学奖。
[②] 利昂·费斯廷格（1919—1989），美国社会心理学家，主要研究人的预期、抱负和决策，并用实验方法研究偏向、社会影响等社会心理学问题。他提出的认知不协调理论有很大影响。他于1959年获美国心理学会颁发的杰出科学贡献奖，1972年当选为国家科学院院士。
[③] 提姆斯特维尔是格里·菲利普森虚构的地名，实指芝加哥南部的一个蓝领、低收入的白人社区。
[④] 查尔斯·伯杰，美国加州大学戴维斯分校传播学荣休教授、国际传播协会成员及前主席。他因构建不确定性递减理论而闻名。

迪·伯贡①、肯尼斯·伯克②、沃尔特·费希尔③、霍华德·贾尔斯④、切瑞丝·克拉马雷⑤、迈克尔·帕卡诺夫斯基⑥、巴尼特·皮尔斯⑦、格里·菲利普森、斯特拉·汀-图梅⑧、约瑟夫·沃尔瑟、朱莉娅·伍德⑨，以及许多其他的名字。我竭力想把每种理论与理论学者相联系，介绍理论时着重强调它的创立人，通过这一方式使人们重新追忆和尊重这些学者的卓越功绩。

每章都含有评论该理论的环节，根据第3章介绍的评判好理论的标准，对每个理论进行严格的审视。我一般先简述该理论的优点，然后转而论述缺点、它未能回答的问题以及遗留的失误。我希望这一部分能激发学生们"这个虽然言之有理，然而我质疑……"的反应。

在每章结尾，我列出一些有待思考的问题，标注以"帮助你深入思考的问题"。这些开放性的提问促使学生对该章内容融会贯通，将其应用于日常沟通的案例。这里以**黑体**表示的词语或短语是为了提醒读者着重记忆该理论的关键词。

最后，我还提供了注解性质的阅读书目，以"扩展阅读"为题。一些学生可能对某些理论产生兴趣、想进一步了解教材之外的内容，这是专为他们列出的资源。排在最前面的是我推荐的、可作为继续深入的出发点的一些读物。后续项目则提供了与本章理论重点有关的材料的一些线索。我这样做是为了给读者进一步的研究提供实用的引导，避免令初学者望而生畏。引用材料的出处则放在全书末尾的"注释"部分。

一些学者将出现在"对话"的视频中。视频中妙趣横生的对话有助于读者进一步了解理论的内容。

没有一位作者会认为自己的写作风格是枯燥的，我当然也认为我在用清晰生动的语言表达我的思想。然而，天下唯一无法传播的事物就是准确。我竭力忠实于每位学者的用语规范，以便读者可以学习该学者原汁原味的理论思想，但是我也试图将某些

---

① 朱迪·伯贡（1948—　），美国亚利桑那大学传播学教授，研究家庭关系和人类发展。她发表了240多篇论文，出版7本专著，先后提出3种传播学理论：违反预期理论（1978）、人际调适理论（1995）、人际欺骗理论（1996）。
② 肯尼斯·伯克（1897—1993），美国文学理论家和哲学家，主要学术兴趣在于修辞学和美学。
③ 沃尔特·费希尔，美国南加利福尼亚大学安嫩伯格传播学院荣誉教授。在肯尼斯·伯克的戏剧主义理论基础上，他建立了叙事范式理论，著有《作为叙事的人类传播》等。
④ 霍华德·贾尔斯，美国加州大学圣芭芭拉分校传播系心理学和语言学教授，因创立传播适应理论而闻名。
⑤ 切瑞丝·克拉马雷，俄勒冈大学社会女性研究中心教授，学术兴趣在于性别、语言、传播、教育和技术等领域，著有《通过教育实现性别平等手册》《信息时代女性主义的挑战》等。
⑥ 迈克尔·帕卡诺夫斯基，前科罗拉多大学教授。他吸收了克利福德·格尔茨的文化观点，并把它应用到组织生活中。
⑦ 巴尼特·皮尔斯，任职于菲尔丁研究生院，同时也是公共对话联合体的创始人之一，在跨文化沟通等领域卓有成就。
⑧ 斯特拉·汀-图梅，加州州立大学富尔顿分校人类传播研究教授。她的学术兴趣在于面子协商理论和文化种族认同协商理论，著有《理解跨文化传播》《有效管理跨文化冲突》等。
⑨ 朱莉娅·伍德，北卡罗来纳大学传播学教授，学术兴趣专注于性别差异、沟通与文化、人际关系以及女性主义理论。

学术术语转换成较大众化的表达。大多数学生与评论者认为可读性与趣味性正是我这本教材与众不同之处。我建议把你认为理解起来困难的一章作为不同教材间的对比样本，这样你就能得出自己的判断。

假如你是初次阅读本书的读者，那么你还应该知道本书的另一特色。网站www.afirstlook.com可以提供许多教学辅助，让老师们有能力让学生在学习时保持兴奋。该网站提供一些可验证传播理论的电影片断。我从学生们的浏览记录可以看到，拓扑心理学创始人库尔特·勒温的结论是正确的。他曾说过一个好理论以及一份展示全书所涉理论的文本比较，比其他任何东西都更实用。大多数人会对网站中"理论档案"涵盖的内容心存感恩，它分享了本书旧版中共计20个完整章节。你不妨从中挑选你最喜爱却没有出现在这一最新版本中的那些理论。迄今为止，网站上最受欢迎的资料是埃米莉·兰根（Emily Langan）和格伦·麦克克利西（Glen McClish）准备的世界级水准的讲师手册，它的浏览量占据了该网站每月40 000次访问量的绝大部分。这一网站的许多访问者是学生，他们的老师鼓励他们浏览这些对于他们尚显陌生的资源——网站中的一切都是开放性的，除了测试的部分。

第7版的新增变化

扩充的边栏空白是最新版与之前各版本最主要的区别。这是为了在边空中加入重要的定义——这是学生们的要求——同时确保每种理论的宽度和深度——这是从教师的立场出发。扩充边栏空白是双赢的解决方式。

在最新版中，我新加入两种理论。霍华德·贾尔斯的传播适应理论，一个与跨文化和跨群体传播有关的成熟理论，被安排在"跨文化传播"语境单元的第一章。传媒生态学在以前的基础上做了很大程度的修正，重新介绍马歇尔·麦克卢汉的思想。这一章之前的标题是技术决定论——麦克卢汉的反对者赋予的定义。新标题反映了人们明显的立场变化。在过去的3年里，网站上曾提供一个较长的版本，然而几乎没有学生阅读。为了回应许多教师提出的要求，我很高兴在本书"传媒与文化"语境部分以更便利读者的方式介绍麦克卢汉。

除了上述两个新增的理论，我认为对全书理论梳理的进一步加强也是新版最重要的改变之一。在本书的首尾两处，我增加了两章内容以论述与理论有关的理论。在第1章，我引导读者关注以下议题：理论的定义是什么以及如何将学生们引入与传播有关的思考。由于这本教材是关于传播学的理论初探，刚入课堂的学生们一定不会了解"理论是什么"以及"理论是用来做什么的"。我认为，他们也不可能对"传播是什么"或者"传播不是什么"这样棘手的问题作过多的思考。第1章的作用就是开启这一过程。

在最后一章"传播理论的共享线索",我采用了一种全新方式,即提出贯穿于多个理论的十大原则以鉴别各个理论之间的不同。它们涉及传播语境、实证性—阐释性的区别以及传播学理论的流派——即这本教材里一直用来划分和归类理论的方法。我将它们称为"线索",每一根线索都联结着在其他方面看起来可能毫不相关的理论。我希望对这些线索的分析能帮助学生们更好地理解这本教材中各个理论的整体模型,他们也可以将审视这些线索的过程视作期终考试之前的整体回顾。浏览一下第36章的图36-1就能对这种梳理形成一个约略的印象。

在第2章和第3章,我阐述了实证性理论和阐释性理论的区别以及评估这两类理论的一些标准。最新版增加了新的案例。我请之前的两位同事——格伦·斯帕克斯(Glenn Sparks)和马蒂·梅德赫斯特(Marty Medhurst)分别对一个风趣幽默的以美国体坛巨星佩顿·曼宁(Peyton Manning)为主角的商业广告作了相应分析。在第2章的最后部分,我给出一个实证性—阐释性理论的分类表格,选择在此处而非整个教材的结尾给出所有理论的类别划分。在每种传播理论的开篇,我用这一分类表格中对应的截图,向学生们指出其元理论的类别。我还采用博尔曼的符号聚合理论以说明如何用实证标准和阐释标准分析一种理论。我新加了一个与群体想象链条有关的延展案例。这个案例由一位传播学教授记录,显示了老烟民们如何抵制群体之外的禁烟压力。我相信这一民族志式的案例研究足以帮助读者轻松地学习符号聚合理论。

致谢

许多慷慨无私的学者们提供的智慧和建议令我衷心感谢,他们的知识财富体现在你接下来阅读的每一页中。他们包括:圣芭芭拉城市学院(Santa Barbara City College)的罗恩·阿德勒(Ron Adler)、犹他大学(University of Utah)的吉姆·安德森(Jim Anderson)、天普大学(Temple University)的埃德·阿佩尔(Ed Appel)、亚利桑那大学(University of Arizona)的朱迪·伯贡(Judy Burgoon)、普渡大学(Purdue University)的布兰特·伯利森(Brant Burleson)、加州州立理工大学波莫纳分校(California State Polytechnic University, Pomona)的蒂娜·卡罗尔(Tina Carroll)、惠顿学院(Wheaton College)的肯·蔡斯(Ken Chase)、伊利诺伊大学(University of Illinois)的克利夫·克里斯琴斯(Cliff Christians)、惠顿学院的林恩·库珀(Lynn Cooper)、科罗拉多大学的鲍勃·克雷格(Bob Craig)、伊利诺伊大学的托马斯·邓肯森(Thomas Duncanson)、纽约州立大学布法罗分校(SUNY Buffalo)的汤姆·菲利(Tom Feeley)、科罗拉多大学的拉里·弗雷(Larry Frey)、普渡大学的约翰·格林(John Greene)、东卡罗来纳大学(East Carolina University)的约翰·W·霍华德三世(John W. Howard Ⅲ)、肯塔基大学(University of Kentucky)的德里克·莱恩(Derek

Lane)、俄亥俄大学（Ohio University）的安德鲁·莱德贝特（Andrew Ledbetter）、菲尔丁研究生院（Fielding Graduate Institute）的W.巴尼特·皮尔斯（W. Barnett Pearce）、奥斯汀公共政策优先中心（Center for Public Policy Priorities, Austin）的克里斯·派普（Chris Peiper）、东卡罗来纳大学的劳拉·普利维德拉（Laura Prividera）、北肯塔基大学（Northern Kentucky University）的拉斯·普罗克特（Russ Proctor）、德州农工大学（Texas A&M University）的琳达·普特曼（Linda Putman）、俄亥俄大学的阿特·拉米雷斯（Art Ramerez）和安东尼·罗伯托（Anthony Roberto）、加尔文学院（Calvin College）的昆廷·舒尔茨（Quentin Schultz）、南缅因大学（University of Southern Maine）的伦尼·谢德列茨基（Lenny Shedletsky）、俄亥俄大学的尼科尔·斯泰格尔沃尔德（Nicole Steigerwald）、印第安纳卫斯理大学（Indiana Wesleyan University）的斯科特·特科特（Scott Turcott）、北肯塔基大学的史蒂夫·韦斯（Steve Weiss）、斯普林爱伯大学（Spring Arbor University）的小罗伯特·伍兹（Robert Woods, Jr.）。没有他们的帮助，本书就不可能问世。我还要感谢那些与我邮件往来、电话交谈以及面谈商讨的学者，没有他们就无法保证每一章内容的新鲜、准确和有趣。我必须在这里对他们的参与表示感激。

我与麦格劳－希尔公司专业人员的合作相当愉快。感谢菲利普·布彻（Philip Butcher）、出版人弗兰克·莫蒂默（Frank Mortimer）、策划编辑凯蒂·史蒂文斯（Katie Stevens）、设计主管阿什利·比德尔（Ashley Bedell）、印刷协调莱斯利·拉杜（Leslie LaDow）和马崔克斯制作公司极富耐心的项目经理梅里尔·彼得森（Merrill Peterson）。我尤其感谢一路伴随我的编辑珍妮·卡察罗斯（Jennie Katsaros），在此书前4版的编辑过程中，她一直代表麦格劳－希尔公司与我合作。此外，还有3位杰出人士为我提供了优质服务：商业电脑艺术家詹·迈耶（Jenn Meyer）全身心地投入插图的创作和修订；朱迪·布罗迪（Judy Brody）使大量的必要流程变得愉快而且完成了不可能的任务；罗宾·特利夫森（Robyn Tellefsen）是《初识传播学》第4版的学生研究助理，在我需要一个熟悉全书内容、可信赖并能共同工作的助手时，热情地承诺与我一同校对本书。其他作者得知我有幸与上述10人一同工作时，都表示对此十分羡慕。

有3个人对本书的贡献超过了任何一个作者的预期。埃米莉·兰根——我现在的同事、也是之前在惠顿学院的学生，以及圣迭戈州立大学（San Diego State University）的格伦·麦克克利西共同撰写了讲师手册，我的同行们认为这一手册足以代表传播领域的最高标准。教师们告诉我在阅读兰根和麦克克利西对某一理论的深刻见解以及在如何帮助学生掌握、理解理论的技巧得到实践验证后，他们在走入课堂时变得充满信心。我将兰根和麦克克利西的思考也写进了书中。最新版的学生助理是凯文·希恩（Kevin Sheehan）。他作为惠顿学院传播学系的优等生，同时也是一位电脑能手，自大学四年级开始参与最新版的写作。希恩还同意在毕业之后的一年中继续从事这项工作以便能帮助我。他的工作还包括在出版最后期限临近的那几个星期完成本书索引这一艰巨的任务。凯文的专业、奉献以及由衷的帮助都让我十分感动。

最后，我要感谢的是我的妻子，感谢她一直以来给我鼓励、理解和爱的支持——不仅限于这个项目，更融汇在我们48年的婚姻之中。她的爱、幽默的天性以及对艺术创造和美妙音乐的热爱，让我可以全身心地投入最新版的创作。

埃姆·格里芬

第一部分　给初学者搭建基础

第1章　从理论的"定义"开始
第2章　基本分类：实证还是阐释？
第3章　何为成熟的理论？
第4章　绘制传播学的导引地图

第1章　从理论的"定义"开始

这是一本与传播理论有关的书。或许你刚看到这里,就已经哈欠连天。一些大学生认为所谓理论既深奥难懂,又枯燥乏味,与自己的生活毫不相干。业已离开课堂的人也有类似的认识。一位飞机机械师曾经斥责一位教授:"你们有学问的人为什么都这样,脑子里塞满理论,却搞不懂扳手该握哪一端?飞机要是经过你们的手,准保要起火坠毁。博士,博士,除了学问,你们什么都不会干。"

这位机械师说的不错。然而,讽刺的是,在这个厉斥所谓"理论"的对话中,他也要用自己的认知理论来解释学者们在机械方面的"无知"。我理解这位机械师认识周边世界的渴望。他一生中绝大部分时光都在确保飞机的空中安全,直到飞行员准备着陆的那一刻。假如我们真的关心一件事情,我们会去寻找不时出现的"为什么"和**"如果这样将会怎样"**之类问题的答案。在我与亚利桑那大学传播学者朱迪·伯贡交谈时,她对我说了这样一番话,这段谈话收录在我的系列访谈——"对话"中。[1]如果我们确实对传播领域感兴趣,伯贡建议我们应该"从理论着手"。

1.1　理论的定义与功能

理论:与事物运作方式有关的一组可靠的系统直觉。

在这本教材的旧版,我提出**理论**是一个统称,是指"对一切传播现象进行细致、系统和自觉的讨论与分析"。这也是明尼苏达大学传播学教授欧内斯特·博尔曼的定义。[2]我选择这个定义,因为它足以涵盖本书涉及的各种理论。然而,这一描述过于宽泛,以至于不能指导我们如何构建一种理论;而当某种传播学思想尚未获得认可时,这个定义也不能提供把它弄清楚的方法。如果我把任何一种思想称为"**理论**",难道我不是仅仅因为这个称呼才使它成其为"理论"吗?

当我和朱迪·伯贡交谈时，她认为理论是"与事物运作方式有关的一组系统直觉（hunch）"。[3]在传播学界，伯贡是被引用最频繁的女性学者。我好奇她为什么会出乎意料地使用非专业性术语**直觉**。把这本你正在阅读的书命名为**传播直觉**，是可以接受的吗？伯贡向我保证它绝对可以接受，很快又补充说但这些直觉必须是"**可靠的直觉**"。在伯贡看来，理论由**与事物运转方式有关的一组可靠的系统直觉**构成。在本章余下的部分，我将逐步说明为何这个定义足以告诉我们理论是什么、不是什么，以及要如何创立一种理论。

一组直觉

假如理论是一组直觉，它意味着我们仍然无法确认问题的答案。如果没有有待解决的疑问或者解释已足够明显，建立理论毫无意义。一种理论通常含有推理及猜测的因素。做一名理论学者是一项有风险的事业，因为理论往往超越人们可接受的常识。一旦你成为理论学者，你或许希望有思想的人最终会接受你亲手放出的试探性气球，然而在你首次提出理论时，它一定还处于直觉的范畴。

伯贡用复数的"一组直觉"而不是单数的"直觉"，清晰地表述了理论不只是一种灵感，或者一个孤立的念头。狗和蜜蜂或许能够感受到恐惧，但这个孤立的念头不是理论。完善的理论可以提供解释。例如，蜜蜂和狗如何感受到恐惧？或许因高度恐惧而引起的汗湿的手掌在气味上与人们因努力工作而流汗的气味有所区别。而且只有狗和蜜蜂拥有敏锐的嗅觉吗？还是蝴蝶和猫也同样拥有呢？理论建构涉及的是多重直觉。

可靠的直觉

按照博尔曼的定义，建立理论要对传播现象进行细致、自觉的分析，然而伯贡的定义提出了更多要求。仔细审视一种观点是不够充分的；理论学者的直觉还应是**可靠**的。从帝国大厦顶端扔下一枚硬币，它是否会深深地嵌入人行道？理论学者有责任核实他的想法。在建立一种理论之前，他还必须大量阅读，与人们交谈，观察人们的行动或者开展实验，这些行为都会带来新的线索。传播学领域的理论学者至少应该熟知他们正研究的传播类型的各种替代性理论。（年轻的理论家，听说过伽利略从比萨斜塔上扔苹果的故事吗？）

佩珀代因大学（Pepperdine University）传播学教授弗雷德·卡斯米尔（Fred Casmir）对理论的定义与伯贡的多重可靠性直觉相似：

> 理论有时被定义为推测——但在很大程度上是"有根据"的推测。理论并非仅基于模糊的印象，更不是偶然产生的生活副产品。准备充分的理论创立者在他周边的环境发现一些能够激发理论建构的事物，理论就这样产生了。[4]

系统化的直觉

大多数学者用"理论"一词描述综合性的思想**体系**。一种理论不仅要列出多重观点,还要详细说明各个观点间的关系。通俗地说,它将节点连接在一起,勾勒各个可靠直觉的关系,从而构成综合性的体系。

理论的直观影像

为了回答"**理论是什么**",我已给出一个文字性的定义。然而,大多数人是靠视觉学习的动物,愿意用具体的画面来理解"何为理论"以及"理论可以做些什么"。我要给出3个我认为很有意思的比喻,但我也要提醒你,过分依赖这种方法可能会将我们导入歧途。

网状的理论。科学哲学家卡尔·波普尔(Karl Popper)① 说过:"理论是网,撒开这些网是为了抓住我们称作'世界'的东西……我们努力让网眼小而又小。"⁵我喜欢这个比喻,它把理论学者看成深海捕捞者,强调他们正在进行的努力。在严肃的学者眼中,理论是达成目标的工具。**世界**等同于阳光下的一切事物——因此要求一个**无所不包**的理论至始至终地应用于一切传播。从另一个角度,抓住世界的比喻也可理解成需要无数个**具体**的理论——不同类型的小网以捕捉具体情境中不同类型的传播。无论采取哪种方式,追求拥有更细小网眼的网都令人有些忐忑不安,因为传播学研究毕竟是关于人而不是一群鱼的研究。毕竟,理论应该天衣无缝,不遗漏人们所思、所说和所做的任何事情,这样的想法过于天真。网及网眼的比喻还质疑了人们是否有自由选择某些行为而拒绝另一些。

镜头般的理论。许多学者认为他们的理论建构类似相机镜头或一组透镜,而不是一组准确反映外部世界的平面镜。镜头的比喻凸显了如下重点:传播学理论通过关注传播行为的某些特征而忽略掉另一些,或者至少把另一些特征推至背景,以形成我们的认知。假设有两位理论学者就同一传播事件——或许只是一个事件片断——展开分析。他们将选用不同的镜头,其中一位把沟通看成传播的中断或关系的破裂,而另一位或许认为它代表着正在运转的民主政治。就我个人而言,镜头式比喻的危险在于,它使我们认为透过镜头看到的现象极大地依赖于观察者的立场,并由此放弃任何辨别真理的尝试。

地图般的理论。在向其他人描述《初识传播学》这本教材时,我用的就是这个比喻。传播理论被比喻为一张指示沟通运行方式的地图。传播理论所揭示的真相或者与外部存在的客观行为有关,或者与我们头脑中的主观思考有关。在上述任何一

---

① 卡尔·波普尔(1902—1994),20世纪最著名的理论家、哲学家,在社会学方面亦有建树。他是批判理性主义的创始人,其著作有《开放社会及其敌人》《历史决定论的贫困》《科学发现的规律》《20世纪的教训》等。

种方式中，我们都需要在理论的引导下穿越未知领域。在此意义上，这本教材正如一本优美的地图集，汇集32处不可错过的景点。它有如一本旅游手册，提供对每个景点的详细描述。然而，我必须重申地图并不等同于版图。[6]一成不变的理论如同一张静态照片，永远不能完整描绘人与人之间丰富的互动，况且这种互动还在不断变化，形式更加多样，比任何理论所描述的都更加复杂。作为对传播现象感兴趣的读者，难道你不会因为它是如此丰富多变而感到高兴吗？

1.2 什么是传播？

要知道，提出这样的问题几乎就等于引发一轮争辩或提出不能被满足的期望。弗兰克·丹斯（Frank Dance），因首次出版传播理论概论而著称的丹佛大学学者，对120种**传播**定义进行了归类、区分——他的这项研究大概是在20世纪60年代进行的。[7]此后，传播学者提出了更多有关传播的定义，然而，没有任何一种定义能独占鳌头，跃居为传播领域的标准。一谈到定义传播学的研究对象，原则就是没有原则。

传播：是建立和阐释可激发回应的信息的关系过程。

丹斯的研究指出，人们"试图让传播的概念替我们负担过多的责任"。[8]其他传播学者同样认为，要以这一术语描述人类的一切互动，等于让它过度地负载。密歇根理工大学传播学教授珍妮弗·斯莱克（Jennifer Slack）试图为传播理论和相关研究所涉及的内容划定明确的界限，她的这一尝试有现实意义。斯莱克认为，"传播并不具有单一、绝对的本质，足以充分解释我们研究的现象。这样的定义并不存在；等待下一位最聪明的传播学者一次性而且一劳永逸地解决这一问题同样是不可能的。"[9]

用各种方式定义**传播**都像在踏入一个陷阱，不过在我看来，那些用掉大学教育中大段时光来学习传播学的学生需要知道传播学大概是个什么样子。这样的定义不必回答哪些人类行为可被合理地视作**传播**这一类的终级问题，而要突出强调传播学不可或缺的本质特征。因此，我向初学者提供以下的定义：

> 传播是建立和阐释可激发回应的信息的关系过程。

这一定义一定程度上具有补偿价值。在学习传播领域各个理论时，它会将你的注意力牵引至你将反复遇到的传播学五大概念。接下来，我将简要地说明这些概念。

信息

信息是传播研究中最核心的概念。科罗拉多大学传播学教授罗伯特·克雷格（Robert Craig）认为，传播即是"说和听、读和写、表演和观看，或者更为一般的是，在任何媒介或情境中做与'信息'相关的一切事情"。[10]

心理学、社会学、人类学、政治学、文学以及哲学等学术领域在论述人类符号化行为时，通常会与传播学研究有所交叉。这一研究兴趣交叉的现象促使一些学者把传播学归类为**交叉学科**。然而，传播学者始终关注与信息相关的结合点，其他学科的学者却只是顺路经过，最终将去往其他目的地。这本教材所涉及的传播学理论，除了一种之外，全部与信息有关。

传播学学者用**文本**一词指代任何媒介中可被用于研究的信息。这本教材是一个文本。你和老师一场对话的完整文字记录、被记录下来的总统新闻发布会、无声的YouTube视频或者吟唱乡村音乐的南方小鸡乐队（Dixie Chick）《不想重归于好》的CD，都可以成为文本。为了说明文本的定义中下述4个概念，先假设你的某个亲密的同性朋友给你发送了这样一条短信"帕特和我在一起过了一整夜"，你应该马上意识到一个名叫帕特的人正在和你的朋友谈恋爱。分析上述文本及它传播时经历的语境，为以下对传播本质特征的梳理提供了一个很好的案例。

文本：可供他人分析的信息记录；比如一本书、一部电影、一张照片，任何手稿或对话及广播录音等等。

信息的创造

信息的创造是指文本的内容和形式通常是由传播者**构思**、**创造**、**策划**、**精心制作**、**组建**、**挑选**和**采用**的。这些字眼将出现在我介绍的某个或多个理论中，暗示传播者会对信息的形式和内容做出有意识的筛选。不管是什么原因，你的朋友最终选择发送一条短信，而不是与你碰面、给你打电话、发邮件或者写张便条的方式通知你。你的朋友还选择了将这一行字发送到你的手机里。在传播学领域，文本分析已有很长一段历史，研究修辞的评论家擅长用这种方法在信息里发现线索，以辨识信息创造者的动机和策略。

当然，很多时候，我们似乎在以无意识的方式去说、写和做手势——仿佛用导航系统驾驶一样。这些反应经过预先选择，储备起来留待启用。我们储备的"谢谢"、"没问题"、"随便"等口头语以及各式各样的骂人粗话，一段时间之后就变成习惯性的回复。只有当我们更加留意于信息的本质和影响时，我们才有能力对此加以改变。这就是为什么本教材要介绍5至6种专门研究意识形成的理论——每种理论都致力于增加我们的沟通选择。

信息的阐释

信息不能阐释自身。信息的意义由发送者和接收者掌握，并不存在于我们所说、所写以及用肢体表达的语言中。传播学者的一个自明之理就是，**语言不解释事件，人们对事件作出解释**。符号互动领域的学者赫伯特·布鲁默（Herbert Blumer）如此阐述这句话的含义："人类针对人或事所采取的行为基于人类赋予那些人或事的意义。"[11]

你朋友的即时短信表达什么意思呢？"在一起过了一整夜"是指**整个晚上都在聊**

天？学习？睡在沙发上？还是做爱？如果是指做爱，帕特是自愿的还是被迫的（她或者喝得烂醉或者成为被熟人强暴的受害者）？你的朋友如何描述他们的性关系？**消遣性的？一夜情？朋友间的互益？正在建立亲密关系？坠入爱河？长期恋爱的开端？**或许对你来说，更重要的是帕特如何看待这件事？对于帕特而言，信息背后的情感意义是什么？**满足？失望？惊奇？厌烦？愉悦？愧疚？狂喜？**最后，通过这种渠道收到短信对你、你的友情或者你和帕特未来的关系来说又意味着什么？这些答案不会出现在信息里。语言和其他符号都具有多重意义——它们可以有多种解释。

关系的过程

古希腊哲学家赫拉克利特曾经断言："一个人不可能两次踏入同一条河流。"[12] 它解释了传播学者为何会广泛接受以下的看法：传播是一个**过程**。与河流非常相像，传播流总是处于变动之中，从来不会完全一致，人们只能描述它以前是什么，将要面临着什么。这说明"帕特和我在一起过了一整夜"的文本信息并不是故事的全部。你有可能再次联系你的朋友和帕特，询问前文列出的有待澄清的问题。根据她是否回答，你又将以不同的方式解读这条短信。这一切充分说明传播是一个过程，而不是一张定格快照。

佐治亚大学修辞理论学者塞莱斯特·康迪特（Celeste Condit）在论文《作为关系的传播》开头，指出传播过程更多地关乎关系，而非内容。

> 传播是形成关系的过程。这意味着它本质上不是一个传送信息或散布（流传）信号的过程（尽管这些事情可被视作关系建立过程的开端）。[13]

传播之所以是关系的过程，不仅因为它发生在两个或更多的人之间，还因为它影响人们之间建立的关系的性质。显而易见，你接收到的文本信息会影响你、帕特、你的朋友三人之间的关系。在其他形式的中介传播中，同样如此。电视和电影观众对在屏幕上看到的人物会产生某种情感。而伴随商业领域的持续开发，一段企业官方记录的语音，如"出于质量控制的目的这次通话可能被录音"的提示，甚至会影响我们对该公司员工形象的评价。

激发回应的信息

最后一个概念涉及信息对接收者的影响。不管是什么原因，如果信息未能激发任何认知上、情感上或行为上的反应，它就不能被称为**传播**。我们通常把这种现象称为信息"未能送达"或接收者"拒绝倾听"。然而，经典电影《**铁窗喋血**》[14] 中监狱长那段被反复引用的对白不能被视作没有回应。当保罗·纽曼饰演的卢克再次违反狱中规定时，坚持要犯人称自己为老板的监狱长慢吞吞地说："卢克，我们之间就是很难沟通。"他错了。卢克不仅知道而且有意识地对抗监狱长清晰陈述过的规则，"老板"则用暴力手段惩罚卢克的抵抗和越狱企图。两个人都回应了彼此的信息。

　　同理，你也会回应你朋友的神秘信息——以这样或那样的方式。事实上，所有文本似乎都经过精心打造，而且发送的方式必然要激起某种回应。你的想法、感受、表达或类似反应，是否与你朋友的期望契合则是另外一回事。不管成功与否，文本所涉及的整个事件以及短信的语境，都符合这本教材中传播的定义。我希望这个定义将帮助你架构你的传播理论学习：**传播是建立和阐释可激发回应的信息的关系过程。**

1.3　理解全书框架

　　鉴于你对传播理论已有了基本了解，现在不妨来认识一下我在本书中如何设计和排列这些理论。在创作期间，我决定按照概念框架和情景语境将各个理论分门别类。本章之后，第一部分另有3章综述。在第2章，我邀请两位传播领域权威学者分析一则广受好评的电视广告，以说明这本教材中一半理论怎样基于实证性的假设，另一半理论又如何借助阐释性原则得以建构。第3章分别列出两种理论类型的检测标准，并将它们应用于兼具实证性和阐释性目标的群体互动**符号聚合理论**。这一章为读者介绍全书32种理论的第1种，同时指导读者如何摆脱纯粹的直觉反应，理性评估理论价值。最后，第4章介绍传播理论和学术研究的七大流派。当你看过传播理论的导引地图，就能够解释为何某些理论之间有紧密的关联，但表达的方式却大不一样。

　　第一部分之后，共有31个专门的理论章节。每章以10页至15页的篇幅集中介绍一个独立的理论。我认为读者一定会发现，这种形式非常适合入门者。它使读者能在一段时间内将注意力集中于一种理论，不至于在脑海中出现混淆。根据传播理论涉及的基本语境，我把它们分为4个部分。第二部分"人际传播"，讲述的是一对一互动。第三部分"群体和公共传播"，集中关注集体语境中面对面的传播。第四部分"大众传播"，将研究电子和纸质传媒的理论归在一处。第五部分"文化语境"，讲述无孔不入以至于容易被人们忽视的共享意义体系。我的划分法基于以下事实：当人们面对具体情境的实际问题时，这些理论恰恰足以回答他们脑海中的疑问。这样看来，根据不同的传播语境划分这些理论，就是情理之中的事了。

　　这种结构可以看成4个独立且可检索的文件柜，一部分到另一部分之间没有过渡，但便于对32种理论进行分类梳理，也便于对每个部分进行更进一步的拆解。例如，"人际传播"部分就可划分为"人际信息"、"关系发展"、"关系维持"和"影响力"4个主题。每个主题的起始有2页至4页的导言，读者在接触理论之前先阅读一些背景知识，更有益于对理论的理解。

　　第六部分"回顾与整合"，试图提炼传播理论共享的核心线索。思想蕴含力量，每一种理论都受到一种或多种思想驱使，而它（它们）在不同语境下也为其他理论所共享。例如，在本书四大理论部分的任何一部分，至少有一种理论谈及叙事的力量。这些理论都认为人们会对自己可以认同的故事和戏剧形象给出回应。对于初入门的读者而言，现在还不具备条件学习这些横跨多个理论的核心线索，然而在你熟读这些传播理论后，这样的梳理就将是大开眼界的体验，有助于你们对所学到的内容作进一步的深入分析。

1.4 鲜活生动的章节特色

我在接下来的章节里采用了大量源于生活的扩展案例，如大学校园生活、著名传播事件或者电影、书籍和电视节目里的人物对话。我的主要目的是提供理论如何运作的可视性画面。想象会帮助读者记忆每个理论的基本要旨。假使你能从自己的生活中联想起一些与理论相关的画面，类似的个性化应用也会使你对这门课程萌生更大的兴趣，并强化你的记忆。

或许，你也乐于看看别人是怎样把理论付诸实践的。经过我学生的许可，我在网站上贴出这本教材中每个理论的应用提示。学生们的丰富联想深深地吸引了我——我单凭一己之力是无法创造这些想象的。假如读者想获取这些提示，请到www.afirstlook.com，点击"应用日志"。你可通过上一节提到的4个理论部分的主题来检索词条。在该网站，你还可以点击"电影短片"，观看大量注释性的影片剪辑。

我始终坚持将本书中的每一种理论与其创立者相联系。唯有兼具智慧和勇气的人才能树起理论的大旗。如同我们儿时的游戏"山丘之王"（King-of-the-hill），当某位理论学者建构了一种新的传播理论，评论家会试着推倒它。这是自然的过程，新的理论必须先在充满竞争的混乱世界里立足，然后才能凸显它的价值。因此，我在每个介绍理论的章节设立"评论"环节。经过时间检验的传播学大师们有权利要求把他们的名字与其研究成果高悬在一起。

我建立理论及创立者的联系，还有另外一个理由。读者中相当一部分人可能会想继续深入传播学研究，而大师的名字，如斯坦利·迪茨、霍华德·贾尔斯、约瑟夫·沃尔瑟、莱斯利·巴克斯特、查尔斯·伯杰及肯尼斯·伯克等，将使你在与别人对谈时显得更专业。长远来看，无视业界大师的人终将得不偿失。

请不要轻视每章终结处的三大环节。"帮助你深入思考的问题"，启发性地引导你思考该理论的核心思想。答案就在教材或你的生活之中。以黑体字显示的部分突出强调了学习该理论时必须掌握的关键术语。"对话"视频旁边有关于谈话内容的简短描述。你可以在www.afirstlook.com上观看这些6至8分钟的访谈视频。假如你还希望了解更多关于该理论的知识，"扩展阅读"提供了一系列的参考书目。你或许需要针对某个理论或者该理论令你感兴趣的部分，写一篇研究论文，那么你不妨从"扩展阅读"开始着手。

一些学生害怕新的尝试，就像那些一看到路线图就目光呆滞的旅游者。这些试图解释人类目的和行为的传播学理论使他们感到恐惧。我同情他们的恐惧与疑虑，然而我也发现本书的理论不但未使我的生活变得枯燥无味或者更加混乱，反而使我的生活更显条理，提高了我与别人沟通的能力。我衷心希望它们对学生们也能产生同样的作用。

经常有学生问我，"你跟别人交谈时真的会时时想到传播理论吗？"我回答说，"是的，但不是每时每刻都这样。"与所有人一样，我有时会习惯性地说出一些话——单词、短语、句子，甚至不经思考就脱口而出。江山易改，本性难移。不过，每当我置身新环境或对话风险提高时，我会做准备并策略性地思考。这时，适用于该情境的理论应用技巧会浮上我的脑海。每到学期过半，许多学生都会发现，上述情况对于他们来说也是如此。我希望你们很快就能获得这样的成绩。

帮助你深入思考的问题：

1. 假如你有与飞机机械师一样的疑虑：创立理论的学者在操作飞机的副翼和引擎时笨手笨脚。针对这一点，怎样将你的**直觉**转变为**理论**呢？

2. 在本书提供的有关理论定义的比喻中，哪一个对你的帮助最大——它是像**网络**一样，像**镜头**一样还是像**地图**一样？如果你要向一个朋友解释这门课是关于什么的，你还能想出同样生动的比喻吗？

3. 假设你想研究私人对话中的哈欠效应。你的研究将从**传播是建立和阐释可激发回应的信息的关系过程**的定义开始吗？如果不是，你将如何改变这个定义并使它涵盖你的兴趣点？

4. 你带着大量在**人际传播**、**群体与公共传播**、**大众传播**以及**跨文化语境传播**中感受到的传播经历来到这个课堂。你想要解答的传播**疑问**、想要解决的传播**难题**以及试图修正的传播**困境**都有哪些呢？

扩展阅读：

推荐阅读: Gregory Shepherd, Jeffrey St. John, and Ted Striphas (eds.), *Communication as . . . Perspectives on Theory*, Sage, Thousand Oaks, CA, 2006.

关于传播的多种定义: Frank E.X. Dance, "The Concept of Communication," *Journal of Communication*, Vol. 20, 1970, pp. 201–210.

关于信息: George Gerbner, "Mass Media and Human Communication Theory," in Frank E.X. Dance, *Human Communication Theory*: *Original Essays*, Holt, Rinehart and Winston, New York, 1967, pp. 40–60.

作为人际符号互动的沟通: Gary Cronkhite, "On the Focus, Scope and Coherence of the Study of Human Communication," *Quarterly Journal of Speech*, Vol. 72, No. 3, 1986, pp. 231–246.

应用性传播理论: J. Kevin Barge, "Practical Theory as Mapping, Engaged Reflection, and Transformative Practice," *Communication Theory*, Vol. 11, 2001, pp. 5–13.

实证性理论与阐释性理论的整合: Karl Erik Rosengren, "From Field to Frog Ponds," *Journal of Communication*, Vol. 43, No. 3, 1993, pp. 6–17.

理论的多元化视角: James A. Anderson and Geoffrey Baym, "Philosophies and Philosophic Issues in Communication, 1995–2004," *Journal of Communication*, Vol. 54, 2004, pp. 589–615.

理论范围的不同: Ernest Bormann, *Communication Theory*, Sheffield, Salem, WI, 1989, pp. 1–101.

第2章 基本分类：实证还是阐释？

我在惠顿学院任教的第一年里认识了格伦·斯帕克斯和马蒂·梅德赫斯特。那时他们两个是好朋友，一起选修了我为本科生开设的影响力课程。作为学生，他们都对广电传媒感兴趣。自惠顿学院毕业后，他们双双在北伊利诺伊大学获得硕士学位；嗣后，又在不同的学校里分别获得博士学位，现在都成为全美知名的传播学者。格伦在普渡大学担任教职，马蒂则在贝勒大学（Baylor University）任教。

格伦和马蒂有着相似的教育背景和研究兴趣，但二人选择的研究路径却大相径庭。格伦自称**实证主义者**，马蒂则把自己看成一名**修辞学家**。格伦主要接受的是经验研究的训练；马蒂更重视修辞理论和修辞批评。格伦开展实验；马蒂阐释文本。

在接下来的学习里，读者最好先掌握传播领域的实证性及阐释性研究的区别。为了对两者的区别作出说明，我要求格伦、马蒂分别应用各自的研究方法，而共同的对象是一支在第46届超级碗大赛前几个月开始播出的商业广告。

实证主义者： 是指这样一群学者，他们运用科学方法描述、预测和阐释反复发生的人类行为模式。

修辞学家： 是指这样一群学者，他们研究如何使用符号以获得人们的认同，或说服人们接受某些观点。

2.1 两位传播学者对"铁杆粉丝"的看法

1998年，球星佩顿·曼宁开始出任印第安纳波利斯小马队的核心前卫。在此一年前，万事达信用卡推出了它的"无价"广告。广告暗示这家信用卡公司具有足够的幽默感和智慧，深知生活中最美好的事物无法购买，不管你的信用限度如何。9年以后，佩顿和这支"无价"的商业广告仍然在狂飙突进。曼宁在2007年的超级碗赛事中率领小马队一举夺得冠军，万事达信用卡则利用他的明星效应大肆推广其公司形象。行业杂志《广告周刊》设定了这样的场景：

佩顿·曼宁是少数几个显示了自己有能力出演商业广告的超级明星运动员之一。我们从前就看得到围绕在他身边的粉丝。现在，他为摔落托盘的女服务员、被热汽烫伤的拿铁咖啡男孩，以及不小心让钢琴滚下山头的搬运工人而加油喝彩。"朋友，这没关系，他们不是在'喝倒彩'，而是在说'这一切都会过去'。"[1]

《广告周刊》中的第4个场景，曼宁正大声鼓励投错报纸的报童："没关系，孩子。你仍然是社区中最好的小帮手。"《广告周刊》发布的4个场景都是"无价"广告中语音和书面信息的最好演绎：你给你的团队的支持是无价的——尤其是当他们遭遇挫折的时候。这种支持用金钱无法购买。它的潜台词则是"无论发生什么事，这儿都有万事达"。实证主义社会学家格伦以及修辞学家马蒂将以不同的理论方法分析这则广告。

格伦：实证性研究方法

广告中最核心的人物就是超级明星佩顿·曼宁。万事达信用卡公司显然十分确信名人效应将影响其信用卡的公众形象。作为一个实证主义学者，我想要验证他们的想法是否正确。我的答案能帮助学者和广告商更好地预测哪些说服技巧足以产生效果。假如这一"品牌"策略确实有效，那么我想进一步搞清楚它为何有效。实证性研究学者既要**预测**也要**阐释**。

理论是进行科学预测和阐释的必要工具。针对这则商业广告，我可能会应用卡尔·霍夫兰（Carl Hovland）和瓦尔特·韦斯（Walter Weiss）提出的**信源可信度理论**，该理论是耶鲁态度项目（Yale Attitude）中影响力研究的子项目。[2] 两位学者认为专业度和可靠程度是构成人们信任的要素。在那些看广告的橄榄球球迷看来，毫无疑问，佩顿·曼宁是最顶级的四分卫。曼宁这样的人为正经历糟糕一天的普通人打气，这说明他站在普通人一边而且不会误导他们。信源可信度理论的核心假设，即相对于不受信任或被认为不够专业的信源，受到人们信赖的专家能更有效地说服我们。

赫伯特·克尔曼（Herbert Kelman）的观念改变理论同样提供了独到的见解。克尔曼认为，一旦人们与曼宁这样有魅力的人建立**认同**，他们会欣然接受对方的有说服目的的劝告。[3] 曼宁不像许多超级运动明星所显露的那样暴躁、焦虑和冷漠，在为生活中的普罗大众鼓劲喝彩时，他的表现是积极向上、放松和令人鼓舞的。

然而，作为一名实证主义者，我不能就此认为这则商业广告是具有影响力的，以及我采用的理论必然正确。曼宁的专长是橄榄球——不是金融。观众会把他的专长从橄榄球球场转移到信用卡吗？我需要开展实证性试验以测试名人效应是否真的奏效。我或许需要确定这则广告的播放是否给信用卡带来新用户的增长，它的现有客户的消费金额是否有所激增。我或许还要测试一些不认识曼宁的观众，看这则广告对他们是否产生了同样的影响——广告没有提及曼宁的身份。测试观众反应是一项至关重要的科学方法。一个理论听上去可能头头是道，然而，不经测试我们就不能确认它是否有

实证性方法： 假设真相独一无二、可通过无偏向的感官获得；致力于发现因果关系。

信源可信度： 演说者和写作者可被感知到的能力和可信度会影响信息的效果。

认同： 影响自我镜像和态度的可认知的角色关系；基于角色模型的吸引力，如果双方关系持续显著，认同就将维持下去。

效。在科学领域，理论与研究一向密不可分。

马蒂：阐释性研究方法

阐释性方法： 赋予传播文本意义和价值的语言研究；假设多重意义和多重真实是可能的。

我看过万事达信用卡的广告，主角是美国橄榄球联盟的顶级四分卫佩顿·曼宁，它试图把男子气概与金钱划上等号。广告邀请观众投身"教练"曼宁带领的"球队"，成为它的一部分，从而达到预期效果。如果人们想融入团队，他们必须接受教练的态度和行为。肯尼斯·伯克（Kenneth Burke）的戏剧主义理论可以帮助我们理解这一符号化行为。

伯克的戏剧五元素： 修辞批评方法的5个构成元素——行动、场景、行动者、方法和目的，以之分析演说者的说服策略。

我们可以把这支30秒的商业广告看成一个微型戏剧，伯克的戏剧主义的5个核心元素——行动、场景、行动者、方法和目的——为我们提供了解释的框架。[4]佩顿·曼宁饰演教练——行动者。吃午餐、喝咖啡、搬家具、投递报纸是背景——场景。曼宁在每个场景中以正确的态度指导人们——行动。使用橄榄球教练的特定行话和手势即为工具——方法。目标是让人们认识并选择万事达信用卡——目的。

伯克认为随着戏剧发展，符号行为要经历不同的阶段。他鼓励评论者用"从某点经过某点到达某点"的方式观察其中的符号形式。[5]在这支广告里，符号行为从烦恼开始——女服务生温蒂摔落了装着食物的托盘。接着，它移动到痛苦和破坏——咖啡男孩约翰尼被热汽烫伤，搬运工摔坏了钢琴，而报童打破了窗户。最后，戏剧到达男子气概、金钱和认同——橄榄球运动员的头盔撞在一起（男子气概），变化出万事达卡的商标（金钱），约翰尼竖起大拇指的镜头（认同）。

特别需要注意的是广告中的符号转换。在大部分镜头中，曼宁都在"指导"人们采用正确的态度。我们可以听他的对话，"你是个男人；把上面的脏东西擦掉；这没关系，孩子"；也可以看他的姿势，"举起胳膊；抬起手；鼓掌；指向某处"。直到广告最后几秒，符号转换才告完成。这次是翘起大拇指的约翰尼在做指导的工作，意味着他接受了正确的态度，也采取了正确的行动——得到一张万事达信用卡。于是，符号等价就在男子气概（一个形象积极的橄榄球球员）和使用金钱（万事达信用卡）间建立了起来。

广告的信息非常清晰。要成为男人，观众需要对生活细节有正确的判断，还意味着他们要成为"主场球队"的一部分。男人和他的目标之间存在必须跨越的障碍，而获得一张万事达信用卡在象征意义上等同于成为强者以及跨越障碍、达成目标之后的成就感。

2.2 实证性还是阐释性：两者的差别

格伦和马蒂都注意到佩顿·曼宁推销万事达信用卡时所扮演的角色，但他们接下来采用的研究方法，在出发点、方法论及结论等方面有明显的区别。格伦是追求**实证性**表达的**实证主义社会学家**；马蒂则是从事**阐释性**研究的**修辞评论家**。自这里开始，你会发现，这些标签变得有些微妙。

所有修辞评论家都进行阐释性分析，然而并非所有具阐释性的学者都是修辞学学者，其中大多数人（包括马蒂）都是人文主义学者。现在，有越来越多的后现代传播学者抗拒这一传统。他们用各种令人困惑的名称称呼自己：阐释学派学者、后结构主义者、解构主义者、现象学家、文化研究者、社会行动理论家以及这些术语组合而生的一些新词。犹他大学的学者詹姆斯·安德森（James Anderson）观察到：

> 在人数庞大的阐释学派中，命名存在争议，界线无法清晰划定，交叉点持续存在。但是，它的成员往往能看到真正的差异。[6]

这些学者（包括马蒂）的共性是利用阐释性分析——即与语义相关的学术研究，可是我找不出如**实证主义者**这样的共称足以涵盖这一类人。因此，接下来，我将用**阐释学派学者**或者**阐释学者**称呼整个群体，而用**修辞学家**、**人文学者**、**评论家**或**后现代主义者**分指特定的子群。

阐释学派学者与实证主义者不同的世界观反映出两者之间明显的差异，这体现在获取知识的方式、人性的本质、价值观、理论的根本目的、研究方法等方面。本章接下来的部分将逐一加以详细论述。

读者为什么应该关注这些理论学者做的是实证性研究还是阐释性研究——或是两者皆有呢？理由之一是：**学者们**在意这种不同。当我为**对话**[7]做栏目采访时，我有机会在每位学者身上发掘他（她）对某种世界观的热情与投入，并探求这一基础如何塑造了他（她）所构建的理论。一旦你掌握了一位理论学者的基本假设，你就能更好地理解他（她）的理论。除此之外，你对于实证性及阐释性差异的了解，也有助于你确定自己选择进入哪一种传播研究方向。最重要的是，你偏好的方向将会影响你如何看待你自己的沟通方式。实证性与阐释性研究方法的差异，不仅仅只是差异而已，它还会创造出新的差异。

人文主义学科：在特定的时间、地点，成为其他人将会怎样的研究；假定不存在有重要意义的泛人类特征。

2.3　认知方式：发现真理或建立多重现实？

如果我们了解某个事物，我们又是怎么知道我们对它的了解呢？这是哲学的一大分支——**认识论**——致力解决的问题。或许你在学校里学习了10多年，阅读材料、撰写论文、参加测试，却从来没有研究过下面这个问题："什么是真理？"而无论你是否深入思考过这个问题，研究者不可避免要针对知识的特性做出假设。

认识论：研究知识的来源、性质、方法及其局限性的学问。

实证主义者假设真理只有一个，认为存在一个独一无二的、永恒的且不依赖任何条件的真理。借助人类的5种感官（看、听、摸、尝、闻），真理可以被发现。任何一个观察者都能获取关于这个世界的原始感官材料，科学因此应该是无偏向、无目的的学科。正如伽利略所说，"任何人都能看穿我的望远镜的本质。"尽管没有人能全知全能，但研究者可以将研究发现集中起来，建立了解世界如何运作的知识集合。

实证主义者认为好的理论就是基本现实的忠实再现——自然的镜像。他们确信一旦发现或证明某个原理，在条件一致的情况下，该原理将一直为真。这就是为什么格伦会相信信息来源的可信度能解释传媒信息传送是否有效的原因。

阐释学派学者也在寻找真理，但是他们大多认为真理由以传播为手段的社会建构。这些学者相信语言创造了不断流动的社会现实，而不是再现世界固有的原则和关系。知识需要通过特定的视角呈现。一个词语、一个手势或一种行为在既定的群体里可能是持久不变的，但是认为一种阐释可以跨越时空界限则相当危险。

文本从来不能解释自身。事实上，阐释学派学者大多坚持真理在很大程度上是主观的——意义本身就具有高度的阐释性。像马蒂这样的修辞学家虽然不是突发奇想、随心所欲地指派意义的相对主义者，但他们确实认为，客观是种神话；我们绝不可能将认识者与被认识的对象彻底分离。

阐释学派学者认为，意义存在于人脑而不是语言符号之中。一个文本可以有多重意义。修辞学家让他人透过他们的阐释性镜头分析文本，就代表他们是成功的，对于世界的观察又多了一种。马蒂能让你相信万事达信用卡广告是建立男子气概与金钱的等同关系的一种尝试吗？詹姆斯·安德森曾有一句哲言："真理是斗争，而不是状态。"[8]

2.4 人类本性：决定论或自由意志？

决定论：假设人类行为由遗传和环境决定。

历史上最重大的哲学辩论之一是围绕人类选择的问题展开的。[9]强硬的**决定论**者宣称，人类的每次行动都由遗传（物种即是命运）和环境（趋乐避苦）所决定。从另一角度，自由主义者则坚持认为，人类的每次行动最终都出于自己的意愿（"我是自己命运的主人，我是自己灵魂的舵手"）。[10]尽管极少有传播学者赞同以上两种过于极端的说法，但大多数学者显示出自己的选择倾向。科学家强调塑造人类行为的外力；阐释学派学者关注个体有意识的选择。

两种有关人类本性的理论也被人们用来表达他们将如何采取行动。如果某人觉得自己像是系在绳上的木偶，他会说"我**不得不**——"。但是，如果他觉得正是他自己在操控那根线，他会说"我**决定**——"。第一类人以被动的口吻说："邻桌的争论使我无法集中精神学习。"第二类人则会说："我停下来不再学习，专心倾听邻桌的争论。"

专业术语的使用通常也反映研究者对人性的看法。实证主义者通常把人类行为描述为**由于**个体意识以外的力量而发生。他们对行为的解释往往不诉诸心理推理和有意识的选择。实证主义者经常把行为描述为对先前刺激的反应。要注意的是，格伦引用的克尔曼的观念改变理论暗示说服过程存在因果的必然。我们**将会**因为那些具有吸引力的事物而动摇。

相对而言，阐释学派学者往往使用诸如**为了**和**以至于**的解释性词语，把个人行为归因于预设的目的。他们对术语的选择暗示着，人是自由的行动者，能在相同的环境下做出不同的反应。例如，马蒂提到广告**邀请**观众加入团队及约翰尼**采取**正确态度时，他使用的单词是自愿性的**行动**（action），而不是不假思索就做出的**行为**（behavior）。坚定的阐释学派学者不去追问约翰尼为什么会做出那样的选择。正如安德森的观点，"真实的选择足以成为它自身的原因和解释。"[11]

实证主义者显然认为个体选择是不确定的，个体的自由度**一旦**上升，行为可预见性就会下降。在现实世界，严格限制人类选择的观念正在威胁人文主义的根基。英国作家刘易斯（C. S. Lewis）以激昂的辞令揭示了既剥夺人类自由又期待人们做出负责的选择的悖论。

> 以一种可怕的简单化，我们切除了他们的器官却又期望他们发挥优势和专长。我们嘲笑荣誉却又因在我们中间发现叛徒而感到震惊。我们阉割雄性动物却又要求它们多子多孙。[12]

刘易斯认为，重大决策必有代价。阐释学派学者会同意他的看法。

2.5 最高价值：实证性或思想解放？

每当谈及价值，我们一直在反复讨论优先性、相对价值等问题。[13]价值就像生活中的红绿灯，指导着我们的思想、感受和行为。传播学者在专业上的价值取向反映了他们如何看待知识和人性。绝大多数实证主义者坚持要把"认知者"和"认知对象"分离开来，格外重视不带有任何意识形态偏向的实证性。阐释学派阵营中的人文学者和其他学者则确信，选择的能力是人类区别于其他物种的关键，因此相当珍视可拓展这种自由的学术成果。

作为实证主义者，格伦努力坚持其实证性。他是一个有着强烈道德感和感染力的人，而这也许会影响他研究的主题。他从不愿任由他的个人价值观扭曲现实，把"**是什么**"和"他认为**应该是什么**"这两者弄混。格伦呼吁进行实证实验，并且认为理论创立者如果不能提出**经验证据**，找不到一种使独立观察者也能证明该理论客观有效的途径，就有为此感到沮丧的理由；如果他听说有的研究者为了支持有疑问的

经验证据：通过直接观察收集的数据。

假设而捏造研究结论，甚至会觉得忐忑不安。格伦认同美国社会学家乔治·霍曼斯（George Homans）①的学术观念——让证据自己说话，"即使被摊在十字架上，事物的本质仍有机会说'不'——那么它的主体就是科学。"[14]

马蒂有能力辨认自己的意识形态，并不担心把自己的价值观带到传播文本中供人审视。他指出广告中男子气概和金钱之间的巧妙的对等，使人们意识到它不仅仅是一支幽默且让人感觉良好的广告。马蒂对广告和资本体系不持公开批判的立场，但他的见解给广告观众提供了新的视角，观众们或许从此就将嘲笑曼宁为他的"团队"所做的装模作样的努力，以及广告中隐含的经济目的。批判性的阐释学派学者重视与社会学相关的研究，这些研究试图把人们从经济、政治、宗教、情感等等的压制中解放出来。他们谴责那些拒绝为其研究结果负责的科学家的超然立场。无论研究者从事的是什么——分裂原子的曼哈顿核项目、绘制人类基因的基因组项目或分析广告影响力的课堂任务，批判性的阐释学派学者认为，知识从来不是中立的。"不存在一个安全的避风港能让研究学者避开权力结构。"[15]

思想解放：从政治、经济、种族、宗教或性别压迫中获得解脱；赋权。

如上所述，我用**实证性**和**思想解放**的标签来对比实证学派和阐释学派的基本价值观。科罗拉多大学的传播学教授斯坦·迪茨对这个议题的分析提出一些不同的看法。他认为一般性的传播理论有两个优先级——**有效性**和**参与性**。[16]有效性关注的是成功地将信息、观点和意义传播给他人。影响力也是其中一种。参与性关注的是提升所有观点对共同决策的影响以及个人对新观念保持开放的可能性。后者更鼓励分歧、对立和自主。所谓价值观，就是**哪一种关切具有更高的优先级**？提倡实证性的理论学者强调有效性而忽略参与性。阐释学派学者则恰恰相反。

2.6 理论目标：一般法则或阐释性引导？

格伦和马蒂可以在知识的本质、人类自主程度和学术研究终极价值等方面达成共识。然而，由于术语的使用不同、最终目标的不同，他们两人的表述对彼此来说仍然十分陌生。作为实证主义者，格伦致力于建立涵盖各种情境的一般行为法则；作为修辞评论家，马蒂则试图阐释特定语境下的特定传播文本。

假如这两位学者从事的是时装设计而不是学术研究，格伦想要裁出的可能是一件适合许多场合穿在任何人身上都好看的外套——一套裁剪适合所有人。马蒂会运用时装设计的原则来为单一的顾客设计具有个人风格的作品——一人一件，量体裁衣。格伦接受某种理论并检验它是否能应用于任何一个个体。马蒂选择某种理论则是为了说

---

① 乔治·霍曼斯（1910—1989），美国社会学家，在哈佛大学毕业之后，除了1941年至1945年在美国海军服役，一直从事社会学教学与研究工作。霍曼斯曾两度在英国的大学任教：1953年在曼彻斯特大学任客座教授，1955年至1956年在剑桥大学任教授。他是美国社会学学会、人类学学会和应用人类学学会会员。他的主要著作有《13世纪英国村民》《人类群体》《社会行为》等。

明特定的传播事件。

理论验证是实证主义者的基本方法，因此，格伦依据世界如何运作的直觉——信源可信度增强影响力的想法——开始入手。接下来，他要精心制定一个严谨的假设，暂时认定该假设为真。作为经验主义者，他永远无法"证明"自己在这次赌博中押对了宝；只能通过一次又一次的试验说明他打这次赌是物有所值。如果重复性研究支持了他的假设，他就可以更自信地预测哪一种传媒广告会有效，解释其中原因，甚至建议从业者如何提高他们的可信度。

阐释学派学者探寻构成人类存在的语义网络。马蒂创造他的学术成果，而非一次次证明理论。不过，他有时会用诸如肯尼斯·伯克这样的修辞理论家的研究成果来帮助他对人们在生活中听到或看到的文本形成解释。《演讲季刊》(*Quarterly Journal of Speech*)的前任编辑罗伯特·伊维（Robert Ivie）指出，修辞批评家应该用这样的方式来应用理论：

> 修辞理论指示我们在社会实践中应寻找什么，是什么构成了社会实践，判定它是否具有意义。如果我们不接受这种引导，我们将无法开展对社会现实的修辞批评。[17]

2.7 研究方法：定量或定性？

无论是寻找使假设成为可能的普遍法则，还是用阐释性的引导来帮助理解有歧义的传播，要达成这样的任务，学者们必须经过研究。实证主义社会学家侧重量表和频率计提供的精确测量，通常运用**定量**的研究方法。阐释学派学者认为统计的平均数据会消解重要的个体差异，因而用**定性**的研究方法研究人们如何用标志和符号创造和推断意义。

权威的传播学教科书必须介绍以下4种传播研究方法。[18] **实验法**和**调查研究**为科学家提供检验理论的定量方法。**文本分析**和**人种学**提供定性工具，帮助阐释性学者寻找意义。我将简短地分别描述这4种方法的特点，并给出每种方法所对应的研究性实例。这里所列举的理论假设在之后的章节会有涉及。

1.实验法

实验者假设人类行为不具随机性，试图通过系统方法在严格控制的情境中操作一种因素（自变量）以认识它对另一种因素（因变量）的影响，从而建立因果关系。格伦曾建议用佩顿·曼宁主演的广告测试名人效应，我们不妨想象，他会设计一个实验以检验如下假设：**观众如果认为商业广告中的名人有专业能力且值得信任，对于公司**

定量研究：以数字化形式记录数据的研究。

定性研究：以语言（非数据）形式记录数据的研究。

实验法：在严格控制的环境中控制某一变量，以发现它是否会产生预期效果的研究方法。

赞助商的回应就会更为积极。

鉴于这则广告的目标观众是橄榄球迷,格伦用标准化可信度量表来测定人们认为"曼宁是否**胜任**橄榄球比赛"及"他在给他人支持时是否**值得信任**",这实现了对自变量的操作。[19] 他还要测试观众对公司赞助商的回应——因变量——给他们一个机会,让他们申请一张由他们自己选择的知名信用卡。志愿者要经过筛选,实验对象应该是那些还没有万事达信用卡的人。格伦还应该辨别,哪些潜在的实验对象认识佩顿·曼宁并知道他在橄榄球职业生涯中的成功经历,而哪些实验对象对佩顿·曼宁和他的成功一无所知。最后,格伦将实验对象作如下安排:

A组:认识佩顿·曼宁并将观看这则广告的人
B组:不认识佩顿·曼宁并将观看这则广告的人
C组:认识或不认识佩顿·曼宁的人,将观看一段与名人和信用卡无关的有趣的广告

控制组:没有与任何形式的自变量发生联系的实验对象;一个未处理的对照组。

广告播完之后,格伦要求实验对象完成胜任度和信任度量表,以确定是否A组观众真的比B组观众认为佩顿更可信任,同时也比C组观众在广告中看到的人物更可信任。所有的实验对象都有机会申请一张信用卡。如果格伦发现,A组中申请万事达信用卡的观众比例要远远高于B组和C组,这个结果将会强有力地支撑信源可信度理论。

适合以实证性研究测定的问题:
- 可感知的相似性与人际关系的吸引力之间有什么关系?
- 小群体做出高质量决策的必要条件是什么?
- 在哪些情况下,违反某人的非语言预期会导致有利的回应?

2. 调查研究

不管是使用调查问卷还是进行采访,调查研究者通过受访者自我报告的数据来了解人们的身份以及他们的思想、感受和目的。在本书讨论的4种研究方法中,调查无疑是最广为人知、应用最为广泛的一种。针对万事达信用卡广告这一案例,这支广告首播前后,调查研究都能够很好地为赞助商提供服务。

调查研究:这种研究方法用问卷和采访来收集、反映受访者想法、感受和目的的数据。

麦肯广告公司(McCann Erickson)的纽约分公司,即万事达信用卡的广告代理商,已经明确这则广告的目标观众是中产阶级的男性橄榄球迷。广告商想要对目标观众随机抽样并进行调查,了解他们对佩顿·曼宁和赞助商的态度。如果广告商发现相较于曼宁的技术和人品的评价,信用卡公司的名声有所不及,他们就应该借这位四分卫的影响力精心制作一则广告,以提升信用卡公司的公众形象。

广告首播之后,调查研究能判断广告下一步的花销是否值得。除了一些传闻式的证据,例如营销主任隔壁邻居的评论,或有人在YouTube看过这则广告后给了不错的

评价，赞助商通常不可能有更多的跟进。而一个系统性的电话调查能发现有多少人记得曾经看过这则广告，多少人喜欢它，多少人记住了赞助商的名字，多少人已经拥有信用卡或者他们下一次的购买目标是什么，还有这些人是不是"适合"的人群——赞助商的目标人群。

调查研究也能帮实证主义社会学家验证理论。比如在前面所述的实验法中，因变量是一个离散行为——申请一张万事达信用卡。然而，用一种不考虑其他变化的二选一的测量方法，测定人们对信用卡公司的评价仍是相当困难的。我们可以找到那些在比赛期间收看商业广告的目标观众，请他们填写两份多个子项的量表，其中一份测定人们对佩顿·曼宁的认同，另一份测定人们对万事达信用卡的态度。两组数据之间强烈的正相关，可以进一步支持格伦引入的克尔曼的观念改变过程。

至于观众赛后的行为，是否会因朋友或家庭成员的评论而受影响，我们总是难以保证的。以相关数据说明因果关系，实现起来有一定难度。与在实验室中做实验不同的是，精心设计的调查使实证主义者更有机会了解"真实生活"里人们的想法。它不如实验精确，但比做实验更接地气。

适合进行调查研究的问题：
- 人们对认知清晰的需求有多大不同？
- 观看大量暴力情节的电视观众深信这个世界步步危机且令人恐惧吗？
- 新闻传媒报道在多大程度上为人们所想和所信的事件设置了议程？

3. 文本分析

文本分析的目的在于描述和解释信息的特征。传播学学者用它特指基于人的视角对某一信息的特别研究。修辞批评是传播学中最常见的文本研究方法。马蒂对广告中佩顿·曼宁的对话和姿势作出分析，是很好的文本研究范例。

越来越多的阐释学派学者不再满足于解释某一文本意指的意义。他们揭露并且公然抵制侵蚀社会公共智慧的意识形态。这些**批判学者**反对任何关于永恒真理和意义的概念。在传统的思想家看来，批判学者的行为像是幼儿园里一些愤怒的儿童在打翻其他儿童堆的积木，然而，他们的目的其实是用理论为弱者开辟一处表达的空间。例如，女性主义者在评论格伦和马蒂看到的这支广告时，可能会指出女服务生温蒂可笑的失误是广告中唯一一次出现女性，而且佩顿的"支持"是以家长式的作风把温蒂当成了男人。女性主义者还会指出，借助幽默的形式和社会支持的伪装，这支广告毫不犹豫地强化了"男人有泪不轻弹"的固有男性形象。文化研究领域的理论学者在面对赞助商试图传递的观念——世界上有些东西是无价的，必然会嗤然冷笑，广告里被毁的午餐、拿铁咖啡和钢琴的成本，赤裸裸地关乎金钱。

在批判"文化工业"的理论学者眼中，广告是该工业力量的关键，那些意识到电视向观众强制传递意识形态的人应该起而抵制。阐释学派学者的文本分析不是一项超

文本分析：描述和解释文本特征的研究方法。

批判理论学者：利用理论揭露产生和维持权力分配不公正的传播实践的学者。

然且公正的计划，而是为改革者服务的有力工具。

适合进行文本分析的问题：
- 演说者对词语的选择反映了怎样的策略性目的？
- 马丁·路德·金在"我有一个梦想"的演说中使用的比喻如何反映了当时当地的历史语境？
- 在何种情况下，"我有一个梦想"的文本会成为传媒集团意识形态的典范？

4.人种学

1990年奥斯卡金像奖最佳影片《与狼共舞》中，男星凯文·科斯特纳饰演约翰·邓巴，一位独自前往美国西部达科他平原的19世纪的陆军中尉。[20]邓巴带着焦虑的心情，抱着试一试的态度，开始着手了解在距他不远处宿营的印第安苏人部落的生活方式。他观察、聆听、充分体会，逐步地参与部落仪式，还做了详细的记录。这便是**民族志研究**！

民族志：一种参与式观察法，意在帮助研究者体验某一种文化的复杂意义网。

普林斯顿大学人类学家克利福德·格尔茨（Clifford Geertz）指出，**民族志**"不是揭示法则的实验科学，而是寻找意义的阐释性途径"。[21]作为人类生活的敏锐观察者，格尔茨不喜欢硬以自己的思考方式套在某个社会对现实的建构上。他希望他的传播理论植根于与生活在某种文化中的人们共享的语境中。正确地理解文化，意味着从文化创造者的视角来认识它。

长久以来，人们把广告看成世界本身。传播学者却把万事达信用卡商业广告看成特定亚文化背景下的产品，试图理解环绕着这则广告及其他广告的语义网络。至于民族志学者，他们会寻找与广告工业共享意义和价值观的仪式、典礼、礼仪、神话、传说、故事乃至民俗。稍加用心，你就有机会成为某家广告代理商或其公司客户的实习生，它们会非常高兴你在其中扮演参与者及观察者的角色。以下是一些你在从事民族志研究时可能会提出的疑问。

适合进行民族志研究的问题：
- CEO采用开放性政策对企业中层管理人员有何意义？
- 女性的立场如何影响她们对照看老人和孩子的行为的评价？
- 当一位青少年和一位老人互动时，他们会怎样改变自己的行为以适应对方的传播方式？

2.8 在实证性—阐释性量表中绘制理论地图

在本章中，我介绍了实证性学者和阐释性学者以及他们各自建立的理论之间的5个重要的差别。对于这些差别的基本认识，将帮助你了解与你志趣相投的思考者正走

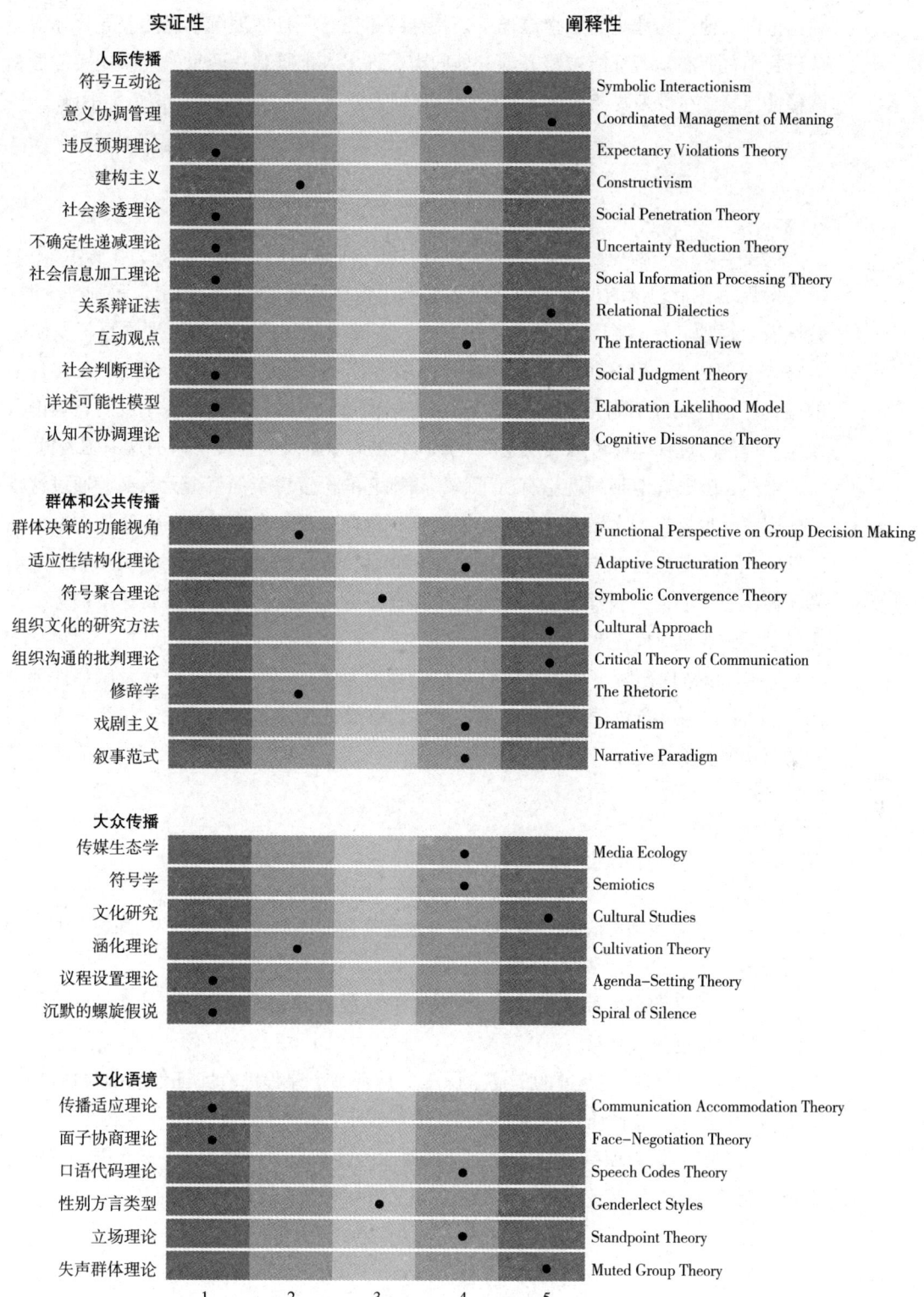

图2-1 根据实证性—阐释性的世界观分类的传播理论

到哪里以及他们为什么要选择这样一条特殊的路径。一旦你理解了上述差异，你就会认识到不是所有学者都能被整齐划一地归类。许多人把脚踏在两只船上。把**实证性**和**阐释性**标签放在量表两端，让不同理论沿着量表分布，这样的描述应该更加准确。

实证性＿＿＿＿＿＿＿＿＿＿＿＿＿＿＿**阐释性**

我在实证性—阐释性量表中勾画了书中每一种理论的位置（如图2-1所示）。为了方便界定各个理论的位置，我在图表底部用数字划分出5栏。在定位每种理论时，我试着全面地考虑该派别学者在认知方式、人类天性、最高价值、理论目标及研究策略方面的选择。我咨询了这个领域的许多学者，以便把他们的"理论"放在合适的位置。他们或许不能完全同意我的看法，然而每一次的讨论都加深了我对该理论以及建立理论的过程中应考虑的议题的理解。我的收获都反映在接下来的这一图表里。

当然，除非你对某种理论有所了解，否则它的位置对于你就全无意义。通过这幅分配图表，你会发现大概有一半理论具有实证取向，另一半则显示了阐释取向。五五对开的比例恰与传播领域学术交叉的现象相吻合。每次谈及理论之间的关系和某个学者群体的一般假设，教师们会频繁地回顾此图。为了便于参考，我在每一章的标题页里复制了图表里对应该章的部分。

第3章以欧内斯特·博尔曼的符号聚合理论为例，介绍判定实证性及阐释性理论的成熟标准。第3章标题旁的小图揭示了我为何要选择博尔曼的理论，位于量表中间的圆点说明它恰恰介于两种研究方法正中间。

帮助你深入思考的问题：

1. 对比格伦和马蒂研究万事达信用卡商业广告的不同途径，你最熟练的是哪一种分析？为什么？

2. 实证主义者和阐释学派学者在回答"什么是真理"的问题时有什么不同？你认为哪一种视角更令人满意？

3. 思考一下你之前上过的传播学课程。是否每个课程都有**实证性**或**阐释性**取向？它更多的是因为主题性质还是因为教授个人的观点？

4. **实验法**、**调查研究**、**文本分析**及**民族志**为什么是适合回答3个标有强调符号的**研究问题**的方法？你能针对每一个问题找出另外一种适合的研究方法吗？

扩展阅读:

推荐阅读: James A. Anderson and Geoffrey Baym, "Philosophies and Philosophic Issues in Communication 1995–2004," *Journal of Communication*, Vol. 54, 2004, pp. 589–615.

元理论概要: James A. Anderson, *Communication Theory: Epistemological Foundations*, Guilford, New York, 1996, pp. 13–77.

当代科学研究: Charles Berger and Steven Chaffee, *Handbook of Communication Science*, Sage, Newbury Park, CA, 1987.

当代修辞研究: Sonja Foss, Karen Foss, and Robert Trapp, *Contemporary Perspectives on Rhetoric*, 3rd ed., Waveland, Prospect Heights, IL, 2000.

有关经验性理论的深入研究: Robert Bostrom and Lewis Donohew, "The Case for Empiricism: Clarifying Fundamental Issues in Communication Theory," *Communication Monographs*, Vol. 59, 1992, pp. 109–129.

有关阐释性理论的深入研究: Arthur Bochner, "Perspectives on Inquiry II: Theories and Stories," in *Handbook of Interpersonal Communication*, 2nd ed., Mark Knapp and Gerald Miller (eds.), Sage, Thousand Oaks, CA, 1994, pp. 21–41.

科学探索: Glenn Sparks, *Media Effects Research: A Basic Overview*, 2nd ed., Wadsworth, Belmont, CA, 2006.

修辞分析: Martin J. Medhurst, "Why Rhetoric Matters: George H.W. Bush in the White House," in *The Rhetorical Presidency of George H.W. Bush*, Martin J. Medhurst (ed.), Texas A&M University, College Station, 2006, pp. 3–18.

理论批判方法: Stanley Deetz, *Democracy in an Age of Corporate Colonization*, State University of New York, Albany, 1992, "The Role of Communication Studies," pp. 65–90.

研究方法: Lawrence R. Frey, Carl H. Botan, and Gary L. Kreps, *Investigating Communication: An Introduction to Research Methods*, 2nd ed., Allyn and Bacon, Boston, 2000.

实证性与阐释性的联系: Charles Pavitt, "Answering Questions Requesting Scientific Explanations for Communication," *Communication Theory*, Vol. 10, 2000, pp. 379–404.

理论与研究的联系: Robert Bostrom, "Theories, Data and Communication Research," *Communication Monographs*, Vol. 70, 2003, pp. 275–294.

如欲了解传播领域的实证性理论与阐释性理论的历史视角,请到 www.afirstlook.com 点击"理论档案"中的"聊聊传播学"。

第3章 何为成熟的理论?
欧内斯特·博尔曼(Ernest Bormann)的符号聚合理论

实证性　　　　　　　　　　　　　　　　　　　阐释性
社会心理学

在第2章,我们阐述了两种截然不同的传播理论研究法——实证性方法与阐释性方法。实证主义社会学家与阐释学派学者的研究南辕北辙,因此通常难以了解、评估对方的学术价值。百老汇音乐剧《俄克拉荷马》描写牛仔与农夫间的分歧,恰好与学术界的这种互不理解有异曲同工之妙。剧中有一首歌呼唤彼此之间的理解与协作:

> 农夫与牛仔应该成为朋友,
> 哦,农夫与牛仔应该成为朋友,
> 农夫喜欢犁田,
> 牛仔喜欢赶牛,
> 没有理由他们不能成为朋友。[1]

问题在于农夫与牛仔想用同一块地犁田、放牛。围绕栅栏、水源以及政府救济的争执会使双方关系变得紧张。实证性学者与阐释性学者间的地盘之争也很普遍。二者在认知方式、认识人类本性、价值观、理论目标及研究方法上的差异,似乎使关系的紧张更加无可回避。

经验主义者与批判阐释者都坚持用自己的判断标准评判对方的研究,因此难以建立友好的关系。初学者可能更容易身陷其中,犯下同样的错误。假如你接受的是科学方法训练,以能否预测人类行为作为评判任何传播理论的标准,那么你将自觉排斥书中介绍的一半理论。换个角度,设想你沉浸于人文科学,期望新的理论能帮助你解开文本的意义,你也可能忽视掉书中另一半的理论。

无论偏好哪一种研究法，你要明白，不是所有实证性或阐释性理论都同样杰出。任何一种理论类型，在某些方面总是优于其他。正如要去观看好莱坞著名导演克林特·伊斯特伍德的西部片的电影观众，需要一个标准鉴别善恶美丑。这本教材囊括以实证科学与人文学科为根源的理论，读者将不得不以两套镜头审察学者们的不同主张。本章就是为了提供这样的双焦镜头而写。希望你在阅读本章之后，对于实证主义社会学家与阐释学派学者用来评判各自研究与术语的不同标准，能够建立不偏不倚的态度。

3.1 典型案例：欧内斯特·博尔曼的符号聚合理论

明尼苏达大学教授欧内斯特·博尔曼建立了一套传播理论，由于兼具阐释性与实证性而显得不同寻常。博尔曼的研究始于一种修辞批评方法——人文学科研究中备受赞誉的传统方法。博尔曼称之为**想象主题分析**（fantasy theme analysis），并用它来研究小群体的传播事件。

博尔曼很快发现群体成员在彼此交谈时使用的戏剧化意象与群体意识和团结程度间的联系。以标准的社会科学方式，他定义了相关术语，精心设计一组因果假设，而且假定这一假设适用于所有群体，无论该群体的成员在何处碰面、是什么样的身份，以及他们为什么聚在一起。简言之，博尔曼的符号聚合理论主张"群体想象的共享创造符号聚合"。[2]

有些人认为**想象**一词仅限于儿童文学、性欲或"非真实"的事物。然而，博尔曼用这个词意指"一种对事件具有创造性或富于想象力的解释，用以满足心理或修辞上的需求"。[3]在小群体的情境中，**想象**可能指向该群体过去发生的事件、对未来可能发生的事件的推测以及关乎群体外部世界的所有谈话。它不包含对群体内"此时此刻"行动的评论。想象运用故事、笑话、隐喻及其他富有想象力的语言表达。构成表达的想象成为分享共同经验及建立情感基础的方法。

例如，肯塔基大学传播学教授艾伦·德桑蒂斯（Alan DeSantis）要我们想象这样一个场景：一群肯塔基当地出生的中年白人坐在雪茄店周围抽着手卷的进口雪茄。当话题由大学篮球转移到吸烟危害时，店主讲述了一个心脏外科医生在连续工作36个小时后来到店里的事。点完烟之后，医生吹出一个大烟圈说道："这是这些天以来我觉得最放松的时刻。现在又怎么能说吸烟对你有害呢？"[4]

医生是否认为吸烟有害不是故事的关键。符号聚合理论关注的是群体对这个故事的反应。这则叙述是并未产生预期效果，还是雪茄店老顾客们窃笑着表示理解、点头同意，或者会说"真是一语中的！"来支持医生的观点？其他人会不会忘乎所以，抢着用自己的故事来证明吸烟并不真正有害？博尔曼认为，我们可以以群体内增加的能量、加快的谈话节奏，尤其是对想象的一致回应为线索，发现**想象连锁反应**（fantasy

想象：对某事件有创造性或富于想象力的阐释，用以满足心理或修辞上的需求；从群体外部或自过去和未来描绘某事件。

chain reaction）。

大多数想象不会产生连锁反应。它们没有受到重视。但是，一旦一个人抓住了团体内成员的想象，类似的**想象主题**（fantasy theme）会透过多种叙述奔腾而出——就跟美剧《宋飞正传》（Seinfeld）① 一样。每个男人叙述的主角可能都是一个众所周知的雪茄烟民，他们个个高寿且不受疾病的侵扰——美国喜剧演员乔治·伯恩斯、温斯顿·丘吉尔、古巴传奇领袖卡斯特罗、艾美奖得主密尔顿·伯利，等等。某些想象还可能反映出爱管闲事的行政官员限制烟民在公共场合吸烟的行为。不管想象主题是什么，博尔曼相信：通过对共同想象的分享，乌合之众可以转变成有凝聚力的群体。他称这个过程为**符号聚合**。

符号聚合：群体成员形成社群感、亲密感、凝聚力、一致性和团结的对话过程。

通过符号聚合，个体建立了社群感或群体意识。我、我（宾格）以及"我的"等单数表达让位给集体性的代词——我们、我们（宾格）与"我们的"。群体成员分享一系列想象主题时，他们之间会更感亲近。除了年逾八旬老烟民的例子，群体故事还可能集中在雪茄和其他香烟的区别、适度抽烟的安全性、与癌症有关的相互矛盾的科学发现、日常生活中面临的更大风险，以及一支好雪茄给人带来的有益健康的放松，等等。如果同一类整体想象主题在多个群体中被不断重复，博尔曼称人们对社会现实的看法为**修辞视野**（rhetorical vision）。

修辞视野：使多个群体成员形成一个公共符号现实的综合戏剧。

修辞视野的概念使符号聚合理论超越了最初的小群体语境。连贯的修辞视野可通过不断重复的传媒信息传播和强化。1992年底，《雪茄烟迷》（Cigar Aficionado）杂志创刊后，美国就发生了这一现象。这份杂志大肆吹捧雪茄带给人们的愉悦享受，重复呈现上文述及的一系列想象主题。第二年抽雪茄烟的烟民在美国全境增长了50%。[5]

一个简单的代码、标语或非语言符号就能激发修辞视野的全套剧本。在将想象主题形成表达的肯塔基烟店里，家人和朋友的任何对雪茄的批评足以引起烟店老顾客们的新一轮抗辩。他们的情绪反应以反讽美国卫生局长审慎言论的形式出现在烟店售卖的T恤上，"警告——不让我抽烟将会危害你的健康。"[6]博尔曼认为符号聚合理论能够解释人群中的思想碰撞和传播意识。

现在，你对想象主题、符号聚合和修辞视野有了初步认识，我们再来看看实证性学者和阐释性学者如何用不同的标准评判博尔曼的理论。我们先从科学角度开始。

3.2　实证性传播理论的成熟标准是什么？

符号聚合理论之所以立得住脚，是因为符合社会学研究方法中"科学知识的双重目标"的第一信条。这一理论不仅**解释**过去、现在，也能**预测**未来。而得到实证

---

① NBC电视台的系列剧集，讲述4个平常人的生活故事。该剧被誉为"20世纪最伟大的剧集"，风靡美国9年，荣获了包括金球奖、艾美奖在内的众多奖项。

主义学者一致认同的，还有另外3条评判实证性理论的标准——**相对简单**（relative simplicity）、**可验证**（testability）与**实用性**（usefulness）。讨论这些标准时，我将交替使用**实证性**和**科学性**这两个术语。

科学标准1：给出资料数据的解释

成熟的实证性理论能解释事件或人类行为。科学哲学家亚伯拉罕·卡普兰（Abraham Kaplan）[①]指出理论是理解无序情境的一种方式。[7]好的实证性理论使杂乱无章的情境变得清晰，从混沌中寻找秩序。

符号聚合的思想有助于研究学者理解混乱的群体性讨论。尽管负责人反复要求成员们**每次只说一个主题**（speak one at a time）且**紧紧围绕这个主题**（stick to the point），但参与者通常会打断彼此，脱离主题、天马行空地畅所欲言。根据符号聚合理论，明显的离题以及喧闹的讨论并不说明这个过程毫无价值。恰恰相反，它们是该群体走向凝聚的证据。正如博尔曼所说："想象连锁分析的阐释能力，在于它能解释抓住群体成员并改变其行为的冲动的一系列发展、演变与衰退。"[8]

好的理论可以整合资料，使我们略过微小差异而将注意力集中于关键内容。博尔曼的理论可将语言性输入组织成连贯的整体。博尔曼的焦点在于凌驾于原始资料之上的连锁想象的凝聚效果。它能解释正在发生的事情。

好的理论应该可以解释**为什么**（why）。当银行大盗威利·萨顿（Willie Sutton）[②]被问及为何要抢劫银行，这位经济萧条时代的掠夺者回答："因为他们把钱放在那里。"这是一句很妙的台词，然而依据动机理论，它缺乏足够的解释。这句话里不提供任何信息，可分析萨顿的内心或他承受的外在压力，并解释他为何是在所有人都在试图破解股市的时候去破解银行的保险箱。

符号聚合理论不但解释因果过程，同时还解释结果。博尔曼指出群体成员经常把比喻说成是在群体内释放压力的方式。[9]群体内部充斥着人际冲突，如果找不到好的解决方案或者个体在进入群体时带入他个人的压力，可能令整个群体为之沮丧。但是，尽管不太确定是为什么，一个笑话、一则故事或一句生动的比喻就能使阴霾一扫而空。

大多数群体成员不关心想象连锁如何运作；他们只是觉得欣慰，群体压力终于让人舒心地被转移掉了。作为驾轻就熟的演说者，你甚至也不需要弄清楚为什么听众会喜欢你的演说。然而，在选修传播理论课程之后，你不能再把自己看成业余人士。事件为何发生，与事件本身同样重要。

[①] 亚伯拉罕·卡普兰（1918—1993），出生在乌克兰的敖德萨市，1923年移民至美国，1930年加入美国国籍。他曾经在很多大学任教，包括密歇根大学、哈佛大学、加州理工学院等，并于1947年至1958年担任美国哲学协会主席。
[②] 威利·萨顿（1901—1980），是美国人尽皆知的银行抢劫犯。

科学标准2：预测未来事件

好的实证性理论可以预测将要发生的事。我们必须反复研究看到、听到、触到、闻到及尝到的事物，才能使预言变得可能。而在我们发现事物以同样的方式一再发生时，我们会对常规模式和一般法则展开讨论。物理科学很少令我们感觉窘困，因为物体回应刺激有必然的规律。

社会科学却截然不同。虽然解释人类行为的理论通常以因果形式抛出它的预测，理论学者却必须小心谨慎。最完备的理论所针对的对象也只能是普罗大众，而非特定个体，而且它仅是就可能性和趋势而言——不能绝对的确定。博尔曼宣称符号聚合理论恰恰具有这种柔性预测力。

博尔曼相信，修辞视野能推动或驱使以假为真的人去实施该想象。民族志学者艾伦·德桑蒂斯首次在著作中描述雪茄烟店顾客的核心群时，这些人正因他们的朋友格雷格过早死亡而感受痛苦。格雷格像其他坐在商店旁抽烟的老顾客一样，以嘲弄的态度看待雪茄对人身健康的威胁。现在，老烟民们不得不面对格雷格心脏病发作致死的铁一般的事实。然而，就在举行葬礼的一周内，烟友们用语言建构了一个影像拼图，描述格雷格的生活压力。雪茄店老板说出了他们的共识："吸烟与他的死毫无关系。格雷格贪图享受、酗酒以及纵情玩乐，这一切最终为他敲响了丧钟。"[10]

博尔曼几乎无法预测想象何时会"点燃"或引发连锁反应。掌握修辞技巧的成员似乎有更大的机会"擦出火花"，但这并不能保证他们总是可以"引燃"他人。一名有技巧的影像制造者（image-maker）在"点燃"一个想象链之后，他（她）通常无法控制对话的方向。想象链似乎有自己的生命。看到这里，你或许可以理解为什么大多数实证主义社会学家想获得比博尔曼的理论所提供的更高的预测力。不过，这个理论能够预测，一旦想象链被点燃，群体会变得越来越有凝聚力且趋同一致，这正好是在雪茄烟店里发生的事情。

科学标准3：相对简单

好的实证性理论要尽可能简单——不需要太复杂。数十年前，漫画家鲁布·戈德堡（Rube Goldberg）①画了一些只会做简单任务的复杂机器，逗得人们咯咯发笑。他的"改良版捕鼠器"，从转动曲柄启动机器，到最终鸟笼罩住吃乳酪的老鼠，需要靠机械实现15个步骤。

---

① 鲁布·戈德堡（1883—1970），美国著名的漫画家、雕刻家、作者、工程师、发明家，曾获选全美漫画家协会的创立者和主席。1948年，他的政治漫画获得了普利策奖。他因创作鲁布·戈德堡机械系列漫画而受到大众的欢迎。

戈德堡的设计很有趣，缘于捕鼠器本不必如此复杂。它违背了被称为奥卡姆剃刀①的科学原则，奥卡姆哲学家威廉曾恳请理论学者"剃掉"那些不是真正必要的理论假设、变量和概念。[11] 一旦你长时间将注意力集中于一个主题，你很容易陷入宏伟的理论建构之中。（如果你能巨细靡遗地解说时，为什么要言简意赅呢？）然而，**简约原则**（rule of parsimony）——同一原则的另一称呼——指出针对同一事件的两个看似合理的解释，我们应选择相对简单的版本。

大学教授往往批评人们用简单方法解决复杂问题。假设这里有一片丛林，我们偏好责备一些把复杂世界简化为"我（是）泰山，你（是）珍"的人。② 然而，总有一些探险家披荆斩棘，不时地清理、找出通往真理的捷径，用简洁、直接、精炼的术语宣示他们的发现。回想一下前文引述过的博尔曼对其理论的总结性陈述："群体想象的共享创造符号聚合。"[12] 简单是这一理论的优点。

简约原则（奥卡姆剃刀）：针对同一事件的两个看似合理的解释，我们应选择相对简单的版本。

科学标准4：可验证的假设

好的实证性理论是可被验证的。如果预言是错的，应该存在一种方法证明它的错误。卡尔·波普尔把这一必要条件称为**可证伪性**（falsifiability），将它视为科学理论的必要特征。[13] 有些理论过于笼统，以至于无法用经验性的结果证伪。但是，仅仅因为不能证明某个理论是错误的，我们无法有底气地宣称该理论为真。我要以我一段童年的经历来说明这一观点。

我12岁时有一个朋友叫迈克。我们总是在他家的车道上练习投篮。篮板装在一个老式的单车位的车库上方，车库的两扇大门像橱柜门一样向外大开着。为了避免快速带球上篮时撞到大门，我们投篮时都会事先把门打开。由于两扇门都只能旋转90度，因此它们沿着底线向球场延伸了大约1.2米。

一天，迈克宣布他发明了一种"百分百命中"的投篮方式。他从罚球圈顶部运球，快速移向篮板，然后切入到右角，到达底线时后仰跳投。他漫无目的地投了个弧形球，球越过了大门的顶端。当球滑入网中时，我非常讶异。迈克开始吹嘘他的百分百命中，我怂恿他再投一次——他真的投进了。但他第三次投出的却是个篮外空心球，根本没有沾框。

我还没来得及发出初中男生那种不服气的评论，迈克很快就说，这次不算是他的百分百命中投篮。他说他在切入右侧时滑了一下，因此从错误的地方跳投了。他随即抓起球，快速移到门后，再一次漫无目的地投了球。空心球（入篮）。迈克强调说，这才算是他的百分百命中投篮。

可证伪性：要求一种科学理论必须以如下方式陈述：它是可验证的，且在当该理论确实错误的情况下，可以被证伪。

---

① 奥卡姆剃刀（Occam's razor）：是由14世纪逻辑学家、圣方济各会修士奥卡姆的哲学家威廉提出的一个原则。该原则的英文原意是指"若无必要，勿增实体"（entities should not be multiplied unnecessarily），即为论题必须简化。
② 此处特指美国小说《人猿泰山》男主人公泰山生活的原始简单的丛林世界。

我觉得事情有些不对劲儿。我很快发现，按照迈克的定义，任何未命中的投球都不是他自吹自擂的百发百命中投篮。只有当球进了，迈克才宣布成功的投球是百分百命中的又一次明证。现在我知道只要把篮网从篮板上卸下来，他就无法听到投球是否穿过篮网，他的欺骗性就会得到暴露。他将不得不靠直觉从门后判断这次投球是否是百分百命中。然而，按照他的规则，我是没有办法否定他的。令人遗憾的是，有些传播理论也是以类似的方式被阐述的。它们以一种不可能证明其错误的方式加以陈述，回避了"要么举证要么闭嘴"的标准——这些理论是不可验的。

符号聚合理论在这一点上也有缺陷。博尔曼认为共享的想象创造有凝聚力的群体，而实证主义者的首要任务是分别测试这些变量。这可不像听起来的那么简单。绝大多数群体都有些历史，研究学者无从了解想象连锁是引发了成员之间新的团结，还是仅反映现有的群体意识。符号聚合理论的拥趸混淆了两个变量，把想象连锁的存在当成群体凝聚的证明。你不妨留意在下文中这两个概念如何出现："要使想象主题激发连锁反应、传奇故事得以存留、符号线索传递意义、修辞视野持续演进，修辞社群必然存在共享的群体意识。"[14]现在，你或许可以理解为什么许多持客观立场的观察者认为符号聚合理论是一个百分百命中投篮——因为它不可证伪。

科学标准5：实用性

好的实证性理论还必须是实用的。社会科学往往宣称它的目标是帮助人们建立更好的生活，因此，实证性理论必须为面临棘手状况的人提供实用建议。符号聚合理论在这方面有非常好的表现。博尔曼及其追随者运用想象主题分析，给小群体提供建议、增进组织沟通、推动市场研究并评估民意。为了验证这一理论的实用性，约翰·卡拉根（John Cragan，伊利诺伊州立大学）与唐纳德·希尔兹（Donald Shields，密苏里大学圣路易斯分校）要求他们的学生在应用研究课上分析高中毕业班学生对大学生涯的讨论。

符号聚合理论宣称大部分修辞视野会采用以下3种相互对立的类别——公正视野、社会视野和功利视野。这正是约翰·彻拉安与唐纳德·希尔兹的学生中普遍的情况。[15]持有**公正**视野的潜在入学申请者感兴趣的是大学的学术成就、教师声誉及学校提供的特定研究项目。采用**社会**视野的毕业班学生把大学看作离开家人、结交新朋友及与其他人一起参加各种各样社交活动的平台。具有**功利**视野的学生则寻求进入热门专业，以便将来找到一份好工作。（在你进大学的时候你的视野是什么？）了解到这3种不同的视野，负责招生的大学工作人员就可以制定策略，吸引最欣赏本校特色的高中毕业生。

在本书的"写在前面"，我引用了库尔特·勒温的观点，好理论最重要的一点就是实用。最后一个标准——实用性——说明不解决实际问题的社会科学理论就不是好理论。当你在追随一位从实证视角出发做研究的理论学者时，你应该让实用性成为检验任何理论的核心标准。如果一个理论提供了实践性建议,你就依葫芦画瓢地试一试;如果它没有为你的生活提供实用见解,你不妨把它束之高阁。但是,我有一个忠告。我们中的大多数人有些懒惰和鼠目寸光。我们存在一种倾向,把当下难以理解和无法应用于生活的任何事物看得无关紧要。因此,在判定一种理论与我们毫不相干之前,务必确定你已经完全掌握了它而且思考过他人是怎样利用它的建议的。至于我,我将恪尽其职,尽可能地在书中清楚地介绍每一种理论,同时提出有价值的应用建议。

3.3 阐释性传播理论的成熟标准是什么?

阐释学派的学者与实证主义学者不同,他们的理论很难用标准体系加以评判。尽管没有一个放之四海而皆准的模式,但修辞学家、批判理论家及其他阐释学派学者再三要求理论应具有以下的部分或者全部功能:**建立理解**、**澄清价值**、**启发审美**、**激发认同**和**改革社会**。接下来,我要逐一介绍这些标准。

阐释标准1:对人类的全新理解

只有针对人类状态提出新颖见解,阐释性学术研究才具有价值。修辞评论家、民族志学者及其他人文科学学者试图通过对在他们看来独一无二的人类活动——符号互动的分析而获得新的理解。实证主义社会学家寻找适合所有人的传播模式,阐释学派学者则恰恰相反。他们考察语言风格独特、独一无二的人类群体,分析具体的群体传播实践,以获得对区域性知识和成员独特互动方式的理解。阐释性理论是寻找特定情景意义的辅助工具。德桑蒂斯用符号聚合理论解释雪茄烟店核心顾客的群体行为,可被看成不错的范例。

阐释学派学者若想以声誉面临危机的政治家的公共传播为题进行研究,他(她)将会从选择一个或多个文本开始——小布什总统震慑伊拉克暴乱的增兵声明、美国前副总统迪克·切尼在狩猎中误射朋友后姗姗来迟的解释、在克林顿总统与莱温斯基事件期间的新闻发布会和白宫公报,以及其他任何能反映政治危机传播的文本。

好的阐释性理论帮助评论人理解文本。例如,肯尼斯·伯克对小布什总统增兵伊拉克的计划的分析,使我们理解小布什为什么强调自己是向该决定负责的唯一代理——"我是决策者"。费希尔的叙事范式令评论者能够理解,为什么大多数美国人不支持切尼对狩猎事件的解释。帕卡诺夫斯基的组织文化研究方法则揭示了克林顿对新闻媒体的回应显示出白宫文化有它自己的仪俗、仪式和神秘性。你将在本书接下来的部分一一学习上述理论。它们在一定程度上有助于理解复杂的传播现象,因此符合阐释性理论的第一个标准。

一些评论家担心如果过于依赖修辞理论,人们只会在文本中读到他们预先植入的主观想法，而不是文本本身的意义。这些评论家的建议是有些时候我们应该对理论"说不"。但是，博尔曼认为，修辞理论在揭示符号运用的一般模式时最具意义："人文科学因有力的阐释框架得以历久弥新。"[16]

博尔曼的观点在一定程度上与实证主义社会学家坚持理论揭示人们行动的根源的观点相类似。但是，它们也略有一些不同。科学要求实证解释，人文主义则寻求主观理解。宾夕法尼亚大学安嫩伯格传播学院的克劳斯·克里彭多夫（Klaus Krippendorff）要我们认识到，作为理论学者，我们自身是我们所观察事物的原因和结果。在构建理论时，他的**自我指示规则**（self-referential imperative）认为："把你自己当作你的自我建构的一部分。"[17]

自我指示规则：把你自己当作你的自我建构的一部分。

在某种程度上，克里彭多夫的规则等于主动放弃超然、公正的立场。博尔曼的想象主题分析即为自我指示性的。博尔曼在著作《想象的力量》（*The Force of Fantasy*）前言中这样形容由发现和创造带来的个体悸动：

> 当我沉醉在小群体传播的这些令人振奋的新发展的同时，仔细琢磨我在书中选撷的宗教及改革演讲等历史素材，这会产生令人兴奋的启示。这个时候，我似乎明白，想象的力量在小群体互动中就像在大众传播中一样强大。将群体想象的发现与修辞批评的最新发展相结合，就构成了我的批判方法——修辞视野的想象主题分析。[18]

显然，这不是一个置身事外的观察者的叙述。然而，自我指示规则意味着学者能够且理应影响其研究的传播现象，因此，想象主题分析看上去依然是一种观赏性运动。

阐释标准2：价值澄清

好的阐释性理论能够揭示人的价值观。理论学者积极寻求辨别或揭示隐藏在信息背后的意识形态。想象主题分析基于这样一个假设基础，即意义、情感和行为动机体现在一条信息的内容里，可以说，价值澄清正是符号聚合理论的特殊优势。

阐释学派的理论学者应该乐于公开其道德倾向。德州农工大学传播学教授埃里克·罗滕比勒（Eric Rothenbuhler）说："理论的立场有道德意义。我们教授这些理论，倡议他人运用它们或者依据它们制定政策，这就会产生一定的道德后果。"[19]尽管阐释学派学者各有各的道德立场，但是他们中的大多数人认同其中的核心价值。例如，所有人文主义者都格外注重个人自由。克里彭多夫希望学者们对个人自由的推动能延伸至他们的研究对象。他的**伦理规则**指引理论学者"赋予你所建构的他人以建构理论时所产生的相同的自主性。"[20]理论学者若能遵守这一规则，学究式的独白就可让位于研究性质的平等对话，人们在关乎他们自身的话题中就会有发言权。这类公共评论要求

伦理规则：赋予你所建构的他人以建构理论时所产生的相同的自主性。

报道多元的声音而不仅仅依赖一个或两个信息提供者。

　　许多阐释学派学者认为自由和平等同等重要。这个立场使得他们不断地检验在一切传播中根深蒂固的权力关系。其中批判理论学者坚称，学者不能再对他们正在研究的对象以及其研究的政治和经济影响保持道德上的超然。"不存在让研究者躲避权力结构的安全港。"[21]

　　说回符号聚合理论，博尔曼分析群体想象的方法看似秉持了中立的道德立场。他关于19世纪罗曼蒂克的实用主义的评述显示，他是赞成恢复代表自由、机会均等、辛勤工作、体面生活的美国梦的那种人。[22]德桑蒂斯把存在于雪茄店的意识形态描述为公民自由至上主义——"让你的政府远离我的酒精、色情文学、枪支和雪茄"[23]，博尔曼则同情百万非裔美国人为争取独立自主而在华盛顿街头游行的修辞视野。但是，总体来说，博尔曼并未在符号聚合理论中明确地表现他的道德立场。

阐释标准3：满足审美的诉求

　　理论学者表达思想的方式，和他（她）在理论中表现出的智慧和原创性一样，要足以抓住读者的想象。在任何类型的传播中，内容和形式都会制造差异。实证主义学者受制于科学论文的写作标准——命题、假设、可操作化的构造，等等。而阐释学派理论学者有更大的空间发挥创造力。因此，审美诉求就成为一个话题。理论的精致性固然也在于旁观者的欣赏，然而，清晰程度和艺术美感似乎早已成为满足审美诉求的两大必备要素。

　　无论一个理论涵盖的思想如何深远，如果陈述它们的文章杂乱无章、繁琐冗长或艰涩难懂，理论学者的观点就很难清晰地呈现。我的一位学生觉得某位理论学者的专著里充满晦涩的行话，仿佛是"在胡言乱语中潜水"。博尔曼在这方面做得非常出色。读者可以很容易地理解想象连锁、修辞视野和群体凝聚力这些概念。博尔曼和他的追随者的论文当然不可能像《大西洋月刊》和《纽约客》的专题那样文采横溢，但是他们善于用人们可以理解的语言来阐述理论的主要观点。博尔曼曾用美国著名诗人罗伯特·弗罗斯特①的诗句强调想象的重要性，"社会永远无法理解；直到行动者用行动将它们演绎出来。"[24]

　　华盛顿大学教授芭芭拉·沃尼克（Barbara Warnick）认为，修辞评论家可以扮演以下4种角色中的一个或几个——艺术家、分析家、受众和倡导者。[25]作为艺术家，评论家的主要职责是激发鉴赏力。与清晰度一样，艺术性是构建一个具审美诉求的阐释性理论的另一种方式。理论学者必须有技巧地把想象、隐喻、说明和故事整理成理论的核心思想，使他（她）的创造力在他人面前得到鲜活的体现。

---

① 罗伯特·弗罗斯特（1874—1963），美国诗人，先后4次获得普利策奖。他的作品大多采用传统诗歌形式，表达对现代生活的看法，借自然描写揭示人类社会，憧憬理想而又不脱离现实。

我着迷于博尔曼在哈雷—戴维森①飞车族、未婚母亲和嗜酒者互诚协会《大书本》（*The Big Book of Alcoholics Anonymous*）②中出现的对想象主题的描述。他对嗜酒者互诚协会文本的分析展示了一个极具个性的修辞视野，"从困顿中赢得美好未来"——这是博尔曼引入的贴切表达。[26] 只需几个如此生动的短语就能凸显一个理论的审美诉求。

阐释标准4：一致认同的社群

观察某个理论在对同类传播现象感兴趣和有见地的学者社群中获得的支持度，我们就能确定它可否被看成好的阐释性理论。意义的阐释虽然是主观的，但学者给出的解释是否合理则要由这个领域的其他人来决定。他们的接受与否，作为客观事实，有助于评断这位理论学者的思想。

有些时候，阐释性的理论学者只向他的忠实信徒——那些预先同意作者观点的人——抛出有争议的论题。然而，一个阐释性理论不经广泛的分析，就不可能符合社群一致的标准。美国传播协会前任主席大卫·扎雷夫斯基（David Zarefsky）曾告诫说，一本专著只有在广泛的思想市场上被争论过，才能确立它在修辞意义上的有效性。扎雷夫斯基，这位西北大学的修辞评论家认为，论据是否合理的区别在于：

> 合理论据在一般性的批判读者中发表，而非仅仅针对某一特定学派或观点的追随者发表……它们公开自己的推理过程并接受检视。[27]

约翰·斯图尔特（John Stewart）是《桥，而非墙》（*Bridges, Not Walls*）一书的编辑，这本书发表了人际传播领域中一系列人文主义的论文。斯图尔特指出，直到修订该书第10版时，他才有能力做出保留、剔除或加入某篇论文的判断，这是因为阐释性学术研究"不是在真空状态下单枪匹马的事业"，而是"习惯于让研究成果接受编辑、评审者和读者检视的学者群体的共同努力"。[28]

博尔曼的理论接受了充分的检视。他把他的观点发表在修辞研究领域重要的学术期刊上——如《演讲季刊》《传播理论》和《传播学刊》，等等。不是所有的传播学者都对他的理论表示赞赏，但大多数学者给予了正面的评价。在遭遇批评时，博尔曼会公开且有说服力地回应对方。[29]

想象主题分析现已成为符号学研究的标准法。该方法基于一个与人类本性有关的假设，即人们通常是符号的运用者，只有在特定的情况下才会成为故事的讲述者。教

---

① 哈雷—戴维森：商标名。哈雷—戴维森摩托车公司是美国一家摩托车制造商，总部在威斯康星州的密尔沃基。该公司专门销售为公路巡航设计的重型摩托车。
② 该协会1935年由两名美国医生、前酗酒者发起成立，后发展为世界性组织。会员们在各地分会会议上交流戒酒心得，互相勉励戒除酗酒恶习。所谓《大书本》，即为指导会员戒酒的一本小册子。

材中涉及的其他几个理论不谋而合地使用了同样的研究法。[30]正如你看到的，支持符号聚合理论的群体一致既广泛，也十分明确。

阐释标准5：推动社会改革

好的阐释性理论通常带来变化。人们往往把呼吁社会正义和解放看作**纯修辞**（mere rhetoric）性质的行为，但批判性的阐释学者应该是能够对社会产生影响的变革者。索思摩学院社会心理学家肯尼斯·格根（Kenneth Gergen）认为：

> 理论有能力挑战文化的主导性假设，提出与现代社会生活相关的基本问题，鼓励人们对"理所当然"的事情重新思考，因此可以形成社会行为的新的替代方案。[31]

想象主题分析忠实地记录了含有向公众揭示、赢得转变以及借大众传媒传播真相等动机的修辞视野，但符号聚合理论自身并没有提出改革议程。该领域的学者更乐于以探索方式而非说教方式来确认想象连锁。

博尔曼试图达成相对温和的变革。正如第2章所强调的，在传播领域实证主义学者与阐释学派学者一般各行其是。博尔曼希望不要这样。他精心建立的理论将想象主题分析理解为"一种开明且人性化的艺术，一种致力于解释人的境况的学术研究"。[32]这一描述绝对是阐释性的。同时，博尔曼也认为，把人们（不管他们是谁）聚合起来的想象连锁（不管是什么样的想象连锁）是一种一般性的预测。这又绝对是科学式的。博尔曼的理论糅合了传播学的阐释性与实证性两种研究方法，而作为一种模型，它也鼓励修辞学家和实证主义者共同携手研究。这个理论也许会在从来不会欣赏其他类型学术价值的学术界引发良性变革。

3.4 两种标准的共性

在这一章，我一直在介绍如何用不同的标准判定实证性理论与阐释性理论。然而，图3-1所示的两组对比数据指出：实证主义学者的标准和阐释学派理论学者的标准或许并不像最初设想的那样迥然不同。逐一对比该表，注意两组标准在思想上不乏重叠之处。我将我观察到的共性开列如下：

- 对传播行为的**阐释**可让我们深刻地**理解**人们的动机。
- **预测**与**价值澄清**二者都指向未来。前者指向**将会**发生什么；后者指向**应该**发生什么。

实证性理论	阐释性理论
解释资料	理解人类
预测未来	价值澄清
相对简单	满足审美诉求
可验证的假设	一致认同的社群
实用性	社会改革

图3-1 对可评估传播理论的标准的总结

- 对学习传播理论的学生而言，**简单**就是一种**审美诉求**。
- **验证假设**是获得**群体一致认同**的方式之一。
- 还有什么比旨在**改革**不公正行为的理论更**实用**?

对传播领域的师生们来说，上述共性意味着实证主义学者与阐释学派学者可以成为朋友，至少也应该熟悉彼此的研究。这正是我选择同时在本书介绍实证性与阐释性理论的理由之一。

你将会发现，在每一章结尾处的评论部分，我经常会以这些构成好理论的标准作为参照。正如你所期待的，这32个理论发展得相当成熟——否则我不会将它们选入本书。但是建立理论是有难度的工作，大多数理论有致命的弱点，因而在面对批判时显得十分脆弱。学者们乐于承认这些理论仍需更精细的调整，有些人甚至认为有必要进行全面的翻修。我鼓励读者们在阅读每一章的评论部分之前，先用自己心目中最重要的标准来权衡这些理论。

帮助你深入思考的问题：

1. 博尔曼的**符号聚合理论**兼具**实证性**与**阐释性**。它更接近实证性理论还是阐释性理论? 为什么?
2. 如果一个实证性理论**可被证伪**，我们还要怎样才能称之为好的理论呢?
3. 我们如何判定一位**修辞评论家**提供了**合理的阐释**?
4. 任何理论都需要权衡；不存在任何一种理论可以符合所有标准。本章论述的10个标准中，对你而言，哪些标准最重要? 哪个标准最不重要? 请分别指出其中的两至三个。

扩展阅读：

推荐阅读：Ernest Bormann, John Cragan, and Donald Shields, "Three Decades of Developing, Grounding, and Using Symbolic Convergence Theory," in *Communication Yearbook 25*, William Gudykunst (ed.), Lawrence Erlbaum, Mahwah, NJ, 2001, pp. 271–313.

实证性评估：Steven Chaffee, "Thinking About Theory" and Michael Beatty, "Thinking Quantitatively," in *An Integrated Approach to Communication Theory and Research*, Michael Salwen and Don Stacks (eds.), Lawrence Erlbaum, Mahwah, NJ, 1996, pp. 15–32, 33–43.

阐释性评估：Klaus Krippendorff, "On the Ethics of Constructing Communication," in *Rethinking Communication*, Vol. 1, Brenda Dervin, Lawrence Grossberg, Barbara O'Keefe, and Ellen Wartella (eds.), Sage, Newbury Park, CA, 1989, pp. 66–96.

阐释分析：Ernest Bormann, "Fantasy Theme Analysis and Rhetorical Theory," in *The Rhetoric of Western Thought*, 5th ed., James Golden, Goodwin Berquist, and William Coleman (eds.), Kendall/Hunt, Dubuque, IA, 1992, pp. 365–384.

经验性研究：Ernest Bormann, Roxann Knutson, and Karen Musolf, "Why Do People Share Fantasies? An Empirical Investigation of a Basic Tenet of the Symbolic Convergence Communication Theory," *Communication Studies*, Vol. 48, 1997, pp. 254–276.

应用研究：John Cragan and Donald Shields, *Symbolic Theories in Applied Communication Research: Bormann, Burke, and Fisher*, Hampton, Cresskill, NJ, 1995, chapters 2 and 6.

实证性研究的进展：Franklin Boster, "On Making Progress in Communication Science," *Human Communication Research*, Vol. 28, 2002, pp. 473–490.

阐释性研究的效用：David Althede and John Johnson, "Criteria for Assessing Interpretive Validity in Qualitative Research," in *Collecting and Interpreting Qualitative Materials*, Norman Denzin and Yvonna S. Lincoln (eds.), Sage, Thousand Oaks, CA, 1998, pp. 283–312.

雪茄店民族志：Alan D. DeSantis, "Smoke Screen: An Ethnographic Study of a Cigar Shop's Collective Rationalization," *Health Communication*, Vol. 14, 2002, pp. 167–198.

评论与反应：Ernest Bormann, John Cragan, and Donald Shields, "Defending Symbolic Convergence Theory from an Imaginary Gunn," *Quarterly Journal of Speech*, Vol. 89, 2003, pp. 366–372.

如欲进一步讨论上述标准，请到www.afirstlook.com点击"讲师手册"中的"字斟句酌"。

第4章 绘制传播学的导引地图
（传播理论的七大流派）

在第1章中，我给出了**传播**和**理论**的定义。在第2章和第3章中，我强调了实证性理论和阐释性理论的基本区别。读者在学习书中一些看上去容易混淆的理论时，这些区别应该能帮助你理清混乱的思绪。在科罗拉多大学传播学教授罗伯特·克雷格（Robert Craig）看来，传播领域充斥着成百上千个理论，它们的出发点、方法以及结论互不相关。他指出传播领域的研究就像是"那种做过电视广告的、被称作蟑螂旅馆的杀虫装置：传播理论登记入住，从此不再离开"。[1]

在我试图梳理让人困惑的传播理论学术景观时，我的脑海里浮现出许多画面。我记得电影《夺宝奇兵》里有这样一个镜头：大学教授印第安那·琼斯进入一个黑暗的墓穴，看到地面上有无数盘绕着的蛇，爬满了厚厚的一层——正如一团混乱的传播理论。这位勇敢的探险者发现在手电筒强光照到的地方，蛇会立即闪避，他就获得一个安全的立脚点。我希望前3章的核心内容可以为你提供类似的立脚点。电影使我产生了这样的联想：印第安那·琼斯走出墓穴时，所有的蛇都像直立的树枝一样，被捆扎成独立的两捆——他右手握的一捆代表实证性理论，左手的一捆代表阐释性理论。当然，这只是过于简单化的幻想。罗伯特·克雷格为我们提供了一个较为复杂的方案。

克雷格认为如果我们一定要找到某个宏大的理论范畴足以覆盖所有的传播研究——像一张自上而下地拍摄传播理论景观的卫星照片那样，那么，传播领域的境况确是十分混乱。但是，如果我们把传播学看作一门实用学科，传播理论就成为一个紧密相关的领域。[2]他确信，我们对不同类型理论的探求应该植根于人们对日常生活问题和传播行为的努力应对。克雷格解释说："传播理论与现实生活有关，在那里**传播**已成为具有丰富内涵的术语。"[3]传播理论是传播学者针对人们在互动时提出的问题而给出的系统且缜密的回答——依据实用原则的最优思考。

克雷格认为如果我们全面地看研究者应用于传播问题及实践的研究方法，那么讨论**传播理论领域**这个概念就是合理的。他排列出传播理论的七大既有流派，涵盖了绝大部分学者的思想精华。它们提供"不同的、排他性的词汇"来描述不同的"将传播问题和传播实践概念化的方式"。[4] 在一个既定的流派内部，传播学者彼此可以友好地交谈，而对其他阵营的学者却总是肆意地大加抨击。我们不应对这些学术群体间的争斗粉饰太平，正如克雷格曾经指出的，理论学者之所以有争执，是因为他们有重要的东西需要澄清。

在这一章接下来的部分，我将逐一介绍这七大流派。总体说来，了解这些流派对于全面认识传播理论领域很有益处。这样的类别划分也将帮助你理解为什么一些理论有共通之处，而另一些理论因冲突的目标与假设而被区隔开来。在介绍每个流派时，我将强调它的成员如何定义传播，分别提出了哪些现实的传播问题，以及早期理论学者（学派）如何为后继者设立议程。[5]

4.1 社会心理学派

作为人际互动和影响力的传播

社会心理这一流派充分体现了第2章中描述的科学性（实证性）视角。这一流派的学者坚信依靠严谨、系统的观察足以发现传播真相。他们搜寻能够预测传播行为成功或失败的因果关系。一旦发现这样的因果关系，他们就能回答那些工作就是调节关系、说服他人的从业者的问题：**我要怎样做才能让对方改变？**

研究者在寻找传播的一般法则时，试着把焦点放在**是**什么，而避免带有个人偏向地认为**应该**是什么。作为经验主义者，他们注意到素来谨慎的报社编辑的警告，"你认为你母亲爱你吗？请仔细核实——至少询问两个来源。"这一流派的传播理论学者认为，仔细核实意味着建立和开展一系列严密受控的实验。

心理学家卡尔·霍夫兰（Carl Hovland）[①] 是用实验研究传播效用的"开创者"之一。[6] 霍夫兰率领一个由30位耶鲁大学学者组成的团队，试图奠定"关于传播刺激、受众偏好及观念改变三者关系的经验性命题的基本原理"，并提供"服务于后续理论建设的初始框架"。[7]

耶鲁大学态度研究中心（Yale Attitude Studies）在"**谁**，说了**什么**，对**谁**说，以及产生什么**效果**"的框架中，研究影响力变量的3个源头：

态度： 回应的倾向，由信仰、情感和有目的的行动构成。

[①] 卡尔·霍夫兰（1912—1961），美国实验心理学家，传播学的奠基人之一。"二战"期间和战后，他和一批心理学家进行大量实验，对态度与说服进行了细致研究，提出很多极具影响的理论，被称为"耶鲁学派"代表人物。

谁——信息来源（专家、可信赖的程度）
什么——信息内容（恐惧诉求、论据组织）
（对）**谁**——受众特征（性格、易受影响的程度）

他们主要测量的**变量**是观念改变，可通过信息出现前后填写的态度量表测量。耶鲁大学的研究者奠定了许多领域的基础工作，其中**信源可信度**的研究得到了最多关注。

信源可信度： 受众对说话者或写作者的能力和可信度的认知。

霍夫兰和他的同事发现，同样一条信息，可信度高的信源比可信度低的信源更容易导致受众观念的明显转变。例如，医生在《新英格兰医学丛刊》发表的关于治愈普通感冒的文章，要比《生活》杂志记者撰写的类似文章更有分量。在这种综合效用得到牢固确立之后，研究学者开始着手逐一测试特定的子变量。

耶鲁大学研究学者发现两种可信度类型——**专长**与**品性**。所谓专家，也就是那些看上去知道他们在谈论什么的人；另一方面，受众通常根据他们感知到的诚意来判断品性。就促进观念改变而言，专长比品性更有效，但说服的效果不持久。几个星期之内，高可信度与低可信度信源之间的差异就会消失。霍夫兰和他的同事发现：经过一段时间，人们就会忘记自己在哪儿听到或读到过这条消息。然而，如果这时重新建立信源和信息的联系，两种可信度仍然显示出显著的差别。至于理论的创立，社会心理学派迄今为止仍在克雷格定义的七大流派里占据主导地位，这一状况在本书也有所体现。例如，在关系发展、影响力、传媒效果及跨文化传播4个语境总共有12种理论——其中11种都可归入社会心理学派。

4.2 控制论学派

作为信息处理系统的传播

控制论： 对传播系统中的信息加工、反馈和控制的研究。

麻省理工学院科学家诺伯特·维纳（Norbert Wiener）[①]创造**控制论**一词来描述人工智能领域。[8]这个词源于希腊语"掌舵人"或"管理者"的音译，用于阐明为何反馈会使信息处理在我们的大脑及笔记本电脑中成为可能。在第二次世界大战期间，维纳开发出一种防空火力系统，可以参考以往的命中率调整未来的弹道。他的反馈概念定义了控制论学派，该流派把传播看作连接任何系统，如电脑系统、家庭系统、组织系统或媒体系统的不同部分的联系。控制论学派的理论学者致力于解答的问题是：**怎样才能排除系统中的故障？**

[①] 诺伯特·维纳（1894—1964），美国应用数学家及控制论的创始人，在电子工程方面贡献卓越，发现了一系列的方法和理论，并开创了维纳信息论。

传播等于信息加工的思想的确立，是由克劳德·香农（Claude Shannon）[①]完成的。香农是贝尔电话公司研究所的科学家，发展了信号传输的数字化理论。他的目标是以最少的失真来换取最大的线路容量。香农对信息传达的意义、它对听者产生的效果毫无兴趣。他的理论只关注于解决声音高保真传送的技术问题。

既然香农的研究花费是由贝尔实验室买单的，这里不妨用打电话的方式来解释香农的模型，正如图4-1。香农把打电话的你当做信源。你对着电话的话筒说出信息，该信息通过电话线传送。接收信号时在传输过程中会产生静电干扰。经转换的信号将会通过接收器再次还原为目的地听筒中的声音。过程中的每一步都会产生信息损耗，因此听者接收的信息与你最初发送的信息可能会有些不同。信息理论的最终目标就是把系统所能传输的信息承载量最大化。

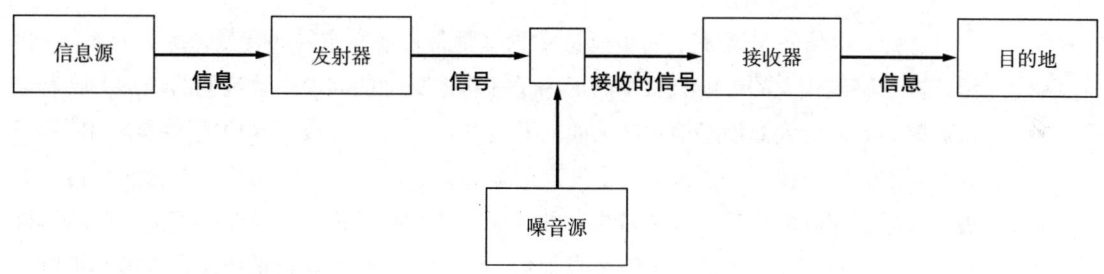

图4-1　控制论中的传播模式

我们大多数人认为信息是"有意义的或任何造成差别的事物"。[9]然而，对香农而言，信息意指减少不确定性。一条信息的信息量由它能在多大程度上消除混乱决定。如果你打电话回家告诉家人，你刚接到一份暑假在芝加哥市当公共关系实习生的工作，这表示你传输了很多信息，你的信息能大幅减低家人对你近期生活的不确定感。信息越是无法预测，就越是带有更多的内容。相反，有一些通过传播渠道传输的美好事物，却不能被归类为合乎标准的信息。你很可能打电话仅仅是为了说一句"我只是打电话告诉你我爱你"。如果电话另一端的人并不怀疑你的爱，那么这些话只是热情的仪式而非信息。如果目的地一端已经知道将会听到什么，信息即为零。

信息：不确定性的减少；信息越是无法预测，就越是带有更多的内容。

噪音是信息的敌人，会降低发送者与接收者间的渠道的信息承载量。香农以简单的等式描述这一关系。[10]

渠道容量＝信息＋噪音

每个渠道携带的信息有其上限。即使你快速地自言自语，你在3分钟的电话通话中最多只能说600个字。而线路噪音、你周围的干扰以及听者意识中的干扰，都意味

[①] 克劳德·香农（1916—2001），美国著名数学家及信息论的创始人。在其辞世时，贝尔实验室和麻省理工学院尊崇香农为信息论及数字通信时代的奠基人。

着你应留出部分渠道容量重复最重要的信息,以免被对方漏掉。没有大量的重申、重述及重复,充满噪音的渠道很快就会让人感到负荷过量。另一方面,没必要的重复不但容易使听者厌烦,也会浪费渠道容量。香农把传播看作维持可预测性与不确定性间最佳平衡的应用科学。他的信号传输理论是一种对付技术故障、系统超载与装备缺陷等日常问题的工程师式的回应。因此,它被应用于面对面传播时是不易显示其效用的。

4.3 修辞学派

作为技巧性公共演说的传播

直到20世纪,古希腊、古罗马的辩论术都是传播学主要的智慧来源。公元前4世纪,古希腊最伟大的雄辩家狄摩西尼为了在雅典集会的演说中改进他的表达,含着满口的鹅卵石对着大海愤怒地喊大叫。几百年后,古罗马政治家西塞罗提炼和使用了一套系统,以便在任一法律案件中发现问题的核心。1963年,马丁·路德·金博士发表令人激情澎湃的"我有一个梦想"的演说,使用视觉描写、重复、押韵与隐喻等修辞手法。这三个人以及成千上万个与他们一样的人,传承着自地中海古老城邦诡辩家发轫的古希腊、古罗马雄辩术传统。无论是面向人群、立法会、陪审团,还是对着某位法官发表演说,雄辩者一直在寻求有助于最完善的表达的实用建议。

修辞学:借助论点表达、思想组织、语言运用及公共演说技巧等各种有效的方式说服他人的艺术。

影响深远的修辞学派有以下6个特征:

- 相信演讲是人区别于其他动物的主要特征。西塞罗在论及口头传播时问道:"还有什么别的权力能够强大到将松散的人类聚集在一起,引导人类从荒野中的野蛮生活发展到现在的公民状态,或者在建立社群之后,又去完善法律、法庭与公民权利?"[11]
- 相信在民主论坛上发表公共演说比法令裁决或诉诸武力,能更有效地解决政治问题。依据这样的传统,所谓"纯修辞"在词义上是矛盾的。
- 其场景是一名演讲者试图通过明确的、有说服力的演说来影响众多听众中的一位。公共演讲在本质上是一种单向沟通。
- 修辞训练是领袖教育的基石。演讲者要学习如何进行激烈的辩论,声音必须洪亮,不借助电子扩音器也能让人群边缘的听众听到。
- 强调语言的力与美,从而在情感上打动人,并激发其行动。修辞学更关乎艺术而非科学。
- 公共性的演说能力是男性的私领域。事实上,直到19世纪,妇女才开始有机会为自己发声。美国妇女运动的核心特征之一就是争取在公共场所发言。

在修辞学派里,培训公共演讲技巧应更重视理论还是更重视实践,一直都是见仁见智。一些演讲教练确信在听众面前磨练技巧是世界上最好的方法。他们认为"熟能生巧"。另一些教练则坚持认为,练习只能带来稳定。如果演讲者不学习亚里士多德（见第21章）以及古希腊、古罗马历史上其他雄辩家的系统理论,他们注定一开口就会犯同样的错误。持续的争论或许恰恰意味着,理论与实践这两个因素在技巧性公共演说的训练中扮演着同样重要的角色。

4.4 符号学派
传播作为通过符号分享意义的过程

符号学研究符号。**符号**（signs）可以是任何东西,也可指代任何东西。体温高是发烧的迹象（sign）,候鸟南飞表示（signal）冬天即将来临,白色的手杖意指（Signify）盲人,箭头指示（designate）前进的方向。

语言也是符号,但却是一种特殊的符号。它们是**象征符号**（symbols）。不像上面所举的例子,大部分象征符号与它们所描述的对象没有本质上的联系。吻（kiss）这个字的声音中什么也不包括,拥抱（hug）的字母中也没有视觉成分。人人都可以轻易杜撰词语"snarf"或"clag"来象征浪漫的亲密邂逅。眨眼、挥手等非语言象征符号也可以如法炮制。符号学派的大多数学者试图解释和减少因使用意义不明确的象征符号而造成的误解。

剑桥大学文学评论家I. A.理查兹（I. A. Richards）[①]是符号学派最早系统性描述文字如何表意的学者之一。他认为语词是主观的象征符号,本身并没有内在含义。就跟变色龙适应环境而变色一样,文字的含义取决于上下文的语境。因此,他严厉痛斥他称之为"对恰当意义的迷信"（proper meaning superstition）的语义陷阱——即认为语词都有一个精确定义的错误信念。对理查兹和其他符号学家而言,意义存在于人们的头脑中,而不存在于语词或其他象征符号中。

理查兹与他的同事C. K.奥格登（C. K. Ogden）[②]一起创造了语义三角,显示了象征符号与它们假定的指代物之间的非直接关系。图4-2说明**狗**这个词与一只会吃掉你许多食物的现实中的猎犬之间的不确定关联。

三角形顶端显示的是你看到右下方巴吉度猎犬的图案时可能产生的一些想法。一旦你看到了现实中的巴吉度猎犬,你会认为它是一个温暖而忠实的朋友。因为在人的想法和指代物之间存在一个直接的因果关系,所以理查兹用实线连接了两者。

你的想法也可能与三角形左下方的象征符号——**狗**直接相连。基于孩童时期语言学习的经验,提到**狗**这个词时你自然就能想到狗是人类忠实的朋友。理查兹同样用实

符号学：研究具指代意义的语言和非语言符号,以及对它们的阐释如何影响社会。

象征符号：与其所指代的对象没有本质联系的任意词语和非语言符号;其意义从既定的文化环境中习得。

[①] I. A.理查兹（1893—1979）,英国著名的文学评论家和修辞学家,是20世纪20年代至50年代英美批评界影响较大的一支批判流派——新批判派的主要代表人物。

[②] C. K.奥格登（1889—1957）,英国语言学家、哲学家和作家。

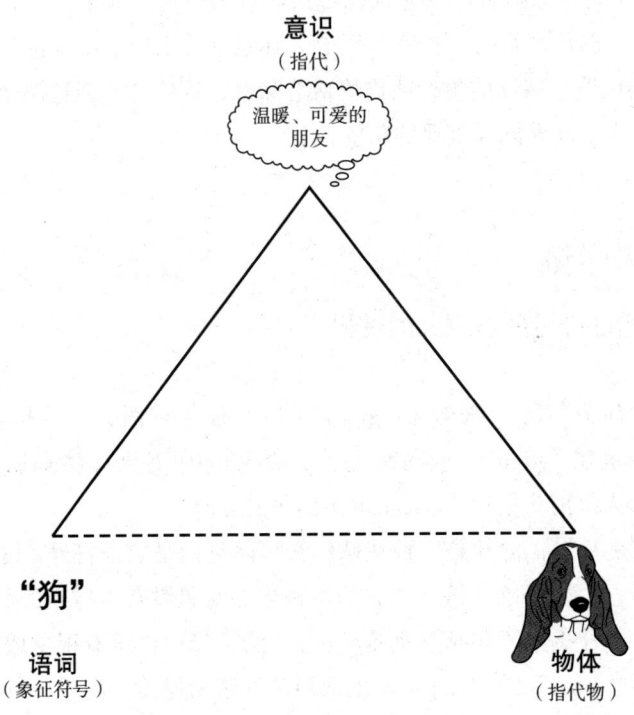

图 4-2 理查兹的语义三角

线标出这样的因果联系。

但是**狗**这个词与现实中的动物之间的联系是不充分的。理查兹用虚线表示。两个人使用相同的语词,却可能意指完全不同类型的狗。当你谈论**狗**时,你可能是指跑得不快、温和且非常喜欢亲近小孩的宠物狗。当我使用这个词时,我可能是指一只会咬人的食肉恶犬——它也非常喜欢小孩。(注意这个例子中**喜欢**一词的灵活运用。)除非我们都了解不确定性是语言所不可能避免的,否则你跟我就可能在经过一场对话后,却依然意识不到我们谈的是两种不同类型的狗。

理查兹和弗迪南·德·索绪尔(Ferdinand de Saussure,**符号学**这一术语的发明者)痴迷于研究语言,然而这一流派里还有许多研究者专注于研究非语言符号和图像。例如,法国符号学家罗兰·巴特(Roland Barthes)[①]专门分析了通过印刷品与广电传媒传播的情感与意识形态(见第 25 章)。然而,无论他们的研究对象是一些图片还是成千上万的语词,该流派的学者关注的都是符号如何成为意义的中介以及如何运用它们才能避免误解而非产生误解。

---

① 罗兰·巴特(1915—1980),法国文学批评家、文学家、社会学家、哲学家和符号学家。其许多著作对于后现代主义思想发展有很大影响,影响广泛涉及结构主义、符号学、存在主义、马克思主义与后结构主义。

4.5 社会文化学派

传播作为社会现实的创造者与制定者

社会文化一派的理论基于以下假设：人们的对话即为文化的生产与复制。我们中的大多数人认为语词反映现实存在。而这一流派的理论学者认为这个过程有它的另一面，我们对现实的认识是由我们自婴幼儿时期就使用的语言勾勒而成。

我们已经知道符号学派认为绝大部分语词与所指对象没有必然或逻辑的联系。例如，某页上以黑体字呈现的单词"g-r-e-e-n"（绿色）与图书馆前草坪的颜色，二者之间的联系仅仅只是讲英语的人群的约定俗成。社会文化理论学者认为**绿色**这一语词是主观性的，但是，他们还认为把绿色**看作**一种颜色，是一种用特定的语词标示电磁波光谱中510至560纳米之间光带的能力。[12]英语提供这样一个词，但很多印第安原住民的语言却没有。美国原住民将黄色与蓝色的表达混在一起。我们很容易把以这种方式表达的人当成"色盲"，然而他们其实并不是。社会文化学派的语言学家认为不同语言的使用者生活在不同的世界。

芝加哥大学语言学家爱德华·萨丕尔（Edward Sapir）①与学生本杰明·李·沃尔夫（Benjamin Lee Whorf）②是社会文化学派的先驱。语言相对论的**萨丕尔—沃尔夫假设**指出文化的语言结构塑造人们的思考与行为。[13] "现实世界在很大程度上无意识地建立在群体语言习惯上。"[14]他们的语言相对论反对语言大同小异及语词只是承载意义的中性工具等假设。

看一下英语中如何用第二人称单数代词指代另一个人。不管是什么关系，美国人都用你来称呼对方。德国人则不得不用正式的称呼**您**（sie）或亲昵的称呼**你**（du）来表示这种关系。德国人甚至要举办一个**仪式**（bruderschaft）来庆祝彼此关系从**您**到**你**的改变。日语迫使它的使用者分辨更多不同的关系。这种语言提供10种代词——都翻译成英文的"你"——然而针对一种既定关系只有一种用法是正确的，要视性别、年龄和说话者的身份不同而加以运用。

大多数观察者认为英语、德语及日语的词汇表**反映**了关系图谱中的文化差异，而萨丕尔—沃尔夫假设则指出它还有另外一种运作方式。事实上，语言构架了我们认知现实世界的方式。儿童学习说话，同时也在学习要注意什么。现实世界的绝大部分不被察觉是因为它用文字无法标注。

当代社会文化理论学者声称通过传播过程，"现实被生产、维系、修补与改变"。[15]换用一种更积极的口吻陈述的话，即**人们在沟通中共同建构他们自己的世界**。[16]当这些

> **语言相对论的萨丕尔—沃尔夫假设**：认为语言结构塑造了人们的思想、行为；现实的社会建构。

---

① 爱德华·萨丕尔（1884—1939），德裔美国人类语言学家及美国结构语言学的领军人物，是萨丕尔—沃尔夫假设的创始人之一。

② 本杰明·李·沃尔夫（1897—1941），美国语言学家，提出了著名的语言相对性概念。

不同的认知世界相互碰撞时,社会文化学派的理论能帮助我们跨越介于"我们"和"他们"之间的文化鸿沟。

4.6　批判学派
传播作为对不公正话语的反思与挑战

批判理论一词肇始于一群德国学者的研究,这些学者隶属于法兰克福大学社会学研究所,因此这一派又被称为"法兰克福学派"。该学派的成立是为了检验卡尔·马克思的思想。他们随后摒弃了正统马克思主义者的经济决定论,却将马克思主义批判社会的传统保留下来。

法兰克福学派的领军人物——马克斯·霍克海默(Max Horkheimer)[①]、西奥多·阿多诺(Theodor Adorno)[②]与赫伯特·马尔库塞(Herbert Marcuse)[③]——深信"之前所有的历史都以苦难的不公平分配为特征"。[17]现代西方民主国家存在同样的模式,即富人持续剥削穷人。法兰克福学派对领导人宣扬的自由、平等的自由主义价值观以及使这些价值观成为空想的社会不公与权力滥用之间的矛盾提出了有见地的分析。这些批判并不为它们的负面论调和悲观结论进行辩解。正如马尔库塞所说:"批判理论保留了哲学思考真正的特质——顽强。"[18]当希特勒在德国掌权时,刚直不阿的作风迫使法兰克福学派成员流亡他国——最初到瑞士,然后是美国。

批判理论学者**反对**哪些传播研究与实践?尽管并不存在被一致声讨的明确的恶行,但是批判理论学者自始至终都在向现代社会的三大特征发起挑战:

1. 控制语言的做法将使权力失衡永远存在。批判理论学者谴责任何遏制人类解放的语词使用法。例如,女性主义者指出由于男性是舆论的守门人,女性有可能成为沉默的群体。公共话语中交织着有关战争与体育赛事的比喻,这在传统上是男人的私领域,换句话说是由男性内部行话构成的。沉默的群体这一概念并不新鲜。马尔库塞提出"通往入口的道路已经封死,因为语词和概念的意义不再是最初确立的意义——而是经当权者采纳并核实的宣传所确立的意义"。[19]

2. 大众传媒的作用是压抑人群的认知。马克思宣扬宗教是麻痹大众的鸦片,使工人阶级的注意力偏离了他们"真正"的利益。批判学者认为电视、电影、激光唱片及印刷品等"**文化工业**"接手了这一角色。阿多诺曾满怀希望,一旦人们意识到他们受

文化工业:复制某种文化主流意识形态的娱乐产业,分散人们的注意力,使人们认识不到社会权力的不公正分配;电影、电视、音乐和广告。

---

① 马克斯·霍克海默(1895—1973),德国第一位社会哲学教授,法兰克福学派的创始人。其著作包括《传统理论和批判理论》《社会哲学研究》以及与阿多诺合著的《启蒙的辩证法》等。
② 西奥多·阿多诺(1903—1969),德国哲学家、社会学家、音乐理论家,社会批判理论的奠基者。其著作包括《启蒙的辩证法》、与他人合著的《权力主义人格》《音乐社会学导论》等。
③ 赫伯特·马尔库塞(1898—1979),德裔美国哲学家,其著作包括《理性和革命》《爱欲与文明》《单向度的人》等。

压迫的状态，就会跳出来抗议。然而他指出"人们日益屈从于大众传播的势力，大脑中预先形成的思想已经消减至一定程度，以至于不太可能经由自己的力量意识到这一点"。[20] 马尔库塞对因一般民众被大众传媒麻痹而引起的社会变化更为悲观。他认为社会改革的希望来自于"流浪者与局外人、其他种族与肤色的被剥削者与被迫害者、失业者与从事非雇佣性质工作的人"。[21]

3. **盲目依赖科学方法和对经验发现未经批判的接受**。霍克海默宣称"只用科学的语言思考和交谈是天真和偏执的"。[22] **天真**是因为科学并非如其声称那样以价值中立的方式追求知识。**偏执**则是指调查研究者认为一个民意样本即是现实世界的一部分。阿多诺坚持认为"公众舆论的横切面，代表的不是近似真理，而是社会幻象的截面"。[23] 这些理论家倾向批判那些以社会科学的经验陷阱固化不公平现状的政界、商界及教育界领袖，这些领袖口口声声要"庇佑大众"，其实却事事为了便利自己。

批判理论学者的**目的**是较不清晰的。这些人时时刻刻在文章里呼吁自由、解放、改变与意识提升，但是，他们却并不清晰地知道如何实现这些有意义的目标。他们确实共有一种道德信念，即认为代表受苦难的人类是学者最起码的道德责任。阿多诺因此宣称，"经过奥斯维辛集中营事件，写诗已经成为野蛮之举。"[24] 大部分批判学者希望超越同情的情感并培养**惯例**，这个词被克雷格定义为"理论上的反思性社会行动"。[25]

4.7 现象学派

通过对话来感受自我与他者的传播

现象学是一个让人望而生畏的哲学术语，但大致来说，它是指从个体自身的立场出发对日常生活进行的意象分析。现象学特别强调基于自身主观经验的个体认知和诠释。对现象学家而言，个人的生活故事比任何研究假设和传播箴言更重要、更权威。正如心理学家卡尔·罗杰斯（Carl Rogers）①所言："既不是《圣经》也不是先知——既不是弗洛伊德也不是研究——既不是上帝的天启也不是人类——对我们而言，最重要的应该是我们自己的直接经验。"[26]

人会有完全相同的生命。由于我们无法重复别人的经历，所以我们总是谈论彼此的过去并感叹："没有人能够理解我的感受。"两个人能否超越表面印象，建立更深层次的关系？基于多年非指导性心理咨询经验，罗杰斯确信，个人和关系的发展的确是可能的。

罗杰斯相信，假如他为来访者创造出安全的沟通环境，他（她）的健康状况就能

现象学：从个体自身的立场出发对日常生活进行的意象分析；探索理解自我和他人经验的可能性。

---

① 卡尔·罗杰斯（1902—1987），美国心理学家，人本主义心理学主要代表人物之一，从事心理咨询和治疗的实践与研究，并因"以当事人为中心"的心理治疗方法而闻名。他于1947年当选为美国心理学会主席，1956年获美国心理学会颁发的杰出科学贡献奖。

得到改善。他指出让个性和关系获得改善的3个充分必要条件。来访者如果认为心理咨询师（1）言行一致；（2）无条件地给予肯定和尊重；（3）以同情心来理解，他们的病情就会或将会有所好转。[27]

言行一致：个体内在情感与外在表现之间的契合；真实而诚恳。

1. **言行一致**是指个人的内在情感与外在表现相一致。言行一致的咨询师真诚、真实、和谐、健康而且坦诚。言行不一致的咨询师试图给人留下某种印象、扮演角色、表现积极一面或者有所保留。罗杰斯写道："在与人们建立关系时，我发现，伪装成不真实的自己，从长远看来没有任何帮助。"[28]

2. **无条件地给予肯定和尊重**是指不依据对方表现而始终表现出接纳的态度。罗杰斯问道："我能让自己感受到给予他人的积极态度——热情、关怀、喜爱、感兴趣及尊重吗？"[29]当答案是**肯定**时，说明他与来访者就人性而言都已成熟。他们彼此喜欢。

3. **以同情心来理解**是指一种关怀技巧，要求心理咨询师将自己的观点与价值观暂时摆在一边，不带偏见地进入另一个人的世界。这是一个把他人当做自己，以倾听其想法、感觉、语调与意义的积极过程。罗杰斯认为，如果我们心存疑惑或想知道**他（她）的真实意思到底是什么？**那么是在浪费时间。罗杰斯相信，如果我们接受来访者所表达的字面意义，对他们最有帮助。我们应假设他们所形容的世界就真实地出现在他们面前。

罗杰斯的三大充分必要条件虽然是从治疗过程中总结得出的，但他确信在所有人际关系中它们都同样重要。犹太裔哲学家与神学家马丁·布伯（Martin Buber）①也有类似的结论。他提出通过对话建立可信任的人际关系的可能性——这是一个有意识的过程，双方在过程中的唯一议题就是了解对方的立场。罗杰斯、布伯和该流派其他理论学者的思想散见于教科书与人际传播的教学之中。这些人用他们的理论回答了两个问题：建立和维持可信任的人际关系为什么会如此困难？怎样才能做到呢？

4.8 绘制理论的导引地图

上述七大流派在传播理论领域中均有深厚基础，各自拥有一大票拥趸，以至于某一流派的理论学者、研究者及从业者不时地会听到其他学派学者指责其研究方法不够正统的批评。除了为捍卫自己的选择而展开辩论，这些学者还要求所谓"占居权"（squatters's right），因为为之探路的先驱已经确立了占领传播领域部分领地的权利。我在图4-3中在七等分的地图上分别标注了这七大流派。接下来，在这里附带给出一些相关解释。

首先，要认识到地图上每个流派的位置绝非任意安排，而是根据第2章所说明

---

① 马丁·布伯（1878—1965），哲学家、翻译家和教育家，他的研究工作集中在宗教有神论、人际关系和团体方面。其著作富有感染力，具有如同诗歌般的写作风格和鲜明的主题。布伯的影响遍及整个人文学科，特别是在社会心理学、社会哲学和宗教存在主义领域。

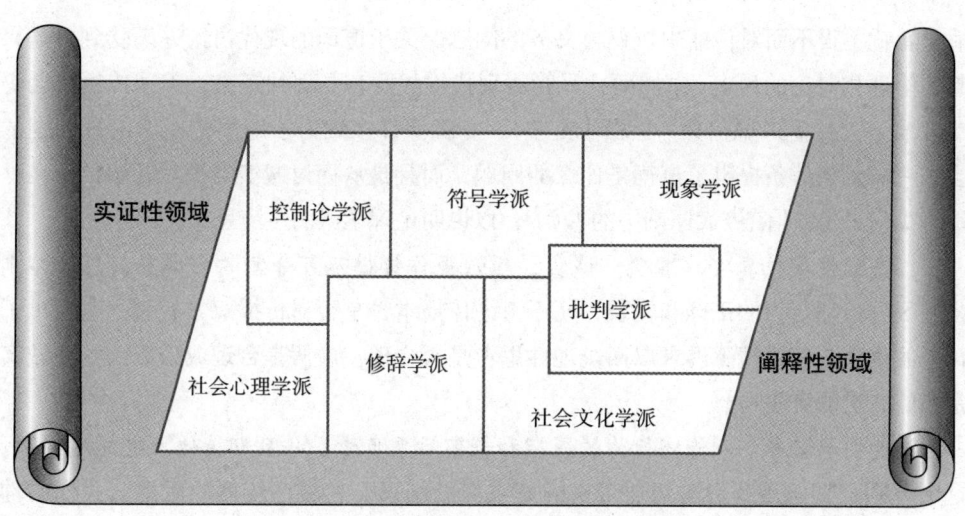

图4-3 传播理论领域七大流派的导引地图

的实证性理论与阐释性理论的区别进行了划分。依据该章所陈述的科学假设,社会心理学派最为客观,因而把它放在图中最左侧的位置——稳稳地植根于实证领域。从地图左侧到地图右侧,各个学派实证性的因素愈来愈少,变得愈来愈具阐释性。我认为现象学派最主观,因此把它放在最右侧的位置——明确归类为阐释领域。本章正文在介绍七大流派时依据了同样的次序——逐渐由实证性转向阐释性。在邻近领域进行研究的学者通常更容易认同彼此的工作。在图4-3中,这表现为拥有共同的边界。在专业性上,他们基本假设的设定也较为相近。

其次,跨流派的混合是可能的。通过这一章你可能已经看到,每个流派有各自的传播定义及独特的术语表,把地图上的分隔线当作各个流派抵御奇思怪想的围墙,是很自然的。然而,学者们是一群思想独立的人。他们会攀爬围墙、阅读期刊并飞去遥远地区参加研讨会。这种越界之举有时会产生植根于两个甚至三个流派的理论。

最后,图中的七大流派仍然无法涵盖传播理论所有的研究方法。最近,克雷格提出,应该建立**实用主义**流派——真理的多个视角可以用多种方式合理化的多元化领域。他把这一流派描述为,"与实际问题相关,通过有用程度而不是真理的绝对标准来评估。"[30] 他认为这一流派非常适合他自己的研究。克雷格对新版图的开放态度促使我想到了传播学领域另一种极具特色的理论趋势——就是**伦理学派**。

实用主义:获取知识的一种应用型的研究方法;认为真正理解某种思想或形势对行动有实际意义的哲学。

4.9 伦理学派

有道德感的人用公正、互益的方式互动

传播领域比大部分学科都更加关切伦理责任。自柏拉图和亚里士多德时代起,传播学者就不得不面对传播中机遇与义务的问题。关于道德的现代讨论逐渐受到日益兴起的伦理相对论的斥责。[31] 然而，尽管后现代挑战所有真理的定义，美国传播协会仍然批准了"传播道德信条"（见附录三）[32]。就像许多致力于解决传播学伦理问题的尝试一样，该信条提出了道德是什么的问题，而且是从探讨诚实与谎言开始的。在这里，我列举出该信条9大原则中的3项[33]，以说明伦理学派的主流思想：

1. **我们倡导把真实、准确、诚实、理性视作传播不可分割的一部分。**这个原则强调区分传播行为的**正确**和**错误**，而不考虑传播本身是否对传播双方有利。它重申了传播的**责任**。使用情感诉求以回避理性思考是否**合理**？虚假是**合理**或**公正**的吗？诚实是我们一贯的**责任**吗？

2. **我们承诺对个人传播行为的短期和长期后果负责，并且期待他人也能这样做。**这个原则强调的是我们的沟通带来的**好**或**坏**的结果。它关注传播的**后果**。我们的沟通对人们**有益**还是**有害**？谎言能够增进**幸福**或避免伤害吗？

3. **在评估和回应其他传播者的信息之前，我们应尽最大努力理解和尊重。**这个原则强调的是传播者的**品德**而不是传播行为。它要求我们审视自己的**动机**和**态度**。我是否把他人**珍视**为同类？我是否有**勇气**尝试透过他或她的眼睛看世界？我是否努力成为**正直**且**有德性**的人？

这些是很难回答的问题，一些读者可能会认为这些问题在传播理论课程中无足轻重。但是，把人与人的交往当作从伦理价值中独立出来的机械过程来处理，就像是禁止用与爱情有关的基本原则讨论性。在伦理学派中，传播理论学者的确能够回答这些问题。这些理论学者多来自修辞或批判学派，其他人则散布在图4-3所示的实证性—阐释性地图上。因此我并未单独标出伦理学流派的具体位置。

不管是否加入我建议的伦理学派，克雷格的框架都足以帮助我们理解传播理论丰富多样的性质。当你在"传媒效果"部分读到某个理论，切记它可能与你之前学到的"关系发展"部分的某一理论有相同的渊源。在接下来的每一章的第一页，我都将指出这个理论所隶属的一个或多个流派。希望这种标注方法更便于使你理解这些理论家为什么会做出这样的选择。在第一部分的4章之后，我们将开始学习具体的理论。

帮助你深入思考的问题：

1. 考虑**实证性**和**阐释性**理论之间的差异，你能举例说明**符号学派**比**修辞**学派更具实证性，或是**社会文化学**派比**批判**学派更具阐释性吗？

2. 假设你和你最好的朋友这段时间处于情感的波动时期。这7大流派中哪一种强调的**传播定义**最有希望帮助你获得稳定的关系？为什么？

3. 克雷格认为，传播学就是一门**实用性学科**。**社会心理学派**能够帮助解决什么传播问题？**控制论派**呢？**现象学派**呢？

4.图4-3描绘了传播理论领域的七大流派。哪一种让你觉得理解起来最得心应手？还有其他什么领域你想去探索？你觉得最难理解的是哪些流派？为什么？

扩展阅读：

推荐阅读：Robert T. Craig, "Communication Theory as a Field," *Communication Theory*, Vol. 9, 1999, pp. 119–161.

作为实用原则的沟通：Robert T. Craig, "Communication as a Practical Discipline," in *Rethinking Communication*, Vol. 1, Brenda Dervin, Lawrence Grossberg, Barbara O'Keefe, and Ellen Wartella (eds.), Sage, Newbury Park, CA, 1989, pp. 97–122.

各大流派学术资源选集：Heidi L. Muller and Robert T. Craig (eds.), *Theorizing Communication: Readings Across Traditions*, Sage, Los Angeles, 2007.

社会心理学派：Carl Hovland, Irving Janis, and Harold Kelley, *Communication and Persuasion*, Yale University, New Haven, CT, 1953, pp. 1–55.

控制论学派：Norbert Wiener, *The Human Use of Human Beings*, Avon, New York, 1967, pp. 23–100.

修辞学派：Thomas M. Conley, *Rhetoric in the European Tradition*, Longman, New York, 1990, pp. 1–52.

符号学派：C. K. Ogden and I. A. Richards, *The Meaning of Meaning*, Harcourt, Brace & World, New York, 1946, pp. 1–23.

现象学派：Carl Rogers, "The Characteristics of a Helping Relationship," *On Becoming a Person*, 1961, pp. 39–58.

社会文化学派：Benjamin Lee Whorf, "The Relation of Habitual Thought and Behaviour to Language," in *Language, Culture, and Personality: Essays in Memory of Edward Sapir*, University of Utah, Salt Lake City, 1941, pp. 123–149.

批判学派：Raymond Morrow with David Brown, *Critical Theory and Methodology*, Sage, Thousand Oaks, CA, 1994, pp. 3–34, 85–112.

伦理学派：Richard L. Johannesen, "Communication Ethics: Centrality, Trends, and Controversies," in *Communication Yearbook 25*, William B. Gudykunst (ed.), Lawrence Erlbaum, Mahwah, NJ, 2001, pp. 201–235.

对克雷格模型的批判以及他的回应：David Myers, "A Pox on All Compromises: Reply to Craig (1999)," and Robert T. Craig, "Minding My Metamodel, Mending Myers," *Communication Theory*, Vol. 11, 2001, pp. 218–230, 231–240.

如欲完整地了解香农的信息理论、理查兹与意义相关的意义以及罗杰斯的存在主义研究方法，请到www.afirstlook.com点击"理论档案"。

第二部分　人际传播

单元引言　人际信息
第 5 章　符号互动论
第 6 章　意义协调管理理论
第 7 章　违反预期理论
第 8 章　建构主义

单元引言　关系发展
第 9 章　社会渗透理论
第 10 章　不确定性递减理论
第 11 章　社会信息加工理论

单元引言　关系维持
第 12 章　关系辩证法
第 13 章　互动观点

单元引言　影响力
第 14 章　社会判断理论
第 15 章　详述可能性模型
第 16 章　认知不协调理论

单元引言　人际信息

　　传播理论学者通常用游戏来类比人际传播。许多学者提到**语言游戏**、**游戏规则**、**游戏般的行为**，甚至**游戏理论**。大多数人自孩提起就会玩各式各样的游戏，在这里，我用3种游戏的类比来说明什么**是**人际传播，以及什么**不是**人际传播。[1]

　　如同打保龄球的传播。信息传送的保龄球式模型或许是绝大多数人对传播的看法。这真是太不幸了。

　　这个模式把投球者看成信息发送者。他对准球瓶（目标受众），然后发球（信息）。当球滚入球道（渠道），球道上的异物（噪音）可能会使球（信息）斜向一边。然而，假如对准目标，保龄球就会像预期的那样击中被动的球瓶（受众）。

　　在这个单向传播模式中，传播者（投球者）必须精心选择一条信息（球），小心翼翼地以同样的方式反复练习发送。当然，这只有在目标听众可替换的情况下才有意义，静态的球瓶可以等着被我们的语词击中——但目标受众可不是。因此，强调信息内容却忽视关系因素的传播理论一点也不具说服力。

　　保龄球的比喻不够恰当，还因为球瓶不能将球掷回给投球者。现实生活中的人际传播有时让人觉得迷惑，有时难以预测，有时涉及的不仅仅是传播者的行为。在了解这一点之后，一些研究学者建议采用人际传播的互动模式。

　　如同打乒乓球的传播。与保龄球不同的是，乒乓球不是单人游戏。仅这一点就足以说明用乒乓球的比喻形容人际传播更为贴切。在游戏中，一方发出对话的球，另一方则就位接球。接球者要比发球者更为专心，球技也要更为高超，因为发话者（发球者）知道信息传送的地方，而听话者（接球者）却并不清楚。而且这球也如一条语言/非语言信息一样，发出的球可能看似直线球，事实上却是一个暗藏玄机的旋转球。

　　乒乓球是有来有往的游戏；游戏双方随时会转变角色。前一刻此人是发球者；下一刻就会成为接球者，通过球的反弹的方式可以评判双方击球的有效性。这种反复调整的游戏本质上与许多人际传播理论形容的反馈过程极其类似。然而，乒乓球的比喻还是有3点不足。

　　首先，乒乓球的游戏在受控环境中进行，球台平稳。球可以准确弹起，且不受风力的影响。绝大多数人际传播则与其相反，通常发生在外界的诸多干扰中。

　　其次，打乒乓球只用一个球，球在既定的时间里沿着单一方向运动。现实中的人际互动模式却是人们同时在发球与接球。

　　最后，乒乓球是竞技游戏——双方有输有赢。成功的对话则是双赢的。

　　如同猜字游戏的传播。猜字游戏有助于更好地理解人际传播的同时发生和合作的性质。字谜既不是如同保龄球般的击球行为，也不是如乒乓球般连续对攻式的互动，而是一种**记录**。

猜字游戏是多人游戏。虽然是由一支两人或多人组成的队伍与其他队伍竞争，游戏本身却是需要合作的。一名队友先从一组谜题中抽出一个主题或标语，然后用无声短剧在队友面前表演出来。目的是让至少一名队友准确说出选中的那个主题。当然，表演者不能告诉队友正确答案。

假设你抽中了一条成语"天助自助者"（God helps those who help themselves）。它引起的情感可能不同于你意识中的"值得庆幸的恩赐"，但这并不是重点。你的任务是在其他人脑海里绘制一幅图像，让他们说出这些相同的语词。例如**天**——你可能双手合拢向上注视着。**助**——你可能会表演一个伸出援助之手的情节或帮助别人翻越栅栏。你可能通过指向许多真实的或想象中的人引出**自助者**这一表达。这时有一名队友猜出"天助自助者"。游戏成功结束。

与猜字游戏一样，人际传播是一个多向的过程，它用语言和非语言信息与另一个人不断地创造并改变大脑里的图像。假如其中两幅图像形成一定重叠，传播就开始了，传播的有效性与图像重叠部分不断增长相伴而生。然而，就算出现在我们脑海中的图象是一致的，传播也会因为解释的不同而出现偏差。"天助自助者"对某个人来说或许只是空洞的承诺，另一个人却可能把它视为老天对某人辛勤工作的奖赏。

接下来的4种理论摒弃了简单的单向保龄球和乒乓球式的人际传播模型。它们全都认为人际传播更接近于猜字游戏——一个复杂的记录过程，重叠的信息在受到一个人与多种因素影响的同时，也影响着对方和其他许多因素。

第5章介绍的是乔治·赫伯特·米德的**符号互动论**，这是一种涵盖广泛的理论，将语言与意义、思考、自我认知以及社会相联系。米德认为，语言交流能力是人类的本质特征。他感兴趣的是给人们及其行为——尤其是我们自己贴上标签的方式。

与米德一样，巴尼特·皮尔斯和弗农·克罗嫩相信，通过传播，人们可以创造他们自己的社会现实。第6章介绍了他们的**意义协调管理理论**，这个理论强调我们都用传播协调我们应对他人行为时的反应，并对这一互动进行阐释。

第7章回溯朱迪·伯贡的**违反预期理论**的发展，该理论预测当传播者用不恰当的方式行动时，他人会如何反应。她早期的模型包含一种令人吃惊的预测，即与另一人谈话时采用"过近距离"或"过远距离"实际上可能帮助你达成沟通目标。嗣后，她又将该理论扩展至各种非语言的行为，例如，触摸、眼神交流和面部表情。现在，她还用它来解释对话中的违反预期效果。

第8章介绍杰西·迪利亚的**建构主义**，它是有关信息生产的认知理论。迪利亚和他的同事认为，在复杂认知领域的个体差异，将影响个体为某一特定人际传播受众创造有效信息的能力。他们确信，拥有此种能力的人们在理解、传达、说服、安慰和取悦他人方面更加优秀——在猜字游戏和现实生活中它们都是宝贵的传播技巧。

第5章　符号互动论

创立人：乔治·赫伯特·米德（George Herbert Mead）

实证性　　　　　　　　　　　　　　　阐释性
　　　　　　　社会文化学派

　　1994年，朱迪·福斯特因饰演一位在与世隔绝的环境中长大的阿帕拉契亚山女性而获得奥斯卡最佳女主角提名。这部电影，《妮尔的芳心》①，讲述了一名年轻女子在母亲过世后长达3个月的戏剧性生活。¹ 妮尔是由小镇医生杰里·洛弗尔发现的，城市大学医疗中心的心理医生宝拉·奥尔森很快得知了这个消息。两人都震惊且着迷于这个成年的"野孩子"，妮尔却惊恐地蜷缩成一团，发出一种令人不解的声音。

　　《妮尔的芳心》的演出基于自语症（Idioglossi）患者的行为，希腊语中的"Idioglossi"指个人或私人的语言。杰里与宝拉后来意识到，妮尔的语言不是胡言乱语。她语言的源头是英王詹姆斯译本《圣经》，她母亲20多年来一直大声朗读《圣经》给她听。然而她母亲曾经中风，左脸瘫痪，因而妮尔学会的语言没有人听得懂。

　　在电影前半段，宝拉认为妮尔患有"自闭症"并试图带她到精神病院观察。杰里则认为妮尔受到过分惊吓，试着学习她的语言来了解她。这部电影纯属虚构，但在刻画语言文化的影响方面，却称得上是一个引人入胜的故事。因此，符号互动论者能够很便利地引用其中的情节。我将用这部电影的片断解释采用互动论研究方法的米德、他的学生赫伯特·布鲁默（Herbert Blumer）② 以及其他符号互动论者的核心思想。

　　米德在20世纪的头30年一直是芝加哥大学的哲学教授。他是著名的实用主义哲

---

① 又译为《大地的女儿》，该影片由迈克尔·艾普泰德导演，改编自舞台剧。影片主要讲述的是一位从小与世隔绝的少女回到文明社会，与文明社会的价值观产生巨大冲突的故事。
② 赫伯特·布鲁默（1900—1987），美国社会学家。他继续完成了米德的工作，精心阐释符号互动论，并将它理论化。

学家约翰·杜威①的挚友，采用杜威式的实用性研究方法开展研究。米德认为，任何理论的真正考验在于它能否有效解决复杂的社会问题。他是一个积极的社会活动家，曾为妇女选举权走上街头、在强盗资本主义（robber-baron capitalism）横行的年代提倡组织工会，并与社会工作的先驱简·亚当斯（Jane Addams）②一起筹备发起城市定居救助之家运动。

米德虽然任教于哲学系，却因培养了一批最出色的社会学学者而在社会学专业领域广为人知。奇怪的是，他从未著书或出版选集以推行他涉猎广泛的思想。在他于1931年过世之后，他的学生将课堂笔记以及曾经跟他的对话收集起来以导师的名义发表了《心灵、自我与社会》一书。直到那时，他的得意门生、加州大学伯克利分校的布鲁默才创造出**符号互动论**这一术语。该术语抓住了米德想要表达的观点，即人类最常见与最人性化的活动即为彼此交谈。

符号互动：通过符号进行传播；人们彼此之间交谈。

布鲁默指出了研究符号互动论的3个核心假设：**意义**、**语言**和**思维**。[2]这些假设又导出**自我**的建立及在更大的**社群**中社会化方面的结论。接下来的部分将逐一讨论这5个相关的主题。正如你将要看到的，这些主题在妮尔的故事里清晰可见。

5.1 意义：社会现实的建构

布鲁默是从如下的假设开始的，**人类对人或事所采取的行为首先基于他们向这些人或事所赋予的意义**。电影《妮尔的芳心》的观众可以看出这个假设在电影中具化为朱迪·福斯特的角色引发了她遇到的不同个人迥然不同的反应。小镇警长认为，妮尔是个疯子并建议将她关到精神病院。警长长期忧郁的妻子觉得，妮尔是一个自由的灵魂，还和她一起快乐地嬉戏。医疗中心的精神病主任医师把这个"野孩子"的个案视为创造研究历史的机会，坚持要把她带到医疗中心作为研究对象。台球厅里的一群庸俗的男子认为，妮尔会不动脑筋地模仿她看到的任何行为，因此把她看成容易到手的性玩物。至于发现她的医生——杰里不仅认为妮尔是个正常人，还试图成为她的朋友。妮尔则回报性地称杰里为守护天使。

这些解释中，哪一种才是正确的呢？谁才是**真正的**妮尔？从米德的实用主义观点来看，答案并没有太大差别。一旦人们把某个情境看成真实的情景，其结果即为真。[3]在这个故事中，除了杰里以外，所有人最初都把妮尔视为异类——一个可被探索或利用的怪人。

在美国著名制片人简·瓦格纳的女子独角戏《寻找宇宙中智慧生活的标志》（*The Search for Signs of Intelligent Life in the Universe*）中，流浪女子特鲁迪从无家可归的人

---

① 约翰·杜威（1859—1952），美国哲学家、教育学家，是美国实用主义哲学的重要代表人物。
② 简·亚当斯（1860—1935），美国定居救助之家运动（U.S. Settlement House movement）的发起人，还是美国历史上第一位获得诺贝尔和平奖的女性。

的视角来描述人类社会。她的对白强调了互动论的立场，即意义的形成是一个社会化工程：

> 我相信，我们全都在此时或彼刻
> 悄悄地问自己这个问题：
> "我是不是疯了？"
> 就我而言，一个答案响亮地回答：
> "是的！"
>
> 你正想着：一个人怎么会知道他们是不是疯了？是的，有时候
> 你并不知道。有时候你在经历生命时会怀疑自己是个疯子，可又从来
> 不太肯定。有时候你真的觉得自己疯了因为太多人这样告诉你，你是个疯子，你的话与所有人都相反……
> 究竟，什么是现实？没有真正的现实，一切只是大家的直觉罢了。[4]

5.2 语言：意义的来源

布鲁默的第二个假设是意义产生于人们彼此的社会互动。换言之，意义并不存在于事物本身，更不预先存在于自然状态。意义在语言的使用过程中通过协商得来——于是，才有符号互动论这个名词。

作为人类，我们有能力给事物命名。我们指明特定的对象（人），辨别行为（尖叫），将其指向抽象概念（疯狂）。偶尔地，有一个词听上去像是在模拟自然界的声音（如：啪、砰、轰隆），但通常的情况下，我们使用的词语与周边的物体没有逻辑关系。象征符号只是随机的标志。"小猫"这个词本身并不附着小、柔软或可爱的意义。[5] 只有通过和他人的对话——符号互动——我们才能逐步认定意义并发展对话空间。

米德相信符号化的命名过程是人类社会的基础。《圣经·创世记》里说，亚当的第一个任务就是为所有的动物命名——这是文明的发端。

互动论者声称认知范围取决于被命名事物的范围。语言固然是限制我们的牢笼，但是我们可以通过掌握更多的语词来打破它。根据考SAT或者ACT大学入学考试的经验，你大概能够知道一半的考题都与语言能力有关。测试的题型设置，显然验证了互动论者的观点，即人类智慧借助符号化而具备了辨识绝大多数事物的能力。宝拉自从发现妮尔的个人词汇的范围，就不再认为妮尔是一个无能或无知的人。

符号互动不仅仅是表达智慧的方式，还是我们阐释世界的途径。每个象征符号都是"一种刺激，对人们而言有习得的意义与价值"。[6] 思考一下下面这则故事中让人疑惑不解的地方：

一位父亲跟他的儿子开车前往球场，车子突然在铁轨上抛锚。不远处火车驶来，鸣笛发出警报。情急之中，父亲试着启动发动机，但在惊慌中转不动车钥匙，结果车子被高速行驶的火车撞飞。救护车第一时间赶到现场，将他们送往医院抢救。父亲在途中就断气了，儿子还活着，但情况危急，需要立即手术。一到医院，儿子立即被推进了急诊手术室。外科医生走了进来，以为是一般的手术。但是，一看到这名男孩，医生立刻变得脸色发白，喃喃自语地说："我没有办法手术——这是我的儿子。"[7]

怎么会这样？你如何解释这名外科医生的窘境？如果答不出来，我建议你合上书本，再仔细想想全过程。

这个故事是一本十分有趣的读物中某篇文章的开头，其内容我认为正代表符号互动论的源头。美国著名计算机科学家道格拉斯·霍夫斯塔特（Douglas Hofstadter）提出了这个问题，坚持让读者自己想出答案。他向我们保证一旦我们想到答案就会立即明白其中道理。

我第一次听到这个故事是在10年前，与这里的内容略有出入。我要承认我确实花了几分钟才想到答案。更让我沮丧的是，我的家庭医生是部门同事的太太，我的儿媳也是一位医生。我怎么会上当呢？

霍夫斯塔特回答了我的问题，那是因为我们使用的语词有**缺省假设**（default assumption）。这个故事没有提到医生的性别，而且大多数美国医生都是男性，所以我们很容易就认为故事中的外科医生也是男性。缺省假设通常有一定事实根据，但象征符号的诡异就在于我们通常意识不到自己在做跳跃思维。除非我们想当然的逻辑被某些明显的差错打断，否则我们每次读到或听到**外科医生**这个词时都只会联想到男性。更重要的是，我们甚至认为我们思考事物的方式就是事物本来的方式。《妮尔的芳心》中大多数"正常"人正是这样做的。他们为妮尔贴上**离奇**、**怪异**或**不正常**的标签——假定那些与众不同的人都得了精神病。

在本章的第一段，我介绍了电影《妮尔的芳心》的主角。杰里这个名字拼写起来很男性化，但我并没有特别提到这位医生是男性还是女性。如果你是听到而非读到这个名字，那么你能保持开放的意识，觉得杰里（或洁芮）也有可能是位女性吗？如果是这样，符号互动论者将会称赞你说，"干得好！"

5.3 思维：扮演他人角色的过程

布鲁默的第三假设是**人类自身的思维过程能够修正他以往对象征符号的解释**。符号互动论者把思考称作内部对话。米德则把这类对话称为**心智作用**（minding）。

心智作用是反思性的停顿。如果我们的意识在预演下一个动作、考虑别的可能性

心智作用：在给出反应之前测试可替代项、预演行动和预测他人反应而出现的内部对话；自我交谈。

及预测他人反应，我们会表现出两秒钟的延宕。米德认为人类习惯于三思而后行。我们会自然地与自己对话，以便将复杂情境中的意义分门别类。然而，作为第一步，我们需要语言。在思考之前，我们必须能以象征符号的方式互动。

假如电影《狮子王》与《灵犬莱西》不算在内，米德认为一般来说动物依靠"本能"及"不假思索"来行动。[8]它们不能进行有意识的思考，除了极少数的例外，几乎无法用象征符号进行交流。而人类天生就有一个复杂的、可思考的大脑。但仅有大脑不足以思考。互动论者主张"人类需要社会刺激和抽象化的符号系统以唤起人类特有的观念性的思考过程"[9]。语言是激活心智的软体。

在《妮尔的芳心》前半段，杰里与宝拉对妮尔为什么会具有反省的能力百思不得其解。他们知道妮尔与母亲有互动，但是感到疑惑的是，与一名隐居且沉默寡言的成年人沟通，其学习语言所需要的社会刺激是从何而来。[10]根据互动论者的假设，一个与人类接触几乎为零的人是不可能学会一种语言和形成思考的。然而，通过电影的回顾，观众知道妮尔有一个双胞胎姐姐，在妮尔的成长过程中是她唯一的同伴。在姐姐过世前，妮尔生活中的社会刺激是丰富的，以双胞胎式的对话共享意义。了解她的过去之后，杰里与宝拉就理解了妮尔为何具有思考的能力。符号互动激活认知过程，该过程一旦开启，就不会再关闭。

角色扮演：在脑海中把自己假想为某个正在观察你的他人的过程。

我们认为，米德对我们理解认知方式的最大贡献是他认为人类具有**角色扮演**的独特能力。在幼年，儿童在角色扮演中模仿父母的行为、与想象出来的朋友聊天，并且从假扮成他人的小把戏中获得持续的快感。成年之后，我们仍然会将自己置于他人的位置，并模仿他们可能的行为，但这个过程几乎是无意识的。米德坚信，思考是我们与他人在精神层面进行的对话。

在美国女作家哈珀·李的小说《杀死一只知更鸟》①中，女主角斯科特站在她的神秘邻居布·瑞德利的阳台上，回忆起她父亲说过的话："只有站在某人的立场设想，你才能真正认识这个人。"[11]女主角通过角色扮演，清晰地表达出什么是符号互动。年轻、冲动的女孩站在一个十分腼腆、情感脆弱的男孩的立场上。要注意她不会**成为**他——那就演成了《人体异形》。然而，她确实在用他的眼睛去看整个世界。最重要的是，她所看到的恰恰是她自己。

5.4 自我：镜子中的映像

一旦我们了解**意义**、**语言**和**思维**三者息息相关，我们就能够掌握米德的**自我**概

---

① 该书是美国女作家哈珀·李的自传体小说，是她的第一本也是唯一一本著作。小说于1960年出版，1961年获得普利策奖，1962年被搬上银幕。小说迄今为止仍被列为畅销书，不仅是美国图书馆借阅率最高的书、美国中学的推荐课外读物，还是英国青少年最喜爱的小说之一；由小说改编的同名电影也获得了第25届奥斯卡3项大奖。

念。米德驳斥了那种通过自省就可以认清我们自己是谁的说法。他声称我们描绘自画像是通过**扮演他人**——想想我们如何看待其他人——来完成的。互动论者称这种精神意象为**镜中自我**，并坚持认为镜中自我是由社会建构得来的。米德从社会学家查尔斯·库利（Charles Cooley）①那儿借来这个词，库利发明这一术语则缘于拉尔夫·沃尔多·爱默生（Ralph Waldo Emerson）②的一首诗。爱默生在诗中这样描述每位密友……

镜中自我：通过扮演他人的角色而产生的精神形象；客观的自我；客我（me）。

是他朋友的一面镜子
反映出他业已消逝的样子。12

符号互动论者相信塑造自我是语言的功能之一。没有交谈就不可能有自我观念。"我们生下来没有自我意识。自我意识在与他人的互动中产生。与他人接触时我才能体验自身；缺乏和他人的互动，我便不能塑造自我——我便不能作为某人出现。"13 无论我们是在与新朋友互动，还是跟某个重要人物有新鲜的对话，自我总处于变化之中。我们可以想象一下现实生活中妮尔与心理医生、记者和律师谈话时，可能经历的自我概念的曲折变化。

米德认为，自我是结合"主我"（I）与"客我"（me）的一个持续的过程。"主我"是自我中所有新奇、无法预测以及无条理部分的自发驱动力。对大脑半球结构有兴趣的人来说，"主我"类似于右脑的创造力。妮尔模仿树木随风而动的舞蹈般的动作就来源于自我中的"主我"部分。杰里的即兴音乐伴唱也是一样（当然，如果他事前思考过，他不会选美国乡村歌手威利·尼尔森③的《疯狂》这首歌）。当宝拉为他的不专业而发怒时，他只能解释说有时候人们做事是一时冲动。跟杰里一样，我们对"主我"知道得很少，因为它太难以捉摸。仔细观察自我中的"主我"部分就像是用聚光显微镜观察雪花。这种行为一旦出现，就足以让它消逝了。

主我：自我中所有新奇、无法预测以及无条理部分的自发驱动力。

"客我"被视为客体——是在他人反应的镜子中看到的自我影像。你还记得在上中学时，如何学习在句子中作动词**宾语**的人称代词"我"（me）吗？由于人类具有角色扮演的能力，所以我们能站在自身以外，把我们自己当做客体。这种反射经验就像是固特异飞艇④在我们头顶盘旋，在我们行动时为我们传回视频图像。米德这样形容这个过程："如果**主我**说话，**客我**会聆听。"14 而且，"此刻的**主我**将会存在于下一刻的**客我**中。"15

客我：客观的自我；当一个人扮演他人角色时所看到的自我镜像。

电影开始不久出现了一个转折点，杰里与妮尔一同在她的小屋中，妮尔跑到衣柜

---

① 查尔斯·库利（1864—1929），美国社会学家，提出了镜中自我的概念。
② 拉尔夫·沃尔多·爱默生（1803—1882），美国散文作家、思想家和诗人。
③ 威利·尼尔森（1933— ），美国著名歌手，被誉为20世纪乡村音乐史上最重要的创作歌手，荣获第72届格莱美终身成就奖提名。
④ 是固特异轮胎及橡胶公司所生产的一组飞艇的总称。这组飞艇生产的目的是为了打广告和采用空中电视摄像机镜头来播出体育赛事。

的镜子前，把手伸向镜子中的人说"May"，杰里意识到她是指"客我"。然后妮尔转过身来，抱住自己说"Tay"，杰里把它理解为"主我"。在接下来的一幕，临床医师观看了宝拉拍下的这段录影带，十分惊讶于妮尔能清晰地区分客观自我和主观自我。他们因此肯定了妮尔的人性，认为她心智健全。因为，她拥有完整的自我。[16]

5.5 社群：他人预期的社会化效果

如果妮尔只和她的母亲、双胞胎姐姐以及杰里有接触，那么这3个重要的他者反射出的看法将塑造她的"客我"。但是，一旦她离开偏远山区的小屋，走入新的人群，为了在新的社群中生存与成长，妮尔就需要对人们的行为、行动的意义以及他们对她的期望有所了解。米德及其他符号互动论者把这些意象的混合定义为妮尔**概化他人**的过程。

概化他人：一个人基于社群预期和反应形成的关于他（她）的自我的混合意象。

概化他人是个人意识中与社会群体普遍的预期、观感有关的一组信息。当我们想要弄清在某种社会情境中我们应如何行动以及如何评价该行动时，这一过程就是概化他人。我们站在概化他人的角度，赋予我们自身及自身行为以意义。[17]

与多数社会学家不同的是，米德认为一个社群由能够自行做出选择的个体构成。他们与其他人的共同行动形成了卫生保健制度、司法制度、经济制度。妮尔很快就将面对这一切的社会机制。在《心灵、自我与社会》一书中，我们无法确定米德把**概化他人**看作（1）我们在我们认识的所有人的反应中获取的首要的镜中自我，还是看作（2）影响人们内心对话的社会期望？但不管是哪一种方式，概化他人都会对我们的思考方式以及与社群互动的方式产生影响。

总之，我们出生时都没有"客我"。这个"客我"唯有通过持续不断的符号互动才得以形成——首先是家人，其次是玩伴，再次就是类似于学校的各种机构。一旦概化他人发展形成，这个虚构的综合而成的自我将成为一个对话的伙伴，与我们进行持续的精神对话。儿童就是用这种方式参与他们自己的社会化过程。在邻近的社群中，儿童逐渐习得他人的角色。米德要我们把"客我"想象成是每个个体内心有组织的社群。

《妮尔的芳心》一再描述米德的互动论的概念，但是电影结尾却有一处与之不和谐。电影最后一幕呈现了5年之后，妮尔与她最初遇到的人们欢聚的场景。杰里和宝拉已经结婚并育有一女，他们的女儿让观众联想起妮尔小时候的样子。警长的妻子不再忧郁，她将病愈归功于妮尔。妮尔被投入一个把她当做异类，并坚持要她顺从社会角色的由律师、记者以及售货员所构成的广阔世界，然而，她却似乎完全不受他人判断和预期的影响。朱迪·福斯特饰演的这个角色流露出的是一种内在的平和与满足。她在概化他人时所感知的社群并未出现变化。符号互动论者会提醒我们：妮尔的故事纯属虚构。

5.6 符号互动的应用案例

米德认为理论的价值在于它的实际效用，因此我搜集并将在下面列出符号互动论的6种不同效用。它们不仅将提供对该理论的实例分析，还可以顺带复习这一章提及的某些概念。

创造现实。莎士比亚写道："世界是一个舞台，所有男人、女人都是这舞台上的演员。"[18] 加州大学伯克利分校的社会学家欧文·戈夫曼（Erving Goffman）① 在他的著作《日常生活中的自我表现》中将社会互动比喻为戏剧表演。[19] 他认为，我们通过与他人持续协商来定义我们的公共身份和环境特征。他警告说："在表演中形成的对现实的印象是微妙而脆弱的，一个小小的意外就足以将它粉碎。"[20] 他的同事琼·艾默生（Joan Emerson）描述过医生们将妇科检查列为常规检查的共同努力。[21] 医生和护士共同出演这种角色，并向病人保证"所有的一切都很自然，没有人会感到不好意思，没有人会想到与性有关的词汇"。只有演员们的演出保持一致，才能使作为观众的那个人感到安心。

有意义的研究。米德提倡通过民族志的方法之一——**参与式观察**进行研究。如同电影《妮尔的芳心》中的杰里，研究者应有计划地参与他们的研究对象的生活。参与式观察者采取的是感兴趣的——然而不刻意的——访客的立场，仔细倾听人们的交谈，发现他们如何诠释他们的世界。米德反对那些严密控制行为的实验或调查研究。它们虽然可以提供量化的结果，但从无生命的数字里看不到经验赋予的意义。米德喜欢牧马者所说的"了解马的唯一方式就是像马儿一样嗅、和马儿一起吃、和马儿一起睡"。这就是参与式观察！毫无疑问，电影《奔腾年代》和《马语者》中的驯马师都是符号互动论者。

概化他人。发人深省的短篇小说《雪中的无物》（Cipher in the Snow）讲述了一个男孩被父母、老师及其他同伴视为无足轻重的人的真实故事。他们的负面反应逐渐将他变成他们眼中的那种人——无足轻重的人。他最终彻底崩溃，没有任何缘由地死在了雪堆中。互动论者形容他的死是符号杀人。[22]

归类。以下是我近一年来在公共场所听到的绰号，这些词都有些贬义：**笨蛋、丑鬼、懒虫、奴仆、黑鬼、弱智、原教旨主义者、自由派、保守者、贱人、骗子**。棍棒和石头能打断我的骨头，但被归类却能**真正**伤害到我。指名道姓的谩骂破坏力十足，因为这些绰号迫使我们用扭曲的镜子来比照自己。怪诞的形象非常不容易消除。

自证预言。镜中自我概念的含义之一指我们每个人都能对他人如何看待自己产生重大影响。这种内心力量通常被称为**自证预言**，也就是我们的预期倾向会唤起别人的反应，来证实我们原先的预期。伊利莎·杜立德，戏剧大师萧伯纳的《卖花女》中的

参与式观察：站在不刻意却又感兴趣的访客立场仔细记录人们的言行举止，以发现他们如何诠释他们的世界。

自证预言：我们预期唤起确认我们最初所期望的回应的倾向性。

---

① 欧文·戈夫曼（1922—1982），符号互动论的代表人物及拟剧论的创始人。其作品包括《日常生活中的自我表现》《公共场所行为》《框架分析》等。

贫民窟女子准确地描述了这个过程,"淑女与卖花女的区别不在于言行举止,而在于别人对待她们的态度。"[23]

符号操控。当米德的名声在社会学界如雷贯耳之时,索尔·阿林斯基(Saul Alinsky)[①]正深受社会学"芝加哥学派"的影响。阿林斯基不追求学术生涯,而是成为一位社区组织者,学以致用为城市贫民争取权利。20世纪60年代早期,他协助创立"伍德隆组织"(TWO, The Woodlawn Organization)以反对他的母校与权贵沆瀣一气在周边建造不合规格的住宅。他找到一种激发伍德隆居民团结一致、唤起其他芝加哥居民同情的象征符号。他在早期就描述过选择符号主题的技巧:

> 你应该从人们,从人们的传统、观念、习惯、态度及所有构成他们生活环境的因素开始。你应该牢记的是:一个真正的组织……必须植根于人们自己的经验。[24]

阿林斯基在公寓里成群出没的肮脏鼠类身上发现了他需要的象征符号。伍德隆最终采纳了"老鼠和猫一样大"的口号。不久,这座城市开始严厉打击贫民窟的房东,伍德隆居民从此获得前所未有的认同感、尊严和政治影响。

5.7 评论:一个过于随意的理论?

《心灵、自我与社会》的大部分读者都对米德试图涵盖的各种概念感到头痛。该理论没有固定的边界,没有清晰的概念,也没有规范的研究方法,读者因此很难得出简明的结论。甚至没有人为这本书提供全美流行的学习指南(CliffsNotes)。米德在课堂上可能准确地介绍过相关概念,然而他的学生多年后汇集讲稿时,这些概念的含义显然已经模糊不清了。不管怎么说,该理论的价值的确因条理不清而受损。

过度夸大,同样是使符号互动论价值受损的原因之一。米德反复强调人类的语言能力——使用和解释抽象符号的能力——这是人和动物的主要区别。我之前有一位做了母亲的研究生助理,她儿子患有永久性末梢神经失调。这个男孩的眼睛、耳朵及其他感觉器官是正常的,只是这些器官无法向大脑传递信号。医生表示他现在、甚至以后都无法如常人一样与他人用抽象符号进行互动。这名助理在读完本章的草稿后不禁问道:"这么说我的儿子算不上人类?"她萦绕心头的疑虑足以让那些宣称抓住人性本质的理论学者引以为戒。

除了清晰度与人性解释上的瑕疵,符号互动论称得上是了不起的成就。加州大学河滨分校的社会学家兰德尔·科林斯(Randall Collins)把米德视作"美国最伟大的社

[①] 索尔·阿林斯基(1909—1972),美国社区组织者、作家,被誉为美国现代社区组织的创建者。

会学思想家"。[25]米德建立的相互连接的思想网络，比本书所讨论的其他理论都要宽广。在随后的"关系发展""跨文化传播"及"性别与传播"等部分，我都会简略地提及他的思想。

米德的思想在社会学系的学生中最广为人知。他的符号互动论就符号信息建立、它对交谈双方的影响等传播领域的问题提出了许多真知灼见。本书涉及的绝大多数阐释性理论学者都要感谢米德思想的启发。他的思想在下列理论中有所体现：博尔曼的符号聚合理论、皮尔斯和克罗嫩的意义协调管理理论、格尔茨和帕卡诺夫斯基的组织文化研究方法、伯克的戏剧主义、费希尔的叙事范式、菲利普森的口语代码理论、哈丁和伍德的立场理论、克拉马雷的失声群体理论。这份重要他者的清单令人印象深刻，足以增强任何理论学者的镜中自我。

帮助你深入思考的问题：

1. 布鲁默的**符号互动论**的3个核心假设分别与**意义**、**语言**和**思维**相关。按照布鲁默的观点，哪一个假设应排在首要位置？你能够列举出一个不同的序列吗？

2. 互动论者认为**人类**和**动物**的主要区别是什么？你还能在这份清单上增加或减少什么？

3. 在米德使用的术语中，**镜中自我**与一个人的**客我**一样吗？为什么一样？又为什么不？

4. 回想一下你经历过的**自我**发生重大变化的时刻。你认为在这种改变的时刻**自证预言**会扮演重要的角色吗？

自我测试：

如需自测单元，请登录www.mhhe.com/griffin7,登录本书的线上学习中心。

扩展阅读：

推荐阅读：Jodi O'Brien (ed.), *The Production of Reality*, 4th ed., Pine Forge, Thousand Oaks, CA, 2005.

原始叙述：George Herbert Mead, *Mind, Self, and Society*, University of Chicago, Chicago, 1934.

米德思想的发展：Herbert Blumer, *Symbolic Interactionism*, Prentice-Hall, Englewood Cliffs, NJ, 1969, pp. 1–89.

综述：Herbert Blumer, "Symbolic Interaction: An Approach to Human Communication," in *Approaches to Human Communication*, Richard W. Budd and Brent Ruben (eds.), Spartan Books, New York, 1972, pp. 401–419.

符号互动论的基本概念：John Hewitt, *Self and Society: A Symbolic Interactionist Social Psychology,* 10th ed., Allyn and Bacon, Boston, 2006, pp. 36–81.

镜中自我的实验性数据：King-To Yeung and John Martin, "The Looking Glass Self: An Empirical Test and Elaboration," *Social Forces,* March 2003, pp. 843–879.

戏剧化的比喻：Erving Goffman, *The Presentation of Self in Everyday Life,* Doubleday Anchor, Garden City, NY, 1959.

社会隔绝的效果：Kingsley Davis, "Final Note on a Case of Extreme Isolation," *American Journal of Sociology,* Vol. 3, 1947, pp. 432–437.

应用性的互动论之行动主义：Donald Reitzes and Dietrich Reitzes, "Saul D. Alinsky: An Applied Urban Symbolic Interactionist," *Symbolic Interaction,* Vol. 15, 1992, pp. 1–24.

作为社会建构的自我：Susan Harter, "Symbolic Interactionism Revisited: Potential Liabilities for the Self Constructed in the Crucible of Interpersonal Relationships," *Merrill-Palmer Quarterly,* Vol. 45, 1999, pp. 677–703.

沟通问题：Bruce E. Gronbeck, "Symbolic Interactionism and Communication Studies: Prolegomena to Future Research," in *Communication and Social Structures,* D. R. Maines and C. J. Couch (eds.), Charles C Thomas, Springfield, IL, 1988, pp. 323–340.

评论：Peter Hull, "Structuring Symbolic Interaction: Communication and Power," *Communication Yearbook 4,* Dan Nimmo (ed.), Transaction Books, New Brunswick, NJ, 1980, pp. 49–60.

第6章　意义协调管理理论

创立人：巴尼特·皮尔斯（Barnett Pearce）和
弗农·克罗嫩（Vernon Cronen）

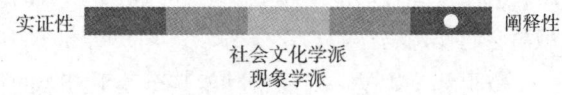

实证性　　　　　　　　　　　　　阐释性
社会文化学派
现象学派

美国菲尔丁研究生院的巴尼特·皮尔斯和马萨诸塞大学的弗农·克罗嫩认为：传播是一个过程，经由这个过程，我们共同创造了我们这个社会中的事物。[1]意义协调管理理论始于这样一种主张：**对话中的人共同建构他们身处其中的社会现实，同时也被他们创造的世界所改造**。换句话说，也就是每一个对话都有**来世**（afterlife）。明天的社会现实是我们今天的互动的来世。皮尔斯和克罗嫩因此觉得必须追问：**我们正在共同创造什么？我们正在怎样做？我们应该怎样做才能让我们的社会变得更加美好？**

皮尔斯和克罗嫩认为意义协调管理理论（Coordinated Management of Meaning, CMM）是实用性理论，旨在帮助人们在现实世界的生活更加美好。[2]与一些实证性理论学者不同，他们不认为自己找到了一种适用于任何情境、任何人的沟通法则。CMM是一系列的概念和模型，可帮助父母、临床医师、社会工作者、调解员、教师、顾问等增进相互理解，在更广阔的生活空间里应付自如。该理论的两位创立人认为，CMM的终极验证不在于它如何强调自身的合理性，而在于它确实帮助人们找出对话关键以及在对话时刻就做出正确的行为。他们确信如果这一理论帮助我们创造我们想要的社会，那么它就是成功的。

6.1　行动中的CMM理论——现场调查

我在这里对CMM支持者的3个简短报告加以改编，便于读者初步了解CMM理论在实践中的应用。在第一人称为主的叙述中，读者可以身临其境地认识CMM理论，还能了解到皮尔斯与克罗嫩为何以这个名称给该理论命名。在这一章中，我会持续引用这些故事以说明CMM实践者在构建更好的社会环境时使用的分析工具。

调解

材料来源：乔纳森·谢洛尔（Jonathan Shailor），威斯康星大学帕克赛德分校传播学教授

在我的调解工作中，我一直扮演实践者、研究者和培训者的角色。在这些角色中，我使用各个层面的CMM意义概念梳理出争执者与调解者对情节、关系、身份以及文化模式的建构。例如，她会讲述什么样的**故事**解释以下问题：**她们为什么要来调解？**又用什么样的故事来表明她和其他争执者的**关系**？她怎样建构自己的**身份**？**文化叙事**会起作用吗？

彼得和安妮是一对经常吵架甚至动手打架的年轻夫妻，这促使安妮申请了强迫彼得搬出公寓的强制令。法官批准该强制令的条件是要两人首先参与调解，再回到法庭做进一步的评估。在调解期间，彼得把近期发生的事件理解为"安妮的背叛"，认为安妮一系列的行动是对他的攻击和冷血操纵。彼得解释自己的行为是出于自卫的必要，忽视了两人关系的其他方面。

安妮的构建则是一个自传式叙述，将她父母家庭的家暴经历与受到彼得威胁的感受联系在一起。在她的语境中，与彼得继续维持关系是危险的。对安妮而言，调解中任何损害她的人身或经济安全的协议，会使她将自己再度定义为"受害人"。

彼得要求安妮支付他没有住在公寓的两个星期房租。当然，从彼得建构的语境意义子系统来看，这个要求合乎情理。然而，安妮会根据她的意义子系统解读这个要求，决心不再扮演受害者的角色。她的拒绝反过来印证了彼得将安妮建构为实施迫害一方的假设，他因此寻求报复，在其他问题上追索安妮注定会拒绝的权利。

调解结束之后，CMM能够帮助我向两位调解顾问描绘他们和彼得、安妮共同构建的行动和意义解释的反身性过程。通过把调节顾问的注意力集中于争执双方对于情节、关系、身份以及文化模式的界定上，我就能使他们理解调解顾问的沟通是如何开启和关闭赋权良机的。[3]

家庭治疗

材料来源：约翰·伯纳姆（John Burnham），英国伯明翰帕克幽诊所（Parkview Clinic）的家庭治疗医师

一对夫妇找到我咨询他们14岁的儿子面临的问题，男孩被诊断患有亚斯伯格综合征（Asperger's syndrome），一种轻度的自闭症。谈话进行到一半的时候，我突然意识到这个男孩和他的父母陷入了被CMM理论称为"**怪圈**"的重复性行为陷阱（见图6-1）。这对父母在接受亚斯伯格综合征的诊断时，以怜悯、忍耐和宽容的方式对待儿子。当他们用这样的方法对待儿子，儿子的病情会有很大进步，以至于令父母觉得**他没有患上亚斯伯格综合征**。一旦父母改变想法，他们对待儿子就不再那么宽容，儿子的病情随之恶化，而这又让这对父母觉得他的确**患有亚斯伯格综合征**。

> **怪圈**：不受欢迎的、重复性的沟通模式，例如："达尔，我们再做一次。"

当我向这两位家长描述这个无休止的怪圈时，他们恍然大悟。只要他们一直质疑儿子是否患有亚斯伯格综合征，这个家庭就会长期在闭合的8字形小路（如图所示）上迂回。但是，他们所处的这个怪圈却使我提出了一个不同角度的问题：**你们希望与儿子建立一种什么样的关系？**通过聚焦他们一家以什么样的方式在一起，而不是儿子是否患有疾病，这家人摆脱怪圈的机会就大大增加。这个方法对父母和他们的儿子有很好的效果。他们开始向我反馈家庭关系中出现的积极变化。随后，他们进一步追问，**什么时候把儿子的古怪行为认定成亚斯伯格综合征是有用的，什么时候又没用呢？**我现在用CMM的怪圈概念帮助那些孩子被诊断出患有某种特定精神障碍的家庭。我之所以讲述这个故事是因为和这对父母一样，我认识到把一种疾病标签化会对一个家庭产生重要影响。[4]

库比蒂诺社区项目

材料来源：W. 巴尼特·皮尔斯（W. Barnett Pearce）和金伯利·A·皮尔斯（Kimberly A. Pearce），**公共对话联盟**（Public Dialogue Consortium）

1996年，公共对话联盟[5]接触了加州库比蒂诺社区的市政管理人员，要求引入富有成效的沟通方式以讨论该社区最迫切的问题——**种族多样性**。许多居民私下形容该社区的种族关系是"等待引爆的火药桶"，却不愿意公开表达意见，深怕会立即引爆这个火药桶。

我们的任务是要改变当地这种沟通方式，告诉人们他们可以换用其他增进彼此了

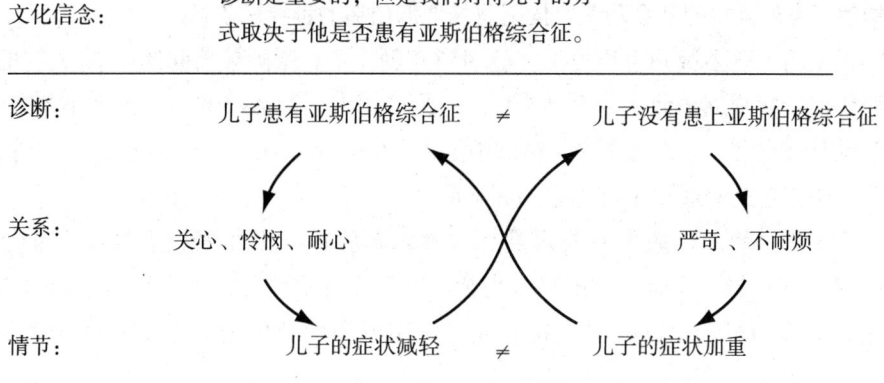

图6-1 诊断和行为的怪圈

解的沟通方式，并且坚持、表达自己的观点。该项目的第一阶段是建构环境，让持有不同观点的人以他人愿意聆听的方式表达，同时也以他人愿意述说的方式聆听。我们称之为**对话式沟通**。如果群体中的重要成员在这样的沟通中获得自信，下一步就可以讨论特定的议题。在市政府和某个独立公民团体的协助下，我们邀请所有社区成员共同参加"多样性论坛"，使他们有机会一起讨论库比蒂诺该如何处理3个具有引爆效应的议题——在当地学校推广汉语、仅以中文书写的公共标志以及多元文化下的国庆庆典。

该论坛包括大量在社区成员协助下进行的小团体讨论。每位协助者至少要接受公共对话联盟提供的10小时训练。[6]他们的任务是让参与者开诚布公地对话。为了达成这一目的，我们训练每位协助者：（1）把论坛构架为特定事件，参与者采用不同寻常的沟通方式；（2）积极构筑团体的凝聚力，保持中立立场；（3）用感兴趣和提问题的方式鼓励人们讲述自己的故事；（4）汇聚大量故事并加以重新组合，鼓励人们说出更多更好的故事；（5）提供"见机行事"的辅导与介入。

由此激发的对话沟通，最终改变了库比蒂诺的社区环境。该论坛举行一年以后，仅有2%的居民仍认为种族多样性是当地的社会问题。市政管理人员认为这意味着人们已"共同解决"了这一问题，并把日益增长的多样性当做"生活中既定的现实"。

库比蒂诺项目更明确地为CMM理论提供了支持：沟通创造了我们的社会生活。我们十分确定的是，在保留自己的观点与向与我们不同的群体公开想法二者之间，存在对话的需要，对话使双方采取相互接近的行动方式。[7]

6.2 对话中的人：创造共同体的纽带

社会建构论者：认为对话中的人共同建构他们身处其中的社会现实，同时也被他们创造的世界所改造的语言研究学者。

在上述报告中，CMM理论的使用者自称**社会建构论者**（social constructionists）。从他们的故事中你可以发现，他们共有的核心信念是我们的社会环境并非有待我们去寻找和发现，相反它是由我们创造的。正如这一章开头所说，他们相信：**对话中的人共同建构他们身处其中的社会现实，同时也被他们创造的世界所改造**。

20世纪荷兰著名版画家埃舍尔①于1955年创作了石版画《共同体纽带》，它的主题是两个由带状物缠绕而成的人类头像，它们旁边有无数漂浮的、大大小小的圆球，相当生动地传达了CMM理论中"对话中的人"（persons-in-conversation）的概念。这幅非凡画作还充分展示了该理论的如下原则：

1."对话中的人"的体验是人类生活中基本的社会化过程。皮尔斯认为CMM理论的这一核心与一度流行的解释人类智能的观点背道而驰，后者认为"沟通作为既无色也无味的思考工具，只有在不充分使用或者中断使用时才是有趣或者重要

---

① 埃舍尔（1898—1972），荷兰美术大师，以创作木刻画、石版画和雕版画而闻名。

的"。⁸皮尔斯认为埃舍尔画中的带状物具化了沟通过程。所谓沟通，既不是两个人所做的一次活动，也不是他们用来触及对方的工具。相反，沟通塑造了他们自身并建立了彼此的关系。库比蒂诺社区项目之所以能从根本上改变该社区的面貌，并不是因为改变了当地人讨论的议题，而是因为改变了他们的沟通方式。

2.沟通方式通常比人们想要表达的内容更重要。对话中的人采取的语气和态度在社会建构过程中发挥巨大的作用。皮尔斯指出，《共同体纽带》中的人脸没有实质；它们由螺旋式纽带的扭曲和盘绕构成：

> 假如带状物被拉直或以其他形式联结，尽管不会有任何物质上的损失，人脸却将不复存在。这幅图为我们呈现了沟通过程（带状物）创造社会生活中事物的方式：不是通过实质，而是通过它的形式。⁹

参与调解过程、治疗过程以及种族冲突的各方通常会陷入破坏性的互动模式。他们称呼彼此为种族主义者、骗子和笨蛋；形容他人的行为是有罪、残忍和疯狂的。皮尔斯认为语言是"人类为人类社会的创建所发明的唯一强有力的工具"，¹⁰因此，他认为当冲突中的人们卷入他们必定会输的语言游戏，这其实是一种悲哀。核磁共振扫描显示，人际关系的压力对脑部造成的影响就如同用拳头锤击胃部一样。¹¹

CMM理论学者讨论了在一场相互迁就的谈话中形成的**意义**和**行为逻辑**。我们来思考以下这个熟悉的流程：你说话，我回应。我的回应让你觉得你必须指出我方法中的错误，但我并不认为我要接受你的指导。因此，我会让你知道你没有资格就这个主题发表任何意见。这个信息又与你自认为是一个博学且聪明的人的自我概念相违背。于是，你用难以接受的侮辱性言词反唇相讥。5个回合之后，我们就会进入一个恶性模式，彼此争着看谁能说出对对方最具伤害性的言语。这个时候，谈话主题早已与最初想法毫不相干。靠着这种互动的**逻辑力**，这场纠纷可以永远持续下去。然而，有了CMM理论的引导，调解顾问、治疗师和讲师们就可以调节对话各个回合产生的意义和行为逻辑。有了这样的认识，他们就能够介入、甚至打破具有破坏性的循环，同时创造机会以运用更好的沟通方式。

3.对话中的人的行为会随着互动的持续进行反身性再生产。反身性是指我们的行为具有反弹并影响我们自身的性质。《共同体纽带》中带状物无休止的回环重新形塑了两个人。假如埃舍尔画作中的人像处于争执当中，其中的任何一个应明智地反问自己："如果在这场争辩中我赢了，我会成为什么样子呢？"

埃舍尔画作中悬浮的球状物，可认为是由相互关联的演员共建的社会生活中的地球或行星。皮尔斯写道："在我们交流的时候，我们不仅在谈论这个世界，实际上还参与社会的创造。"¹²多年以来，环保主义者一直在强调，我们不得不住在自己创造的世界里。我们呼吸的空气被污染，我们生活的质量被降低了——曼谷、布加勒斯特

逻辑力：个体出于道德压力或义务感而回应的语言或行为的明确方式——"我没有选择"。

反身性：我们施加于他人的语言及行为反弹回来并影响我们自身的行为。

（Bucharest）以及墨西哥城的居民早已深受其害。皮尔斯和克罗嫩也是以上述方式思考的社会生态学家，一直提醒我们注意沟通实践的长期影响。

埃舍尔《共同体纽带》所呈现的"对话中的人"能认识到他们正在创造自己将在其间交谈和行动的社会吗？如果人们像那一对寻求家庭治疗咨询的父母一样，他们可能无法认识到这一点。然而，这正是CMM使用者的目标——人们应意识到并回答这样一个问题：**我们正在共同创造什么？**

4.作为社会的建构论者，CMM研究者把自己看作是多元世界的好奇参与者。他们**好奇**，因为他们认为，谈及在持续变化的环境中生活的个体，宣布其具有确定性是愚蠢的。建构论者是**参与者**而不是旁观者，希望积极地投身于他们的研究。他们生活在**多元的世界**中，因为他们的理论假定人们创造多重真实，而不是独一无二的真理。埃舍尔的《共同体纽带》格外贴切地展示了"对话中的人"，即使当对话中的一方是CMM理论研究者。

皮尔斯把澳大利亚欧内斯特·斯特林格（Ernest Stringer）**基于社群的行为研究**当作其研究的模型。行为研究是一种"合作性研究方法，旨在把社群成员看成平等、完全的参与者"。[13]这项研究超越了符号互动论者喜欢用的"参与式观察"（见第5章）。行为研究学者与其研究对象共同建立正在发生的一切的画面。他们建立了关系为何会这样形成的共享性微理论。最终，他们颁布一个合作性计划以使事情获得更好的发展。这正是公共对话联盟在库比蒂诺社区采用的方法。

石版画《共同体纽带》帮助我们理解了皮尔斯和克罗嫩的理论——对话中的人如何共同建构他们自己的社会现实。这幅画未能表现的是，人们通常利用一项基本工具——**故事**进行这场社会性的共同冒险。CMM理论学者指出，我们所有人都通过个性、角色、情节以及叙事结构来感知、思考和生活，因此没有理由对我们创造的以故事形式呈现的世界感到诧异。

6.3　讲述的故事和现实故事

CMM理论学者定义了**现实故事**和**讲述的故事**的不同。现实故事即我们与他人进行共同建构的行为，如果我们的现实故事以一种让生活更美好的方式与他人的现实故事相融，**协调**就会随之产生。讲述的故事是指人们用来理解现实故事的叙事。[14]

皮尔斯和克罗嫩认为，讲述的故事和现实故事始终缠绕在一起，同时保有一定的张力。这是因为其中之一是以语言为材料，另一种则以行为做材料。在讲述的故事中，自夸的年轻人可以想象自己比飞行的子弹还要快，纵身一跃就能跳过高楼。然而，在现实故事中，惯性、重力以及他人的旁观会给人们的行为强加一个较低的标准。二者之间的张力正是皮尔斯和克罗嫩将其理论定义为**意义管理**的原因；我们必须调整我们听到的故事以符合我们生活中的现实故事——反之亦然。他们放入**协调**一词是由于我们不得不持续地通过与他人的互动达成这样的调整。作为实践型的理论学者，皮尔斯和克罗嫩试图帮助人们解释听到的内容和协调行为，以便创造出更适于他们生活和成长的社会环境。这两位学者用CMM的概念和模型来呈现沟通过程的复杂性，每一层面都提供一种可能的策略性行为。

通过讲述的故事创造和管理意义

我们讲述的故事可以有很多个解读版本。皮尔斯和克罗嫩提供了多种沟通模型以帮助人们搞清楚在一场对话中会发生什么。图6-2中，我将其中两种——意义的层级模型和蛇状模型——结合在一起。[15] 读者不妨把层级—蛇状模型当做辅助你理解《共同体纽带》沟通过程的示意图。

根据意义的层级模型，讲故事是沟通的核心行为，但每则故事中都嵌有多重语境或框架。不管讲述者说些什么，只有从某一特定**情节**、对话双方的**关系**、讲述者的自我**认同**，以及他（她）背后的**文化**框架去理解，这一表述才具有合理性。这些因素在我们试图理解另一人的时候并不总是同等重要，因此，皮尔斯建议按照它们在解释某一特定**语言行为**（speech act）时的重要性为其排序——对于涵盖所有其他因素的首要

语言行为：作为互动一部分的任何语言或非语言信息；社会性的普通人创建的基础建筑构件；威胁、承诺、侮辱、恭维，等等。

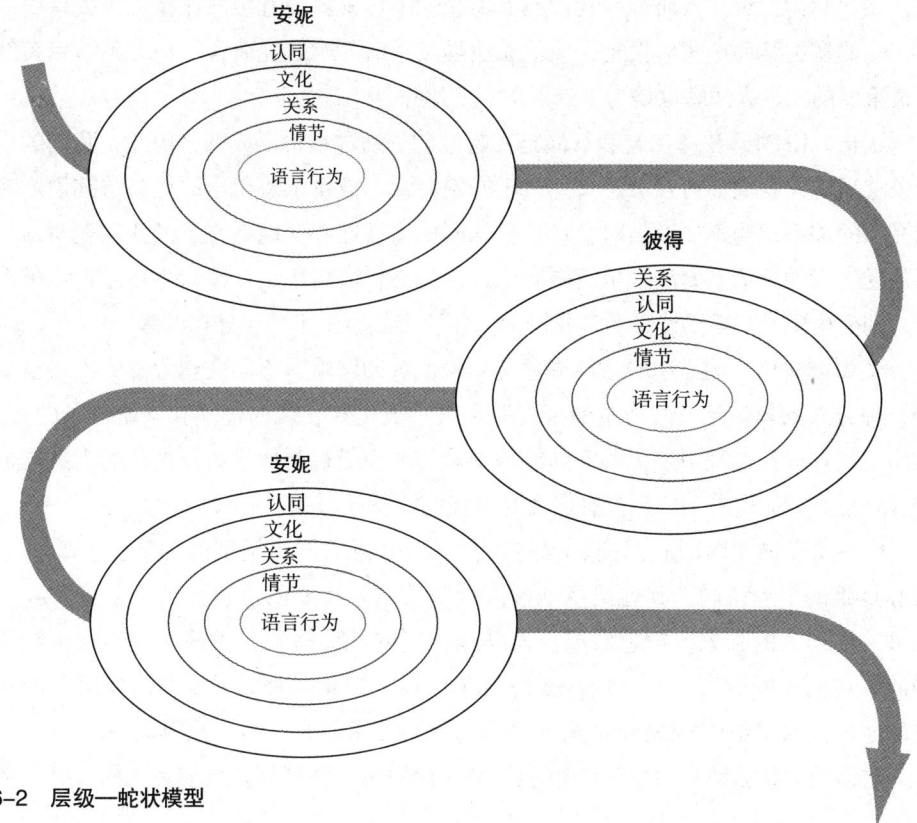

图6-2　层级—蛇状模型

的框架性因素要给予最大程度的重视。

例如，回想一下高中毕业生谈论"舞会"的方式。他们讲述的故事常常把**情节**抬高到神秘的程度，却降低与舞伴建立浪漫**关系**的比重。此处建构的意义层级模型会给出全然不同的分析。如果你认为舞会这一事件最为重要，这意味着会有几位搭档可成为令人满意的舞伴。但如果对你而言，某一特定关系才最为重要，你大可发现其他一些像舞会一样让人高兴的事情去做——而且确信代价不高。

调解顾问乔纳森·谢洛尔在他对调解沟通模式的分析中应用过如下4种语境，因此我将用彼得和安妮事件说明这些语境在层级—蛇状模型中的位置。假设图中的彼得的**语言行为**就是法院建议的调解期间由他陈述的安妮背叛的故事。

情节。 情节是具有开端与结尾、由故事融会贯通的语言序列。皮尔斯和克罗嫩认为，这种序列"可名词化"。用来表明情节的名词应回答这样的问题：**他认为他正在做什么？调解**一词定义了谢洛尔所描述的情节。调解员希望作为中立的第三方，能够诱导出作为解决方案而非制造问题的那一类语言行为模式。但是，彼得和安妮把自己封锁在各自独立的"背叛"和"受害"故事的事实，说明调解在他们二人创造的充满敌意的社会关系中难以产生影响。

关系。 皮尔斯认为，人际关系自被协调的行为和被管理的意义的动态舞蹈之中产生。恰如标点符号可以为印刷铅字提供语境，"对话中的人"的关系也决定语言行为会被如何解读，对彼得而言尤其如此。他念念不忘安妮的背叛并抹杀二人关系中的一切。除非实施某种形式的报复，他就无法继续生活。对安妮而言，只有不结束关系才是最重要的。她去法庭也是为了确保关系的维系。

认同。 CMM理论指出自我认同是在持续的沟通过程中形成的，因此，我们的自我形象就反映了我们如何管理意义。对于安妮而言，彼得索要租金的行为与其说影响他们受损的关系，倒不如说是对安妮自我认同的潜在威胁。她不愿意做任何表明她是被动的受害者的事情。向法官申请限制令，拒绝支付公寓租金，她认为自己在积极重建个人的人生脚本。至于彼得的自我概念，在这个故事中不产生任何效果。

文化。 文化一词描述的是共享意义和价值观的网络，不同文化背景的人很少采用同一种方式阐释信息。谢洛尔的报告并未显示彼得和安妮的种族和国籍背景的不同，然而安妮在成长过程中经历的家暴使她很难与未经历过类似暴力亚文化的人共同创造和管理意义。彼得看上去也没有能力与安妮的家暴经历建立关联。

图6-2左侧两组同心椭圆表现的是我对安妮意义层级模型的理解。安妮关注的核心是她的个人认同，其他语境则被降低到相对不重要的位置。至于彼得，我认为他最关注两人的关系，把它看成涵盖其他语境的外部框架。我的这一判断画在图右侧的一组同心椭圆当中。显然，技巧就在于指出在任何对话中哪种语境居于绝对优先的地位。这也是CMM理论的沟通分析更像是艺术而非科学的原因之一。

对话的蛇状流动是图6-2呈现的CMM理论的另一种模型。与埃舍尔的《共同体纽带》相类似，它指出一个人所说的话会影响另一个人，他自己同时也会被另一人所说的话所影响。甚至当双方对话时，所涉及的语境还会共同演进。因此，试图解释安妮的第一条信息是愚蠢的，因为我们并不知道在此之前她说了什么。想要描述安妮第二条信息的意义也同样困难，因为我们不知道她接下来会说什么。正如接受治疗咨询的那对父母突然意识到的，任何关于儿子精神健康的评估既是他们家庭中其他行为的原因，也是其结果。这是蛇状模型最突出的特征：不存在任何孤立的语言行为空间。对话中的一切都与其他事物相关联。只有当我们意识到对话的流动性时，我们才有可能理解他人是如何创造和管理意义的。

你是否从层级—蛇状模型得出了这样的印象，即使一个简短的对话也意味着一个让人难以置信的复杂和开放的过程？如果是的，那么皮尔斯将会十分欣慰。他认为不可能用言简意赅的句子解释一段叙述的意义——即便那是你自己的叙述。皮尔斯往往无法直接回答某些人在讨论时向他提出的问题，"这是什么意思？"他的回答符合CMM理论的思考方式，"我还不能完全确定。我们的对话还没有结束。"[16]

协调——与现实故事相啮合

根据CMM理论，**协调**是指"一种过程，经由这个过程人们相互合作，努力使必需、高贵、出色的事物进入视野，并排除他们畏惧、憎恨及蔑视的事物"。[17] 与现实故事有意识的啮合并不意味着人们在合作时达成统一意见。他们可以做出协调自身行为的决定，而无须对该事件有共同解读。例如，强硬的右翼政客与激进的女权主义者形成暂时的合作以抵制色情电影。他们对社会公平有不同观感，谴责色情片的理由也不尽相同，但是他们可以就统一的行动达成一致。正如漫画《卡尔文与霍布斯》所表现的，双方可以在没有共识的情况下有效地协调。

如同传播系的许多学生一样，CMM理论学者同样热衷于阅读与家庭、组织和文化有关的意义和行为准则（见第13章、19章和33章）。一旦认识到现实中人们协调行为的规则，漫画中的"卡尔文球游戏"（Calvinball）就不会如此难以理解了。

CMM最初作为一种阐释性理论而获得发展，创立者试图用它来描述和理解沟通中反复出现的模式。[18] 然而，随着理论的发展，它产生了批判性。现在，CMM理论的倡导者不仅仅满足于简单描述沟通模式并提供工具以帮助人们阐释他们置身其中的社会。他们希望扮演**和平使者**，"提供一种明智的方式参与世界运转，从而使我们的世界更加丰富多彩。"[19] 如果我们中的任何人不想帮助他人协调彼此间交谈的意义，CMM理论会提醒我们，沟通有能力创造一个冷漠、愤怒、怨恨的社会——或者一个团结、宽容、慷慨的社会。

皮尔斯认为美国选民的日趋极端是不错的范例，足以说明被他称为**报复性谩骂**的沟通方式既是走向极端的原因，也是其结果。[20] 他声称前总统乔治·W·布什定义的"反恐战争"就是由摒弃和妖魔化他人的沟通方式复制和维系的。[21] "9·11"恐怖

协调：人们努力使必需、高贵且出色的事物进入视野，并排除他们畏惧、憎恨及蔑视的事物的相互合作的过程。

袭击当天晚上，小布什总统对国民发表的演讲奠定了这样的基调。皮尔斯认为这个演讲"夸大恐怖袭击的影响，从而带来后'9·11'生活方式，降低了全世界人的生活质量"。[22]针对基地组织与美国的冲突，遵从CMM理论观点的学者认为**双方**应该站在全人类的立场采取符合道德标准的行动。双方互称对方为"魔鬼"，冲突自然不可能获得解决。皮尔斯意识到美国遗失了使世界趋向美好的时机，带着恐惧和悲伤，他写下了在他想像中美国总统在事件当晚应该采用的回应，其中的部分内容如下所示：

> 如果我们希望知道人们为什么如此憎恨我们，我们就必须首先理解从他们的眼中看到的世界；如果我们希望有效地回应并保护自己，我们就必须首先理解那些历史感和使命感与我们迥然不同的人类。
>
> 把这次罪恶的袭击看成企图摧毁现代文明的疯狂行径是很容易，我们的反应甚至因此成为"正义"对"邪恶"的战争。然而，如果我们希望了解今天在这里发生了什么，希望在未来的日子里我们可以采取有效的行动，我们就应该就我们的世界、我们在世界中的位置以及我们行为的后果发展更为丰富的内容。
>
> 这是一次恐怖主义袭击。如果我们诉诸战争的形态，它将是一场完全不同且前所未有的战争。恐怖主义者不会占领我们的国家，不会在战场上与我们的军队遭遇。他们希望摧毁我们的自信心；毁掉我们的生活方式。他们希望我们用回应其暴行的方式毁掉自己。我们的第一反应，想要报复，想要痛击那些带给我们极大伤害的人，但这绝对是一种错误的反应，因为这使我们成为他们想要达成的一切的共谋。[23]

6.4　世界化沟通：不认同，但试着协调

CMM理论学者确信一个不同寻常的沟通方式足以创造让人们自尊、荣耀、欢乐地生活其间的社会。[24]在过去的30年中，皮尔斯曾采用许多术语描述他所珍视的沟通形态。他一开始称它为**世界化沟通**。[25]这一术语如果应用于个体，就会让人联想到每一位世界公民与他人的愉快互动，即使这些人来自不同的文化背景，持有相异的价值观，并且在表达不一样的信念。皮尔斯理念中的世界化沟通者基于以下假定：不存在独一无二的真理，或者即使存在，它也有许多不同的面向。因此，这些学者试图寻找与那些他们并不认同——甚至不应认同——的人的协调方式。

皮尔斯很喜欢世界化沟通这个术语，但他也使用犹太哲学家马丁·布伯（Martin Buber）的术语——**对话**（dialogue）——来定义他眼中最佳的互动形式。在布伯看来，对话式沟通"与保留自己观点以及向他人开诚布公之间残余的不安有关"。[26]对话本身当然要冒一定风险。然而，正如库比蒂诺项目一样，我们必须学习一些新鲜事物，以

改变我们的想法甚至是我们的社会身份。[27]

在图6-2的层级—蛇状模型中，皮尔斯指出彼得和安妮这一对进行对话式沟通的夫妇分别关切的是自己的**身份认同**和彼此的**关系**。他试图在电脑的帮助下捕捉每一个人都将经历的"我"（I）和"我们"（we）之间的张力。两个同样大小并叠加的椭圆，它们同时膨胀或收缩，最恰当地展示了既不关注自我认同，也不关注两者关系的模式才是适合对方的语境。皮尔斯把这种有益的关系称之为**魅力之圈**（charmed loop），与**怪圈**恰好相反。**怪圈**会把两人困在双方都不真正想要的行为当中。[28]

6.5 伦理反思：马丁·布伯的对话伦理

马丁·布伯是德国犹太裔的哲学家和神学家，"二战"前夕移民至巴勒斯坦，1965年去世。他的伦理学研究方法关注的是人们之间的关系而非行为道德准则。布伯曾经写道："关系开启了一切，关系是现实生活的摇篮。"[29]

布伯对比了两类关系——**我—它**（I–It）关系和**我—你**（I–Thou）关系。在我—它关系中，人们把他者视作可利用的物品、可操控的对象。单方向创建的我—它关系缺乏相关性。双方聚到一起，只是由于个体试图建立一种印象，而维持这种表象的方法只能是骗术。

在我—你关系中，人们把合作者视为同类，把他者视作上帝造物，因此珍视他（她），不把他（她）当成实现个人目的的工具。这就暗示我们寻求体验一种与他者之间的关系。布伯认为，我们拥有这一体验的唯一方式就是对话。

在布伯眼中，对话即为伦理沟通的同义词。对话是指交谈中创造**两者之间**（between）的相关性，并通过这种方式彼此帮助以成为更好的人。对话不仅应该符合道德，更应该是揭示我们彼此伦理关系的方法。因此，它要求向他人自我暴露（self-disclosure）、展示弱点（vulnerability）并获得他人肯定（confirmation）。

布伯用**窄脊**（narrow ridge）的意象描述对话式生活的张力。道德路径的一侧是不设任何标准的相对主义的深渊，另一侧则是将规章刻满岩石的绝对主义的高地：

> 那一边是主观性，这一边是实证性，只有在窄脊上，也就是我和你相遇的地方，才是二者兼而有之的领地。[30]

杜肯大学沟通伦理学家荣恩·阿内特（Ron Arnett）写道："在窄脊处生活的哲学需要一种关注个人和人际关系的生活方式，相较利己主义者和无私的殉道者而言，这种方式有可能形成一个更为复杂的存在。"[31]这种生活不乏张力，但许多人际关系理论学者以与布伯哲学相似的方式凸显了道德的重要性。布伯的核心观念是，对话是一种不可能按需生产的共同成就，只有人们努力寻求并为之做好准备时才能发生。皮尔斯深受这一观念的吸引，他的CMM理论的核心信念也是人际沟通共同建构了社会现实。

6.6 评论：不易掌握的敏锐阐释

CMM理论几乎在任何方面都符合第3章中阐释性理论的评判标准。借助层级和蛇状沟通模式等分析工具，CMM理论的创立者可使人们更好地理解他人以及由对话创建的社会现实。皮尔斯和克罗嫩过于理想化的世界化沟通，清楚地表明他们更看重好奇心、参与性以及欣赏多样性的能力，而不是以唯一真理主宰一切的相对冷漠的互动方式。

皮尔斯写道，CMM理论"可以成为社会'向上'进化的梯子"。[32]如果变革中的社会意味着包含一点点弹性，回想一下皮尔斯和他的伙伴如何从教导居民用对话方式交谈开始，一点点改变加州库比蒂诺社区。许多实证性理论学者因CMM理论中社会建构论的假设而排斥它，但是该理论却在阐释性传播学者群体中引起了广泛的兴趣。

CMM理论符合阐释性理论5项标准中的4项，至于审美诉求，清晰度不足是其严重的缺陷。CMM理论素以用绕口的语言表达且难于掌握的思想混合体著称。皮尔斯询问长期实践CMM理论的工作人员，问他们认为该理论还应做哪些调整或补充，工作人员最常见的回答就是希望用通俗易懂的语言表达便于用户使用的思想。下面这则故事或许足以说明理论的清晰度为何如此重要：

> 我的接受咨询辅导训练的学生大多认为CMM理论的思想让人兴奋，但它的语言却让人望而生畏，充满了行话和术语。一部分受训者懂得如何运用这些思想，但是大多数受训者对其语言和概念产生了畏惧——不是减少使用就是完全避免使用！其中一个受训者一度蜷缩成一团就那么坐着，因为她搞不懂！她是一个有能力的女人，3年前成功地完成了咨询师的培训，现在正在跟我们做"进修生"。我认为她并不觉得自己在那一刻有新的收获。如果CMM理论可以用更通俗的语言表达清楚，比如说多举例或用讲故事的方法，它将发挥更大的作用。[33]

皮尔斯回应说他可以训练人们运用CMM的概念，而不仅仅是让他们阅读这些理论。首先，他将要求这些人描述一些在他们生活中发生的事情，然后亲自把如何运用该理论的思想和模型一步步地**呈现**给他们。显然，我与读者之间没有可能进行这种互动，所以我在写这一章时听从了帕克（Parker）的建议。希望你不会蜷缩成一团。但是，为了避免你生出怯意，我不得不省略掉这一复杂理论中很多有价值的术语、工具和模型。比如：构成性规则（constitutive rules）、调节性规则（regulative rules）、重构语境（reconstructed contexts）、游戏控制（gamemastery）、语法、雏菊模型（daisy model）或是 LUUUTT 模型——这还只是信手拈来的几个例子。皮尔斯在一本写作风格相对通俗的书——《创建社会现实：一种传播学的视角》中介绍了这些概念。

最后，我要再次强调皮尔斯和克罗嫩的坚定信念：对话中的人共同建构了他们自己的社会现实。今天，有许多理论学者认为人们共同使用语言创建、塑造以及限定我们生活的多元世界，然而，意义协调管理理论仍然是传播学者们创造的最包罗万象的社会建构理论。你对 CMM 理论价值的评估最终取决于你是否愿意采用他们的价值观。我建议你认真思考"帮助你深入思考的问题"的第一个问题。

帮助你深入思考的问题：

1. **社会建构论者**把他们自己视为多元世界的好奇参与者。你愿意放弃对确定性、实证性以及唯一真理的追求而加入他们吗？
2. 你能说出紧接**符号互动论**在这章介绍 **CMM 理论**的理由吗？
3. CMM 理论认为，在缺少共识的情况下，我们可以参与共同的行动——**协调但不一致**。你能从自己的生活中举出一些例子吗？
4. 皮尔斯和克罗嫩认为 CMM 理论是**实用性理论**。你不妨预测一下，假如小布什总统在"9·11"恐怖袭击当晚发表了皮尔斯写下的演讲稿，**结果**将会怎样？在皮尔斯的关于**对话式沟通**的定义中，你理解到什么？

对话：

在观看我和巴尼特·皮尔斯的对话时，你不妨把我们想象成埃舍尔《共同体纽带》所描绘的"对话中的人"。我们的交谈让你认为我们正在创造什么样的社会现实？我倾向于认为，我们的对话呈现的是一些世界化沟通的范例。皮尔斯认为人们将受到它们的感染，你认为他是正确的吗？在此，我再一次提出"帮助你深入思考的问题"中社会建构论者为什么必须放弃对确定性、实证性和真理的追求这一问题。然后，我问皮尔斯我这样问是否公平。皮尔斯的回答以及他给出的理由能够说服你吗？在 www.mhhe.com/griffin7 或 www.afirstlook.com 可以看到这段对话的视频。

扩展阅读：

推荐阅读：W. Barnett Pearce, *Making Social Worlds: A Communication Perspective*, Blackwell, Malden, MA, 2008.

对扩展案例的概览：W. Barnett Pearce, "The Coordinated Management of Meaning (CMM)," in *Theorizing About Intercultural Communication*, William Gudykunst (ed.), Sage, Thousand Oaks, CA, 2004, pp. 35–54.

早期的理论概述：W. Barnett Pearce and Vernon E. Cronen, *Communication, Action, and Meaning: The Creation of Social Realities*, Praeger, New York, 1980; also www.cios.org/www/opentext.htm.

社会建构主义：W. Barnett Pearce, "A Sailing Guide for Social Constructionists," in *Social Approaches to Communication*, Wendy Leeds-Hurwitz (ed.), Guilford, New York, 1995, pp. 88–113.

协调与一致：W. Barnett Pearce, *Communication and the Human Condition*, Southern Illinois University, Carbondale, IL, 1989, pp. 32–87.

智力遗产：Vernon E. Cronen, "Coordinated Management of Meaning: The Consequentiality of Communication and the Recapturing of Experience," in *The Consequentiality of Communication*, Stuart Sigman (ed.), Lawrence Erlbaum, Hillsdale, NJ, 1995, pp. 17–65.

调解：W. Barnett Pearce and Stephen W. Littlejohn, *Moral Conflict: When Social Worlds Collide*, Sage, Thousand Oaks, CA, 1997.

对话沟通：W. Barnett Pearce and Kimberly A. Pearce, "Combining Passions and Abilities: Toward Dialogic Virtuosity," *Southern Communication Journal*, Vol. 65, 2000, pp. 161–175.

作为关键理论的CMM：Victoria Chen, "The Possibility of Critical Dialogue in the Theory of Coordinated Management of Meaning," *Human Systems*, Vol. 15, 2004, pp. 179–192.

CMM理论研究概览：J. Kevin Barge and W. Barnett Pearce, "A Reconnaissance of CMM Research," *Human Systems*, Vol. 15, 2004, pp. 193–203.

如欲观看阐释CMM理论的电影片断，请到www.afirstlook.com点击"电影片断"。

第7章 违反预期理论

创立人：朱迪·伯贡（Judee Burgoon）

实证性  阐释性
社会心理学派

在早期的执教生涯中，一次我走在返回办公室的路上，一路上都在思考我在教室里与4名学生的对话。他们全部向我提出一些请求。使我感到纳闷的是，为什么我会欣然接受其中两个，同时又很快拒绝了另外两个？这4名学生都是在课间休息时单独和我谈话的。安德烈想要我批准研究生奖学金的申请，道恩邀请我和她明天共进午餐。我答应了他们俩的请求。贝琳达恳求我帮助她完成另一位教授课上的学期报告，查理则怂恿我当天晚上和他宿舍的另外几个男生一起玩水球，我以前曾经做过类似的事。这两个学生的请求被我拒绝了。

坐在办公桌前，我随意地翻阅《人际传播研究》（*Human Communication Research*），这是一本较新的行为科学期刊，当天早上才邮递过来。当我的目光停留在一篇名为《侵犯个人空间的传播模型》（*A Communication Model of Personal Space Violations*）[1]的文章时，我仍然在思考我对学生们做出的不公平的回应。"就是这个"，我对着一脸惊讶的院系秘书脱口而出。我突然意识到，在每个案例中，我对学生的回应可能受到了我们之间谈话距离的影响。

我脑海中浮现出4名学生向我提出请求的画面——每一位都以某种不恰当的方式令我不快。安德烈正正经经地站在我面前，离我只有不到0.3米的距离。贝琳达与我0.6米左右的间距已侵犯到我的个人空间，但情况不算严重。查理则站在两米开外——正好超出了我预期中的"学校太无聊，我们一起去找点乐子"这类谈话应有的距离。道恩则站在教室的另一端，向我发出她的午餐邀请。每次互动似乎都让我觉得有些奇怪。现在我知道这4位学生都违反了我对恰当的人际距离的预期。

在本书中，我在案例中通常使用学生的化名以保护他们的个人隐私。这一次也是

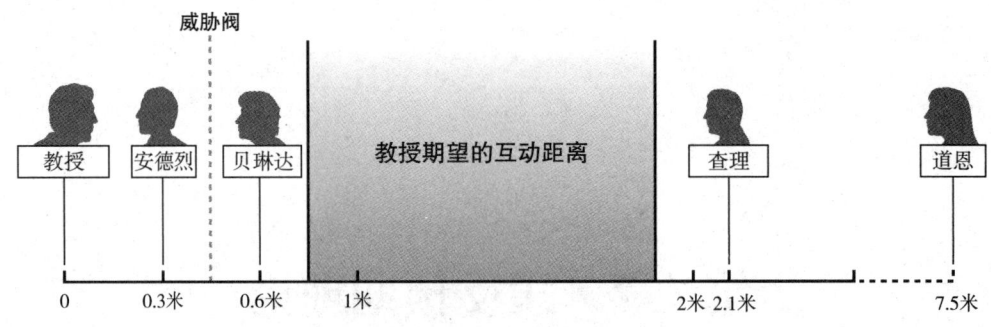

图7-1 教室环境中的违反预期理论

如此,化名的首字母A、B、C、D代表我们在交谈时不断增加的距离(安德烈最近,道恩最远)。图7-1标示出与我的预期相关的距离。

亚利桑那大学传播学者朱迪·伯贡的论文引发了我的思考。这篇论文是她数年前在《人际传播研究》中介绍过的**非语言预期违反模型**(nonverbal expectancy violations model)的后续作品。我本人的论文研究关注人际距离,我十分清楚现有的社会科学理论在引导非语言性传播领域的研究时,其作用是多么的微不足道。因此,看到伯贡发表了一篇有关个人空间却如此深入的文章,我非常兴奋。伯贡在传播学系任教以及在专业期刊上发表作品的经历则更能为她的论文增色。我如饥似渴地阅读伯贡对非语言违反预期模式的描述,想看看它是否能说明我在面对4位学生选择的不同谈话距离时表现出的复杂反应。

7.1 个人空间预期:一致还是偏离?

伯贡把**个人空间**界定为"个体由偏好决定的,在其周边不可见、可变化的,与他人之间的距离"。[2]她认为,个人空间的大小和形状取决于我们的文化范式和个体偏好,但由于人类对归属感和隐私的渴求,它总是介于冲突中接近—回避需求之间的一种妥协。

个人空间的思想不是由伯贡首次提出的。20世纪60年代,伊利诺伊理工学院人类学家爱德华·霍尔(Edward Hall)创造**空间关系学**(proxemics)一词,特指一项把人们如何利用空间当做对文化的特殊且精细的解读的研究。[3]他把他的著作命名为《隐藏的维度》,指出大多数空间解释是无意识的。他宣称美国人有4种空间关系区域,恰好和我的4个学生选择的人际距离一致。

亲密距离:0—0.45米(安德烈)

私人距离:0.45—1.2米(贝琳达)

社交距离:1.2—3米(查理)

个人空间:个体由偏好决定的,在其周边不可见、可变化的,与他人之间的距离。

空间关系学:对人们把空间当做一种对文化的特殊解释的研究。

公共距离：3米到无限大（道恩）

霍尔在书中斥责"丑陋的美国人"对其他文化的空间习俗缺乏基本认识。他强烈建议，为了有效地沟通，美国人应该学会调整自己的非语言类行为，以适应对方的沟通准则。如果未被邀请，美国人就要意识到我们不应越界。

美国诗人奥登①（W. H. Auden）在诗歌《序言：建筑师的诞生》（Prologue：The Birth of Architecture）中回应了霍尔，警示侵害他的个人空间的人须自担风险。

> 距离我鼻子的30英寸
> 是我个人的边界，
> 之间所有未开垦的空间
> 都是私人的庄园和领地。
> 陌生人啊，除非带着惺忪睡眼
> 我向你挥手致意，
> 请你小心，不要鲁莽越过我的边界
> 我虽没有枪，却可以吐口水以示我的敌意。⁴

伯贡的非语言违反预期模型与霍尔和奥登的思想相呼应。在人们对与他人之间的距离存在明确期待的这种想法上，伯贡并未过多纠缠。她解释了诗人奥登所谓30英寸的规则基于根深蒂固的美国风俗和诗人自身的个性。不同于时下流行的因行就市（go-along-to-get-along）的常规，伯贡认为有些时候打破成规才是上策。她确信在某些情况下违反社会规范和个人预期才是"更好的达成一致的策略"。⁵

7.2 原始模型的应用性测试

无论是否有意，4名学生在提出请求时都偏离了我对空间关系的预期。伯贡的原始模型在多大程度上预见到我对4种不同的违反预期的回应？并不十分准确。了解这些，你就能抓住伯贡早期假设的特点，认识到她的理论在后来又获得怎样的发展。我先概述由模型预测的我的反应，然后把它与我在现实中做出的反应相比较。

安德烈。 根据伯贡的早期模型，安德烈犯了一个错误，他跨越了我隐形的**威胁阈值**（threat threshold），以亲密的眼球对眼球的距离和我交谈。我在生理和心理上产生的不适会让我做出否定的回应。但是，该模型才是错的那个，因为当天下午，我就替他写了推荐信。

威胁阈值： 假定的亲密距离的外部边界；未受邀请的他人引起争斗或逃避的破坏程度。

---

① 奥登（1907—1973），英裔美国诗人，被誉为20世纪最伟大的作家之一。

贝琳达。 在那天我所读到的论文中，伯贡认为，对预期的明显偏离会使我们进入高度兴奋。这并非特指人们在战斗前夕或飞行时出现的心跳加速、手心冒汗等反应。相反，她认为违反预期将刺激我们重温我们与那个行为奇怪的人的关系。如果我认为贝琳达是值得我好好回报的人，那么等待她的就将是个好消息了。然而，她在课堂上的每一次发言，对我来说都是充满嘲讽、毫不隐讳的挑战。正如伯贡的预测，她所选择的0.6米的亲密距离，让我把注意力集中在我们之间危机四伏的关系上。于是，我拒绝了她为另一门课程寻求帮助的请求。这一回合，伯贡的非语言违反预期模型赢得了1分！

查理。 查理是个不错的男孩，把享受生活看得比学习重要。他知道我在校内玩过水球。但他或许不曾意识到他在课堂上的懒散态度时刻在提醒我，我并不是我理想中的那种好老师。在1978年的《人际传播研究》中，伯贡这样写道，拥有"惩罚能力"（punishing power）的人（就像查理）最好先观察对方的空间关系惯例，或者至少站在比预期距离稍远的地方。尽管从没有听说过伯贡的建议，但查理完全做对了。他退后到2.1米远的距离——恰好在我预期的互动距离的边缘之外。尽管如此，我仍然拒绝了他的请求。

道恩。 假如根据非语言违反预期的模式，道恩完全搞砸了。她是一个有魅力的女性，温暖、可亲的态度总能给人带来愉悦的惊喜。她决定从教室的另一端发出邀请，这在伯贡看来只能得到一个漠然的回应。距离愈远，效果就会变得愈差。可是，第二天我和道恩在学生会共进了午餐。

显然，我把伯贡沟通距离的原始模型应用于我和我的学生们，结果并不成功。得分板上会这样显示：

非语言违反预期模型：1分
难以预测的随机行为：3分

伯贡第一批受控实验也并未收到很好的效果。但是，在我准备把该理论模型当做次品抛弃时，伯贡却不愿意放弃**违反预期理论**，她认为它正是人际互动的核心概念。在发表在专业刊物上的论文结尾，她暗示该理论的某些基本假设可能还需验证和评估。

当然，这都是以前的事情了。在近30年中，伯贡和她的学生精心设计了一系列复杂的实验室实验和现场调查，以发现和解释违反预期理论的效果。我之所以在本书中介绍这一理论，就是因为尽管经过经验上的失验，现行版本经不断修订已成为颇为理想的理论范本。朱迪·伯贡的经历表明，在科学领域，失败即为成功之母。

7.3 由复杂的模型变为精炼的理论

精炼（elegant）一词用于形容理论时，意味着"简明、易懂，文风干净"。⁶违反预期理论即为"精炼"的理论。早期版本的一些核心概念已经被伯贡删除，而这类的工作从未真正结束。伯贡很早就舍弃了"威胁阈值"的观点。假设边界在直觉上似乎有合理性，但重复性实验无法证明它的存在。

伯贡放弃**唤醒**（arousal）阐释机制的过程，相对而言要缓慢得多。她最初主张空间关系预期一旦被违反，人们在生理上会受到刺激。之后，她将这个概念柔化成将注意力集中在违反者身上的"定向反应"（orienting response）或精神"警觉"（alertness）。现在，她仅仅把唤醒视为对方偏离预期的边际影响，不认为违反预期与吸引、信任、说服和介入等沟通后果存在必然联系。

唤醒的，相关的： 意识的兴奋状态；有指向性的反应；刺激个体回顾人际关系的精神警觉。

在剔除不相干的特征之后，伯贡"瘦身"了她的模型。通过扩展应用范围，她最终建立了一个完整的理论。最初的非语言违反预期模型只与空间性的违反行为有关——焦点过于狭窄。但是，在20世纪80年代中期，伯贡认识到空间关系行为只是非语言线索这个互相关联的系统的一部分，孤立地研究人际距离没有意义。于是，她开始把她的模型应用于其他类型的非语言变量中——例如，面部表情、眼神接触、触碰、身体倾斜程度等。伯贡仍在继续扩展违反预期理论的应用范围。她一方面维持着对非语言传播的兴趣，同时也把她的理论应用在情感、婚姻和跨文化传播等方面。随着理论应用范围的大幅扩展，她又舍弃了**非语言**这个修饰词，将她的理论更名为"违反预期理论"（Expectancy Violations Theory），并缩写为"EVT"。从现在开始，我也将使用它的缩写。

EVT可以预测什么？伯贡用一段文字总结了她的经验性结论。我之所以用长篇大论的文字叙述EVT的发展，是希望使读者意识到这段简短文字背后30年的辛勤付出。

> 预期对人们的互动模式、对对方的印象以及互动的结果构成重大影响。因此，违反预期会唤醒并分化接受者的注意力，将更多的注意力转移到违反者以及违反行为意义的本身。相对于不受受众重视的人，假定自己受到重视的人可以更为安全地行使违反预期原则，也更有可能从中受益。如果违反行为可能具有含糊的意义或者携带不是绝对正面或负面意义的多重解释，传播者在处理解释、评估和后续结果上得到的结果效价（reward valence）就特别重要……在其他情况下，违反行为及与该行为相关的意义和效价相对一致，所以违反行为对正面效价及负面效价的传播者而言，将产生类似的效果。⁷

7.4 EVT的核心概念

仔细读完伯贡的总结，你可以看出：EVT提供的是一个"相对决定论"而非绝对性的一般法则（见第2章），**可能**、**更可能**、**可能是**和**相对地**，这些修饰语反映了伯贡的观念：传播受太多因素影响，以至于我们很难发现纯粹的因果关系。然而，伯贡的确希望展现令人意外的人际关系行为与吸引力、信任、影响力及介入能力之间的联系。下面会进一步讲述伯贡和她的学生所探寻的违反预期的潜在后果。为了帮助我们更好地领会其中的关联性，我们应首先学习EVT的3个核心概念：**预期**、**违反效价**和**传播者的结果效价**。我将再次引用我的学生的空间关系行为，用非语言传播的另一种形式——触碰为例，来说明上述3个概念。

预期

预期：人们对未来发生的事件的预测，而非渴望。

当我还是一个孩子的时候，母亲就经常提醒我，她**期望**我举止得体。我把她的话当成愿望或警告，而不是对我未来行动的预测。显然，这不是伯贡想表述的。她和她的同事"倾向于用**预期**一词，描述将会发生什么，而非渴望发生什么"。[8] 在图7-1中，我预期和学生们谈话的距离会在0.7米至1.8米之间。这样的预期是如何产生的呢？伯贡认为，我在脑海里自动地处理了语境、关系类型及对方的特征，因此，我能预测他们可能的行动。

语境始于文化范式。在英国和德国，1米以内的距离过于接近，但在沙特阿拉伯却又显得疏远，在那里人们不信任那些让他们嗅不到其呼吸的人。语境包括对话的场景。相较于在我办公室私下闲聊，教室的环境要求相对更远的对话距离。

关系因素包括相似性、熟悉程度、是否喜欢和相对地位。在一项研究中，伯贡发现，生活中所有年龄层次和不同身份地位的人都希望与地位较低的对方保持距离。因为年龄差距和师生关系，安德烈和贝琳达侵入我的个人空间更让我觉得惊讶。

传播者的特征包括在申请表上必填的年龄、性别、出生地等一系列人口统计学信息，可能还涵盖更多影响预期的个人特点——外表、个性和沟通风格。道恩温暖的微笑与贝琳达尖刻的评论互成对照。鉴于二者的差异，我假定道恩更值得靠近，而会保持与贝琳达的距离。由于两个女孩各自的空间"越界"恰与我的预期相反，我因而感到十分纳闷。

在教室场景下，我们可以就我的接触预期进行类似的分析。爱德华·霍尔认为美国文化是"非接触型文化"，所以，在正式的对话过程中，我不会产生被触碰的预期。[9] 这是否意味着拉丁美洲人和南欧人的"接触型文化"不会对非语言互动产生强烈预期？绝对不是。伯贡相信，所有文化都有相似的沟通行为预期结构，但是，依据不同的文化，预期本身会有显著的差异。在每个社会中，触碰的行为都具有一定意义，触碰的人、时间、地点和方式随着不同文化的准则和风俗而有所变化。

作为角色关系中的男性，我从不觉得学生们在提出请求时会进行身体接触。如果一定要有的话，道恩最有可能符合我的预期。但是她选择距离我有七八米远，除非她变成一个超人才能接触到我。正如现实中发生的那样，如果她违反我的预期，走过来给我一个拥抱，我可能会十分震惊。（作为下面两个部分的导言，请注意我并没有说我觉得受到打扰或为此苦恼，我的心理状态对于最终的结局有决定性的影响。）

违反效价

违反效价（violation valence）一词是指我们给任何预期外行为赋予的正值或负值。我们认为这种行为本身是令人愉悦的，还是令人苦恼的？达到了怎样的程度？伯贡恪守科学方法，借用了化学理论中的效价概念，以数字、符号表示某种物质的价（例如，+2 或 –3）。会计学领域的净值（net worth）似乎也传达了同样的概念。

违反效价：给予违反预期的行为或正或负的认知价值，该价值与违反预期的主体无关。

我们通常会给予他人一定的浮动空间，从而偏离我们所认定的标准操作程序。但是，一旦研究对象的行动进入预期行为的外围，我们将会切入评估模式。在伯贡看来，我们首先试图阐释违反行为的意义，然后再弄清楚我们是否欣赏这一违反行为。

某些违反行为的意义清晰可见。举个例子，谁也不会费心解释用一根锐利木棍故意戳伤眼睛的行为。它带有敌意，这一行为如若发生在我们身上，我们一定会勃然大怒。许多非语言行为就是这样直接。在西方文化中，适度延长眼神接触通常传递出意识、兴趣、情感和信任。平稳的凝视是受欢迎的；游离的眼神则不被认可。抛开别有趣味的瞪视不谈，我们来评价一下眼神接触。作家爱默生甚至这样写道："男人的眼神和他们的舌头一样能说会道，何况眼神沟通从不需要词典……"[10]

当一项行为具有社会公认的意义时，传播者通常可以知道是否应该超越他人的预期。它的效价如果为负，比预期少做一些；如果为正，那就走得更远一点。伯贡在研究婚姻满意度的预期效果时，证实了上述结论。[11] 她询问人们想要与伴侣有多少亲密交流，并与他们现实中的对话进行比较。亲密度的效价当然为正。假如人们感受到的亲密度符合预期，说明他们对婚姻大体上感到满意。假如人们与丈夫或妻子的对话超越了预期，它会戏剧化地提升婚姻满意度。

不过，许多违反预期的行为含义模糊，或者有多重解释。举例来说，预期外的触碰会让人感到迷惑。它是对方完全融入对话的征兆，还是热情或友爱的象征？是在展示支配地位，还是显示了性暗示的冲动？违反距离的行为同样让人困惑。安德烈并非来自中东地区，那么他为什么站得离我这么近？我不会咆哮、咬人，道恩又为什么从教室遥远的另一端向我发出邀请？根据 EVT 理论，在这种情况下，我们应同时考虑传播者的结果效价及违反行为本身的效价。

在我们检视传播者的结果效价与 EVT 理论的融合度之前，你应该首先了解伯贡已经发现在较广泛的语境中，几乎所有非语言行为都具有明确的意义。触碰手臂这种行为单独看来可能像谜一样难解，但是，当它伴随着走入亲密距离、身体前倾、长久凝视、活泼的面部表情以及流畅的表达等等一起发生时，所有人都会把这种接触视为高度融入对话的表现。[12] 想一想男演员艾瑞克·艾多尔在电影《巨蟒与圣杯》（Monty Python）中的言谈举止吧。他一边滑稽地眨着眼睛，一边做着各种有趣的肢体动作，用脉脉含情的语调向特里·吉列姆（Terry Gilliam）的妻子问道："喂，喂，知道我在说什么吗？别再说了……你知道我的意思吗？"[13] 单独地看，夸张的眨眼和触碰肘部有多种可能的解释，但是在特定的场景中，这两种姿势可被明确地认作下流的搭讪。

有些时候，非语言违反预期确实是模棱两可的。学生们跨入我的个人空间就是一个恰当的例子。或许我还不够敏感，不然我一定可以从中获得一些线索，帮助我理解他们违反人际距离的行为。EVT理论指出，在某种行为意义不明时，人们通常根据违反者对生活造成的实际影响来解释违反行为。

传播者的结果效价

EVT不是唯一一个依据他人提供的潜在回报来评估他人的理论。**社会渗透理论**也指出，人们生活在人与人的经济关系之中，每个人都会"盘点"与自己碰面的人的关系的价值（见第9章）。**你能为我做些什么？我能为你做些什么？**类似的问题常常浮现在脑海中。伯贡并不愤世嫉俗，但她认为，假如某人违反了我们的预期，或者社会上缺少对于该行为的一般共识，潜在回报的问题就会从潜意识的幕后走向前台。她用**传播者的结果效价**描述经过我们内心盘算的或得或失的结果。

传播者的结果效价是人们带给会面之人的正值和负值属性加上他或她在未来必须回报和实施惩罚的可能的总和。产生的感觉经常好坏混合，落在好坏两个极端所构成的量表中间。在学生们的空间侵入行为之后，我立即回想到他们每个人的个性，在这里，我将用这一事例说明伯贡常常提及的传播者特征。

安德烈是一位才华卓越的学生。写推荐信不是我喜欢做的事情，然而，如果他最终被某个顶级的研究生项目录取，我将会因此感受到连带的荣耀。

贝琳达思想刻薄，嘴巴也不饶人。我时时发觉她话中带刺，并且认为她以后会一直这样尖锐地批评别人。

查理是吊儿郎当的学生——经常翘课，从不预习。我试着对我课堂上的所有学生一视同仁，但是，我总是容易把查理在课堂上懒散的状态看成是对我的怠慢。

道恩是一个笑容甜美的美女。她公开表示我是她最喜欢的老师，我因此感到十分荣幸。

我写下的对安德烈、贝琳达、查理、道恩的看法，与其说是在描述他们，不如说更多是在描述我自己。我并不为自己的刻板成见而骄傲，但显然有不少人和我一样采取类似的标准。伯贡强调说，计算违反我们预期的人的结果效价时，那些令我们印象深刻的特质同样会在别人脑海中留下深刻印象。地位、能力以及姣好容貌是提高某人潜在回报的标准"加分项"，对谈话的推动力加分更多。绝大多数人在意那些传达了接受、喜欢、感谢和信任等情感的词语，而传达不感兴趣、不赞同、不信任，甚至反对的用语则让人感到厌烦。

伯贡为什么会认为违反期望者回报或实施惩罚的能力如此重要呢？这是因为令人困惑的违反行为会迫使接受者搜寻解读意义的社会语境。[14]因此，嵌在大量相对温暖信号中的含义模糊的违反行为将呈现正面投射。惩罚性传播者类似的违反行为则会加深我们对于他的抵触。

以上，我概述了EVT理论的核心概念：预期、违反效价和传播者的结果效价。现在，你应该可以更好地理解伯贡理论提供的基本建议。你会以一种完全出乎预期的方式与他人沟通吗？如果你确定这样的新奇将会带给人兴奋的惊喜，答案将是可以。但是，假如你认为怪异的举动会冒犯他人，就别那样做。

如果你无法确定他人会怎样解读你不同寻常的行为，不妨用他们对你的整体态度来指导你的谈话或者非语言行为。如果你如同贝琳达和查理一样，有理由怀疑紧张人际关系的存在，而违反行为的意义又不太明确时，收起你的越轨倾向，尽可能地去服从对方的预期。如果你已经建立起积极的印象（就像安德烈和道恩那样），出人意料之举不仅安全，还可能强化你传播的信息的正面效果。

传播者的结果效价：人们带给会面之人的正值和负值属性加上他或她在未来必须回报和实施惩罚的可能的总和。

7.5 互动调适——调整预期

由于具有预测力，EVT理论一直被用来解释和预测各种传播语境中的态度和行为。其中包括学生们对老师的认知、病人们对医疗服务机构的反应，以及浪漫关系中的个体行为。例如，亚利桑那州立大学传播学教授保罗·蒙若（Paul Mongeau）从事两性第一次约会的预期研究，把这些预期与真实感受进行了比较。[15]他发现，如果由女性制造初次约会的机会，男性总是感到愉快、惊喜，并把这种邀请看成是女性愿意发生性关系的暗示。但是，让大多数男性觉得意外的是，与传统意义上男性邀请的首次约会相比，由女性邀请的首次约会中双方的亲密接触反而更少。我们因此预测，男性会感到失望，并减少之后一起约会的次数，令人惊讶的是，实际情况并非如此。

在蒙若看来，EVT理论阐释了谁邀请谁会如何影响约会双方的预期。然而，和EVT理论早期测试不同的是，蒙若的研究涉及个人行为将如何重塑约会对象的认知，尤其是在他们相处一段时间以后——譬如，约会次日清晨的预期调节。伯贡用同样的方式重新评估EVT理论的单向观点，并且从此对相互适应的二元模型有了兴趣。因为她认为对话更像是二重唱而不是独唱。人际互动是同步发生的行为而不是单方面的行动。和她之前的学生莱萨·斯特恩（Lesa Stern）和丽莎·迪尔曼（Leesa Dillman）一起，伯贡建立了**互动调适理论**作为EVT理论的扩展和延伸。[16]

伯贡认为，人类有彼此适应的能力。她表示，这通常是必需的，因为对方的行为不可能恰好符合我们代入互动的思想和感受。她认为最初的**互动位置**由3个因素构成，

互动调适理论：研究当他人行为不符合需求、预期或偏好时，人们如何调试自身行为的系统理论。

互动位置：个体针对某次互动形成的由个人需求、预期、欲望3种因素（即RED）共同影响的初始立场。

即需求（requirements）、预期（expectations）和欲望（desires）。**需求（R）**是满足我们生存、安全感、归属感和拥有自我价值等基本需求的结果。它们都是美国著名社会心理学家马斯洛（Abraham Maslow）在他的需求层次中概括的人类动机。[17]需求代表我们需要其发生的事件，而作为其对立面的**预期（E）**，在EVT理论中被定义为我们认为必然发生的事件。最后，**欲望（D）**则是我们作为个人希望发生的事件。RED因素在我们需要、预期和偏好的互动位置中融合。接下来，我将用触碰这种行为方式说明伯贡如何用这一合成的思维倾向来预测人们如何适应他人的行为。

我是一个"有人缘的人"，十分看重朋友间的亲密关系——这是一种需求。当我和我的朋友鲍勃在一起的时候，我们通常会用拍抚对方肩部的拥抱来问候对方，身体的接触比正式的握手更显亲密——这是一种预期。我想让我们的非语言行为来表达我们在一起时，双方都能感受到的喜悦——这是一种个人的欲望。假设我们刚见面时，鲍勃走向我且张开双臂给了我一个紧紧的熊抱。从我的互动位置上看，这个行为可能让人觉得有点尴尬，因此，我需要在某种方式上调节我的反应。我要怎么做呢？

互动性：以类似行为回应他人行动的强烈的人性倾向。

由于我认为鲍勃的行为比我的RED因素的总和更加积极，根据互动调适理论的预测，我或者报之以热情的拥抱，或者至少把自己的行为向更亲密的方向调节。这意味着我会给鲍勃一个热情的并肩环抱，而且比以往更为强烈和持久。相反，如果我喜欢我的互动位置胜过鲍勃热情的行为，我就会用一种不冷不热或者回避的方式来进行修正。假如鲍勃在问候我时没有任何身体接触，这一补偿原则同样适用。这时，我会试着重建我们以前曾经达到的非语言行为的亲密程度，至少上前去和他握手。

大约10年前，伯贡曾陈述过她发现的令人十分困扰的违反预期理论的两大缺陷：

> 首先，EVT理论无法完全说明人际互动中相互作用的优势地位。其次，它并没有回答当传播者效价和行为效价不一致（例如，一个令人讨厌的搭档做出意义积极的违反行为）时，是前者替代后者还是后者替代前者。[18]

伯贡希望在"进行中的行为调节"这一宽广的框架中解决上述问题，因此建立了互动调适理论。我在这里陈述的，只是互动调适理论的一小部分。我希望这个简要的概述能让你看到伯贡的研究如何从一种理论向另一种理论转移。

7.6 评论：一项持续进展且广受好评的工作

我有一个朋友，每次我把我的自行车弄坏了，他就来帮我修理。我问他，"你觉得如何？还能修好吗？"他的回答永远都是："人制造的东西，人总是可以修理。"伯贡持有同样的态度，违反预期模型在实践中的效果总是不如它的理论预期，于是她不断地对它进行调整与重新设计。伯贡进行的所有经验性测试几乎都产生混合型的结果。例如，她早期关于生理接触的研究显示，触碰性违反行为通常是意义含糊的。然而，她在1992年进行的更为精细的实验显示，在解决问题的情境中，意外触碰通常作为正效价而受到人们的欢迎，且与违反者的身份、性别及魅力无关。

预测一个人站得太远、靠得太近或者伸手碰触某人，当实验不断失败时，是否意味着伯贡必须将她的违反预期理论转换成一种新的理论？互动调适理论是否可以将EVT理论淘汰？就我来说，答案是否定的。

整体来看，伯贡的违反预期理论仍然满足第3章中完备的实证性理论应具备的5项评价标准中的4项。她的理论为传播行为中违反预期的后果提供了合理阐释。相对而言，她的理论阐释相当简洁，而且正变得越来越简洁。该理论的假设是可验的，而且每当实验无法支持预测时，理论学者有意愿对其进行调整。最后一点，该模型就如何增加信任、影响和吸引力等重要的沟通目标，提供了实用的建议。可是，我们还能要求更多吗？当然可以。

该理论的预测显然比预测长期趋势的天气预报更为可靠。一篇针对近期违反预期研究的评论指出，EVT理论已经达到这样的要求。一项经验性的对比研究测试3种重要传播理论预测亲密距离、触碰、瞪视、挺直或前倾的身体等非语言直觉时的表现。[19] 没有一种理论能保证自始至终正确，但EVT理论比其他两个理论表现得要好。而且，用修正之后的EVT理论重新预测我对安德烈、贝琳达、查理以及道恩的人际距离违反行为的反应，EVT的最终得分是4分——满分！

7.7 伦理反思：康德与绝对命令

EVT理论的焦点是**有效性**。然而，在故意违反他人预期之前，我们应首先考虑哪些行为**符合道德要求**。德国哲学家伊曼努尔·康德相信，我们在任何时刻，都负有说真话的道德义务。他写道："在不能被规避的陈述中说真话是个体对他人的责任，然而，这种伟大可能对他自己或他人不利。"[20] 大多数人会对善意的谎言装作看不见，因自身利益而为谎言辩护，或告诫他人绝对诚实会导致悲惨后果。然而，以康德的观点来看，没有任何可从权考虑的情况。谎言是错的——而且永远是错的。违反诺言同样如是。康德还用同样的方式看待非语言性的欺骗。

康德通过他的**绝对命令**逻辑进入绝对主义领域，绝对命令意味着绝无例外的责任。康德把绝对命令看作一种宇宙法则："只按照你会希望成为普遍法则的准则去行动。"[21] 就EVT理论而言，康德让我们审视我们有意做出的违反行为，并且提问，**如果大家一直都那么做会怎样**？如果答案是我们不喜欢的，那么我们就有不采取类似行动的神圣义务。

绝对命令是一种不计动机、通过评判某一行为的伦理效价来判断对错的方法。假定我们正在考虑以一种他人并不期待的方式去触碰某人，我们也不清楚这种方式是否

绝对命令：无例外情况的责任；只按照你希望成为普遍法则的准则去行动。

受他或她的欢迎。对方或许会觉得愉悦和惊喜。然而，除非我们能接受每个人——不管他们的沟通回报效价是什么——可以有未经别人同意就接近某人的行为，绝对命令会说，别这样做。无一例外。用一位迷恋体育赛事、讲授伦理学课程的同事的话讲，"康德玩伦理的硬式棒球，而且不戴手套。"我们不妨假想一下，如果**康德也在这支球队中打球**，我们会用什么样的全垒打来取代他的绝对命令呢？

帮助你深入思考的问题：

1. 如果一些传播者认为自己被看作无回报效价，你将给他们什么样的**空间关系**建议？
2. 除了仪式性的握手以外，在**非正式关系**中，**触碰**通常是**出乎预期**的。如果你并不十分了解某人，那么轻轻地碰下手臂、短暂的脸颊接触或者肩碰肩的拥抱，会产生什么样的**违反效价**呢？
3. EVT指出，在**违反效价**意义模糊时，**传播者的结果效价**尤为重要。什么样的语言或非语言违反预期会让你即使身历其境，却依然感到困扰呢？
4. EVT理论和意义协调管理理论（见第6章）就**知识**、**现实**和**传播研究**的本质有不同的假设。你能描绘出它们的差异吗？

对话：

观看我和伯贡的讨论，数分钟后，你会注意到我们当中的一个违反了另一个的沟通预期。你认为这个违反行为是意外还是策略？它将如何影响接下来的对话？在这段对话中，伯贡对这一理论的热爱是显而易见的。你觉得她拥有如此热情，是因为她把理论看作系统直觉而非镌刻在石头上的永恒真理所支撑的吗？作为实证主义社会学家，伯贡相信，大多数的人类行为由基因预设，但是她也认为传播是由选择驱动的策略性行为。在观看这段视频时，考虑一下你是否认为这些信念可以兼容。在www.mhhe.com/griffin7或www.afirstlook.com可以看到这段对话的视频。

扩展阅读：

推荐阅读：Judee K. Burgoon and Jerold Hale, "Nonverbal Expectancy Violations: Model Elaboration and Application to Immediacy Behaviors," *Communication Monographs*, Vol. 55, 1988, pp. 58–79.

原始模型：Judee K. Burgoon, "A Communication Model of Personal Space Violations: Explication and an Initial Test," *Human Communication Research*, Vol. 4, 1978, pp. 129–142.

预期：Judee K. Burgoon and Beth A. LePoire, "Effects of Communication Expectancies,

Actual Communication, and Expectancy Disconfirmation on Evaluations of Communicators and Their Communication Behavior," *Human Communication Research*, Vol. 20, 1993, pp. 67–96.

有关触碰的预期与效价：Judee K. Burgoon, Joseph Walther, and E. James Baesler, "Interpretations, Evaluations, and Consequences of Touch," *Human Communication Research*, Vol. 19, 1992, pp. 237–263.

沟通回报效价：Judee K. Burgoon, "Relational Message Interpretations of Touch, Conversational Distance, and Posture," *Journal of Nonverbal Behavior*, Vol. 15, 1991, pp. 233–259.

理论扩展：Walid A. Afifi and Judee K. Burgoon, "The Impact of Violations on Uncertainty and the Consequences for Attractiveness," *Human Communication Research*, Vol. 26, 2000, pp. 203–233.

非语言性说明：Judee K. Burgoon, Norah E. Dunbar, and Chris Segrin, "Nonverbal Influence," in *The Persuasion Handbook: Developments in Theory and Practice*, James Dillard and Michael Pfau (eds.), Sage, Thousand Oaks, CA, 2002, pp. 445–473.

互动调适理论：Judee K. Burgoon, Lesa Stern, and Leesa Dillman, *Interpersonal Adaptation: Dyadic Interaction Patterns*, Cambridge University, Cambridge, 1995.

康德的绝对道德：Immanuel Kant, *Groundwork of the Metaphysics of Morals*, H. J. Paton (trans.), Harper Torchbooks, New York, 1964, pp. 60–88.

违反文化：Judee K. Burgoon and Amy Ebesu Hubbard, "Cross-Cultural and Intercultural Applications of Expectancy Violations Theory and Interaction Adaptation Theory," in *Theorizing About Intercultural Communication*, William B. Gudykunst (ed.),Sage, Thousand Oaks, CA, 2004, pp. 149–171.

如欲了解在本书旧版中介绍的霍尔的空间关系理论，请到www.afirstlook.com点击"理论档案"。

第8章　建构主义

创立人：杰西·迪利亚（Jesse Delia）

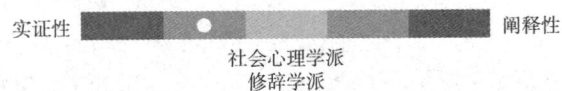

实证性　　　　　　　　　　　　　　　　　　阐释性
社会心理学派
修辞学派

建构主义是一种试图解释人们在社会生活中沟通能力的差异的传播理论。勿需强调，你一定知道确实有一些人能够更好地理解、吸引、劝服、告知、劝慰和取悦对方。事实上，既然你选修了传播学课程，你今后可以更轻易地达成这些沟通目标。尽管一些人认为靠果断和开朗的个性足以达成成功沟通，但杰西·迪利亚相信在能够有效沟通的人身上存在一种至关重要且不易察觉的差异。他的建构主义理论为沟通力提供了一种与认知能力有关的阐释。

迪利亚是伊利诺伊大学香槟分校演说传播系的前主任，现在升任为该校的副校长。作为建构主义学者联盟的一员，他用沃尔特·克罗克特（Walter Crockett）开放式的角色类型问卷（Role Category Questionnaire，RCQ）来帮助我们"深入内心"。[1] 在了解RCQ测试的内容之前，不妨先花10分钟来了解这份调查问卷本身，这样你能更充分地理解建构主义理论和它的内容。

8.1　关于角色类型问卷的说明

想想你熟悉的同龄朋友，从中选出一个你喜欢的人，同时也挑选一个你不喜欢的人。一旦脑海中有了两个特定的人物，你就花点时间在心里比较他们的个性、习惯、信仰，以及他们对待他人的方式。不要把你自己限制在寻找两人的相似点和不同点上，让你的思维发散至他们之所以成为独特个体的一切特征上。

现在拿出一张纸，花大概5分钟来描述你喜欢的人，让陌生人了解他（她）是一位什么样的人。忽略生理特征，但列出所有能辨明他（她）是谁的特性、癖性，以及对待他人的反应。

完成之后，对你不喜欢的人也做同样的工作。写下所有你能想到的与其相关的个人特征。同样用5分钟来完成它。

8.2 人际建构：认知复杂性的证据

建构主义的核心假设是："人们通过个人建构的系统理解世界。"[2] **建构**是我们将现实放入认知的样板或模板，使我们的认知井然有序的过程。**角色类型问卷**的设计就是为了从我们建构意义的精神力工具箱中取样人际建构，精神力工具箱即指具有中央处理功能的大脑。就像一系列的反义词（温暖—冰冷、好—坏、快—慢）那样，建构是我们有效地区分他人的对照特征。

警察局拼图师拥有一套指认工具，目击证人可以靠它建构嫌疑犯的脸。通过系统性地转换下巴形状、鼻子大小、双眼距离、发线以及其他脸部特征，目击者可以建构出嫌疑人可能的样子。RCQ考虑的当然不是这些脸部特征。它关注我们用来定义他人性格的品性和行为类型。

政治学领域的样本可能有助于我们了解如何用建构描述他人。在评判政治人物时，我们都有属于自己的双维尺度。典型标尺有：自由—保守、死板—变通、能干—无能，等等。观察敏锐的人会利用许多类似的阐释指向描述细微差异。这些人是**保守主义**，那些人则是**社会保守主义**，然后还有**宣讲式的社会保守主义**、**好战式社会保守主义**，等等。另一方面，政治头脑简单的人在看六点新闻时可能只用单一价值负载（value-laden）进行建构。他们眼中只有赢家和输家。

人际建构：我们将现实放入其中，以使我们对他人的印象井然有序的样板或模板。

角色类型问卷：设计出来以测量个体在人际认知方面的认知复杂度、可自由发挥的调查问卷。

社会认知技巧指数

使用角色类型问卷的研究者，试图确定在建立对他人的印象及分析社会环境时我们可以达到怎样的**认知复杂度**。他们相信拥有较多人际建构工具的人，相比工具数量较少的人，拥有更高的**社会认知技巧**。这些技巧包括理解他人的个性、他人与我们的关系、他人正在做的事以及从事它的原因，等等。正如你将在沃尔瑟的社会信息加工理论（见第11章）中看到的，有关印象的信息是人际关系发展至关重要的第一步。在这个过程中，认知复杂的人有明显的优势。他们比较善于"换位思考"，按照米德的观点（见第5章），"从他人眼中看世界"（观点采择）正是人性独特之处。在建构主义项目中与迪利亚长期合作的布兰特·伯利森（Brant Burleson，普渡大学），认为在理解社会中的人和事时，拥有较高认知复杂度的人们可说是比较方面的专家。[3]

认知复杂度：辨别人与人之间细微个性与行为差异的能力。

如迪利亚、伯利森这样的认知理论学者认为意识上的**结构**（structures）和**过程**（processes）是有区别的。借助电脑处理信息的例子，或许可以帮助你理解意识中结构与过程的不同。电脑的硬件是结构；我们敲下一个功能键，软件所做的工作则是过程。一个游乐场上的4岁小男孩轻易地向我解释了结构和过程的区别。"我的大脑就像是一个格子爬梯，"他说，"思考就是爬完所有的格子。"

相比我们实际的判断，迪利亚和伯利森更为关切的是建构的结构。据说世界上有两类人——那些认为世界上只有两类人的人和那些不这样认为的人。建构主义者认为第一种人的认知不成熟，因为他（她）只能用非黑即白的方式去认知。而第二种人可以成长为人类活动的敏锐观察者，发现人们之间的细微差别。说到发现这些差异，角色类型问卷的设计就是为了测量你大脑中的格子爬梯到底有多复杂。

8.3 衡量建构差异的RCQ计分方式

RCQ可以采用不同的方法计分，但绝大多数建构主义研究者用针对喜欢和讨厌的同龄人的描述项来计算建构分化。**分化**是指用来描述对象的独立的个性建构的数量。我将带领读者体验一下简版的RCQ计分程序，这样你就知道建构论者将如何依据认知复杂度来评价个体。

分化：认知复杂度的主要构件，可由RCQ调查显示的独立个性建构数目测量得出。

让我们假设，你已经写下你的朋友克里斯和同事埃里克斯的个性特征。计算你用来描述两个人的独立描述项的总和。默认规则是每一个新词都代表新增加的一种建构。假如你认为克里斯**尖锐**、**能干**可以获得2分。对埃里克斯**匆匆忙忙**却**没有时间概念**的判断也可以获得2分。不过，也有例外的情况。

修饰程度的形容词和副词不能算作新增的建构。如果你的描述是克里斯**十分真诚**，这只能得1分。**超级大好人**这样的惯用语只是单一指代，同样只得1分。就其字面意义来说，描述身体特征的**高**以及人口统计学标签**爱尔兰人**都与性格无关，所以只能跳过。除了这些原则以外，亲密的称呼有利于消除不确定性，因此可以再多得1分。

建构主义者把对两人进行描述的建构的总和看作是认知复杂度的指标。得分越高，就说明你的大脑在人际认知方面具有越精巧的结构。我曾经见过的最低分为6分，最高分为45分，但是70%的大学生得分都在15分至25分之间，因此20分可被看作平均分。伯利森解释说，得分超过25分即能有效地说明这个人具有较高的人际间认知复杂度。

RCQ的得分真的可以准确测量认知复杂度吗？迪利亚为证明RCQ的效度给出了一个适当的案例。他指出认知复杂度随着儿童的年龄增长而增加，而青少年长大后RCQ得分确实会明显上升。他还认为，一段时间过后，成人间的个体差异会相对稳固下来。RCQ的再测信度已经达到了相当标准。

最后，迪利亚强调，纯粹的个性测试不应与其他个性或无关因素相混淆。研究者已经确认RCQ得分系统独立于智商、移情能力、写作技巧和外向性等测试。一些批评者指责说，RCQ仅有能力测量一个人是否雄辩或多话，但建构论者们坚称在这一自由发挥的测验中得到高分所意味的远不止是口才，而是测试对象具有范围宽广的人际建构。

8.4 个人中心信息——人际边界

既然你对认知复杂度所涉及的内容已有初步了解，那么我们就来学习建构主义的主要假设。迪利亚和他的同事们宣称在感知他人时认知复杂的人，相对该结构发展不成熟的人而言，有明显的沟通优势。这些幸运儿有能力生产个人中心信息，为他们赢得更好的机会实现沟通目标。

个人中心信息是指"反映对传播语境中主观、情感和关系等内容有所意识和适应的信息"。[4]换句话说，就是沟通者能够预见不同个体对该信息的反应，并相应地调整他（她）的沟通方法。

露丝·安·克拉克（Ruth Ann Clark）和迪利亚进行了一项研究，以2年级至9年级的儿童作为建构主义研究的样本，该研究把个人中心信息和认知复杂度联系起来。[5]它研究儿童根据不同的目标听众调整其说服方法的能力。口头接受过RCQ测试之后，孩子们就玩起了角色扮演，任务是说服一位素不相识的女性收养一条流浪狗。

孩子们给出的信息的品质会有很大差异。有些孩子没有认识到这位女士在这件事情上的立场可能和自己不同。有些孩子虽然认识到这种差异，但是无法让他们的信息适应现实。一组比较精明的孩子注意到了差异，并且能够想象该女士内心的想法。（"我先生会认为我要收留这个城市所有的流浪动物。"）随后，这些孩子就尝试着驳回这一因其请求而产生的抗辩。最为精明的一组孩子，在传达信息时会强调这位女士如果同意这个请求将给她带来的好处。（"当你先生出城时，有一只狗做伴可以让你在晚上不那么寂寞。而你先生知道你有了一个毛茸茸的朋友，他也会很高兴。"）

建构主义者假设策略性调整是后天发展的技巧。与之相验证的是，克拉克和迪利亚的确发现随着生理年龄增长，儿童创造的信息品质也会相应改善。但是，与生理年龄无关的建构分化中的差异同样具有意义重大的影响。一些认知复杂程度较高的学生处理个人中心信息的能力要比同龄人早上两年。不过，在拥有超龄认知复杂度的孩子中年龄较大的那些，将具有最杰出的换位思考及为个别听众量体裁衣调整信息的能力。

传播学者用不同的术语来描述创建个人中心信息的能力：**修辞敏感度**（rhetorical sensitivity）、**扮演他人**（taking the role of the other）、**鉴别能力**（identification）、**自我监控**（self-monitoring）、**受众意识**（audience awareness）、**听众适应**（listener adaptation）。

个人中心信息：针对某一特定个体或语境量体裁衣的信息；能够反映沟通者预测他人反应和做出相应调整的能力。

复杂的沟通：
能达成多重目标的个人中心信息。

但无论我们怎么称呼它，创建个人中心信息都是**复杂的沟通技巧**。建构主义者认为认知复杂的人更能胜任此事。但请注意，建构主义者并不是说这些人**总是能**这样做，他们只是拥有了别人没有的能力。建构主义者认同的是，认知复杂是创建个人中心信息的"必要非充分条件"。[6]疲劳、酒精和被迫服从一种固定的沟通模式都有可能消弭优势。同样，在很多日常或非日常的沟通场景中，这种调适技巧既未显示出号召力也不是特别有帮助。但是，如果在赌注很高或投入较深的情况下，长于创建个人中心信息的人在游戏中就会跑在前面。

8.5　信息生产：创建基于目标的行动计划

早期的建构主义没能弄清楚高度建构分化促成有效沟通的原因。像一张一目了然的保险杠贴纸那样，该理论声称**认知复杂的人能够沟通得更好**，但是迪利亚却不知道是为什么。直到20世纪80年代末，一些认知论者开始建立**信息生产**模型——建构主义者用来解释把认知结构和语言表达联系起来的思考过程。现在，迪利亚和他的同事把这些认知论者概括的基本心理序列看作是连接认知复杂度和个人中心信息的缺失的一环。

信息生产： 由汇集目标、选择计划和实施策略（行为）3个阶段构成的过程。

设想一位名叫劳拉的年轻单身女性在工作中遇到的困境。她已婚的男老板建议一起谈谈她的工作，在他们的工作午餐时间，他走向她——暗示想要发生性关系。尽管不是由于自己的失误，但劳拉已置身于沟通危机之中。[7]为了解释她的思考过程，我们要运用宾夕法尼亚州立大学传播学教授詹姆斯·迪拉德（James Dillard）给出的有关信息生产的**目标—计划—行为模型**（goals-plans-action model）。[8]

目标

劳拉想要达到什么目标呢？如果她只有一个目标，就此制止她老板的行为，那么她可能采取单纯的反击，建立一个能够表达她的愤怒的信息：

> 你是我见过的最为粗鲁和恶心的男人。你不过是一个肮脏的老头。你凭什么认为可以强迫我跟你发生关系呢？你真是让我觉得恶心。[9]

但是也许另外一个目标对她而言同样重要，例如保住她的工作。如果是这样，她就有两个重要的、必须努力实现的说服目标。在某些情况下，她或许还有更多重要的沟通目标——告知、建议、劝慰、取悦、获得帮助或者改变关系。这些目标都被视作是**初级**的，因为它们"对应初极目标才指向的一般性目的，并引发一个较低层级的认知过程"。[10]

接受多重初级目标通常会促成二级目标的产生。这些附加的、但不那么重要的目标通常会与初级目标相冲突。在劳拉的案例中，制止性骚扰和保住工作要求她找到一种方法来保全她和老板的面子。在维护自己的职业认同和荣誉时，她需要和老板保持一种良性的工作关系。假如劳拉正在追求多重人际目标，这就是她认知复杂度的标志。伯利森认为，"有着高水平人际认知复杂度的人——倾向于为了多种社交环境发展更为复杂和巧妙的目标，对于那些具有挑战和高要求的环境就更是如此。"[11] 人际建构的数量和种类也能帮助她设计一个可以达成目标的多面性计划。

计划

一旦劳拉意识到她想要她的回应达到什么样的目标，她就会根据储存在她的长期记忆中的**程序性记录**来设计一个信息计划。[12] 根据伯利森在普渡大学的同事约翰·格林（John Greene）的定义，程序性记录就是对在某个特定情景中采取的行动及其后果的回忆——即事件如何发展、转变。至于我，我把程序性记录看作记忆，它为未来的行为赋予了**如果……当……那么**的含义。例如，当劳拉听到她老板给出的、她并不乐于见到的性暗示时，一个长期潜伏的画面就会闪现在她的脑海中。劳拉12岁的时候，隔壁的高中男孩想要跟她接吻。他的要求令劳拉十分困惑，她笑了笑，把整个事件当成是一个笑话，尽管她明知这个男孩是认真的。如果这件事之后，她和男孩维持了一种既不正式、又不过度亲密的关系，那么她从长期记忆中获得的程序性记录会以如下形式呈现：

> **如果** 我想要避免生理接触并且不冒犯这个男人（目标），
> **当** 他向我**提出**不恰当的性暗示时（情景），
> **那么** 我应该假装他这是在开玩笑（行为）。

程序性记录：对在某个特定情景中采取的行动及其后果的回忆；一种"如果……当……那么"的记忆模式。

劳拉的长期记忆里可能有100万个程序性记录，但是它们中的大多数都不适合老板提出低级建议这个问题。被激活和影响她信息计划的程序性记录，是她在类似经历中产生了同类目标的记忆。尽管不是完全一致，但她应付邻居男孩暗示的程序性记录称得上是一个近似匹配，可能指导她对老板的回应。如果她拥有许多在各种场景中靠成功的伪装忽视掉可疑动机的回忆，这种方式将会演变成组织严密的策略，以控制她信息计划中的其他技巧。

在一篇描述信息生产的"目标—计划—行为"基本模型的论文中，迪拉德提出了一些在建构认知计划时经常被问及的问题。[13] 或许你会发现它们能帮助你更好地理解劳拉的思考过程以及我们通常在说话之前经历过什么。

- **我们首先应该做些什么？**我们在长期记忆中寻找有可能达成初级目标的、经验证过的、模板式的计划。
- 如果这些计划半成品都不能解决问题，那要怎么办呢？我们可以通过添加细节完善现有的计划，也可以加入更复杂的步骤以预防偶然性事故。
- 我们能意识到是在进行这样的心理过程吗？大多数类似的心理活动发生在我们的潜意识中。然而，如果某人要我们反思为什么这样说或为什么那样做，我们也能够辨认我们的计划想达成的目标。
- 激活程序性记录并把它们聚集在一个信息计划中，需要多长的时间？通常只是几毫秒的事情。但是如果我们决定创建一个新的信息计划而不是采用现有的，那么这个过程需要投入较多的时间和精力。
- 我们能在谈话的中途改变计划吗？绝对可以——在我们得不到我们想要的回答时，我们通常会这样做。伯杰的层级假设（见第10章）指出，我们将改变计划中的低层级元素，例如字词的选择或面部表情。这种改变使我们不必做整体性的重组。然而，如果我们要改变我们的**目标**的主体，我们会自动抛弃原先的计划，采用或创建另外的计划。

行为

　　个人中心信息是迪利亚希望阐释、预测和推广的沟通模式。认知复杂的人拥有敏锐的社交能力，能够意识到有必要发现寻求多重目标并通过发展信息计划来达成它们的技巧。他们是一群幸运儿，在形势必要时能有技巧地进行沟通。

　　多数人认为沟通语境会限定传播者的选择。正如劳拉貌似陷入了注定要输的局面，有权力影响她的男人想要通过权力来获得与性有关的愉悦享受。但是，作为一个认知复杂的人，劳拉可以利用这个语境作为一种资源。她精心设计的信息回避了老板的性暗示、保住了工作并维系了自己**和**老板的体面：

　　　　我们现在一起工作得不错，我希望将来我们还能合作愉快。所以我认为让我们把话说开来很重要。你是一个聪明、头脑清晰的人，我把你当成上司也当成朋友。这就是为什么我会认为你一定是最近承受了太大的压力才会说出这样的话。我明白承受压力的感觉，太多的压力会把人逼疯。你大概只是需要休息一下。[14]

　　一些读者可能对这样的回答感到困惑。在他们的心里，劳拉的话让她好色的老板轻易地脱身了。这些人相信，一个将其曝光的明确的威胁是制止性暗示和避免潜在报复的最好方式。但是，以劳拉的角度来看，一条个人中心信息才是满足她在这个复杂情景中多种顾虑的最好方法。通过老板的性暗示来源于压力而非猥亵想法的表达，劳拉得以实现她**所有**的目标。

　　在这里，我用一个女人的经历来说明个人中心信息。我认为这个选择是恰当的，因为女性经常显示出比男性更高超的沟通技巧。因此，当你得知女性在RCQ构建分化上的得分平均比她们的男性同伴高出3分时，实在不必惊讶。在制造一个复杂的人际信息时，差异往往会带来更多差异。伯利森认为通过儿童和青少年的社会生活可以找出两性差异的原因。男人们聚在一起，谈论的是外部**行为**——男人玩的体育运动、开的车以及他们打过的架。女人们则谈论人——人们对内在动机、态度、特征及个性的认知。正如你将在这章末尾所看到的，对他人内心生活持续的敏感，会使一个人的人际建构获得成长。

8.6　个人中心信息的有利结果

高认知复杂度的人能够形成复杂的信息计划，而该计划又将产生以人为本的信息。每个环节都建立了明确的连接。建构主义研究者现在转向从体现沟通后果的每一种可感知的形式中，探寻个人中心信息带来的积极效果。我们已经看到这些以人为本的信息更具说服力。在以下部分，我将介绍我的学生认为特别有趣的、在其他3个领域的研究发现。

社交支持信息。试图缓解他人正经历的悲伤。伯利森设计了一个九级层级量表，对某个支持信息给予安慰的程度进行编码。在最底层的是否定受伤害者的想法及感受的信息："你不应该为失去一个男朋友如此沮丧。毕竟，天涯何处无芳草。"位于中层的信息则认真看待他人的痛苦："天啊，我很遗憾你们分手了。但是，我想这样的事情总会发生。分手似乎是人们关系的一部分。"在最高层的复杂的支持信息明确地认可他人的感受，并且经常附加换位思考："我知道那一定很难受。我知道你现在十分痛苦、愤怒。没关系，因为我知道你真的投入这段感情，你们交往了那么长的时间，你本来期待事情会有所不同。无论何时，只要你想找人聊聊，我都会在你身边。"[15]

正如你怀疑的那样，复杂的社交支持信息往往比不得当的支持行为带来更多安慰。你或许认为对于那些在他人需要帮助时能慎选词句的朋友，听到这些已足够心满意足。但是伯利森注意到，这些敏感的劝慰者通常还会收获更多积极的结果：

> 与使用简单的劝慰策略的人相比，使用复杂策略的人更受他人喜爱，而且也会得到信息接收者与旁观者更多的正面评价。此外，使用复杂策略的人会认为他们自己以及他们想要帮助的人的感觉都好了很多。[16]

关系维持。是一个与关系发展有所区别的过程。正如第9章至11章所讨论的，自愿形成的人际关系通常从相互吸引、自我暴露和减少不确定性开始。然而，一旦关系建立，它的健康程度就需要周期性地确认、解决冲突，以及伯利森所描述的这一类劝慰性的沟通。如同任何人际关系技巧一样，总有一些人比其他人更擅长维系关系。伯利森与布莱恩特学院（Bryant College）的温迪·萨姆特（Wendy Samter）认为拥有复杂沟通技巧的人尤其擅长维持亲密的朋友关系。然而，事实证明他们只说对了一部分。[17]

为了验证他们的假设，伯利森和萨姆特回顾了她们之前关于友谊的研究项目，以及其他研究者的研究项目。他们从中发现了一致的模式，即**相似性技巧模型**（similar skills model）。让他们感到惊奇的是，个体在自我支持、解决冲突，以及在痛苦时给予安慰的能力，不能保证亲密的私人关系一直维系下去。但是，他们和同伴的相似程度在这方面却有明显的作用。当双方拥有相匹配的语言技巧时，不管程度是高或低，友谊都有可能持续下去。显然，高度精密的沟通技巧只有在共建友谊的另一方拥有理解的智慧时才具有优势。不具备这些能力的人可能和喜欢相同活动的人在一起比较自在，说些好玩的事情，并不总是"谈论内心感受"或"说些肉麻的话"。[18]

组织效率。不因一条精密信息而决定。但根据建构理论，出色的业绩及推广能力反映出为了达成客户及同事的多重目标而持续性地使用个人中心沟通技巧。在该领域表现出色的雇员能更迅速地平步青云。

普渡大学的贝弗利·西弗（Beverly Sypher）与新西兰怀卡托大学的西奥多·索恩（Theodore Zorn）对美国东部一家大型保险公司的90位白领雇员进行了一次纵向追踪研究。[19] 从一开始，他们就用RCQ测试了每位雇员的认知复杂度，考量其换位思考的能力，并通过撰写慈善筹款发起书的方式量化他们的沟通技巧。正如他们所料，具有高度发达社会建构的员工写出来的发起书具有更强的号召力。4年之后，西弗和索恩再次核查每一位员工在公司的升迁情况。认知复杂的员工获得了更高的薪水，而且比认知不复杂的同事在公司升迁得更快。无论何时与人相处，认知复杂度似乎都会发挥重要的作用。

相似性技巧模型：当双方拥有同级别语言理解力时就能维系较好关系的一种假设。

8.7 认知复杂的传播者的社会化过程

在之前的各个版本里，我曾责怪建构主义者未对认知复杂的思考者如何获得这种能力作出说明。但如今再这么说就不公平了。伯利森、迪利亚和肯塔基大学的詹姆斯·阿普尔盖特（James Applegate）已用充分的证据表明，复杂的思考具有文化投射性。他们尤其认为，父母复杂的社会性思考能力通过教育和指导的复杂信息，可以在孩子身上重新建立。[20] 他们的观点可谓是以下这一真理的延伸，即文化是通过其成员的沟通生产和再生产的。

举例来说，假设一个5岁的小男孩在未经允许的情况下从邻居的院子里摘下一朵花，送给他的母亲。许多父母会责怪孩子偷东西。（"没有征得同意就拿别人的东西是不对的。现在马上过去为你的行为道歉。"）但是一位拥有复杂人际建构的母亲，却能够制造复杂信息，以鼓励思考并帮助她的儿子关注他人的动机、感受及目的——这正是一种提高孩子认知复杂度的心理训练。在由衷感谢儿子的这份礼物之后，这位母亲可能会说：

> 人们辛勤工作而获取回报（花）时，他们总是希望好好保存它，以便欣赏。假如你开口请求，琼斯太太也许会给你一朵花。但是，不征得同意就从人家那里摘花会让他们觉得很不舒服。

谁最有可能使用这种精密的社会化形式？根据伯利森、迪利亚和阿普尔盖特的观点，那些社会经济背景较为优越的父母是潜在的可能。他们生活的世界由错综复杂的工作环境、角色系统和社会期待构成。这样较为复杂的社会环境会对较为复杂的思考和沟通方式有所刺激。而一旦发展完善，复杂的思考与行动方式可以形成自生机制。**文化→复杂度→沟通**的路径似乎足已确保认知语言的日益丰富。我的学生、40岁的研究生简所提交的报告充分说明了这一点。简记录下在莫测高深的成人谈话的氛围中成长起来的7岁女儿桑尼的一段话：

> 妈妈，非语言传播是不是就像当我们讨论我的生日时，你不肯把脸转向我？或者你一边说"嗯"和"真的吗？"，可是你的脸一动不动好像并不真的关心我们在谈论什么？当我们说话时，你走来走去忙着煮饭、爸爸忙着写东西，我就觉得很无聊。有时候你们虽然和我说话，可听起来像是说教，而不是聊天。

建构主义者一定会注意到，桑尼能思考她的社交世界，那是因为来自母亲简的沟通绝不简单。

8.8　评论：认知复杂度的再思考

迪利亚在20世纪70年代提出他称为认知分化的阐释性理论，当时绝大多数的实证性传播学者都在致力于寻找可适用于每一个人的行为准则。当经验主义者还在一大堆标准化量表的数字中评估沟通的有效性时，迪利亚已开始要求获取"自由回应数据"（free-response data），以反映心理过程的细微差别。他相信，开放式的回应也可以倒逼研究者对理论的严格要求。建构主义者对个人中心信息的分析显然符合这一目标。

建构主义者在测定认知复杂度时对RCQ的过度依赖则是另外一回事。人们难以接受这样的观点：单一的数字就能充分反映藏在眼睛之后、错综复杂的精神结构。要求受访者说出对其他两个人的认知，然后把他们翔实的叙述简化为建构的频率计数，难道这不让人惊奇吗？RCQ总数或许能预测出有趣的沟通差异，但在理论解释上缺乏深度。

预言性的表达在伦理上似乎也仍有缺陷。假如认知复杂度是人际关系有效性的关键，假如建构分化会因为良好的教育而获得增长，该理论的提倡者们就应为此付出努力，为弱势儿童创造倡导思考的环境。如此一来，非黑即白的思考者便能具备认知灰色地带的能力。一些先驱者正在推动这类的改革议程。

医学学者在发现铅中毒的脑死效应后，迅速发起一轮公共运动，呼吁停止使用铅基颜料。同样，老师们一旦意识到吃饱肚子是获取精神食粮的前提，就积极促成"启智方案"（Project Head Start）。显然，贫穷、油漆剥落的墙面和营养不良相互关联，而建构主义者的研究指出，在童年时期缺乏诱导思考的沟通，同样是恶性循环的一部分。除非理论学者制定弥补性的计划以缩减"富人"与"穷人"之间的鸿沟，建构主义将难免受精英主义操控之嫌。伯利森强烈地意识到该理论的这一弱点：

> 作为一名传播研究学者和教育工作者，我发现这样的情景让人尴尬并且难以接受。我们这些研究者现在获得了许多与认知复杂度、高级社交认知以及沟通技巧有关的知识，但是迄今为止，仍然看不到将我们所知的一切转化为有效提升沟通技巧的任何确实计划。[21]

相对于大多数学者，建构主义者更有能力引领一场完善公共政策的改革运动。很早以前，迪利亚就强烈呼吁"对内隐假设的反思分析以及重新排列基于研究假设和研究方法的原则"。[22] 他发起了一个致力于上述提议的研究项目，众多学者纷纷加入。作为传播学最知名的理论之一，建构主义值得认真思考。

帮助你深入思考的问题：

1. 按照**角色类型问卷**的评分原则，"幽默且非常风趣"这一说法在**建构分化**上可以得几分？
2. 看一下本章中的漫画《**卡尔文和霍布斯**》。**建构主义者**将如何解释卡尔文成功地让父亲同意跟他玩骑马游戏？
3. 有时，在争执过程中，一个小孩会这样责备另一个小孩："唉，成熟点吧！"建构主义者认为这一表达给出了好的建议，但方法无效。为什么？
4. 奥萨马·本·拉登建立的组织高效的恐怖主义是**复杂信息计划**的一种反映。你能不能解释为什么他达成了他的目标，却不表明他具有迪利亚所说的**认知复杂度**？

对话：

在这次对话中，杰西·迪利亚（右）、布兰特·伯利森（中）和詹姆斯·阿普尔盖特（左）3个人坐到了一起。他们把我们有效沟通的能力和心理建构、认知复杂度、处理信息的方式以及我们给他人留下印象的方式联系在一起。随后，他们描述了制造能够达成多重目标的个人中心信息的好处。你认为迪利亚、伯利森和阿普尔盖特在调整他们传递给传播学学生的信息时，表现如何？你认为这3位理论学者正在追求多重目标吗？如果是这样，那他们成功了吗？在 www.mhhe.com/griffin7 或 www.afirstlook.com 可以看到这段对话的视频。

扩展阅读：

推荐阅读：Brant R. Burleson, "Constructivism: A General Theory of Communication Skill," in *Explaining Communication: Contemporary Theories and Exemplars*, Bryan Whaley and Wendy Samter (eds.), Lawrence Erlbaum, Mahwah, NJ, 2007, pp. 105–128.

早期理论表述：Jesse Delia, Barbara J. O'Keefe, and Daniel O'Keefe, "The Constructivist Approach to Communication," in *Human Communication Theory*, F. E. X. Dance (ed.), Harper & Row, New York, 1982, pp. 147–191.

经典研究：Brant R. Burleson, "The Constructivist Approach to Person-Centered Communication: Analysis of a Research Exemplar," in *Rethinking Communication*, Vol. 2, Brenda Dervin, Lawrence Grossberg, Barbara J. O'Keefe, and Ellen Wartella (eds.), Sage, Newbury Park, CA, 1989, pp. 29–36.

综合研究概览：Brant R. Burleson and Scott Caplan, "Cognitive Complexity," in *Communication and Personality: Trait Perspectives*, James McCroskey, John Daly, and Matthew Martin (eds.), Hampton Press, Cresskill, NJ, 1998, pp. 233–286.

角色类型调查问卷：Brant R. Burleson and Michael S. Waltman, "Cognitive Complexity: Using the Role Category Questionnaire Measure," in *A Handbook for the Study of Human Communication*, Charles Tardy (ed.), Ablex, Norwood, NJ, 1988, pp. 1–35.

大脑中的信息生产：James Price Dillard, "The Goals-Plans-Action Model of Interpersonal Influence," in *Perspectives on Persuasion, Social Influence, and Compliance Gaining*, John Seiter and Robert Gass (eds.), Pearson, Boston, 2003, pp. 185–206.

社会支持：Wendy Samter, "How Gender and Cognitive Complexity Influence the Provision of Emotional Support: A Study of Indirect Effects," *Communication Reports*, Vol. 15, 2002, pp. 5–16.

关系维系：Brant R. Burleson and Wendy Samter, "A Social Skills Approach to Relationship Maintenance," in *Communication and Relationship Maintenance*, Daniel Canary and Laura Stafford (eds.), Academic Press, San Diego, 1994, pp. 61–90.

提升认知复杂度：Brant R. Burleson, Jesse Delia, and James Applegate, "The Socialization of Person-Centered Communication: Parental Contributions to the Social-Cognitive and Communication Skills of Their Children," *in Perspectives in Family Communication*, Mary Anne

Fitzpatrick and Anita Vangelisti (eds.), Sage, Thousand Oaks, CA, 1995, pp. 34–76.

回顾与批评：John Gastil, "An Appraisal and Revision of the Constructivist Research Program," in *Communication Yearbook 18*, Brant R. Burleson (ed.), Sage, Thousand Oaks, CA, 1995, pp. 83–104.

如欲了解本书旧版介绍的格林的行为编译理论，请到www.afirstlook.com点击"理论档案"。

单元引言 关系发展

思考一下你最亲密的人际关系。它是否是"强烈且频繁互动的,存在丰富且长期持续的相互依赖"?[1]这正是加州大学洛杉矶分校心理学家哈罗德·凯利(Harold Kelley)和他的8位合著者对亲密关系的定义。这个定义同样适用于并不真心喜欢对方的人,但绝大多数理论学者宁愿用**亲密**一词来形容具有积极纽带的人际关系。这也是我在下面这一部分使用该术语的方式。

你所想到的亲密关系可能不外乎3种:朋友、爱人和家庭。每种类型都有使其区别于其他两种的特质:

朋友是最具有自发性、最不可能预先设定的亲密关系。[2]它与亲属关系的区别十分明显。我们无法选择我们的亲属,却可以挑选朋友。友谊使我们免于浪漫的婚戒、家庭责任和法律条文等附加在其他亲密关系中的社会契约。然而,友谊虽是自由的,但并不代表它是随机的。多年的老友通常拥有大致均等的才能和社会地位;人们通常会选择和自己的年龄、背景、兴趣以及价值观相似的人做朋友。友谊吸引人的是绝对自由和互动,但同时这也是它的脆弱所在。变得疏远的朋友渐行渐远,因为几乎没有什么社群结构支撑这种关系。

爱人关系含有与友谊、家庭不同的两大特质,即所谓的性激情和排他性。任何"坠入爱河"的人固然无需证明,但耶鲁大学心理学家罗伯特·斯滕伯格(Robert Sternberg)总结说,一段浪漫关系需要同时具备亲密、激情与承诺。[3]亲密本身是在朋友的基础上强烈的喜欢。激情则单指性迷恋或者沉浸在"欲望之中"。不带有亲密或激情的承诺通常指以相亲开端、以便利婚姻结束的关系。一旦两个人共同经历了亲密、激情与承诺,他们的关系会比朋友或亲属关系更加紧密。

家庭成员共有一段历史。多年的共同经历为关系亲密的亲属提供了一套知识,使他们可以预测父母、孩子以及兄弟姐妹的反应。自我暴露在建立爱人关系和友谊时非常重要,但是亲近的家属往往要到危机时刻,才意识到他们已经了解其他家庭成员的内心想法。家人间的亲密沟通,通常是以"记得当时……",而不是以"让我来告诉你有关……"这样的表达开始。

当然,并非所有回忆都是让人愉快的。家族中存在的摩擦比多数朋友关系能包容的还要多。敌意通常会通过绷着脸沉默、恶劣的眼神、讽刺的表达或暴怒的语言等标志性的方式表达出来。然而即便是要看脸色或是受到身体虐待,大多数人在遭遇困境时还是会回到家庭的怀抱。就像诗人罗伯特·弗罗斯特提醒我们的,"家是在你需要时,总是会接纳你的地方。"[4]

朋友、爱人和家庭这3种关系类型互有差异,但是其中的亲密关系本身却是相似的。它们都能给予快乐、信任,共享信心、尊重、互助和自发性。[5]问题在于,**我们如何发展一段亲密关系?**

两种不同的研究方法主导了关系发展领域的理论与实践。一个流派是**现象学研究法**,以人文心理学家卡尔·罗杰斯(见第4章)为代表。罗杰斯相信,人们想要亲近他人是因为:(1)对方的外在行为和内心感觉一致;(2)对方因他人的特性,而不是他们所做的事情而无条件地接受他们;以及(3)对方以感同身受的方式聆听他人说话。罗杰斯的观点广泛地影响了人际沟通的教材和院校教学。[6]本书将重点介绍它的自我暴露、非语言支持、同情式聆听以及信任等主题。

另一流派认为,建立关系的行为是受**互动的收益和成本**影响的。1992年,芝加哥大学经济学家加里·贝克尔(Gary Becker)因运用供给—需求的市场模型预测包括爱情和婚姻在内的日常生活行为而获得诺贝尔经济学奖。尽管新闻评论者强烈怀疑心理活动能被简化为冷冰冰的数字,但是在过去40年中,这一经济学隐喻一直主导着社会科学中有关人际吸引力的讨论。绝大多数人际关系理论学者的基本假设是,人们在互动过程中力求将个人收益最大化及个人成本最小化。

股票市场与所谓的关系市场存在着大量的相似点:

供求法则。稀有、人们有意愿获得的特质在交换时要价更高。

吸引买主(courting a buyer)。绝大部分市场交易者都会准备一套夸耀财产、弱化责任的说辞。

自由放任原则。提请买主注意,只有爱情和战争才公平,市场是竞争残酷之地。

专家建议。全国性的新闻日报每天刊发米歇尔·辛格尔特里(Michelle Singletary)《金钱的色彩》和阿比盖尔·范布伦(Abigail Van Buren)的《亲爱的艾比》等有建设性的专栏;不管他们的主题是钱还是爱,两位专栏作家都认为:存在风险,需要谨慎。

投资者和商人。投资者长期持有;商人则企图一夜暴富。

根据这些简短的概述,你不难看出关系发展领域研究的人文主义模型和基于社会交换的经济模型之间有很大差异。两种模型对第9章至第11章介绍的每一种理论都产生了影响。

阿特曼和泰勒的**社会渗透理论**指出,通过罗杰斯咨询方法中那种坦诚的自我暴露,人们可以使彼此更加亲近。他们用社会交换分析来预测参与双方是否要冒一定风险。

伯杰的**不确定性递减理论**主张,人们深切渴望在投入某种关系前预知我们可以期待从他人那里得到些什么——类似于一种可靠的市场预测。不过,伯杰眼中至关重要的关系变量,如非语言支持、亲密的自我暴露、相互关联的弱点、喜欢等等,在阅读时却相当具有人文色彩。

沃尔瑟的**社会信息加工理论**（Social Information Processing，SIP）阐述了一种令人吃惊的观点，即使用计算机作为中介传播的人们能够建立与面对面沟通一样的亲密关系，只是这一过程需要更长的时间。沃尔瑟的超人际视角——SIP理论的延展部分——解释了在线沟通为什么有时比双方同时在场的沟通关系更加亲密。

这一部分的3种理论都认为沟通是人们建立亲密关系的方法。它们全都认为得以即刻建立的亲密关系是不存在的。发展关系需要时间，而且在通往目标的道路上并不总是以直线轨迹前进。事实上，绝大多数关系从来没有变得亲密过。然而，有些人确实收获了深厚的、令人满意的、长久维系的人际关系。为什么他们能够建立其他人无法建立的亲密关系呢？这一部分的3种理论各自给出了答案。

第9章　社会渗透理论

创立人：欧文·阿特曼（Irwin Altman）和达尔马斯·泰勒（Dalmas Taylor）

实证性  阐释性
社会心理学派

患难之交是真朋友。
既不向别人借钱，也不借钱给别人。

以柔克刚。
要报复，不要发疯。

理解他就是爱他。
熟悉培养轻蔑。

　　谚语是多年智慧凝结而成的简洁好记的短语。谚语中与人际关系有关的主题大概比其他任何主题都要多。可是，这些老生常谈可靠吗？正如我们在上面看到的，它们给出的建议往往自相矛盾。

　　想象一下皮特的困境，以及他作为寄宿学校的大一新生，进入寝室并第一次与室友见面时的情景。皮特刚刚和他的朋友们挥手道别，就已猛烈地感受到孤独的滋味，他还想起了他的女友。他担心在感恩节回家时，她对他的感觉会有什么变化。她会证实谚语里所说的"小别胜新婚"，还是"眼不见，心不念"才更适合描述接下来的几个月？

　　皮特走进自己的房间，一眼看到熟悉的曲棍球球棒。由于看似与室友有共同兴趣，皮特受到了鼓舞。他又看到房间里有一枚竞选徽章，它的作用是推动大家投票给一位与皮特的政治频谱对立的国会候选人，但皮特也挺喜欢它。"物以类聚，人以群

分"能否反映皮特与室友的关系？还是"全然不同的人相互吸引"更适合描述他们之间的互动？

这时，皮特的室友乔纳走了进来。两人用那种让彼此有机会了解对方的客套话交流了一会儿。皮特内心有种渴望，想告诉乔纳自己多么思念女友，可是，对某些主题不适于初次谈话的深刻认知，制止了皮特的行动。在潜意识层次，甚至也许是有意识地，皮特在挣扎是要接受古老格言"同病相怜"的指示，还是依从更具男子气概的谚语"男儿有泪不轻弹"？

皮特显然需要谚语以外的知识来帮助他了解关系动力学。在皮特出生的10多年前，社会心理学家欧文·阿特曼和达尔马斯·泰勒就提出了**社会渗透过程**来解释亲密关系如何发展。阿特曼是犹他大学杰出的心理学教授，已故的泰勒曾是宾夕法尼亚州林肯大学心理学院的院长、教授。他们预测，皮特和乔纳能够成为好友，只要他们以一种"渐近、有序的形式从表层交换过渡到深层交换，这一交换是即时结果与预测结果的函数"。[1]为了理解这个过程，我们首先必须了解人的复杂性。

社会渗透：通过相互的自我暴露和其他曝露弱点的方式发展和他人的亲密关系的过程。

9.1 人格结构：多层的洋葱

阿特曼和泰勒把人比喻成洋葱。这个评语当然不是指人类有使人不适的能力。就像电影《**怪物史莱克**》中的怪物和它的驴子伙伴分享的自我描述一样，这是对人格多重**结构**的描述。剥开洋葱的外皮，你会发现下面还有另外一层。剥开第二层你还会看见第三层，一直这样下去。皮特的外皮是他的公共自我，所有人都可以看到。所谓外皮可能包括许多能描述皮特特征的细节，但无疑这些细节同样可以用来描述学校里的其他家伙。表面上看，人们知道他是一个身材高大、主修商科的18岁男生，来自密歇根，正在减肥，而且常常接到家里打来的电话。

人格结构：关于自我、他人和世界，有着如洋葱般层级的信念和情感；愈深的层级愈脆弱并受到保护，也愈接近自我形象。

如果乔纳能够透过"外皮"向下看的话，他会发现皮特只显露给某些特定的人看的半私密的态度。皮特对促成自由社会的事业深具同情，笃信宗教，而且对肥胖的人有偏见。

皮特的内在核心由他的价值观、自我概念、心理冲突和深刻情感构成。这是他独一无二的私人领域，为世人所不见，却对他的私人生活有重要的影响。或许连他女朋友或父母都不会知道他最紧密防守的个人隐私。

9.2 通过自我暴露而亲密

当皮特与他人接近时，他将打开保护自我的严密界限并使自己变得脆弱。这个过程很可怕。但阿特曼和泰勒相信，只有让乔纳充分渗透到表层以下，皮特才能真正与

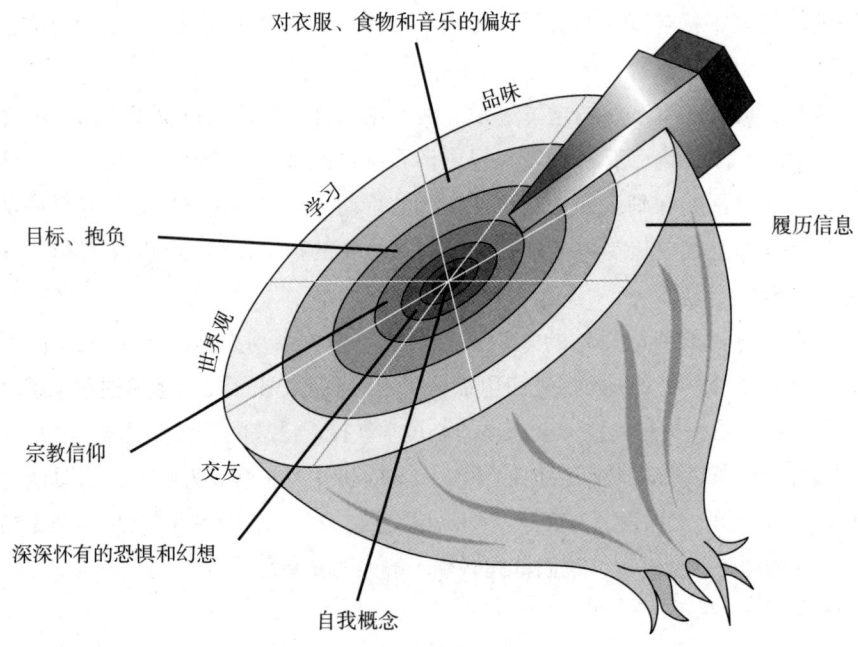

图 9-1　对皮特人性结构的渗透过程

他的室友亲近起来。

　　皮特有很多方式可以展现弱点，比如不将桌子和衣柜抽屉标记为私人领地，与人分享他的衣服，大声朗读女友的来信。开放的非语言途径包括嘻笑打闹、眼神接触和微笑。但是，深度社会渗透的主要途径还是**自我暴露**。

　　图9-1要说明的是一个楔子正被推入一颗洋葱，仿佛有一股强大的磁力要将它吸入核心。渗透的深度表明个人暴露的程度。要切入中心，楔子必须先突破外表层。阿特曼和泰勒表示，在外表层这类履历信息的交换很容易进行，或许在初次见面时就会发生。然而他们认为，楔子越接近中心，洋葱皮就越厚，而且裹得越来越紧。

　　回想一下皮特想要和乔纳分享他对女友的思念时产生的犹豫。如果他坦承这些感受，就是选择在一些拙劣玩笑和情绪敲诈下暴露自己。除此之外，一旦这个楔子深入渗透，就开辟出一条通道，以便它在这条通道中不受抵抗地一次次来回往返。此后被渗透者很难再拥有自己的隐私。意识到这些因素之后，皮特在表露他的真实感受时会格外小心。或许整个学习期间，他都会把这部分生活隔离起来。根据社会渗透理论，永久性的防卫将限制这两个年轻人所能达到的亲密程度。

自我暴露：自愿与他人分享个人经历、偏好、态度、情感、价值观、秘密等等；透明度。

渗透的深度：在个体生活的某一特定领域中暴露的程度。

9.3　自我暴露的深度与广度

　　渗透的深度代表着亲密的程度。阿特曼和泰勒的渗透比喻会让一部分读者联想到性，但这可不是他们的意图。这个比喻同样适用于友谊和爱情。图9-1显示的是乔纳在这一年内与皮特成为朋友后可以获得的亲密度。根据社会渗透理论的框架，阿特曼与泰勒概述了皮特与乔纳在这个过程中经历的4个阶段：

1. **相对私人信息而言，外围信息的交换会更加频繁、迅速**。当楔子锋利的边缘几乎触碰到亲密区域时，较厚的部分已在外环打开了一条宽阔的通道。这种关系仍然处于相对一般的层次（impersonal level），即"男儿有泪不轻弹"。康涅狄格大学传播学教授阿瑟·范利尔（Arthur VanLear）分析了关系发展中的对话内容。他的研究显示，与传播者毫无关系的内容占14%，公共事务占65%，半私人的细节占19%，只有2%表现出亲密的信心。[2] 更进一步的渗透将把皮特带入能分享更深层情感的层次，即"同病相怜"。

2. **自我暴露是相互的，尤其是在关系发展的早期**。该理论预测，像皮特和乔纳这样的初识者将会大致同等程度地敞开心胸，但并未解释原因。或许皮特的弱点使他看起来更值得信任，或许他敞开心胸、提升彼此透明度的行为看上去很有魅力，又或许两个年轻人在情感上需要平等，因此，皮特的自曝弱点会让乔纳很不自在，直到他用自己的付出来达到情感账户的平衡——在这一给予与获得的交换过程中，双方会产生更深层的情感。不管是什么原因，社会渗透理论始终坚持存在**互惠法则**。

3. **渗透在开始时十分迅速，但在到达紧紧裹住的内层时就会显著放慢速度**。即刻获得的亲密关系是不可能的神话。不仅灵魂会对快速入侵发起内部抵抗，社会规范同样反对吐露得过快过多。绝大多数的人际关系在建立稳定的亲密交换之前就已停滞不前。这种人际关系在双方分开或稍微受到压力后很容易褪色。双方一起轻松共享正面及负面反应是很少见的。一旦双方实现这种共享，双方的关系就会变得相对重要、更有意义，并且更加持久。

4. **反渗透**（depenetration）**是一层一层撤退的渐进过程**。如果皮特和乔纳开始关闭早先已经开放的生活空间，那么他们对彼此的热情将会淡化。人际关系的倒退是拿回早先在建立关系时交换的部分。阿特曼和泰勒将这个过程比喻为一部倒回的电影。在深度暴露停止后，流于表面的谈话仍会持续很久。人际关系可能不会在激烈的怒火中结束，却会因缺少欢乐和关怀逐渐冷却。

渗透的深度在社会渗透过程中至为重要，而**广度**的地位也同样重要。注意图9-1中被切割得像一个橙子似的洋葱，它呈现出皮特交友、学习等各方面的生活。皮特可能会坦陈爱情的每个细节，却继续隐瞒父亲酗酒的事实以及自己的阅读障碍症。洋葱图中的介入，因只涉及一个区域，是典型的夏夜艳遇——有深度而无广度。当然，有广度而无深度的典型例子就是"嗨，你好吗？"这种点头之交。真正亲密关系的模型应该是在每个区域都有多个深深插入的楔子。

> **互惠法则**：一方表露导致另一方表露的有步骤且有秩序的过程；"你告诉我你的梦想，我就告诉你我的。"

> **渗透的广度**：暴露行为所涉及的个体生活的范围。

9.4 基于成本和收益调整亲密关系

皮特和乔纳会成为好朋友吗？根据社会渗透理论，这完全取决于双方在考虑发展亲密关系的可能性时，所进行的成本—收益分析。在他们第一次相遇之后，皮特将立即考量这段友谊的好处和坏处，计算出关系满意度的底限。乔纳会对皮特做同样的事。如果感知到共同获益比暴露更多弱点的成本要多，社会渗透的过程就将进行下去。

我在"关系发展"的导论中已经预告过这类基于经济本质的分析。阿特曼和泰勒的版本在很大程度上是利用心理学家约翰·蒂鲍特（John Thibaut，北卡罗来纳大学查佩尔希尔分校）和哈罗德·凯利[3]的**社会交换理论**。两位研究者穷其一生研究社会交换的核心概念——人际关系的结果、满意度和稳定性。阿特曼和泰勒相信，**社会交换理论**准确地预测了人们何时会甘冒自我暴露的风险，因此接下来我将更详细地描述这些概念。

结果：收益减去成本

蒂鲍特和凯利指出，人们在互动发生之前就试着预测**结果**。因此，皮特初次见到他的室友，就会在心里估算这段友谊的潜在收益与成本。他意识到一些好处。作为大一新生，他十分期望和某人一起交谈、一起吃饭，或是在没课、不学习的时候一起四处闲逛。乔纳对曲棍球的兴趣、爱笑和随和的个性都使他成为有吸引力的人选。

皮特同时意识到彼此更加熟悉后潜在的不利因素。如果他暴露一部分内心生活，他的室友很可能嘲笑他的信仰以及他的自由主义的"空想社会改良家"价值观。皮特不觉得要为自己的信仰感到羞耻，但他讨厌争论，而且认为冲突的风险真实存在。在衡量所有可能的加分项与减分项之后，皮特确定，向乔纳伸出友谊之手是有收益的，所以他采取了第一步行动。

用潜在的好处和坏处的总和来决定行为的想法并不新鲜。早在19世纪，英国哲学家约翰·斯图尔特·穆勒就第一次提出了他的效用原则[4]，**人类行为的极大极小原则**（minimax principle of human behavior）是一种很有效的逻辑。它是指人们追求收益的最大化和成本的最小化。我们对一段关系结果的收益估计得越高，我们就越容易做出能促进关系的行为。

社会交换理论学者假设，人们可以准确地估计各种互动的收益，并因此选择提供最佳结果的行为。阿特曼和泰勒不确定人们的评估是否总是可靠，然而这并不是重点。对他们而言，重要的是我们以感知到的收益减去成本的结果为起点，决定在面对另一个人时是否敞开心胸。

在一段关系的初期，人们倾向于将外表、相似背景、共同意见看成收益（"物以类聚，人以群分"）。意见不同和背离常规都是负值。但是，如果人际关系出现变化，

社会交换：因双方对彼此互动将产生的可感知的收益及成本的评估而加以管理的人际关系行为和状态。

结果：在人际互动中用感知收益减去感知成本。

极大极小原则：人们追求收益的最大化和成本的最小化。

朋友间决定收益的互动的性质改变。更深厚的友谊源于共同的价值观和言辞上的相互欣赏，人们甚至也能享受表层的多样性（"完全不同的人相互吸引"）。

由于皮特看到在与乔纳的这段关系中收益比成本多，他将开始更多地表露他自己。如果他认为这段关系的负值超过正值，就会尽可能地避免与乔纳接触。作为被安排在一起的室友，皮特没法避免与乔纳见面，但是负面的评判会让他在以后的时间里在情感上与乔纳保持距离。

比较层级——测量关系满意度

评估结果需要技巧。即使我们可以在头脑中把无形的收益与成本转换为衡量整体效果的底限，它对我们的心理影响仍会不时变化。一段关系的结果只有在我们把它和其他或真实或想象的结果对比时才有意义。社会交换理论提供了皮特和其他人在评估人际关系结果时选用的两类指标。第一类指标是关系的**满意度**——让参与者觉得快乐还是痛苦的人际关系结果。蒂鲍特和凯利称之为**比较层级**（Comparison Level，CL）。

比较层级是一个阈值，超越这个阈值的结果是有吸引力的。举例来说，皮特正期待他每个周日晚上与女友的例行电话。他们通常都会聊上半个钟头，因此30分钟是皮特是否进行了一次愉悦对话的比较层级。如果他当时并不太忙，45分钟的通话意味着十分愉悦，而15分钟的通话则会让人有一点失落。当然，通话时长只是影响皮特打电话时的情绪的因素之一。他对于两人谈论的话题、女友说话的腔调，以及她说再见时是否充满热情等等，都有他的期待。这些都是皮特用来估算他在互动中产生的相对满意度的基准。

我们对友谊、爱情以及家庭联系的比较层级会受到人际关系历史的制约。我们以过去经验的基准来比较一段关系，并判断它的价值。假如皮特在高中几乎没有亲密的朋友，那么和乔纳建立亲密关系看上去就会相当诱人。如果他习惯于待在亲密朋友组成的小圈子里，相比之下和乔纳一起闲逛就很无趣。

序列，在评价一段关系时扮演重要的角色。每一次互动的结果都会被储存在我们的记忆中。由于在全部人际关系历史中会占到很大比例，早期的人际关系经历影响巨大。10次中有1次不快的经历已足以使人烦恼，而2次中就有1次这类经历会使还未真正开始的关系宣告结束。趋势也有同样重要的意义。如果皮特首先感受到的是乔纳的冷淡，随后逐渐发现他的热情和赞许，相对于一个全然相反的过程而言，这种转变趋势会提升乔纳的吸引力。

替代性比较层级——测量关系稳定度

蒂鲍特和凯利指出我们在评估所获结果时还有第二种指标。他们称之为**替代性比**

比较层级：超越这个阈值的人际结果是有吸引力的；关系满意度的标准。

替代性比较层级：其他关系可产生的最佳后果；关系稳定度的标准。

较层级（Comparison Level of Alternatives，CL_{alt}），它相对现实人际关系结果的位置反应了关系的**稳定度**。这个层级受到能在现行人际关系之外获得的最佳人际关系结果的限制。我的 CL_{alt} 位置回答了两个紧密相关的问题，**和另一个人一起，我的人际关系收益会更多吗？保持现有的人际关系，我获得的最坏的结果是什么？** 随着更有吸引力的外在人际关系的可能性，或者现有人际关系结果下滑到已确立的 CL_{alt} 之下，关系的不稳定程度会上升。在这里，社会交换的阐释听上去简直像是股市分析。这正是为什么支持者要将社会交换方法称为**经济行为理论**。

和比较层级不同的是，CL_{alt} 不显示关系的满意度。然而，它确实可以解释为什么人有时会留在虐待自己的伴侣身旁。举例来说，社会工作者称受虐妇女的生活是"高成本，低收益"。女人虽然很痛苦，但又觉得自己被困在这种悲惨的境况里，因为独自一人在这个世界里生存在她看来是更糟的选项。尽管她的人际关系结果如此可怕，她却不敢冀望更好的选择。除非她发现能够为她提供更好生活的外在选择，她才会考虑离开。

作为人际关系结果的相对价值，在确定一个人是否会为了获得更深入的关系而更多地表露自己时，CL 和 CL_{alt} 还有很长的路要走。人际关系的最佳效果是在双方都发现以下公式的时候：

$$人际关系结果 > CL_{alt} > CL$$

以皮特为例，上面的公式表明他预测和乔纳的这段友谊将不仅仅是令人**满意**而已。既然校园里不存在更有吸引力的人际关系，皮特与乔纳之间的联系将是**稳定**的。皮特也不会觉得受困，因为一旦这段关系恶化，他还有其他令人满意的选择。社会交换理论解释了为什么皮特会启动社会渗透。乔纳的计算结果如果与他相似，两位室友将会进入互相暴露弱点的过程，正如阿特曼和泰勒所描述的，相互的自我暴露将拉近他们的距离。

9.5 伦理反思：伊壁鸠鲁与伦理利己主义

支撑社会交换理论以及社会渗透理论的极大极小原则又被称作**心理学的利己主义**。这个术语反映了许多社会学家相信人类的天性是自利。不过，相对于绝大多数社会学家致力于研究事物**是**什么而非事物**应是**什么，**伦理利己主义**者则宣称，人们应该以**自利的方式**采取行动。自利不仅是正当的，而且有利于我们找寻最佳的自我。

伦理利己主义：个人应按照快乐最大化及痛苦最小化的方式生活的理念。

伊壁鸠鲁，古希腊哲学家，在亚里士多德辞世之后从事了多年的写作。他认为好的生活就是尽可能地获得快乐，"我唾弃高贵之人及其无聊的羡慕者，当他们的生命中不含快乐元素的时候。"[5]他的观点容易让人联想到谚语"及时行乐"，但伊壁鸠鲁强调的是友谊和美食带来的被动的快乐,最重要的是没有痛苦。他警告道:"快乐自身并不邪恶,然而,制造快乐的事物却总会带来数倍于快乐的烦恼。"⁶伊壁鸠鲁对谎言也持有类似的看法。他认为,如果没有被察觉的危险,聪明人就会选择撒谎,可是由于我们从来都不能确定我们的过错不被察觉,所以这位哲学家并不建议我们欺骗他人。

一些哲学家回应了伊壁鸠鲁对自利的关切。英国政治家托马斯·霍布斯把生活描述为"龌龊的、残忍的和短暂的",倡导人们进行政治交易以获得一系列保障。亚当·斯密,资本主义的精神之父,建议每个人都去追求他(她)的自身利益。弗里德里希·尼采宣称上帝已死,认为灵魂高尚的人必须自尊。利己主义作家安·兰德为了"歌颂人类神圣的自尊和幸福"⁷精心写就著作《源泉》(*The Fountainhead*)。当然,伊壁鸠鲁、霍布斯、尼采还有兰德的道德建议也许值得怀疑。况且,假如他们的忠告与其信念相一致,他们说出这些观点也只是基于自己的利益,而不是公众的利益。

大多数伦理和宗教思想家都谴责自私的利己主义。人们怎么可能接受一种只要恐怖主义能够带来快乐就提倡恐怖主义的哲学呢?将利己主义的快乐原则与特雷莎修女那样致力于减少他人苦难的生命相比较,利己主义似乎一点儿也不具有道德价值。然而,利己主义者或许会反驳说,特雷莎修女这位诺贝尔和平奖得主牺牲自我是因为她在帮助穷人时可以获得快乐。假如慈善成为负担,她就会停止这种生活。

9.6 在实践中变得复杂的简单概念

递增的自我暴露是建立亲密关系的方法,这是一种简单的思想——很容易用图9-1的洋葱模型描绘出来。它还可以用如下短短几行字来表达:

> 人际关系亲密度受当前和计划中未来的人际关系结果诱发,以渐近和有序的方式从交换的表层深入到更私密的层级。持续的亲密度需要在自我暴露的深度和广度两种维度上不断和相互地展露弱点。

但是,阿特曼重新思考了他的自我暴露在人际关系发展中是占主导性的个人特质这一假设。他猜想人们保有隐私的渴望可能会中和他一直重视的对亲密关系的单向需求。他提出一个**辩证模型**,这个模型假设"人类社会关系是以参与者之间开放(联系)和封闭(独立)为特征的"。⁸他相信开放和封闭之间的张力造成了自我暴露或回避的行为循环。

印第安纳大学印第安纳波利斯分校的传播理论学者桑德拉·彼得罗尼奥(Sandra Petronio)认为,亲密关系比阿特曼和泰勒最初设想的更为复杂。基于一系列经验性研究,她的**传播隐私管理理论**(communication privacy management theory)勾勒出人们在

辩证模型: 假设处于社会关系中的个人既想增进亲密度又想保护隐私;他们体验到暴露与回避之间的张力。

处理隐私和自我暴露之间的冲突时所采用的错综复杂的方式。

传播隐私管理理论

彼得罗尼奥认为，每个人都有一套边界准则，指导自己是否应在别人面前自曝隐私信息。如果个体决定在某一时刻表露以前隐瞒的事，那么他与获知隐私的人通常会采用共同的边界准则来管理向第三方曝露的信息。彼得罗尼奥的理论描述了（1）人们如何形成关于曝光的个人准则；（2）自我暴露隐私信息的人为何要协调自己和密友的隐私边界；以及（3）在双方的边界准则不一致时发生的关系混乱。想一想皮特心中的恐惧，他担心女友在他离家上学期间移情别恋。我将用他的例子来说明隐私管理的3个过程如何逐步展开。

隐私准则基础。 彼得罗尼奥指出，引导我们做出保护隐私/自我暴露决定的个人准则基于5条准绳。通常，**文化**是其中主要的因素。例如，北美人比东南亚人更容易敞开心胸谈论自己的感受。然而，正如电影《科伦拜恩的保龄》所描述的，美国人比他们的邻居加拿大人更关注保护个人隐私。至于**性别**差异，女人比男人更易于自我暴露，男人如果要分享他们的内心感受，对象通常是一个女人。吸引和喜欢的**动机**会驱使人们自我暴露，坚持也会推动互动，这种动力就像地心引力一样强烈。对话的**语境**也构成重要影响。在危机中或在经历挫折之后，我们需要一只富有同情心的耳朵。但是，像皮特这种情况，由于只是面临损失的可能，自我暴露的压力不会立即显现。最后，彼得罗尼奥指出，皮特会在心里估算一下**风险—收益比率**（risk-benefit ratio）——类似于社会交换理论中的收益—成本分析。她写道，"做出分享信息或保留隐私的决定通常取决于这之间包含的风险—收益比率。我们知道我们的揭示行为将暴露我们的大量弱点，但隐藏行为同样带来此种可能。"[9]

鉴于这5种准绳，我们可以想象皮特考虑向乔纳倾诉内心恐惧时的心理活动：**慢慢来，我只有一次机会给对方留下第一印象**。**男儿有泪不轻弹**。**这不关他的事**。如果是这样，皮特就会在最初的谈话中保留使他不安的隐私。然而，正如其他描述行为准则的理论学者那样，彼得罗尼奥并未做出确切的预测：皮特是会分享他的恐惧，还是会掩盖它？她的理论的目的是帮助我们理解人们如何处理介于暴露和隐藏隐私信息之间的张力。

边界协调操作。 如果皮特决定向他的新室友倾诉他的恐惧，那么他可能会希望乔纳不要告诉其他人。乔纳会为他保守秘密吗？彼得罗尼奥认为，这取决于边界关联性、边界所有权和边界渗透性。**边界关联性**（boundary linkage）指两人关系的强度。因为皮特和乔纳才刚刚见面，他们的隐私边界不可能在同一位置自动形成。关系协调在起作用。**边界所有权**（boundary ownership）指某位密友不传播他（她）知道的内部信息的意愿。如果乔纳接受了某个信息，但认为自己并不想成为第一时间听到该信息的共有者，他可能会觉得没有义务把它当做隐私。最后，**边界渗透性**（boundary

---

隐私准则：受文化、性别、动机、语境和风险—收益比率影响，决定个体暴露或回避的个人指导。

边界协调：就现有的自我暴露，暴露者与接受者就同一隐私准则达成一致的过程。

permeability）指双方所建立的隐私墙的密度。乔纳可能理解皮特不想让寝室里的其他人知道他的隐私，但长时间保守秘密对乔纳来说是勉为其难的。因此，我们可以看到，自我暴露并不总是使人们的关系变得亲密。倾诉者和聆听者的亲密度将因协调隐私边界的程度而受到强烈影响。

边界混乱。 彼得罗尼奥认为边界混乱的出现是由于双方不能使隐私准则和边界管理协调一致。[10] 例如，在乔纳和皮特发生矛盾时，乔纳有可能会违背共建的保密原则。乔纳可能认为它对皮特来说不是什么大事，又或者乔纳在与别人喝酒时无意中说出这个秘密。另一方面，皮特虽然要乔纳发誓保守秘密，但自己却有可能把这件事又告诉给其他人。不管是什么原因，边界混乱的存在表明自我暴露不仅仅关乎自我，也不总是导致更亲密的关系。如果双方不能把他们的保密界限调整至同一位置，那么倾诉隐私信息的行为就会制造人际关系的混乱、冲突甚至决裂。

边界混乱： 双方无力达成隐私准则一致以及进行边界管理时产生的争执。

9.7 评论：对社会渗透的反思

作为一种完备且广为人知的理论，社会渗透理论阐释在友谊和爱情中亲密度如何持续发展。阿特曼和泰勒的多个楔子深入渗透多层洋葱的想象，确是增益关系亲密度的出色模型。一些理论学者描述朋友和恋人通过新的经历重新评估彼此的关系，这提醒我们也有必要重新评估这一理论的基本假设和主张。社会渗透理论的确收到过不少批评。

尽管阿特曼称赞彼得罗尼奥的理论框架"直接指引我们的目标穿越21世纪人际传播的迷宫"[11]，但你可能已注意到，彼得罗尼奥的理论挑战了社会渗透理论的两个核心假设。彼得罗尼奥认为，把自我暴露等同于亲密关系的看法过于简单。自我暴露能够**导致**亲密，但是，个体倾诉隐私信息有时仅是为了表露自己，或是缓解压力，或是实现关系控制。本章案例没有一件表明传播者必然会与密友建立更加紧密的关系或怀有类似期待。如果聆听者不想听或者反感听到的内容，反渗透即迅速显现。

彼得罗尼奥还质疑阿特曼和泰勒人性结构的观点。社会渗透理论的多层洋葱模型假定当一方渗透进另一方的人格内核时，边界逐渐增厚，而彼得罗尼奥宣称这一边界的建造方式是个性化的，它们不仅经常移动，而且通常具有可渗透性。

其他人际关系学者对阿特曼和泰勒用收益—成本分析解释渗透的不同驱动力时的打包促销手法，也有不同的看法。人性中优点、缺点的复杂混合能简化成单一的数字指数吗？假如我们能预测人际关系结果的价值，我们就会一直自私地按照我们计算的最大利益来做出选择吗？

北达科他大学心理学家保罗·赖特（Paul Wright）相信，皮特和乔纳可以成为亲密的朋友，而且他们的关系不会受到以自我为中心的个人利益驱动。如果一段友谊具有赖特所说的"天然的、以自身为目的的品质"时，人们会把发生在朋友身上的好事看作自己的收益。[12]皮特如果在工作的面试中成功，乔纳会像自己得到那份工作一样感到高兴。这种稀有的无私之爱关涉人际关系转型，而不仅仅是更深入的自我暴露。[13]阿特曼和泰勒的理论没有提及从"我"到"我们"的转换，这个转换显然只有经过广泛的社会渗透过程才能发生。

帮助你深入思考的问题：

1. 图9-1的洋葱模型被分割成8个部分，代表一个人生活的**广度**。按照你生活中的兴趣，你会如何划分这8个部分呢？

2. 耶稣说，"人为朋友舍命，人的爱心没有比这个大的。"[14]以**社会交换**分析中使用的人类行为的**极大极小原则**来看，这样的牺牲如何才能成为可能？

3. 社会渗透理论通常被认为是**自我暴露**的理论。在人际关系中，还有哪些方式可以展现一个人的**弱点**？

4. 恋爱箴言"理解他就是爱他"与"熟悉培养轻蔑"这句谚语背道而驰。根据社会渗透理论的原则，你能否想到让这两句陈述都正确的方法？

自我测试：www.mhhe.com/griffin7

扩展阅读：

推荐阅读：Irwin Altman and Dalmas Taylor, *Social Penetration : The Development of Interpersonal Relationships*, Holt, New York, 1973.

后期发展：Dalmas Taylor and Irwin Altman, "Communication in Interpersonal Relationships : Social Penetration Processes," in *Interpersonal Processes : New Directions in Communication Research*, Michael Roloff and Gerald Miller (eds.), Sage, Newbury Park, CA, 1987, pp. 257–277.

社会交换理论：John W. Thibaut and Harold H. Kelley, *The Social Psychology of Groups*, John Wiley & Sons, New York, 1952.

辩证法修订：Irwin Altman, Anne Vinsel, and Barbara Brown, "Dialectic Conceptions in Social Psychology : An Application to Social Penetration and Privacy Regulation," in *Advances in Experimental Social Psychology*, Vol. 14, Leonard Berkowitz (ed.), Academic Press, New York, 1981, pp. 107–160.

收益成本分析：Dalmas Taylor and Irwin Altman, "Self-Disclosure as a Function of Reward-Cost Outcomes," *Sociometry*, Vol. 38, 1975, pp. 18–31.

自我暴露的相互作用：C. Arthur VanLear, "The Formation of Social Relationships : A Longitudinal Study of Social Penetration," *Human Communication Research*, Vol. 13, 1987, pp. 299–322.

自我暴露周期：C. Arthur VanLear, "Testing a Cyclical Model of Communicative Openness in Relationship Development: Two Longitudinal Studies," *Communication Monographs*, Vol. 58, 1991, pp. 337–361.

有关室友的案例研究：John Berg, "Development of Friendship Between Roommates," *Journal of Personality and Social Psychology*, Vol. 46, 1984, pp. 346–356.

环境对于人际关系亲密度的影响：Carol Werner, Irwin Altman, and Barbara B. Brown, "A Transactional Approach to Interpersonal Relations: Physical Environment, Social Context and Temporal Qualities," *Journal of Social and Personal Relationships*, Vol. 9, 1992, pp. 297–323.

道德利己主义：Edward Gegis, "What Is Ethical Egoism?" *Ethics*, Vol. 91, 1980, pp. 50–62.

隐私边界管理：Sandra Petronio, *Boundaries of Privacy: Dialectics of Disclosure*, State University of New York, Albany, 2002.

非血亲家庭中的边界紊乱：Tamara D. Afifi, "'Feeling Caught' in Stepfamilies: Managing Boundary Turbulence Through Appropriate Communication Privacy Rules," *Journal of Social and Personal Relationships*, Vol. 20, 2003, pp. 729–755.

边界管理——状态的艺术：Mary Claire Morr and Sandra Petronio, "Communication Privacy Management Theory," in *Explaining Communication: Contemporary Theories and Exemplars*, Bryan Whaley and Wendy Samter (eds.), Lawrence Erlbaum, Mahwah, NJ, 2007, pp. 257–274.

如欲了解本书旧版介绍的蒂鲍特和凯利的社会交换理论，请到www.afirstlook.com点击"理论档案"。

第10章　不确定性递减理论

创立人：查尔斯·伯杰（Charles Berger）

实证性  阐释性
社会心理学派

不管两个人最终会多么亲密，他们总是要以陌生人开始相处。设想一下你在圣诞假期获得了一份开车送快递的工作。在与其他司机聊过天后，你得出结论：你的收入和好心情都将取决于你和广播调度员希瑟的关系是否良好。你所知道的关于希瑟的一切就是，她与汉娜——一条重达45公斤、和希瑟形影不离的拉布拉多猎犬——的感情。老司机们开玩笑说，在广播里还真分不清希瑟和汉娜的声音有何不同。带着几分紧张，你做出安排，想在第一天上班之前和希瑟（还有汉娜）一起喝杯咖啡、吃些油炸圈饼。不过，你真的不知道对这次约会应该作何期待。

查尔斯·伯杰认为怀疑自己无法预测首次会面的结果是十分正常的。作为加州大学戴维斯分校的传播学教授，伯杰指出"人际关系的开端充满了不确定性"。[1] 社会渗透理论试图通过未来的收益与成本预测人际关系前景（见第9章），而伯杰的不确定性递减理论研究如何利用人际沟通方式获取知识和制造理解。

理论目前的核心假设是当陌生人相遇时，他们首要的考虑是对互动中的彼此或对方的行为减少不确定性及提高可预测度。[2]

对人际关系的不确定不仅不会让人幸福，反而会让人感到受挫！伯杰宣称人们减少新朋友不确定性的驱动力，会因以下3个前提[3]中的任何一个而受到激发。

- **对未来互动的预期**：我们知道还会再见到对方。

- **诱因价值**：对方有我们想要的某些东西。
- **偏离常规**：对方用一种怪异的方式行动。

希瑟在这3项前提上都吸引你。你知道在接下来的一两个星期不得不和她相处，她分派的路线将决定你是否能够赚钱，而且她和汉娜的形影不离又让人觉得奇怪。按照伯杰的说法，在这3个因素的基础上加入人类天然的好奇心，你就**真的**会很想解开希瑟是谁这个谜团。

伯杰相信，我们和他人交谈的主要目的，是为了让我们的人际关系"有意义"。这就是为什么你会和一个陌生人及她的狗共进早餐。如果在碰面时，你也带上自己的狗，两只狗可能会相互追逐、嗅来嗅去，试图了解对手的情况。人类也是如此，只是我们的手法显得更微妙，用符号而不是用嗅觉达成结论。

10.1 不确定性递减：预测和解释

伯杰对可预测性的关注从香农的信息理论（见第4章）而来。"人们预测接下来会发生什么的能力一旦下降，不确定性就会升高。"[4]他还借用了弗里茨·海德（Fritz Heider）①把人类看成直觉心理学家的观点。**归因理论**（attribution theory）之父海德相信，我们在不停地寻找人们为何如此行动的线索。[5]人们需要预测和解释。如果希瑟在广播中对你咆哮，你会想要知道为什么。

伯杰指出，在你准备和希瑟第一次碰面时，你至少面临两种不确定性。你或许不确定应该如何采取行动，所以第一种不确定性涉及**行为**。你应该握手吗？谁来为油炸圈饼买单？你要逗狗吗？通常，一套社会公认的程序化礼仪能减缓行为不确定性带来的压力。好态度则比常识更有效果。

第二种不确定性则关乎**认知**，在于发现对方是怎样一个独特的个体。希瑟喜欢这份工作的哪些方面？什么事会让她高兴、悲伤或生气？她有其他朋友吗？还是她将所有的注意力无保留地用在汉娜身上？当你第一次与某个人见面，你会在脑海中想象对方身上潜在的个性和特质。减少认知上的不确定性意味着获取让你除去许多可能性的信息。伯杰的理论研究的正是这种认知不确定性递减——而非行为不确定性递减。

归因理论：对人们从行为观察中获得对方个性线索这一过程的系统解释。

不确定性递减：关于对方是怎样的人的递增的知识能提供对未来互动关系的可靠预测。

10.2 不证自明的理论：对不确定性的确定

伯杰给出一系列的公理以解释不确定性的核心概念与关系发展的8个关键变量

---

① 弗里茨·海德（1896—1988），美国格式塔心理学家，以发展认知平衡理论和归因理论而著称。

之间的联系：**语言沟通**（verbal communication）、**非语言支持**（nonverbal warmth）、**信息搜索**（information seeking）、**自我暴露**（self-disclosure）、**互动**（reciprocity）、**相似性**（similarity）、**喜欢**（liking）和**共享网络**（shared networks）。[6]一般认为，公理是不需要证据、不证自明的真理（如：人生而平等、两点之间直线最短、有起必有落，等等）。下面给出伯杰与初始不确定性有关的8条公理。

公理：不需证据、不证自明的真理。

公理1　语言沟通：假设在人际关系一开始不确定性处于较高水平，随着陌生人之间语言沟通数量的增长，参与者的不确定性将会减少。随着不确定性进一步减少，语言沟通的数量将随之增加。

当你第一次和希瑟坐下来时，你们的谈话时断时续，而且略显生硬。但是随着话题展开，你发现谈论与彼此有关的事会使你在对方面前更有自信。当你的舒适度上升时，交谈的步调也会随之增快。

公理2　非语言支持：随着非语言性的亲切表情的增加，初次会面时的不确定性会降低。不确定性的降低也会导致非语言性亲切表情的增加。

当最初生硬的关系发展为见面点头和试探性的微笑时，你对希瑟是个怎样的人有了更多了解。这种确定性进一步促成双方表达温暖的信号，如长时间的眼神接触、前倾及靠近的身体和愉悦的声调，等等。

公理3　信息搜索：高度不确定性导致信息搜索行为的增加。不确定性一旦下降，信息搜索行为也会随之减少。

究竟是希瑟身上的哪种特质促使其他司机警告你不要从一开始就留下坏印象？你当然无从知道。就像一只不停摆动触角的昆虫，你小心翼翼地观察她的言行举止，以便收集她的个性线索。希瑟对此解释说她最受不了司机们在广播里发泄对所派路线的不满。于是，你开始放松警惕。不管你认为她的恼怒是否合理，你放松下来是因为你已经大致知道怎样才不会冒犯希瑟。

公理4　自我暴露：一段关系中高度的不确定性会降低沟通内容的亲密程度。较低程度的不确定性则会产生高亲密度的沟通内容。

与阿特曼和泰勒（见第9章）一样，伯杰认为，沟通中的亲密度等同于自我暴露的深度。至于人口统计学式的资料，比如希瑟在托莱多长大，而你是一名传播专业的学生，不算是亲密程度较高的信息。它们就是那种仍想把对方隔离在外的初识者典型的开场白。然而，如果希瑟对你说她从汉娜身上感受到的忠诚比她认识的任何人都要多，这种勇敢的坦诚会将谈话的亲密程度提升到新的境界。大多数人不会表达他们的态度、价值观或情感，除非他们对倾听者的反应已有足够的预期。

公理5　互动：高度不确定性引发高频率的互动。低程度的不确定性则使互动低频率地发生。

有关自我暴露的研究证明人们分享个人生活细节的频率，与对方分享亲密信息的意愿高度匹配。[7]彼此曝露弱点在关系发展初期十分重要。这似乎与权力相关。对彼此一无所知时，我们会小心不让对方因独占可能令人困窘的信息而占上风。不过如果我们已经知道一个人生活的高潮、低潮，平稳的信息互换似乎就不再那么具有影响。伯杰认为你与希瑟第一次聚餐时不会发表长时间的独白，当然以后的碰面可能会有所不同。

公理6　相似性：人们之间的相似性减少不确定性，相异性则增加不确定性。

你与希瑟建立了越多的交流点，你就越能够理解她的内在和外在。如果你很喜欢狗，你们俩将会一拍即合。然而，如果你偏爱小猫，希瑟对仆从动物的喜爱将让你忐忑不安，不知自己是否能弄清楚什么事把她惹怒了。

公理7　喜欢：不确定性的增加弱化喜欢的程度；不确定性的减少强化喜欢的程度。

这条公理指出，你对希瑟的发现越多，你就越喜欢她的为人。这条公理显然与谚语"熟悉培养轻蔑"矛盾，但与另一条谚语"理解他就是爱他"相一致。

公理8　共享网络：共享传播网络减少不确定性，共享网络的缺乏则增加不确定性。

最后一条公理不是构成伯杰理论的初始成分，但是被他的想法激发的传播学者很快就突破了在陌生人初次见面的情境下应用不确定性递减理论的限制，开辟出更广泛的研究领域。伯杰认同这一类延伸："理论应用范围的扩展暗示了重新概念化及延伸原始形式的潜在效用。"[8] 例如，华盛顿大学的马尔科姆·帕克斯（Malcolm Parks）和西雅图大学的马拉·阿德尔曼（Mara Adelman）发现，与爱人的家人、朋友沟通较多的人，比起在这些关系中相对孤立的人，对自己爱人的不确定性更低。[9] 共享关系网络的伴侣更倾向于相互陪伴。基于这些发现，伯杰将最后这项公理并入他的理论的正式版本。

10.3　定理：不确定性公理的逻辑力

一旦我们认可八大公理的有效性，我们就可以将它们两两配对，并推导出关系动力学的其他洞见。在如下所示的演绎逻辑中代入经组合的公理，就会得出一些必然的结论：

定理：从两条公理中必然推导出的逻辑命题。

　　如果 A=B
　　而 B=C
　　那么 A=C

伯杰将所有可能的组合代入这个模式，得出了28个定理。例如：

	Ax 1 语言沟通	Ax 2 非语言支持	Ax 4 信息搜索	Ax 3 自我暴露	Ax 5 互动	Ax 7 相似性	Ax 6 喜爱	Ax 8 共享网络
Ax 1 语言沟通		1 +	2 +	3 −	4 +	5 +	6 +	22 +
Ax 2 非语言支持	1 +		7 +	8 −	9 +	10 +	11 +	23 +
Ax 4 信息搜索	2 +	7 +		12 −	13 +	14 +	15 +	24 +
Ax 3 自我暴露	3 −	8 −	12 −		16 +	17 −	18 −	25 −
Ax 5 互动	4 +	9 +	13 +	16 +		19 +	20 +	26 +
Ax 7 相似性	5 +	10 +	14 +	17 −	19 +		21 +	27 +
Ax 6 喜爱	6 −	11 +	15 +	18 −	20 +	21 +		28 +
Ax 8 共享网络	22 +	23 +	24 +	25 −	26 +	27 +	28 +	

图10-1 不确定性递减理论的定理列表

如果相似性减少不确定性（公理6）

而不确定性的减少增加喜爱的程度（公理7）

那么相似性和喜爱的程度正相关（定理21）

在这个案例中，结论并不足以让人吃惊。人际吸引力的相关研究很早就发现了相似性和喜爱的程度之间的联系。[10]然而，整体来看，28个逻辑推理描绘出颇为复杂的人际关系发展理论——所有发现都基于减少人际互动不确定性的重要性。

我选择在图10-1中一一呈现它们所预测的关系，而不是列出28条定理。这张图看起来很像公路地图集的里程表。从横向及竖向列表中分别选择一个公理，两者交汇点显示的是伯杰推导出的定理的编号以及定理确定的关系类型。加号（＋）表示两个人际关系变量同向增长或递减。减号（−）表示当一个人际关系变量增长，另一个将递减。希瑟非语言沟通的热度会随着她自我暴露的亲密度加深而增加吗？定理7给出了肯定的答案。假设你越来越喜欢希瑟这个朋友，你会想要知道更多有关她的事情吗？定理17给出了让人惊讶的预测，你不会想知道（以后更不会）。

信息计划：为达成目标而进行的行为序列的心理再现。

10.4 应对不确定反应的信息计划

在引入不确定性递减理论10年之后，伯杰将他的研究重点转移到人们准备开口说话时信息所经历的思考过程。他总结道，大部分社会互动由目标驱动；我们说的每一句话必有理由。伯杰之所以把他的研究称为"基于计划的策略传播理论"，是因为他像第8章中的认知理论学者一样，相信我们通过持续地建构认知计划来指导社会行为。[11] 按照伯杰的说法，"**计划**是为达成目标而进行的行为序列的心理再现。"[12] 图10-2为你和希瑟共进早餐的策略性计划提供一个可能的范例。

你和调度员聚餐的主要目的是希望你在圣诞假期的收入最大化。你达到该目标的总体策略是和希瑟建立良好的工作关系，因为她是负责分派路线的人。**总体**一词是恰当的，因为伯杰认为计划是一种"层级组织，位于层级最上方的是抽象行为符号，而随着层级向下的发展具有越来越多的具体表征"。[13] 为了建立良好关系，你想要以一种**友善**、**专业**的方式交谈。在这个案例中，友善即意味着微笑、赞赏她的狗，以及在她说话时保持眼神接触。你将通过准时到达，穿着干净、熨烫过的制服，以及你对当地社区的了解来展现专业性。

如果你改变了最上方的策略——例如想要寻求希瑟对一个穷困但努力的大学生的同情——这个改变将沿着层级传导下去，下级层级的行为也要随之改变。因此，行为计划自上而下的修订需要极大的个体认知能力。

即使你是个认知复杂的人（见第8章），伯杰认为你也不能确信你会达成目标。你可能有个绝佳的计划，但执行得很差。希瑟很可能误解你的意思，或者她有她自己的目标与计划，而它必然会阻碍你的。伯杰得出了不确定性对**所有**的社会互动至关重要的结论，"完美沟通的可能性为零。"[14]

伯杰最初认为不确定性递减理论和基于计划的信息生产是两个相互独立的研究，但是现在他看到两项研究间的交叉点。伯杰提出以下问题，"在建构信息时，个体如何应对他们必须面对的不可避免的不确定性？"此外，"一个人如何才能防止因采纳既定信息而产生的困窘、愤怒、斥责以及其他负面风险？"[15] 下面介绍的几种策略是伯

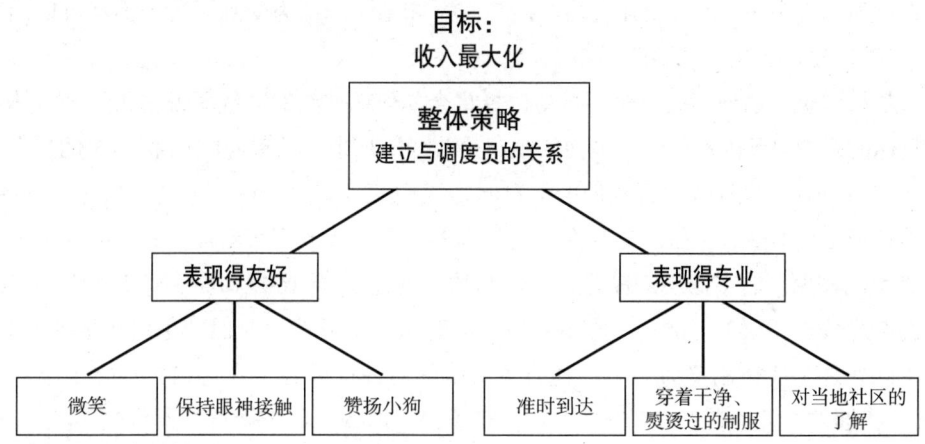

图10-2 目标指向的沟通层级计划

被动策略： 通过观察个体与他人互动获得的印象信息。

主动策略： 向第三方询问了解某人而获得的印象信息。

互动策略： 通过面对面交流而获得的印象信息。

计划复杂度： 信息计划的特性之一，基于该计划提供细节的多少及其所能覆盖的意外事件的数目。

对冲措施： 用模糊策略或幽默感使当信息未能达成目标时双方也得以保留体面。

杰给出的部分答案。

搜索信息。 伯杰概括了我们用来确认他人如何回应我们信息的3种方法。使用**被动策略**，我们在一定距离以外悄悄地观望他人。在观察非正式情境或"某种后台"中的个体的反应时，这种不引人注目的技巧最为有效。（这种策略听起来像大学校园里常见的"窥探"。）在**主动策略**中，我们向第三方了解信息。虽然我们可能会意识到熟识的人给出有偏见的观点，但大多数人相信自己具有过滤偏见、获得有用信息的能力。采用**互动策略**时，我们会与他人面对面交谈，询问具体的问题。这是减少不确定性最便利的途径，但在社交环境里，不间断的询问容易令对方产生接受查问，甚至逼人招供的感觉。自我暴露提供了一种替代性方法，在获取他人信息的同时又可避免刺探的嫌疑。通过开诚布公，我们营造了一种安全的氛围，让他人被"互惠法则"推动并作出回应（见第9章）。

选择计划复杂度。 信息计划的复杂度可用两种方法来测量——计划包含的细节多少和原始计划若不起作用时应变计划的数量。假如假期递运工作赚大钱对你而言很重要，你可能会从记忆中提取或者重新创建一个远比图10-2所示更为复杂的计划。或许你还会准备一个备选计划以防第一计划失败。另一方面，由于你对希瑟的目标和感受所知不多，高度不确定性需要一个不很复杂的计划，以便你在获知她的个性和需求后能够对其进行即时调整。计划越简单越好还有另外一层原因。实行复杂计划需要太多的认知投入，常常导致语言和非语言表达的流畅度变差，使可信度受损。

对冲措施。 计划失败的可能性提醒我们，当某一方出现误算，要具有为双方保留体面的智慧。伯杰整理了一系列允许人们体面撤退的补救计划。举例来说，你可能十分清楚你想要在与希瑟的会面中达到怎样的目标，但你会选择意义**含糊**的词语，以免在深入了解希瑟之前就被迫摊牌。你也可能选择模棱两可的态度，以避免提出希望在路线指派上受到优待的明确请求被拒之后的尴尬。幽默感也是一种解决之道。你可以公然提出，将用从最优路线指派中获得的闲暇时间和阔绰的小费为汉娜在肉店买一块香喷喷的骨头——不过要用开玩笑的口气。如果希瑟认为受到冒犯，你就可以回应说，"嘿，我只不过开个玩笑。"

层级假说。 当计划失败时，行动选择将会如何？伯杰的**层级假说**主张"当个体达成目标的意图遇到困难时，他最初的倾向是改变信息中较低层面的元素"。[16]例如，当交谈的另一方明显没有理解我们的信息时，我们应该重复一遍——这一次大声一些。这项技巧很少奏效，但是，比起在行动计划的更高层级改变策略而言，这样耗费的脑力劳动比较少。伯杰把人们描述为"认知的小气鬼"，宁愿尝试快速修正，也不愿意付出努力修补错误的计划。[17]毫无疑问，即时调整十分费力，但如果议题格外重要，解决问题还是要付出努力。另一种避免失败的对冲措施是，在付诸行动之前请一位"真正的朋友"评论该行动计划。[18]就像《圣经·旧约》的《箴言》所告诫的，"不先商议，所谋无效。"[19]

10.5 焦虑/不确定性管理理论

受到伯杰理论的启发，加州富勒顿市已故传播学教授威廉·古迪孔斯特（William Gudykunst）把不确定性递减理论的公理和定理应用于跨文化的沟通情境。古迪孔斯特认为在跨文化会面的情境中，至少有一人是**陌生人**[20]，因此在许多方面，伯杰最初对陌生人互动的强调在他看来再自然不过。在一系列的初始危机中，陌生人体验到焦虑和不确定性——他们没有安全感，不知要怎样行动。古迪孔斯特指出，陌生人和群体成员在新的人际情境中会经历一定程度的焦虑和不确定感。如果文化背景不同的人初次会面，陌生人对文化差异会过度敏感。然后，他们倾向于高估异域社会就人类行为在文化认同上的影响，而模糊个体间的差异。尽管采用了共同的原则设计而且同样关注陌生人的会面，但古迪孔斯特的**焦虑/不确定性管理理论**（Anxiety/Uncertainty Management，AUM）还是在以下5个重要的方面与伯杰的不确定性递减理论有所不同。

焦虑。 伯杰把**不确定性**作为核心的沟通变量；古迪孔斯特则把**焦虑**提升至类似的地位。他把焦虑定义为"因可能发生的事而处于惶恐、紧张、担忧和惴惴不安的感觉"。[21] 正如他的理论名称和图10-3所揭示的，古迪孔斯特相信，不确定性和焦虑是共生的威胁，必须进行管理以达到有效沟通。它们是产生跨文化误解的基本原因。他的研究显示，焦虑和不确定性通常会相伴相生[22]，区别在于不确定性从属于认知领域，而焦虑则是情感的变化——它的实质是一种情感。

有效沟通。 AUM理论的终级目标是有效沟通，不是亲密度或关系满意度。古迪孔斯特用这一术语来指代误解最小化的过程。他写道，"当信息阐释者把附着某种意义的信息阐释得与发送者打算传递的相对类似时，沟通即为有效。"[23] 其他学者则使用各种各样的术语来传达相同的概念——精确、保真和相互理解。[24]

焦虑/不确定性的多重原因。 AUM理论区别于伯杰理论的第3个方面是其公理的

AUM 理论： 认为如果陌生人未经有意识的沟通，高度不确定性和焦虑将导致较大误解的一种跨文化理论。

焦虑： 因可能发生的事情而处于惶恐、紧张、担忧和惴惴不安的感觉。

有效沟通： 个体对信息的阐释与它原本的意义的相似程度；最小化误解。

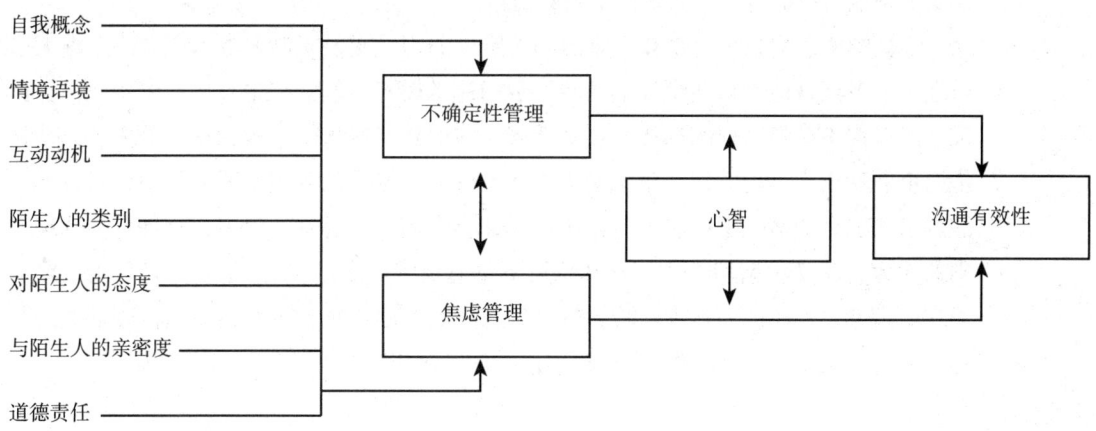

图10-3 AUM理论的基本构成

巨大阵列，本书不能把它们全部显示出来，只是将其归入图10-3左侧的7大类别。这些公理总共有34种，每一种都与一种提升或降低焦虑与不确定性的独立变量相关。例如，下列任何一种因素都可以减少焦虑和不确定性：自尊、认知复杂度、可感知的相似性、积极预期、相互依赖、吸引、来自他人的尊重、权力意识、共享网络和合作完成的任务。如果这些个人和情境的因素不够充分，焦虑和不确定性就会上升。这会使有效的跨文化传播更难达成。

恐惧与怀疑的低/高阈值。 依照古迪孔斯特的观点，焦虑和不确定性并不总是不好的——这两者的少量存在会使我们更加警觉。他指出人们通常有一个理解力的最低阈值，确保肾上腺素流经我们的血脉，刺激有效的沟通。除此之外，同样存在一个焦虑的最高阈值，超过这个阈值我们就会因为恐惧而缺乏活力。这种程度的焦虑，使人们无法将注意力集中于信息和信息发出者身上，认知跌落至产生消极成见，或干脆回避这场谈话。

同样地，不确定性的最低阈值就是我们把疑虑降到最低，而且不会因我们对陌生人行为的预测感到困扰或过度自负。[25] 如果我们对陌生人没有好奇，我们将会启动"自动导航"，甚至有可能会错误地理解我们听到的内容。另一方面，如果不确定性超过了最高阈值，我们就会怀疑我们预测他人行为的能力，沟通看上去也不再具有任何意义。只有在参与者的疑虑和恐惧落在最低阈值和最高阈值之间的时候，有效的跨文化传播才是可能的。不幸的是，在找出测量个体阈值的方法之前，古迪孔斯特就过世了。

心智。 按照AUM理论，心智是群体成员和陌生人用来把焦虑和不确定性减少至最佳水平的途径。正是在有意识地思考沟通并持续改变行为方式以使沟通更加有效的过程中，人类的智慧得以体现。依照哈佛心理学家埃伦·兰格（Ellen Langer）智识性学习[26]的观点，古迪孔斯特指出，心智包括创造出新的分类，而不是按照种族、性别、年龄、财富和原则（见第8章）对人们进行简单分类。它还意味着对信息的开放，以及认识到他人可能有一个与我们不同的视角。

心智的概念为长久以来自由意志和决定论的困境提供了潜在的解决方法。绝大多数理论学者默默地在这两个极端之间的中间地带树起他们的理论大旗，但是他们自己及其读者都不满意这样的选择。在我看来，古迪孔斯特迈出了极为精彩的一步，使拥抱两个极端成为可能。每一条预测焦虑和不确定性变化的公理都明确表明，只有在受测者未意识到的情况下，它才产生作用。如果人们不具备智识思考，公理就会体现规则的效力，跨文化情境中的怀疑和恐惧不可避免（决定论）。但是，一旦陌生人对会面有所思考，他们的心智力量将超越公理的影响，因此把焦虑和不确定性降低到可控的水平（自由意志）。这种思想超越了伯杰的不确定性递减理论的因果逻辑。

心智： 用新的分类思考的过程，对新信息保持开放以及对多重视角的认识。

10.6 评论：对不确定性的持续疑虑

伯杰的不确定性递减理论足以代表早期的传播学实证性理论。他的理论给出可验证的明确预测，以人类减少人际关系不确定性的需要作为公理的驱动器，又通过公理的组合形成一系列直白、逻辑一致且易于理解的定理。至于它的实际效用，有兴趣推进人际关系的读者可把定理描述的联系视为建构稳固关系的蓝本。然而，就伯杰对不确定性概念的依赖和人们有意识地降低不确定性的假设而言，质疑的声音始终不曾停止。

在不确定性递减理论最近一次大规模的理论更新中，伯杰承认他最初的陈述包含"一些有效性存疑的主张"[27]。外界批评的声音迅速地将矛头指向定理17，该定理预测你越喜爱一个人，就越不会去寻求有关他的信息。

> 坦白说，除了它是从不确定性递减理论的公理框架中演绎得来之外，我们尚不清楚为什么信息搜索会随着喜爱程度的上升而减少。事实上，相较于不喜爱的人，人们更乐于搜索与喜爱的人有关的信息或向他们了解信息。[28]

加州大学圣芭芭拉分校的凯西·凯勒曼（Kathy Kellermann）给出了上述直言不讳的评论，她曾一度参与伯杰的研究计划。我们可以将这一明显错误看成28个定理中的一个小小失误，但严谨的逻辑结构却不能允许瑕疵存在。定理17由公理3和公理7推导而来。如果定理17是错的，公理3和公理7显然也值得怀疑。凯勒曼认为问题就出在公理3的动机假设。

公理3假定信息缺乏激发对知识的探求。但是凯勒曼和佩珀代因大学的罗德尼·雷诺兹（Rodney Reynolds）研究了10所大学1000多名学生降低不确定性的动机，发现"和他人初次接触时，与其说是缺乏知识，不如说是想要了解他人的动机促使了对信息的探求"。[29]二者的区别在一个老师问学生问题的故事中得到了体现。老师问一位男孩**"无知和冷漠**的差别在哪里？"学生回答："我不知道，我也不在乎。"（他说得没错！）

凯勒曼和雷诺兹在验证伯杰宣称的对未来互动的期待、激励性价值或歧义性是促成信息搜索的动机等结论时，同样没有获得正面结果。因此，伯杰关于人们在初识阶段具有减少不确定性的驱动力的观点，也是很有疑问的。但同公理3一样，它仍然被保留在这一理论框架之中。

另一个抨击来自明尼苏达大学杜鲁斯分校的迈克尔·森纳弗兰克（Michael Sunnafrank）。他质疑伯杰的不确定性递减是理解初识者的重要理论。森纳弗兰克认同前一章介绍的阿特曼和泰勒的社会渗透理论，并且认为一段关系的早期阶段是由"**预期的结果效价**"（predicted outcome value）主导的。[30]他确信回报最大化比弄清楚某人

预期的结果效价：基于对对方的有限了解而对未来互动的收益与成本做出的预测。

的个性重要得多。如果真是这样，你在和希瑟初次接触时，你就会更关心如何与她建立良好的工作关系，而不是弄清楚什么事会惹怒她。

到底谁对谁错——伯杰还是森纳弗兰克？伯杰认为这类的辩论并非是一场比赛。他坚持认为，你对与希瑟共事的回报的预估，几乎等同于你现有的信息质量。在一定程度上，如果你无法确定一项行动如何影响你们的关系，预测结果效价毫无意义。

尽管伯杰理论的有效性还有待验证，但他对初次互动的分析是对传播学界的重大贡献。伯杰指出，"传播领域一直且持续为与相关学科间的知识交换不足所苦，这个领域的知识输入远比输出更多。"[31]不确定性递减理论是传播学领域一位训练有素的学者反转上述趋势的首次尝试。伯杰成功地在同龄人之间激发批判性的思考，本章中对一些传播学者的引述足以间接证明这一事实。

伯格的某些公理未能完美体现人们相识的过程，但对降低不确定性的关注确是传播学关切的重心。伯杰呼吁进一步的对话与调整，而不是彻底推翻这一理论。他说道：

> 对于传播研究来说，还有什么比以下的主张更具基础性吗？（1）适应是生存的关键；（2）适应唯有通过降低不确定性才有可能；以及（3）沟通能降低或产生不确定性。[32]

不得不说，这听上去像是修辞学的问题。

帮助你深入思考的问题：

1.**公理**是不证自明的真理。对你来说，伯杰的哪一个公理最符合这一点？

2.看一下图10-1的定理13。由**自我暴露**和**互动**推导出的结论与社会渗透理论的预期相符吗？

3.假如在课堂上要讨论**不确定性递减理论**，你的目标是什么？你达到该目标的**层级行动计划**又是什么？

4.**定理17**中的信息搜索与喜爱之间的联系仅仅是28种预测中的一种。为什么评论家一直强烈地质疑它的有效性？

对话：

你也许会对本章中从不确定性递减的公理跳跃到基于计划的策略沟通感到困惑，但查尔斯·伯杰不会这样。在我们的对话中，他描述了他为什么一开始把研究的两条路线看成是相互独立的，而现在又认为它们紧密相关。许多学生发现，伯杰观点鲜明的叙述风格使这次访谈显得特别有趣。例如，他蔑视CMM理论共同创造社会现实的想法，认为它提供的不过是一个"整体失忆模型"。他还批评了那些有目的地建立模糊理论以确保自己永远正确的社会学家。伯杰鲜明直率的表达显示出他愿意冒犯错的风险。在www.mhhe.com/griffin7或www.afirstlook.com可以看到这段对话的视频。

扩展阅读：

推荐阅读：Charles R. Berger, "Communicating Under Uncertainty," in *Interpersonal Processes：New Directions in Communication Research*, Michael Roloff and Gerald Miller (eds.), Sage, Newbury Park, CA, 1987, pp. 39–62.

早期理论表述：Charles R. Berger and Richard Calabrese, "Some Explorations in Initial In-teraction and Beyond：Toward a Developmental Theory of Interpersonal Communication," *Human Communication Research*, Vol. 1, 1975, pp. 99–112.

不确定性递减策略：Charles R. Berger, "Beyond Initial Interaction：Uncertainty, Understanding, and the Development of Interpersonal Relationships," in *Language and Social Psychology*, H. Giles and R. St. Clair (eds.), Blackwell, Oxford, 1979, pp. 122–144.

后续发展：Charles R. Berger and J. J. Bradac, *Language and Social Knowledge：Uncertainty in Interpersonal Relations*, Arnold, London, 1982.

理论升级：Charles R. Berger and William B. Gudykunst, "Uncertainty and Communication," in *Progress in Communication Sciences*, Vol. 10, Brenda Dervin and Melvin Voigt (eds.), Ablex, Norwood, NJ, 1991, pp. 21–66.

与其他不确定性理论的比较：Charles R. Berger, "Uncertainty and Information Exchange in Developing Relationships," in *A Handbook of Personal Relationships*, Steve Duck (ed.), John Wiley & Sons, New York, 1988, pp. 239–255.

基于计划的策略沟通：Charles R. Berger, *Planning Strategic Interaction*, Lawrence Erlbaum, Mahwah, NJ, 1997.

回应不确定时的信息计划：Charles R. Berger, "Producing Messages Under Uncertainty," in *Message Production：Advances in Communication Theory*, John Greene (ed.), Lawrence Erlbaum, Mahwah, NJ, 1997, pp. 221–244.

信息生产的目标与计划：Charles R. Berger, "Message Production Skill in Social Interaction," in *Handbook of Communication and Social Interaction Skills*, John O. Greene and Brant R. Burleson (eds.), Lawrence Erlbaum, Mahwah, NJ, 2003, pp. 257–290.

如何应对不确定性：Dale Brashers, "Communication and Uncertainty Management," *Journal of Communication*, Vol. 51, No. 3, 2001, pp. 477–497.

不确定性的多变含义：Daena J. Goldsmith, "A Normative Approach to the Study of Uncertainty and Communication," *Journal of Communication*, Vol. 51, 2001, pp. 514–533.

亲密关系中的不确定性递减：Leanne K. Knobloch and Denise H. Solomon, "Information

Seeking Beyond Initial Interaction: Negotiating Relational Uncertainty Within Close Relationships," *Human Communication Research*, Vol. 28, 2002, pp. 243–257.

焦虑/不确定性管理理论：William B. Gudykunst, "An Anxiety/Uncertainty Management (AUM) Theory of Effective Communication: Making the Mesh of the Net Finer," in *Theorizing About Intercultural Communication*, William B. Gudykunst (ed.), Sage, Thousand Oaks, CA, 2005, pp. 281–322.

评论：Kimberley A. Powell and Tamara D. Afifi, "Uncertainty Manager and Adoptees; Ambiguous Loss of Their Birth Parents," *Journal of Social and Personal Relationships*, Vol. 22, pp. 129–151.

Kathy Kellermann and Rodney Reynolds, "When Ignorance Is Bliss: The Role of Motivation to Reduce Uncertainty in Uncertainty Reduction Theory," *Human Communication Research*, Vol. 17, 1990, pp. 5–75.

如欲了解本书旧版介绍的海德的归因理论，请到www.afirstlook.com点击"理论档案"。

第11章 社会信息加工理论

创立人：约瑟夫·沃尔瑟（Joseph Walther）

实证性  阐释性
社会心理学派

1992年，我正在家里写作本书旧版中"关系发展"这一部分，两个精通电脑的朋友突然登门拜访。一位朋友问我在写些什么。我用一分钟介绍了**社会渗透理论**和**不确定性递减理论**，另一个朋友突然脱口说道，"我懂了。那么再写一章'靠邮件建立的亲密度'怎么样？"我们因为这个疯狂提议而开怀大笑，随后离开我家前往星巴克一边喝咖啡一边闲聊，度过了十分美好的时光。

在20世纪90年代初期，很多人像我们一样对通过以计算机为中介的沟通（Computer-mediated Communication，CMC）建立亲密关系的事怀有轻蔑的态度。CMC适合信息编程、新闻发布和远程会议等任务。但是，作为一个与他人联系的平台，当时的互联网仍是一块不毛之地。研究电子传媒的学者提出了许多理论以解释CMC与面对面沟通的本质区别。我在这里只提其中3个。

社会临场理论指出，基于文本信息使CMC使用者感受不到现实互动中的参与者的温热躯体。[1] 从这个角度来说，我们不觉得有人**在那里**，沟通也因此变得冷漠、有个人主义倾向和以任务为导向。

媒介丰富性理论按照信息能快速处理的复杂度来划分不同的传播媒介。[2] 例如，这一理论认为，面对面传播提供了语言与非语言中控系统的丰富组合，可以表达高度细致入微的情感，甚至双关意义。相形之下，CMC受限的带宽使它过于简略——只适合处理日常事务，不适合协调社会关系。

第三种理论认为在线沟通**缺失社会语境的线索**。[3] 它宣称CMC使用者的身份信息难以查找，互动的行为规范更不清晰，因此人们容易变得更加自私自利和不受控制。

CMC理论： 以计算机为中介的沟通；被滤掉大多数非语言线索的基于文本的信息沟通。

社会临场理论： 认为CMC使其使用者无法感受参与互动的真实个体。

媒介丰富性理论： 声称CMC的带宽过窄不能承载丰富的关系信息。

被滤掉的线索：一种对CMC理论的解读，认为缺失非语言线索是运用这种媒介应对关系发展的致命缺陷。

冲突的火焰会越燃越高——用敌对的语言攻击目标，营造一种基于互联网、关系难以获得成长的氛围。

上述这些理论都认为CMC的阐释**滤掉了一些线索**。[4]它们认为缺失非语言线索是这种媒介的永久缺陷，限制了它在发展人际关系方面的使用。但是，就在那一年，在我和我的朋友们嘲笑靠电子邮件建立亲密关系的想法时，传播学教授约瑟夫·沃尔瑟提出了一个质疑传统看法的理论。在密歇根州立大学任教的沃尔瑟认为，CMC使用者可以适应这种有限媒介并有效地运用它来发展亲密关系。他还指出，在充分交换社会信息及随后的关系发展等方面，**CMC能够与面对面沟通做得一样好**。

11.1 CMC与面对面：一小口代替一大口

沃尔瑟把他的理论命名为**社会信息加工理论**（Social Information Processing，SIP），因为他认为只有双方首次获取对方信息并利用它建立对对方的印象之后，人际关系才有可能发展。在这一点上，SIP理论和**社会渗透理论**与**不确定性递减理论**是一致的。根据脑海中这些大概的印象，互动双方如果都喜欢对对方的印象，他们就会逐渐亲密起来。沃尔瑟的SIP理论关注的是这个链条中的第一环——通过CMC传递有效个人信息以及它在个体建立对方印象时发挥的作用。

人际关系信息 → 印象形成 → 关系发展

印象形成：个体对他人印象的综合。

沃尔瑟承认，CMC在阐释我们接受和发送的信息时过滤掉了非语言线索。面部表情、话语音调、人际距离、身体姿势、外表、手势、触碰以及嗅闻动作，全都丢掉了。但是，与**滤掉线索论**的理论学者不同，他认为这些损失是非致命的，甚至也不会影响形成对对方的清晰印象和关系的发展。沃尔瑟强调了作为SIP理论基石的CMC的两大特征。[5]

1.**语言线索**。在有意愿建立印象和发展关系时，传播者会利用所有可用的中控系统。因此，即使仅靠以计算机为媒介的信息中的文本内容，CMC使用者仍可以完整建立对对方的印象。

2.**延长的时间**。通过CMC进行社会信息交换比面对面的交换缓慢，因此，印象是在较低的频率中形成的。但是，只要时间足够充分，CMC式的关系就不会比那些在非语言线索助益下建立的关系更脆弱易碎。

用一个与液体有关的比喻，帮助我们理解沃尔瑟的思想。[6]假如某人要端给你一杯300毫升的水、可乐或啤酒——无论什么你觉得可以提神的饮品。你举起杯子，在几秒钟内咕咚咚咚喝下它。大口吞饮就像是你与一位初次相遇且想进一步结识的某人的会面。大量涌入的语言和非语言信息使你能够建立一个足以影响双方未来互动的鲜活印象。但是，如果你只能用吸管一次喝一小口饮料那又会怎样呢？你仍然能够喝光全部饮料，但要花费更长的时间。这就是渴求社会信息的CMC使用者面临的状况。他们能以同样的数量和质量完成人际关系信息的吸收，但整体速度却要缓慢得多。

《电子情书》——在线恋爱的案例研究

当大多数的互联网使用者是科学研究者、公司经理人、技术专家和自称"电脑怪才"的家伙时，社会信息加工理论是看似合理的早期CMC理论令人吃惊的替代性理论。但是，到了20世纪90年代中期，随着对在线亲密关系的报道越来越常见，沃尔瑟的思想已经为人们广泛接受。1998年，电影《电子情书》已经可以把一段初露头角的网络恋情打造得可信而富吸引力，并成功地把这个故事推销给主流大众。

在电影中，女演员梅格·瑞恩饰演凯瑟琳·凯利，一个微型儿童书店的老板，汤姆·汉克斯则饰演乔·福克斯，福克斯书店——巴诺书店（Barnes & Noble）的连锁店——的总裁。凯瑟琳和乔分别以网名"shopgirl"和"NY152"在超过30人的在线聊天室相遇。他们发现彼此对书、音乐和纽约这座城市有共同的爱好。于是他们退出聊天室，通过电子邮件继续他们的友谊。他们决定不暴露他们的真实身份和生活背景，这个限定使他们用来沟通的唯一语言渠道变得更加狭窄。尽管如此，他们发送的信息仍然支持了SIP的论点：CMC文本能够传递丰富的人际关系信息。我将在本章的余下部分引用凯瑟琳和乔的几封邮件。他们的文字，将和沃尔瑟的后续思考一起，用来说明SIP理论的两大特征：**语言线索**和**延长的时间**。

11.2 用具有亲密感的语言线索取代非语言线索

沃尔瑟认为网络上的传播者与面对面沟通的人们一样，有对于亲密感的强烈需求。以计算机为中介的沟通消除了典型的体现关系亲密度的非语言线索，因此CMC使用者只能靠仅有的文本信息来传达同样的社会信息。沃尔瑟相信语言和非语言线索可以互换使用。

如果你认为沃尔瑟的观点有点牵强附会，那么想一想在电子传播出现以前，人们通过书信发现彼此的相似点和表达情感，并以此发展了笔友关系。从不时寄送的礼貌性卡片到一连串热情洋溢的情书，这就是一段异地恋的孕育历程。CMC也能促成同样的人际关系发展。《电子情书》中的邮件表明，人们可以通过纯语言的媒介来传达社会信息，其中的文句能够承载丰沛的情感。

《电子情书》的开场就是凯瑟琳在清晨醒来，十分期待地打开电脑查收一封来自乔的邮件。观众从他们对朋友回顾性的评论中获得一些预先的暗示，而凯瑟琳打开的电子信件将为她提供大量的待处理的社会信息。

乔： 布林克利是我的狗。它和我一样热爱纽约的街道，它喜欢沿着人行道吃些百吉饼的碎屑，而我喜欢走在去买百吉饼的路上。坦率地说，布林克利是很好的接球手，纽约棒球队曾经请它去试训，但它选择和我待在一起，因为那样的话，它就可以在一只像内胎一样大的绿枕头上，一天睡上18个小时。你难道不喜欢秋天的纽约吗？秋天的纽约让我想买一些学校的文具。我真想送给你一捆削尖的新铅笔，如果我知道你的名字和地址的话。不过，这种无知倒也有它的魔力。

注意，乔的邮件里满是自我暴露的痕迹。他描述了他的生活细节——一个爱狗的人，在公园里抛飞盘给布林克利是他最爱做的事。透过乔的文字，凯瑟琳可以想象出一幅温暖的画面，一个男人在键盘上为了她敲打信息，而他毛茸茸的朋友心满意足地睡在一旁。他提醒她两人相似的趣味——他们都喜欢这个城市的五光十色。他有令人愉悦的幽默感。最棒的是，他运用奇思妙想送给她一个想象中的礼物——一捆刚刚削尖的铅笔。很明显，他喜欢她，而且欣赏他们之间的神秘关系。信中的大部分信息是关于**他**的，但是最后的几行却是关于**他们**。

凯瑟琳在阅读乔的邮件的时候，乔也在阅读凯瑟琳的文字，她在信中的自我暴露上升到更为亲密的层级。整封邮件都是由元传播——关于他们的交流和人际关系状态的交流——构成的。

凯瑟琳： 亲爱的朋友，我开始动手给你写这封短信，仿佛我们正在热烈地交谈。我佯装我们是最熟悉、最亲近的朋友，与现实中的我们恰恰相反。不知道彼此的名字却在聊天室中相遇，那是我们宣称我们之前从未去过的地方。"今天，NY152会说些什么呢？"我感到好奇。我打开我的电脑，焦急等待它连接。我开始上线，屏住呼吸，直到我收到这样一条消息："你有一封新邮件。"纽约的街道寂静无声，只听得到我自己的心跳。我收到了一封邮件。来自于你。

一场证明违反直觉的实验

乔和凯瑟琳的语言策略是CMC使用者达成目标的典型方式吗？数字媒介能够像面对面的方式那样表达对另一个人的亲密情感吗？沃尔瑟和他的两个学生进行了一项比较研究，指出这两个问题的答案都是**肯定**的。[7]

沃尔瑟要求28对彼此不认识的学生一起讨论道德困境——这是许多著名实验采用的沟通任务。14对学生面对面地交谈，另外14对学生则通过CMC进行互动。在两种媒介环境下，每对学生中都有一位是为了达到某个具体的沟通目标而被提前招募的沃尔瑟的同谋。共谋者中的一半被要求以友好的、能够留下正面印象的方式互动，对另一半的要求则完全相反。沃尔瑟设计这个实验是为了弄清楚人们使用的沟通策略，因此他并未限制同谋的学生采取何种方式达成目标。

在实验中，学生们的面对面交谈被隐藏的单向镜头拍录下来，所有经由计算机的信息也全部被储存起来。在学生们的互动之后，接受过语言及非语言行为编码训练的分析员按照共谋者表达亲密的不同方式进行分类。共谋者之外的参与者要对讨论期间他的拍档表达出的亲密程度给出评级。

SIP理论的核心假设是CMC使用者运用单一的语言媒介达成的人际关系的沟通程度，与面对面时通过多种渠道所表达的情感并无差异。沃尔瑟的实验结果证实了这个观点。沟通模式并未造成共谋者之外的参与者能够感知的情感差异。任何细微的情感差别只来自于共谋学生的意图。无论采用何种媒介，想要表现友善的学生就能成功传递出正面的亲密感，被要求表现恶意的学生也同样做到了这一点。

想要表现善意、但使用CMC方式沟通的共谋者采用了怎样的语言行为呢？针对他们的语言策略的内容分析正好符合《电子情书》中乔和凯瑟琳在写给彼此的邮件中运用的策略。正如你的预想，自我暴露、赞扬、对亲密情感的明确陈述都排在有效亲密沟通列表的顶端。它们也是降低不确定性以建立印象和通过社会渗透形成亲密关系的核心策略（见第9章、第10章）。然而，令人惊讶的是，隐晦的分歧、变换的主题以及在提出反对的同时给出赞美都能与善意建立联系。这些语言技巧可保全对方的颜面或缓和潜在的冲突。我们来看凯瑟琳第一次去与乔见面却被放了鸽子之后，她就采取了这样的调和办法。

> **凯瑟琳**：我一直都在想你。昨天晚上我去见你，你却不在那儿。我希望我能知道为什么。我觉得自己十分愚蠢……我是如此地想和你交谈。我希望你有一个好的理由来解释你昨晚为什么没有出现。你看上去并不像一个喜欢这样做事的人。这种方式的交谈古怪的地方在于，你虽然说了些什么但却好像并没有说。我想说，即使这一切只是虚幻，但它对我而言比许多事情都更加重要。所以，谢谢你。

在沃尔瑟的实验中，那些与对方面对面交谈的共谋者当然使用了同CMC使用者一样的语言渠道。他们中的一些人，自我暴露的程度非常高。但是，共谋者用语言向对方表达的，与他们用身体姿势所传达的相比，似乎失去了意义。沃尔瑟的研究与过去的研究结果是一致的，共谋者依赖面部表情、眼神交流、声音语调、身体位置以及其他非语言线索来表达他们对对方的印象。[8] 总而言之，这一研究支持了沃尔瑟的观点：人们在网上碰面与他们面对面的相遇一样能有效地开启亲密关系，但是，他们发展关系的方式是通过书写的文字，而不是靠非语言线索。

11.3 延长的时间——CMC的关键变量

沃尔瑟相信CMC使用者发送信息所耗费的时间，是决定他们的信息能否达到他人通过面对面形成的亲密关系程度的主要因素。在相对较长的时期内，问题关键不再是在线传递社会信息的**数量**，而是信息增长的**速率**。打字花费的时间比说话要多，基于文本的信息需要更长的时间来完成。有多长呢？沃尔瑟发现，在同样的时长中，人们面对面说出的信息是人们通过CMC所表达的4倍。[9]

4比1的时间差解释了为什么许多精密控制的实验研究表明CMC以任务为取向，而且是冷漠的。如果把两种传播模式人为地限制在15分钟至20分钟，CMC使用者就没有时间获得足够的社会信息来建立对他们在线搭档的清晰印象。（他们仅能喝上几小口，而不是大口吞饮。）沃尔瑟指出，一个针对不同沟通渠道的公平的实验，应延长对素不相识的在线使用者的时间限制，这样他们才有机会传递出和面对面交流的陌生人同样数量的信息。这正是他设计前一部分讨论的"内容—线索"实验的方法。比较10分钟面对面交谈和40分钟CMC沟通，就对方亲密度这一点，两组之间没有任何差异。

在现实生活中，通常不存在对电子信息交流时间的强制限制，无论这一限制针对的是长度还是频率。CMC传递社会信息比面对面传播缓慢，沃尔瑟建议在线使用者应该更加频繁发送信息以弥补速度上的劣势。这种做法不仅有助于在人际关系中建立印象，还可以使怀有好奇的虚拟群组成员及早确定同伴的身份、想法，以及他们是否会完成他们以前承诺的工作。

日常生活、工作、学习、家庭以及其他社会关系的压力会让在线沟通更为困难和缺少吸引力，但是我们有选择的权利。在《电子情书》中，两位有同居伙伴的商业老板，选择挤出时间，把给对方写邮件作为日常功课。凯瑟琳和乔的线上联系持续了8个月，远远长于沃尔瑟提出的CMC发展关系所需的时长。对观众来说并不突兀，凯瑟琳和乔未曾相见，却已慢慢坠入爱河。

另外两个偶然因素也有益于在互联网上建立亲密关系——预期的未来互动和时间线索。**预期的未来互动**并不是沃尔瑟SIP初始概念中的部分，但是现在他把它看作是延长心理时间的方式。回忆一下查尔斯·伯杰认为我们预期将与刚结识的某人再次见面时，我们减少此人不确定性的动力会获得额外的增加（见第10章）。通过实验研究，沃尔瑟发现有多次会议安排时，线上会议或任务组的成员开始交换人际关系信息。这就像是"未来的影子"在促使他们在个人层面上与他人建立联系。[10]伯杰的预测基于想象中面对面的语境，而沃尔瑟发现对未来互动的预期对于线上或现实中会面的人同样适用。

时间学是非语言研究者用来描述人们在和他人的互动中如何感知、使用和回应与时间有关议题的名词。与说话声调、人际距离、身体姿势（**声音学**、**空间关系学**、**身势学**）不同的是，时间是唯一一个在CMC中没有被过滤掉的非语言线索。接收者会注

预期的未来互动：延长心理时间的一种方式；促使CMC使用者建立关系的未来互动的可能性。

时间学：针对人们在与他人互动时如何处理时间的系统研究。

意一天中邮件发送的时间,并就前后信息在时间上的差距给出评价。这样的信息真的会影响关系吗？沃尔瑟的研究指出,深夜发送请求给老师或老板是过分的苛求,但在同一时间给朋友发送的一条社会信息是友情的信号。至于时滞,沃尔瑟认为在新建立的关系或商务语境中,一条即时回复意味着敬重和喜欢。但另一方面,"给某人延迟的回复表明更亲密的关系才可包容的接受和喜欢；关系十分融洽的同伴不需要十分迅速地回复对方。"[11]因此,你必须选择一个适当的发送邮件的时间,既符合你们的人际关系状况,而且与你想要表达的语调一致。

现在,你已经对社会信息加工理论有了一个基本的了解。SIP理论认为,凯瑟琳、乔以及其他CMC使用者可以慢慢地熟悉彼此,通过有效线索经营人际关系发展以建立一段亲密关系。这个过程会比面对面式的纽带建立花费更长时间,但是没有理由相信他们的关系会因此更少地涉入个人情感。沃尔瑟的总结与此相似,他并且进一步问道,"时间条件允许下建立亲密关系的可能,就是人们从电子沟通中所能获得的最大期待吗？"[12]他的答案是**否定的**——在大量案例中,CMC事实上超越了面对面交谈所获得的人际关系沟通的品质。沃尔瑟的超人际视角理论对此做出了说明。

11.4　超人际视角理论——CMC传播比面对面沟通更亲密

沃尔瑟使用术语"超人际"是为了表明CMC关系比两个现实中的同伴之间的爱情或友谊更显亲密。CMC的使用者不会面对面接触,无法全面地使用各类沟通线索,因此沃尔瑟得以精确地将该媒介传递的效果划分为我们熟知的**发送者—接收者—渠道—反馈**4个环节。明确地说,沃尔瑟的超人际视角描述了"在CMC方式中,发送者如何选择,接收者如何放大,渠道如何推进以及反馈如何提升那些经强化和有选择性的沟通行为"。[13]

超人际视角：
CMC建立的人际关系要比现实中建立的更加亲密的观点。

发送者：选择性自我呈现

沃尔瑟认为,通过选择性的自我呈现,在网上相遇的人们有机会营造和维持一个完全正面的印象。这是因为他们可以描述他们最能吸引人的特质、成就、想法和行为,无须害怕它们与外貌、行为偏差、了解阴暗面的第三方的负面证词产生矛盾。随着一段关系的发展,他们可以小心翼翼地调整自我暴露的深度和广度以适应自己的网络形象,不必担心非语言线索暴露其精心设计的伪装。

《电子情书》的喜剧效果在于观众知道而凯瑟琳和乔并不知道的一些事情——他们在网络空间的虚拟朋友恰恰是现实生活中他们最厌恶的人。当他们在文学聚会相遇时,乔抛给凯瑟琳一连串刻薄的嘲讽,但他寄给书店女孩的邮件中却饱含温情,从两者的巨大反差中,我们不难看出选择性自我呈现的逐步展开。CMC传递的有限线索和

选择性自我呈现： 网络上不必担心自相矛盾的、正面的个人描述,通过它能营造出绝对受欢迎的形象。

匿名性让乔有机会在过去的信息中隐瞒他"龌龊先生"(Mister Nasty)的倾向。因此，尽管凯瑟琳把她所认识和憎恨的乔·福克斯称作"敌人"和"底层居民"，她却觉得她的线上朋友"身体里没有一根残酷、冷漠"的骨头。

在网上对彼此有所了解之后，人们往往会面临一个重要的问题：**我们应该交换照片吗？** 考虑到数码相机的普及、网络传输的便捷以及我们天生具有的好奇心，随着CMC关系的发展，交换照片似乎是合理的一步。但是支撑沃尔瑟超人际视角理论的少即是多的假设指出，超级现实主义所提供的社会线索的洪流，不会随着时间推移推动亲密关系，反而会带来抑制的效果。沃尔瑟的研究证明了这个观点。他发现"时间站在CMC使用者的一边，使他们仅仅通过文字交流就能比那些使用更多带宽的家伙获得更佳的人际结果"。[14]言外之意足够清晰。假如你正发展线上关系，要抵制彼此想要交换照片的诱惑或压力。

凯瑟琳和乔遵循了这种仅限语言的方式，没有被彼此的外貌干扰，仅仅通过语言的交流就建立起比朋友更为亲密的关系。当然，这不意味着他们不会在私底下猜想。就像乔在与凯瑟琳第一次见面的路上，他对最要好的朋友所说的那样：

> 凯文，这个女人是我接触过的最迷人的生物，只要她看上去跟一只邮筒那样漂亮，我就无法忍住要彻底改变自己生活的冲动，跟她结婚。

以大多数30岁男人的标准，女演员梅格·瑞恩当然够漂亮了。但超人际视角理论认为即使她并不这么漂亮，经过一段时间选择性的自我暴露，对乔而言，那也不会产生任何区别。

接收者：相似性的过度归因

归因是观察他人行为并辨识他们真实偏好的认知过程。人们基本的阐释偏向是假设我们看到的某种行为是行动者个性的反映。一个人怎样做事，就有怎样的个性。当我们阅读一个新闻组公告或邮件时，我们所获得的线索非常少，进行判断的唯一基础是信息发送者的语言行为。沃尔瑟认为，缺少线索并不影响我们得出结论。相反，他确信，我们可能因过少的信息而过度归因，给发送者建立过于理想化的形象。

沃尔瑟利用SIDE理论——由欧洲社会心理学家马丁·李（Martin Lea）和拉塞尔·斯皮尔斯（Russell Spears）提出——解释这种过度认同。[15]SIDE是**社会认同—去个性化**（social identity-deindividuation）首写字母缩略语。大多数CMC关系从双方在拥有共同兴趣、问题和情感的在线群组中相遇开始。无论主题是讨论纪录片、母乳喂养，还是去芝加哥俱乐部看年度棒球冠军联赛，人们总是假定该网站的访问者是和他们相似的人。由于缺少能够体现个体差异的线索，他们之间的共性就是在彼此建立印象时做出判断的全部。带来的结果就是，过分夸大了相似度及群体团结。一旦这些对他人过分

社会认同—去个性化（SIDE）： 认为CMC使用者过度评价与线上兴趣群组中的同伴的相似性的理论。

正面的印象与对未来互动的预期相配合，虚拟的同伴就将以SIP和SIDE的方式建立超人际关系。

在线上支持群组的相遇，可能产生强烈的吸引力。对某个共同问题的关注把人们吸引到互动网站，他们在这里搜寻和提供信息，获得被他人接受和鼓励的感觉，共建一个虚拟网络。CMC使用者通过网络寻找和他们一样正努力克服药物成瘾、饮食紊乱、羞涩、抑郁以及其他问题的人。许多人发现，匿名、24小时接入、相较现实中熟人之间更坦率的交谈，都使得在线支持群组比面对面的同类组织更有吸引力。[16] 总是能理解对方所经历的一切的看不见的虚拟群组成员，当然具有同等的非凡魅力。

渠道：根据自己的时间去交流

绝大多数人际沟通要求双方在同一时间抽空来彼此交流。面对面的互动和电话交谈是高效的，但要付出昂贵的代价。一方渴望进行沟通的时间通常并不适合另一方。今天还颇受欢迎的交谈提议到了明天就变成不方便的。当然，双方可以约定谈话的时间，但锁定时间可能导致难以达成的对谈话内容的高期待。如果约会被频繁地取消、变更甚至遗忘，双方的关系就会面临风险。

相比之下，以计算机为中介的沟通提供了另外一种渠道，沟通者形成关系的互动，但却不必在同一时间参与进来。沃尔瑟把CMC称为非同步沟通渠道，它意味着互动双方可以在不同的时间进入。没有时间上的限定，CMC使用者得以自由地书写以个人为中心的信息，并且知道接收者能够在任何方便的时间读它。这将为CMC大大地加分，尤其是在跨时区沟通或与那些作息不规律的家伙沟通的情况下。

沃尔瑟注意到相对于面对面沟通，非同步的CMC的另外一个优势："相较于自发的同步交谈，在非同步互动中，人们更审慎地计划、构思和编辑自己的评论。"[17] 这是CMC的极大优势，特别是当人们在处理双方之间的敏感热点、误解和冲突时。例如，在《电子情书》中，乔就面临极大的压力向凯瑟琳解释，为什么他没有赶赴他们精心策划的约会。乔害怕真相会破坏他与凯瑟琳的关系，编了3个借口，但每一次把它输入电脑屏幕后，就会再删除它。他最后终于想出一个模棱两可的答案来安慰凯瑟琳。倘若没有经过充分的反思，乔鲁莽的讥诮语气将会伤害凯瑟琳，关闭二人关系进一步发展的机会。

非同步渠道： 每个个体在有交流欲望时就可使用的非同步的沟通渠道。

反馈：自证预言

自证预言是激发他人反应以证实个体预期的心理倾向，即相信就能实现。CMC使用者唯有在双方互相留下完美印象时，才会建立超人际关系。正如我们之前所看到的，沃尔瑟认为这种情况可能出现。发送者自我选择想要曝露的信息，接收者给对方建立理想化的形象，渠道让使用者用任何合适的时间、方式表达自己。有什么可不喜欢的？

自证预言： 激发他人反应以证实个体预期的心理倾向。

超正面的形象被有意无意地反馈给对方之后，自证预言就被触发，创造出和"镜中自我"（见第5章）一样的效果。对方感知到被他人视为杰出的人，就会真的以这种方式行动。《电子情书》的观众在乔身上可以看到这种转变。

在电影绝大部分的进程中，真实生活中的乔为他富于进取、充分竞争的风格而骄傲，尽管他曾迫使凯瑟琳的书店关门。两人在现实中相遇时，他是怀有恶意且让人讨厌的。这些习惯很难消除，即使在乔发现他的"Shopgirl"就是凯瑟琳之后，他的坏毛病仍然持续了一段时间。"Shopgirl"凯瑟琳却并不知道"NY152"的真实身份，仍把他看作一个聪明友善、招人喜爱的朋友——正是她想要嫁的那种男人。因为凯瑟琳期望乔成为这样的人，乔就在现实生活中变成了她在线上感知到的那种人。这种转变是如此彻底，以至于当"Shopgirl"和"NY152"最终见面时，凯瑟琳拥抱了乔，并且说："我想要的就是你。我那么迫切想要的就是现在的你。"

11.5　评论：沃尔瑟的坦诚评价

2002年，沃尔瑟因在本章开头提到的论文（1992年）中介绍社会信息加工理论而获得美国传播协会（NCA）颁发的伍尔伯特奖（Woolbert Award）。该奖项每年颁发一次，仅颁给那些能持续影响传播领域的学术研究。NCA在该论文发表后足足等待了10年，才确信作者的思想经得住时间考验。沃尔瑟的社会信息加工理论超越了NCA的标准。在绝大多数学者认为在线交流本质上是低劣的人际关系沟通媒介时，沃尔瑟反对这种**技术决定论**的标签。10多年的实验研究和通过CMC建立了亲密关系的人们的证词也证实了该理论的价值。沃尔瑟感谢NCA协会对他的团队的认可，但是他公开承认CMC的分析仍有缺点和不足。我将在这里引述几个他在SIP理论中看到的问题，并指出他在超人际视角中发现的两处不足。

沃尔瑟最初的突破来自于对不同媒介生成社会信息的不同**速率的关注**。把CMC和面对面沟通相比较，SIP理论认为正常的人际关系以较慢的速率发展[18]。沃尔瑟的经验研究则显示，网络空间中人际关系的形成和人们面对面交流时的速率是一样的，甚至还会更快些。显然，仅仅是对未来在线互动的预期就足以加快印象形成和建立关系纽带的过程[19]。这对于那些渴望通过网络获得友谊的人来说是好消息，但它却使沃尔瑟质疑SIP理论在描述CMC和面对面关系的各自发展时是否是错误的。"这种差异也许确是事实。"他最终写道。[20]

沃尔瑟的第二个焦点是他最初认为人们无论使用何种媒介，都有与他人建立亲密关系的愿望。几年之后，他重新思考这一观念，指出："社会信息加工理论的一个明显弱点是，没有考虑到归属动力的差异。"[21]他是专指上一段提到的对未来互动的预期的诱导效果。但沃尔瑟并没有意识到以下的可能性，即通过网络发展关系的人和不借助这种方式的人之间存在系统性的个性差异。CMC使用者进入在线讨论组和聊天室，相比通过多种沟通渠道建立关系的人来说，或许他们对归属感有更高的需求。如果确是如此，这种强烈的欲望可能抵消使用一种受限媒介的限制。

提及涵盖4种因素的超人际视角，沃尔瑟不很情愿地把发送者—接收者—渠道—反馈模型定义为一种**视角**而不是一种**理论**。作为严谨的社会学家，他认为，好的理论应提供核心解释机制以促进实验结果的合成，而超人际视角缺少这种概念工具，因此他认为它很乐于接受有建设性的批评：

> 在4个主要因素和该模型所说明的较为详细的过程中是否存在某种必要的理论联系，仍然不是很清楚。换句话说，它的结构和命题之间相对松散。因此，它还无法被看成是一种已获得坚实地位的理论。[22]

假如不能将选择性自我呈现、过度归因、非同步沟通以及自证预言这4种因素糅合成统一的整体，人们的确很难测试这些变量是如何一起产生作用的。

由于SIP理论不能说明为什么某些人仅仅通过CMC就能建立特别亲密的关系，沃尔瑟提出了超人际视角的观点。他列举的过程可以帮助我们理解从来不在一起的两个人是怎样变得密不可分的。这类事情并不经常发生。有时，在线的同伴关机下线——就有效地终止了关系。

网络生活的阴暗面促使沃尔瑟表达了另外一个意见："超人际视角在理解正面的人际沟通过程时具有潜力，但它在预测CMC中的负面人际关系结果时明显不够清晰。"[23] 他还注意到，假如沟通双方想把网络中的亲密关系成功移植到现实中同样密切的混合型关系中，超人际视角几乎不能为他们提供任何建议和鼓励。[24]

沃尔瑟对其理论成果的分析并未使我感到沮丧，相反，我因他的坦诚备受鼓舞。任何理论都有瑕疵和限制。我从他以下这段通过CMC获得建立良好人际关系的机会的乐观概述中看到了信心：

> "信息高速公路"显然不只是一条把数据从一个地方移送到另一个地方的公路，而是一条人们彼此经过、偶尔相遇，并决定一起旅行的人行道。最初，你不大看得到其他司机，除非你确实花了些时间跟他们在一起。高速路上常有强盗，要相信，人们不总是像他们看上去的那样——一个人必须谨慎小心——在线上也会看到平时在路边常见的冲突和分歧。尽管早期的研究宣称难以计数的人际关系冲突已迫在眉睫，但近来的研究发现，人际信息的移动变得更为缓慢，若是这样的话，高速公路就不像我们曾经认为的那么危险。对你来说，它或许能成为一次愉快的兜风。[25]

帮助你深入思考的问题：

1.SIP理论认为，CMC在传递人际关系信息时表现得和**面对面的沟通**一样好，两者仅有一种区别。这种区别是什么？

2.电子邮件是一种**基于文本的**、**非同步**的信息系统。还有什么媒介适合这种描述？你能说出一种基于文本及**数字二进制**且要求同步参与的信息系统吗？

3.**超人际视角**指出，CMC的**发送者**、**接收者**、**渠道**和**反馈**等每一环节的影响促进了进一步的亲密关系。你认为哪种因素对人际关系的影响最大？哪种影响最小？

4.你的在线同伴看起来人不错。然而，由于CMC可能创造出**虚构的形象**，而你肯定想确定他（她）是否是真实的他（她）。如果没有下线后的面对面交流，你要怎么做才能发现他（她）真正的个性？

对话：

我和约瑟夫·沃尔瑟的大部分对话集中于通过网络建立亲密关系的CMC用户。他们能在线形成对其他人的强烈印象，那么，建立亲密关系真的还需要面对面沟通吗？严重依赖CMC的用户是否喜欢网络媒介远超过他们的同伴？因害羞而难以开展社交的人能通过CMC发展更好的人际关系吗？沃尔瑟对在线行为的道德准则有什么建议？沃尔瑟给想私下会面的CMC伙伴提出了建议。他还讨论了社会信息加工理论和超人际视角的适用范围——它们是否适用于那些初次见面后还想维持远距离关系的伙伴。在www.mhhe.com/griffin7或www.afirstlook.com可以看到这段对话的视频。

扩展阅读：

推荐阅读：Joseph B. Walther, "Interpersonal Effects in Computer-Mediated Interaction: A Relational Perspective," *Communication Research*, Vol. 19, 1992, pp. 52–90.

超人际视角：Joseph B. Walther, "Computer-Mediated Communication: Impersonal, Interpersonal, and Hyperpersonal Interaction," *Communication Research*, Vol. 23, 1996, pp. 3–43.

关于状态的艺术：Joseph B. Walther and Malcolm R. Parks, "Cues Filtered Out, Cues Filtered In: Computer-Mediated Communication and Relationships," in *Handbook of Interpersonal Communication*, 3rd ed., Mark Knapp and J. A. Daly (eds.), Sage, Thousand Oaks, CA, 2002, pp. 529–561.

SIP理论概要与超人际视角：Joseph B. Walther and Lisa C. Tidwell, "Computer-Mediated Communication: Interpersonal Interaction On-Line," in *Making Connections: Readings in Relational Communication*, 2nd ed., Kathleen M. Galvin and Pamela J. Cooper (eds.), Roxbury, Los Angeles, 2000, pp. 322–329.

经验性数据支持：Lisa C. Tidwell and Joseph B. Walther, "Computer-Mediated Communication Effects on Disclosure, Impressions, and Interpersonal Evaluations: Getting to Know One Another a Bit at a Time," *Human Communication Research*, Vol. 28, 2002, pp. 317-348.

CMC亲密沟通中的语言线索：Joseph B. Walther, Tracy Loh, and Laura Granka, "The Interchange of Verbal and Nonverbal Cues in Computer-Mediated and Face-to-Face Affinity," *Journal of Language and Social Psychology*, Vol. 24, 2005, pp. 36-65.

CMC中的时间效应：Joseph B. Walther, "Time Effects in Computer-Mediated Groups: Past, Present, and Future," in *Distributed Work*, P. Hinds and S. Kiesler (eds.), MIT Press, Cambridge, MA, 2002, pp. 235-257.

CMC中的超现实主义效果：Joseph B. Walther, Celeste L. Slovacek, and Lisa C. Tidwell, "Is a Picture Worth a Thousand Words? Photographic Images in Long-Term and Short-Term Computer-Mediated Communication," *Communication Research*, Vol. 28, 2001, pp. 105-134.

网络支持群体：Joseph B. Walther and Shawn Boyd, "Attraction to Computer-Mediated Social Support," in *Communication Technology and Society*, C. A. Lin and D. Atkins (eds.), Hampton, Cresskill, NJ, 2002, pp. 153-188.

线上约会：Jennifer L. Gibbs, Nicole B. Ellison, and Rebecca D. Heino, "Self-Presentation in Online Personals: The Role of Anticipated Future Interaction, Self-Disclosure, and Perceived Success in Internet Dating," *Communication Research*, Vol. 33, 2006, pp. 152-177.

单元引言　关系维持

维持一词容易让人联想到汽车修理铺,那里工人们两手乌黑,穿着满是油污的连体工作服,忙着修理破烂不堪的发动机。工作艰难,环境混乱,只有熟悉这份工作的技工才能适应和胜任。

想象一下维持一段亲密关系所需的不断努力,那感觉正与这种艰苦的工作场景差不多。很多时候,建立亲密关系要比将它维持下去容易得多。在亲密关系的初期,我们为发现另一个和我们以同样方式看世界的人而兴奋,被我们喜欢的人所喜欢也能产生奇妙的快感。然而随着人际关系进一步发展,让人厌恶的习惯、冲突、忌妒和厌倦将会威胁这段关系,甚至使其肢解。如果你正拥有一段新的"交情",记住定期"保养"对于长时间维持朋友、爱人,甚至有血缘关系的亲属之间的关系而言是相当必要的。

假如将维持关系比喻成在汽车维修厂里工作,那么维护关系的人就相当于在那里工作的技工。不过,人际关系可不是用扳手就能调节的冰冷的机器。将"维持"延伸到有生命的生物体,强调个性化关注的重要性。人文主义传播学者及作家约翰·斯图尔特(John Stewart)把人际关系看作是因两个人的相识而"从精神上孕育的孩子"。[1]这个比喻指出要维持一段关系并使其继续生长,需要不断地呵护和培育。斯图尔特认为,只要"父母"中的一位还"活着",就不可能彻底终结一段关系。然而,假如人们忽视或虐待他们创造的"精神生命",他们的关系就会受到损害和抑制。

积极的人际关系是什么样子?通过一项基于人际关系维持的大规模研究项目,亚利桑那州立大学的丹·卡纳里(Dan Canary)和俄亥俄州立大学的劳拉·斯塔福德(Laura Stafford)得出结论,长期令人满意的关系至少有4个特征——**喜欢**、**信任**、**责任和相互控制**。[2]前3个因素不必多说。我们或许能与不喜欢的人一起高效工作,但很难想象和这样的人建立长期的关系。同样,意识到我们能够信任另一个诚实可靠的人,是亲密关系带来的主要收益之一。维持双方关系的承诺(责任)是维系关系的最好方式,特别适用于亲密的爱人。

相互控制这一因素则是我们不熟悉的。根据卡纳里和斯塔福德的理论,相互控制是"双方认为应由谁决定关系目标和行为规则的一致程度"。[3]关系双方或者彼此平等,或者其中一位乐于同时也习惯于遵从另外一位。无论是哪种方式,他们都应满足以下叙述:**我们两个人对我们做出决定的方式都感到满意。**

斯塔福德和卡纳里调查了662位已婚或单身、再或正身处一段浪漫关系中的男女,以发现何种维持行为能促进喜爱、信任、责任和相互控制这4种特征。他们发现以下5种行为有助于维持长期关系的满意度。[4]

积极——愉悦且有礼貌的谈话，避免批评对方。积极的沟通方式与**喜欢**、**相互控制**联系紧密。

开放——自我暴露和对双方关系的坦率讨论。足够的透明度对前述4种特征有显著影响。

信任——确定双方未来关系的对话。这类对话特别有助于增进**责任**和**喜欢**。

网络化——和各自的朋友与家庭一起欢度时光。这种有参予感的社会活动有助于提升整体关系的稳定和满意度。

共同的任务——一起处理常规工作、家庭事务和指派任务。这一类的合作对**相互控制**最具影响。

卡纳里和斯塔福德注意到，很少有维持关系的研究是由理论驱动的——包括上面引述的他们两人的研究。这一领域现有3种较著名的理论。

我之前介绍过社会渗透理论的要件之一——蒂鲍特和凯利的社会交换理论（见第9章）。他们把行为和态度看成收益和成本的计算结果。互惠的利益如果大于成为伙伴的成本，人际关系结果高于双方的比较层级，那么双方对彼此的喜欢和关系满足度相对较高。如果双方都认为自己不大可能与对方建立亲密关系，双方的人际关系结果超越替代性比较层级——责任感表现强烈，双方的关系就相应地稳定下来。当双方在这段关系中投入大量时间、精力和情感资源之后，放弃这种投资会越来越困难。

莱斯利·巴克斯特和芭芭拉·蒙哥马利对关系**维持**的概念不太满意，因为这一术语暗示它的目标就是把人际关系保持在初始状态。对于他们来说，与其说关系维持是为了保持稳定，还不如说它必须应对每种亲密关系中固有的压力。他们认为在联系和分离之间的拉锯战意味着，积极的话语和对彼此的喜欢仅仅是故事的一半。拉向开放一端的力量与拖向相反一端"隐私"的力量相互抗衡。可预期度和自发性之间的辩证冲突让我们无法对未来做出任何承诺。第12章描述巴克斯特和蒙哥马利的**关系辩证法**，这种理论认为上述矛盾在维持不断变化的关系时，它们是对话的机会而不是使关系维持原状的努力。

保罗·瓦茨拉威克针对功能性和功能失调性关系的**互动观点**把家庭看成一个内部联结的系统。他的理论认为，不管我们喜不喜欢，家庭系统中每个成员的行为对于所有其他成员都有影响。瓦茨拉威克相信元信息传递（即关于彼此之间沟通的谈话）的缺乏或过度——都是家庭关系破损的征兆。同卡纳里和斯塔福德一样，瓦茨拉威克也把关系控制看成维系家庭系统平衡的关键要素，但他所勾画的关系图景远比卡纳里和斯塔福德的复杂。他认为在治疗师或咨询师的帮助下，重新建构家庭沟通模式对人际关系的影响远远高于朋友之间的交流。第13章将介绍他的互动理论。

第12章　关系辩证法

创立人：莱斯利·巴克斯特（Leslie Baxter）和芭芭拉·蒙哥马利
（Barbara Montgomery）

实证性  阐释性
现象学派

巴克斯特和蒙哥马利是正处于成长中的、关注亲密关系中的沟通作用的一群传播学者中的核心人物。巴克斯特在爱荷华大学主持一个大型研究计划，而蒙哥马利则担任新罕布什尔州大学负责学术事务的主席助理。

巴克斯特在首次进行与人际关系有关的一系列深度访谈时，就立即放弃了从这些亲密关系的体验中整理出科学规律的想法。

> 当人们试图合理叙述他们的人际关系时，他们表达中的矛盾、突发性、非理性以及多重现实，使我十分震惊。[1]

巴克斯特既没有发现预测人际关系吸引力的法则，也没有找到解释人际关系冲突的摩擦系数。相反，她从中体会到人们在努力回应他们在人际关系中感受到的冲突的拉锯力量。蒙哥马利独立进行她的研究，她的经验与巴克斯特极为相似。

巴克斯特与蒙哥马利一度曾各自分析爱情中的冲突，并着手分类整理情侣们面对的矛盾。两人随即发现彼此的共通性，并合著了一本关于人际关系的著作。这本著作基于这样一个假设：人际关系是不明确的持续流动的过程。[2]

两位学者认为在爱情中引发紧张的力量也存在于亲密朋友和家庭成员之中。她们对以下两位学者颇为赞赏：致力于研究"友谊中的沟通困境"的俄亥俄州立大学的威廉·罗林斯（William Rawlins），以及以叙事分析方法从事"家庭体系中复合矛盾"研究的南佛罗里达州立大学的亚特·博克纳（Art Bochner）。无论何种亲密形式，巴克斯

特与蒙哥马利认为"社会生活是各种矛盾的动态联结,在矛盾与对立中永无休止地相互作用"。³

关系辩证法凸显了亲密关系中的冲突、挣扎和普遍存在的混乱。我们能够理解巴克斯特和蒙哥马利观点的最好方式,就是来看一看一个具体的案例,它与巴克斯特在早期研究中发现的极为有趣的关系叙事十分相似。2002年首映的电影《我爱贝克汉姆》充分体现了存在于家庭、友谊、爱情中的冲突。这部电影获得了相当不错的票房,部分原因是由于它对上述3种亲密关系中固有矛盾的真实描写。各个年龄层和不同族群的观众都认同女主角杰茜曼德尔·巴哈马这位在伦敦西部长大的印度裔少女所面临的挣扎。

关系辩证法: 人际关系中矛盾的动态联结;矛盾或对立间永无休止的相互作用。

如许多英国男孩一样,杰茜非常热爱足球,她在公园举行的对抗赛中的表现甚至比大多数同龄男孩更好。她的卧室里挂着英国足球明星贝克汉姆的海报,她经常对着它倾述她的比赛和生活。然而,在人际关系紧密的印度裔移民社区中,杰茜这种年龄的女孩本应该把心思用在怎样找一位受到认可的印度裔男孩上——这类婚姻安排通常由他们的父母决定。杰茜的母亲坚持要杰茜放弃"穿着短裤在草地上疯跑"的念头。她的父亲也附和说:"杰茜,你妈妈是对的。你想要做的事太不庄重。你必须开始以体面的方式行事,好吗?"

一位盎格鲁血统的女孩朱莉看过杰茜比赛之后,将她招募到一支业余女子足球队中。杰茜和朱莉很快成为朋友,她们在场上的得分能力和瞒住杰茜父母杰茜加入足球队的事实的共同努力,是双方关系得以建立的纽带。但这段友谊很快因朱莉嫉妒杰茜和教练乔的恋爱而破裂。当然,杰茜和乔的关系在印度社会里是不被认可的。在父亲、好友以及让人爱慕的教练之间,杰茜经历了各种相互矛盾的力量的拉扯。

12.1 亲密关系的"拔河"辩证法

有些观众认为,杰茜和乔、朱莉以及父亲之间起伏不定的关系要归因于她的年龄、性别、家中排行、种族和对足球的迷恋。但是巴克斯特和蒙哥马利警示说,如果我们想理解亲密关系的本质,就要忽略统计意义上的个人特性。生物学或个人经历都无法解释影片中杰茜和她生命中重要的个体所经历的矛盾和挣扎。他们之间的冲突是所有人际关系所共有的,矛盾的力量永远不会停止。

矛盾是关系辩证法的核心概念,是指"对立统一中动态的相互作用"。⁴ "两种趋势(力量)既相互依赖(辩证统一),又相互否定(辩证对立)"⁵,这就构成了矛盾。巴克斯特认为所有人际关系都面临同样的矛盾。巴克斯特和蒙哥马利并没有为这一事实感到悲观,反而指出亲密关系的双方应充分利用它带来的机会:"从关系辩证法的视角来看,对他人的依赖,及独立于他人,都可以建立关系纽带。"⁶缺少任一方面都会削弱彼此的关系。

巴克斯特和蒙哥马利在很大程度上吸收了米哈伊尔·巴赫金（Mikhail Bakhtin）的思想，他是得以在斯大林治下幸存的一位俄罗斯学者。巴赫金把辩证的冲突看作是所有人类经验的"深层结构"。一方面，一种向心或集中的力量，将我们同他人聚合在一起；另一方面，又有一种离心或去中心化的力量使我们彼此分离。

为了描绘巴赫金思想中同步的和冲突的力量，想象你自己在和一群朋友溜冰的同时玩"甩鞭子"游戏。假设你自愿担任一群溜冰者组成的轮形链条的最外缘的那个人。当你加速时，你感到你身旁正紧抓你手腕的溜冰者以一股向心的力量拉着你。同时，你也感到相反的离心力试图让你脱离朋友的控制，把你从整个群体里弹出。溜冰技巧无助于减少这些冲突的力量。事实上，你对速度的控制越强，反作用力的力度就越大。

与黑格尔和马克思主义辩证法的正—反—合阶段不同，巴赫金的裂变—融合的对立不提供最终的解决方案，即没有最终的"合"的阶段或平衡的终极状态。人际关系总是处于流动之中，唯一确定的就是某种程度的改变。对巴赫金而言，这并不是坏消息。他认为辩证冲突是一次对话的良机，双方可以借此找出如何解决介于统一与差异之间的冲突的办法。多数西方人对这一悖论式观点感到困扰，因此巴克斯特和蒙哥马利努力将这些概念转换成人们熟悉的词汇。在对她的访谈的开始，巴克斯特甚至不用说出"辩证"这个单词就介绍了一种辩证的观点。她谈及感受到不同方向上的"拉力"或"推力"的人。她的语言让我联想到双方正身处一场由对话制造的、相持不下的"拔河"比赛。在这种比喻中，他们的沟通是同时施加于一根拉紧的绳索（正如一段在冲突下紧绷的关系）两端的拉力。

当巴克斯特使用术语**关系辩证法**时，她不是特指**个性分裂**（being of two minds）——受困于相互冲突的欲望的个体在意识上的认知窘境，而是在描述"附着于双方关系之中的、在相互沟通的行为中产生和再生产"[7]的矛盾。认识到这一点是非常重要的。辩证冲突不是引导我们对话内容的动机驱动，而是这一过程的自然产品或不可回避的结果。尽管大多数人认为任何一种冲突都不利于人们之间的关系，但巴克斯特和蒙哥马利相信，这些矛盾有其建设性。在理论学者眼中，人际关系的辩证性虽然不可避免，其建设性的一面不得不说又是幸运的。

12.2　影响人际关系的3种辩证法

在听数百位男人或女人谈论他们的人际关系后，巴克斯特发现了3种反复出现的矛盾，对本书"关系发展"部分的理论造成挑战。回想一下，罗杰斯的现象学研究方法假定**亲密度**是建立人际关系的目标，伯杰的不确定性递减理论探索人际关系的**确定性**，阿特曼和泰勒的社会渗透理论则定义了**透明度**和**自我暴露**。但是，巴克斯特从研究对象的叙述中得出结论，上述研究还仅仅是全部故事的一部分。

	内部辩证 （在关系内部）	外部辩证 （在沟通双方和社群之间）
整合—分离	联结—分离	包容—隔绝
稳定—变化	确定—不确定	惯例—独特
表达—非表达	开放—封闭	暴露—隐藏

图 12-1　存在于双方之间的典型辩证冲突

绝大多数人认为建立人际关系的目标是亲密度、确定性与开放度，但实际上我们与家人、朋友、爱人的沟通却鲜少直接指向这些目标。巴克斯特和蒙哥马利相信这是因为我们同时也被拉往另一个极端——自由、偶然与隐私。这些冲突的力量无法简单地通过"这个/那个"的决定来解决。辩证压力"既/又"的特性使我们的人际关系复杂、混乱，且总是处于一定程度的紧张状态之中。

巴克斯特和蒙哥马利的研究关注的是以下3种几乎影响到每一种亲密关系的辩证关系：**整合—分离、稳定—变化、表达—非表达**。这些矛盾列于图12-1的左侧。表格内部的词语则标明在两种不同的语境下它们分别承受的冲突力量。与典型的好莱坞爱情故事不同的是，《我爱贝克汉姆》在刻画杰茜与其他主要人物的关系时正是因为充满了这种矛盾与挣扎，才显得特别真实可信。由于巴克斯特坚称辩证关系是由对话创造的，我在下面将大量引用电影中人物的对白。

所有研究亲密关系中矛盾特性的学者都同意，辩证关系多到无法一一列举。因此，图12-1底部不规则的折线意味着，图中这些对立的力量只是人们在现实时空中建立关系时所遇到的矛盾的漫长列表的开始。例如，罗林斯发现朋友之间总是要应对判断和接受的悖论。在这一部分，我将只评析巴克斯特和蒙哥马利讨论的三大矛盾。

整合与分离

巴克斯特和蒙哥马利把整合与分离之间的矛盾看作存在于所有人际关系中的首要张力。当双方中的一方赢得"我—我们"的拔河赛时，人际关系将不复存在：

> 除非关系双方牺牲一定程度的个人自由，否则从本质上说，任何关系都无法存在。然而，过多的相互冲突将会损害关系，原因是个体认同的迷失。[8]

内部辩证：在一段关系中产生并持续的冲突。

外部辩证：沟通双方与他们所处社群之间的持续冲突。

整合—分离：辩证关系的层级之一，其中包括联结—分离、融入—隔离、亲密—独立、紧密—自由等。

在《我爱贝克汉姆》中，杰茜和她的父亲彼此之间的"留—走"的矛盾，充分说明了整合—分离的辩证关系。在影片推进的绝大多数时间里，杰茜反抗父亲"不许踢球"的禁令，甚至在晚上偷溜出去跟随球队到德国比赛。至于杰茜的父亲，他与女儿的谈话显示出，他更担心印度社群中人们对此事的想法而不是女儿的幸福。然而，当一位印度裔朋友催促杰茜放弃姐姐的婚宴去参加冠军争夺赛时，杰茜转过头对她的父亲说，"爸爸，没关系。婚礼才是更重要的。我不想毁了你和妈妈的这一天。"父亲反过来告诉她赶紧去，"尽管去踢吧，要让我们感到自豪。"当天晚上，在许多家庭成员面前，在愤怒的妻子面前，他公开地宣布了自己的决定，"可能你不会给她面子。我不能，我不忍心阻止她。"这一举动强化了父亲和杰茜之间的关系。

巴赫金认为冲突的时刻也是对话的时刻。电影中恰好有个生动的案例。在一场锦标赛中，杰茜因回击故意冲撞她的对方球员而被红牌罚下。但球队最终还是赢得了比赛。教练乔在更衣室看到暴怒的杰茜时这样对她说道："你有毛病吗，杰茜？我再也不想在你身上看到类似的事情发生。你听到没有？"不等杰茜回答，乔就转身走出更衣室。杰茜在他的身后跑向他。这时，他们之间的对话反映出整合与分离之间的张力：

杰茜：你为什么对我大喊大叫？你明明知道裁判违规判罚。

乔：你害我们差点输掉了这次锦标赛。

杰茜：但那不是我的错，你不必对我大声喊叫。

乔：杰茜，我是你的教练。我必须对你和其他人同样看待。杰茜，我看到了经过。她确实对你犯规了，拽了你的球衣。但你的反应太过激了。事情就是这样。

杰茜：不完全是这样。她称我是巴基佬，但我猜你一定不会知道那种感觉吧？

乔：杰茜，我是爱尔兰人。我当然理解那种感受。（乔把哭泣的杰茜拉到怀里，两人长时间的拥抱恰好被杰茜的父亲看到。）

巴克斯特和蒙哥马利还认为，亲密关系的双方不但要处理关系内部的张力，还要应对与他们各自社交网络中的人物的对立冲突。若想一段关系迅速升温，保持一定的私密空间是必需的，但这又与双方融入各自社群的需要相冲突。被父亲看到的拥抱足以说明杰茜和乔的关系。除非两个年轻人想办法解决在融入关系外部社群和保持关系内部私密之间的两难，他们的关系在未来会遇到极大障碍。当杰茜在幽暗的足球场上挽起乔的手臂并告诉他，她的父母终于允许她凭借足球奖学金进入一所美国大学学习时，你可以看到这种来自于关系外部的对立的力量。当乔想第一次亲吻杰茜时，她拒绝了，并说道："对不起，乔。我不能。"对于困惑的乔，她解释道："对于我的父母来说，让我去美国是一个真正的让步。如果我再告诉他们关于你的事情，我不知道他们是否还活得下去。"

稳定与变化

伯杰的不确定性递减理论在很大程度上证明人们努力寻求人际关系可预测性（见第10章）。巴克斯特和蒙哥马利不怀疑这一点，但强调伯杰忽略了人们同时也在努力追求的、与之对立的一面——自由。我们的生活需要一点点神秘、一点点突如其来，以及一点点为增加趣味所必需的意外惊喜。人们在共度的时光里如果缺少这些变化调剂，关系将变得乏味、无趣，并最终在情感上走向死亡。

在刚刚建立起友谊时，杰茜曾向朱莉探问她对乔的好感。以下这段对话可以看作是闺中**密友**的一种**自由**想象，婚姻通常来说意味着嫁给一个不十分理想的男人：

> **杰茜**：朱莉……你认识乔，你喜欢他吗？
> **朱莉**：不，如果他被发现与球员发生了情事，他会被解雇。
> **杰茜**：真的？
> **朱莉**：我希望我能找到一个像他这样的男人。我身边的男人都是些白痴。他们总是觉得女孩不能像他们踢得一样好，当然乔不这样想。
> **杰茜**：是啊，我也希望嫁给一个像他这样的印度男人。

然后，两个女孩一起大笑起来（一种压力的释放），在分手前相互拥抱。但是，辩证关系的处理总是微妙的。当不切实际的幻想在杰茜身上变得具有可能性时，朱莉严厉斥责道："你知道他不能和队员恋爱。别装得这么无辜……你真的伤害了我，杰茜！……你背叛了我。"

杰茜与家庭成员的关系可被简化成较易理解的模式：印度文化下的**传统**生活与一个踢英式足球的、具有令人吃惊的**独特性**的印度女孩之间的对立。杰茜的姐姐和父母的大量对话重现了印度社会历史悠久的规范和行为。杰茜的姐姐警告她说："想一想吧，杰茜，……你想因为嫁给一个英国男人，而成为令每个人、每个家庭侧目的对象吗？"然而，杰茜去加利福尼亚上大学的梦想、踢职业球赛以及渴望拥有与爱尔兰裔教练恋爱的自由，这些因素似乎汇成了一股向相反方向的推力。

杰茜和她的父亲的性格都有多元的侧面。在和朋友们的交谈中，杰茜把自己描绘成一位成绩好、性态度保守且很有责任感的女儿。她认为父母对她真心关爱，不想伤害他们的感情，更害怕父亲以后不再和她说话。杰茜的父亲也是如此。尽管他坚决反对杰茜踢球，他还是去看了她的比赛，并解释说这是因为他不想看到女儿失望。无论在扣人心弦的电影还是在现实生活当中，对话所产生的矛盾力量都相当复杂。

稳定—变化：辩证关系的层级之一，包括确定—不确定、传统—独特、可预测性—惊喜、惯例—新奇等。

表达与非表达

表达—非表达：辩证关系的层级之一，包括暴露—封闭、展示—隐藏、坦率—保密、透明—隐私等。

或许，你还记得社会渗透理论的创建者之一欧文·阿特曼的结论：自我暴露和隐私随时间做环形或波状的律动。[9]巴克斯特和蒙哥马利认同他的观点，指出人际关系的形成不是一条通往亲密度的笔直大路。他们看到因暴露或封闭而带来的压力时涨时落，仿佛被月亮引起的潮汐。假如杰茜与父母沟通时某种程度上看似有点精神分裂，那是因为介于保持透明度和自行决定的自由之间的辩证力量实在难以平衡。

几乎在整场电影中，甚至是在被父亲发现之后，杰茜始终对父母闭口不谈球赛的进展和她对乔的爱慕。但在姐姐婚礼的当晚（锦标赛的决赛在同一天举行），她决定坦白她的一个秘密：

> 妈妈、爸爸，……我今天晚上参加了决赛，我们赢了！……我从来没有踢得这么好过。我很高兴这次我没有对你们说谎并偷偷溜走……今天，一位从美国来的球探给我提供了一个参加职业赛的机会，我可以靠全额奖学金进入美国顶尖的大学读书。我真的很想去。如果我现在不清清楚楚地告诉你们我想要做什么，我以后无论做什么都不会快乐的。

正如一段人际关系始终伴随因辩证的暴露—封闭而来的张力，情侣们也会面对要向他人**展示或隐藏**的两难。巴克斯特和蒙哥马利强调关系"公开化"的任何一种潜在好处都会被相应的危机所抵消。公开化是一种情感的仪式，是向伴侣和他人表明两人的关系如此紧密的强烈信号。当杰茜在足球场上告诉乔她的父母无法接受他们的恋爱时，她似乎是理智和冷静的。即将前往美国上学的事实，使杰茜无法继续这段恋爱，而乔也很可能不愿意接受这种不确定性。但是当杰茜和朱莉在登机前跟家人道别时，乔飞奔进来大声喊着杰茜的名字。两个年轻人走到送别人群几步之外，乔向杰茜恳求道："你看，我不能让你不知道就离开，……即使有了距离和你家人的问题——我们之间还是有些值得为之努力的东西。你觉得呢？"杰茜用她火热的初吻作为给乔（同时也给她的父母，如果他们恰巧转身来看的话）的答案。在整场电影的最高潮，观众们会意识到辩证关系的力场可以被彻底改变，但绝对不会消失。

12.3 第二代辩证法：巴赫金论对话

对话：具有建构性，总是处于流动之中，并且能够达成审美瞬间。

巴克斯特曾说，理论发展与人际关系一样，永远不会停滞下来。好的理论随着时间不断变化，走向成熟。巴克斯特和蒙哥马利的理论早期一直在强调附着在一切人际关系中的矛盾的作用力。但是，巴克斯特近来开始关注巴赫金的**对话**概念。在被她称为辩证关系的**第二代**理论中，巴克斯特强调了巴赫金对话思想中的5个构成。[10]她的初始理论对这个构成已略有体现，但巴克斯特现在要对它们做进一步的强调，以揭示社会生活中对话的向心作用。下面我将逐一阐明这些对话构成。记往没有对话，人际关系就将不复存在。

作为建构过程的对话

巴克斯特论述道："沟通的建构研究法要回答沟通怎样定义和建构社会，当然也包括我们自身和我们的人际关系。"[11]这种对话观念与**符号互动论**和**意义协调管理理论**（见第5章和第6章）的核心假设有密切关系。回想一下米德主张人们的自我概念通过与他人互动而形成，皮尔斯和克罗嫩则坚称，对话中的个体共同建构了他们之间的社会现实，并同时被他们创造的世界所形塑。即使巴克斯特和这些理论学者是正确的，"人际关系中的沟通"这个话题仍容易让人误解，仿佛沟通仅仅是一段关系的主题之一似的。建构性研究法则表明沟通还具有其他效用——它能创造和维持关系。一旦双方的沟通方式有所改变，他们的关系也会随之改变。

还有什么研究能比对个体相似性和差异性的研究，更能体现让人着迷的对话的建构本质呢？[12]传统学术关注相似性——把共同的态度、背景和兴趣看成把人们聚合在一起的黏合剂。（"我认为个性让人愉快的人就是与我保持一致的人。"）在这个框架内，自我暴露被视为最有价值的沟通方式，因为通过这种互相的自我揭示，人们能够发现业已存在的相似性。

相较而言，对话的观念认为差异性与相似性同等重要，强调两者都是通过双方的对话产生和获得估值的。我的一位亲戚嫁给了一位比她大20岁的男人。他们年龄上的差异是既成的事实。但她和她丈夫是否把年龄跨度看作是有意义的差异，最终要由他们就此的对话而决定。在这对夫妻眼中，年龄差距可能是积极的，也可能是消极的。

在杰茜对乔坦白说她腿上有可怕的疤痕所以不能穿球衣时，我们可以清楚地看到对话的建构特性。乔惊奇地说道："这也太巧了！我觉得我膝盖上的伤疤挺难看，但你的倒挺漂亮。看，不要担心。当你走出去时没人会注意它。"然后，他们仔细比对各自的伤疤。乔追问杰茜她的疤痕的由来以及它是否会影响她的比赛。杰茜回答说不会影响，并回忆起她小时候因为拨弄烤面包上的豆子而把裤子引燃的往事。她最后以调侃的语气评论说，"所以，千万不要让我靠近豆子和烤面包。"5分钟后，她已经随意地穿上了球衣。这段与教练乔的对话改变了杰茜的某些观念，它是一个建构过程。

作为辩证通量的对话

我们已经学习了巴赫金和巴克斯特的思想，即任何社会生活都源于"两种斗争趋势的统一体，而其间充满矛盾与冲突"[13]。这些相互作用的力量的存在表明，关系的

建构性对话：创造、维系并改变人际关系和社会的沟通过程；社会建构。

辩证通量：人际关系中不可预测、没有终点，且缺乏决定因素的特性。

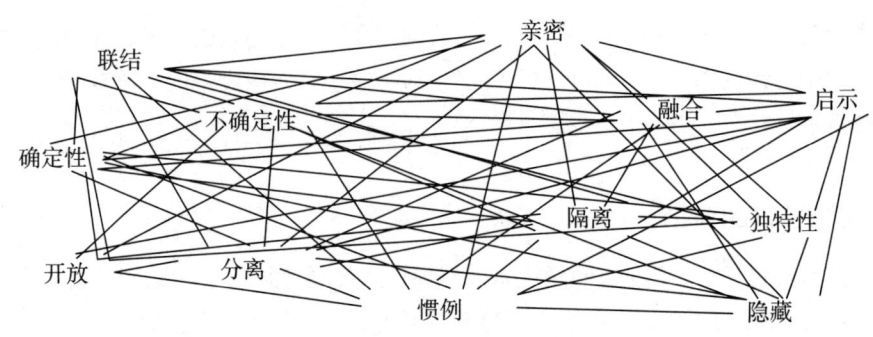

图12-2　人际关系混乱的状态

发展和维持注定是一个不可预测、没有终点而且缺少决定因素的过程——更像即兴的爵士乐而不是照本宣科的交响乐。既然人际关系由流动的对话所创造，巴克斯特认为我们应该很容易理解建构过程的"时断时续及其令人难以捉摸的步调"。[14]建构过程有如一团乱麻。

图12-2试图通过辩证通量的视角展现人际关系的复杂性。注意本章讨论的人际关系中的每一种作用力都与其多个反作用力相互冲突，构成张力。例如，**分离**不仅是整合的对立，同时也是**确定性**以及其他关系作用力的对立。即使图12-2的画面也还是过度简化的。每一条线都代表一种经简化的二元矛盾。我们继续以整合—分离的辩证对立来说明，实际上，指向整合的推动力可以被细分为许多分力——如亲密度、热情、依赖、支持、相互理解，甚至这些分力的任一组合。而在与其对立的分离的一端，指向它的推动力则是由一些完全不同的分力合成的。相对于这些矛盾的混乱不堪的状态，那些将沟通**单一地指向亲密关系**、**意义共享**和**提升确定性**的观念，显然过于理想化。

作为美感瞬间的对话

美感瞬间：对对话中的不同观点表示充分尊重而达成瞬间的同一感。

巴克斯特从巴赫金的研究中获得启示，把对话定义为**审美上的成就**，"对对话中的不同观点表示充分尊重而达成瞬间的同一感"。[15]这种完整感或同一感在碎片化的体验中不能持久，是一种稍纵即逝、无法维持的感觉。但是，对这种魔幻瞬间的记忆可以帮助双方克服任何亲密关系中固有的紧张感。

在恋人之间，确定双方关系的对话或初次性爱等转折点可能成为美感瞬间。巴克斯特认为，别具意义的仪式等公共行为"将日常社会生活中竞争性的、相互矛盾的声音在同一时间汇聚在一起，可能成为所有参与者的美感瞬间"。[16]夫妻双方在婚礼仪式上郑重交换誓言的一幕，即是参与者的美感瞬间。[17]拥有不同信仰和习俗的人感到在上帝面前他们是一个整体时，也建立了类似的沟通共轨。

电影《我爱贝克汉姆》中也有这样动人的一幕。杰茜在家中向大家热情地宣布她即将到美国去踢球的梦想，这个梦想显然与结构紧密的印度社群的传统女性角色格格不入，那是杰茜的姐姐在当天早些时候的婚礼中刚刚快乐地投身其中的角色。在杰茜宣告之后，一位客人悄悄地对另一个人说："这下她完了。"但杰茜的父亲选择接受女儿们截然相反的生活态度，将它们融合在一起。他追忆起当年他不被认同时的怯懦和痛苦，并接着说道：

> 我不想让杰茜难过。而且，在面对生活或适应环境时我不想让她再犯她父亲犯过的错误。我想让她去战斗，让她去争取。我看过她的比赛，她是——她是个天才。我不觉得任何一个人有权利阻止她。今天，我的两个女儿都收获了幸福，作为一位父亲我还能要求什么呢？

作为表达式的对话

巴赫金认为一切社会生活都是**运用中的语言**，因此他没有用**表达式**一词来定义自主个体的表达。我们倒是可以把表达式看成构成对话链条的众多沟通连接中的一个表达连接。一种既定的表达式可被先前的话语及即将到来的话语所影响。[18] 这种链条及其中连接的比喻更接近于皮尔斯在他的蛇状层级模型中对语言行为的解读，而与目标驱动的个人认知计划产生的复杂信息相去甚远（见第6章、第8章和第10章）。

巴克斯特经常引述巴赫金的核心观念：**生活，或说存在，至少需要两种声音**。[19] 她对某一表达式是否接受关系双方的立场特别感兴趣。美感瞬间是一段对话达到多义标准的典型范例。其他类型的对话可能不像它那样精致，但仍然会反映两种立场的存在以及附着在彼此之间的张力。例如，我的妻子珍妮刚刚打电话到我的办公室，问我什么时候回家。想起巴克斯特对多模态的讨论，我回应道："我很期待我们一会儿在美国女作家安妮·拉莫特（Anne Lamott）的演讲和招待会上会面，但是为了认真修订我的教材的最新版本，我必须留在办公室直到不得不走的时候。"我的回答中的"**但是**"是为我们48年婚姻情感中特有的整合与分离间的张力而强调引出的内容。

根据巴克斯特的理论，两种对立的立场的同时表达只是特例，而非常例。在随机指定的时间里，绝大多数关系伙伴把其中一种立场推向前台，而将另一种立场留在后台。巴克斯特和蒙哥马利已经找出两种与关系辩证法相一致的典型对话策略：

螺旋反转是两种对立的立场的来回转换，首先回应一种立场的拉力，然后再回应另一种立场的拉力。杰茜与家人前后矛盾的沟通方式正如这种不规则的螺旋式转换。她先是对家人撒谎隐瞒正在做的事情，随之而来的却是让人吃惊的坦白。她坦白的次数要多于沉默和欺骗。

分割是双方试图将一段关系的不同侧面加以划分、区隔的策略。某些议题和行为回应辩证关系中的推力，而另一些议题和举动则是在回应辩证关系中的拉力。例如，

表达式：在对话中影响，同时也受到某种立场或多种立场影响的多重立场沟通的一部分。

螺旋反转：两种对立的立场的来回转换，首先回应一种立场的拉力，然后再回应另一种立场的拉力。

分割：双方试图将一段关系的不同侧面加以划分、区隔的策略。

乔试图分隔他作为教练和作为男朋友的不同角色，杰茜同样也有类似举动。乔的"我是你的教练"的表述是一个清晰的分隔。而当朱莉问杰茜乔是否对她太严格了，杰茜的回答就模糊得多，"他是个好人，他也非常专业。"

对话是带有批判意味的情感能力

> **带有批判意味的情感能力**：批判主流、特别是批判那些完全压倒其对立观点的声音的责任；为沉默的人倡议、使其发声的责任。

对话的最后一个构成，是指批判主流、特别是批判那些完全压倒其对立观点的声音的责任。巴赫金对中世纪狂欢节的分析研究，为巴克斯特理解对话的这一功能奠定了基础。[20]虽然近似于卑躬屈膝、毫无原则的宫廷弄臣，但狂欢节小丑的眼睛"以嘲讽世界上一切严肃及封闭的心态为特征"。[21]

在人际关系研究的学术领域，针对本书在第9章至第11章介绍的可为恋爱、友谊和亲密家庭纽带提供单向指导的人际关系理论，巴克斯特相信，对话与巴赫金所谓"狂欢节的视角"提供了一种必要的修正。她批评了那些在人际关系实践中把其伙伴看成被影响的对象的学者。这种观念把人际关系视为对他人的权力和支配，压制、嘲弄任何反对的声音。[22]秉持巴赫金对多义语境的呼吁，巴克斯特反对任何无视和抑制其他声音的沟通行为。

在这方面，电影《我爱贝克汉姆》可以被看作一个年轻女孩反抗传统力量压制，并获得最终胜利的故事。导演及联合编剧顾伦德·查达哈（Gurinder Chadha）坦承这部电影带有自传性质。她强调说，"贝克汉姆绕过一排防守队员、将任意球轻松抽射入门的能力，是一个巨大的隐喻。在任何年轻女孩（也包括电影导演）身上都能发掘出这种力量。你找到了目标，知道你想到达哪里，但你必须调整转身，变通规则，才能最终达成你的目标。"[23]

12.4 伦理反思：西塞拉·博克与诚实原则

> **结果主义伦理**：仅仅根据一种行为的结果是导致损害还是收益而对其作出道德判断。
>
> **诚实原则**：真实的陈述比未经特殊考虑的谎言更能克服它们的权重负值。

谎言仅仅是对规则的变通吗？还是它也会破坏或践踏它们？从所有受谎言影响的人的视角来看，美国伦理学家西塞拉·博克（Sissela Bok）希望确知，谎言何时或者是否必须给出解释。

博克不认为人们绝对不能撒谎。她相信，"至少有一些情况是需要谎言的……其中最为迫切的是，当无辜生命正冒风险或只有靠谎言才能躲避危险时。"[24]但是她反对基于一种行为的结果是导致损害还是收益而对其作出道德判断的**结果主义**。这种思路类似于会计学中的盈亏线，在我们搞清楚一种行为会带来正面还是负面结果之前，先将其预设为道德中性。然而，在博克眼中谎言不是中性的。博克相信所有谎言都有其权重负值，且最终将被计入伦理等式。她的**诚实原则**宣称，"真实的陈述总是优于未经特殊考虑的谎言。"[25]

博克宣称人们需要诚实原则，而说谎者不过是在悲惨地自欺。计算欺骗的成本时，说谎者通常只看到自己的短期损失。他们不在乎错误行为对被骗的人的影响，也几乎总是忽视它对他们自身和他人的长期影响。博克警告说："信任和正直是宝贵的资源。它们容易被挥霍，却很难再获取，只在尊重诚实的土壤上才能生长。"[26]杰茜的人生当然不会完蛋，但是她未来将要对她的亲属及社群宣布的事情，他们可能很难接受。

12.5 评论：满足一个好的阐释性理论的标准

一些传播学学者质疑关系辩证法是否能被看成一种理论，因为：

> 它缺乏通常意义上预测性和阐释性理论的复杂结构；不能给出大量的可作层级划分的公理以及命题推演。它甚至不能针对其预测结果给出清晰统一的表述。[27]

你可能惊讶于巴克斯特和蒙哥马利居然会同意这一判断。事实上，给出这段评论的正是他们自己。这是由于在建立人际关系理论时，上述这些实证性理论目标根本不是这两个人想要去做或正在思考的。相反，他们提供的关系辩证法是一种**光敏处理理论**，它的价值在于帮助人们用一种新的视角来看待亲密关系。[28]因此，若想恰当地评论这一理论，应该采用第3章中阐释性理论的评判标准。下面，我将一一评述这些标准，而你将会发现在我看来关系辩证法作为阐释性理论，完全站得住脚。

1. 对人类的全新理解。 巴克斯特和蒙哥马利提供给读者一种理解亲密关系的全新方法。我发现许多学生在学习关系辩证法之后倍感宽慰。他们从此意识到自己与朋友、家人和恋人之间持续的冲突，只是人际关系不可避免的一部分，而不是出现严重问题的征兆。

2. 认同的社群。 巴克斯特对关系辩证法长达20年的研究，得到了亲密关系研究领域的学者们的高度肯定。国际关系研究协会更将她的专著《对话与人际关系》评为2004年度最杰出的学术理论。她的研究使得人际关系学术领域气象一新。

3. 价值澄清。 通过鼓励各类群体探讨他们的关系以及严肃看待他们所讨论的内容，巴克斯特和蒙哥马利的理论充分尊重了巴赫金所强调的倾听多种声音。巴克斯特批评说在较长的一段时期内她的研究仅仅关注了两种不同的声音，而非多义语境。[29]作为一个曾跟踪了解45段从大学直至中年的友谊的学者[30]，我完全理解人际关系纵向研究的难度，更对巴克斯特为其研究付出的努力表示高度赞赏。

4. 社会改革。 巴克斯特不仅愿意倾听多种声音，还试图为沉默者和被忽视的人群开辟能够发声和被听取的空间。关系辩证法促成一种有批评意味的情感能力，鼓励对话并抵制独白。在这一点上，她的理论不仅是关乎人际关系，更是公共领域中促进变化的力量。

5. 审美诉求。 图12-2说明为一个本质等同于混乱的研究对象（在这里即为人际关系）找到一种艺术化的表达存在多么大的难度。巴克斯特试图阐明巴赫金关于对话的多线索的观念时，这一任务显得愈加困难。这位俄国哲学家的著作用他的母语写成，其他人很难把他深奥细腻的思想用精妙的英语再现出来，对于准确的要求还远在其艺术性之上。然而，在描述**整体性瞬间**的时候，巴克斯特达成了我们所有人追求的审美理想——在乱糟糟的人际关系矛盾中艰难前行的画面似乎不再那么使人沮丧。蒙哥马利下面的这段表达则表明学习辩证法实际上是相当有趣的。

> 人们一直告诉我，如果你假设自己正处于不断下落的过程中，骑单轮脚踏车将会是非常享受的经历。你的任务是不断地施加一种力量以制衡另一种，以与之相反的运动和调节车轮来对抗拉力，在维持和控制下落的同时保持运动状态。如果成功的话，你就会被持续的不平衡状态所推动，这种过程有时显得可怕，有时又极为美妙。从辩证法的视角来看，维持一段关系是一个与之相似的过程。[31]

帮助你深入思考的问题：

1. 你能列举多少个同义词或近义词来表明巴克斯特和蒙哥马利用"**辩证**"一词代表的意义？这些词语的共同之处是什么？

2. 在目前介绍的8种理论中，巴克斯特和蒙哥马利认为哪一种是过于简化或非辩证的？

3. 在你最亲密的人际关系中，哪一组相互对立的作用力让你承受了最大的压力？你和你的伙伴在何种程度上运用了**螺旋反转**、**分割**和**对话**来应对你们之间的冲突？

4. 下列量表中的项目为什么不能揭示亲密关系中辩证冲突的存在？你的人际关系特征是什么？

亲密：＿＿＿：＿＿＿：＿＿＿：＿＿＿：＿＿＿：＿＿＿：＿＿＿：独立

自我测试：www.mhhe.com/griffin7

对话：

我们对话一开始，巴克斯特就表明，一切沟通都与时而相互竞争、时而相互对立的差异性有关。她解释了为什么我们应把这种辩证冲突看成改变和发展关系的良机，而不是无法解决的问题。巴克斯特警告说，人们往往认为建立关系很容易，但事实上这是一项艰巨的工作。我们大部分的讨论都集中于如何应对我们正在经历的差异性的相互作用。巴克斯特提供了一些实用的建议，并且特别推荐关系中的双方要严肃对待能体现其一致性和多样性的各种仪式。在 www.mhhe.com/griffin7 或 www.afirstlook.com 可以看到这段对话的视频。

扩展阅读：

推荐阅读：Leslie A. Baxter and Barbara M. Montgomery, *Relating*：*Dialogues and Dialectics*, Guilford, New York, 1996.

第二性理论：Leslie A. Baxter, "Relationships as Dialogues," *Personal Relationships*, Vol. 11, 2004, pp. 1–22.

近期概要：Leslie A. Baxter and Dawn O. Braithwaite, "Social Dialectics：The Contradictions of Relating," in *Explaining Communication*：*Contemporary Communication Theories and Exemplars*, Bryan Whaley and Wendy Samter (eds.), Lawrence Erlbaum, Mahwah, NJ, 2007, pp. 275–292.

理论发展的个人叙事：Leslie A. Baxter, "A Tale of Two Voices," *Journal of Family Communication*, Vol. 4, 2004, pp. 181–192.

人际关系辩证法与其他关系研究法的比较：Leslie A. Baxter and Barbara M. Montgomery, "Rethinking Communication in Personal Relationships from a Dialectical Perspective," in *A Handbook of Personal Relationships*, 2nd ed., Steve Duck (ed.), John Wiley & Sons, New York, 1997, pp. 325–349.

理论的源头——巴赫金：Mikhail Bakhtin, *The Dialogic Imagination*, Michael Holquist (ed.), Caryl Emerson and Holquist (trans.), University of Texas, Austin, 1981; Mikhail Bakhtin, *Art and Answerability*：*Early Philosophical Essays*, Michael Holquist and Vadim Liapunov (eds.), Vadim Liapunov and K. Brostrom (trans.), University of Texas, Austin, 1990.

友谊中的辩证法：William Rawlins, *Friendship Matters*：*Communication, Dialectics, and the Life Course*, Aldine de Gruyter, New York, 1992.

家庭中的辩证法：Arthur Bochner and E. Eisenberg, "Family Process：System Perspectives," in *Handbook of Communication Science*, Charles R. Berger and Stephen Chaffee (eds.), Sage, Beverly Hills, CA, 1987, pp. 540–563.

不同辩证法的比较、对照及评论：Barbara M. Montgomery and Leslie A. Baxter (eds.), *Dialectical Approaches to Studying Personal Relationships*, Lawrence Erlbaum, Mahwah, NJ, 1998.

对话：Leslie A. Baxter, "Dialogues of Relating," in *Dialogues*：*Theorizing Difference in Communication Studies*, Rob Anderson, Leslie A. Baxter, and Kenneth Cissna (eds.), Sage, Thousand Oaks, CA, 2004, pp. 107–124.

评论：Leslie A. Baxter, "Relational Dialectics Theory：Multivocal Dialogues of Family Communication," in *Engaging Theories in Family Communication*：*Multiple Perspectives*, Dawn O. Braithwaite and Leslie A. Baxter (eds.), Sage, Thousand Oaks, CA, 2006, pp. 130–145.

如欲与埃姆·格里芬联系，请到 www.afirstlook.com 点击"给埃姆发邮件"。

第13章　互动观点

创立人：保罗·瓦茨拉威克（Paul Watzlawick）

实证性  阐释性
控制论学派

　　富兰克林一家最近有麻烦了。如果你是一个敏锐的观察者，你不难从他们一家表面的成功中感知到他们的窘境。桑尼亚·富兰克林是一位杰出的钢琴家，在家里教授学生高级乐理和演奏技巧。她的丈夫斯坦近期即将成为四大会计事务所之一的合伙人。女儿萝莉是一位优秀的高中生，在班上担任班干部，还是网球队排名第二的球员。但是，萝莉的弟弟迈克丧失了对学业、运动和社会生活的一切兴趣，唯一的爱好就是喝酒和抽大麻。

　　富兰克林家的成员以各自不同的方式回应迈克的酒瘾和毒瘾，但都没有什么帮助。斯坦否认他的儿子有问题。男孩子嘛，他相信迈克肯定能走出这个阶段。在他与迈克就这个问题的唯一一次谈话中，他说，"我希望你能戒酒，不是为了我和你的母亲，而是为了你自己。"

　　萝莉始终觉得自己对弟弟负有责任，但又因为迈克每隔几天就喝得"烂醉"而感到害怕。她要迈克保证戒掉毒品，不断给他介绍自己的朋友，希望他可以结交一群有积极影响的朋友。

　　桑尼亚担心酒精和毒品毁了儿子的未来。一天早上迈克带着宿醉醒来，桑尼亚帮他写了张字条给学校，说他得了流感。迈克酒驾时被警察拦下，她就替他请了律师帮忙。她还答应儿子永远不会把这些事情告诉他的父亲，同时她却呵斥斯坦对儿子漠不关心。桑尼亚越是这样唠叨，斯坦就躲得越远。

　　迈克觉得自己陷入了恶性循环。抽大麻可以帮助他放松，但令他的家人更加苦恼，于是他又想抽更多大麻，抽更多又……在一次气氛紧张的餐桌谈话中，他大喊大

叫着说："你们想知道我为什么吸毒？自己照照镜子。"其他家庭成员把迈克看成一个"问题"，但在心理学家保罗·瓦茨拉威克看来，整个家庭体系受到了扰乱。瓦茨拉威克观察家庭机能障碍模式并提出社会互动理论，从而建立了对良性沟通的深入理解。

13.1 作为一个系统的家庭

把一个家庭想象成一个挂在天花板上的风铃。风铃的每个部分都用一根线与其他部分相连，每根线必须系在恰当的位置以保持整个系统的平衡。用力拉动任何一根线，力的冲击将传至整个系统。其中一根线被割断，风铃就会因为失衡而倾倒。

线与风铃的比喻代表着联结家庭成员的沟通法则。瓦茨拉威克相信，若想理解**家庭系统**内某个成员的行为，你必须审视所有成员之间的沟通模式。他认为家庭成员间与人际关系有关的沟通尤为重要。

瓦茨拉威克是加州帕罗奥图心理研究所的高级研究员、斯坦福大学精神病学临床教授，也是受到人类学家格里高利·贝特森（Gregory Bateson）感召并与其共事的大约20位学者和治疗专家之一。帕罗奥图的这一团队持续致力于把人际互动作为整个系统的一部分来研究。这些学者驳斥家庭成员的个人动机和性格决定家庭内部沟通方式的观点。帕罗奥图的研究者并不关心人们**为什么**会以特定方式采取行动，而想知道个体行为**怎样**影响群体中的每一个人。

有关家庭关系的系统方法不接受对人们采取某种行为方式的原因过于简单化的解释。例如，一些介绍肢体语言的大众心理学著作认为，倾听者双手叉腰的站姿表明他对说话的人有所怀疑。瓦茨拉威克感兴趣的是他人对这种姿势的反应，并不觉得它具有成为因果链条一部分的价值：

$$a \rightarrow b \rightarrow c \rightarrow d$$

人际关系可不简单，更不像"我们拥有良好关系"这句话那样，是一个明确的客体。人际关系在某种感觉上接近于数学函数，而且是包含多个变量的复杂函数：

$$x = b^2 + \frac{2c}{a} - 5d$$

正如变量x会受到a、b、c和d的数值影响一样，两手叉腰的站姿也受到态度、情绪、身体状况等一系列因素的影响。它或许的确代表了某种疑虑，不过同样可能是厌烦、不安、酸痛的肩膀肌肉的表现。

瓦茨拉威克在其著作《人际沟通语用学》中通篇都在使用数学的类比。他与合著作者珍妮特·比文（Janet Beavin）和唐·杰克逊（Don Jackson）一起，提出了"人际沟通试运算"（tentative calculus of human communication）的重要公理。这些公理构成了**对话法则**，或者用其著作中更常见的名词来说，它们是游戏规则。

富兰克林一家的游戏并没有什么特别。心理学家艾伦·瓦茨（Alan Watts）说过，"人生是一场竞赛，最重要规则是：这不是在玩，这是认真的。"[1] 瓦茨拉威克把**游戏**定义为**规则之下的行为序列**。桑尼亚和斯坦被卷入一场无休止的唠叨—回避—唠叨—回避的恶性游戏，而他们之所以继续这个游戏，是因为它对参与双方都有用。（桑尼亚获得了优越感；斯坦则避免了与儿子的争辩。）两人都没有意识到，他们之间的沟通是一种以物易物的交换。迈克的酗酒和家人的苦恼同样适用于这一分析。（酗酒不仅可以暂时获得放松，而且也是逃避必须成为优胜者的压力的绝佳借口，而做得比别人更好正是富兰克林一家游戏的主题。）

> **游戏**：规则之下的行为序列。

富兰克林一家的人际关系不能被看成是应对瘾君子的典型模式。瓦茨拉威克提醒说，根据自订的规则，每个家庭都在进行独一无二的游戏。正如CMM理论认为对话中的个人共同建构他们自己的社会现实（见第6章）那样，帕罗奥图的团队也坚称每个家庭系统创造了自身的现状。这一信念决定了他们进行家庭治疗的方法：

> 根据系统方法，我们试图尽快理解这个系统的功能：这一特定的系统为它自身建构了怎样的现实？此外，系统理论的基本原则之一是"每个系统都是对自身的最佳解释"，这就排除了分门别类的可能。[2]

13.2　与人际沟通有关的公理

控制富兰克林一家互动的沟通法则，使得其中任何一人想要改变行为方式都十分困难。瓦茨拉威克、比文和杰克逊用**家庭自我平衡**（family homeostasis）一词来形容许多家庭咨询师眼中的家庭成员为维持现状而心照不宣的合谋。互动理论学家认为，除非我们对以下的沟通公理或法则有所了解，我们将无法找出抵制变化的破坏性力量。[3]

> **家庭自我平衡**：家庭成员为维持现状而心照不宣的合谋。

一个人不可能不沟通

你绝对遇到过此类情景，你觉得有义务说些话，却宁愿回避掉这种固着在一切沟通中的回应责任——比如说，高中时代的你结束约会或派对回到家中，你的母亲迎上来想跟你聊聊这一天的经历。或者是，你当下必须学习，你的室友却缠着你要跟你闲聊。

想要逃避这类沟通，你可以推说第二天早上有考试，所以学习比社交更加重要，等等。但是，说出你想独自待着的期望会破坏良好行为的准则，通常还会导致消解关系的尴尬沉默。

你也可以用一连串无意义的字眼"不错，挺好"，或者以疲惫、头痛和喉咙痛为借口搪塞你的母亲，并尽快躲回自己的房间。瓦茨拉威克把这称为**症状策略**（symptom strategy），并且说这即是在表达，"我不介意和你谈话，可是有些比我更强大的因素在阻止我，这可不能怪我。"然而，无论你怎样做，以为你母亲不会通过你的表现来分析你当天晚上的活动就太天真了。迈克·富兰克林板着脸，对他的父母沉默以对。他拒绝交流，但还是传达了某些信息。他的非语言信息显然对他的家人有所影响。由第一公理可推论得出，"人**不能不产生影响**。"[4]

症状策略： 把双方不沟通归因于睡眠、头痛、酒醉等超出双方控制且在情理上使沟通不具可能性的因素。

传播=内容+关系

进一步解读上述等式，即任何沟通都有内容、关系两个层面，而后者作为元信息，可对前者作出界定。[5]瓦茨拉威克把格里高利·贝特森称之为**报告**和**控制**的沟通的两个层面重新命名为**内容**和**关系**。**报告**，或**内容**是指**说了些什么**，而**控制**，或**关系**则关乎**怎么说**。犹他大学传播学教授埃德娜·罗杰斯（Edna Rodgers），很早就开始对互动观点的阐释，并这样解释两者的区别：

> 内容层面提供的是该信息与哪些因素相关，而关系层面则指出该信息应如何被阐释。例如"你迟到了"这句话，它在内容层面指的是时间，而在关系层面则显然流露出对他人不负责任的批评意味。[6]

内容： 信息中报告的部分；被讲述的语言性内容。

关系： 信息中控制的部分；非语言性信息被讲述的方式。

图13-1概括了互动模式中内容—关系二者的重要区别。不过，前面介绍的等式和图中的项目并不能准确说明人际关系如何围绕内容展开，也不能提供阐释所需的语境和氛围。这是输入电脑的数据与决定如何处理数据的程序之间质的区别。在书面沟通中，标点符号提供了阐释和理解信息的线索。把问号换成惊叹号就会改变信息的意义，是这样吗？当然了！在口头交流中，语调、对某些字词的特别强调、表情变化等等都对信息的解读造成影响。

内容	关系
报告	控制
说什么	怎样说
计算机数据	计算机程序
语词	标点
语言渠道	非语言渠道
沟通	元信息传播

图13-1 沟通中的内容和关系

元沟通： 与沟通有关的沟通。

瓦茨拉威克将互动的关系层面称为"元信息传播"，即"元沟通"。它是与沟通有关的沟通。元信息传播即是说，"这是我看待我自己的方式，这是我看待你的方式，而这是我看待你如何看待我的方式……"根据瓦茨拉威克的观点，不管是在良性沟通或恶性沟通中，人际关系信息总是最为重要的元素。假如一个家庭陷入困境，元信息传播将主导成员之间的对话。迈克·富兰克林在餐桌上的爆发即为一种撼动整个家庭系统的病态元信息传播。在帕罗奥图的学术团队看来，富兰克林一家无视迈克的攻击而寄希望于冲突自行消失的做法，显然是错误的。只有当所有家庭成员都有意愿就彼此的沟通方式展开讨论时，不良的家庭关系才会好转。

关系的本质取决于双方如何标注沟通序列

英国精神治疗师莱恩（R. D. Laing）为描述受扰乱的人际关系创作了组诗《结》，我们来看一下其中一篇如何描述这种纠结混乱的人际关系。

> 他不幸福
> 　　因为世界上如此之多的苦难
> 她不幸福
> 　　如果他不幸福
> 　　但是，她希望获得幸福
> 他不觉得有资格幸福
> 她希望他幸福
> 　　而他也希望她幸福
> 他因自己的幸福而内疚
> 　　因她的不幸而内疚
> 她希望两个人都幸福
> 而他想要她幸福
> 所以两个人都无法获得幸福[7]

这首诗描述了一对纠结的情侣，关于不幸和罪感的沟通正是束缚他们的绳索。无意间听到这次谈话的局外人或许会从中发现如下图所示、没有起点和终点的罪感与压抑交互作用的模式。陷入情感纠结的女人会将 p 点、r 点或 t 点视为整个事件序列的起点。因为她确信，男人的罪感是她不幸的根源。

同样受到困扰的男人则会从事件序列中挑出表明女人渴望获得幸福的 q 点或 s 点作为开端。他认为女人的压抑引起了自己的罪感。追究谁是这一模式的肇始者没有任何意义，因为这只能加剧劳而无功的挣扎。

瓦茨拉威克指出，"使事件序列和断句成为一种问题的最典型的设想，即个体（他或她）认为自己只是反应而不激发的心态。"⁸富兰克林家的两位家长正是如此。斯坦认为自己回避桑尼亚，是因为她不停地唠叨；桑尼亚则相信假如斯坦愿意面对迈克酗酒的问题，她绝不会这样喋喋不休。

断句：将事件序列中的某个事件标注为原因，而其他事件为其后续结果的阐释方法。

一切沟通或为对称，或为补充

这条公理仍然聚焦于元信息传播。人际关系的定义包含归属感、情感、信任和亲密感等因素，因此互动观点必须格外注意与控制、地位和权力有关的问题。不要忘记格里高利·贝特森曾将沟通的关系层面定义为**控制**。在瓦茨拉威克看来，**对称**的互动基于权力平等；**互补**的互动则关乎权力差异。他认为不能用好或坏来评判这两种互动，在良性的关系中二者同时存在。

从能力的角度而言，富兰克林家的女性呈现的是**对称**关系；任何一方都没有想要控制另一方。桑尼亚精通钢琴；萝莉则在网球场上表现出色。她们中任意一方的表现都不受另一方要求的支配。幸运的是，她们的才能展现在不同领域。因为过多的相似性会引起"你能做的任何事我都比你做得更好"的竞争。

桑尼亚和迈克的关系是**补充**的。她是那种施加严格控制的母亲。她对迈克的父亲隐瞒迈克酗酒的程度，向学校行政人员撒谎，还雇用律师秘密地将她儿子从警局里保释出来。桑尼亚一直把迈克当做孩子，他们之间支配—顺从的关系因此得以继续。尽管补充关系并不总是破坏性的，但迈克和其他家庭成员之间的地位差异给这个家庭系统造成了压力。

互动观点认为，单向语言陈述无法定义一段关系。判断互动关系是对称还是互补，至少需要两个信息——其中一人发出的信息，以及另外一人对之作出的回应。传播学学者埃德娜·罗杰斯（Edna Rodgers）和理查德·法拉切（Richard Farace）在密歇根州立大学工作期间，曾经设计一个编码方案，以分类整理在婚姻关系互动中由谁实施控制这一话题。

控制性沟通（↑）是一种**夺取**互动控制权的行动。支配的意图包括指示、命令、打断、反驳、改变话题或者否定对方所说的内容等信息。**服从性沟通**（↓）是一种**服从**互动控制权的行动。服从的意图在同意对方所说的内容时得以展示。尽管瓦茨拉威克认为所有交谈不是互为对称，就是互为补充，罗杰斯和法拉切还是把**平向沟通**（→）也列入了他们的编码系统。他们将其定义为向控制**中性**移动的**非持续性**沟通。

图13-2列出了所有可能的关系矩阵。圆圈表示双方处于对称互动，三角形表示双方处于补充互动，正方形则指双方处于平向沟通状态。罗杰斯随后的研究揭示，支配的意图（↑）并不总是导致对互动关系的成功控制（↑↓）。⁹

控制性沟通：对话中夺取互动控制权的举动；尝试获得主导地位。

服从性沟通：对话中让出互动控制权的举动；尝试居于退让地位。

平向沟通：对话中使互动控制权保持中立的举动；如果仅一方采用，则这一互动就被称为是非持续性的。

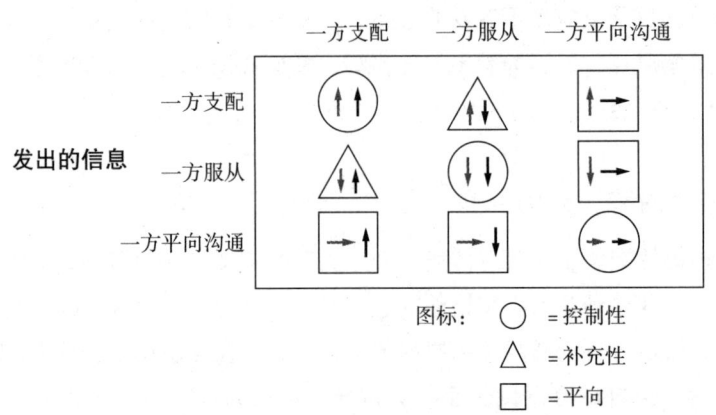

图 13-2　互动关系矩阵

13.3　陷入一个无路可去的系统

　　家庭系统很难做出改变。这种惯性在有瘾君子的家庭中表现得特别明显。每位家庭成员扮演的角色都在维持现状。在富兰克林家，迈克当然是"问题"人物。桑尼亚尽管出于好意，但她却是使迈克免于因药瘾、酒瘾产生的痛苦感受的"**教唆者**"。斯坦是"否认现实的人"，萝莉则因补偿了弟弟的失败成为这个家庭的"英雄"。家庭治疗师注意到，在有问题的家庭中，当一个人的情况向好的方向转变时，另一个人通常却会变得更糟。如果迈克戒掉了酒精和大麻，那么萝莉很有可能会退出球队，忽视学业，甚至开始吸食大麻。患有功能障碍的家庭证实了这样一句格言，"越变，越不变。"

　　瓦茨拉威克看到家庭成员通常被困在被贝森特称为**双重束缚**的、对彼此的特定期待中。父母给出的"你应该爱我"或"要有自主性"一类的信息使孩子处在两难的位置上。不管他如何反应，都会违反某些规则。（因为爱只能自由地给予，而被要求的自主则不可能实现。）双重束缚的悖论在于，补充关系中地位较高的一方坚持要求地位较低的另一方按照事实上并不存在的对称关系采取行动。斯坦**要求**他的儿子为了**自己的利益**保持清醒，这等于是将迈克推入一个无法获胜的情境。迈克无法做到在同一时间既服从父亲又保持自主。

教唆者：在物质滥用的环境中，因其不确定的态度而造成他人继续滥用物质的人。

双重束缚：受困于双方对彼此的特定期待的个人；补充关系中较强有力的一方坚持要求另一方按照对称关系采取行动，可被视作双重束缚的特例。

13.4　重构：通过改变规则来改变游戏

　　富兰克林一家怎样才能突破这一没有尽头的游戏，使彼此的关系出现真正的改变呢？在瓦茨拉威克看来，只有家庭成员在外界帮助之下走出当前的家庭系统，并且意识到现有规则内生的破坏本质时，整个家庭才会做出有效的改变。瓦茨拉威克把这个过程称为**重构**。

> 重构……意味着改变与所处环境相联系的观念（或情感）的设定或视角，把它放入另一个能同样或更好地适应同一具体环境"各项因素"的框架中，并由此改变整体的意义。[10]

重构：通过走出某种环境并重新阐释它的意义来促成改变的过程。

瓦茨拉威克把重构比喻成从噩梦中醒来。他指出，你在噩梦中会奔跑、躲藏、打斗、尖叫、跳下悬崖，甚至尝试更多种方式来使情况好转，但什么都改变不了。只有当你醒来并走出这个系统时，你才能真正获得放松。没有定时闹钟或关心你的室友的干预，真正的放松将迟迟不至。

重构，就是你换用新视角来看待事情时发出的"哦！原来如此"。设想一下你有机会和瓦茨拉威克谈论你付出了多少努力才勉强完成了传播学基础理论的课程作业。既然你选择进入传播学专业学习，你当然以为自己会**喜欢**阅读这些教材。然而，事实是你并不怎么喜欢。你因此觉得自己有些问题。或许你的家人为了让你上大学做出很多财务上的牺牲，你会因没有获得高分，或者心中对他们的帮助并不特别感激而觉得愧疚。你甚至讨厌这种必须心怀感激的状态。

如果你向瓦茨拉威克描述心中这些进退两难的困境，他会要求你把自己的态度重构为**不切实际**和**不成熟**——对大多数大学生而言这不是让人愉快的解读。瓦茨拉威克会向你解释说，即便从最好的愿望去看，读书也是一件不怎么开心的任务，认为读书的过程充满乐趣更是荒谬至极。你的家人当然有权利得到你的感激，但这并不代表你**喜欢**自己这种**不得不**对他人表示感激的状态。决定权在你的身上。你可以"继续抱着这些不成熟的观点不放，或者用成人的勇气去抵制它们，把生活看成快乐与痛苦相互交织的过程"[11]。**现实**不会改变，但瓦茨拉威克给你一种新的方式去解读它。假如你接受瓦茨拉威克的框架，或许你能更好地应对现状，并感觉不再那么痛苦。

对于富兰克林一家而言，重构意味着他们必须从根本上改变他们的观念。方法之一是采纳嗜酒者互诚协会的观点：迈克的酒瘾是一种他自己难以控制的疾病。它不是性格上的弱点，也不是故意抵制整个家庭价值观——他喝酒就是因为酒精上瘾。嗜酒者互诚协会的解读意味着富兰克林一家应抛弃那种为迈克的"失败"追究某人责任的劳而无功的做法。虽然迈克说让他们自己去照照镜子，但其他家庭成员无须对他的酒瘾负责。他们不是造成这一现状的原因，也不能治愈和控制迈克的酒瘾。它就是一种疾病。这是否意味着迈克在药物依赖这件事上没有责任呢？是的……不过他却**有责任**尽全力使事情好转。

要接受新框架当然就得否定旧的那个。富兰克林一家必须认识到，他们所谓的解决方式和迈克的物质滥用一样，都是问题所在。只要家人继续庇护迈克逃避自己行为的后果，他就永远不会试图治愈自己的疾病。通过重构，桑尼亚或许会意识到，与其用写假条和雇用律师的方法去关心儿子，还不如随他被学校开除和被吊销驾驶证。

通常只有依靠外力介入，人们才会采纳"严是爱，宽是害"的观念，接受全新的阐释框架。对瓦茨拉威克来说，这就是治疗。作为社会建构主义者，瓦茨拉威克既不想寻找迈克酗酒的"真正"原因，也不在乎某些人受基因决定天生容易对药物上瘾的说法是不是"真的"。在他看来，治疗的目的就是减轻痛苦。瓦茨拉威克将"上瘾=疾病"的模式视为富兰克林一家的可替代性建构——它或许并不准确，但对这一家人确实有用，能够降低他们的痛苦。[12]

成瘾模式：把酒瘾或其他药物上瘾看作是可治愈的疾病而非应受谴责的性格弱点的假设。

一个名为家庭匿名协会的自助组织，甚至激进地把**成瘾模式**看作重构家庭内部网络的**特定**方式。正如嗜酒者互诫协会为人们摆脱酒瘾而提供支持那样，家庭匿名协会也为那些家中有滥用药物的成员的人们提供支持。每次聚会时，参与者都大声朗读一篇题为"救助"的短文，发誓避免操纵、控制、过分保护，以及任何用某种标准或范例来限制滥用药物的家庭成员的做法。他们的朗读最终以对忧虑的父母的喊话结束："我只能爱他人及改变自己。"[13]这就是通过改变规则来改变游戏。

13.5 评论：系统理论内部所需的调整

1967年，珍妮特·比文·巴韦拉斯（Janet Beavin Bavelas）和瓦茨拉威克合著了《人际沟通语用学》一书。25年后，她再次回顾那些代表互动观点核心内容的公理。[14]基于她在加拿大维多利亚大学的研究，巴韦拉斯建议修改这一理论的某些公理。我们不妨将她的提议看作是对该理论的恰当评价。

互动观点的第一公理是**一个人不可能不沟通**。或许是由于它的表达方式，第一公理引发了远比其他公理更多的争议。巴韦拉斯对人们用回避眼神交流或某种身体位置来暗示他们不想沟通的方式非常着迷，但她坦承不是所有非语言行为都能进行沟通。尽管细心观察的人能从他们看到的事物中发现线索，然而如果不存在发送—接收关系及共享的阐释密码，巴韦拉斯认为将非语言行为的性质限定为**提供信息**，而非**沟通**更为恰当。

如图13-1所示，帕罗奥图的学术团队认为语言渠道和非语言渠道分别提供不同类别的信息。但巴韦拉斯现在认为，两种渠道具有各自独立的功能并因此适用不同用途的观点是错误的。她由此提出**整体信息模式**，在该模式中语言行为和非语言行为被整合成为一个整体，且通常可以互换。她擦去了图13-1中间那条垂直的虚线——这是思想上的重大转变。

整体信息模式：认为一条信息中的语言和非语言成分可以被完全整合且相互置换。

巴韦拉斯仍然认同另一条公理对内容及关系层面的区分。和瓦茨拉威克一样，她认为沟通的内容层面嵌入在由双方关系决定的氛围之中。然而，回头看看，她又觉得他们把**元信息传播**等同于任何与关系有关的沟通，这容易让读者感到困惑。现在，她希望用元信息传播这一名词来表示与**沟通过程**有关的明确直接的沟通。定义收窄后的元信息传播应该是以下这样：萝莉·富兰克林对弟弟说，"别用孩子的方式和我说话。"迈克则回应说："你这话什么意思？"萝莉扬起的眉毛和迈克愤怒的语调，构成两人之间紧密集成的意义包的一部分。

牵涉到人的系统理论很难评估，因为它们具有**等效性**——这一特性意味着一个已知的行为后果可能是由任何一种或多个关联的因素引起的。很难知道具有这种特性的系统什么时候会运转不正常。不过，我觉得巴韦拉斯已经意识到这个在她协助下创建的理论体系仍有其令人不安及值得质疑的地方。

尽管存有一些疑虑，但瓦茨拉威克及他的团队在人际沟通领域的突破还是令我印象深刻。《人际沟通语用学》一书的出版，标志着对沟通模式如何维持或破坏关系的研究从此得到了广泛的传播。互动观点的出现还鼓励传播学学者超越狭隘的因果假设。瓦茨拉威克所描述的纠结与缠绕，正是我们大多数人所认识的现实生活复杂性的体现。在这一点上，互动观点与前一章关系辩证法是相似的。

> **等效性**：认为某种已产生的后果归因于某种或多种关联因素，而非由单一因果关系造成的系统理论假设。

帮助你深入思考的问题：

1. **系统理论**学者把家庭系统比喻成风铃。风铃的哪个部分代表了**元信息传播**？如果你正根据你的家庭模型建构一个风铃，你如何描绘**对称和补充**的关系？

2. 在几十年里，美国与前苏联持续进行核武器竞赛。如何用瓦茨拉威克的**标注沟通序列**的公理解释两国的竞争状态？

3. 你可以说出一件让你的老师认为你陷入了**双重束缚**的事情吗？在什么情况下，这一双重束缚是好笑的，而不是令人沮丧的？

4. 阅读日报上印有《问问艾米》(*Ask Amy*)或者《亲爱的艾比》(*Dear Abby*)字样的专栏。你将如何**重构**作者描述的情景？

扩展阅读：

推荐阅读：Paul Watzlawick, Janet Beavin, and Don Jackson, *Pragmatics of Human Communication*, W.W.Norton, New York, 1967.

Palo Alto公司的创意思想：Gregory Bateson, "Information and Codification," in *Communication*, Jurgen Ruesch and Gregory Bateson (eds.), W. W. Norton, New York, 1951, pp. 168–211.

系统理论：B. Aubrey Fisher, "The Pragmatic Perspective of Human Communication: A View from System Theory," in *Human Communication Theory*, Frank E. X. Dance (ed.), Harper & Row, New York, 1982, pp. 192–219.

人际关系控制：Edna Rogers and Richard Farace, "Analysis of Relational Communication in

Dyads: New Measurement Procedures," *Human Communication Research*, Vol.1, 1975, pp. 222–239.

家庭中的人际关系控制：L. Edna Rogers, "Relational Communication Theory: An Interactional Family Theory," in *Engaging Theories in Family Communication: Multiple Perspectives*, Dawn O. Braithwaite and Leslie A. Baxter (eds.), Sage, Thousand Oaks, CA, 2006, pp. 115–129.

重构：Paul Watzlawick, John H. Weakland, and Richard Fisch, *Change*, W. W. Norton, New York, 1974, pp. 92–160.

病态符号：R. D. Laing, *Knots*, Pantheon Books, New York, 1970.

个体沟通失能：Theodore Clevenger, Jr., "Can One Not Communicate? A Conflict of Models," *Communication Studies*, Vol. 42, 1991, pp. 340–353.

治疗中的社会建构方法：Paul Watzlawick and Michael Hoyt, "Constructing Therapeutic Realities: A Conversation with Paul Watzlawick," in *Handbook of Constructive Therapies*, Michael Hoyt (ed.), Jossey-Bass, San Francisco, 1997, pp. 183–196.

理论调整：Janet Beavin Bavelas, "Research into the Pragmatics of Human Communication," *Journal of Strategic and Systemic Therapies*, Vol. 11, No. 2, 1992, pp. 15–29.

当前理论发展：L. Edna Rogers and Valentin Escudero (eds.), *Relational Communication: An Interactional Perspective to Study Process and Form*, Lawrence Erlbaum, Mahwah, NJ, 2004.

评论：Carol Wilder, "The Palo Alto Group: Difficulties and Directions of the Interactional View for Human Communication Research," *Human Communication Research*, Vol. 5, 1979, pp. 171–186.

如欲了解本书旧版介绍的卡尔·罗杰斯的存在主义理论———一种有助于建立良好人际沟通的理论，请到www.afirstlook.com点击"理论档案"。

单元引言 影响力

　　某些影响力的研究者只关注人们诱发符合其期望的行动支持的语言策略。这种**获取支持策略**的研究要求人们想象自己处在一个不令人愉快的社交情境中。[1] 比方说，隔壁的家伙在你即将入睡时启动狂野的子夜派对；你室友的讨人厌的客人在你们这里停留了一个礼拜；你不得不向一个不太认识的人借车，等等。研究者随后会询问你要使用什么技巧让人们按你期望的方式行动。

　　通常来说，你会列出一个预定的获取支持的策略列表——**承诺、威胁、解释、暗示、恭维、警告、指控、直接提出要求**，等等。这类调查的发起者强调找出人们确实在使用哪些语言策略的重要性。尽管收集了大量的描述性资料，但这类研究既无理论基础，也不能产生足以构建新理论的洞见。它们很少能够解释人们为何选择某种技巧，不能预测人们下一次的选择，缺乏对各种技巧效果的评估，更不关心该策略在其他情境中的适用性。

　　即将在这一部分介绍的3种理论，与这一类对获取支持策略的整理不同，它们关注**态度的改变**。这些理论全都归属于社会心理学流派，它们试图搞清楚在倾听者的头脑中说服性的信息是如何被处理的。就这一点来说，它们与迪利亚的**建构主义**很相似（见第8章）。这些理论在一定程度上捕捉到了人们在回应施加影响的行为时的心理路径，并且分别就如何设计改变他人态度的信息给出了实用性建议。

　　态度是内心的反应，由人们的思想、感觉和意图构成。由于无法直接观测他人的态度，研究者只能依靠由多个问题构成的自我报告：

　　　　认知能力："你衷心地相信些什么？"
　　　　情感："你真的在投入吗？"
　　　　行为："你打算做什么？"

　　许多年来，实证主义社会学家似乎满足于由线性七点量表中某个单一的点来代表某人内心的态度。下页的量表就是其中最典型的一个。在第14章，我将介绍穆扎费尔·谢里夫的**社会判断理论**，该理论把态度看成一系列的信念。它超越了简单的正向—负向评价，并考虑了态度的第二维度——这个议题对倾听者来说是否重要。谢里夫认为在预期的状态和倾听一方的现状之间的差距决定了说服的企图是成功还是失败。

　　相较于社会判断理论所描绘的单向心理过程，理查德·佩蒂和约翰·卡乔波在读到或听到说服性信息的大脑中看到两条替代性路径。一条路径与针对该信息的论据的主动思考有关；另一条根据信息来源的可靠度和其他次要线索触发自动的回应。第15章将介绍这两位理论学者的**详述可能性模型**，该模型列出了使倾听者及读者认真读取某一信息的必要条件。

态度通常被认为是某种方式下**回应的倾向**，但人们表述的意图与其后续行为之间的边际值，却时时令那些认为态度可以预测行为的学者感到烦恼。在**认知不协调理论**中，利昂·费斯廷格指出影响力的另一种工作方式——行为塑造态度。该理论更做出了一个令人惊讶的预测：人们会改变私下的信仰以迎合他们的公共行为，但是只是当他们有很少的动机去行事的时候。第16章具体介绍了基于人类寻求一致的需要的这一理论。

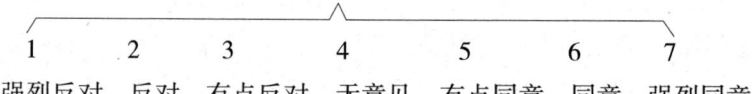

美国入侵伊拉克是合理的

1　2　3　4　5　6　7
强烈反对　反对　有点反对　无意见　有点同意　同意　强烈同意

第14章　社会判断理论

创立人：穆扎费尔·谢里夫（Muzafer Sherif）

实证性　　　　　　　　　　　　　　　阐释性
社会心理学派

我的儿子吉姆是一位飞行员——这份工作因 2001 年 9 月 11 日的恐怖袭击而发生了巨大改变。吉姆在机场中穿梭时不经意地听到关于飞行安全的各种议论。我列出了其中 11 种，足以反映他所听到的各类态度。请浏览这些评论，感受一下它们所呈现的丰富视角。

- 航空公司不愿意花钱为乘客提供严密的安保。
- 生活是有风险的，飞行也不例外。
- 任何愿意为事业牺牲生命的人都能成功劫机。
- 配枪的空保可以制止恐怖分子。
- 有老的飞行员，也有鲁莽的飞行员；但没有不老不鲁莽的飞行员。
- 飞行员起飞前都会喝酒以缓解对劫机的恐惧。
- 坐飞机到目的地比坐火车或汽车更安全。
- 美国飞行员接受过应对一切飞行紧急事件的训练。
- 进入喷气式飞机的驾驶舱很容易。
- 自从检查人员接受集体管制的管理制度，乘客安检变得更加完善。
- 坠机的几率是千万分之一。

花几分钟记住你对这些评论的反应。如果你在跳到下一部分之前遵照以下指示，你就有机会提前体验社会判断理论做出的预测。

首先，再次通读这些评论，在最能代表你的观点的那一条下面划线。

现在看看是否存在其他比较合理的评论，在那些可接受的评论前面画圈。

再读一遍剩下的评论，在任何你不接受的评论前面画叉。如果你将这些不合理的想法划叉，那么有可能11个评论最终都以某种方式标记。也有可能你会留下几条未做标记的评论。

14.1 三种态度：接受、拒绝，或中立

我刚刚带领你体验了一下社会判断理论认为将在我们头脑中发生的事情。我们听到一条信息，并立即判断它应该被放在我们头脑中态度量表的哪一个位置。根据穆扎费尔·谢里夫的观点，潜意识中对信息的分类在接收信息的瞬间就会发生。我们用与现有观点比较的方法来衡量每一种新观点。谢里夫把这种态度分析称为**社会判断参与法**，不过大多数学者将它简称为**社会判断理论**。

社会判断理论：通过与当前态度相比较，从而实现对某种观点的感知和评价。

俄克拉荷马大学的心理学家谢里夫发表过两项里程碑式的研究，论证个体如何受到参照群体的影响。他的**自动效应**（autokinetic effect）为分析一致性压力的研究奠定了基础。[1]**强盗洞穴**（robber's cave）则试图寻找减少群体内部冲突的方法。[2]两项研究都发现，人们的认知会因群体成员构成而发生戏剧性的改变。社会判断理论因此将其关注焦点扩展到影响力领域。

参照群体：其成员被作为参照、比较的群体。

谢里夫认为在确定你对飞行安全或其他议题的态度结构时，有必要先了解你在之前测试中所做的3类回应。在任何情况下，你都会给其中一些看似合理的评论画圈，并在无法接受的几个意见上画叉。谢里夫由此认为你的态度是一个**区域**，而不是你用线划出的单一评论。他写道，"连续体上的某一点不能充分说明个体的立场。支持该立场的不同个体在该点的接受度公差可能非常不同。"[3]

接受区：一个人认为合理或值得考虑的观点的范围。

谢里夫认为态度由3个区域构成。第一个区域称为**接受区**。它包括了你用线划出的和画圈表示接受的评论。第二个区域为**拒绝区**。它由你划叉表示不接受的意见组成。如果还有剩下的评论，它们则被归于**中立区**。中立区里是一些你既不反对也不接受的评论。在传统的态度调查中，它们即指那些**无法决定**和**无意见**的态度。谢里夫指出如果想要描述一个人的态度结构，我们就必须知道这些相关区域的位置和宽度。

拒绝区：一个人认为不合理或者反对的观点的范围。

中立区：一个人认为既不接受也不反对的观点的范围。

假设吉姆在机场遇到一个名叫内德的男人，而他正在抱怨说"9·11"事件充分说明了飞行是多么危险。如果吉姆想要说服焦虑的内德飞行是绝对安全的，它的风险至少要比内德想象的低得多，社会判断理论建议吉姆在说服内德之前，先弄清楚他3个态度区域的位置和宽度。图14-1显示了内德沿心理量表给予11种评论的定位。接下来你或许会发现，如果我儿子对内德的认知地图了然于心，他就很有机会设计出足以说服内德的信息，使内德对飞行安全抱有更加乐观的态度。

14.2 自我投入——你有多在乎？

有关内德的态度结构，吉姆还需要知道一件事——在内德的生活中，飞行安全这个问题有多重要？谢里夫将这个概念称为**自我投入**。**自我投入**是指在我们的生活中某个问题有多么重要。它是我们幸福的关键吗？我们会不会经常想到它？我们对这件事的态度对我们对自己身份的认知是否大有影响？在图14-1中，我用一个锚形图案标记最能体现内德观点的位置——飞行是危险的，因为狂热分子愿意为了他们的事业去死。谢里夫指出，锚形位置代表着我们赞成的观点的位置；它锚定了我们关于这个主题的所有其他想法。

自我投入：某个问题对个体生活的重要性；可由某一确定立场的群体会员的身份而证明。

假如对内德来说飞行安全不是最关键的问题，我们可以换用一个小一点的锚形图案表示他的易于转移的立场。那些站在航站楼里、但不打算搭乘飞机的人，他们或许想要在这里接收租来的车，或者给姨妈朱安妮塔送行，再或者是为了帮朋友取回弄丢的行李，更适用于用较小的锚来标明态度。他们虽然不喜欢飞行事故，但飞行安全对他们而言并不是重要的个人关切。

或许绝大多数人心中还印刻着飞机撞上世贸中心双塔的画面，但不是每个乘客都会时常回想它。人们不会为此事争论不安，飞机咆哮着起飞时也不会手心冒汗。只要

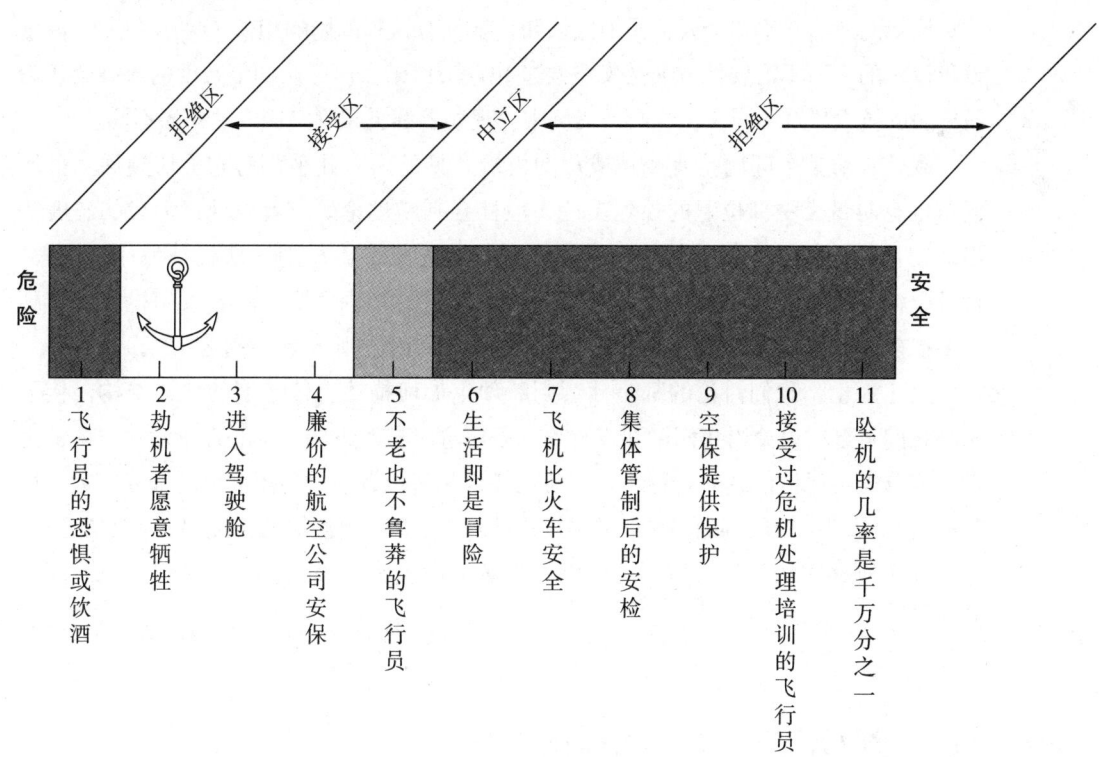

图14-1　内德对飞行安全的认知地图

一切运转正常，人们的自我投入就十分有限。

不过对内德这一类人来说，这个问题就十分重要。他们频繁地乘机飞行，互相交换某个认识的人死于劫机事故的恐怖故事。3个肤色黝黑的男人登上他们乘坐的前往芝加哥的班机，就足以令他们惊恐万分。许多人对飞行可能只是产生短暂焦虑，但是，如内德内心这种根深蒂固的恐惧，更适合用图14-1中的重锚来标注。

拥有和内德类似的态度模式的人是高度自我投入的。一些人加入飞行乘客协会，向国会陈情要求实施更严格的安全条例。谢里夫认为享有某个立场确定的组织的会员身份是高度自我投入的表现形式之一。我儿子的飞行驾驶执照、航空飞行员协会的会员卡，以及在大型航空公司就职等条件，说明他对飞行的自我投入程度并不亚于内德。当然，他对飞行安全的信心位于量表的另一端。

在内德的态度结构中，有3个高度自我投入的人的典型特征。第一个特征是，他的中立区域几乎不存在。对某件事漫不经心的人通常有一个宽泛的中立区域，而内德在这一区域的评论仅有一条。内德对于老而鲁莽的飞行员所知不多，但他对其他所有一切都有明确的意见。

第二，内德拒绝了全部5条提供安全保证的评论。根据社会判断理论，较宽的拒绝区域是高度自我投入的典型表现。内德非常恐惧飞行的潜在危险，认为安全是一个非黑即白的话题。低度自我投入的人通常会看到更多的灰色地带。注意，高度自我投入对认知的影响与感知个人特质中低认知复杂度对认知的影响相似（见第8章）。高度自我投入的人分不清安保方面的实质改进和空头承诺。而低认知复杂度的人则会认为组里的成员没什么不同。在这两个案例中，观察者都无视确实造成差异的不同。

最后，对某个问题持有或正或负的极端意见的人，几乎都对它关切颇深。虽然偶尔也有对量表中部位置的强烈支持，但社会判断理论研究者发现，大量的态度锚出现在量表的两端。极端位置与高度自我投入总是形影相随。这就是为什么宗教、性及政治是美国海军出海舰艇的军官宿舍中一贯的禁忌话题。随着人们投入的情感越来越多，激进观念的力量也越来越强大，对不同意见则更缺少包容。

至此为止，我们讨论的都是社会判断理论如何描述个体态度的认知**结构**。接下来，我们将继续讨论当我们读到或听到一条信息时被激发的两个心理**阶段**。以内德为例，他首先会评估信息的内容，看它落在什么相对位置——即距离他的锚有多远。这是社会判断理论中的**判断**阶段。在第二阶段，内德会调整他的态度锚，使之靠近或远离他刚刚接收的信息。以下两个部分将阐释谢里夫所说的使影响过程生效的两个阶段。

14.3　判断信息：对比和同化错误

谢里夫指出当我们听到一条差异性信息，我们会以态度锚为参照点。他认为我们判定他人态度的方法与在现实世界中做出判断一样存在系统性偏差。我最近在课堂上用3桶水演示了这种偏差。3桶水表面上看是一模一样的，只是左侧水桶盛的是冰水，右侧水桶装的是热水，而中间的水桶装的是温水。我的一位学生充当志愿者，将她的左手放进左侧水桶，同时将右手放进右侧水桶。20秒是她所能忍受的极限。之后，我要求她将两只手放进中间的水桶，判断水的温度。实验会带来冲突的感受，因为她的左手"告诉"她水是热的，而右手却传递水很凉的信息。

谢里夫假设"热衷"于某一想法的人听到一条"温度"并不同样火热的相关信息时会出现类似的**对比**效果。根据这些人的标准，即使"温暖"的信息也是冰冷的。谢里夫的**社会性判断—投入**标签恰到好处地捕捉到自我投入和认知之间的关联。高度投入的人拥有宽泛的拒绝区域。任何落入该区域的信息，都会让他们以为，它比真实情况更远离他们的锚。这条信息在大脑中被推向一个更远的位置——并不在接受区域内——因此听者认为不需要把它作为可行的选项来处理。

对比：认为落在拒绝区域的信息距离其态度锚的位置比两者真实距离更远的认知错误。

对吉姆来说，以上这些当然都是坏消息。假设他走向内德并冷静地向内德说明他上一次坐飞机时有联邦空保随机防护。内德接收到吉姆的信息后，应该将它放在一个由1代表极度危险、11代表绝对安全的量表中9的位置。然而，社会判断理论认为内德不会这样做。尽管吉姆出于好意，但在紧张的内德看来，这番话或许只是飞行员基于自身利益的宣传。吉姆在一般情况下强调乘机法规与秩序，也会被内德看成位于10或11位置的无效承诺。对内德而言，这些都是会被他迅速否定的不切实际的保证。

对比是导致思想极化的认知扭曲。不过，根据谢里夫的观点，只有当信息落入拒绝区域时，这种扭曲才会形成。**同化**是反向的错误，是一种把某种观点拉向听者的锚，从而使听者和传播者看上去像是在分享同一种意见。一旦信息落入接受区域，就会发生同化效应。假如吉姆告诉内德他所在的航空公司不愿意在有效的安保上花钱。这则信息在内德的认知地图上本应位于4的位置，但内德会觉得它比实际上更近似于自己的锚定态度，而把它放在3的位置。

同化：认为落在接受区域的信息距离其锚的位置比两者真实距离更近的认知错误。

谢里夫还不清楚人们如何判断落入中立区域的信息。不过，绝大多数阐释学派学者认为他描述的这两种认知偏向不会生效，信息大体上会按照它预设的方式而被接收。

14.4 差异和态度改变

判断一条信息距我们的锚定位置的远近是态度转变的第一阶段。第二阶段是听者移动锚以作为回应。谢里夫认为影响过程的两个阶段都是在潜意识中发生的。

根据社会判断理论，一旦我们认为某条新的信息处于接受区域，我们会在某种程度上调整态度以适应新的输入。这种影响力是积极的，但较为片面。我们不会被完全说服，但态度锚确实会向传播者被认知的位置明显移动。这样的位移有多大呢？谢里夫仍不明确，但他认为**差异越大，听者就越倾向于调整他们的态度**。因此，最具说服力的信息是与听者的锚定位置差异最大、但仍然落于**接受区域**的信息。

假如某条信息出现在拒绝区域，我们同样会调整态度，更坚定地**拒绝**传播者的倡议。高度自我投入的人有宽泛的拒绝区域，因此大多数试图说服他们的信息，其实有将这些人推得更远的危险。**回转器效应**指出，人们通常被**驱离**而非被**拉向**他们的锚定态度。

回转器效应：
与信息倡议方向相反的态度转变；接收者更加排斥而非接受某种观点。

谢里夫描述的心理过程是自动运转的。他将人际关系的影响简化为信息与接收者之间的距离问题：

> 就其本质而言，态度转变的问题即是沟通差异度和处理该差异的必要程度的问题。[4]

因此，社会判断理论唯一的选择空间是，试图影响他人的传播者对于可替代性信息的可行性选择。

14.5 给传播者的实用建议

谢里夫建议吉姆不要提及坐飞机比坐汽车、火车更安全这类的信息。内德绝不会相信，反而可能更加讨厌飞行。要实施最大限度的影响，吉姆应该选择一条恰好落在内德接受区域边缘的信息。承认航空公司不愿意花钱建立严密的安保，同时要强调"9·11"事件已经改变了航空公司过于玩忽的态度；用模棱两可的语气说明不存在又老又鲁莽的飞行员，强调座舱试驾已经淘汰了那些不合格的飞行员。按照社会判断理论，这种策略可以产生微小但积极的说服效果。

尽管吉姆期望更有成效的结果，但谢里夫警告说吉姆在一次尝试中所能获得的也就这么多了。假如与吉姆谈话的是一位接受区域宽泛、思想开放的人，吉姆有可能促成较大的态度转变。但是，吉姆面对的是一位高度自我投入的旅行者，因而仅有狭小的运作空间。使态度从一个极端转向另一极端的对话极为罕见。传播者只有通过一系列微小但连续的行动，才能促成足够充分的态度转变。说服他人是渐进的过程。

说服他人也是**社会化**的过程。吉姆与内德之间不具备人际关系，这限制了吉姆可能施加的影响。内德在听到朋友或家人对航空安全的坚定保证之后，态度很有可能会出现重大转变。谢里夫强调说，"最戏剧化、最广泛和最持久的态度改变，通常是那些价值观不同的参照组中的参与性转变。"[5]

14.6 促成态度转变的条件

基于社会判断理论的研究预测通常涉及高度自我投入的议题。例如，一项支持该理论两阶段假说的研究，为反堕胎行动组织的成员提供了有关堕胎权的信息。[6]另一项研究则调查了人们对于公开HIV检测结果的态度。[7]

一项早期的关联实验选择了对所有大学生都很重要的主题——睡眠。[8]最初，大多数大学生接受传统的看法，认为8小时睡眠可保证身体机能的最佳运转。之后，大学生们读了一篇由该领域专家撰写的文章，宣称事实上年轻人不需要那么多的睡眠。大学生们收到的信息几乎完全一样，仅有一个关键点不同。有些大学生被告知需要8小时睡眠，有些是说需要7小时，还有些说是仅需要6小时，时间依次递减。最后一组学生读到的文章声称人类根本不需要睡眠！上述实验组都有发表意见的机会。

谢里夫的理论指出建议的睡眠时间越短，越多的大学生会出现动摇，直到他们认为这条信息显然是无稽之谈为止。图14-2呈现的实验结果证实了这一预测。在8小时到3小时的区间内，该信息的影响效果递增，年轻人仅需3小时睡眠的信息使得学生们将理想睡眠时间修正为6.3小时。任何少于3小时的建议则基本落在他们的接受区域之外，影响力迅速消失。

针对社会判断理论的研究实验使以下3个结论变得日益清晰：

1. 高可信度的传播者能拓展接收者的接受区间。假如在上例中发出信息的睡眠"专家"是一位获诺贝尔奖的心理学家，而不是基督教青年会指导员，该信息的影响力将上升。

2. 模棱两可通常比清晰明确更有效。乔治·W·布什在一场竞选活动中称自己是一个"富有同情心的保守主义者"，没人准确地知道他的意思，不过这句话听起来很不错，于是它就这样落入人们的接受区间。比利乐队前任主唱塔尼娅·唐纳利（Tanya

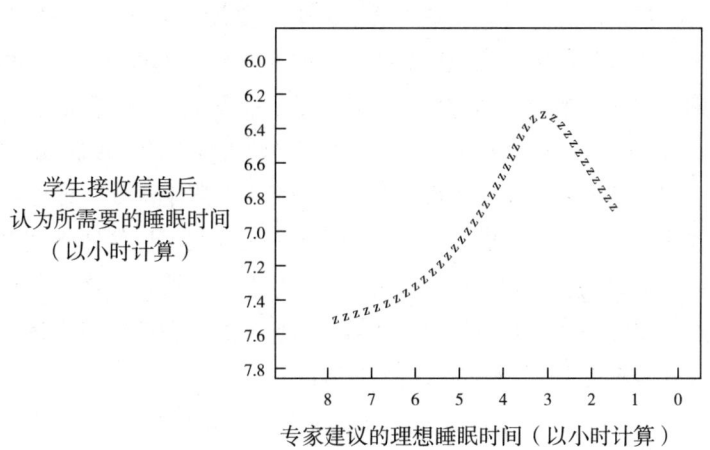

图14-2　睡眠研究结果

Donelly）也用过类似的方法。她回忆说她有意写下模糊化的歌词，以使更多的听众能够接受。[9]

  3. **总有一些人在任何问题上都固执己见**。他们会说，"不要用那些事来干扰我，我意已决。"这些爱争吵的人有着习惯性的宽泛的拒绝区域。

  我认识一位大学发展中心主任，在他身上发生过一个案例，令人印象深刻地验证了社会判断理论。当时他正动员一位有钱的校友，期望这位前景远大的捐赠者为母校捐赠10 000美元。这位主任做好预算，问有钱的商人打算怎么做。商人抗议说过去一年生意欠佳，而且时局又这样艰难——他的捐款不可能超过20 000美元。这位主任发现自己严重低估了捐助者的接受区域，20 000美元才是他的底限。于是，他回应说："特雷弗，你真的觉得这样就够了吗？"他最终收到了一张25 000美元的支票。

14.7 评论：理论上的接受区域有多宽？

  你对上述的筹款策略有何看法？社会判断理论提供的技巧非常有效，但也带来一些棘手的道德问题。筹款人根据捐助者的接受区域更改筹款额度，这种行为是合理的吗？政治家有意给出模糊的信息以赢得更广泛的支持，这种行为是正确的吗？我的儿子真诚地希望消除乘客的恐惧。社会判断理论认为，吉姆应该采用位于量表中间的软性的推销信息，而不能陈述他真正的信念：飞行比驾车安全。但这种行为是诚实的吗？

  作为一位想施加正面影响的人，我很感谢谢里夫的警告，即我的建议如果落入他人的拒绝区域可能导致激烈的回应。假如我只在意**如何表达自己的信息**，而不是**如何理解他人的观点**，这是很容易发生的。社会判断理论具有实用性。

  然而，实用性只是判别社会科学理论的5个标准之一。实证性理论应给出预测和阐释，具备可验证性，同时不过分复杂。就"预测"这点而言，社会判断理论提出了不少预测。其中一个预测宣称改变高度自我投入的人就某一问题的观点很困难，有时甚至是不可能的。而另一个预测则指出，差异性是传播者之友。一条信息只要落在接受区域之内，它与接收者的观念差异越大，就能带来越大程度的态度转变。

  与所有认知阐释理论一样，社会判断理论假设在"眼睛深处"谁也看不见的地方有一套心理建构在运行。人们的大脑里真的装着一堆量表，以便评判他们随机听到的每一种观点吗？假设谢里夫提出的3个区域真实存在，传播者又该怎样发现他的信息落在哪里？这正是受众分析和市场研究要做的事。不过，我很难想象我的儿子吉姆把调查问卷一一发给候机大厅中焦虑的乘客的情景。

  接受区域、拒绝区域和中立区域；同化和对比的认知扭曲；自我投入的关键作用，以上这些概念足够充分地阐释了谢里夫给出的明确预测。尽管他的阐释体系相对复杂，但鉴于他的理论认为态度不能被描述为连续体上的单一点，人们也很难想象还有哪种更简单的阐释体系足以说明他认为正在发生的事情。

至于理论的可验性，相较于这一部分即将介绍的另外两种理论，社会判断理论的实验研究相对较少。这或许是因为很难找到自我投入程度不同且对同一主题持有不同观点的实验对象。而且，即使找到这些实验对象，测量个体对于该问题的3个区域也将格外麻烦。相比这一单元导语中的七项标准量表，比较个体高度个性化的反应需要更多技巧。

近来，朴喜善（Hee Sun Park）和密歇根州立大学传播系的4位同事进行了一项**投入程度**如何改变影响力的实验。[10]他们的设计是要验证社会判断理论以及下一章介绍的**详述可能性模型**，二者中哪一种能更好地说明读者（听者）的投入程度对其接受影响的程度的改变。最令研究者吃惊的是，他们发现信息论据的品质的作用远胜于他们所测量的其他因素。但是，就两种理论的直接比较，谢里夫的社会判断理论赢得了多数支持。这一理论是可验的，尽管验证结果并非时时令人满意。

社会判断理论存在一些问题，但仍然是对影响过程很好的说明。设计一条恰好位于听者接受区域边缘、差异度尽可能大的信息，这几乎正是人们的直觉。在吉姆面对各式各样的乘客时，我本人就会建议他这样去做。我甚至也很想知道我给他的这个建议将会落在他的3个区域中的哪一个。

帮助你深入思考的问题：

1. **态度区域**的概念怎样帮助你理解你自己对于传播学这门课程多项要求的态度？

2. 假设你发现，坐在你旁边的同伴在枪支管控的问题上**高度自我投入**。基于社会判断理论，关于他的态度结构可以作出哪3种合理的预测？

3. 如果你想向老板要求加薪，社会判断理论会提供你什么样的实用建议？

4. 应用社会判断理论时，你怀有**道德上**的疑虑吗？为什么？

自我测试：www.mhhe.com/griffin7

扩展阅读：

推荐阅读：Donald Granberg, "Social Judgment Theory," in *Communication Yearbook 6*, Michael Burgoon (ed.), Sage, Beverly Hills, CA, 1982, pp. 304–329.

初始概念：Carolyn Sherif, Muzafer Sherif, and Roger Nebergall, *Attitude and Attitude Change: The Social Judgment–Involvement Approach*, W. B. Saunders, Philadelphia, 1965.

自我投入：William W. Wilmot, "Ego–Involvement: A Confusing Variable in Speech

Communication Research," *Quarterly Journal of Speech*, Vol. 57, 1971, pp. 429–436.

态度区间：Kenneth Sereno and Edward Bodaken, "Ego-Involvement and Attitude Change: Toward a Reconceptualization of Persuasive Effect," *Speech Monographs*, Vol. 39, 1972, pp. 151–158.

关于两阶段假设的验证：Gian Sarup, Robert Suchner, and Gitanjali Gaylord, "Contrast Effects and Attitude Change: A Test of the Two-Stage Hypothesis of Social Judgment Theory," *Social Psychology Quarterly*, Vol. 54, 1991, pp. 364–372.

信息差异：Stan Kaplowitz and Edward Fink, "Message Discrepancy and Persuasion," in *Progress in Communication Sciences: Advances in Persuasion*, Vol. 13, George Barnett and Frank Boster (eds.), Ablex, Greenwich, CT, 1997, pp. 75–106.

睡眠实验：S. Bochner and C. Insko, "Communicator Discrepancy, Source Credibility and Opinion Change," *Journal of Personality and Social Psychology*, Vol. 4, 1966, pp. 614–621.

深入阅读：Daniel J. O'Keefe, "Social Judgment Theory," in *Persuasion: Theory and Research*, Sage, Newbury Park, CA, 1990, pp. 29–44.

回转器效应：Hilobumi Sakaki, "Experimental Studies of Boomerang Effects Following Persuasive Communication," *Psychologia*, Vol. 27, No. 2, 1984, pp. 84–88.

基于元分析的投入的意义：Blair T. Johnson and Alice H. Eagly, "Effects of Involvement on Persuasion: A Meta-Analysis," *Psychological Bulletin*, Vol. 106, 1989, pp. 290–314.

评论：Hee Sun Park, Timothy Levine, Catherine Y. K. Waterman, Tierney Oregon, and Sarah Forager, "The Effects of Argument Quality and Involvement Type on Attitude Formation and Attitude Change," *Human Communication Research*, Vol. 33, 2007, pp. 81–102.

第15章 详述可能性模型

创立人：理查德·佩蒂（Richard Petty）和约翰·卡乔波（John Cacioppo）

实证性　　　　　　　　　　　　　　　　　　阐释性
社会心理学派

　　像许多孩子已经长大的女性一样，瑞塔·弗朗西斯科返回了大学校园。她的目的不是上几堂漫无目的课程以打发时间——她选修每一门课都是为了成为一名具影响力的倡导者。瑞塔是一位有人生目标的女性。

　　瑞塔的女儿尚未成年便在一次汽车事故中丧生。事故当天，女孩18岁的男友在派对上喝了3罐啤酒，然后以时速128公里的速度驾驶，在一次转弯中失去控制而酿成惨祸。瑞塔的儿子终身只能跛行，这是周末晚上开车猛冲进7-11便利店停车场的某个高中女生闯的祸。事后，公诉人证实这名高中女生酒后驾车，这件事进一步激发了瑞塔杜绝年轻人酒后驾驶的决心。瑞塔积极参与反酒后驾车母亲联盟，试图促成"零宽容"法案的严格执行。该法案规定年龄在21周岁以下的驾驶者酒精含量一旦超标即属违法。瑞塔还试图说服相关责任人，一旦发现年轻的驾驶者血液中的酒精含量超过0.02%，应自动吊销驾照直至其年满21岁。

　　在大学校园里，瑞塔不容易获得支持。她的同学们同情她的悲剧遭遇，但并不愿意接受类似的极端解决方案。作为一位年长且思想活跃的学生，瑞塔意识到年轻的同学们很可能把她的努力看作是一位歇斯底里的母亲的过激反应而不予考虑。她决心学习她找得到的、最有效的影响力策略，还想知道她是否能借助合情合理的辩论而促成零宽容法案的强制执行，后者对她而言将是最大的成功。又或者，她想知道她是不是应该找一批高可信度的人帮她背书，对学生们施加更深入的影响呢？

15.1 说服策略的中心路线和边缘路线

俄亥俄州的心理学家理查德·佩蒂认为瑞塔问对了问题。他的博士论文基于青少年驾驶，对有力论据及高可信度信息源的相对有效性进行比较研究。他发现倾听者偶然性地对两种态度转变心理过程的选用，会对说服行为的结果产生重大影响。佩蒂把这两种认知过程分别命名为中心路线和边缘路线。他认为，这一区分有助于理清影响力研究所获得的大量的冲突性资料。佩蒂与芝加哥大学的同事约翰·卡乔波共同推动了一项专项研究，以帮助传播者找出激活每一种路线的最佳方式。

中心路线：信息的详述；与审查信息内容有关的认知过程。

中心路线与信息的详述有关。详述是"一个人在以说服为目的的沟通中仔细思考与议题相关的论据的程度"。[1]在理性加工新信息的尝试中，采用中心路线的个体，将仔细核查信息中的论据，试图弄清楚它们的真正含义，并反复琢磨其中的暗示。与伯杰对策略性信息计划的界定相似，详述也需要高水平的认知努力（见第10章）。

边缘路线：基于不相关的线索而非主动思考问题的接受或拒绝信息的心理捷径。

边缘路线提供一条"勿需主动思考议题特性或目标"[2]就迅速拒绝或接受某一信息的心理捷径。信息接收者不进行大量的认知努力，而是借助一些线索以帮助他们快速决定。亚利桑那州立大学的罗伯特·恰尔蒂尼（Robert Cialdini）列出了6个激发程序化反应的线索。[3]根据这些线索的自动导航，我们可以穿梭在边缘路线之上。

互换——"你欠我的。"
一致性——"我们总是那样做。"
社会认同——"每一个人都在这样做。"
喜欢——"爱我就支持我。"
权威——"就因为我这样说了。"
稀有——"赶在它们消失之前，动作快点。"

信息详述：一个人在以说服为目的的沟通中仔细思考与议题相关论据的程度。

图15-1呈现了在瑞塔的案例中，佩蒂与卡乔波的详述可能性模型（Elaboration Likelihood Model，ELM）的简化版。模型中的两条路径暗示着在施加影响的过程中，接收者有两种相互独立的反应方式。不过，两位学者强调，中心路线和边缘路线只是为了在这张认知信息加工过程的图表中，呈现人们评价信息时运用脑力的极致程度。[4]详述模型左端代表对论据的努力推敲，右端代表对无关内容的线索的无意识依赖。绝大多数信息会得到位于两级之间中等程度的注意力，权衡总是存在。瑞塔的听众越是努力辨识严格实施零宽容法规的好处，越不会受到其朋友对瑞塔提议的嘲笑等边缘因素的影响。相反，听众越是在意瑞塔的年龄、口音、外貌等与内容无关的因素，就越不会受到她的思想的影响。我们将沿着这一模型一层一层地说明，佩蒂和卡乔波将如何预测瑞塔的信息被学生们仔细推敲的可能性。

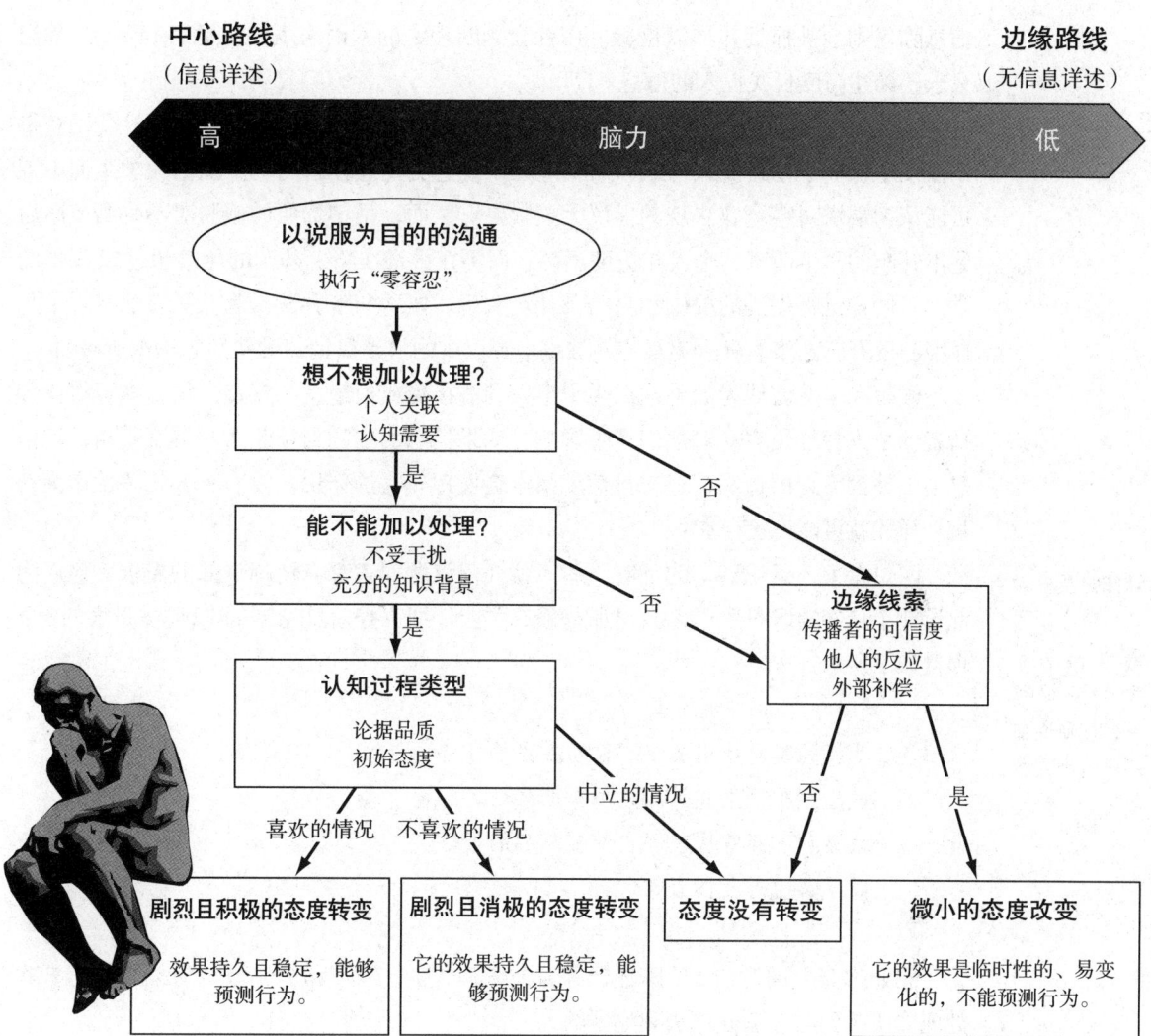

图15-1　详述可能性模型

15.2　详述的动力：值得为它耗费脑力吗？

佩蒂和卡乔波假定，人们有意愿持有正确的态度。虽然人类的逻辑并不总是正确，但他们在寻找真理时通常不开自己的玩笑。人人需要秉持合情合理的立场。

然而，个体只能检验有限的信息。我们暴露在如此多有劝诱力的信息面前，如果与每个听到（读到）的想法互动，这将是巨大的信息超载。唯一的解决办法是在面对生活中大多数问题时采取"偷懒"的方式。佩蒂和卡乔波认为我们拥有一个大孔洞的心理滤网，不加精心处理就能过滤掉许多不太重要的事项，而那些与我们个人相关的信息陈述则会被捕捉并加以检验。用社会判断理论的术语来表述（见第14章），我们只乐于详述高度自我投入的信息。

在美国青少年看来，生活中没有几件事比开车的权利更重要。在美国社会，获得驾照几乎等同于举行成人仪式；对某些人来说它更是通往自由的护照。大学生们不太可能认为瑞塔对零宽容法规的倡议无关紧要。然而，吊销驾照的威胁对不喝酒或酒后绝不开车的学生而言，个人相关度不高；而不在乎谁在路上开车的年龄超过21周岁的学生，同样觉得瑞塔的提议和自己没什么关系。佩蒂和卡乔波认为，只有那些喝了几瓶啤酒还开车上路的青少年最容易被瑞塔提议中的自动吊销驾驶执照等论据所吸引。

佩蒂和卡乔波认为如果人们为了个人利益接受或拒绝某一观点，信息内容将比传播者的个人特性更容易对他们产生影响。如果信息的主题与接收者相关度不高，该信息会被挤到意识的边缘，这时可信度线索会发挥较大的作用。没有个人相关性作为动机，详述就可能不复存在。

两位专家还意识到，的确有一些人就任何议题而言都有清晰认知的需求。他们为此设计了认知需求量表，以找出那些最有可能仔细审查信息论据的个体。[5] 量表的4个项目如下所示：

> 我真的享受找出解决问题新方案的任务。
> 我宁愿生活里充满必须解决的难题。
> 我喜欢一经掌握就不再需要思考的任务。
> 我不认为思考很有趣。

假如你充分同意前2项陈述，并且质疑后2项，佩蒂和卡乔波认为你是一个喜欢处理你所听到的大部分想法和论据的人。

认知需要：对认知清晰度的渴求；喜欢思考各种想法，即使它们不具有个人相关度。

15.3 详述的能力：他们能做到吗？

假如人们表现出思考信息内容的倾向（动机），下一个问题是他们是否有能力这样做。瑞塔的听众是年轻男女，勿须质疑他们的思考能力，因为它已足以打动大学里的入学面试官。不过，思考相关的问题（详述）不仅仅需要智力，更需要专心。

注意力分散会中止详述的过程。如果瑞塔在学生会甜品聚餐的喧闹声中传达她的想法——在那里她恐怕连自己的声音都听不到，学生们想要考虑她的观点就会觉得很有压力。如果学生们正忙于其他事情，例如，即将到来的考试、家里的来信或回想校内篮球赛中决定胜利的一投时，瑞塔关于高速公路安全的解决方案同样会被忽略掉。

瑞塔面临着与广告商们同样的挑战，即接收者的注意力会飞驰而过。尽管她可以借鉴广告商的方法，不断重复信息以形成印象，但是不管信息被重复多少遍，干扰依然存在，并且足以打断对信息的合理思考。在这种情况下，大学生们将采取边缘路线，通过瑞塔是否有能力、是否值得信任等线索来判断她的信息。

15.4 详述的类型：实证性思考与偏向性思考

正如图 15-1 模型中中心路径的递进过程，佩蒂和卡乔波认为动机与能力大幅提高了倾听者在头脑中详述信息的可能性。根据社会判断理论，倾听者不太可能以公平客观的态度加工信息。瑞塔尽管有可能获得关心驾驶权的大学生们的绝对注意力，但同时却发现他们早已就这一问题建立了完整的知识框架。

例如，当瑞塔指出年轻的驾驶者因酒精导致的车祸致死率是 21 周岁以上的成年驾驶者的两倍时，某个大学生会反驳说，年轻的驾驶者行驶的里程数也恰好是成人的两倍，因此两类驾驶者的安全系数相同。这个大学生提供的数据真实与否或论据是否有效，并不是重点。重点是对酒后驾驶有所思考的人，心中可能已经形成了明确的看法，在处理瑞塔的信息时也会带有偏向。

佩蒂和卡乔波把偏向性详述看成自上而下的推敲，预先得出的结论会自行找出下方支持的数据。实证性详述与之正好相反。它以自下而上的方式思考，让事实为自己说话。偏向性详述只能强化过去的想法。

你或许知道法国雕塑家罗丹的名作《思想者》，一名男子采取坐姿，用一只手支撑着头。假如他（思想者）正在沉思一系列已存在于脑海中的信念，佩蒂和卡乔波的研究指出后介入的思想只能让既有的信念更加牢固。瑞塔不能假定倾听者的详述总是于她有利；结果取决于详述是偏向性的还是实证性的。她的论据品质对此也能产生一定影响。

偏向性详述： 自上而下的思考，事先得出的结论自行寻找支持的数据。

实证性详述： 自下而上的思考，事实可获得无偏向审查；目的是寻找真理。

15.5 详述的论据：强论据、弱论据和中立论据

如果瑞塔设法获取了同学们的无偏向聆听，佩蒂和卡乔波认为她的论据可以加强或削弱其观点的力度。两位学者并未指出区分好论据与坏论据的标准。他们简单地将强论据定义为在被接收和审查后让人们产生认同的信息。

佩蒂和卡乔波认为倾听者对强论据的深入思考，可以产生传播者所希望的巨大的态度转变。假设瑞塔的陈述如下：

强论据： 能激发认同的主张。

> 美国国家安全委员会的统计数据表明，16 岁至 20 岁的驾驶者开车行驶了全美里程数的 15%，但是他们在高速公路上因酒精导致的车祸致死率却占到 25%。

这一数据让大学生们再也找不到借口。他们或许觉得不快，但一些人会认为这段叙述具有说服力，并重新考虑自己的立场。根据ELM理论，给予积极回应的倾听者在加深思考后有可能改变在持续坚持、抵制反向影响和预测未来行为（人际影响"三向王冠"）这3个方向上的立场。

经中心路径处理的说服尝试也有可能产生戏剧化的消极后果。例如，尽管瑞塔心中有坚定的信念，但她给出的可能不是修改现行法律的恰当理由。

若未成年饮酒者因违反零宽容法规而被捕，自动吊销其驾照可使政府官员减少工作积压。政府官员获得足够的时间检查驾驶记录，以便将具危险性的司机清理出去。

上述的弱论据必然触及倾听者的敏感神经。它不仅不能使倾听者认同瑞塔，还会激发更强烈的反对。经详述后形成的思想会带来长期持续的反效果，拒绝任何改变它的努力，并影响倾听者的后续行为。经过详述的弱论据可以像强论据一样生成显著效果，但却是在完全偏离预设的方向上。

瑞塔的想法还可能导致矛盾的反应。倾听者在仔细检查她的想法后，对她的论据既不支持也不反对。他们中立或模糊不明的反应显然表明，即使经过中心路径处理，他们依然不会改变态度。对这一问题的双向思考只会强化他们的初始态度，无论它是积极的，还是消极的。

15.6　边缘线索：发挥影响力的替代性路线

本章的绝大部分内容都在讲授导致态度转变的认知中心路线，然而，绝大多数信息是由不需太费脑力的边缘路线来处理的。这一路径沿线的路标使倾听者不必经过佩蒂和卡乔波时常提及的"与问题相关的思考"[6]，就能加工传播者的观点。这时，不存在与传播者提议内容有关的内心对话。

之前曾经解释过，采用边缘路线的倾听者借助各种线索，以达成快速判断。最显著的线索是因认同传播者立场而获得的实际报酬。食物、性和金钱是引起转变的最常见的诱因。我曾无意中听到一个年轻人与大学高管之间的交易。该高管试图说服年轻人参加献血活动，以完成她的班级被分配到的任务。"好的，就这么定了。"她说，"你今天帮我献血，明晚你到我的地方我们一起晚餐。"这一类的社会交换持续了上千年，但佩蒂和卡乔波仍然认为它是边缘性的。公开服从献血的要求？是的。内心认同它的重要性？那可不一定。

对于许多学习影响力课程的学生而言，传播者（信源）及可信度是边缘路线中最有趣的线索。40年的研究证明，讨人喜欢的、在受质疑的问题上显示专长的人，无论说些什么，都对学生们产生影响。瑞塔的外貌、谈话的方式以及背景资料具有充分的影响力，以至于一些学生根本不会真的去听她说了什么。哪些学生呢？佩蒂和卡乔波认为，就是那些既无动机也无能力仔细审查她的信息，因而直接将该信息转换到边缘路线的学生。

了解瑞塔所经历的双重惨剧的倾听者，会以超越自身意愿的方式尊重她的智慧，移向一个对她的观点更为同情的立场。认为她个性热情有趣的人亦会如此。相应地，有些学生会把她语法上的错误看作无知的表现，瑞塔母亲般的攀谈方式也使一些学生反感，因为这让他们想起了母亲的说教。这些边缘路线上的评论会导致对瑞塔观点的更多怀疑。应注意的是，边缘路线上的态度转变可能为正也可能为负，但总体上说它不具持续性、稳定性，而且也看不出那种经信息详述后的态度转变与倾听者后续行为之间的联系。

由于认识到角色模式对于影响力的重要性，瑞塔翻看了《滚石》杂志，想找一找著名摇滚歌星大卫·马修斯（Dave Matthews）有没有对低龄驾驶者说过什么。大卫·马修斯乐队的歌曲在她的校园里广受欢迎，马修斯最近还在学校附近举办了一场演唱会。在一定程度上把她的信息和名人联系起来，瑞塔的确能使许多大学生转变态度。然而，这种方法不持久，经不起推敲，也不能影响大学生们的后续行为。佩蒂和卡乔波认为，边缘路线所能期望的也就仅仅是暂时的转变而已。

15.7　边缘路线及其效果的有限性

假设大卫·马修斯的巡回巴士被一个醉酒的少年歌迷驱车撞飞，一名乐队成员面临和瑞塔女儿一样的命运，那事情又会怎样呢？死亡惨剧和马修斯"好朋友不会让朋友酒后驾驶"的宣言，能带来大学生们在态度和行为上的永久转变吗？当然，这支乐队依然完好无缺，但运动界一桩广为人知的案例告诉我们，即使是强烈的边缘线索，它的效果也多不持久。

1991年，篮球巨星"魔术师"约翰逊召开记者发布会，承认他的HIV检测呈阳性。这件事在数天之内铺天盖地地覆盖了新闻网络。南佛罗里达大学的心理学家路易斯·彭纳（Louis Penner）和芭芭拉·弗里切（Barbara Fritzsche）刚刚结束的一项研究显示，人们通常不会同情因滥交而患病的艾滋病患者。该项研究要求志愿者留在学校用几个小时帮助病人，结果显示仅有半数的女性志愿者表示同意，男性志愿者则全体拒绝了该建议。在得知约翰逊的病情后，彭纳和弗里切扩展了他们的研究。[7]他们想知道，明星效应以及约翰逊愿为艾滋病患者代言的宣誓，是否会促使学生们在面对患者时采取更积极的态度。

它确实奏效了一阵子。在约翰逊公布病情后的第一周，80%的男性提供了所要求的协助。但这一数字在几个月内衰减到30%，而同一时期愿意协助的女性的比率则下降到40%以下。彭纳和弗里切发现人们在乎的并非约翰逊患病这一信息本身；而是由谁创造了这条信息。与ELM理论的主要观点相一致，两位学者得出结论，"缘自'边缘线索'的态度转变，例如……名人效应，与说服过程的实质内容引起的转变相比，前者较难持久。"[8]

彭纳和弗里切可以再加上一条，即明星效应很容易受到明星地位大起大落的影响。例如，大卫·马修斯乐队曾经态度鲜明地主张保护环境，一款著名的冰激凌因此用该乐队的一首歌名来命名它的口味。但是，乐队巡回巴士在穿越装有护栏的大桥时向芝加哥河里倾倒了300多升的人类垃圾，乐队因此名声尽毁。大量臭气熏天的脏水刚好浇到一些在桥下观光游艇甲板上用餐的游客。这时，马修斯有关安全驾驶的评论只有可能会沦为笑柄，而不会对瑞塔产生任何帮助。[9]

大多数ELM研究者试图测量因可靠信源引起的边缘线索的效果，不过传播者自身的能力或特质也可能激发耗费脑力的信息详述。例如，数以百万计的球迷对球星约翰逊的认可，可能会使人们首次放弃道德批判的眼光，认真思考艾滋病的预防与治疗方案。约翰逊的魔力或者不足以驱退艾滋病毒，却可以让一些人深深地思考："这种事既然能发生在像约翰逊这样的人身上，那么它也有可能在我身上发生。"图15-1表明传播者的可信度、他人的反应以及外部补偿是边缘路线上促使人们无意识选择接受的变量，佩蒂和卡乔波同时强调说，想要列出全部边缘线索的清单是不可能的。[10]

为了说明这一点，不妨考虑一下接收瑞塔信息的人的情绪在影响过程中所扮演的多重角色。瑞塔认为如果她在同学萨姆心情好的时候传递自己的观点，萨姆会是一个富有同情心的听众。如果萨姆采用边缘路线处理她的信息，不很认真地掂量她的建议，那么他将认为瑞塔说的没错。萨姆积极的外在形象会促使他以有利的方式看待瑞塔的提案。

然而，如果萨姆在一定程度上想要并且有能力思考瑞塔的论据（适度详述），他的好心情反而会转变成一种劣势。此刻，他的心态积极向上，而瑞塔所描述的死亡和身体残疾会让他变得情绪低落。温暖情感的丧失有可能促使他用带偏向的方式看待瑞塔的论据。佩蒂指出如果萨姆的情绪与瑞塔经历的悲观情绪相吻合，他反而可能采用更客观的态度评判她的论据。[11]感知到的可信度和倾听者情绪等许多变量都是边缘路线上的线索。但是，如果它们激发倾听者仔细审查信息的行为或者影响到他们对论据的评估，它就不再是"不费脑子的"。任何变量都不会永远在边缘路线上扮演快捷键的角色。

15.8 选择一条路线：给说服者的实际建议

佩蒂和卡乔波给瑞塔（及我们）的建议十分明确。首先，她需要确定她的听众全神贯注地评价她的提议的可能性。如果他们看上去有动机也有能力详述信息，她就必须准备好能够支持她的提议的事实和数据。和蔼的微笑、情感诉求或失去女儿的惨痛经历不会产生任何影响。

瑞塔的听众仅有在细致深入的思考之后才能形成持续的态度转变，因此瑞塔会希望他们选择中心路线。然而，即使他们这样做了，有效果的说服还是很难达成。如果她没有做好准备工作，仅提出一些弱论据，在思想上有准备的人会将态度改变到更敌对的位置。

假如瑞塔断定她的倾听者既不愿意也没能力考虑她的提议的细节，那么，强调包装而非内容的传递策略更易成功。这个策略应该包括对女儿死亡的心碎回忆和生动的表达，以及和学生们建立友谊的持续努力。带一些自制饼干到课堂上分享，或者提供搭便车到购物中心的机会，这会帮助瑞塔成为有吸引力的信源。但正如我们已看到的那样，这种态度转变的效果仅是暂时的。

显然，瑞塔不太可能让很多人详述她的信息，并最终赞同她的提案。大多数说服者避免采用中心路线，因为他们发现不仅让听众听从他们的意见并不容易，而且打造有说服力的证据也十分困难。但是，瑞塔别无选择。

驾照（或许还有啤酒）对大多数美国学生来说太重要了，以至于他们确实准备要仔细剖析瑞塔提议中的每一部分。一个友善的微笑，可改变不了他们的立场。瑞塔想要改变他们的想法，就必须提出合乎情理的深刻论据。她对此事充满信心，并认为值得尝试一下。

15.9 伦理反思：尼尔森与重大选择

ELM 理论描述了有效的说服，而华盛顿大学荣誉教授托马斯·尼尔森（Thomas Nilsen）则关心影响他人在哪些情况下是合乎道德的。与美国社会自由民主的价值观相一致，尼尔森指出影响他人的演讲只有在将人们的自由选择权最大化的意义上才是道德的。鉴于政治、宗教及商业领域已推出大量倾向于忽视而非倡导听众理性的信息，尼尔森态度鲜明地力挺重大选择的重要性。

> 当我们在沟通中影响他人的态度、信念和行为时，我们的演讲是否能进一步促进自由、现实、理性和批判的选择——重大选择，即为评判我们道德的试金石。[12]

在尼尔森看来，绝对的自由选择可以作为影响伦理力的检验，因为"只有自主的人才是真正的人；没有重大选择就没有道德"。[13] 他引用了与自由有关的两本经典著作以支持他的主张。约翰·弥尔顿的《论出版自由》[14] 反对对任何异端思想的事前约束；约翰·斯图尔特·弥尔的《论自由》[15] 提倡建立观点的自由市场，因为检验论据的唯一方法就是让信仰者亲自为之辩白。

哲学家和修辞学家将说服的过程比作坠入爱河的人对其爱人表达热切的爱意——就像在向受众求婚。这一求偶的比喻生动诠释了尼尔森的重大选择的伦理意义，真爱不能强迫；它必须是自愿的给予。受到丹麦哲学家瑟伦·谢尔克高（Søren Kierkegaard）把德高望重的宗教导师比作情人的启发[16]，我在这里也提供一套错误的（不道德的）情人类型学[17]：

令人窒息的情人（smother lovers）：无法忍受拒绝；其坚持令人不快。
教条的情人（legalistic lovers）：给另一半设计了一整套必须符合的形象。
调情者（flirts）：爱上爱情；重视的不是对方，而是爱的回应。
诱惑者（seducers）：用欺骗与奉承来引诱另一方屈服。
强暴者（rapists）：用威胁、罪感和压制的力量来达到目的。

在不同程度上，上述5种不道德的说服者无视其追求对象的人格尊严，剥夺了对方自由、现实的选择权利。

尼尔森显然认同那些激发用ELM理论中心路线详述信息的影响企图，不过，重大选择的标准运用起来并不容易。情感诉求会使我们丧失做出理性选择的能力吗？还是说升华的情感让我们更容易接受新的选择？重大选择，恰如美丽与信誉，只存在于旁观者眼中。

15.10 评论：详述ELM模型

在过去的20年，ELM理论即使不是唯一一个，至少也是领军的研究影响力与态度转变的理论之一。佩蒂、卡乔波及其学生们，发表了上百篇详细论述其模型不同区域的文章，双路径概念更刺激了该领域的进一步研究、应用和评论。在一篇近期的有关ELM理论现状的评论中，两位理论学者指出，"详述一词想表明人们在沟通提供的明确信息中加入了某些自己的想法。"[18]与这一定义相一致，佩蒂与卡乔波也在详述他们的原始理论，使其更复杂，更少预测性，甚至愈来愈不倾向为施加影响力的说服者提供实用建议。这不是一个科学理论的前进方向。

我不能在这一章简短的内容中介绍所有对ELM的详尽思考。但迈阿密大学传播学者保罗·蒙若（Paul Mongeau）及传播顾问詹姆斯·史蒂夫（James Stiff）认为，佩蒂和卡乔波还要面对更多的问题。他们控诉说，"ELM理论的描述极其模糊而不确切，以至于无法充分测试该模型的整体。"[19]一个明确的证据是，ELM理论无法提供判定论据强或弱的依据。

佩蒂和卡乔波将一条好信息定义为"一条含有一定论据的信息，当接收者被引导去思考该信息时，产生的看法基本上是认同的"。[20]换句话说，如果接收者被成功说服，就说明论据是强的；如果被排斥和拒绝，则论据是弱的。这样一来正如我在第3章中提到的那位总角之交所说，ELM似乎"绝不失误"。即使ELM理论家们找到对接收者的最终影响之外的因素来辨识论据的脆弱或有力，把论据的力度看成该模型的关键变量，仍然缺乏合理性。

ELM理论固然太模糊，论据力度的观点也不可靠，但详述可能性模型毕竟将多年来一直困扰传播学者的多样化的研究结果合并起来并使之具有了新的意义，在这一点上它是令人印象深刻的。为什么大多数人更注意发出信息的人，而不是信息本身？既然传播者的可信度如此重要，它产生的效果为何消散得如此之快？ELM理论给出的解释是，极少倾听者有动机和能力完成重大态度转变所需的脑力活动。ELM理论双路径的假设，有助于厘清为什么充分的证据和推理偶尔带来终生的改变，但绝大多数时候不产生任何影响。

态度转变的相关研究通常会导致令人迷惑或自相矛盾的结果。佩蒂和卡乔波的ELM理论吸收了许多看似无关的发现，将其组合成有机的整体。该理论的整合性使它成为具有价值的影响力理论。

帮助你深入思考的问题：

1. 你能想出5个不同的词或短语来阐释**信息详述**的概念吗？
2. 当某人想要影响你的时候，你通常会感知到哪些**边缘线索**？
3. 佩蒂和卡乔波想说服你：详述可能性模型是一面反映现实的镜子。你会采用**中心路线**还是**边缘路线**来确认这一点？为什么没选择另外那条路线？
4. 学习影响力的学生总想知道高**可信度**和**强论据**中的哪一个更能影响人们的态度。ELM的理论家们会怎样回应这个问题呢？

自我测试：www.mhhe.com/griffin7

扩展阅读：

推荐阅读："Richard E. Petty, John T. Cacioppo, Alan J. Strathman, and Joseph R. Priester, "To Think or Not to Think : Exploring Two Routes to Persuasion," in *Persuasion : Psychological Insights and Perspectives*, 2nd ed., Timothy Brock and Melanie Green (eds.), Sage, Thousand Oaks, CA, 2005, pp. 81–116.

整体叙述：Richard E. Petty and John T. Cacioppo, *Communication and Persuasion : Central and Peripheral Routes to Attitude Change*, Springer-Verlag, New York, 1986.

投入的效果：Richard E. Petty and John T. Cacioppo, "Involvement and Persuasion :

Tradition Versus Integration," *Psychological Bulletin*, Vol. 107, 1990, pp. 367–374.

假设与研究：Richard E. Petty and John T. Cacioppo, "The Elaboration Likelihood Model of Persuasion," in *Advances in Experimental Social Psychology*, Vol. 19, Leonard Berkowitz (ed.), Academic Press, Orlando, FL, 1986, pp. 124–205.

信息的论据与信源可信度：Richard E. Petty, John T. Cacioppo, and R. Goldman, "Personal Involvement as a Determinant of Argument-Based Persuasion," *Journal of Personality and Social Psychology*, Vol. 41, 1981, pp. 847–855.

论据的效果：John Reinard, "The Empirical Study of the Persuasive Effects of Evidence: The Status After Fifty Years of Research," *Human Communication Research*, Vol. 15, 1988, pp. 3–59.

可信度的效果：H. W. Simons, N. M. Berkowitz, and R. J. Moyer, "Similarity, Credibility and Attitude Change: A Review and a Theory," *Psychological Bulletin*, Vol. 73, 1970, pp. 1–16.

无意识线索：Robert B. Cialdini, *Influence: Science and Practice*, 4th ed., Allyn and Bacon, Needham Heights, MA, 2001.

影响详述的线索：Duane Wegener and Richard E. Petty, "Understanding Effects of Mood Through the Elaboration Likelihood and Flexible Correction Models," in *Theories of Mood and Cognition: A User's Guidebook*, L. L. Martin and G. L. Clore (eds.), Lawrence Erlbaum, Mahwah, NJ, 2001, pp. 177–210.

当前状态：Richard E. Petty and Duane Wegener, "The Elaboration Likelihood Model: Current Status and Controversies," in Shelly Chaiken and Yaacov Trope (eds.), *Dual Process Theories in Social Psychology*, Guilford, New York, 1999, pp. 41–72.

对ELM理论的评价："Forum: Specifying the ELM," *Communication Theory*, Vol. 3, 1993. (Paul Mongeau and James Stiff, "Specifying Causal Relationships in the Elaboration Likelihood Model," pp. 65–72; Mike Allen and Rodney Reynolds, "The Elaboration Likelihood Model and the Sleeper Effect: An Assessment of Attitude Change over Time," pp. 73–82.)

如欲获取反映沿边缘路线处理信息的电影片名，请在www.afirstlook.com点击教师手册第15章。

第16章　认知不协调理论

创立人：利昂·费斯廷格（Leon Festinger）

实证性　　　　　　　　　　　　　　　　阐释性

社会心理学派

伊索讲过一个与狐狸有关的寓言。一开始，狐狸试着用爪子去抓葡萄架上的葡萄，总是劳而无获。它又跳着去咬葡萄，让人垂涎欲滴的水果却仍在它嘴巴够不到的地方。几次尝试之后，狐狸最终选择放弃并对自己说，"葡萄是酸的，就算拥有了它们我也不会吃。"[1]

16.1　不协调：行为与信念不一致

伊索的寓言是**酸葡萄**这一短语的起源。这个故事恰好呈现了前斯坦福大学社会心理学家利昂·费斯廷格提出的**认知不协调**。这是人们"发现自己在做与认知不相符的事或怀有与之前的观念不一致的观念"[2]时产生的痛苦的心理状态。

狐狸撤离葡萄架的行为击碎了它对葡萄美味的认知。狐狸通过改变对葡萄的态度，为自己放弃努力提供了可接受的理由。

费斯廷格认为避免不一致的需求，与安全和消除饥饿一样是人类最基本的需求。有一种**厌恶驱力**（aversive drive）激励我们要前后一致。不一致的压力推动我们改变自己的行为、信念，以回避痛苦感受。与行为和信念相关的问题越重大、彼此差异越明显，我们感受到的不和谐的强度就越高。极端认知不协调的例子就像是用指甲刮黑板时产生的不适反应——我们会竭尽全力逃离那令人难以忍受的声音。

认知不协调：一个人的不同信念或信念与行为之间不一致而造成的痛苦的心理状态。

16.2 烟民的健康意识：应对不协调

费斯廷格1957年首次提出这一理论时，就选择用吸烟的话题来解释不协调的概念。当时权威医疗报告刚刚开始披露吸烟与肺癌的联系，但全美各地已形成普遍共识：抽烟有可能致癌。在此前10年，西部乡村歌手泰克斯·威廉姆斯（Tex Williams）为国会大厦唱片公司录制了第一张销量百万的唱片《抽吧！抽吧！抽吧！》。尽管这位嗓音低沉淳厚的歌手并不相信吸烟会影响健康，但是这首歌的歌词却表达了鲜明的态度：

> 抽吧，抽吧，抽那一支烟
> 一口，一口，一口吞噬你的生命
> 告诉在金门大桥的圣彼得
> 你很讨厌让他等待
> 但是你只是想要再抽一支烟。[3]

那时，许多抽烟和不抽烟的人都开玩笑地把香烟称作"棺材盒"。大量医疗报告确定吸烟和肺癌、肺气肿以及心脏病发病率上升相联系，于是，这些与香烟有关的玩笑式的称谓就不再那么滑稽了。大约一亿美国人必须首次在他们的生命中面对两个不能并存的认知：**吸烟有害健康；我吸烟**。

设想一下老烟民克里夫的困境，在他的身边充斥着吸烟有害健康的医疗宣传——与他一天一包的吸烟量构成强烈冲突。费斯廷格认为，当矛盾如此明显且让人不自在时，人们就必须放弃一些东西——抽烟习惯或吸烟有害健康的观念。"是改变行为还是改变认知，将取决于二者中哪一个更容易改变。"[4]对克里夫来说这没得商量。他点起烟，完全无视健康风险。在针对吸烟的主题讨论中，费斯廷格建议，克里夫其实可以借助大量的心理训练以回避他抽烟时的不协调感。[5]

或许烟民们避免苦闷的最典型方式就是轻视或者简单地否定吸烟和癌症之间的联系。"**我认为那些研究是肤浅的，他们都弄错了，这些警告只是基于胡说八道的科学。**"在美国卫生部部长于1964年发表了与吸烟有关的报告之后，类似的否定在认知上难以为继，但许多烟民仍然试图继续否认吸烟和癌症之间的联系。

烟民们还可以通过不断提醒自己吸烟的好处，以面对吸烟将使健康恶化的证据。"吸烟帮助我放松，我喜欢那种味道，它可以让我看起来老练……"费斯廷格首次发布自己的理论时，这些正是香烟广告竭力宣扬的诉求。比方说，老金香烟是芝加哥棒球俱乐部最主要的广播渠道赞助商，"我们是烟草男，不是毒品男"——它的广告这样说明，"要享乐不要治疗，请抽老金香烟……最低限量不会引起咳嗽。"

烟民们很难忽略戒烟的警告，但通过灌输这些可怕后果不会发生在自己身上，他们还是可以逃避那些认为他们将会受到伤害的喋喋不休的唠叨。比如，他们是**中等程度**的烟民，很快就将戒烟。"**我男朋友烟瘾很大，但我一天抽不到一包。只要一放学，我就可以完全不抽**"，等等。与之相对应的，一些烟民应对不一致的办法是否认对他们戒不掉烟的行为负有任何责任。"**让我们面对它吧，香烟是会上瘾的。我已经上钩啦。**"抽烟这一类的习惯其实不难克服，费斯廷格注意到，改变对某种行为的看法比改变行为本身容易得多，因此，他的理论焦点在于由认知不协调引起的观念和态度转变。

16.3 如何减少行为与态度间的不协调？

费斯廷格假设存在3种心理机制，人们以之确保行为与态度的和谐一致。不协调理论的研究者将这3种心理机制命名为**选择性曝光、决策后不协调和最小合理化**。我将继续引用戒烟的案例来说明这些认知进程，它们适用于任何形式的物质滥用和上瘾——酒精、毒品、食物、性、色情、赌博、金钱、购物和工作狂。我们中的大多数人至少可从上述名单里选择一项，它曾使我们努力应对观点和行为的不一致。如果戒烟与你的生活无关，试着在适用你的领域里运用这些减少不协调的方法。

假设一：选择性曝光防止不协调

费斯廷格宣称人们回避可能增加不协调的信息。[6]我们不只是倾向于聆听和选择与我们现有信念相符的意见和阅读资料，我们通常也会选择和自己相似的人在一起。通过小心地"固守同类"（stick with our own kind），我们可以维持现状的相对自在。志同道合的人减缓不同观点给我们带来的不适。从这方面来看，交朋友的过程像是一场我们为自己举行的竞选宣传。

选择性曝光的假设解释了为什么绝大多数保守主义者只收看共和党大会的电视转播，而自由主义者只收看与民主党有关的报道。认为大众媒体对受众影响极小的传媒效果研究学者，正是因此才欣然接受费斯廷格尔的认知不协调理论。[7]我们有理由预期烟民会对香烟有害的信息视而不见。美国卫生部部长的健康警示被贴在每盒香烟背后，烟民们很难回避这一不协调的信息，但强制实施的健康危害的曝光会让烟民戒烟——或者至少承认他们正在慢性自杀吗？显然不会。费斯廷格在一次早期的明尼苏达州调查报告中指出，人们抽烟抽得越厉害，就越不会相信抽烟致癌这回事。[8]即使在政府责令所有香烟广告必须突出显示美国卫生部部长的警告之后，情况依然如故。

40年之后，两位传播学学者回顾了18个或更多的实验：把实验对象放在不协调的环境中，要求他们挑选出他们想要倾听或阅读的信息类型。康涅狄格大学斯坦福分校的戴夫·达莱西奥（Dave D'Alessio）和威斯康星大学密尔沃基分校的迈克·艾伦（Mike

选择性曝光：人们回避因与现存观念不相容而引起认知不协调的信息的倾向。

Allen）发现，实验结果始终如一地证实了选择性曝光假设。[9]人们倾向选择与他们已认同的观点相一致的信息，而忽视那些和他们的信念相反的事实与观点。不过，这一倾向的力量相对薄弱。选择性曝光只解释了为什么人们选择他们已选的信息的5%。它无法解释剩下的95%。

这一发现不能改变近年来两大媒体宣传活动的赞助商充分利用选择性曝光的力量。加州大学旧金山分校于2006年的调查说明75%的好莱坞电影里有魅力十足的男演员抽烟的画面，这鼓励了在无烟家庭成长的青少年抽烟。哈佛大学的公共卫生学者要求导演们不要在电影中设计抽烟的镜头，并获得了一些成功。在电影《穿普拉达的恶魔》中，没有一个时装模特或其他角色是抽烟的。可观众似乎对此毫不在意。[10]

美国遗产基金会推行"不要放屁"的广播活动，用农庄式的幽默来使公众意识到吸烟等同于有害气体的入侵。该活动伴随欢快的旋律播放了这样一条广告：

> 我不在火车上放屁。我不在飞机上放屁。
> 我不在我家放屁。我也不靠近我的伴侣放屁。
> 我不在酒吧里放屁。我也不在汽车里放屁。
> 我不在身边有人的时候放屁，不管他们离我是远是近。
> 我不朝你的脸上放屁，我放的屁比肉蔻还要刺激。[11]

听众只有笑过或恶心过后，才意识到五行打油诗中提到的放屁都是指抽二手烟——太迟了以至于错过了重点。但如果没有借用这种特殊的幽默形式，这条信息绝大多数人都接收不到。

德国心理学家迪特尔·弗雷（Dieter Frey）调查了所有与选择性曝光相关的研究，并得出这样一条结论：即使我们意识到自己会听到不和谐的观念，如果不认为它是一种威胁，回避机制就不会启动。[12]热络的人际关系是最佳保证，它使我们有可能考虑一些本来看起来颇具威胁性的观念。

假设二：决策后不协调引起再次确认的需求

根据费斯廷格的理论，危机时刻的决定一旦做出就会引起巨大的内心紧张。以下3种情况加重了**决策后不协调**：1.相对重要的议题；2.在两个同样有吸引力的选项中延误的时间较长；3.一旦做出决定，修正该决定的难度更大。在上述这些情况中，个体会苦恼他（她）是否做出了正确的选择。[13]这种有时被称为"宿醉"的遗憾（或顾虑）会使我们在做出艰难选择后深感疲惫，并促使我们寻求再次确认的信息和与之对应的社会支持。

决策后不协调：在做出重要、紧急且难于逆转的决定后，个体经历的强烈不安。

决策后不协调的经典案例之一是，顾客签下新车购买合同后的心理焦虑。费用高昂、有更多有竞争力的型号可供选择、预付首款使顾客被迫接受后续的全程支付等等事项，使许多顾客在下单之后，还会前往图书馆仔细翻阅《**消费者报告**》等汽车专刊。他们在寻找能确认其决策的信息，以减少使人不安的疑虑。

一个烟民做出的最艰难的决定就是要不要戒烟——这像冷掉的火鸡般令人不快。它是一个痛苦的决定，总会被拖延推后。许多从多种物质滥用中恢复的人们，认为戒烟比戒酒更难。像许多有酒瘾的人向嗜酒互戒协会寻求社会支持一样，要戒烟的人通常至少需要一个朋友、家庭成员、伴侣或同事共同度过戒烟的痛苦。他们可以彼此提醒，戒烟这件事值得为之努力。

关于戒烟的决定并不符合费斯廷格所说的第3种情况：一个一次性且不能回头的最终选择。人们可以再次复吸。事实上，发誓戒烟的人多少会有几次食言，复吸的现象十分普遍。人们有必要给予戒烟者以鼓励和社会支持，从而减少这一艰难决定造成的疑虑和恐惧。

决定**不戒烟**的烟民面临类似的不安和焦虑。被迫接受吸烟有害健康的信息的狂轰滥炸，关心他们的人总在恳切地劝其戒烟，或者他们身边到处是不抽烟而且鄙视他们抽烟的人，等等。在第3章中，我描述过艾伦·德桑蒂斯在肯塔基州雪茄店老主顾中发现的同志般的友情。就在雪茄夺走了一些同伴生命的同时，德桑蒂斯得出结论，烟民们的友谊和集体合理化使决策后不协调的假设陷入了绝境。他认为杂志《雪茄烟迷》有同样的作用。他写道，虽然这份杂志公开宣称仅仅想歌颂美好的生活，但它实际上是"通过加强认知、忽视不协调信息、向读者选择性曝光认同抽烟行为的信息、为烟民创造社会支持网络等方法，缓解因消费某种具有潜在危险的产品而引起的认知不协调"。[14]

假设三：行为最小合理化导致态度转变

设想一下有人需要说服一位因肺癌而奄奄一息的烟民停止对烟草工业的公开抨击，尊重烟草公司推广产品的权利。在电影《感谢你抽烟》中，烟草公司的代言人尼克·内勒的任务正是如此。他的工作就是说服"烟草大亨"过去的广告主角——万宝路型男从公开的批判者转变为沉默的合作者。在认知不协调理论出现之前，传统的做法是内勒应先转变这个痛苦的男人对烟草工业的**态度**。如果他能使这位牛仔相信烟草公司的善意，这位牛仔的沟通**行为**就会有所改变。我们很容易会想到，把态度和行为排在因果序列的两端。

态度 ⟶ 行为

但费斯廷格的**最小合理化假设**调整了这一序列。该假设指出内勒改变万宝路型男对其前雇主态度的最佳方式是，让他不再宣扬不利于烟草公司的言论。

行为 ⟶ 态度

最小合理化假设：认为刺激他人转变态度的最佳方式是提供恰到好处的诱因以消除对立行为的主张。

不过，费斯廷格附加了一个重要的条件。内勒应提供最小的必要诱因，以引导这位牛仔安静地走下在街头演讲的肥皂箱，而不是用巨大的刺激（如10万美元现金、给妻子的终身医疗保健、威胁对他孩子不利等等）让他放弃公开抨击。费斯廷格总结道：

> 因此，如果一个人想要获得私下的转变以及微小的公共认同，最佳方法是提供恰到好处的奖惩以引诱出顺从的态度。[15]

在影片中，内勒用传统的方式，向这位牛仔扔了许多钱。他手提一个装满美钞的公文包，来到牛仔寒酸的牧场，把钱倾倒在客厅地板上。他显然认为这些钱是一份礼物而非贿赂，同时强调牛仔如果继续抨击烟草公司他就拿不到这些钱。金钱显示了它的力量，垂死的牛仔担心他死后家人要如何维系生活。因此，万宝路型男收下钱，保证从此保持沉默，但他对之前的雇主仍然满怀敌意。万宝路型男的顺从不是来自内心的**服从**。当然，对于内勒来说，这就已经足够了。

服从：公开地与他人预期保持一致，但内心不必然抱有与其行为相匹配的信念。

从他们对话的一个瞬间，可以了解最小合理化策略的潜在影响。万宝路型男看着地上那堆现金，大声问道，他可不可以留下一半现金，但继续抨击烟草公司。这表明在50%现金与全部现金之间有一关键位置，在该点处万宝路型男是乐于被收买的。费斯廷格认为如果内勒提供了"恰好"数量的现金，万宝路型男不仅会改变他的沟通行为，而且他感受到的不协调还有助于降低他对烟草公司的愤怒。费斯廷格令人吃惊的1美元/20美元实验对这一过程作出了详细的说明。

16.4 经典实验："我会为了1美元撒谎吗？"

费斯廷格的前两个假设没有什么特别激进的地方。选择性曝光假设很好地解释了为什么政治集会吸引忠诚党员，而宗教类广播和电视的受众容易成为坚贞的信徒。至于决策后不协调，所有人都会试图说服自己在危机时刻做出了正确的选择。但是，费斯廷格的最小合理化假设是反直觉的。一个微小的诱因真的会引起相应的态度转变，而一大堆好处反而不会吗？著名的1美元/20美元实验证实了费斯廷格的主张。

费斯廷格和詹姆斯·卡尔史密斯（James Carlsmith）招募斯坦福大学的男生参加一项表面上看来是调查工业内工作关系的心理学研究项目。[16]每个男生在到达实验室后就会被安排去做无聊且重复的工作，将一大堆线轴分成12个一组，每个方钉要顺时针转1/4圈。整个流程十分枯燥乏味。一个小时后，实验人员走到实验对象身边并提出要求。实验人员说有位学生因故无法前来，希望该实验对象能向等候室里的一位女性说明这是一项多么有趣的实验，让她填补上那个空位。认知不协调的研究者称之为**反态度建议**，换句话说，就是日常生活里的撒谎。

反态度建议：公开地鼓励他人相信或进行某种建议者本身并不相信的事。

一些实验对象得到承诺，假如他表现出对该任务的足够热情，就可以得到20美元；另一些实验对象只能得到1美元。令人欣慰的是，有6位男生拒绝参与，但绝大多数学生都试图招募这位年轻女性。在两种付酬方式下，对话的要点都是相似的：

她："我听说那个实验很无聊。"
他："噢，不会啊，其实挺好玩的。"

不同的是，实验结束后学生们在私下表现的态度。为20美元而撒谎的学生坦承他们觉得分类线轴的任务十分枯燥。为1美元撒谎的学生则仍然认为实验比较有趣。（费斯廷格和卡尔史密斯在实验结束后践行了欺骗的手法，实验对象没有拿到当初许诺的钱。）

现在，你应该已清楚知道费斯廷格如何分析实验结果。他指出20美元是笔巨款（比今天的100美元还要值钱）。如果学生对其"善意谎言"感到不安，奖金足以为其提供现成的借口。因此，对于在行为和态度之间的分歧，学生不会觉得有压力。而为1美元撒谎的学生就转了很多念头。把一件无聊的苦差事说成很有趣在逻辑上不一致，必须在内心对话中加以辩解：

> 我是斯坦福大学的高材生。我是那种会为了1美元撒谎的人吗？不可能。事实上，我跟那个女孩说的都是实话。实验非常有趣。

费斯廷格认为，1美元刚刚好诱发学生对实验人员的服从，因此他们必须找出另外一个借口。他们按照任务要求转变了内心态度，使之与行为保持一致。

16.5 三种高水准的修正：不协调的因果

1美元/20美元实验曾重复和调整过很多次，以便厘清为什么引发不一致行为的最小诱惑能带来巨大回报不能促成的态度转变。不协调的研究者同时寻求封锁理论漏洞，这些漏洞使因诱发服从而产生的态度转变有可能被归因于其他的解释。基于数百次实验研究，今天绝大多数影响力研究者会认同费斯廷格3种修正理论中的一种。为了理解下面描述的修正理论，你不妨根据费斯廷格的想象，勾勒出不协调产生和减少的全过程。图16-1呈现了这一4阶段的序列。

自我一致性：趋向理性的动物

加州大学社会心理学家埃利奥特·阿伦森（Elliot Aronson）由于费斯廷格令人讶

异的最小合理化假设而被认知不协调理论深深吸引，但是，他很快就认定，该理论的原始形式有一些"概念上的模糊不清"。具体地说，该理论无法说明在何种状况下一个人会明显地体验到不协调，也就是图 16–1 中 A 到 B 的连接。当费斯廷格早期的弟子并不确定该理论可以预测什么时，他们给彼此的建议是"如果你想要确定，就去问利昂"。

阿伦森得出结论，这个议题研究的不是**逻辑上**的不一致——正如费斯廷格一直认为的——而是**心理上**的不一致。人类不是理性的动物；人类是想要自己显得有理性并不断向理性靠拢的动物。阿伦森将 1 美元/20 美元实验解释为一项维持自尊的研究。"如果存在不一致，那是因为个体的行为与他的自我概念不一致。"[17] 斯坦福大学的男学生们处于困局中，因为他们自认为是正直、诚实的人。事实上，他们的自尊心越强，在告诉等候的女性该项目很有趣的时候他们所感受到的不协调就越强。相反，如果他们视自己为说谎者、骗子或混蛋，他们就不会产生任何压力。正如阿伦森所说的，"如果一个人把自己想象成一个'笨蛋'，那么他将会像一个'笨蛋'一样实施行为。"[18]

沿着费斯廷格 1 美元/20 美元实验的思路，大多数关于最小合理化假设的研究均与公开的反态度倡导有关。内布拉斯加州立大学社会心理学家琳恩·卡尔（Lynn Kahle）量化测试了大学生的自尊度，然后要求他们写一篇简短的文章鼓吹吸烟，他们将会认为这篇文章有可能被初中生读到。和费斯廷格相类似，她提供给写文章的人 2 美元和 10 美元两种报酬。如果阿伦森的不协调理论的版本正确的话，编造了支持吸烟的文章的大学生，如果一方面接受 2 美元的最小合理化报酬，同时又要保护其高度的自尊心，他们将经历图 16–1 中 B 点的最大不协调。在 C 点他们转化了对吸烟的态度，这时他们应该更趋认同青少年吸烟的观念。卡尔的实验证实了这一点。她总结道，"自尊和报酬之间的互动遵循了阿伦森对不协调理论的细微改良，即不协调来自于自我认知与行为认知之间的差异。"[19]

按照阿伦森的观点，一个人能体验到的不协调的程度，与他（她）在行为上付出的努力成正比。由于海军陆战队的新兵训练比陆军中的基本训练更严格，因此，阿伦森预测，如果某一海军新兵违背了海军规范，他（她）会觉得十分紧张。越是难以融入的群体，个人就越珍视作为群体成员的资格。很少有足球运动员吹嘘说他的教练没有制定任何训练规则，或者只是安排少量的练习赛。

从低成本投资来看，人们可以理解伊索寓言里狐狸的反应。但是，阿伦森指出，如果那只狐狸花一个下午的时间跳起来摘葡萄，它一定不会认为葡萄是酸的。当精力投资很高时，行为将决定态度。

新观点：对坏结果的个人责任

普林斯顿大学心理学家乔尔·库珀（Joel Cooper）同意阿伦森的说法，图 16–1

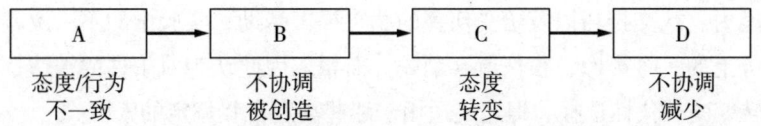

图16-1 费斯廷格的认知不协调过程模型

中A点的逻辑不一致不会自动产生B点的不协调。然而，他不认为阿伦森对自我一致性的解读发现了强烈心理不适的真正原因。在库珀给出的认知不协调的"新观点"模型中，他辩称，个人行为不必要去伤害他人这一认知引发了不协调。例如，在1美元/20美元实验的最小合理化状态中，斯坦福的男学生们在清楚知道"等待的候选者将陷入极大的失望"的事实下还乐于"欺骗同校学生去期待有趣的体验"。[20]

库珀得出结论，不协调是"一种唤醒状态，在引发不道德事件并感知到个人责任时出现"[21]。这里要提醒的是，承担个人**责任**需要个体提前知道他（她）的行动会对他人产生负面后果，但依然选择实施不道德行为。最小合理化实验中参与者的反应显示出他们通常会因他们信息的潜在影响而产生不适感。

普渡大学社会心理学家理查德·赫斯林（Richard Heslin）和迈克尔·阿莫（Michael Amo）在实验中采用了一条为初中生准备的鼓励吸烟的信息，但在这一案例中，这个设定会引发更多的外界介入，潜在危害也更大。选修大学公共演讲课的学生被诱惑去作即兴演讲，这些学生必须告诉一些不明就里和不受约束的7年级学生，吸食大麻不会对他们有害。演讲者在演讲结束之后回顾了他们的演说，而且被不断提醒其演讲含有鼓励吸食大麻的观点。演讲者深刻地意识到他们的演讲会害了孩子们。一个演讲者脱口而出，"如果我的牧师知道我做了这样的事情，他会说些什么呢？"另一个则恳求道，"请不要用我的演讲。我不想要这堂课的学分；只是恳求你不要用我的演说！"[22] 然而，他们确实出现了朝其倡议方向的态度转变。正如赫斯林和阿莫所提醒的，他们的恐惧和态度转变证实了阿伦森对不协调的自我一致性的解释。

消除不协调的自我肯定

阿伦森（自我一致性）和库珀（新观点）所提供的修正方案，致力于解释费斯廷格模型前端的不协调的**产生**，而斯坦福心理学家克劳德·斯蒂尔（Claude Steele）的自我肯定路径则回答了模型后端——图16-1中的D点——不协调减少的问题。与前两个修正方案不同的是，斯蒂尔并不认为不协调总是会驱使人们转变态度以使行为合理化。他认为一些幸运的人能唤起许多关于自己的正面看法，从而解决一致性重建的问题。如果斯蒂尔是对的，那么高度的自我肯定就是减少不一致的资源。

按照斯蒂尔的观点，大多数人乐于维持一个有道德感、适应性强的自我形象。对1美元/20美元实验的参加者而言，毋庸置疑，对另一个学生撒谎就很难继续维持讨人喜欢的自我概念。但是，如果接受测试的学生根本无视道德缺陷，而只关心优异的成绩、体育能力、社交技巧以及给受伤害的朋友提供帮助，实验中的不一致就只是他脑海中雷达屏上的一个影像，很快就会消失。斯蒂尔因此认为对事件的否认、遗忘和轻视是态度转变的替代性选择，但这只适用于那些高度自我肯定的人。

阿伦森、库珀和斯蒂尔提供了各自的修订理论，针对人们头脑中的思考过程提出比费斯廷格初始理论更精准的陈述。我们不需要挑选一个而摒弃其他。自我一致性、对于坏结果的个人责任和自我肯定不是互相排斥的解释。就像库珀所指出的，"它们每一个都描述了整体不协调过程中独特、重要的一部分，为了解自我认知如何调解认知不协调、认知觉醒和不协调减少作出了独特的贡献。"[24]

16.6 付诸实践的理论：通过不协调来说服

我把这一章放在影响力这一部分，是因为费斯廷格和他的追随者关注态度转变，并把它看作不协调的终端产品。假如你认识一个叫萨姆的人，他坚持着你确定有害或错误的观念。这个理论提出了哪些实用建议，可以帮助你转变萨姆的信念？

作为说服者，你不应承诺给萨姆大量好处，让他放弃原有的态度；如果他不愿放弃，也不要警告他后果十分严重。数量惊人的奖惩策略可能收获行为上的服从，但这一类强硬的推销很少能够赢得被收买或承受压力的人的心和思想。取而代之的是，你应该建立和萨姆的友好关系。这样一来，你就可以绕过萨姆和大多数人建立的为避免威胁性观点的**选择性曝光**屏障。如果萨姆最终采纳你的观点，那么持续的联系意味着当**后期决策**不协调发生时你将提供再次的确认。

为了建立持续有效的转变，你应该为萨姆提供恰到好处的鼓励（**最小合理化**），让他尝试背离旧的思维方式的新行为。避免提出萨姆无法拒绝的提议。只要**反态度行为**可以自由选择和公开接受，人们就更有可能采纳与他们行为相一致的观念。以这种方式行动所付出的努力越多，人们转变态度以迎合行为的可能性就越大。

最后，如果你寻求的是**诱导性服从**，试着让萨姆计算你想要他去做的事情的代价，并且理解该行为对他人的潜在不利影响（**对坏结果的个人责任**）。这种理解将增加萨姆把内心态度转变得与他的行为相一致的可能性。而且即使事情的结果令人失望，你们的关系也不会因此受到影响。

16.7 评论：不协调理论的不协调

1989年费斯廷格辞世时，刊登在《美国心理学家》上的讣告再次提及他所带来的深远影响：

和陀思妥耶夫斯基和毕加索一样，费斯廷格在社会科学领域掀起了一种全新的研究和理论风格，它们现在已是该领域所有创造性工作者的共有财富……利昂对社会心理学所作的贡献就像弗洛伊德对临床心理学、皮亚杰（Piaget）对发展心理学所作的贡献一样巨大。[25]

在我介绍传播学理论领域的七大流派时（见第4章），我把费斯廷格看作社会心理学传统的代表人物。认知不协调理论是被大众文化记住名字的少数几个传播学理论之一。虽然拥有如此广泛的影响，费斯廷格的初始理论和它的修订版本毕竟存在一个严重的瑕疵。像我少年时的朋友在他家的车道篮球场上投球从不失误一样（见第3章），这个理论不可能被证伪。

再来看看图16-1——不协调过程的4个阶段。几乎所有不协调研究者的创造力都盯住了在A点诱发反态度建议——让人们公开说出与他们私底下的信念不一致的内容。当研究者在C点发现态度转变时，他们就自动**假定**不一致在B点产生，然后在D点消失。他们没有检验看看那儿是否真的存在不协调。

费斯廷格从未具体说明一个可信赖的方法，以测量个体体验到的任何一种不协调。心理学家帕特里夏·迪瓦恩（Patricia Devine）和威斯康星大学麦迪逊分校的同事们认为，**不协调温度计**就是这样的工具。他们很高兴研究者偶尔会通过例如皮肤电流反应之类的心理学实验来评估不协调中的**觉醒**成分。（当我们的兴奋感上升时，手掌会冒汗。）但是他们更有兴趣尝试的是，用影响力自我报告的测量方式来评估不协调中的**心理不适**。除非某种不协调温度计被纳入不协调研究的标准，我们无法知道那种痛苦的心理状态是否真的存在。

康奈尔大学心理学家达里尔·贝姆（Daryl Bem）就认为不协调并不真的存在。他认同当人们的行为和他们最小合理化的信念相反时，他们的态度将发生转变，但是，他认为自我认知的解释比认知不协调的解释更加合理。他确信就像别人观察我们的行为一样，我们也以同样的方式判断自己的内在态度倾向。

贝姆开展了他自己的1美元/20美元实验，以检验他的替代性解释。[26]首先，让被测者听一位斯坦福学生对线轴整理、方钉旋转的热情陈述的录音。一部分被测者被告知，如果招募到女性实验对象就可以得到1美元。由于斯坦福学生听上去没有明显的说谎理由，被测者会认为该学生是真的喜欢这项工作。另一部分被测者则被告知，如果招募到女性实验对象可以得到20美元。这些被测者认为斯坦福学生感到工作无聊透顶但为钱说了谎。贝姆的实验对象们没有推演斯坦福学生在脑海里想些什么。他们只是通过观察该学生在这种情况下的所作所为来推断他的态度。贝姆问道，如果普通人不需要了解认知不协调，就能预测他人的反应，那为什么社会科学家还需要了解它呢？贝姆确信，认知不协调理论就像漫画家戈德堡笔下的捕鼠器一样太过迂回了。他宁愿做出简单的选择。

不协调温度计：对个体因不一致而感受到的不协调的一种假想但可靠的评估。

自我认知理论：认为我们与外部观察者一样，通过观察我们自身的行为来决定态度；认知不协调的替代性理论。

认知不协调理论的倡导者对此反驳说，人们的心理过程并不简单。当我们应对眼睛看不见的事物时，我们应预见并理解它潜在的复杂性。费斯廷格的理论在过去的50年中，激励了实证取向的传播学者。毕竟，在这本教科书中讨论认知不协调理论，我不会感到丝毫的不协调。

帮助你深入思考的问题：

1. 认知不协调是一种**痛苦的心理状态**。你上次感受到这种**厌恶驱动力**是什么时候？为什么你在回答这个问题时感到有些困难？
2. 费斯廷格著名的**1美元/20美元实验**可用多种不同的方式来解释。你对哪个解释最满意？
3. 假如你希望你的朋友们纠正性别歧视的态度。**最小合理化假设**提供了怎样的建议？
4. 我把认知不协调理论看作一种"百分百命中投篮"。怎样才能使这个理论**可验证**？

扩展阅读：

推荐阅读：Joel Cooper, Robert Mirabile, and Steven Scher, "Actions and Attitudes: The Theory of Cognitive Dissonance," in *Persuasion: Psychological Insights and Perspectives*, 2nd ed., Timothy Brock and Melanie Green (eds.), Sage, Thousand Oaks, CA, 2005, pp. 63–79.

早期理论表述：Leon Festinger, *A Theory of Cognitive Dissonance*, Stanford University, Stanford, CA, 1957.

理论状态：Eddie Harmon-Jones and Judson Mills (eds.), *Cognitive Dissonance: Progress on a Pivotal Theory in Social Psychology*, American Psychological Association, Washington, DC, 1999.

选择性曝光：Eva Jones, Stefan Schulz-Hardt, Dieter Frey, and Norman Thelen, "Confirmation Bias in Sequential Information Search after Preliminary Decisions: An Expansion of Dissonance Theoretical Research on Selective Exposure to Information," *Journal of Personality and Social Psychology*, Vol. 80, 2001, pp. 557–571.

决策后不协调：Dave D'Alessio and Mike Allen, "Selective Exposure and Dissonance after Decisions," *Psychological Reports*, Vol. 91, 2002, pp. 527–532.

1美元/20美元实验：Leon Festinger and James Carlsmith, "Cognitive Consequences of Forced Compliance," *Journal of Abnormal and Social Psychology*, Vol. 58, 1959, pp. 203–210.

自我一致性概念的修订：Ruth Thibodeau and Elliot Aronson, "Taking a Closer Look: Reasserting the Role of the Self-Concept in Dissonance Theory," *Personality and Social*

Psychology Bulletin, Vol. 18, 1992, pp. 591–602.

理论最新修订：Joel Cooper and Russell Fazio, "A New Look at Dissonance Theory," in *Advances in Experimental Social Psychology*, Vol. 17, Leonard Berkowitz (ed.), Academic Press, Orlando, FL, 1984, pp. 229–262.

自我认同概念的修订：Claude Steele, "The Psychology of Self-Affirmation: Sustaining the Integrity of the Self," in *Advances in Experimental Social Psychology*, Vol. 21, Leonard Berkowitz (ed.), Lawrence Erlbaum, Hillsdale, NJ, 1988, pp. 261–302.

评论：Daryl Bem, "Self-Perception: An Alternative Interpretation of Cognitive Dissonance Phenomena," *Psychological Review*, Vol. 74, 1967, pp. 183–200. Daniel O'Keefe, "Cognitive Dissonance Theory," in *Persuasion: Theory and Research*, 2nd ed., Sage, Thousand Oaks, CA, 2002, pp. 77–100.

对尊严有强烈需求的人，才能体会认知不协调。

如欲了解旧版介绍的亚伯拉罕·马斯洛的需求层级理论，请到www.afirstlook.com点击"理论档案"。

第三部分　群体和公共传播

单元引言　群体决策
第17章　群体决策的功能视角
第18章　适应性结构化理论

单元引言　组织沟通
第19章　组织文化的研究方法
第20章　组织沟通的批判理论

单元引言　公共修辞
第21章　修辞学
第22章　戏剧主义
第23章　叙事范式

单元引言　群体决策

一位愤世嫉俗的哲人曾说，委员会成员能把骆驼说成马。虽然有不少人认同这种悲观论调，但是根据商界、教育界和政府的研究成果，群体决策通常优于个体成员想出的任一方案。近年来，有关协同效应的理论认为集体产品优于它各部分的总和，在一定程度上肯定了群体决策的标准流程。

60年前，哈佛大学的罗伯特·贝尔斯（Robert Bales）开发出一套对话分析方法，区分了12种对话行为。[1] 例行的委员会会议需要在每分钟内对10条至15条评论分门别类。图DM-1呈现了贝尔斯的类别列表以及他在观察体系内部设立的几种互动关系。

贝尔斯体系的中间区域（B、C部分）指向关注达成群体任务的陈述，外围区域（A、D部分）则指向反映群体内部关系的评论。逐一编码个体的对话，观察者借助贝尔斯分类法，就能获得对每位群体成员偏好的互动方式的大致印象。观测结果证明，一些人重视如何完成任务，另一些人则更在意社会情感方面的问题。任务取向的个体是驱动群体机器的发动机，而关系取向的成员则有如润滑剂，消除导致群体瓦解的大量摩擦。一个健康的群体同时需要这两类人。

在图DM-1中，你可以看到贝尔斯将12种对话类别分成相互对应的6组。**寻求信**

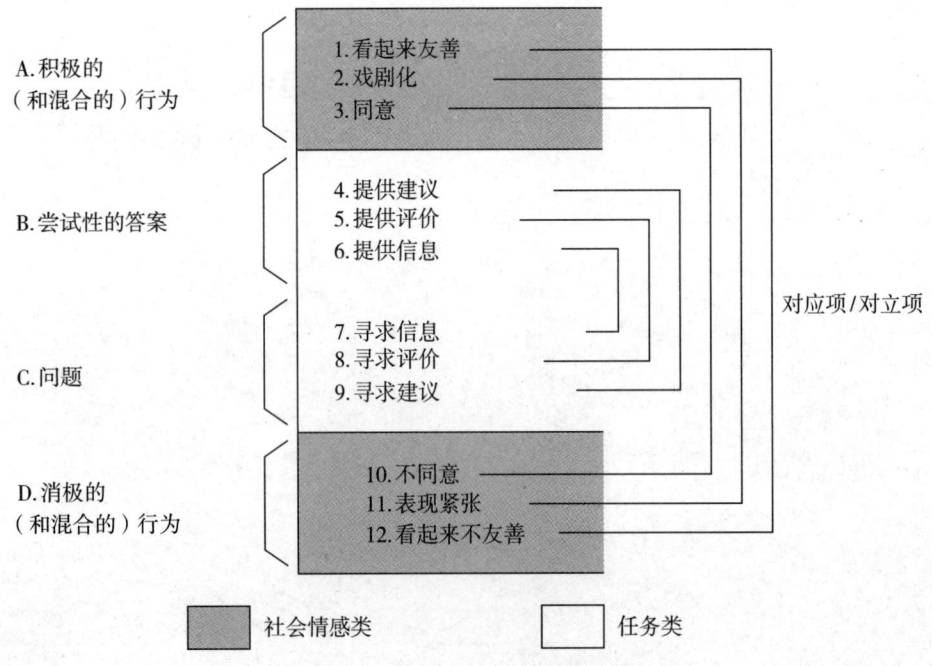

图DM-1　贝尔斯对互动过程的分析列表

息和**提供信息**相对应，**看起来友善**和**看起来不友善**相对应。唯一没有呈现明显镜像的一对是**戏剧化—表现紧张**。你可能会回想起第3章所讨论的博尔曼的符号聚合理论，贝尔斯最初把第2个对应组称为**缓解紧张**，然而，他发现绝大多数缓解紧张的对话都具有讲故事或戏剧化的特质，可使陷于困境之中的群体继续前行，因此他认为**戏剧化**才是更准确的定义。

贝尔斯发现健康的群体能大致维持这6对中任何一对的平衡。例如，如果群体成员在询问其任务性质（类别7）后获得了答案（类别6），群体的初始讨论将变得更富有成效。但是如果群体成员纠缠于无法理解的事项，或者每个人都提供他人不需要的信息，群体进程就会受阻。

与那些试图消除一切群体冲突的学者不同，贝尔斯认为当正面评论和负面评论的比例为2:1时，图DM-1中所示的社会情感分类就能达到最佳状态（类别1和类别12，类别2和类别11，类别3和类别10）。高比例的负面言论能割裂整个群体的关系，但是，做重大决定时需要有益群体健康的质疑。在贝尔斯提出互动分类后的20年，哈佛心理学家欧文·贾尼斯（Irving Janis）推广了**群体迷思**（groupthink）的概念。它用来特指群体成员因无原则地追求群体一致而做出低级的群体决策。一旦陷入群体迷思，即使看到群体正朝着危险的方向前行，群体成员仍然会因过度重视群体一致而拒绝质疑的声音。[2]

贝尔斯对群体平衡的强调反映了他在研究群体决策时采用的系统性方法。香农的信息理论（见第4章），及瓦茨拉威克把家庭看成系统的互动观点（见第13章），或许已经使你对系统性思考有一些了解。贝尔斯的理论指出面临决策的群体要应对任务要求、社会情感需求以及环境因素等诸多问题，而沟通过程是一个群体满足这些需求的主要途径。

系统性理论学者提出如下的群体决策模型：

输入 ⟶ 过程 ⟶ 输出

举例来说，我们可以把**信息**看成输入，把**交谈**当做过程，把**决策**理解为输出。[3]该模型可帮助我们定位众多研究群体决策的传播学学者的工作。与博尔曼的**符号互动论**一样，贝尔斯的互动分析致力于阐释输入—过程之间的关系。但是，这两位学者都没有追踪群体成员间的讨论对群体最终决策品质的明确影响。第3部分介绍的首个理论阐释了过程—输出之间的关联。

第17章介绍兰迪·广川和丹尼斯·古伦的**功能视角**理论。基于贝尔斯的任务指向，这两位理论学者关注沟通在促成高品质群体判断时所发挥的特殊作用。他们的目标是就群体成员采取何种行动才能确保群体决策品质提出实用性建议。

斯科特·普尔的适应性结构化理论研究整个输入—过程—输出的群体决策系统。

在修正社会学家安东尼·吉登斯（Anthony Giddens）的结构概念之后，普尔指出群体成员利用规则和资源（输入），通过互动（过程）生产和再生产群体决策（输出）。这一理论令人着迷的特点在于，群体决策不仅仅接受群体输入的**影响**，还会反弹回去**影响**那些使用同一规则和资源的群体。第18章将详细阐述上述这些概念。

研究群体沟通过程的心理学家通常着眼于群体内的成员构成。这些学者倾向于假定群体成员的个性和观念将自发性地决定最终结果。然而，本书所介绍的传播学学者对此有不同的意见。他们认为沟通绝不是在浪费时间，更不是毁掉好的解决方案的负面因素。这一部分介绍的两种理论的特点是，它们都竭力为群体中沉默的、没有权力且被边缘化的成员营造发声空间，从而推动该群体制定出更合理的决策。假如我们要质疑委员会成员能把骆驼说成马，我们应该牢记的是这种看上去笨拙的动物才是沙漠游牧群体的理想解决方案。

如欲了解本书旧版介绍的两种群体决策理论——欧文·贾尼斯的群体迷思和B.奥布里·费舍的决策形成之互动系统模型，请到www.afirstlook.com点击"理论档案"。

第17章　群体决策的功能视角

创立人：兰迪·广川（Randy Hirokawa）和丹尼斯·古伦（Dennis Gouran）

实证性 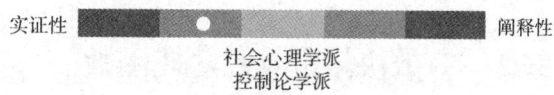 阐释性
社会心理学派
控制论学派

你是否曾对你的传播学教授如何获得他的工作感到好奇？要知道，我曾在长达15个月的时间里担任传播系下设的4个调查委员会委员，为修辞学、戏剧学、新闻学以及广播电视制作专业挑选未来的教师。传播系的教职员工当然希望每个委员会都能依据理性原则，选出最优秀的候选人。或许他们认为经过系统化的、理性的讨论，委员们一定能做出高品质的决策。

然而，随着委员会会议日渐密集，我却开始质疑我们在讨论候选人资质时所耗费的时间和精力是否真的有用。考虑到委员们会引入不同的沟通兴趣、学术水平及个人偏见，我们最终的选择会不会是基于政治因素而非理性因素呢？即使委员们保持了足够的客观，我仍然担心关于候选人的自由辩论会遮蔽我们的判断，让我们做出不那么恰当的选择。

一次会后，一些委员们站在走廊上闲聊，群体讨论令人不安的一面在他们时不时的抱怨中被反映和放大出来：[1]

> 如果你想搞定这件事，你就自己来吧！
> 人多反而碍事。
> 委员会就是个浪费时间的组织。
> 委员会就是要让新想法走入死胡同，然后慢慢地扼杀它。

兰迪·广川（夏威夷大学希洛分校人文系主任）和丹尼斯·古伦（宾夕法尼亚州

立大学传播学教授）认为这些悲观论调缺乏充分的理论根据。假如群体成员关心议题、具有相当的智力，而且面临一个需要更多数据、新想法及清晰思维的挑战性任务，两位学者确信群体互动将对最终决策产生正面影响。广川谈到了**有品质**的解决方案。² 古伦则提到**恰当**的决定。³ 两人都认为对话是一种社会工具，可以帮助群体达成更恰当的结论。正如希伯来谚语所说的"没有商议的计划漏洞百出，拥有大量顾问的计划迈向成功"。⁴（Without counsel plans go wrong, but with many advisers they succeed.）

功能视角：在达成4项功能函数时，描述和预测任务组的群体表现的规定性方法。

功能视角理论说明了联合互动的优势。古伦早期有关群体决策的写作奠定了它的基础。至于广川，他在研究生进修期间提出它的基本原则，现在又在进行大量工作以继续检验和修正它。我希望你对高等院校聘请教师的内幕有兴趣，因为接下来我将根据我在惠顿学院调查委员会的经历阐明广川和古伦的理论。

17.1 有效决策的4大功能函数

与贝尔斯和其他先驱一样，广川和古伦用生物体来比喻小的群体。复杂的生物体想要在持续变动的环境里生存发展，必须具备呼吸、循环、消化及排出废物等生理机能。同样，广川和古伦认为，假如群体成员要获得高品质的解决方案，群体决策的过程就必须满足4项函数。两位理论学者称之为有效决策的**必要功能**——这即是"功能视角"一词的由来。⁵ 4项函数分别是：（1）问题分析；（2）目标设定；（3）识别可替代项；（4）评估积极及消极结果。

必要功能：达成积极群体决策结果的条件；问题分析、目标设定、识别可替代项、评估积极及消极结果。

问题分析：确定群体所面临的问题的本质、程度和起因。

1. 问题分析

正在进行中的事务还需要改进或改变吗？为了回答这个问题，群体成员必须用现实的眼光来看待当前的情况。满足现状的人可能会说："花瓶没坏，勿需修理。"但是，正如广川所警告的，对现状的误读有可能在群体成员的最终决策中被放大。他还指出，问题分析最显著的错误就是未能在威胁刚刚出现时辨识出它的潜在影响。⁶ 而在群体成员认同有作出改变的需要之后，他们还必须弄清楚所面对问题的本质、程度和潜在起因。

大多数传播学系在某个教职人员辞职或退休后，在分析现状这一点上不会出现问题——它会快速启动寻找新雇员的程序。通过公开招聘，系里目前薄弱的领域得以巩固，已获认可的专业可以进一步强化。职位空缺是很容易解决的问题。譬如我所在的传播系，在寻找修辞学者、戏剧指导及广播电视制作人时没有遇到任何困难。针对每个职位，我们都成立了调查委员会，草拟职位描述，在专业圈子中发布消息，以及联系其他学校的朋友看看是否有人对此感兴趣。

新闻学教员的聘用则是另外一回事。这个新设立的职位空出来已经有2年了，没有一个人急于填补这个空缺。我们保留这个职位是由于两位国内知名的记者都表示有兴趣来惠顿学院就职，可惜双方的时间总是不合适。我们认为一位兼职教师也能给学生们提供良好的指导。候选人尽管缺乏可观的学术背景，但依然可以成为出色的导师。这看上去没什么问题，对吧？可是，有个人在我们沉寂的委员会上第一次问道，如果明年还没招到新闻学教员，我们学院是不是还能维持教员必须全职的原则。她在履行问题分析的功能函数，她的问题促使我们更现实地看待现状。委员会随后与系主任进行沟通，他说："做个干脆的决定吧。"于是我们迅速切换了状态，开始主动招人。

2.目标设定

群体成员必须弄清楚他们的任务是什么，因此广川和古伦把对目标的讨论看成决策的第2个必要条件。群体需要制定标准以判断提案优劣。假如群体不能妥善处理这一点，很有可能最终促成决策的将是政治因素而非理性因素。[7]

目标设定：为判断提案优劣而建立的标准。

负责招聘修辞学者的委员会成员一致同意，理想的候选人应具有博士学位，至少曾在高等院校任教5年，有大量发表在传播类专业期刊上的论文。鉴于惠顿学院首先且主要是一所教学机构，我们认为最后的中选者还应该具有在课堂上营造活跃气氛的能力。最后一点，与惠顿学院一切真理归于上帝的价值观相一致，我们声明我们在寻找一位有信仰且无惧从人文视角追求知识的学者。这套相对严格的标准缩减了候选人数，但也使我们在最终决策时充满信心。

3.识别可替代项

广川和古伦强调在群体成员的选择范围中依次排定几种候选方案的重要性：

识别可替代项：找出足以解决问题的选项。

> 假如没有人注意到提供现实中尽可能多的可替代项的需要，则候选选项可能很少，与之相应的是，获得可接受答案的可能性也相对较低。[8]

在我们招聘戏剧专业教师时，选择有限从来就不是问题。在公开征选阶段，超过150位候选人申请了这一职位。一开始，我们所能做的就是忙着打开信封。招聘广播电视制作专业的教师则全然不同。委员会希望找到一位具有丰富行业经验、具备博士或美术硕士学位、可以同时教授**广播和电视制作**领域专业知识的候选人。许多有电台工作经验的音响师应聘该职位，却只有几位符合我们提出的学历要求，而且这些应聘者中没有一人有电视制作的背景。3个月之后，我们还是没有找到适合人选。

这时，一位委员提醒我们，我们可是**调查委员会**，我们应该把手上的烟蒂丢掉，主动寻求合乎条件的候选人。我们举行了一次头脑风暴会议，要求每位与会人士提出想法以便扩大搜索范围。我们利用电话、传真和电子邮件，与制作公司、电台经理人、教务主任及学院院长联系。通过找出可替代项这一功能函数，调查委员会找到两位候选人，他们不仅符合我们的基本条件，而且为传播系带来委员会一直期望的文化多样性。

4. 评估积极及消极结果

评估积极及消极结果： 对照选择标准，验证每一选项的相对价值；权衡收益与成本。

在群体找出可替代项之后，参与者必须依据在他们看来重要的标准，仔细验证每一选项的相对价值。这种点对点比较不会自发进行。广川和古伦警告说群体有时会冲动莽撞，而这时需要一位成员来提醒其他人要充分考虑每一种可替代项的积极及消极特性。

举例来说，应聘剧场导演专业教师职位、表现突出的候选人马克，在学历、才能与个人品性等方面给调查委员会留下了深刻印象。他有丰富的舞台经验，一年前曾以客座导演的身份执导一部颇受好评的校园剧，在与系内老师及学生联系时也表现得十分热情。戏剧专业的学生们甚至签名请愿，要求我们选他出任这一职位。这时，委员会中的"现实主义者"就有责任指出，马克缺少在学术机构就职的经验。如果我们要选他，我们就不能低估这位有创意的艺术家在应付评分、提供学术建议、参加委员会会议以及完成报告等日常工作时是否会感到为难。

在另一场招聘中，委员会差点儿犯下全然相反的错误。一位能力突出的候选人在原来的学校未能获得终身教职资格，委员会随后的讨论几乎被这一否定条件所主导，忽略了这位候选人的许多优势。同一位实用主义的委员会成员应该督促我们，花上一定时间认真核查该申请者的积极信息，而不是过分夸大他的消极信息。

广川指出一些群体任务带有**正面偏向**，它们强调可替代项的积极特征，而弱化消极特征。[9] 例如，惠顿学院的"年度教师"推荐表就特别强调积极特征。"足够好"的评分其实不足以赢得该项奖励。另外一些群体任务则带有**负面偏向**——可替代项的不具吸引力的特征与其积极特征相比被过分强化了。例如，侧重教学成绩而非研究水平的高等院校终身教职评议，更多地受到候选教师个人缺点的影响。这是因为委员会成员不愿意把未来的学生交由工作已获保障的资质平庸的老师来指导。

17.2 功能函数的优先排序

优先排序（prioritizing）一词意味着按逻辑顺序逐一进行4项功能函数。它也可以解释为决定哪一项功能函数最为重要。广川和古伦在大多数著作中表明可以任意采取上述任何一说法。他们一再强调若要最大化制定优秀决策的可能，不但4项函数缺一不可，而且没有任何一种函数天然地比其他函数更重要。[10] 当然，更不可能仅靠一个群体议程或进攻计划就把工作做好。只要群体履行全部4项函数，成员选择任一路线似乎不会带来太大差别。广川进一步表示说，成功解决特大难题的群体通常采用的只

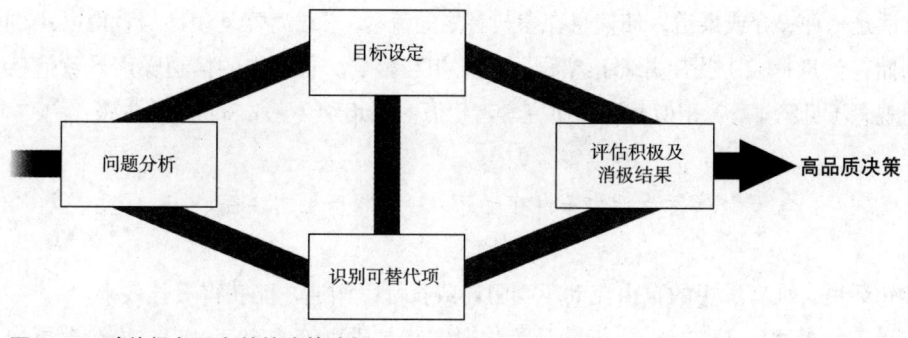

图17–1 功能视角下有效的决策路径

是常见的决策路径。[11]

图17–1呈现的路径提供了一个解决问题的流程。群体首先分析问题，然后设定目标并识别可替代项，最后在最终决策之前，评估每一选项的积极及消极特性。我在全国公共广播电台"车迷天下"栏目中听到的建议，就符合这一决策流程。当被问及车主该如何处理紧急情况下的汽车故障时，该节目的当红主持人及机械师汤姆·马格雷奥兹和雷·马格雷奥兹给出了以下充满街头智慧的答案：

> 首先，找出哪里坏了。然后，决定你想要把车子修到什么程度；或者先问问你的机修师你的现有选项。无论谁先谁后，这两件事你必须得做。最后，评估哪一种选择最物超所值。现在做决定吧。

在刚刚进入21世纪的头几年，广川和美国雷德兰茨大学商学教授马克·奥利茨基（Marc Orlitzky）进行了一项基于60个功能视角实证研究的元分析。他们用一个有趣的标题——"人非圣贤孰能无过，圣贤非人岂能有错"——公开了分析结果。其中提到广川和古伦曾经的假设——功能函数同等重要——是错误的。新的研究显示，**评估可替代项的消极结果**迄今为止是确保群体做出卓越决策的最关键因素。[12]或许是为了强调其重要性，这一次广川将评估积极特性的函数和评估消极特性的函数分开，用5种功能函数替代了过去4种功能函数的表达。为了与欧文·贾尼斯的群体迷思、贝尔斯的互动分类及其他以功能视角来看待群体沟通的研究有所区别，广川目前将他的理论命名为**功能理论**。[13]

17.3　履行功能函数时沟通的作用

大多数传播学者确信成员间的讨论可以对群体决策品质造成重大影响。人们通常认为对话是一种媒介或渠道，使信息在参与者之间流动。[14]语言互动使参与者得以：（1）分配和储存信息；（2）找出并修正错误；（3）相互影响。与香农的信道噪声导致信息损耗的观念（见第4章）相似，群体研究学者伊万·斯坦纳（Ivan Steiner）主张：[15]

群体实际生产力＝潜在生产力－过程产生的损耗

换句话说，唯有思想的自由流动不受阻碍或扰乱，沟通才能获得最佳效果。

广川不反对这一传统观念，但他认为沟通在高品质决策的制订过程中扮演着更加积极的角色。与社会建构主义者（见第6章、第12章和第13章）一样，广川把群体讨论看成工具，群体成员利用它创建群体决策得以形成的社会现实。[16]群体讨论对群体的最终产品施加影响力。

这个过程在现实中是如何进行的呢？你不妨把图17-1中的黑色粗线想象成穿越茂密灌木丛的安全小径——这些小径连接4个关键的功能函数，而且最终通往高品质群体决策的目标。群体成员经常会偏离目标路径，陷入阻碍群体进程的灌木丛式的混乱之中。在这个比喻中，灌木丛代表的是阻碍群体向目标移动的干扰或障碍。广川和古伦列出了一系列棘手的障碍——对议题的无知、事实错误、被误导的假设、对可选项的草率评估、无逻辑推论、无视程序规范及有权力的群体成员的过度影响等等。两位学者相信人们在对话中一定会出现偏离，但沟通能把人们再度拉回目标指向的路径。

广川与古伦总结出决策群体的3种沟通类型：

促进型——通过唤起对4项功能函数中某一项的注意而使群体沿着目标路径移动的互动。

扰乱型——转移、妨碍或挫败群体成员达成4项功能函数的互动。

中和型——群体成员将群体拉回正轨的互动。

广川和古伦认为，群体成员的多数意见都在扰乱而非促进目标进程。他们得出结论，"有效的群体决策或许最好被理解为影响和反影响的结果。"[17]换句话说，总会有人说出把群体拉回正轨的言论。

广川多次试图建立一个对话编码系统，以便划分具体陈述的功能。正如我们在这一部分引言中介绍的贝尔斯互动分类，广川的功能取向互动编码系统（Function-Oriented Interaction Coding System，FOICS）要求研究者对每个**功能性表达**进行分类，所谓功能性表达是指"在群体互动过程中行使特殊功能的、某一成员未被打断的陈述"。[18]

图17-2陈述的是研究者用来分析群体内部沟通的FOICS检查表。你可以看到测试者要做两类判断：（1）陈述和表达是否实现了4种功能函数？它行使的是哪一个？（2）它们是否促进（**促进**）、抑制（**扰乱**）或更改（**中和**）群体对该功能的聚焦？从理论

功能性表达：群体互动过程中行使特殊功能的、某一成员未被打断的陈述。

FOICS：功能取向互动编码系统；群体讨论过程中记录和分类功能性表达的工具。

	问题分析	目标设定	识别可替代项	评估积极/消极结果
促进				
扰乱				
中和				

图 17-2　功能取向互动编码系统（FOICS）检查表

上讲，这一 4×3 表格提供了 12 种相互独立的群体讨论。根据这些信息，研究者就能确定沟通对群体决策品质的影响。

然而，在现实中，对群体讨论内容的分析与归类处处皆是难题。首先，独立的测试者就一条陈述该如何编码难以达成共识。大量训练能大幅提升测试的可信度，然而，广川也敏锐地意识到其实一条陈述可以实现多个函数。此外，表面上看来有用的表达有可能潜藏扰乱的力量，反之亦然。给每条陈述编码，已成为所有有志于研究群体沟通特性及效果的学者们正面临的难题。广川还在继续修正他的方法论，但他悲观地引用了华盛顿大学传播系前任系主任汤姆·沙伊德尔（Tom Scheidel）半开玩笑的言论：

> 每一位群体沟通研究学者在学术生涯中至少应采用一次互动分析方法……为的就是知道以后再也不要用它。[19]

17.4　从池塘到大海

"从池塘到大海"，是广川 1999 年在对功能视角理论现状世纪末回顾的 B. 奥布里·费舍（B. Aubrey Fisher）纪念讲坛上的演讲题目。[20] 广川的池塘—海洋的比喻指的是从严密受控的实验室研究中得出结论所伴随的风险，以及如何判定这些结论是否适应多种力量施加作用的"现实世界"的挑战。

在一项针对功能视角理论的实验性质的典型研究中，广川向 30 个以上的新近成立的 3 人小组提出了相应的问题。[21] 例如，他或许会要求某些小组针对学期论文作业舞弊的学生，提出公平、合理的处理细则。为了确定每个小组在多大程度上履行了 4 项功能函数，他训练 FOICS 测试者，让他们观看和追踪小组讨论的录像带。为了评测各小组的决策品质，他还将每组的最终建议交由在处理抄袭事件方面经验丰富的教导人员审查。最后，他比较了每组的 FOICS 评分和决策品质。

广川从 10 多项功能视角实证研究总结得出，该理论能很好地预测哪个群体将制定出高品质决策。特别是，他的理论可以说明 60% 以上的群体表现总方差。[22] 为了说明这一点，广川要我们想象自己进入了拉斯维加斯赌场，发现赌场里有一种名叫**预测群体会做得多好**的游戏。这个游戏很简单。人们观看群体决策讨论的录像，在成员做出决定之前，打赌群体决策是否优秀。功能视角理论预测了方差总量的60%意味着，如果我们根据群体在多大程度上履行了4项功能函数来下注，我们赢钱的概率大概是60%。如果我们每次都押注同样的金额，我们就会成为拿着赢来的钱、开开心心地离开拉斯维加斯的极少数人。[23]

这些理论成果让人印象深刻，然而，广川认为除非他能找出那些使群体沿着目标路径移动的具体对话，功能视角理论就无法在沟通和卓越的群体决策之间建立更有力的联系。利用FOICS矩阵，他的测试者可以大概评估出开启每种功能函数的陈述的数量，但在评估其质量时却遇到了很大困难。即便如此，广川仍确信群体决策表现更多地依赖于功能性表达的**质量**而非**数量**。[24]

1995年，广川使功能视角理论研究走出实验室，进入实地调查。他加入了一支为缺医少药的爱荷华州乡村社区提供服务的4人医疗小组。小组成员全部是医疗保健专业的**学生**——即未来的医生、牙医、药剂师和护士。与功能视角理论提出的4项功能函数相一致，小组成员共同讨论症状、诊断、潜在的生活品质以及每位病人的医疗方案。实验结果令人满意。广川发现，与由一位既定的医生为该社区提供服务相比，该小组提供的服务更令病人满意，州政府的开销也更为便宜。

广川的这段经历使得他更加确信在制订重大决策的现实语境中，功能视角理论是有生命力的。不过，他确实也看到过一些在群体小组行使4项功能函数之后病人状态转而变坏的案例。广川认为群体研究领域的学者目前面临的关键挑战是"精确地判定群体在怎样的条件下履行必要功能函数才能促成有效的群体决策"[25]。

17.5　给入门者和专家的实用建议

那么，像你我这样的普通人该如何运用功能视角理论以制定更好的群体决策呢？在一开始，我们最好对自己的思想和智慧怀有谦卑的想法。广川和古伦报告说，一个群体经常因为某些确信自己已获答案的个体成员的劝说而放弃合理的路径。这些成员的对话风格像在宣称："别用这些事实来迷惑我，我拿定主意了。"他们逐渐迫使其他成员不再提出反对意见。群体成员必须确认他们不会带着导致问题而非解决问题的死脑筋走向讨论桌。此外，他们还应警惕并排除那些无法用理性证据支持的"直觉"或"灵感"。

反思性思维：偏好理性思考而拒绝直觉或当权者压力的思维方式。

群体成员也可采取主动措施，促进群体内部的清晰思考。几乎在古伦和广川的每一篇论文中，两位学者都坦承他们深受20世纪初美国实用主义哲学家约翰·杜威的启发。[26] 杜威的实用主义基于乐观性的假设，即理性探究可将实践决策置于更严格的智力控制之下。[27] 他倡导像医生治疗病人那样，实行**反思性思维**六步法：[28]

1. 了解病症
2. 诊断疾病成因
3. 确立康复标准
4. 考虑可能的治疗方案
5. 检测并决定哪种方案可以生效
6. 实施最佳方案或按该方案开处方

要注意的是，广川和古伦的4项功能函数恰恰正是杜威反思性思维中步骤2至步骤5的翻版。两种方法都建议群体成员采取促进问题分析、目标设定、发现和评估可替代项的方式来讨论问题。如果我们想说出偏移该过程的言论，广川和古伦建议我们要忍住冲动。假如其他人在发表使群体无法实现4项功能函数的言论，他们建议我们应提出与之相对抗的议论，推动群体重新回归理性路径。

在抵制群体领袖或高级别成员令人生疑的逻辑时，你或许会感到犹豫，广川和古伦建议你不要直接提出批评。相反，他们认为要采用审慎而坚持的策略。低级别成员通过提问、呼吁更多选择、推动对论据的全面评估等方式，就能顺利地对最终决策的品质施加重大影响。

17.6　伦理反思：哈贝马斯与对话伦理学

德国哲学家尤尔根·哈贝马斯（Jürgen Habermas）提出一种人们可以分辨对错的群体理性进程———一种不同于广川和古伦的研究的决策方式。为了建立道德行为的指导原则，法兰克福学派的评论家勾勒了各式各样的公共对话群体。就人们在特定环境中做了些什么和为什么决定去做，哈贝马斯的伦理学研究方法就此寻求事后的讨伐。所谓"道德"即指负有一定责任。[29]

哈贝马斯假定在既定文化或社群中的人，可以与群体想达成的利益获得一致，并随着时间推移逐步掌握实现最终目标的生活智慧。例如，你所在院校的校报记者假定学生们对管理层的内幕知道得越多越好（"人民有知情权"），同时也意识到保护知情人是挖出新闻的最佳方法（"保护消息来源"）。作为编辑部的常识，这两条标准很适合延展成关于新闻道德的讨论，可惜的是，记者们对此的辩论往往缺乏审慎的反思。新闻报道中被牵涉的个体利益往往受到忽视。

哈贝马斯的**对话伦理学**要求对任何伦理主张的有效性进行推理验证。个体在实施某一行为之后，必须准备在公共论坛里讨论他（她）的行为本身及实施原因。对话过程包括辩护和申诉两大阶段。行为人必须指出他（她）得以合理实施该行为的一般意义上的道德准则，然后说明为什么在特定环境中采取该行为是恰当的。哈贝马斯设想存在一种理想的对话情境，参与者得以自由地听取解释，不受限制地说出自己的看法。[30]他认为只有满足以下3种需求，道德舆论的合法性才得以建立：[31]

对话伦理学： 尤尔根·哈贝马斯假设的理想对话情境，各种各样的参与者在其中都可以根据一般意义上的道德标准达成理性共识。

理想对话情境：有关伦理问责的对话，参与对话的人代表所有受决策影响的个体，以达成共同利益的精神进行对话，且负有寻找一般标准的义务。

1. **准入需求**。无论何种身份，任何受到这一道德准则影响的人都可以参加并发言。也就是说，捐赠人、行政人员、教授、学生，甚至校内最低工资的职员都应不受歧视地参与讨论。

2. **争论需求**。参与者本着互惠和相互理解的精神，交流彼此观点。他们不仅仅努力达成自身利益，同时也试着寻找促进共同利益的方法。

3. **合理化需求**。每个个体都致力于建立一般标准。道德诉求"不是因被赞同和依赖它的个体接受而合理，而是因被任何受其影响的个体接受才合理"。[32]

哈贝马斯当然知道完全无压力的对话只是乌托邦式的梦想，但他发现理想的对话情境在评估一场讨论的理性程度时非常重要。这恰好也是广川、古伦和杜威的主要目标。两种理论各自的奥妙在于如何让群体成员以这种方式采取行动。

17.7　评论：理性是否被高估了？

约翰·卡拉根（John Cragan）和大卫·赖特（David Wright）在回顾有关小群体沟通的文献时认为该领域有3种重要的理论。[33]本书在第4章介绍的博尔曼的**符号聚合理论**是第一种；第二种是我即将在第18章介绍的斯科特·普尔的**适应性结构化理论**；广川和古伦的功能视角理论则是第三种。普渡大学传播系学者辛西娅·斯托尔（Cynthia Stohl）和迈克尔·霍姆斯（Michael Holmes）在评论功能视角理论时，解释了该理论为何能获得高度的关注：

> 这一理论的基本前提是沟通是一种工作函数，且这些函数的实现与群体决策的有效性相关。它在直觉上是吸引人且合理的，同时它的阐释架构可验、简单且实用，符合实证性理论的标准。[34]

许多传播学者因此认同功能视角理论研究群体讨论和决策的模式。我的一位学生对这一理论大为赞许，写道："应把4种功能函数列表编织在各个委员会办公室的地毯上。"

然而，广川对理性对话的过度重视，可能正是某些学者在检验这一理论预测性时得出不同结论的原因。[35]注意FOICS方法几乎想为所有对话编码，却恰恰忽略了与群体内部、外部关系有关的陈述。广川把体现关系的陈述视作一种干扰，因此犯下了已故的传播学者B.奥布里·费舍在其任务中心的研究中犯过的错误：[36]

> 这项调查的初始目的……是为了在观察语言任务特性时免于社会情感维度混淆变量的干扰。当然，这个目标注定会失败。这两个维度是相互依存的。[37]

斯托尔和霍姆斯的评论以略为不同的方式说明了同一个问题。他们争辩说在现实生活中，大多数群体受到更大的组织管制，且拥有决策历史。他们建议增加**历史函数**，要求群体谈论过去的决策。他们还建议增加**惯性函数**，当群体成员讨论政治掮客及利益相关者即使不出场，却能有力地影响群体决策，同时接收到该决策反作用力的社会现实时，该函数即被满足。

丹尼斯·古伦近来开始怀疑功能视角理论对小群体讨论到底有多大作用。[38] 他指出几乎所有的群体动力学研究都涉及决策和解决问题。他和广川一度试图打造适于群体沟通的一般模型，但现在古伦认为只有在群体成员讨论政策性问题时，履行4种功能函数才是有益的。它不是问题唯一的关键。

调查小组和陪审团应对的是诸如"发生了什么"或"由谁负责"等**与事实有关的问题**；大学招生委员会和产品设计小组面临**预测的问题**，要在无法确知预测是否正确的前提下弄清楚未来会发生什么；宗教群体和物质滥用康复协助机构面临着与情感相混杂的**价值观问题**，群体成员分享和讨论他们的信念中哪一部分是可接受的、恰当的和伦理正确的。目前，我们找不到一种现成的"正确"或"高品质"的决策能解决以上所有这些问题。古伦当然不会就此认为功能视角理论失去效用，不过，他指出这些问题的存在确实显示出功能视角理论并不能适用于任何一种情境。它的适用范围远远小于最初的设想。

帮助你深入思考的问题：

1.广川和古伦认为小群体有如生命**系统**。你能看出任务群体的4个**功能函数**与生命体的呼吸、循环、消化和排泄功能之间的相似之处吗？

2.既然功能视角理论关注制定决策和解决问题的群体，为什么它对**人际关系**的忽略会成为一个问题？

3.想像你是偏离**目标路径**的任务群体中的成员。你要做出怎样的**中和陈述**才能使之重回正轨？

4.为什么你用广川的**功能取向互动编码系统**（FOICS）分析群体讨论时会感到沮丧？

自我测试：如需自测单元，请登录www.mhhe.com/griffin7,登录本书的线上学习中心。

对话：

如同你对一位谈论理性学说的客观的理论学者的期待，兰迪·广川以清晰明确的方式回应了我提出的有关群体决策的问题。履行函数的次序重要吗？某种函数是否比其他函数更加重要？有没有可能出现一种尚未发现的第五函数？但是随着对话的继续，广川表达了一些从正统经验主义者那里听不到的观点。他谈到推动公益行为背后具有讽刺意味的可疑动机、判别决策好坏的主观性标准，以及他个人的生活里没有保险的概念，等等。许多学生认为这是网站上最有意思的一段视频。在 www.mhhe.com/griffin7 或 www.afirstlook.com 可以看到这段对话的视频。

扩展阅读：

推荐阅读：Dennis Gouran, Randy Hirokawa, Kelly Julian, and Geoff Leatham, "The Evolution and Current Status of the Functional Perspective on Communication in Decision-Making and Problem-Solving Groups," in *Communication Yearbook 16*, Stanley Deetz (ed.), Sage, Newbury Park, CA, 1993, pp. 573–600.

早期理论表述：Dennis Gouran and Randy Hirokawa, "The Role of Communication in Decision-Making Groups: A Functional Perspective," in *Communications in Transition*, Mary Mander (ed.), Praeger, New York, 1983, pp. 168–185.

对理论现状的回顾：Randy Hirokawa, "From the Tiny Pond to the Big Ocean: Studying Communication and Group Decision-Making Effectiveness from a Functional Perspective," 1999 B. Aubrey Fisher Memorial Lecture, Department of Communication, University of Utah, Salt Lake City.

沟通的作用：Randy Hirokawa and Dirk Scheerhorn, "Communication in Faulty Group Decision-Making," in *Communication and Group Decision-Making*, Randy Hirokawa and M. Scott Poole (eds.), Sage, Beverly Hills, CA, 1986, pp. 63–80.

为群体互动编码：Randy Hirokawa, "Functional Approaches to the Study of Group Discussion," *Small Group Research*, Vol. 25, 1994, pp. 542–550.

附加建议：Dennis Gouran and Randy Hirokawa, "Effective Decision Making and Problem Solving in Groups: A Functional Perspective," *in Small Group Communication: Theory and Practice*, 8th ed., Randy Hirokawa, Robert Cathcart, et al. (eds.), Roxbury, Los Angeles, 2003, pp. 27–38.

有关采取功能视角的群体理论调查：Andrea B. Hollinshead, Gwen Wittenbaum, et al., "A Look at Groups from the Functional Perspective," in *Theories of Small Groups: Interdisciplinary Perspectives*, M. Scott Poole and Andrea B. Hollingshead (eds.), Sage, London, 2005, pp. 21–62.

评论：Cynthia Stohl and Michael Holmes, "A Functional Perspective for Bona Fide Groups," *Communication Yearbook 16*, 1993, pp. 601–614.

理论学者对于有限应用范围的评论：Dennis Gouran, "Reflections on the Type of Question as a Determinant of the Form of Interaction in Decision-Making and Problem-Solving Discussions," *Communication Quarterly*, Vol. 53, 2003, pp. 111–125.

第18章 适应性结构化理论

创立人：斯科特·普尔（Scott Poole）

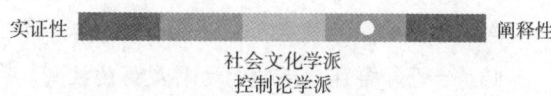

实证性　　　　　　　　　　　　　　　　阐释性
社会文化学派
控制论学派

假设你是一位传播学专业大三学生，报名一门传播理论必修课时有些迟了。你错过了第一堂课，还没看过教学大纲，所以你不知道将发生什么。当你走进教室，你惊讶地发现里面只有12位同学，没有课程大纲，甚至也没有老师在场。学生们在谈论论文、作业的范围、该课程的广度与深度，而坐在你旁边的同学花了半天才让你弄明白这一切。原来，教授把这堂课当成一次实验，要求同学们在他返回课堂之前负起规划课程结构的责任。

在接下来的讨论中，一些限制因素或规则逐渐清晰起来。在这一学期，这门课的上课时间在周二及周四的中午12点至下午2点。教授指定了一本涵盖30多种传播理论的教材，从第3周起他会待在教室答疑解惑。不管最后获得多少学分，该成绩一定是每个人真实所学的反映——毕竟没有人可以自动得"A"。除了这些既定的条件，同学们有两周时间来决定要学习哪些理论、如何利用常规教学时间、课程计划要如何安排，以及如何评价学生们自己的表现。总体来说，这个学生小群体可以自由地按照他们的愿望打造这门课程。

一个小时之后，你开始认真考虑要不要放弃这门课。教授的助教乔希和大二转换生佩奇几乎主导了全场讨论，凡是乔希赞成的佩奇必然反对，反之亦然。米歇尔唯一的意见就是坚持不要参加群体项目。学校球队的后卫球员迈克和美女卡拉对讨论毫不在意，一心在筹划着周六晚上的安排。有一些学生提出了试探性的建议，梅根看来一脸迷惑，皮特甚至趴在桌上打起瞌睡。

尽管决定还是坚持下去，但你一定会在内心问自己说，**整个学期这个群体都将是**

这样吗？还是事情会发生改变？你很担心群体成员个人动机与素质的特定混合最后不过是重演现有的结论。虽然教授宣称这一课堂形式是"实验性"的，但你还是会感到好奇，**我们真的可以随心所欲地创造吗？还是在现有的学术环境下，一切结果都不可避免？**

第一个疑问提出群体稳定与变化之间矛盾统一的问题。第二个疑问则再次重现了本书第1章中介绍过的困境——群体成员自由选择的行为与现有社会结构限定成员行为的矛盾统一。这恰恰是伊利诺伊大学传播学教授斯科特·普尔试图用适应性结构化理论来回答的与群体有关的两个问题。普尔给出以下概要以说明其理论的核心：

> 群体成员在群体内进行活动的同时，也在创造着这个群体……很多时候，群体成员建造了令他们感到不舒服的框架或组合，自己却对此浑然不知。适应性结构化理论的重点就在于让这些成员意识到他们正在使用的规则和资源，以便使他们对自己在群体内部的行为有更好的控制。[1]

普尔的言外之意是，乔希和佩奇主导了班级的讨论，但就这件事而言，你和其他班级成员与乔希、佩奇一样负有责任。事情会发生改变吗？只有在你和其他人为之努力之后，事情才有可能会有所改变。那么你们所有人都能按照意愿改变你们的反应方式吗？只要充分意识到自己正在做些什么，任何人都能做到这一点。

这些结论看上去或许很简单，但它们其实源于对一个远为复杂的概念——**结构化**——的理解。经过10年实验方法研究，普尔确信没有一种简单的群体发展模型足以解释在制订决策的群体内部所发生的一切。他最终采纳了适应性的结论。现在，我们就来看看他的发现。

18.1 单序列阶段模型的逐步淘汰

在20世纪的大部分时间里，小群体研究者认为他们已经找到了适用于所有制订决策的群体的沟通模式。这些学者大致同意如下所示的单序列模型能够很好地再现群体成员为达成共识所经历的现实阶段：[2]

指向——成员的努力漫无目的，因为群体目标尚不清晰，彼此的关系不确定，成员需要获得更多信息。

冲突——群体内部的派系就如何解决问题无法达成一致，反对他人的观点；成员在调整各自的位置。

联合——和平协商使压力获得释放；通过采用所有人都能接受的方案，成员们得以互相"保全面子"。

发展——群体致力于具体实施一致性的解决方案；成员有参与感，且十分兴奋。

整合——群体更关注自身的团结一致而非任务本身；成员之间会为了巩固团结的行为而彼此回报。

按照单序列阶段模型的划分，你目前所在的传播理论学习的小群体恰好处于冲突阶段，或早或晚会转换到更为合作的模式。

这种群体决策的阶段模型流传甚广，但普尔却不相信它。从1980年他发表专题论文研究开始，在整个80年代普尔一直试图验证制订重大决策的群体**是否**以及**何时**会与这种单序列的模型相一致。普尔为此追踪了现实环境中29个不同类型的群体所制定的47项决策——这一切全部在现实世界里真实地发生过。[3]

在早期阶段，普尔发现只有四分之一的群体符合单序列模型。但是正如广川和古伦把功能视角理论视为任务群体的程序优选一样（见第17章），普尔希望这5个阶段最终可以成为达成高品质决策的一幅蓝图。他写道："一元序列为决策制订提供理想的逻辑形式，它很可能是决策群体所能遵循的、最简单有效的路径。"[4]

然而，随着普尔检验群体决策复杂性的时间越长，他就越来越不能认同有哪一种理论或模型可以明确预测群体行为序列。20世纪80年代末期，普尔对用科学方法揭示群体行为的模式失去了兴趣。他渐渐相信群体动态过于复杂，无法被简化成几条建议或可预测的事件链条。他也越来越怀疑单序列阶段模型的客观主义假设：群体结构和任务结构支配制订决策的方式。该模型认为沟通对决策过程或结果没有显著影响；群体成员不过是共同走过这5个阶段的旅程。

普尔接下来考虑群体成员受到群体构成、沟通网络、地位层级、任务需求、群体规范及同龄人压力等**社会结构**的影响。他不认为社会结构对群体制订决策的方式和内容具有**决定性**作用，人们的所言所行才是关键。

鉴于此种情况，普尔和亚利桑那州立大学的罗伯特·麦克菲（Robert McPhee）、加州大学圣芭芭拉分校的大卫·塞博尔德（David Seibold），纷纷对英国社会学家安东尼·吉登斯（Anthony Giddens）的著作产生了兴趣。吉登斯指出，社会人在某种意义上是"能够采取其他行动方式"、有能力"带来改变"的**活性剂**。[5] 麦克菲将吉登斯的核心观念应用于组织化的语境，塞博尔德则用它来分析论据结构。至于普尔，他在吉登斯的社会结构宏观理论中找到一些能够适应并应用于微观世界小群体活动的深刻见解。

社会结构：群体规则和资源；诸如群体构成、群体规范、沟通网络、地位层级、任务需求、同龄人压力等特性。

18.2　吉登斯的结构化

安东尼·吉登斯现任伦敦经济学院理事，英国前首相托尼·布莱尔曾以之为首席

结构化：通过群体成员在互动中对规则与资源的使用，社会系统得以生产和再生产的过程。

智囊，同事们则称他是"我们这个时代英国最重要的社会哲学家"。[6]吉登斯曾公开声明**结构化**"充其量是个不够可爱的术语"[7]，但是他也认为再没有其他词语能够充分呈现社会结构塑造人类行为，同时又被人类行为所塑造的过程。结构化即指"通过群体成员在互动中对规则与资源的使用，社会系统得以生产和再生产的过程"。[8]

吉登斯用**互动**一词作为更为被动的**行为**的反义词，这表明他确信人们有根据其意愿采取行动的相对自由。他们不是生活这场游戏里的棋子，更不是任由无法抵御的潜在势力控制的傻瓜。吉登斯认为每一个社会人对于社会运转的方式都十分了解，如果受到询问，这些活跃的社会分子能为他们绝大多数的行为给出解释。[9]

规则和资源这个词组与**结构**一词在吉登斯看来是可互换的。**规则**是行为的隐含准则，即怎样"应对"生活的秘诀。[10]它们指导参与者如何参与游戏。**资源**是指被人们带入互动之中的所有相关的个人品质、能力、知识和所有物。在一个社会中，资源总是供不应求，容易形成不平等的分配现象。规则和资源（即结构）持续变化，因此，结构化是动态的过程。

社会系统的生产是与CMM理论"创造社会现实"（见第6章）相类似的过程，当然吉登斯的生产指的是遍及整个社会的全面变革，而不仅仅是对话中个人的创造。当人们在互动中使用规则和资源时，生产过程就出现了。再生产也是如此。**再生产**会伴随社会行动强化现存系统的某些特征而出现，社会现状因此得以持续下去。

普尔在小群体内部应用并延展吉登斯的结构化理论的核心观念。如果你想了解吉登斯理论中的大规模进程，我可以在这里提供一个简略版的社会结构化案例。发轫于20世纪60年代的性解放运动显示出广泛运用新规则和新资源如何戏剧性地转化为两性互动模式。在性行为（互动）之前诚实地服用（规则）口服避孕药（资源），女性加强了对自己身体（生产）的控制。避孕方式的改变意味着男性不必再担心意外怀孕，因此性行为的双重标准得以强化（非生物再生产），即男性负责进一步推动两性间的亲密关系而女性则有权决定何时说不（规则）。

适应性结构化理论自吉登斯的结构化概念中孵化而出。普尔将其理论称为**适应性结构化**，是由于他发现任务小组的成员为了完成决策目标而有意识地调整规则和资源。"适应性"这一标签颇为恰当，还因为普尔曾和当时明尼苏达大学的同事格里·德桑克蒂斯（Gerry DeSanctis）一起"裁剪"了吉登斯宏观社会学理论的原则，使之适应小群体的微观世界。应用于群体互动的结构化理论描述的显然是一个远比单序列5阶段模型更复杂的过程。普尔觉得这很不错。他确信，"群体决策理论的价值取决于该理论在多大程度上表达了互动的复杂性。"[11]

接下来，我将继续用前面那个实验性质的传播理论课堂为例，说明适应性结构化理论的核心要素。案例虽然是虚构的，但相关研究的每一部分都来自于实际的教学经验。普尔推荐在结构化理论的探索中尝试使用**人种学**，我将竭力把你带入这个领域，请你也把自己想象成参与这一事件的观察员。[12]我将比照我对吉登斯结构化概念的分析，继续以**互动、规则和资源、生产和再生产**的顺序来完成下一部分的讲述。

18.3　互动：道德、沟通和权力的问题

群体结构化是行为的结果，无论成员在何时进行互动，它们都会对群体造成影响。假如群体规则和资源发生改变，一定是由于成员的行为使之改变。但是，普尔强调说行为并不总是能**改变**规则和资源。"如果群体结构保持不变，那是因为成员的每个行为都在建造和维系同一种结构。"[13]这像不像是在描述你的第一堂课？

下一堂课就不同了。班级成员从一开始就讨论要如何设计课程，就连皮特也清醒过来，发表了一番颇有深度的言论，即希望集中精力学习最多12种传播理论。米歇尔建议让每个学生成为不同领域的传播理论专家。安德鲁同意在某一领域成为专家的建议——只要他能选择与他的传播学和计算机科学双学位有交叉的新媒体理论。这种积极的**互动**证实了普尔的乐观假设，即群体成员是"有技能、有知识的行动者，航行于意向性的大河时能自发地监测自身的活动"。[14]

但有技能和有知识的行动者不总是能达成一致。佩奇宣称他担心学生们只选他们熟悉的或令他们感到舒服的理论。她认为，每个人都应该讨论那些质疑不良企业控制媒体的理论，还应进一步提出使穷人也得以发声的建议。迈克想要皮特解释他所谓的**深入**学习是什么意思。如果是指实际运用，那没有问题。但是，如果皮特指的是钻研第一手资料，那对他来说绝不可行。乔希提醒全班他作为教授助理的特殊身份，表示教授绝不会让大家只学习12种理论，而忽略掉书中另外的20种理论。注意，班级成员提出了**道德、沟通和权力**的问题——普尔和吉登斯一致认为它们是任何社会互动的基础。普尔在其著作中表明，这三大要素在群体行动中往往被混淆在一起。他宣称："人们很少使用道德规范却不考虑如何阐释它们——关乎意义——以及它们如何生效——关乎权力。"[15]

善于观察他人的梅根，注意到劳伦似乎在犹豫要不要发言。梅根特别询问了她的意见，试图为她营造一个被倾听的空间。劳伦用一种柔弱的语气说明，她希望课程设计能兼顾广度和深度。课后，你或许会在无意中听到她对梅根的照顾表示感谢。梅根当然是出于好意，但你会在接下来的课堂上发现，劳伦变得更加安静了。这验证了普尔的结构化研究，该研究指出鼓励有时对群体中被动的成员是伤害而不是帮助。[16]梅根的鼓励可能只是强化了劳伦在发言前等待邀请的心理倾向。深思熟虑的行为偶尔也会带来意想不到的后果。

我所描述的第二节传播学课堂上的一切，凸显了适应性结构化理论两大要点。首先，小规模的任务群体的沟通可以促成改变。但即使我们清楚地知道群体结构、任务性质，甚至每位成员的经历和个性，除非亲耳听到群体成员在沟通中说了些什么，我们绝不可能对群体决策有所预测。沟通是有效用的。

互动：意识到自己在做什么的群体成员的有目的行为。

其次，适应性结构化理论有其"批判的一面"。[17]回想一下那些致力于揭发不公正的社会行为，将人们从压制性系统中解放出来的批判性理论（见第4章）。普尔在他的理论中提出了改变非民主群体决策过程的方法，希望能给予那些被视为二等公民的人们以新生的力量。

18.4 规则和资源的使用与滥用

普尔认为在小群体范围内，**规则**即是"指示工作流程或判断标准的建议"。[18]它们很少付诸文字，但汇聚了成员们如何最有效地达成群体目标的共同智慧。被成员带进任务的**资源**则是指"可影响、控制群体行为或其成员的材料、财产和特质"。[19]作为研究策略，普尔选择了几种看上去至关重要的结构进行深入考察。

很容易看出，人际关系是班级讨论的资源之一。梅根和劳伦日渐增长的友谊，迈克与卡拉的彼此爱慕会对他们的言论产生影响。当其中一位在班级里说了些什么时，你会自动假设他也在代表其同伴发言。安德鲁在班级里是人际关系方面最具影响力的人物。迈克不是机械呆板的电脑怪才，而是一个真正的暖男，每个人都喜欢他。假如你和他共同选修一门人际关系课程，你会发现他是班级里最有能力的面对面沟通者。安德鲁只要一张口说话，其他人一定会静下来倾听，反之也是如此。

通常，专家也是群体决策过程中关键性的资源。你们之中虽然没有一个人曾接受教学方法和课程进展训练，但在课程启动之初，有些学生却比别的学生更多地了解传播学理论。乔希已经在图书馆和互联网上泡了好几个月研究你尚未见过面的教授，很清楚这位教授会重视哪些类型的传播理论。乔希会很自信地发表他的看法；这些看法将在讨论中获得更多重视。在群体结构化中，地位结构总是发挥重要的作用。

有些学生知道米歇尔的平均成绩点数（GPA）是4.0的高分，她还是美国传播协会的荣誉成员。她一向独来独往，在班上不太发言，你想象得出她肯定对这个重视人际关系远胜于知识的群体缺乏耐心。她可能会这样想，**毕竟，我选这门课是为了学习传播理论，不是为了参加社交俱乐部**。她可能的失望印证了普尔的观点，群体结构限制成员的自由行动。如果米歇尔的知识和才能不能为课程设计所用，它就不再是群体的一项资源。相应地，那些努力理解和利用这些结构的人——就像乔希一样——可以成为其中有影响力的参与者。

群体规则和资源有时是得自于上级组织或更广泛的文化背景。普尔称这个过程为**挪用**。鉴于你们班的学生背景各不相同且经历过不同的领导风格，如果你们在制订决策时选用的规则与标准议事程序不一致，普尔并不会为此感到惊讶。他在文章中写道："不同群体会以多种方式挪用政治规范中的多数原则。某些群体可能把它当做最后的手段，只在无法达成共识的情况下使用……"[20]这说明他关心的是人们如何就议题的深度和广度两种维度制订决策。

规则：指示工作流程或判断标准的建议；行动秘诀。

资源：可影响或控制群体行为或其成员的材料、财产和特质。

挪用：采用来自于其他群体或大型文化机构的规则或资源。

在你们这个班级里，获得一致是唯一一个绝大多数学生可以接受的决策路径。你在内心这样认为，是因为它是研讨类型的课程，你不想无视一位或两位同学的意见，任由他们整个学期为此耿耿于怀。皮特和梅根希望来一场正式的投票，这样每个人的态度都可被记录在案。群体最终挪用了这两个结构！乔希、佩奇和安德鲁联合设计一个折中计划——读完整本教材但在课堂上集中学习其中12种理论，投票将在消除所有人的疑虑与犹豫之后进行。经过一些微小的调整，班级群体制定出一个12位同学都愿意接受的计划，随后乔希号召举行一场见证你们共同责任的、全体一致的投票。

18.5 研究规则与资源的使用

与德桑克蒂斯一起，普尔将其结构化研究聚焦于探索群体要如何利用计算机化的**群体决策支持系统**（Group Decision Support Systems，GDSS），这种高科技媒介具有提升会议及决策品质的潜力。新媒体研究领域的学者认为适应性结构化理论有助于理解人机间的相互作用，它或许是电脑高手安德鲁正寻找的理论。我不想在这里解释计算机会议的硬件、软件，不过嵌入该系统的结构被有意设计为可以促进民主化决策，系统中包含参与机会平等、一人一票、以匿名方式建议和投票等使每个成员都能放心参与的特征。

群体决策支持系统（GDSS）：以匿名方式显示所有观点、促进民主决策的媒体技术。

就像我们常说起"法律精神"一样，普尔和德桑克蒂斯称这些系统背后的价值观为"技术精神"。他们解释说："**精神**是指将一系列规则和资源联结在一起的一致原则。"[21] 根据普尔的看法，技术的**正向挪用**是与资源精神相一致的。例如，假设你所在的传播理论课堂上的班级成员在大学里配备GDSS设备的实验室里会面，就该课程有关事务做出最后决定。对这些规则和资源的正向挪用即是指，它使劳伦能在讨论中表达意见，同时乔希无法再主导整场讨论。

正向挪用：按规则与资源原本的意向来使用它们。

假设你们的教室里不提供GDSS设备，只有一台具有投影能力的电脑，你们之中的绝大多数人在展示研究结果时不得不使用演示文稿（PPT）。皮特那篇有关建构主义的学习报告因此成了一场真正的媒体事件（见第8章），背景更换、文字的翻滚与消融、剪贴画的插入层出不穷。皮特在介绍教科书中没有提及的杰西·迪利亚的期刊论文时，用烟火的影像和爆炸声加重了他的主张。在他暗示自己的RCQ高分证明他是一个高度认知复杂的人时，屏幕上出现了一张微笑的蒙娜丽莎的脸庞。全班同学哄堂大笑，演示结束时皮特获得了同学们的一致称赞。

普尔强调有时群体成员对规则和资源的挪用会妨碍它们原本的用途。由于违反了结构的精神，他将其称之为**反向挪用**。皮特对PPT的使用就是反向挪用。皮特在10分钟的报告中播放了100张以上的幻灯片，让观众头晕目眩，目不暇接，却未能清晰地说明重点。皮特报告中最生动的幻灯片只显示了他对该理论的直觉反应，而缺乏对认知复杂度、基于目标的信息计划及个人中心信息等概念的深刻理解。在接下来的讨论

反向挪用：以妨碍其原始目的的方式使用规则和资源。

中，皮特带着嘲弄的笑容承认："PPT的发明者会对我使用该系统的方式感到震惊。"[22] 然而，普尔不认为对技术或其他规则和资源的应用都**应该**是正向的。反向挪用有时可能成为一种任务达成后也不会终止的创造性推动力。普尔坚信我们可以辨识结构化发生的时间和方式。

18.6 改变的生产与稳定的再生产

迄今为止，我对适应性结构化理论的讲解集中于**群体过程**——即成员在互动中对规则和资源的利用。普尔对在互动中生产和再生产的**群体产品**也抱有很大兴趣。

精心制定决策

决策的群体生产决策。在你所属的群体全员同意集中学习12种理论后，你们还决定选择了某一理论的同学要负责设计一个该方向的问卷，以测试其他同学对这个理论是否已经有所掌握。教授会给问卷评分，但学生们要先写出答案。至于其他20种理论，教授可以通过阅读你们的应用日志——一份你们在日常生活中如何运用这些理论原则的连续记录，评估你们对这些理论了解多少。迈克提醒大家这位教授以出题刁钻闻名，随后群体成员很快做出了各自的决定。

生产：运用规则和资源以创造一种新结构；改变。

再生产：运用规则和资源强化现有的结构。

假如普尔知道你们的决定以及你们如何达成这项决定，他将指出最终产品经历了**生产**和**再生产**的过程。你们决定把精力集中于自主挑选的12种理论上，由每一位学生来设计测试问卷，由此生产了突破正常教学程序的**改变**。既然教授不能再追问与微小细节有关的专业问题，你们就可以集中精力学习每种理论的基本要旨。另一方面，通过采用诸如测试和学生日志这一类常见的教学方法，你们再生产了**稳定**。在最终打分时，你们在这门课程上的表现将与校园里其他班级不相上下。

结构二元性

结构二元性：认为规则和资源既是互动媒介又是互动结果的观点。

普尔更想知道的是结构化过程对群体规则和资源产生的影响。他确信吉登斯的**结构二元性**概念是解释这一影响的关键。所谓结构二元性，是指规则和资源既是互动的**媒介**又是互动的**结果**。[23] 将其套用在群体决策上，这就意味着决策不仅**受到**群体结构的**影响**，同时也对同一结构的规则和资源**产生影响**。认识到这一点，对普尔来说很重要，因为它解释了为什么群体有时是稳定和可预测的，正如群体发展的单序列模型所指出的那样，而它们又常常是变化和不可预测的。在普尔看来，这其实取决于群体成员如何挪用规则和资源：

稳定与改变是同一过程的产物。如果成员用与结构一致的方式进行挪用，在过程中再生产类似的结构，结构即是稳定的。结构也可能在结构化过程中出现趋势性的或剧烈的变化。[24]

稳定——从几次班级会议中，你无法预测迄今为止使用的规则和资源在未来是不是还会以同样的方式加以利用。我的看法是即使在教授加入之后，学生之间达成的共识以及他们与教授之间的相对独立，仍会延续下去并演化为群体规则。班级成员已经发展出同志般的情感，但是只有在乔希和梅根这类的代言人能自信地向教授传达你们的决定，并获得其他人的支持时，这份情感才能延续。结构只在被付诸实践的时候存在，这就是"用它或丢掉它"的结构化原则，统一阵线可以再生产群体的规则和资源。成员对同一规则和资源的持续使用可以形成有如沉积岩般的稳定群体结构的层级。

改变——再生产不一定就是复制。即使在一个稳定的群体中，成员使用的规则和资源也可能在普尔称为**结构渗透**的过程中发生渐变。任何群体行为都会采用多重的规则和资源。普尔给予它的定义可以帮助我们理解一个结构如何影响（或感染）另一个结构。回想一下你的班级如何把投票结构加入一致性结构。假如由于一致意见的达成而没有人投反对票，这意味着一致性结构已经消解了投票结构的意义。

结构渗透：伴随再生产的结构互相影响而出现的随时间累积的微小变化。

尽管你的班级找到了一种使投票和一致性并存的方式，但普尔注意到时不时地当群体结构存在针锋相对的矛盾时，它们会彼此削减对方的作用。教授的传播学理论知识框架与学生们的自主权就是这样矛盾的结构。当教授第一次在课堂上短暂露面时，他让出设计课程的权力，但也表示他希望自己成为学生们答疑解惑的资源。然而，当他出现时，班级成员可能发现你们犹豫着要不要去问问题。你们希望接触教授渊博的知识，又担心重回传统师生的依赖关系。但如果学生们不愿意吸收教授的知识，他就不再是一项群体资源。只有通过群体成员的积极利用，规则和资源才能存在和获得发展。

18.7 我们该怎样生活（在群体里）？

最近，当我在一家书店随意浏览时，我发现了一个有趣的标题：**那我们该怎样生活？** 这个话题显然超越了适应性结构化理论的范围，但对它稍作讨论还是有必要的。适应性结构化理论的核心观念是，群体创造了它自身，但其成员并不总是能意识到正是他们创造和强化了完成这一任务的工具。[25] 如果普尔说的不错，那么我们在一个制订决策的任务群体里该怎样和他人一起生活呢？答案隐含在以下几句话里：

有些人推动事情发生，
有些人看着事情发生，
有些人听天由命，
有些人糊里糊涂度过了一生。

走出被动的角色，在你的群体里发出积极的声音！

普尔希望有关规则和资源如何运作的知识，可以帮助不活跃的群体成员成为促进群体内部改变的活性剂："假如行动者没有意识到某种因素或者不明白它如何运作，它就可能带来重大影响。只要群体成员能够意识到某种因素，他们就可以使用甚至改变它。"[26]你是不是那种对他人的决策少有发言的群体成员？普尔鼓励你逐步改变你的言谈举止。尽管微小的改变不足以使抗拒改变的活跃成员感到威胁，但只要你一直坚持下去，这些微小变化就可以转换群体的方向以及你在其中扮演的角色。[27]我们在群体中该如何生活呢？保持头脑清醒、自由，让自己成为推动事物改变的活性剂。它们体现了适应性结构化理论批判性的一面。

18.8 评论：取决于吉登斯——褒贬皆是

适应性结构化理论，与符号聚合理论和功能视角理论一起（见第3章、第17章），被视为群体传播三大主要理论。[28]它的创立者普尔认真地试图解除群体决策语境中改变与稳定、自由意志与决定论之间相互矛盾的困境。就本质而言，他问道："当不可阻挡的力量（自由选择的人类行动）遇上不可移动的物体（一视同仁的群体结构）时，会发生什么事情？"他的答案就是结构化——这是一个给予人类选择同时又兼顾稳定和变化的方案。普尔用类似的语气评价了该理论的优点：

> 这个理论的优点在于它调解了许多群体研究中貌似固结的行动和结构之间的对立。它解释了群体成员如何生产和维系兼具创造力和自我反省的社会结构。[29]

普尔的理论植根于吉登斯的结构化概念，这有助于提升它在传播学科中的地位。在学术界，有一些理论学者也曾把亚里士多德、达尔文、弗洛伊德、马克思等称为他们的思想先驱，并以此获得影响力。

令人惊奇的是，普尔在吸收吉登斯的观点之后，所建立的并不是一种态度鲜明的批判压迫社会的群体理论。普尔呼唤大众建立对影响群体讨论的无形权力的认识，鼓励成员采取积极的行动。但作为一个与批判理论学界先锋人物吉登斯的观点有着深刻联系的理论，适应性结构化理论似乎过于寡淡。

我的惠顿学院的同事肯·蔡斯（Ken Chase）认为责任更多地在吉登斯身上。蔡斯认为，一位杰出的批判理论学者的标志是，他（她）"应避免把伦理责任从理论建构中剥离出来，因此相应地要赋予该理论以道德争论的内部标准"。[30]结构化理论非常重视沟通，主张伦理是包含在一切互动之中的问题，但吉登斯并未提供一个能明确指示伦理方向的道德罗盘。本书稍后即将介绍的批判理论学者就分别基于各自的伦理假设提出了批判意见（分别参见第20章、第26章、第34章、第35章）。他们明确地表达了自己支持或反对哪些类型的沟通。

普尔对吉登斯观点和术语的忠实运用，还带来另一种理论缺陷。吉登斯思想的复杂性难倒了绝大多数读者，吉登斯用一种绕来绕去的方式表达思想，就连他的仰慕者也称他是难懂、深奥、不可原谅和不能理解的。普尔的文风要容易理解得多，但依然透着几分吉登斯式的厚重。讽刺的是，普尔在报告中说他运用吉登斯的思想对小群体结构化进行微观分析，吉登斯本人却不肯承认这一点。显然，这位英国社会学家认为自己想要描述的是数十年间建造于整个社会之上的沉积结构，而不是数次会议后在群体内部形成的规则和资源层级。

普尔坦承结构化是一种难于理解和应用的概念。他批评所有群体沟通理论——其中也包括他自己的——从来抓不住学生和从业者的想象力：

> 我们从来没有对大多数人的状况感到好奇、为之困惑，或是有意愿与之对话。我担心我们过分强调了技术和命题的合理性，并因此牺牲了创造性。创造性和一些有趣的元素与合理的理论建构同样重要。[31]

适应性结构化理论或许不那么有趣，然而它毕竟给出了让人满意的承诺，即每一位群体成员都能参与该群体被创造的过程。可能有些读者会希望普尔不要放弃更为简单的群体决策5步骤路径。与普尔描述的结构化理论层层沉积、礁石遍布的景象相比，这一路径当然要简单、明朗得多。但是，假如人们已经证实群体生活的动态就像人类本身那样复杂和难以预测，固守一种简单化的理论又有什么意义呢？普尔因此提出这种相对复杂的理论。至于我，我更喜欢倾听真相，而不是对事实充耳不闻。

帮助你深入思考的问题：

1.普尔把群体沟通看作**行动**（action）而不是**行为**（behavior）。他在用词上的选择怎样反映出他对群体决策**阶段理论**或**单一序列模型**的排斥？

2.普尔和吉登斯把**结构二元性**看作理解结构化理论的关键。本章引用的《呆伯特》漫画用怎样的方式呈现这一核心概念？

3.假设你被传播学专业的学生们推选去向学院教工们递交学生意见。在什么情况下，你的角色既是**规则**又是**资源**？你怎样**生产**和/或**再生产**学生们的影响？

4.你为什么认为**适应性结构化理论**与吉登斯的**结构化理论**截然不同？或者你为什么不这样认为？你认为两个人的名字应该同时出现在本章的标题中吗？

对话：

在我与斯科特·普尔的对话中，这位适应性结构化理论的创立者坦承，它是一种难于理解的理论。然而，在这个仅有7分钟的视频中，普尔生动地阐释了该理论的难以理解的观点。普尔在谈话中表现得清晰利落、十分风趣，还礼貌地纠正了我对结构二元性的天真想象。他用地位层级和投票过程这些典型的群体结构，详细地说明了规则与资源的概念。普尔还解释了他的理论批判性的一面。如果你正在为理解结构化这一术语而头疼的话，你会相当感激看到这段对话。在www.mhhe.com/griffin7或www.afirstlook.com可以看到这段对话的视频。

扩展阅读：

推荐阅读：Marshall Scott Poole, "Group Communication and the Structuring Process," in *Small Group Communication : Theory & Practice*, 8th ed., Robert Cathcart, Randy Hirokawa, Larry Samovar, and Linda Henman (eds.), Roxbury, Los Angeles, 2003, pp. 48–56.

扩展讨论：Marshall Scott Poole, David Seibold, and Robert McPhee, "The Structuration of Group Decisions," in *Communication and Group Decision Making*, 2nd ed., Randy Hirokawa and Marshall Scott Poole (eds.), Sage, Thousand Oaks, CA, 1996, pp. 114–146.

早期理论表述：Marshall Scott Poole, David Seibold, and Robert McPhee, "Group Decision-Making as a Structurational Process," *Quarterly Journal of Speech*, Vol. 71, 1985, pp. 74–102.

吉登斯的结构化理论：Anthony Giddens, *The Constitution of Society : Outline of the Theory of Structuration*, University of California, Berkeley, 1984, pp. 281–284, 373–377.

有关吉登斯：Robert Boynton, "The Two Tonys," *The New Yorker*, October 6, 1997, pp. 66–74.

GDSS研究：Marshall Scott Poole and Gerardine DeSanctis, "Microlevel Structuration in Computer-Supported Group Decision Making," *Human Communication Research*, Vol. 19, 1992, pp. 5–49.

GDSS的忠实挪用：Moez Limayem, Probir Banerjee, and Louis Ma, "Impact of GDSS : Opening the Black Box," *Decision Support Systems*, Vol. 42, 2006, pp. 945–957.

组织内部结构化：Robert McPhee, "Formal Structure and Organizational Communication," in *Organizational Communication : Traditional Themes and New Directions*, Robert McPhee and Phillip Tompkins (eds.), Sage, Beverly Hills, CA, 1985, pp. 149–178.

决策的原则：Sunwolf and David Seibold, "Jurors' Intuitive Rules for Deliberation : A Structurational Approach to Communication in Jury Decision Making," *Communication*

Monographs, Vol. 65, 1998, pp. 282–307.

自我批评：Marshall Scott Poole, "Do We Have Any Theories of Group Communication?" *Communication Studies*, Vol. 41, 1990, pp. 237–247.

理论现状批评：Bryan Seyfarth, "Structuration Theory in Small Group Communication : A Review and Agenda for Future Research," in *Communication Yearbook 23*, Michael Roloff (ed.), Sage, Thousand Oaks, CA, 2000, pp. 341–380.

单元引言　组织沟通

美国海军、**麦当劳**、**通用汽车**以及**绿湾包装工队**（即一支美国职业橄榄球队），这些组织有什么共通之处吗？前3个规模很大，中间两个售卖有形产品，后3个则是营利性质的上市公司。然而，就组织沟通的范畴而言，上述组织最主要的共同点是它们都是运用**经典管理理论**的范例。图OC-1列举了这一传统管理方法的部分原则。

机械方法。经典管理理论强调生产率、精确度和效率。约克大学管理学教授加雷思·摩根（Gareth Morgan）指出，它们正是我们可以从一台设计精良、运转良好的机器身上获得的品质。摩根使用这一机器的比喻是因为他发现机械设备与经理人对组织的传统看法之间有异曲同工之妙。[1]在经典管理理论中，员工被视为平稳运行的庞大机器里微不足道的零件，前提是明确限定他们的工作范围，并且用优越的时薪给予动力。

机器可以重复简单的重复性工作，就像麦当劳的员工能做出1000亿个一模一样的汉堡。当机器坏掉或出现破损时，可以更换可替换的零部件，全美橄榄球联赛的教练也可以在首发人员受伤或过分疲惫时在前锋位置换上新球员。一台全新的雪佛兰汽车在售卖时通常会搭配一本很厚的使用手册以说明驾驶流程，而通用汽车公司的员工手册可能比这种使用手册更厚，更详细地向员工说明在公司内部应如何行动。至于美国海军，作为国家不可或缺的战争机器的一部分，舰船甲板上的军官只有在全员有如同一整体般运转自如的前提下才能感到放松。

本单元介绍的3种理论都认为经典管理理论太过时了，人们现在应该摒弃那种官僚机构才有的机械作风。这些理论学者就人员和任务的组织方式提出了可替代性的思考。每种理论都基于与当下主流的机械模式相对立且完全不同的组织化想象。

命令统一——一位员工只从一位上级那里接受命令。

分级链条——从上到下、从管理者到下属贯穿整个组织的权力链；这种链条是命令统一原则下的必然，被视作沟通和决策的渠道。

工作分工——管理的目的是实现预想中的专业化，进而高效地实现组织目标。

权力和责任——应审慎对待发布命令和服从命令的行为；在权力与责任之间维系适当平衡。

纪律——遵守规则和规定，或更为具体的服从、勤勉、精力旺盛、行为，及形式上的尊重。

个人利益服从共同利益——通过坚持、榜样、公平协商和持续监督来达成。

图OC-1　经典管理理论的部分原则

生物系统研究法。 卡尔·韦克（Karl Weick）认为，层级结构、命令链条式的沟通，以及标准化操作流程是创新的敌人。这位密歇根大学组织行为学和心理学教授认为，组织应该是那种不断适应环境变化而生存下来的生物体。生物体通过对大量信息的分类和意义分析而得以生存。韦克认为只有当成员处于自由互动的沟通环境时，组织才得以生存和发展。

文化研究法。 符号互动论者认为人类根据事物被赋予的意义而对其采取行动（见第5章）。鉴于人类学家克利福德·格尔茨对于理论性和民族志方法的深刻认识，这位文化研究学者试图寻找对人类组织的有独特作用的共享意义。第19章介绍了他与迈克尔·帕卡诺夫斯基描述组织文化的阐释框架。对这一类的阐释学派理论学者来说，文化不是组织的**特质**，而是组织**本身**。即使置身于两个工作性质同样重复和令人乏味的机械化组织，员工们对他们的工作也可能有不同的解读。在麦当劳金色拱门下工作的员工，嘲弄地称其工作为"麦克工作"以排解枯燥之感。相应地，每天花8小时分类邮件的公务员可能把他的工作称为"明信片"。文化研究法非常重视语言在组织中的作用，学者们会仔细倾听以寻找位于组织核心、具有独特共享意义的对话线索。

批判研究法。 在斯坦利·迪茨批判性的沟通理论中，这位学者批评传统经理人过分地把控制视作降低成本和提高效率的首选方法。想要亲身体验这种管理控制，你只需打电话到一家大公司的客户服务中心。在你费尽力气试过无数的语音选项（用来服务公司而非顾客）之后，你终于接通了电话，同时听到以下语音信息，"为了确保服务的质量，本次通话将会被录音。" 迪茨认同CMM理论的假设，对话中的个体创建他们自己的社会现实（见第6章）。然而，在大多数企业中，经理人控制着有意义的对话，在公司框架设计和决策方面，他（她）创造了一个许多人存在、却少有人发声的世界。第20章介绍了迪茨提出的促进企业决策民主化的理论。他认为任何受到公司政策重大影响的个体都是正当的利益相关者，应该受邀参加将对他们的生活产生影响的决策过程。

如欲了解旧版介绍的韦克的组织性信息系统研究法，请到www.afirstlook.com点击"理论档案"。

第19章　组织文化的研究方法

创立人：克利福德·格尔茨（Clifford Geertz）和

迈克尔·帕卡诺夫斯基（Michael Pacanowsky）

实证性  阐释性

社会文化学派

普林斯顿大学人类学家克利福德·格尔茨认为，"人类是站在他自己亲手编织的意义网络中的动物。"[1]这些网络就是所谓的文化。为了沿着丝线到达网络中心，局外人必须找出将网络联结在一起的共同阐释。文化就是共享的意义、知识和意义建构。

格尔茨在印度尼西亚的岛屿、摩洛哥山地以及远离工业活动的农村地区进行过田野调查。他最著名的一本专著对巴厘岛斗鸡的文化现象进行了深入的符号学分析。格尔茨从来没写过有失水准的专著，未曾试图揭示办公室圣诞派对的意义，更不曾支付他人的工资——在许多商业专家眼中是说不过去的罪过。格尔茨从不谈论与大企业有关的话题，但事实证明，他的阐释性研究方法对于理解企业的组织活动有相当大的助益。

前科罗拉多大学教授迈克尔·帕卡诺夫斯基在传播学领域把格尔茨的文化观点应用于组织生活。帕卡诺夫斯基认为，如果文化由人们亲自编织的意义网络构成，而且编织网络即为编织动作的隐喻的话，"那么我们就不仅仅要在文化网络的结构中审视自己，还应该在这一编织过程中审视自己。"[2]编织的过程就是沟通。沟通"创建并构成我们认为理所当然的现实世界"。[3]

19.1　文化是组织生活的隐喻

把文化作为组织生活根源的隐喻，显然是西方上世纪七八十年代对日本企业经济

飞跃的狂热崇拜所致。那时，美国商界领袖亲赴远东学习生产方式，发现日本工业产品超一流的产量和质量与其说是源于技术，不如说是源于员工们共有的对彼此忠诚、对企业忠诚的文化价值观。人们身处不同的文化结构，因此形成截然不同的组织方式。日本社会为他人保全体面的习俗，在阶层分立的英国人或强调"我们第一"竞争思维的美国人看来，显然是一种异质文化。

今天，**企业文化**一词对不同的人来说有不同的含义。有些人用它描述限制一个公司人自由行动的周边环境（美国工人嘲笑每天工作前共唱企业赞歌的文化）。另一些人则用它特指该组织的特征。他们口中的**文化**可以与**形象**、**特征**和**氛围**等词汇划上等号。帕卡诺夫斯基坚持格尔茨的符号学研究法，认为文化绝不仅仅是组织研究中一个单一的变量：

> 组织文化不仅仅是拼图中的一个方块；它是拼图本身。依据我们的观点，文化不是组织的某种特性，在某种程度上文化就是组织本身。[4]

19.2 什么是文化？什么不是文化？

格尔茨承认把文化看作**共享意义的系统**有些模糊且难以理解。他不赞成把文化等同于音乐会、艺术博物馆的观点，也拒绝用它来表示**较为高级**的社会意义。现代人类学者绝不会用高等文化、低等文化划分人群。

文化：意义网；共享意义的系统。

文化不是整体，但也不是不可分割。格尔茨指出，结合最密切的社会在其内部也包含有子文化和对立文化。举例来说，同一公司的销售员和会计有可能彼此防备——销售员把会计称为**数字计算器**或**数豆子的人**，会计反过来称销售人员是**花言巧语的骗子**和**虚情假意的迎合者**。尽管这两类人差异如此之大，但他们都觉得与自己打上两轮高尔夫的周末休闲相比，蓝领工人的保龄球之夜是十分怪异的活动。

对帕卡诺夫斯基来说，组织文化网络是员工表现的残留物——"员工通过这些行为建构以及向自己和他人展示自身文化"。[5]他强调说工作表现在企业文化中可能只发挥很小的作用。

> 人们会完成工作，这是事实（虽然可能不是按我们想象的那么专心致志，如同以任务为指向的沟通文本所显示的那样）；组织内的人也会聊天、开玩笑、伤害他人、建立浪漫关系、提示新进员工如何少做事却不被上级找麻烦、谈论运动、安排野餐等等。[6]

文化表现：成员建构以及向自己和他人公开自身文化的行为；文本的集合。

格尔茨称这些文化表现为"文本的集合……人类学家竭尽全力解读的内容"。[7]文化本身难以捉摸的本质促使格尔茨将其定义为**软性科学**。它"不是探寻法则的实验性科学,而是寻求意义的阐释性科学"。[8]企业行为的观察者半是科学家,半是戏剧评论人。

约克大学(多伦多)的教授加雷思·摩根(Gareth Morgan)记录的一则画家毕加索的轶事很好地反映了符号性表达需要阐释的事实。[9]有一位男子邀请毕加索为他的妻子画一幅肖像。该男子对画布上的抽象画作备感惊讶,抱怨道:"这不是我妻子在现实生活中的样子。"毕加索问这位丈夫他妻子究竟是何长相,于是丈夫从钱包里拿出一张照片。毕加索看后评论道:"她看来很小,不是吗?"

19.3 深描——民族志学者的工作

民族志:对社会性叙述的勾勒;发现人们如何认识自己,如何认识他们正在做的事情,以及要把他们正在做的事做到何种程度。

格尔茨自认是一名**民族志学者**。你或许还记得我在介绍作为传播学四大研究方法论之一的民族志时(见第2章),提到过他的名字。正如地理学者绘制地理版图一样,民族志学者丈量社会性叙述。他们这样做"是为了发现人们如何认识自己,如何认识他们正在做的事情,以及要把他们正在做的事做到何种程度"。[10]民族志学者没有捷径,为了搜集详尽无遗的人际互动说明,他们不得不花费几个月的时间亲身参与观察。没有这些原始资料,就没有任何东西可以阐释。

格尔茨在印尼和摩洛哥居住多年,以便构架他对不同文化的深描。帕卡诺夫斯基先在以生产运动服和运动装备闻名的戈尔公司待了9个月。在这期间,他采用了格尔茨的研究方式,首先向该公司坦承自己的研究目标,并在调研期间的最后5个月,全面参与该公司致力于解决问题的会议。随后,他又以顾问身份在该公司位于特拉华州的工厂工作了一段时间。为了**像亲身经历者那样**对组织有所了解,人种学者必须致力于长期的观察。最近,帕卡诺夫斯基在戈尔公司担任全职工作以便进行长期观察,这违反了他早期提出的"成为当地人"的警告。当时他曾警告说研究者应该:

> 保持一种极度原生态的状态,以"陌生人"的姿态去感受组织生活,他(她)才能提示组织成员正是他们正在利用的资源(知识)使得他们把那些几乎完全相同的组织经验看作是理所当然。[11]

深描:对隐含在个体言行中的共同意义相互交织的层面的记录。

民族志学者的笔记本里写满了每一天为长期密集观测写下的说明。这些日志一本本摞成小堆的画面,正是格尔茨把民族志方法定义为**深描**的理由。这个定义描述了隐含在个体言行中的共同意义相互交织的层面。在分析公司文化时,观察与阐释同样重要。保留办公室备忘录的副本或者制作会议记录是远远不够的。深描意味着沿着文化网络的脉络追踪演进的意义。

深描从困惑开始。见鬼,这是在发生些什么?!格尔茨进入一个新的文化环境时总是这样问自己。减少困惑的唯一方法就是像一个来到异域的陌生人那样观察。对一个已经全然融入某个特定企业文化的管理者而言，这可能很困难。他（她）可能忽略许多指向共同阐释的迹象。然而，更糟的是，管理者可能认为办公室里的幽默对话或流言对于这个公司的员工的意义与它们对于之前公司员工的意义相同。格尔茨认为它们并不相同。

行为主义者认为员工到办公室茶水间去的行为不值得关注。即使他们觉得有必要对此加以研究，他们关心的也是员工去的次数和待在那儿的时间。民族志学者则对特定员工这一类看似平凡的活动的意义很感兴趣。他们记录的不是整洁抽象的统计数据，而是茶水间里的大段对话。帕卡诺夫斯基担心频繁的推算会消除他最感兴趣的行为特性，对组织内部表现的简单分类只会产生丧失本地化视角的一知半解的概论，他更乐于找出的是那些使某一特定部落文化之所以独特的东西。

帕卡诺夫斯基留意一切文化现象，对群体成员使用的具想象力的语言、讲述的故事以及举行的各种非语言仪式尤其敏感。总的来说，这3种沟通方式有益于揭示组织内部独特的意义共享。

19.4 隐喻：重视语言的暗示

如果组织内部的成员（不仅仅是管理层）都在使用**隐喻**，民族志学者就可以以隐喻为起点了解公司文化内的共享意义。帕卡诺夫斯基记录了不少戈尔公司内部流传的隐喻，其中尤以时常听到的把戈尔公司比作**格状组织**的隐喻最具意义。[12] 如果有人想绘制戈尔公司的沟通路线图，它看起来可能更像一个格状框架，而不是传统意义上的金字塔形组织图。格状框架中的交叉阴影线展示了面对面沟通的重要性，而且反映出在公司内没有任何对话必须先获得许可。戈尔公司每座工厂的平均雇员数量控制在150位左右，便利大家彼此了解，语音信箱和呼叫系统的设置则是为了培养迅速回应对方的文化。

隐喻：通过与相对熟悉或生动的形象相联系，使未知的或令人困惑的事物变得更为清晰。

每个员工都被赋予**合伙人**的平等头衔，充分显示出格状组织内部没有等级权威。在戈尔公司，每个人确实有各自不同的位置，但这是来自于技术专长、良好判断的追踪记录，以及坚持不懈完成任务的表现。

戈尔公司宣扬的目标（唯一的）是"赚钱和快乐"。[13] 众人皆知，公司的创立者比尔·戈尔经常跑进办公室问他的合伙人："你今天赚钱了吗？你今天开心吗？"然而在戈尔公司工作也不是漫不经心的。有如轮船**水线**般的操作准则清楚地阐明，在做重大决策之前，合伙人应该与他人商议：

> 在采取任何有可能对公司信誉、业绩和生存造成严重损害的行动之前，我们每个人应与恰当的合伙人商议，相互分担行动责任。我们的公司是一艘大船，我

们每个人都站在这艘船上。位于水线上方的孔洞带来麻烦，但影响不大，而水线下方的孔洞有可能让我们全军覆没。[14]

在戈尔公司进行了9个月沟通表现研究之后，帕卡诺夫斯基提出了他自己的3个隐喻，以描述戈尔公司文化的重要特征。[15]他把戈尔公司比喻成**一排农庄**，以形容戈尔公司努力去中心化的特征以及它特有的口头文化；他认为戈尔公司也像是一个**大型即兴爵士乐团**，吸引着那些喜欢创新，想要和自己志同道合的人一同工作的人；他还把戈尔的员工比喻成**殖民地时期美国的内部派系**，因为绝大多数合伙人认为公司的创新纲领是自轮胎之后最了不起的发明。当然，也有相当一部分人对这些理想化目标嗤之以鼻。人种学者认为在企业文化的发现和传播方面，隐喻是极有价值的工具。

19.5　揭开故事的象征性阐释

公司内口口相传的故事是观察企业内部意义网络的便捷窗口。帕卡诺夫斯基曾经问道："你听过那种让你一下子抓住事件核心的好故事吗？"[16]他注意了那些描绘某个员工在公司戏剧中扮演某种角色的有如剧本般的叙述。撇开员工们即兴创作的空间不谈，这些故事有助于理解在一家公司这一特定剧场履行任务意味着什么。故事抓住了被人们记忆的行为表现，传递了演员们当时感受到的情绪。

帕卡诺夫斯基提出3种将组织生活戏剧化的叙事方式。**企业故事**承载管理和强化公司政策的意识形态。麦当劳的特许经营者都听说过已故的董事会主席雷·克罗克（Ray Kroc）在考察某家分店时从停车场捡起垃圾的故事。**个人故事**则是公司员工讲述的与他们自己相关的故事，通常说明他们希望在企业中得到怎样的对待。假如你看过NBC热播的情景喜剧《办公室》，你应该记得摄像小组对男主人公德怀特·施鲁特（Dwight Schrute）的那段采访。在谈话中，德怀特谈到自己在邓德·米夫林纸业公司就职时是一个多么优秀的雇员，以及他多么值得获得该公司上上下下的尊重。以上这些是他个人的叙述。**组织故事**则是指由组织中的他人叙述的正面或负面的故事。摄像小组采访德怀特的同事吉姆和潘时，我们听到了德怀特行为古怪和缺乏基本常识的故事。这些组织故事说明德怀特是一个不受重视的人。尽管管理层通常并不鼓励这些传闻，但组织故事传递的其实是组织真正的运作方式。

企业故事：承载着管理和强化公司政策的意识形态的故事。

个人故事：员工讲述的有利于他们自己的故事。

组织故事：组织中关于他人的正面或负面故事；对事物真正运行方式的描述。

迪克西的故事

我这一生中总是不时听说与迪克西传播公司有关的传说。迪克西传播是一家位于美国南部城市、中等规模的企业，运营一份报纸和一家电视台。与许多地方公司一样，迪克西已经被一家在当地没有任何人脉的外来企业并购。以下3段叙事是在迪克西公司内部流传的故事的缩略版。

  创立公司的发行人去世30年了，但公司里的老人还是喜欢回忆他与员工在新闻中心共度圣诞前夜的情景。他们的回忆总是让人联想起，这位发行人启动了员工的健康津贴，而且分红总是比任何工会要求的都多。（企业故事）

  现在的审计长是公司里地位最高的"本地人"。他常常说起远在配备电脑之前他亲自制作第一份年度审计报告的故事。在经手一张支付50美元喂养鸽子费用的账单时，他意识到公司正利用信鸽从海湾另一端的小镇寄送新闻手稿和销售订单。他结束这个故事时，通常附以编辑式的评论——鸽子比新式机器值得信赖。他的叙述提醒听众他具有成本意识，也说明在"热情的人与冰冷的机器"这一话题上他站在人的一边。（个人故事）

  并购之后不久，某部门负责人促请新的发行人在下班前短暂会晤他的下属。新老板以效率为理由拒绝这项邀请："十分坦率地说，我并不想知道某位女工的孩子在生病或某位男工的假期计划。这类信息知道得越多，就越难解雇一个人。"他冷静、优越感十足的语气使得**十分坦率**这几个字充分说明了一切。（组织故事）

  格尔茨和帕卡诺夫斯基都反对"这个故事意味着……"一类的分析。叙事是意义的拼贴，而不是简化的、一对一的符号解读。就整体而言，这3个故事显示了公司上下对新的管理方式的不安。这种阐释与反复出现的、"老迪克西是个**家庭**，而新迪克西是一台**无情机器**"的隐喻是相一致的。

虚构作为一种学术话语

  帕卡诺夫斯基不仅指出叙事对民族志学者来说是文化传统的重要源头，还证明学者们可以用虚构形式表达其研究成果。在《演讲季刊》（*Quarterly Journal of Speech*）中，他发表了一篇富有想象力的报告，捕捉到在学术圈子文化中感受到的不安。在引言部分，他指出"虚构描写，通过含蓄性和印象主义的本质，完全可以捕捉（我可否这样自信？）文化气质的大致概要与关键差异"。[17]图19-1是两位传播学教授在年会上的对话片段。尼克·特鲁希略（Nick Trujillo）曾经和帕卡诺夫斯基合写过多篇与组织文化有关的论文，他将这一对话片段称为**坦白的故事**。[18]

19.6 仪式：一直是，永远是

  格尔茨的专著选择以巴厘岛的斗鸡仪式为题，是因为这种比赛的内涵远远超出了公共游戏。"很明显，只有公鸡才能参赛。事实上，它们代表男人。"斗鸡活动是现实

> **无精打采地走向芝加哥**
>
> 　　他和拉德纳是如此不同的两种人，甚至算不上真正的朋友。但是每次会议，他们都在一起共享晚餐，以一种让人惊讶的亲密态度评价他们的职业生涯和个人生活。某一年，拉德纳谈起一个令人捧腹大笑的、与拉德纳和其部门主管妻子的暧昧关系有关的故事。第二年，他一边骂一边从头至尾地详述离婚的细节。就这方面来说，杰克倾向于反思生活的转变——在教堂结婚时他是多么不可思议的快乐，成为父亲使他经历了怎样无法想象的兴奋和愤怒，当他想起父亲的逝世他感觉全身上下被浓重的寒冷所笼罩。"回顾我们的生活"，杰克正是这样看待他和拉德纳的晚餐的。
>
> 　　"你知道，"拉德纳说，"在7年中，我创作或者合写了48篇参会论文，在相关刊物上发表了14篇文章，受邀为不同的教科书和读者撰写其中10章内容……你在业界里小有名气，人们读你的文章，谈论你的文章，并且为之充满激情。其实我想说，我不愿承认，但这是事实，没有人真正对我的文章感兴趣。但是你的文章——"
>
> 　　"嗨！昨晚我接到一名24岁的研究项目启动者的电话，他说'我必须制订计划书，我并不想做一种传统的定量研究，我在QJ上读到你的文章，我想知道你是否能发给我一些你写过的其他东西。你知道，它能丰富我的视角，因为这里的每个人都如此保守，我不知道他们会不会让我去做一项阐释性研究……'。"
>
> 　　"这正是我想说的，人们会因你而兴奋起来。"
>
> 　　"我可不兴奋。你知道我需要什么？难道我需要发表70多篇文章或者让人兴奋起来成天打电话给我吗？我真正需要的是写出一篇精彩的、专著规模的阐释性研究学术长文。不要没有价值的论文，不管什么'这正是我们应该要做的'。只要一本能赢得口碑的书。这样，我才能高兴起来。"
>
> 　　"那你为什么不这样做呢？"
>
> 　　"我不能！"杰克捶着桌子。"我担心终身教职，担心影响我的简历。所以，我把时间浪费在无聊的参会论文上，或者那些'攻击他人'的文章上——"
>
> 　　"哦，好啦好啦，你很快就会得到终身教职。为什么你不停下这些无聊的事情，专心写一本书呢？"
>
> 　　杰克以前并不是没有听到过类似的提问，但也不曾这样频繁地抱怨浪费掉了自己的生命。可能正是因为处于"回顾生活"的状态，这个问题突然以一种他从未感受过的阴沉力量震撼了他。他沉默了一会儿。"因为，"他猛醒过来，并且最终说道，"我不知道我是否真的想写一本书。这个念头吓住了我，我甚至不敢去发现它。"

图19-1　帕卡诺夫斯基的《无精打采地走向芝加哥》一文节录

仪礼： 作为葬礼或生活出现转变的仪式的标志，表达出文化生活多面性的文本。

生活的戏剧化。"它的功能是阐释性的：这是对巴厘生活的巴厘式解读，人们把自己的故事讲解给自己听。"[19]

与格尔茨一样，帕卡诺夫斯基认为，类似巴厘岛斗鸡的仪式是表达文化生活**多面性**的"文本"。[20]这些仪礼近乎神圣，任何改变它们的尝试都将遭遇强烈抵抗。戈尔公司对即兴创造与创新的强调降低了仪礼的重要性，但在更为传统的公司里，组织的仪式和企业文化是交织在一起的。

大约在一代人以前，迪克西公司分类广告部的员工创造了一个延续至今的综合性仪式。该部门有50多位电话销售代表，共同开发一个大型市场。销售代表通过电话销售"两行/两天/两美元"的私人广告，以电话回访的方式询问广告效果以及顾客是否还想销售其他物品。与其他报纸的同类部分相比，迪克西的分类广告部门员工流动率低，是极为重要的利润中心。该部门延续着迪克西公司并购之前的家庭式氛围。绝大多数电话代表是年纪40岁以下的女性。她们把麦克斯这位在职已超过30年的男性经理看作**告解神父**——他为人热情、不带成见，真诚关心员工们的生活。女员工无论什么时候生孩子，麦克斯都会到医院看望她们，提供力所能及的帮助，他的帮助会一直持续至她们重返工作岗位。女员工怀孕时，就在挂在麦克斯办公室外墙上的一张大幅合影上粘贴一枚硬币，说明她的名字及预产期。这一综合仪式对女员工们而言有多重功能：

在有可能陷入焦虑的阶段，它是一个从大型社群得到公开认可的良机。

这个仪式是那些置身于迪克西外部的员工与这份工作的接触点。员工们经常骄傲地向客户、朋友谈起这一仪礼。

尽管在墙上贴硬币的方法是由员工发明的，但数十年来这种在公司认同下记录新生命到来的行为宣告了一种明确的态度。它实际上是在表明："公司不认为母亲的身份是一种不利条件；当你想回来时，你的工作还在这里。"

从管理的角度来看，仪式确保不会有措手不及的状况发生。麦克斯有充裕的时间来安排女员工的产假，让另外一个销售代表联系她的客户，并预估新来的人可能遭受的压力。

有人试图从女性员工用硬币象征她们生活中即将出现重大改变这一事实中读出经济意义，认为怀孕的员工借重的是硬币小巧的尺寸而非其货币价值。格尔茨和帕卡诺夫斯基对此则警告说：这是**她们**的故事；我们应该聆听**她们**的解释。

19.7　管理者能成为改变企业文化的代理人吗？

文化隐喻在上世纪80年代被首次引入商界，此后的流行应归因于商业领袖对规范组织内部阐释行为的渴望。符号是管理工具。管理者不必操作叉车或生产控件；他们负责创造愿景、陈述目标、处理信息、发送备忘录以及管理其他符号化行为。假如他们认为文化对于员工表现、生产率和销售至关重要，改变企业文化当然有一定的吸引力。创造有利的隐喻、培育组织化的故事、建立仪式，显然是打造为管理层利益服务的企业文化的理想方式。

然而，企业文化可以被创造吗？格尔茨认为共享的意义是从所有群体成员中自然浮现的，不能由领导有意识地建构。在连续剧《办公室》中，吉姆、潘、斯坦利和菲莉丝在建立他们的企业文化时，起到了各自的作用。你也会注意到，尽管管理者迈克尔·斯科特付出了最大的努力，依然无法一手掌控事态。管理者可以用新词汇表达新的愿景，但只有员工才能对它微笑、叹息、窃笑或嘲弄。将在第21章详细讨论的马丁·路德·金的"我有一个梦想"的演讲之所以具有强大力量，是因为他触碰了数百万听众内心早已在震颤的心弦。

共享意义很难消除。假如管理命令不能与执行相一致的话，公司内部的符号观察者很快就会不把管理命令当做一回事儿。而如果企业文化可以改变，接下来的问题将是它应该改变成什么样子呢？符号人类学者在传统意义上采取一种与检查极品水晶相似的、非侵入的研究方式，观察、赞赏，但不触碰。因此，管理者如果将自己视为改变企业文化的代理人，那么在关心企业伦理问题的民族志学者眼中，他们无异于闯入瓷器商店的公牛。马萨诸塞州立大学管理学教授琳达·斯米尔奇赫（Linda Smircich）指出，民族志学者只要一想到他们的研究资料可能帮助村落中的神父实施人口控制时，就会陷入无边的恐惧。然而，事实上，受高层管理者聘请的绝大多数传播顾问做的正是这样的事情。[21]

19.8 评论：文化研究方法有用吗？

现在你大概已经明白，格尔茨认为改变文化不但不恰当，同时也是不可能的。他的纯粹主义立场招致企业顾问的批评。这些人不仅渴望理解组织传播，更想影响它。

另一方面，批判理论学者可能误解了文化研究方法，这是因为格尔茨、帕卡诺夫斯基这些阐释学派的学者拒绝评估他们笔下描绘的风俗。假设帕卡诺夫斯基发现戈尔公司的女性合伙人在晋升途中遇到玻璃天花板现象，批判学者认为他的责任是**曝光**和**谴责**这种不公，而不是仅仅将它**描述**和**阐释**给读者。[22]

在用文化研究方法研究组织生活的研究者看来，上述两种批评弄错了他们的工作要点。与受聘于大型组织的顾问相比，民族志学者的目标不是改造组织或帮助管理者实施更有力的控制，更不是要使之符合道德审判。符号分析的目标在于能更好地理解文化内部使事物有效运转的规律。在大多数组织中，成员自由决定去留。而敏锐的企业文化分析能帮助他们做出明智的选择。管理者和社会正义的倡导者无法认识深描的价值，或许是因为他们仍然在试图从组织内部找出意义网络。

人们对文化研究方法的兴趣之所以在上一个十年逐渐消散，还有另外一个原因。在第3章，我曾指出审美诉求是阐释性理论的评价标准之一。民族志分析的力量在很大程度上依赖于它的表达。在《泰晤士报文学增刊》中，美国人类学家吕尔曼（T. M. Luhrmann）对格尔茨富感染力的写作风格大加赞赏："很少有人既是一位社会学家，又是一位如此敏锐的作家；或许从来都没有人像他这般旁征博引。"[23]的确，格尔茨对巴厘岛斗鸡文化的阐释读起来像一部令读者爱不释手的小说。尽管帕卡诺夫斯基也写得很好，但或许我们要等到另一位思想深邃的民族志学者出现，用像格尔茨那样有感染力的词句描述组织生活，文化研究方法才能重新焕发生机。

帮助你深入思考的问题：

1. 基于把组织文化看作**共享意义**系统的概念，你会怎么向一位即将入学的学生描述你们学校的文化？

2. 把帕卡诺夫斯基的《无精打采地走向芝加哥》看作**民族志学者的深描**。从图19-1叙事片段中杰克和拉德纳的亚文化中，你能推断出什么结论？

3. 把你的家族看成一种**组织文化**。当有人前来拜访时，你会选择什么家庭**仪礼**进行分析，以**阐释**你们的意义网络？

4. 最近你对他人谈到的、与就职单位有关的、有趣的**故事**是什么？它是一个**企业故事**、**个人故事**还是**组织故事**？

自我测试：www.mhhe.com/griffin7

扩展阅读：

推荐阅读：Clifford Geertz, *The Interpretation of Cultures*, Basic Books, New York, 1973. (See especially "Thick Description : Toward an Interpretive Theory of Culture," pp. 3–30; and "Deep Play : Notes on the Balinese Cockfight," pp. 412–453.)

作为行为表演的文化：Michael Pacanowsky and Nick O'Donnell-Trujillo, "Organizational Communication as Cultural Performance," *Communication Monographs 50*, 1983, pp. 127–147.

非管理性指向：Michael Pacanowsky and Nick O'Donnell-Trujillo, "Communication and Organizational Cultures," *Western Journal of Speech Communication*, Vol. 46, 1982, pp. 115–130.

文化隐喻：Gareth Morgan, "Creating Social Reality : Organizations as Cultures," in *Images of Organization*, Sage, Newbury Park, CA, 1986, pp. 111–140.

公司组织民族志研究：Michael Pacanowsky, "Communication in the Empowering Organization," in *Communication Yearbook 11*, James Anderson (ed.), Sage, Newbury Park, CA, 1988, pp. 356–379.

公司流言：Joanne Martin, Martha Feldman, Mary Jo Hatch, and Sim Sitkin, "The Uniqueness Paradox in Organizational Stories," *Administrative Science Quarterly*, Vol. 28, 1983, pp. 438–453.

仪式：Harrison Trice and Janice Beyer, "Studying Organizational Cultures Through Rites and Ceremonials," *Academy of Management Review*, Vol. 9, 1984, pp. 653–669.

阐释性研究法与功能性研究法：Linda L. Putnam, "The Interpretive Perspective: An Alternative to Functionalism," in *Communication and Organizations: An Interpretive Approach*, Linda L. Putnam and Michael Pacanowsky (eds.), Sage, Newbury Park, CA, 1982, pp. 31–54.

格尔茨的小传：Clifford Geertz, *A Life of Learning* (ACLS Occasional Paper No. 45), American Council of Learned Societies, New York, 1999.

棒球场上的共享语义网：Nick Trujillo, "Interpreting (the Work and the Talk of) Baseball: Perspectives on Ballpark Culture," *Western Journal of Communication*, Vol. 56, 1992, pp. 350–371.

当前学术成果：Anat Fafaeli and Monica Worline, "Symbols in Organizational Culture," in *Handbook of Organizational Culture & Climate*, Neal Ashkanasy, Celeste P. M. Wilderom, and Mark Peterson (eds.), Sage, Thousand Oaks, CA, 2000, pp. 71–84.

阐释性研究：Bryan Taylor and Nick Trujillo, "Qualitative Research Methods," in *The New Handbook of Organizational Communication*, Fredric Jablin and Linda L. Putnam (eds.), Sage, Thousand Oaks, CA, 2001, pp. 161–194.

公司组织民族志研究的基础理论：Brigitte Jordan and Brinda Dalal, "Persuasive Encounters: Ethnography in the Corporation," *Field Methods*, Vol. 18, No. 4, 2006, pp. 1–24.

如欲了解有哪些传播学教材探讨了与组织文化有关的研究方法，请到www.afirstlook.com点击"比较文本"。

第20章　组织沟通的批判理论

创立人：斯坦利·迪茨（Stanley Deetz）

实证性　　　　　　　　　　　　　　　　　　　阐释性
　　　　　　　　　批判学派

　　1999年，根据真实故事改编的电影《永不妥协》，呈现了一个法律界新人如何赢得一场长达4年的诉讼，并帮助企业违规事故受害者获得赔偿。[1]女主角布罗克维奇为600多位因饮用被太平洋天然气和电力公司（PG&E）污染的水而中毒的原告辩护，扮演该角色的女星茱莉亚·罗伯茨更因本片获评当年的奥斯卡最佳女主角。伴随着剧情的发展，布罗克维奇揭发了该公司一系列错误的管理决策，迫使该公司最终赔付3.33亿美元——这是美国历史上直接诉讼的最大裁决额。为了降低公司成本，该公司的行为使加州辛克利地区居民的健康面临灭顶之灾，一些人甚至付出了生命的代价。

　　和大多数电力生产商一样，太平洋天然气和电力公司用水来冷却发电机的涡轮叶片。该公司使用一种含有六价铬的锈色抑制剂来延长叶片寿命。与其他良性或有益的铬化物不同，科学家们早就知道六价铬对人和动物有害。含剧毒的生产用水被排入未经处理的户外池塘，随后渗入地下，污染了邻近城镇的井水。当地居民表现出慢性头痛、流鼻血，还患上骨质退化、肝衰竭、肺衰竭、生殖系统衰竭、心脏衰竭及多种致命癌症。

　　使用六价铬添加物是最开始的馊主意。该公司的内部文件显示，在危险曝光数十年前，旧金山总部的管理者就已经知道井水污染的问题。决定对此置之不理，是该公司做出的第二个悲剧性的决定。要求辛克利分公司的雇员对水污染问题三缄其口则是第三个错误决定。公司花钱请医生为患病居民治疗，但要求医生告诉病人，他们的病和发电厂无关。当一个管理委员会下令整治环境时，电厂管理者在200名关心环境问题的居民面前撒谎说六价铬添加物是无害的，还向他们分发宣称六价铬是有益物质的小册子。事实上，当地水源中的六价铬已高达标准值的10倍。

太平洋天然气和电力公司做了一系列错误的决定。在艾德·马斯利——雇用布罗克维奇的律师——即将代表一个父亲患有何杰金氏病，母亲要接受子宫和双乳切除手术的家庭与该公司谈判时，该公司只派出一个不入流的马屁精用25万美元收购这个家庭的住宅，而且不准备就医疗索赔做任何商谈。这个势利小人还被指派去警告艾德和布罗克维奇，试图让他们明白他们要对付的可是一个市值高达280亿美元的大公司。这是一个大错误。该公司最后不得不赔偿这个家庭500万美元。

《永不妥协》仅仅是探讨企业管理者在制订决策时无视雇员、消费者及普罗大众利益的众多专题故事片之一——类似的影片还有《惊报内幕》《罗杰和我》《丝克伍事件》《中国综合症》等。这些电影使愈来愈多的美国人意识到企业最高决策层制订决策的方式是有问题的。现代企业的发展脱离了公众的直接控制，但它们的决定却对公民日常生活造成至关重要的影响。

科罗拉多大学传播学教授斯坦利·迪茨提出一个批判性的沟通理论，想探讨既能确保公司财务健康，同时又能更为丰富地表现——通常是非经济性的——人类利益的方法。他首先指出未来的公司既是政治机构又是经济机构。接着，他运用沟通理论的发展指出公司内部的沟通方式怎样扭曲了决策过程。最后，他总结了办公室高层应如何通过沟通方式的改革变得更加高效、更加民主。

20.1 日常生活的公司殖民

公司殖民：现代企业侵入人们生活中工作之外的任何领域。

迪茨把通用汽车、美国电话电报公司、IBM、时代华纳、迪士尼和微软等跨国公司看作主导社会的力量——比教堂、国家或家庭更能影响个人生活。超过90%的大众媒介——报纸、广播、有线电视、电话和卫星——被有限几个公司所拥有。[2]迪茨指出，对道琼斯工业平均指数的持续报道使艺术、医疗保健和环境质量等指数相形见绌。而媒体对大型公司健康运转的过分专注，让小布什总统在"9·11"后将消费者的消费额度和爱国主义等同的做法变得合乎逻辑。

总经理办公室是制订有关资源使用、技术发展、产品有效性及人事安排等决策的场所。迪茨认为，大型公司对现代生活"控制和殖民"的方式，是自封建时代以来任何政府或公共机构所不敢想象的。[3]公司控制的后果是绝大多数公民生活质量的严重下降。

对于大多数美国大学生而言，他们每周平均工作时间已从40个小时上升至50个小时，休闲时间则相应地减少了10个小时。在85%有孩子的家庭里，母亲不得不外出工作，而人们实际的生活标准与过去20年相比却是**下降**的。收入降至贫困线以下的全职工人人数增加了一半，首席执行官的奖金却由一般员工的24倍骤升至175倍。[4]迪茨

认为"我们需要深刻思考这是什么类型的'企业'？谁是道德的守门人？特权如何被组织化以及存在哪些可能的民主对策，等等"。⁵

迪茨提出的沟通理论具有批判性质，批判那种"对通用汽车有益就是对国家有益"的过于随便的假设。更具体地说，这位学者想要审视企业组织中那些削弱代议制①决策流程并因此使政策品质、变革力和公平程度受损的沟通方式。

20.2 信息或沟通：至关重要的差异

迪茨从一开始就质疑沟通即信息传递的观点。如今，大多数人类传播学者已经抛弃了香农的信息理论（见第4章），但这种管式模型仍被理所当然地认为是组织机构与日常生活中最常见的沟通方式。从直觉上，人们认为语词与真实事物相互关联——通过使用正确的语词，我们就可以表达最先进的知识。正如迪茨所指出的，"显然，大众确实倾向于相信独立现实的存在。"⁶他警告道，只要我们接受沟通仅是信息传递的观点，公司主导我们一切生活的情形就将永远持续下去。

看一下PG＆E的年度报告。审查数据显示的是根据"标准会计流程"编制和整理的事实。迪茨强调说，每个项目都是**建构**的——由有权使决策长期生效的公司决策者创造。然而，只有价值中立的信息才真正具有**信息层面**的意义。年终审计不是事实——而是人为事实。一切公司信息通常都是在非民主的、将会损害民主的政治过程中产生的。

为了替代之前的**信息模型**，迪茨提出所谓的**沟通模型**，将语言看成构建和维系社会现实的基本媒介。他指出，"语词并不能代表业已存在的事物。事实上，语词部分地参与了社会中我们认为理所当然的事物的创造。"⁷I. A.理查兹等人文学者早就指出意义的载体是人，而不是语词本身（见第4章）。但是，当迪茨追问**人们作为载体承载了谁的意义**时，他更进一步地远离了语言具象化的观点。一旦我们发现组织形式可以通过语言持续地生产和再生产，我们就会意识到PG&E公司不仅制造电力，而且还生产意义。

人们在运用大型企业内部的行话时，或许不会意识到他们谈论的其实是企业价值。例如，损益表的底限可不仅仅意味着——财务报告的最后一行。首席执行官一贯以**底限**的形式来评估管理决策，这使人们惯于认为一切非经济性的考虑都应该被排除在外。一旦普通市民在做家庭决策时也开始运用类似原则，他们就不知不觉地在生活中强化了企业的思维方式。

图20-1对比了迪茨提出的组织行为沟通方式和把语言看成中性因子的信息方式。与皮尔斯与克罗嫩（见第6章）一样，迪茨认为沟通是进行中的社会意义的建构。迪

信息模型：认为沟通仅仅是传送与现实世界相关的信息的管道。

沟通模型：认为语言是构建和维系社会现实的基本媒介。

---

① 代议制是指公民通过选举代表，组成代议机关行使国家权力的制度，亦可看作是一种间接民主形式。

茨的批判理论与CMM理论的区别在于，迪茨认为权力存在于一切语言和沟通之中。当PG&E的工人和辛克利居民对发电厂的环保政策沉默不语时，迪茨并不感到惊讶。他确信管理上的控制通常会优先于冲突各方的利益、公司的长期利益和社区居民的健康问题。

> 在我的分析中，最基本的议题就是控制以及不同的群体在决策过程中如何表现……自工业化以来，美国企业的管理者基本上是根据控制的哲学来采取行动的。[8]

图20-1上面两个方格代表着利益相关者的声音被惯性排除的企业决策过程。迪茨将其定义为**管理控制**。下面的两个方格描绘的是在所有利益相关者中进行开放式对话的决策过程。迪茨将这个过程称为**共同决策**。结合建构的观点来看，共同决策是指"与自我、他人及周边世界有关的合作性集体建构"[9]，迪茨认为它是参与式民主的产物。

共同决策：合作性决策；公司内部的参与式民主制度。

图20-1的2×2表格给出制订公共决策——包括企业决策——的4种方式：**策略**、**共识**、**关联**和**参与**。迪茨对这4种企业行为的分析构成了他的理论中批判管理主义的核心。

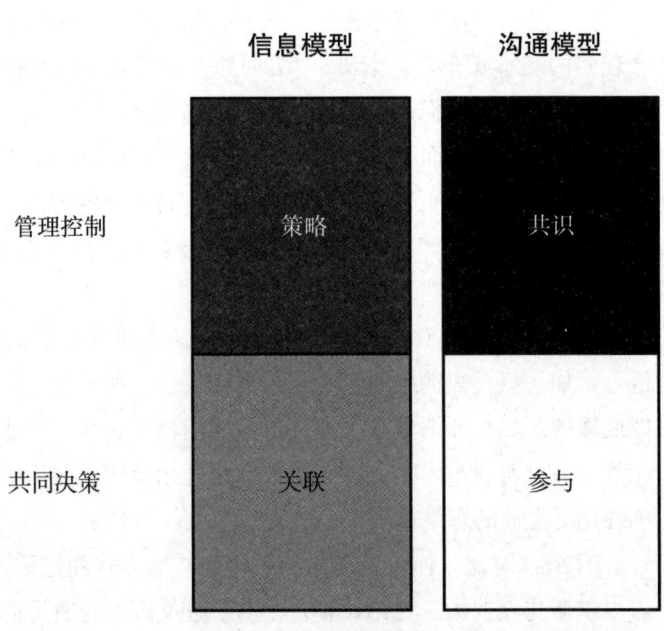

图20-1　组织行为的两种方式

20.3　策略：为扩大控制而采取的公共管理行为

电影《永不妥协》与迪茨对企业控制的看法是一致的，并未将事故责任归因于一位令观众鄙夷的PG&E负责人。迪茨强调说，具体的管理者不是问题的症结。真正的被告是**管理主义**本身。迪茨把管理主义看成基于"逻辑体系、日常行为及意识形态"的叙述，它使控制凌驾于一切之上。[10]股东追求利润，员工渴望自由，而管理者想要的只是建立控制。

管理主义：使控制凌驾于一切的逻辑体系、日常行为及意识形态。

从律师艾德联合大公司对电力公司采取法律行动的过程中，观众们可以亲眼目睹管理的控制。布罗克维奇针对城镇的用水委员会做了广泛的研究，又花费几个月的时间向辛克利634位成年居民一一收集签名起诉，但合作大公司的"诉讼团队"认为她不够专业，并且企图让她在他们评议时闭嘴。在上对下的信息传递中，许多雇员都曾体验过这种或公开或含蓄的独裁风格：

> 因为我是老板。
> 我说了算。
> 如果你不喜欢，就辞职。
> 我说什么就是什么。

事实上，某些员工的确选择了反抗，"辞掉我的工作，让你的命令见鬼去吧"，然而这并不提高交涉机会。员工的选择仅限于表示效忠或离职——"要么热爱工作要么走人。"由于没有发声的权力，员工们对于影响他们绝大部分非睡眠时间的决策只能沉默不语。迪茨强调说这类控制在最开明的企业中正在消失，但基于沟通体系的新的控制形式在结构性工作中仍在继续阻碍任何来自员工的真实想法。

股东们面临同样的二选一难题。他们或者持有或者卖出股票，两种选择都无法影响公司的政策。管理者自称代表股东（所有者）利益制订决策，但迪茨认为两个群体的利益并不一致。因为购股选择权和"黄金降落伞"（golden parachutes），高级管理层在近20年的并购浪潮中获益最大。长期增长有利于普通投资者，而快速获利和严格管控成本却足以让管理者爬上公司高层的阶梯。不论公司的生产线和服务表现如何，"控制是管理的产物，显然，它也是个人晋升最倚重的因素。"[11]

管理者最初总是把效率看成获得更多利润的手段。然而，迪茨认为，控制的欲望很快就会使控制本身成为更受重视的目标。管理者对控制的渴求将超过对公司盈利的渴求。经济议题通常是为了获得更多的控制，而非仅仅是重视效率或收益而已。

> 管理主义控制的动力要为它的扩展寻找媒介，而这一媒介就是金钱……任何无法充分转换成金钱的事物都受到暗中抑制，所有与个人生活有关的、对抗性的

决策权都被边缘化。[12]

企业对公开冲突的反感最明显地体现了对控制的需求。管理的首要原则似乎认为冲突应被"处理"而不应该被公开讨论。管理者因"及时灭火"、"严格管理"或"有序运营"而获得嘉奖。类似事件还表明管理者应将对公司的责任置于个人情感或伦理关怀之上。在公司的语境中,"公司政策"和"做好自己的工作"的声明提供了压倒性的道德判断标准,几乎抑制了所有员工的抵制或异议。

除了加速个人的晋升,策略控制几乎不能提供什么有益的后果。迪茨认为,大多数企业的成功(或失败)都是由管理控制之外的因素导致的。[13]控制确实有很多缺点,比如说成本高昂、员工因持续管制而产生反感等。经常提及"清除枯枝"或"削减预算"会使员工离职率显著升高,有时员工的恐惧会演化为秘密的对抗,正如《永不妥协》中的情节一样。

在影片中,由于没有证据证明总公司对此知情,PG&E的官司一度陷入了死胡同。就在这时,布罗克维奇在酒吧中遇到了一个男人。他询问她如果得知他在地方发电厂工作时曾受命撕毁与毒水有关的文件,她将会怎么做。他提及的文件包括一封从公司总部发来的信件,上面说到,**水是有毒的,但是,不和社区讨论这个问题,对所有相关人员来说更为有利**。在布罗克维奇追问他是否遵照命令销毁了文件时,男子露出计谋得逞的笑容,笑言自己可算不上是一名好员工。由于控制总是导致类似的抵抗,大多数现代管理者倾向于在员工自愿追随的基础上维持控制,而弃用了对权力的策略应用。

20.4　共识:自愿服从于隐性控制

共识:员工积极地、但却是无意识地实现管理层利益,却误认为是在实现自身利益的过程。

迪茨认同资本主义运行机制,但同时也确信企业制度是不合理的。"他们不仅期望工人干一天活赚一天钱,还妄想得到爱、尊重和绝对忠诚。"[14]即使公司已经获得员工一天中精力最旺盛、反应最灵敏的时间,显然这还不够。管理者坚持认为,就忠诚程度而言,公司应该排在家庭、朋友、教堂和社区之前。在迪茨称之为**共识**的过程中,绝大多数员工自愿地献出忠诚,几乎没有得到什么回报。"有些员工会积极地、但却是无意识地实现他人的利益,并错误地认为是在实现自身利益。共识,我用这一术语来定义与之相关的各种情景和过程。此时,个体恰恰是使自己受害的同谋。"[15]

我以前的一个学生林恩,就迪茨的批判理论写了一篇应用日志,揭示了人们在共识过程中付出的惨痛代价:

我父亲忠诚服务于他的公司,以期得到晋升和提薪。当我的弟弟和我还在咿呀学语、蹒跚学步时,我们家一度在3年内搬了4次家,因为这是公司的需要。

后来，我父亲整日出差在外，还曾把我们全家留在巴尔的摩，他独自在纽约住了6个多月。在我的高中时代，尽管公司没有要求，父亲仍然每天工作至晚上8点到9点。他们整个部门的人通常都在加班，花费更多时间把工作做完是很常见的事情。

我很愿意看到一个理想世界，大公司的员工能拥有更多沟通的权力。我想这可以拯救许多像我这样的家庭，孩子们在成长过程中不至于缺少父亲的身影。

我还能进一步预见它的意义。如果雇员们，尤其是男性，认为自己在职场里拥有更多权力，他们回家后就不太需要用种种方式指挥妻子，从而展现自己的权力。我觉得如果迪茨的提议能够得到广泛执行，我们国家里家庭暴力的现象将会有所减少。[16]

公司是如何设法与员工达成这样不公平的交易的呢？指责的矛头很容易指向林恩的父亲，把他对工作的狂热看成问题核心，而迪茨将会更多地责备对职场语言、信息、形式、符号、仪式和故事所施行的管理控制。帕卡诺夫斯基和其他阐释学派学者将这些行为看成既定组织文化的指标（见第19章），迪茨则把它们看成生产和再生产符合管理层利益的文化的企图。企业都有自己的一套建构行为。迪茨想要追问的不是**这些行为有何意义？** 而是**它们倒底是谁的意思？**

管理主义通过迪茨称之为**制度性扭曲的沟通**（systematically distorted communication）过程来促成员工的"共识"。与公开和深思熟虑的策略控制不同，制度性扭曲的沟通在员工毫无察觉的情况下进行。在这一过程中，群体环境中的期待和准则使员工的观点无法得以公开表达，甚至也不能被触及。迪茨强调说，员工自欺欺人是因为他们相信他们可以自由地互动，但事实上他们的选择极为有限。举例来说，迪茨指出，组织内部的专制权威关系可能伪装成合理的劳动分工。任何与权力关系有关的对话必须以现状的有效性为前提，因此它们只能再生产组织层级，而无法对它形成挑战。在这样的语境中，不可能产生真正互动的决策。

制度性扭曲的沟通必然压制潜在的冲突。这个被迪茨称为**话语闭合**的过程，有多种多样的表现形式。例如，组织内部的某个群体会被认为"没有资格"谈论重要议题。专制被赋予"天性"的标签，以回避进一步的讨论。引导管理者做出判断的价值观可能相对隐晦，以至于决策从表面上看是客观的。群体可能限制成员讨论某些特定话题。又或者，即使允许该群体讨论与性别有关的工作分工、收入差异等话题，却又会削减该主题的重要性，迅速将人们的注意力转移至其他话题。

迪茨指出，组织行为的力量在无意识的情况下最为强大。如果有人质疑这种例行公事，员工将窘迫地把它解释为标准的操作流程。他们所能想到的最好回应就是一个不明确的回答，"我们这里都是这样。"具有这种天经地义的特性的组织行为，常常与常识划上等号。如果员工不能清楚地认识到沟通产生现实而非仅仅是现实的反映（如

制度性扭曲的沟通： 在员工无意识的情况下进行，而且使观点不能被表达甚至不能被触及的对话方式。

话语闭合： 员工在无意识的情况下参与的、对冲突的抑制。

图20-1右侧所示），他们就将不自觉地与企业试图扩大控制的管理思维"达成共识"。

20.5　关联：自由表达观点，但没有投票权

对于任何会受到组织决策影响的人（我们所有人？）而言，从图20-1上方向下方的移动将是至关重要的一步。用政治语汇来表达，它代表从专制到自由民主的转变——从关着门制订管理决策变为人人有机会发表意见的公开讨论。

关联：利益相关者自由的意见表达，对管理决策产生影响或不产生影响的微妙状态。

员工与企业决策的**关联**始于挂在墙上的意见箱。在一些公司里，征求意见的机制经过数十年的演变，形成了类似于美国早期城市会议的公开论坛。致力于企业民主化最为理想的尝试大多基于对言论自由和思想公共市场的认同（见第15章，尼尔森重大选择的伦理观念）。然而，迪茨指出自由民主的沟通模型只在所有人员共享一套价值观的公司里才有效。[17]在多元化和后现代的社会中，这样的案例极为罕见。

无论国家政治还是企业管理，实行民主政策的前提是那些受到决策影响的人拥有一个供他们讨论该议题的**论坛**，以及对最终决策有**投票权**。论坛提供与之关联的机会——即意见的自由表达。不过，按照迪茨的说法，投票权还不仅仅是表达而已。它代表自由公开形成的、能够有所表达的利益各方，以及在最终的共同决策里体现各方利益。[18]如果人们认为沟通仅仅是如图20-1左侧所示的信息传递，他们就丢掉了投票的权利。

迪茨调查企业传播行为时得出结论，"表达权看上去比知情权或权利的行使更为重要。"[19]通过与参与讨论公司政策相关联，员工有机会表达不满、陈述期待，提出替代性的工作方案。一些管理者利用这一类的会议让员工宣泄怒气。但是，上述对讨论的倡导不等于民主协商。一旦员工发现他们的意见在最终决策中没有获得体现，就会对这类流程抱以嘲弄的态度。迪茨认为这是不幸的：

> 相信"现实"和玩世不恭，二者加起来就是民主的灾难。认为一切主张仅是提供意见而已的观念会终止讨论，而不是激发它们。[20]

20.6　参与：实践中的股东式民主

迪茨的沟通理论有批判性质，但并不全然消极。他强烈批判强化控制、促使员工无意识服从，以及员工虽能自由表达意见但决策投票权受到限制等管理策略，但他相信在职场还是有可能达成开放、共同的决策的。迪茨确信"真正的民主化参与能塑造更优秀的公民，提供更多社会选择，同时带来重大的经济利益"[21]。他的理论目标之一是提升员工获得公开协商的权力的可能性。他也称之为**股东式民主**。

迪茨所做的第一步是扩大有权对公司运营发表意见的名单。他认为至少有以下6个需求和意愿呈多样化的利益相关群体。[22]

投资者——希望本金安全和获得丰厚的投资回报。
员工——期望合理的工资、安全的工作环境、可为其工作贡献感到骄傲的机会、就业保障，以及与家人共处的时间。
消费者——要求以公平的价格提供有品质的商品和服务。
供应商——期望需求稳定和及时付款。
业主群体——要求为所提供的服务获得收益、爱护环境，提升而非破坏家庭和公共生活质量。
较大的社群与外部社会——期望环境安全、经济稳定、整体秩序，公平对待各种内部群体（不同的肤色、民族、性别）。

迪茨指出，某些利益相关者，与股东和高级管理者相比，承担的风险更大，投资周期更长。[23]他认为，受组织决策影响的人在制订决策的过程中发表意见是有必要的。这一观念与排他性的股东特权及管理层优先权等传统观念相矛盾，然而，迪茨强调如果任由某些利益相关人享有他人没有的特权，是缺少法律基础的。他提醒人们正是我们而非组织特性造就了组织。

人们的权利和责任不是与生俱来，更不是由特有的普世价值结构所赋予，而是通过互动协商而产生的。[24]

迪茨认为当PG&E发现被污染的废水正在渗入地下蓄水层，就应立即在企业管理者、股东及更多利益相关者之间展开协商。消费者、接触污染水的员工、患上肿瘤的辛克利居民，以及布罗克维奇都应该参与这一谈判。这场讨论必然十分激烈。在迪茨看来，这是好现象。最终的解决方案应该考虑所有人的利益。

迪茨希望管理者扮演调解员而非说服者的角色。他们需要协调受组织决策影响的各方相互冲突的利益关系。他对现状表示理解，因为即便是乐于开放对话的人在交出控制权时也会感到不安全。迪茨建议，多和下级人员待在一起，与他们聊天，倾听他们的希望、梦想、恐惧、价值观和需求，是一种"丰富"管理层认知能力的好方法。如果管理者可以从布罗克维奇身上学到些什么，那就是她和辛克利居民沟通的方法。

20.7 股东式参与的典型案例

在《改变沟通，改变商业》一书中，迪茨把通用汽车公司旗下的"土星"子公司作为讨论和协商取代管理控制后获取利益的样本。[25]他描述这家公司时称，它的每一位员工都像公司所有者那样去思考和采取行动。假如管理者建议为了满足经销商的供货要求而暂时放松产品质量管控,员工们会提出反对并说服管理者制造消费者信任的轿车才是公司长期利益所在。迪茨强调,在"土星",包括财务信息在内的一切信息,全部面向所有员工开放。员工们获得他们需要知道的信息,以便做出明智的决定;员工们还参与了公司内部的知识生产。

在本书上一版中,我介绍的AES公司恰好是PG&E公司的反例。不像被布罗克维奇揭发的PG&E公司那样轻视环境,对周边居民的健康满不在乎,AES公司的核心价值观是社会责任和公正。能源工业是导致酸雨和全球变暖的重要的污染源头,但AES公司每年仅排放二氧化硫法律许可标准的三分之二以及氮氧化物工业标准的35%。对AES公司来说,公正意味着所有员工具有知情权,公开的信息甚至包括可能的兼并细节。除了薪水和分红是保密的,其他财务信息和市场信息都可充分地沟通。股东式的价值观对该公司是如此重要,以至于证券交易委员会认为,AES公司充分地告知了潜在的投资者:"如果该公司感觉到这些价值观和利润存在冲突,公司会竭力坚持其价值观——即使这样做可能导致未来的收益降低。"[26]

不幸的是,在今天,无论是"土星"还是AES公司仍没有成为股东式参与政策的典范。华尔街分析师把季度利润看作企业稳健运营的唯一标志,外加每家公司管理方式的不断变化,营造了一种对员工不太友好的职场氛围,使他们难以对影响他们未来的决策表达立场。在评估有利于职场民主化的公司环境和最佳方法时,犹他大学传播学教授乔治·切尼(George Cheney)总结道,"由于'后官僚主义'存在的可能性,相对采纳了平等主义的组织仍然是存在争议的。"[27]他又说,"现有证据表明,在高度民主化的组织里长期维持'正直'的价值取向是不容易的。"不过,他与迪茨一样,认为高适应性且以过程为指向的小型公司将会主导在利益相关者中维持参与式民主的进一步探索。在这方面,斯普林菲尔德再制造公司(SRC)的真实经历给人们带来了希望。

在1982年,SRC公司是密苏里州一家国际收割机制造公司,雇用100多名员工对卡车内燃机进行改进翻新。公司在该年度亏损200万美元,员工士气大减,母公司做好了让它关门的准备。这时,20多岁时自大学辍学的杰克·斯塔克(Jack Stack),带领12位经理共同融资买入SRC公司。这一低科技含量的维修公司当时每股股价仅有10美分。

斯塔克的管理理念是弥合蓝领工人与管理者之间的鸿沟。他总结道,"运营一家公司最好、最有效、最有利可图的方法就是让每一位员工对公司事务发表看法,并且分担一份或好或坏的财务结果。"[28]斯塔克迅速建立了一套开放的管理流程。鉴于员工们能很好地记住和掌握棒球比赛的统计数据,他认为,他们经过一定训练后也能够理解该公司细化的损益表和资产负债表。他把这一学习过程称为"了不起的商业游戏"以激发员工的兴趣,还举办研修班帮助员工掌握游戏规则,比如如何理解记分卡,如何赢得比赛,如何以团队的方式参与,等等。一旦具备了这些知识,在决定公司未来行动时,员工们就可以成为高效的参与者,而不是被动的旁观者。为了参与决策过程,他们必须知道管理者所知道的一切。信息成为每个人的资源,而不再是管理控制的工具。

员工参与的有效性在以下的故事中得到充分体现。一个锅炉工曾当面问斯塔克,"你看过你的资产负债表吗?你知道应收账款的76%来自于卡车市场吗?这简直是孤注一掷,卡车市场每隔6年就会有一次萧条。你将不得不解雇我们所有人。"[29]斯塔克认为锅炉工是正确的,于是整个团队开始寻找多元化的方法。他们最终弄明白了当卡车市场疲软时,市场对轿车零件的需求将会提升,这样一来,公司就有机会在市场低迷期间继续生存和壮大。

通过把企业所有权转换给公司的每位员工,斯塔克使这个游戏更加有趣。基于公司收入,他为了达成全体员工共同设定的目标而建立一套奖金制度。自那以后,SRC公司每年都有盈利,并且再没有解雇任何一名员工。这家公司现在有900名员工,2004年底它的股价达到100美元——是20年前的1000倍。股东式参与在长期看来是成功的。

20.8 伦理反思:韦斯特与预言实用主义

科罗尔·韦斯特(Cornel West)是一位在普林斯顿大学出任神学教授的实用主义哲学家。与美国最具盛名的实用主义者杜威一样(见第17章),韦斯特把实用主义看成"一种文化批判行为模式,着眼于人类克服难关、排除困境及应对不确定形势时的手段与方法"。[30]韦斯特试图对抗的道德困境是对在社会边缘挣扎的"弱势、低等、受挫"群体的体制性压迫。[31]他们面临着种族主义、性别歧视以及经济上的不平等。韦斯特同意基督教唯实论者莱因霍尔德·尼布尔(Reinhold Niebuhr)的分析,后者谴责亨利·福特汽车工厂对员工的非人待遇。[32]两人都认为,它们不仅仅是因无知和冷漠而存在——它们是普遍的人性罪恶的产物。

韦斯特认同马克思对资本主义的批判[33],他的实用主义思想则源自《圣经》的叙事:

> 我把它称为"预言性的",是因为它使人回想起犹太教和基督教的传统,即先知们针对时代的罪恶发出的迫切而富有同情心的批判。先知的标志就是用爱与勇气说出事实——无论结果会是什么。[34]

希伯来先知阿摩司为无权势者呼吁社会公正。耶稣的好撒玛利亚人的寓言则警示信众有责任帮助受伤之人，无论他们是谁及身在何处。[35]

作为预言实用主义者，韦斯特赞成以行动为取向的研究方法，人们应该向那些被排除在决策过程之外的弱势、低等和遭遇挫折的群体授权，而不是利用他们。迪茨对一切利益相关者应在影响其生活的公司决策中有效发声的呼吁，与韦斯特的理念是极为吻合的。然而，韦斯特的预言实用主义的伦理意义并不总是那么清晰。1995年，他因支持伊斯兰民族组织领袖路易斯·法拉堪（Louis Farrakhan）在华盛顿发起的百万群众游行，而招致绝大多数白人和许多黑人的抨击。

韦斯特坦承他面临悲剧性的道德选择："毕竟，我是一个致力于财富向下再分配的、激进的民主主义者，一个被马丁·路德·金传奇所笼罩的基督教派的自由斗士，谴责族长政治、反同性恋运动及反犹太主义等一切排外行径。"[36]他的这些正义感恰好又与雄辩的法拉堪相左。韦斯特宣称他和法拉堪都同意凸显黑人苦难的重要性，同时也响应马丁·路德·金的号召，确信人类社会最终能够达成跨越种族、性别、阶级和宗教分野的联盟。他确实在践行他的理想。

20.9 评论：职场民主只是一场梦吗？

基于多个个体在沟通中的共享价值，迪茨就企业决策方面的研究方法天然具有吸引力。通过为每个利益相关者在决策谈判桌上保留席位，迪茨证实了民主参与、公平、平等、多元化和合作的重要性。

毫无疑问，迪茨对一切沟通的建构特性的坚持，有助于我们理解职场中的"共识"行为。但是，沟通的建构主义并不必然导致对利益相关者的权利与参与式民主的倡导。事实上，迪茨的变革遇到了阻碍。如果，不能像美国《独立宣言》那样以不证自明的真理作为依据，一切理论就都尚待证明，假设人们有权参与那些会影响我们的决策也就不能被说成是天然合理的。

政治现实主义可能是另一个问题。迪茨的理论应用于企业活动，是对管理主义的一种批判。亚利桑那州立大学传播学教授罗伯特·麦克菲（Robert McPhee）给出一条有点装模作样的腔调的总结："假如我们不是恰好发现把权力交予管理者是自然、正确及不可避免的，那么一切都会全然不同，我们的问题也就解决了。"[37]尽管是开玩笑，但这段话强调出迪茨所描述的利益相关者进行协商的不确定性，以及在现实中使利益相关各方平等参与讨论的极大困难。

迪茨承认这种针对管理主义的、积极的可替代性选择，无论从概念还是实践上都不容易实现。[38]尽管他想做得更好，但民主从来都不是如此简便易行。要用一种理论同时改变沟通理念和企业活动，或许是太苛刻的要求。自图20–1黑色的**共识**象限移至白色的**参与**象限，这是一个巨大的跳跃。然而，越来越多的公司已开始采用调整后的利益相关者参与决策的模型，迪茨为此大受鼓励。他希望他的理论能进一步推动对

不为信息所限

我的孩子喜欢早餐麦片,但我觉得它不是理想的早餐。我还注意到,每天早晨他们往外倒麦片时,总是对着装麦片的包装盒看了又看。包装盒上的标注当然是真实的,其中一些还有充分的科学依据。印在包装盒上的快乐的孩子和推销语,与我自己的孩子以及时常听闻的营养信息十分相似。我的问题不是研究宣传内容的真实性,而是谁有权利在包装盒上发布信息以及他们打算忽略些什么。

我最后决定用透明的塑料容器代替这些包装盒,这样我就能插入我自己的文本。我放了一些因吃了太多含糖麦片而变得胖墩墩的儿童的画片。我还加入了描述麦片制造公司加工情景的文字,如果我真的讨厌那种麦片的话,我还会附上食品药品管理局许可的老鼠毛发数量。

有些人担心我通过使日常信息政治化来操纵我的孩子。但我认为他们错过了重点。在我采取行动之前——包装盒的信息已经被政治化了。我要说明的是,信息政治化并不会使信息变得更好或更坏。它仅仅说明所有信息都是被加工过的信息。一切数据,无论客观与否,都含有附加价值,因而具有一定的政治性。

麦片盒上的文字的真实性不是本质问题。家乐氏食品公司、通用磨坊集团、政府机构,还有我,在偏好上不尽相同,因此会生产和再生产不同的真实性。制造某一特定事实,不会使我们中的任何一个显得高贵或邪恶。不过,在日常生活中,与我和其他人相比,家乐氏拥有更多机会展示它的观点。我的替代包装引发的讨论要比唯一真实的话题重要得多。

我和其他人在操纵我的孩子吗?确有可能——制造商和政府通过隐性的特权使包装盒外的信息变得不那么有趣和具相关性。如果我用父母的权力来强化对我的孩子的影响,那么我也在操纵他们。然而,我家里发生的一切与上述预期全然不同。我们在早餐时间活跃地对话,讨论什么事物值得了解以及我们希望了解些什么。我的孩子为我的早餐写下他们的看法。这样一来,我们每个人都能在超市购物时做出更开放、更合理的决定。

图20-2 斯坦利·迪茨建立的晨间练习

话,加快这一趋势的发展。

当话题从理论转向理论家时,迪茨指出,批判学者应该"充满关怀、思考和幽默感"。[39]他提到的第三种品质可能让你大吃一惊,因为就像先知们一样,批判理论家经常被认为是性格冷峻的一伙人。迪茨指出,有幽默感的人能笑着面对不一致、矛盾和受伤的自尊。我们必须严肃对待受压迫者——而不是我们自己——的困境。"一本正经和伪装消失了，我们必须在不确定的情况下采取行动。宏大叙事已死，但小型叙事中还存在着意义和快乐。快乐使我们不安，但也会赋予我们力量，带着微笑审视自己。"[40] 为了理解迪茨所谓关怀、思考和幽默感的混合体，请参照图20-2印在麦片包装盒上的他的晨间练习。这篇文章使我找到了在这本教材中推荐迪茨理论的理由。

帮助你深入思考的问题：

1. 迪茨对比了**信息模型**和**沟通模型**，前者认为语言是现实的反映，后者则认为现实源于自我、他人、语言及世界所生成的关系。我们探讨过的哪些理论符合沟通模型的描述？

2. 管理者用**策略**与共识维持对下属的控制。根据迪茨的观点，哪种方法更有效？为什么？

3. **利益相关者的模式**需要的是**参与**而不是**关联**。两种行为之间的差异是什么？

4. 你在多大程度上同意以下这句话："职场中的独裁是我们为工作外的**民主**所付的代价。"它也同样适用于课堂和教学吗？

对话：

在这段长达8分钟的对话中，批判理论学者斯坦利·迪茨给出了许多精辟的评论。举例来说，**关于传播**："很长时间以来，学界争论说意义存在于人群之中。我提出另一类型的问题：谁的意义存在于人群之中？" **关于管理**："许多管理者谈论创造性思维，但他们不理解……一旦施加了控制，就不可能有创造性思维。" **关于公司资产**："公司的重要资产不是由投资者给予的，而是由员工给予的……重要资产每天晚上都坐着电梯下楼。"对话视频里还有更多的例子，快去浏览和发现你喜欢的理念吧。在www.mhhe.com/griffin7 或 www.afirstlook.com 可以看到这段对话的视频。

扩展阅读：

推荐阅读: Stanley Deetz, *Transforming Communication, Transforming Business*: *Building Responsive and Responsible Workplaces*, Hampton, Cresskill, NJ, 1995.

重要基础: Stanley Deetz, *Democracy in an Age of Corporate Colonization*: *Developments in Communication and the Politics of Everyday Life*, State University of New York, Albany, 1992.

有关沟通理论与实践的评论: Stanley Deetz, "Critical Theory," in *Engaging Organizational Communication Theory*: *Multiple Perspectives*, S. May and Dennis Mumby (eds.), Sage, Thousand Oaks, CA, 2004, pp. 85–111.

组织沟通概览：Stanley Deetz, "Conceptual Foundations," in *The New Handbook of Organizational Communication*, 2nd ed., Fred Jablin and Linda Putnam (eds.), Sage, Thousand Oaks, CA, 2000, pp. 3–46.

理论现状：George Cheney et al., "Democracy, Participation, and Communication at Work: A Multidisciplinary Review," in *Communication Yearbook 21*, Michael Roloff (ed.), Sage, Thousand Oaks, CA, 1998, pp. 35–91.

组织政治学："Interests, Conflict, and Power: Organizations as Political Systems," Gareth Morgan, *Images of Organizations*, 2nd ed., Sage, Thousand Oaks, CA, 1997, pp. 153–213.

利益相关者理论的伦理基础：Tanni Hass and Stanley Deetz, "Between the Generalized and the Concrete Other," in *Rethinking Organizational & Managerial Communication from Feminist Perspectives*, Patrice M. Buzzanell (ed.), Sage, Thousand Oaks, CA, 2000, pp. 24–46.

1997年美国沟通协会主席的致辞：Stanley Deetz, "Communication in the Age of Negotiation," *Journal of Communication*, Vol. 47, No. 4, 1997, pp. 118–135.

员工参与与文化改变：Stanley Deetz, Sarah J. Tracy, and Jennifer Lyn Simpson, *Leading Organizations Through Transition*, Sage, Thousand Oaks, CA, 2000, pp. 92–115.

SRC利益相关者参与决策的案例：Jack Stack, *The Great Game of Business*, Bantam, New York, 1994.

对劳工合作的信心：Rosabeth Moss Kanter, *Confidence: How Winning Streaks and Losing Streaks Begin and End*, Three Rivers, New York, 2006, pp. 216–255.

回顾与评论：Branislav Kovačić, "The Democracy and Organizational Communication Theories of Deetz, Mumby, and Associates," in *Watershed Research Traditions in Communication Theory*, Donald Cushman and Branislav Kovačić (eds.), State University of New York, Albany, 1995, pp. 211–238.

如欲获得其他验证管理控制现象的主题电影的片名和片段，请到www.afirstlook.com点击"电影短片"。

单元引言　公共修辞

亚里士多德把修辞定义为"在任何特定情境中找出说服他人的有效方法的能力"[1]。这一定义的重点在于强调了选择语词以造成影响的有意识行为。在这一部分，我用**公共修辞**一词来特指演说者有机会监测听众的第一反应，并根据它做出调整的演说语境。

通常而言，修辞学家对司法及立法辩论、政治联盟、宗教训诫和为特别庆典发表的演说有特殊的兴趣。

古希腊的公民认为在公共场所演讲是其民主义务的一部分。在罗马帝国统治期间，修辞素养进化成在混乱政坛里生存的技巧。

在上述两种情境中，老师和学生都把修辞艺术看成一种工具，足以确保讲述真理的一方能够成功赢得听众的心灵与情感。

古希腊人和古罗马人把修辞学划分为5个领域：

1. **创造**——发现令人信服的论据
2. **组织**——组织材料以达到最佳效果
3. **风格**——选择恰当的语言
4. **演讲**——语调和姿势达到一致
5. **记忆**——内容的掌握和练习

我将在第21章"修辞学"介绍更多有关修辞学五大准则的内容。我要指出的是，除了记忆一项以外，修辞学其他4项准则都要求演说者先分析特定的听众群体，再采取适应这一群体的方法。显然，我们对适应听众的手法可以有两种不同的评价。如果我们认为演说者积极地根据特定的观众来调适信息，我们会称赞他们在修辞上的敏感和灵活。如果我们觉得他们采取消极负面的方法，我们将会责备演说者言辞失当并且偏离事实。历史上的修辞学思想一直在这两个相互冲突的极端之间来回游移。绝大多数修辞学家的表达也反映出他们感受到在"说出事实真相"和"按听众的意愿去讲述"之间存在的矛盾。

希腊哲学家柏拉图把修辞学等同于阿谀奉承。他从来不曾把修辞学看成艺术，认为修辞学仅是与厨艺、化妆术相似的**诀窍**，后二者都试图使事物呈现出比它们自身更好的样子。[2]柏拉图对修辞学不屑一顾，但他认为存在一种理想的辩论方法，前提是演说者要对听众各式各样的特性和性格有所理解。

柏拉图的理想对话不同于消费性的公共对话，仅适用于私人谈话的精英模式。这种哲学式的、一对一的沟通又被称为**辩证法**（此处的辩证法在意义上有别于巴克斯特和蒙哥马利的关系辩证法）。在雅典，演说者对着大批听众就市政问题发表演讲，而柏拉图的辩证法致力于在内部世界探寻永恒真理。

柏拉图期望哲学辩证法最终取代公共修辞学。然而，他最得意的门生——亚里士多德却将公共修辞学发展为一门严肃的学科。两千多年前，亚里士多德的《修辞学》（*Rhetoric*）系统地探索了演说者、信息和听众等主题。第21章将介绍他的修辞学理论，其中绝大部分内容经受住了时间的考验。在当代公共演说教材里，亚里士多德的思想仍然占据着相当大的比例。亚里士多德把修辞学定义为探索一切有效说服工具的艺术，不过这一概念不能解决让听众面对残酷真相的问题。

宗教领域的修辞学者面临同样的悖论。使徒保罗尝试过许多方法将柏拉图描绘的灵魂之爱人格化。在写给哥林多人的第一封信中①，保罗提醒哥林多人，他在思虑后决定由他的论据为自己说话（"我说的话，讲的道，不是用智慧委婉的言语"[3]）。在这封信较后面的部分，他又提及一种有意识的修辞策略（"向什么样的人，我就作什么样的人。无论如何，总要救些人"[4]）。4个世纪之后，圣徒奥古斯丁也为教堂有意识地运用修辞学而辩护。他质问说，为什么骗子的说辞简洁、清晰、有力，而真理卫士的演说却让人觉得冗长、困惑和无趣？

即使在大学为修辞学设置席位之后，信息自身的逻辑与听众诉求之间的矛盾也不能轻易消除。英国哲学家弗朗西斯·培根致力于整合这两个焦点，并这样写道："修辞的任务是将理性运用至想象，使意志得以顺利实行。"[5] 法国学者彼得·雷默斯（Peter Ramus）提出更激进的解决方案。他把修辞的五大准则分割为两个部分。创造、组织和记忆被归属为逻辑范畴，仅留下风格和演讲供修辞学者探索。几个世纪以来，修辞学对形式的关注远远多于对本质的关注。

20世纪初期，美国的修辞学讲师们重新发掘了亚里士多德的思想；新亚里士多德主义成为修辞学研究和实践的**标准**。然而，不是所有学者都满足于用亚里士多德的逻辑论据、情感论据、道德论据的分类来分析演说。至少有两位20世纪的修辞学者提供了亚里士多德思维方式之外的选择。

肯尼斯·伯克的**戏剧主义**提出了一种**新的修辞学**。他认为，相较于亚里士多德立足于影响力的**旧修辞学**，演说者与听众的关联更有助于理解人类的戏剧化。沃尔特·费希尔则指出，亚里士多德理性世界的范式过于局限。他把一切传播看成有情节的故事，提出用**叙事范式**这一新方法来理解私人修辞和公共修辞。我将在第22章介绍伯克的戏剧主义，在第23章讨论费希尔的叙事范式。

伯克和费希尔提出了新的创意，但他们仍需要解决亚里士多德曾经面对的老问题："你如何在不改变信息及不以诚实为代价的前提下打动听众？"在你学习期间，看

---

① 《圣经·新约》中收入使徒保罗在公元100年左右先后给哥林多教会写的两封信。此处即指他的第一封信，又称《哥林多前书》。

看哪一位理论家给出了让你最为满意的答案。

如欲进一步了解探讨公共修辞的其他传播学理论，请到www.afirstlook.com点击"比较文本"。

第21章　修辞学

创立人：亚里士多德（Aristotle）

实证性　　　　　　　　　　　　　　　　　　　阐释性
修辞学

作为柏拉图的学生，亚里士多德生活在古希腊文明的黄金时期，大约在耶稣降生前400年。他在柏拉图学院里是备受尊敬的讲师。就公共演说在古雅典生活中的地位而言，他与其老师存在意见分歧。

古希腊以素有诡辩家之称的四处游行、收徒取酬的哲学家而闻名。这些哲学家训练有抱负的律师和政治家，从而在法庭或议会中发挥影响，这在雅典尤为普遍。从今天的眼光来看，他们是当时按照需求提供服务的具创新力的教育家。[1]然而，由于未能系统地上升为理论，柏拉图对这些诡辩家的演说技巧不以为然。直至今天，人们还在用**纯修辞**（mere rhetoric）一词的负面含意来标示**狡猾**的律师、**说话拐弯抹角**的政客、**蛊惑人心**的传道士，以及**花言巧语**的销售人员，这正是柏拉图怀疑论在千年之后的折射。

像柏拉图一样，亚里士多德谴责演说者的煽动行为，他们运用技巧打动听众，对真相却漠不关心。与柏拉图的不同之处则在于，亚里士多德把修辞技巧看成是中性的手段，演说者可用来达成高贵的目的或以之行骗，"……对这种工具加以恰当运用，一个人可以成就最大的善行，反之则会带来最大的伤害。"[2]亚里士多德相信真理具有道德优势，相对谬误而言，它更容易被人们接受。但是，一个迟钝的听众可能被对真理的肆意攻击所愚弄，除非有道义感的演说者用一切可能的方式来对抗这一错误。如果听众做出错误的选择，无视修辞艺术的演说者所能责怪的只有自己。成功依赖智慧，但也依赖于辩才。

亚里士多德的《政治学》和《伦理学》是两本文辞精细、组织严谨的著作，相形之下，他有关修辞学的创作显得相对粗糙。《修辞学》一书显然是根据亚里士多德在柏拉图学院授课时的笔记重新整理而成。尽管书中的风格参差不齐，《修辞学》仍不失为一本研究听众心理的开山之作。亚里士多德通过对演说者、演说本身和听众的系统性探索，把修辞学提升为一门学科。他把演说者对这种知识的运用称为"艺术"。极有可能的是，你所在的传播系就公共演说领域选用的教材，基本上仍然是2300年前亚里士多德听众分析方法的一次再现。

21.1 修辞学：让说服成为可能

修辞学：发现一切可能的说服方法。

亚里士多德认为修辞的功能在于在任何情况下找出"有效说服的方法"。虽然他不曾阐明"说服"一词的定义，但亚里士多德对非强制手段的重视说明他一定会把法律、刑罚和战争的力量排除在"说服"之外。亚里士多德根据听众的特性把演说情境划分为3大类别，表明他对国家事务有所思考。

第一个类别是法庭演说（公开辩论），面向裁定某人是否有罪的法官。举例来说，公诉人马西娅·克拉克（Marcia Clark）和已故律师约翰尼·科克伦（Johnnie Cochran）在美国橄榄球运动员辛普森杀妻案中的结案陈词是与控辩相关的民法修辞学的经典。第二个类别是政治（议会）演说，面向决定未来政策的立法者和选民。2004年的总统辩论是民主党候选人约翰·克里（John Kerry）和共和党候选人乔治·W·布什左右那些未下定决心的选民的一次机会。第三个类别是典礼演说（讲究文辞），为了听众的缘故而堆砌赞美或斥责之词。林肯在葛底斯堡[①]发表的演说专为纪念美国南北内战中"曾在这片大地上战斗过的、活着和死去的勇士"。

亚里士多德的学生们熟知苏格拉底式一问一答的对话模式，因此亚里士多德将修辞学归为辩证法的副本或分支。辩证法是一对一的讨论；修辞学则是一个人向许多听众发表演说。辩证法寻求真理；修辞学则试图证实已发现的真理。辩证法回答普遍意义上的哲学问题；修辞学指向具体、实用的问题。辩证法探讨确定性；修辞学应对可能性。亚里士多德尤其看重最后一种区别：修辞学是这样一种艺术，寻找让半信半疑的听众发现更多真相的方法。

21.2 修辞论证：理性、道德和情感

根据亚里士多德的理论，有效说服的方法基于以下3种论证：逻辑论证（logos）、道德论证（ethos）和情感论证（pathos）。逻辑论证指演说中论据的排列组合，道德论

[①] 葛底斯堡战役又被称为南北战争的转折点。林肯在此战结束后，在葛底斯堡国家公墓的揭幕式中发表了美国历史上最著名的演说。

证指演说者的品性在演说中的表达，情感论证则关乎被演说调动起来的观众情绪。一切公共演讲都基于以这3种论证为基础的变化，但不会有哪一篇当代演说能像马丁·路德·金1963年在华盛顿向呼吁人权的游行人群宣讲的《我有一个梦想》那样，如此完美地将这3种论证组织在一起。在2000年，美国公共广播领域的学者把《我有一个梦想》选为20世纪最伟大的演说之一。在本章余下的部分，我们将借助这篇演说来阐释亚里士多德的修辞学理论。

个案研究：《我有一个梦想》

1963年8月末，大约25万人聚集在华盛顿林肯纪念碑前举行游行。人们顶着炎炎烈日在一起静坐，抗议盛行于美国南方的种族歧视。（电影《密西西比在燃烧》刻画了当年悲惨的种族冲突事件中的一件。）游行的两个月之前，肯尼迪总统向国会递交了一份民权法案，决心消除种族歧视现象，但该法案能否被通过仍是个巨大的问号。组织者希望通过这次游行向国会施压，从而裁定美国南方的种族隔离为非法，还希望借此唤起全国民众对各地黑人遭受的经济剥削的关注。

马丁·路德·金与另外12位准备发表演说的民权领袖站在一起，每个人只有限定的5分钟演说时间。在示威者和电视观众眼中，金氏颇有几分与众不同，这是因为他曾在亚拉巴马州蒙哥马利成功发起抵制公车运动以及在伯明翰监狱度过孤独的监禁生活。金氏最后一个发表演说，他演说的目的有两个：面对黑人穆斯林采取暴力的呼吁，他要求黑人们继续用非敌对、非暴力的手段进行斗争；他同时还恳请白人们一起加入寻求平等、自由的活动，推动梦想的实现，不要为不公正的噩梦添加助力。

金遇刺的几年后，我亲身见证了他的演说仍在对非裔美国人社群施加影响。当时我在一家志愿性的街区学校讲授公共演说课程，我大声朗读这篇演说以阐明说服的技巧。我的学生们根本不需要书面文本。当我念到演说稿的倒数第3段时，他们满怀激情地吟诵起整篇演说中最让人心潮澎湃的"我有一个梦想"的部分。诵读完毕，每个人的眼中满是泪花。

因撰写金氏传记而荣获普利策奖的大卫·加罗（David Garrow），称这一檄文式的演说为"修辞学意义上的终身成就，它向数百万收看实况直播的观众传递了这一运动的精神力量"[3]。金氏把举证的责任转移给反对种族平等的一方。亚里士多德三大修辞学论证模式将帮助我们理解金氏在有道德感的听众面前，如何将种族隔离现状描述为错误的选择。

逻辑论证：合理的论据编排

亚里士多德着重强调两种**逻辑**形式——**省略三段论**和**案例**。他认为省略三段论是

逻辑：由演说中论据排列的方式而形成的逻辑性论证。

省略三段论：正常推演的三段论在省略掉已被听众接受的前提或显而易见的结论后的简略版。

"最强有力的论证方法"。⁴ 省略三段论是正常推演的三段论①的简略版。逻辑学家可能从金氏的演说中提炼出以下的三段论：

大前提（一般前提）：**人人生而平等。**
小前提（具体前提）：**我是一个人。**
结论：**我与他人平等。**

典型的省略三段论忽略了已被听众接受的前提：**人人生而平等……我与他人平等**。就演说风格而言，省略三段论比生硬的三段论法更具艺术性。威斯康星大学荣休修辞学者劳埃德·比策（Lloyd Bitzer）指出，就演说者应该忽略众所周知的前提一节，亚里士多德给出了充分的理据。

由于听众共同参与创造过程，省略三段论自然地将演说者和听众联合起来，提供最强有力的论证可能……听众本身在帮助建构将他说服的论证过程。⁵

大多数修辞分析理论认为省略三段论只能嵌入小段文本。然而，就《我有一个梦想》而言，整篇演说是一个巨大的省略三段论。用三段论表达它的逻辑，结果如下所示：

大前提：**上帝会奖励非暴力手段。**
小前提：**我们以非暴力的方式追求自己的梦想。**
结论：**上帝会让我们实现梦想。**

金氏用前三分之二的演说词确立小前提的有效性。他提醒白人听众，黑人仍在"遭受迫害风暴袭击和警察暴虐狂飙摧残"。有些人可能"刚刚走出狭小的牢房"或"历尽艰难困苦"。他鼓励黑人们用"灵魂力量对抗肉体力量"，不允许"富有创造力的抗议沦为暴力行动"，更不要"吞饮仇恨辛酸的苦酒，来解除对于自由的饮渴"。这一运动应以非暴力形式持续进行。

在这场演说后三分之一的部分，金氏给出结论，用明快的色彩描绘他的梦想。金氏希望他的4个孩子"不会因肤色而是因品格而被评判"；希望在亚拉巴马州"黑人儿童能够和白人儿童兄弟姐妹般地携手并行"。在最后的高潮部分，他描绘了神的子民一同欢唱的画面，"终于自由了，终于自由了。感谢全能的上帝，我们终于自由了。"他从未明确陈述三段论的大前提。他没有这个必要。

---

① 三段论推理是演绎推理中的一种简单推理判断。其中包含：一个一般性原则（大前提）、一个附属于大前提的特殊化陈述（小前提），以及由此引申出的特殊化陈述符合一般性原则的结论。

金氏和他的听众已经接受了大前提的真实性——上帝会为他们选择了非暴力的信念而予以奖励。亚里士多德强调，听众分析对于有效运用三段论来说十分重要。美国黑人历史上教堂的中心地位、人权抗争的宗教根基及群众不时发出的"我的上帝"的回应，都显示出金氏相当了解他的听众。他从不陈述对他们而言显而易见的事实，这对演说的逻辑性是一种加强而非削弱。

省略三段论运用的是演绎逻辑——从一般真理到具体的真相。逻辑论证的另一形式——案例，运用的则是归纳推理——从具体案例推导出最终结论。金氏在演说中几乎不曾提及任何种族歧视的具体案例，乍看上去他未能充分利用所有可能的逻辑说服方法。但警犬的咆哮声、对示威人群使用的电棍以及贴在饮水机上的"仅限白人"标语，类似的声响和画面每天晚上都会出现在新闻直播里。金氏的省略三段论演说没有提到大前提，他的听众能自己联想起这些鲜活的画面。

道德论证：可感知的信源可信度

根据亚里士多德的看法，仅含有合理论据的演说是远远不够的。演说者必须**看起来有可信度**。在演说者开始演说之前，许多听众就已产生最初的印象。正如美国诗人拉尔夫·沃尔多·爱默生（Ralph Waldo Emerson）在一个世纪之前所警告的，"不管你使用何种语言，你绝不会说出除了你是谁以外的信息。"[6]一些人在电视上看到马丁·路德·金，会毫不犹豫将他略过，就因为他是黑人。令人惊讶的是，亚里士多德从未就演说者的背景和名气有过任何论述。他重视的是演说者对演说内容的选择和加工如何影响观众的认知。在《修辞学》一书中，他提出3种建立高信源可信度的特质——**智慧、品质和善意**。

道德论证：在通过信息展示个性特征的过程中，演说者在听众面前表现出智慧、品质和善意等特质的论证过程。

1. **可感知的智慧**。相比于在柏拉图学院受到的训练，智慧更多地关乎实践经验和价值共享。听众按演说者的思想与自身信念的重叠程度来判别演说者的智慧水平。（"我认为与我想法一致的演说者更令人信服。"）金氏在演说中引用《圣经》、美国宪法、洋溢着爱国热情的诗歌《我的祖国》、莎士比亚的名剧《李尔王》，以及代表黑人斗争精神的经典歌曲《我们将克服万难》。除了暴力的恐怖分子和狂热的种族分子，难以想象还有谁不会对他的演说产生强烈的价值认同。

2. **可贵的品质**。这一特质是指演说者应建立高尚和诚实的形象。尽管金氏和其他黑人一样，是"不堪形容的警察暴行恐怖"的受害者，但他反对"不相信任何白人"和"吞饮仇恨辛酸的苦酒"。演说者对敌人如此大度而且对未来充满信心，有谁会把他看作是邪恶的种族主义者呢？

3. **善意**。指听众对演说者影响听众的企图形成正面判断。亚里士多德认为有一些具备超人智慧和优秀品质的演说家，不会用心体会听众的最大利益。金氏固然不想打动亚拉巴马州"邪恶的种族主义者"，除此之外，没有人会认为金氏对他们怀有恶意。他的梦想里涵盖了"黑人和白人、犹太人与非犹太人、新教徒和天主教徒"。

亚里士多德对**道德**的论述只有短短几行，然而，它们却是《修辞学》一书中接受过最为精密的科学检验的部分。针对听众态度的精密测试最终表明，亚里士多德的信源可信度三因素相当经得起考验。[7]听众显然是按照竞争力（智慧）、信任（品质）和关怀程度（善意）这3个方面来思考的。马丁·路德·金在林肯纪念堂前发表演说时，绝大多数听众都感受到这3项特质的强烈存在。

情感论证：激起共鸣

情感论证：被演说调动起来的观众情绪构成的论证过程。

近来的学术成果指出，亚里士多德对他那个时代负载情感的公共演讲心怀疑虑。[8]他更加认同适用于小型会议或行政审议机构的理性讨论。然而，他认为基于道德伦理的公共修辞于社会是有益的。亚里士多德由此提出**情感**论证。他指出这不是为了利用听众的破坏性情绪，而是演说者影响听众情感以促成合理的市政决策的策略。为达到这个目的，他将一些对立的情绪分门别类，解释听众在每种情绪下的状态，最后还说明了演说者如何让听众产生类似的情绪。研究亚里士多德的学者和翻译家乔治·肯尼迪（George Kennedy）认为这一整套的情感分析是"最早的系统化的人类心理学"。[9]如果亚里士多德的建议听起来让你觉得似曾相识，这或许是因为人性在2300年间没有发生过太大的改变。

愤怒/平和。 亚里士多德对愤怒情绪的分析是弗洛伊德挫折—攻击假设的初级版本。人们在试图满足自我需求而受挫时，就会感到愤怒。回想他人的轻蔑态度时，人们也会被激怒。假如向他们说明冒犯他们的人心怀歉意、值得表扬或者拥有巨大权力，听众就会冷静下来。

爱或友谊/仇恨。 与当代的吸引力研究相一致，亚里士多德认为相似性是开启彼此情感热度的钥匙。演说者应强调共同的目标、经历、心态和欲望。假如不具备这些积极因素，共同的敌人有时也可以使人们达成一致。

恐惧/信心。 恐惧源于感知灾难危机的心理意象。为了加强恐惧，演说者应活灵活现地描述惨剧画面，让听众认为这类事件的发生是有可能的。相反，如果把危险描述得不太容易发生，听众的信心就能得以建立。

羞耻/无耻。 因我们自身的弱点造成损失时，我们感到不安或产生罪恶感。如果演说者在家人、朋友或我们敬重的人面前指出我们的失败，这种情绪尤为强烈。

愤慨/怜悯。 对公平的渴望是与生俱来的。美国新闻节目《60分钟》的制片人每周都在证明，描述施加于无助者的权力滥用很容易激发人们对不公的愤怒。

钦佩/忌妒。 人们仰慕美德、权力、财富和美丽。假如人们得知某些人是通过努力工作而非一时的运气而获得这些犒赏，他们的仰慕之情会获得进一步的提升。

21.3 修辞学的五大准则

尽管亚里士多德《修辞学》一书的结构略显混乱，一些学者和实践者还是将它归纳为衡量演说者特质的4条准则：论据建构（创造）、材料安排（组织）、语言选择（风格）及表达技巧。后来，作家们又在这张演说者必备的技巧清单上加入"记忆"准则。正如在"公共修辞"的导论中所提及的，2000多年来亚里士多德的修辞学五大准则一直主导着公共演说课程。他的建议对于该专业的学生而言至今没有过时。

创造。为了创建有效的省略三段论和案例，演说者应掌握与主题有关的专业知识及适于各种演说的一般性推理。把大脑想象成智慧仓库或信息园地。亚里士多德将这些储存的论点称为"topoi"，即希腊语中"主题"或"地方"的意思。康奈尔大学文学教授莱恩·库珀（Lane Cooper）解释说："在这些特定领域，演说家就像是参加狩猎比赛的猎人一样迅速捕获论据。"[10] 当金氏说"我们决不相信这个国家巨大的机会宝库会资金不足"，他运用了特定的美国主题，即"美国是一块充满机会的大地"这一前提。他声称"许多白人兄弟已经认识到：他们的命运同我们的命运紧密相连。他们今天来到这里参加集会就是明证"。这时，他借助亚里士多德的动机主题建立了因果联系。

排列。根据亚里士多德的理论，演说者应该避免过于复杂的组织结构。"演说必然地分为两大部分；一部分用来阐明主题，另一部分则要证实它。"[11] 介绍性的部分要吸引听众注意力，建立可信度，明确指出演说目的；结论性的部分再次向你的听众强调你的观点，尽量让他们认同你和你的想法。与今日该专业的讲师一样，亚里士多德强烈反对用与主题无关的笑话起头、过度拘泥于三段落的架构，以及在演说结尾处才点出重要论点的做法。

风格。在《修辞学》一书中，亚里士多德对风格的论述大多与比喻有关。他认为"每个人都愿意轻松地学习"，"比喻最能达成学习的效果"。[12] 他还进一步地指出，"比喻是清晰的、甜蜜的和奇妙的。"[13] 对亚里士多德来说，比喻有助于理解和促进审美。它使听众更易于视觉化——一个调动听众积极性并促使其采取行动的"呈现在眼前"的过程。[14] 金氏是运用比喻的大师：

> 黑人依然生活在物质繁荣瀚海的贫困孤岛上。
> 现在是走出幽暗荒凉的种族隔离深谷，踏上种族平等的阳关大道的时候。

金氏对比喻的运用不限于自然界的画面。他最令人信服的比喻或许是，将华盛顿街头的游行人群想象成有色人种在联邦银行里兑现建国者签写的支票。美国一直拖欠这张期票，给要求权力的黑人们退回印有"资金不足"的支票。示威人群拒绝相信正义银行竟会破产或机会的储备已被清空。这些具说服力的画面将听众对种族歧视的认

修辞学准则： 创造、组织、风格、表达及记忆；由古代修辞学家建立的说服艺术的基本分类。

创造： 演讲者为某一特定演讲而"猎取"论据。

知汇集成强有力的理性浪潮：

> 直至公正似水奔流，
> 正义如泉喷涌。[15]

记忆。亚里士多德的学生们当然知道优秀的演说者必须善于运用脑海中一系列的想法和辞句。古罗马时期的修辞学者则认为有必要强调记忆的重要性。在我们今天这个具备文字处理系统和提示器的时代，记忆似乎已成为一门失落的艺术。不过，在金氏演说的末尾，一连串激动人心的"我有一个梦想"脱离了金氏演说的草稿，与他之前演说的段落有机合成在一起。这显然是对"记忆"的运用。与金氏以及一些古雅典时期的演说家不同，在今天，大多数人没有每天在公共场合发言的机会。因此，对于我们而言，记忆可以转换为它的现代同义词——练习。

表达。听众反感听上去有人工痕迹的表达。自然的表达最具说服力；过多的人工雕琢的效果恰恰相反。一旦听众的注意力转向表达的形式，演说者的可信度会被相应地削弱。

21.4 伦理反思：亚里士多德的黄金分割

亚里士多德的《修辞学》是第一本著名的有关听众分析和适应性的系统性专著。他的著作提出了导言中讨论的问题：**为了使特定听众容易接受而改变信息的做法是否道德**？

这一问题反映了将道德和行为互相联系的西方思想的偏向。某一行为会带来收益还是损害？人们所做的事正确还是错误？亚里士多德谈论道德，更多是从个人品性层面而不是从行为层面上谈，注重内在特质而非外在行为。他借鉴古希腊人欣赏的自我节制，将其上升为有关人的品质的理论。

巴里·戈德华特（Barry Goldwater）1964年被提名为共和党总统候选人，曾放任地宣称："捍卫自由的极端主义不是恶习……在寻求正义时自我节制也不是美德。"[16] 亚里士多德显然不会同意他的观点。亚里士多德认为，美德居于两件恶行之中。[17] 亚里士多德在避免极端的人身上发现智慧。自我节制是最佳的行为方式；好的个人品质则有助于养成走中间道路的习惯。这条中间路线被称作**黄金分割**。在古希腊四大美德——勇敢、正义、节制及智慧之中，节制较之于其他三项更为重要。

至于对听众的适应性，亚里士多德反对演说者只表达听众乐于倾听的信息、怂恿听众或被"吓得"不敢说出真实想法等行为。他同样也反对不在乎听众感受、践踏听众信仰或修辞学意义上的赶尽杀绝式的好斗。黄金分割或中庸之道即指演说者应具有富于趣味的坦率、温和的自信和恰当的适应性。

在陈述事实、自我暴露及决策风险等方面，亚里士多德的黄金分割理论给出了一些"中庸"的沟通建议：

极端	黄金分割	极端
说谎	真实陈述	直言不讳
秘密	自我暴露	敞开心扉
胆怯	勇气	鲁莽

21.5 评论：经受住时间的考验

对于许多公共演说专业的讲师而言，批判亚里士多德的《修辞学》几乎等于质疑爱因斯坦的相对论或挑战莎士比亚的《李尔王》。但是，这位古希腊哲学家却常常表现得不如他期望其学生达到的那么清晰。亚里士多德未能清晰地定义**省略三段论**，对于议会（政治）演说和讲究文辞的（典礼）演说的区分也不明确，这些都使后世的学者感到困惑。在《修辞学》一书的开头，亚里士多德承诺将系统性地研究**逻辑**、**道德和情感**这3种论证方式，但是他未能践行他的计划。相反，他似乎是按照演说—听众—演讲者的顺序组织材料。连那些宣称亚里士多德的理论在概念上完整统一的人，都不得不承认这本书的编辑手法十分混乱。[18]然而，我们也必须记得，这本书是由演说笔记构成而不是一本专为大众撰写的专著。为了重新建构亚里士多德的思想，学者必须参考他在哲学、政治、伦理、戏剧和生物学等领域的著作。《修辞学》这一类基于原意探测的著作自然难以达成精确标准。

在当代，一些批判学者认为《修辞学》把听众视为完全被动的对象是有缺陷的。在亚里士多德的世界里，似乎演讲者只要认真准备演说，仔细分析听众，就能达成任何目标。另一些批判学者认为亚里士多德应考虑到修辞学还有第4种构成——情境。显然，撇开华盛顿街头的游行大军这一语境，任何对金氏演说的分析都将是不完整的。

法国怀疑论者伏尔泰给予亚里士多德以罕见的诚挚评价，"我不相信这一艺术中有任何闪光点能逃脱出他的掌握。"[19]时至今日，许多传播系的讲师仍会衷心赞同伏尔泰的这一观点。《修辞学》这本书尽管存在缺点，内容也略显混乱，但仍然是这一学科的基础文献——是实证主义社会学家与修辞学家研究的起点。

帮助你深入思考的问题：

1. 对于当代的大多数人而言，**修辞**一词会引起一些不好的联想。你认为哪些单词或词组能够再现亚里士多德的含义，同时又不带有负面意义？

2. 就堕胎议题展开辩论的双方在公共辩论环节会怎样运用**省略三段论**？

3. 亚里士多德把**道德**划分为**智慧**、**品质**与**善意**3种特质。在倾听竞选演说、布道或其他形式的公开演说时，你认为哪一种特质对你来说是最重要的？

4. 绝大多数认为自己是修辞学家的学者对人文领域的认同远多过科学领域。你是否支持亚里士多德在**修辞学研究中采用了科学方法**的说法？

自我测试：www.mhhe.com/griffin7

扩展阅读：

推荐阅读：Aristotle, *On Rhetoric*: *A Theory of Civil Discourse*, George A. Kennedy (ed. and trans.), Oxford University, New York, 1991.

领军人物：Richard Leo Enos and Lois Peters Agnew (eds.), *Landmark Essays on Aristotelian Rhetoric*, Lawrence Erlbaum, Mahwah, NJ, 1998.

修辞的艺术性：George A. Kennedy, "Philosophical Rhetoric," in *Classical Rhetoric*, University of North Carolina, Chapel Hill, 1980, pp. 41–85.

修辞的科学性：James L. Golden, Goodwin F. Berquist, and William E. Coleman, *The Rhetoric of Western Thought*, Kendall/Hunt, Dubuque, IA, 1976, pp. 25–39.

近期学术研究：Alan Gross and Arthur Walzer (eds.), *Rereading Aristotle's Rhetoric*, Southern Illinois University, Carbondale, 2000.

省略三段论：Lloyd F. Bitzer, "Aristotle's Enthymeme Revisited," *Quarterly Journal of Speech*, Vol. 45, 1959, pp. 399–409; also in Enos and Agnew, pp. 179–191.

象征：Sara Newman, "Aristotle's Notion of 'Bringing-Before-the-Eyes': Its Contributions to Aristotelian and Contemporary Conceptualizations of Metaphor, Style, and Audience," *Rhetorica*, Vol. 20, 2002, pp. 1–23.

逻辑性的测量：James McCroskey and Jason Teven, "Goodwill: A Reexamination of the Construct and Its Measurement," *Communication Monographs*, Vol. 66, 1999, pp. 90–103.

逻辑与语言道德：Charles Marsh, "Aristotelian Ethos and the New Orality: Implications for Media Literacy and Media Ethics," *Journal of Mass Media Ethics*, Vol. 21, 2006, pp. 338–352.

修辞与伦理：Eugene Garver, *Aristotle's Rhetoric*: *An Art of Character*, University of Chicago, Chicago, 1994.

修辞学史：Thomas Conley, *Rhetoric in the European Tradition*, Longman, New York, 1990.

对金氏演讲的分析：Alexandra Alvarez, "Martin Luther King's 'I Have a Dream,'" *Journal *of Black Studies*, Vol. 18, 1988, pp. 337–357.

华盛顿游行：David J. Garrow, *Bearing the Cross*, William Morrow, New York, 1986, pp. 231–286.

如欲了解有关亚里士多德的修辞学或其他理论的开放性讨论，请到www.afirstlook.com点击"教师手册"并选择对应的章节。

第22章　戏剧主义

创立人：肯尼斯·伯克（Kenneth Burke）

实证性 ━━━━━━━━━━━●━━━ 阐释性
　　　　　修辞学派

美国的观众希望从影评家那里获得直截了当的建议。美国评论家罗杰·埃伯特（Roger Ebert）和已故的合作者吉恩·西斯克（Gene Siskel）通过描述情节、播放片段、评价表演精彩程度，以及是否值得到影院观看等环节，推出一档成功的电视节目《先睹为快》。节目中或者好或者坏的判断几乎没有对编剧或导演的意图作任何辩识。在这个意义上，埃伯特和西斯克只是影片的**影评人**而不是**批判学者**。

肯尼斯·伯克则是一位名副其实的批判学者。和之前介绍过的符号主义理论学者（博尔曼、米德、皮尔斯、克罗嫩、格尔茨和帕卡诺夫斯基）一样，伯克确信语言是人类对某一特定情景的策略化反应。"语言符号是能触发动机的、有意义的行为。"他将一串词语视为意向的舞蹈。在伯克看来，批判学者的职责就是搞清楚为什么作者和演说者把现有词语编排进相应的信息，终极目的则是评估相应的动机。

1993年以96岁高龄离开人世的伯克，一生都在寻找穿越人类"动机森林"的道路。他运用哲学、文学、心理学、经济学、语言学、社会学和传播学等各式各样的工具来达成这一目的。他的青年时代是在纽约的格林威治村度过的，这个受波希米亚生活方式影响的社区还出过两位著名诗人E. E.卡明斯（E. E. Cummings）[①]和埃德娜·圣文森特·米莱（Edna St. Vincent Millay）[②]。与20世纪30年代大萧条时期许多知识分子一

[①] E.E.卡明斯（1894—1962），美国诗人，1915年毕业于哈佛大学，毕业演说以《新艺术》为题，对现代艺术，主要是立体主义、未来主义的绘画，作了大胆的肯定。
[②] 埃德娜·圣文森特·米莱（1892—1950），美国诗人兼剧作家。她独特的波希米亚生活方式、她和男人还有与其他女人的恋爱故事向来令社会正统侧目。

样，伯克一度醉心于共产主义，但斯大林的专制和暴行却终结了他的幻想。伯克从未获得大学学位，却在佛蒙特州贝林顿学院任教长达15年，并且经常出任哈佛大学、普林斯顿大学、西北大学和芝加哥大学的访问学者。

伯克的著作显示出知识分子所应具有的深度和广度，支持者倾向于称他为文艺复兴式的人物。伯克自称是"吉普赛式学者"（gypsy scholar）。当别人问及他的研究兴趣时，他总是说，"我除了是个会用字词的人以外什么都不是。"伯克最喜欢用**戏剧主义**一词来描述当人们张开嘴巴开始沟通时他所看到的一切。

正如伯克所认为的，生活不仅仅是**接近**戏剧；生活**就是**戏剧本身。已故的著名美国音乐人哈里·查宾（Harry Chapin）是伯克的外孙。他把词语配上音乐写成**叙事性的歌曲**，表现日常生活的喜怒哀乐。我个人最喜欢其中一首《摇篮中的猫》，描述一位父亲因过于忙碌而无法陪伴儿子。听到这首歌的男人都会觉得仿佛亲临其境，而不仅仅是一名被动的、旁观的听众。

正如一度大热的西部乡村金曲《做错事》清楚表明的那样（这首歌描述了一位错失爱人的男子的心境），批判学者使用的技巧有助于理解他人动机。1952年，伊利诺伊大学的修辞学者玛丽·霍克默思·尼科尔斯（Marie Hochmuth Nichols）①向传播学界郑重指出，应对伯克的戏剧主义方法论加以重视。[1]自此之后，数以千计的传播学者才开始利用伯克的**认同、戏剧五元素和罪感—救赎循环**等视角来分析公共演说。

22.1 认同：没有认同，就不可能说服别人

伯克对亚里士多德的《修辞学》十分仰慕，但他在研究中更关注传播者与倾听者相互联系的整体能力，而不是省略三段论和案例。

> "传统修辞学"的关键词是**说服**，强调精心设计。而"新修辞学"的关键词是**认同**，可能还包含这一过程中一部分无意识的因素。[2]

认同指存在于传播者和倾听者之间的共同点。伯克用**本质**这个涵盖性术语描述个体的外貌特征、才能、职业、背景、个性、信仰和态度等。传播者和倾听者的本质重叠的部分越多，认同的程度就越高。实证主义者用**同质性**来形容传播者和倾听者在彼此之间感知到的相似性[3]，而伯克更倾向于用宗教语言而非科学术语来表达它。借助马丁·路德对祭坛前发生的一切的描绘，伯克认为认同也可被看成是**圣体共在论**（consubstantiation），所谓圣体共在论是指耶稣的身体和血与圣餐中的饼和酒融为一体，

认同：外貌特征、才能、职业、背景、个性、信仰和态度等在传播者和倾听者之间可辨识的共同点；圣体共在论。

---

① 玛丽·霍克默思·尼科尔斯（1908—1978），美国修辞批评理论家，著有《修辞与批评》《寻求优秀》《修辞与风格》等。

二者的本质相互融合。这使人联想起《圣经·旧约》中常被人们引述、路得宣誓要陪伴她的婆婆拿俄米的那个段落："你往哪里去，我也往那里去。你在哪里住宿，我也在那里住宿。你的国就是我的国，你的神就是我的神。"[4]这就是认同。在第23章介绍沃尔特·费希尔的叙事范式时，我们还将再次回顾路得宣誓她的忠诚的故事。

倾听者可以从表达风格和内容中感知到与传播者相同的兴趣。伯克认为，成功的传播者可以在表达时插入符号以展现共识，传达他（她）与听众拥有同样的特质。相对于布道的内容，见多识广的纽约人更可能对四处行游的传教士的表达风格不感兴趣。过时的传教手法说明在福音传教士与都市受众之间存在很深的分歧。只有传播者能根据倾听者的微妙变化而改变语言策略时，倾听者才会认为传播者是在"谈话"。

伯克认为认同是双向的。观众适应性不仅使福音传教士获得左右听众的机会，也使传教士更好地融入主流文化，单一指向的认同是不完整的。即使没有别的差异，白色人种特有的网球肘或阻塞的鼻窦还是会不断提醒白人自己与其他人种的区别。如果从一开始就没有什么差别，人们就不需要认同。而没有认同，就不可能说服他人。

22.2　戏剧五元素

戏剧五元素： 分析传播者如何运用戏剧的五大元素——行动、场景、行动者、方法、目的，使听众接受他（她）对现实的看法的一种工具。

伯克认为说服就是传播者想让听众接受他（她）的观点的尝试。**戏剧五元素**则是分析传播者如何实现这一目标的工具。这一五类指向的方法是"谈论人们所谈论内容"的快捷方式。伯克的五元素法引导批判学者关注戏剧的五大元素——**行动**（act）、**场景**（scene）、**行动者**（agent）、**方法**（agency）和**目的**（purpose）。

> 在一条与动机有关的完整叙述中，你一定会用一些语词来定义行动（说明在思想和现实中发生了什么），用一些语词描述场景（说明行动的背景和该行动发生时的周边环境）；你还必须指出是什么人或哪一类人（行动者）实施了该行动，他所使用的手段和工具是什么（方法），以及行动者的目的。[5]

伯克大力提倡创造力，但他确信批判学者对标签的选择会因传播者实际选择的语言而受限。他推荐一种基于使用频率和密度找出关键词的内容分析方法。所谓传播者的**神圣术语**是使其他正面语词居于次要位置的词语。一旦批判学者找出神圣术语，他们应避免用词典上的定义来确定它的确切含义。理解传播者的神圣术语的最佳方式是通过聚集在它周围的词汇来理解。同理，**魔鬼术语**汇集了所有传播者用来表达坏的、错的或邪恶的词语。与社会文化学流派所描述的萨丕尔及沃尔夫的假设（见第4章）相一致，伯克的分析将语词视为主导人生戏剧的解读术语屏（Terministic Screen）[6]，它就像每个人都戴着有色眼镜一样，过滤了客观存在的世界。

神圣术语： 传播者用来使其他正面词语居于次要位置的词语。

通过让读者用以下的替代词想象一个同等的五元素，伯克表明了认真处理语词的重要性：

行动	场景	行动者	方法	目的
反应	情境	主体	刺激	目标

伯克认为，上一栏中的戏剧五元素表现了有意识的行动的世界，下一栏中的科学术语则描述了无意识或无目的的行动。

戏剧五元素与要在文章的起始段落回答**什么人**（who）、**什么事**（what）、**在哪里**（where）、**什么时间**（when）、**为什么**（why）以及**怎样发生**（how）的新闻实践规范惊人地相似。但伯克把自己看成阐释学者而非记者，所以他并不满足于这些分类。通过对场景—方法、行动者—行动这两组元素之间重要性的比率的评估，批判学者可以确定哪种元素是追察传播者动机的最佳线索。

五元素提供了一种理解传播者为何选择现有修辞策略以与听众产生共鸣的途径。如果文本对某一元素的强调超过其他4种元素，它就显示了传播者的哲学观或世界观。

行动。 评论家为行动所设的标签，说明做了些什么事情。该叙述是现实主义的，以戏剧化的动词为特征。

场景。 对场景的描述，给出行动在什么地方以及什么时候发生。强调场景和环境的公共演说通常低估自由意志，是环境决定论（"我没有选择"）的反映。

行动者。 执行行动的人或人群。这一类文本中到处充斥着与自我、思想、精神和个人责任的关联。文本聚焦于角色和代理人，并将其看成事件启动者的特征通常是唯心论理想主义的表现。

方法。 行动者用来完成行动的手段。在文本中大段描述方法或技术，通常得自于实用主义者"把工作做完"的思路。

目的。 在演讲中提及或暗示的目标。文本中对目的的展开讨论表明传播者对统一性或生命的终极意义怀有强烈的向往，通常与神秘主义有关。

伯克在运用**目的**和**动机**这两个术语时，显得多少有些令人困惑。对五元素之一的目的的关注，能否与整个戏剧隐喻试图揭开的、对潜在动机的探寻相互分离呢？或许这正是眼前的局部目标与人类活动终极方向之间的区别。按照这一观点，五元素提供的就只是人生戏剧中某一场景的静态画面。下面介绍的罪感—救赎循环，所谓的第三视角，将是整场戏剧的情节概要。

22.3 罪感—救赎循环：一切修辞学的根源

一场演说的直接目的可能会因不同的场景或行动者而有所改变，但伯克确信一切公共演说的终极动机都是为了净化我们持续存在的、无所不包的罪感。罪感是他用来

罪感： 伯克用来涵盖紧张、焦虑、难堪、羞耻、厌恶等人类情绪中固有的负面情感的术语。

涵盖紧张、焦虑、难堪、羞耻、厌恶等人类情绪中固有的负面情感的术语。他对**人类的定义**恰好与卡尔·罗杰斯的乐观主义相对立，听上去令人灰心失望。（与上一代的绝大多数作家一样，伯克使用**人**（man）一词来标示男人及女人。鉴于他一贯使读者吃惊和挑战其极限的风格，如果他的创作时间改换到当代，人们不禁好奇伯克会不会采用专一的女性符号来突然重塑他的定义。然而，为了忠实于他的原作，我不会改变他的富有性别指示意味的引文。）

>人
>用符号创造了否定的意向
>用工具把自己与自然分离
>这工具由他自己制造
>受层级化的欲望唆使
>在完美中腐烂至死。[7]

伯克从一开始就承认人类的动物本性，但又与米德一样（见第5章），特别强调人类创造、使用，甚至是滥用语言的独特能力。从上述定义可以看出，伯克不认为操纵符号的能力是纯粹的赐福。这一定义指出了造成内心"**污染**"的语言学意义上的3种起因。

"用符号创造了否定的意向。"伯克认为在人类创造语言之后，才出现了选择的可能性。在自然界，从来没有所谓"不"或"不应该"的概念。符号互动是"否定发生"（no-ing）的前提。

"用工具把自己与自然分离，这工具由他自己制造"，挑战了人是**会用工具的动物**的观念。这里，伯克再次表明技术发明给我们带来了麻烦（见第24章）。墨菲定律认为，任何事物都会按与人的意愿相反的方向发展。[8]但伯克却认为在人际关系方面，墨菲还算是一位乐观主义者。

伯克写了大量与层级化、官僚体系及其他秩序体系有关的文章，这些现象表明人类是多么善于观察社会的潜规则。他坚信不管在这阶梯上爬得多高，人们都会因为自己没能做得更好而感到强烈不安。在这一体系中，引发罪感的"高级神父"是在人类社会中专职使用符号的人——例如，老师、律师、记者、艺术家和广告人。

最后一句"在完美中腐烂至死"，真实地体现了伯克的**不协调观点**[9]。它通过联结两个不协调的单词以唤起对真理的关注。伯克用这种方法表明，看上去值得钦佩的、完美达成目标的驱动力会给我们自身和他人带来伤害。人类最大的优势恰恰是我们最大的弱点。无论成功还是失败，我们都想找到下一个替罪羊，以卸下罪感的包袱。伯克确信消除罪感是人生戏剧最基本的情节。从根本上来说，修辞学就是公开搜索完美的替罪羊。

通过牺牲获得救赎

对于那些没有宗教信仰的人而言，伯克对神学术语的频繁引用可能使他们感到厌烦。令人惊讶的是，伯克从不称自己是一名信徒，也不要求他的读者信奉上帝。不管你是否接受基督教的人的原罪和神的救赎等教义，伯克主张"与其了解与人际关系相关的社会学术语还不如多多研究精确而简洁的神学准则"[10]。他认为神学是精心雕琢语言的领域，敦促社会评论家应在俗世中寻找宗教两大主题——罪感和净化的对等物。这一观念促使伯克认为修辞学是通过牺牲获得救赎的连续模式。

伯克认为演说者有两个选择。第一选择是在自责的过程中消除罪感。它在神学上称为**自悔**，即认罪并请求宽恕。然而，即便是对理查德·尼克松、O.J.辛普森、比尔·克林顿这些大人物而言，公开承认自己有罪仍是一件困难的事。人们显然认为把问题归咎于他人，要容易得多——这就是第二选择——伯克因此建议我们在每一个修辞行为中寻找**牺牲**符号。他相信我们总是能够从中找到。

牺牲，是把外部敌人定义为我们一切恶行源头的过程。所谓的外部敌人清单，除了我们的想象力之外不受任何限制——基地组织、哥伦比亚贩毒集团、军事工业集团、黑人、共产党员、犹太人、盲目爱国的男人、同性恋者、宗教原教旨主义者、警察、富有的资本家等等。美国人可能会因"9·11"恐怖主义事件而提及本·拉登，大量惨无人道的罪行使他被视为魔鬼的化身。极度的罪感往往需要一个够分量的牺牲。神圣术语，与它对应的魔鬼术语具有同等力量。

伯克不主张通过牺牲获得救赎，但他表示他不能忽视人们联合起来一致对抗共同敌人（"通过隔离而汇集"）的历史模式。正如我们讨论过的，伯克主张认同是新修辞学的核心策略。传播者引起听众共鸣的最简单的方式就是找到共同敌人，猛烈抨击人们所恐惧的任何人和事（"我的朋友就是那些讨厌我的敌人的人"）。

自悔：认罪并请求宽恕。

牺牲：寻找替罪羊；把外部敌人看成一切个人或公共罪恶源头的过程。

22.4 运用戏剧主义视角的修辞批评

在传播领域，许多修辞评论家运用伯克的文学批判技巧来展示他们对特定公共演说事件的理解。我请求我在惠顿学院的同事肯·蔡斯（Ken Chase）及圣迭戈州立大学的格伦·麦克利西（Glen McClish）对马尔科姆·艾克斯的著名演说《选票还是子弹》[11]进行一次伯克式的分析。以下评论是由他们两人合作得出的。

马尔科姆·艾克斯，《选票还是子弹》

与马丁·路德·金并称的马尔科姆·艾克斯，是20世纪60年代最有影响力的民权演说家之一。马尔科姆的语言风格更为激进、更为愤怒，对许多非裔美国人来说，较之马丁·路德·金理想主义的《我有一个梦想》，也更具有现实主义色彩。马尔科姆于1964年4月发表了著名演说《选票还是子弹》，11个月后被暗杀身亡。

伯克认为公共修辞即是建立某种特定社会秩序的尝试，这一思路有助于揭示《选票还是子弹》的力量。马尔科姆的演说将美国描绘成一个向所有公民承诺绝对平等、自尊和自由的国度，然而非裔美国人却从未获得这与生俱来的权利。为了强化黑人民族主义，马尔科姆鼓励他的黑人兄弟姐妹开启自己的事业并选出自己的领袖。同时，他痛斥了那些阻碍公民权利的白人政治家。在俄亥俄州克利夫兰科里卫理公会教堂里，马尔科姆在发表这一长篇演说时，被听众的掌声和笑声打断了不下150次。

马尔科姆声称争取民权的斗争不仅仅是和他一样的非裔伊斯兰信徒的责任，更是所有非裔美国人的责任。通过策略性地将自己和基督教牧师马丁·路德·金或亚当·克莱顿·鲍威尔（Adam Clayton Powell）[①]相比，马尔科姆将伊斯兰信仰可能带来的疏离感降至最低。他强调了由非裔美国人共享的遗产："我们的父母为这片土地流过血和汗。我们在这块土地上劳动310年，却没有得到一点微薄的回报……"通过这种方式，马尔科姆建立起强烈的认同，以说服听众共享他的社会目标以及达成该目标的手段。

该篇演说的标题是《选票还是子弹》，两者指的都是手段或**方法**，行动者——非裔美国人——将会像公民那样**行动**——达成平等、自尊和自由的**目的**。马尔科姆策略性地把他的听众放置于美国大历史以及国际社会人权斗争的宏观语境之中。这一**场景**激发了他的被非裔美国人所称颂的激昂文本——"在获胜之前我们须不断抗争"。

马尔科姆对实现这一目标的手段的强调（采取任何必要的方式）导致了方法—目的在这篇演说中的高占比——这表明他的实用主义动机。所谓选票，将加强公民权利的合法化；所谓子弹，保护黑人不受白人暴力侵犯。它同时告诫白人社会，平等权利已是刻不容缓，"现在就给我们平等。不要等到明年。就算昨天才给我们平等，那仍然算不上快。"

马尔科姆批评他的黑人兄弟姐妹尚未表露出足以获取全部公民权益所需的勇气、知识和成熟度。白人们奴役、凌辱和压迫生活在美国大地上的黑人，因此他们必须承受这共同**罪恶**的冲击。通过**牺牲**，白人及其社会成为黑人获得**救赎**所必须献祭的**替罪羊**。在非裔美国人的人生戏剧里，"黑人民族主义"是体现该运动精神的**神圣术语**。"白人"则是与之相对应的**魔鬼术语**，浓缩了与平等、自尊和自由相对立的一切事物。

22.5　评论：如何评估批判学者的分析？

肯尼斯·伯克或许是20世纪最伟大的一位修辞家。他进行有关修辞学的创作；其

[①] 亚当·克莱顿·鲍威尔（1908—1972），美国政治家，也是一位牧师。他是纽约非裔美国人入选国会的第一人，曾担任教育和劳工委员会主席。

他的修辞学家则在进行有关伯克的创作。美国各大高校均提供介绍伯克分析方法的全套课程。美国传播协会曾两度在全国会议上专题讨论伯克及其思想。肯尼斯·伯克协会经常召开会议和举办竞赛，以便使伯克的追随者有机会互相探论并从其博大的思想中受惠。《肯尼斯·伯克学刊》的创立是为了解释、澄清和评论伯克的思想。伯克显然有话要向公众说。

初学者最大的困难在于理解伯克拐弯抹角的表达方式。伯克与符号互动论联系紧密（见第5章），而这一理论方向的著作素以繁复著称。即使像著名修辞学者玛丽·霍克默思·尼科尔斯这样的推崇者都觉得有必要解释伯克的理论为什么经常是令人困惑和晦涩不清的："难度部分归因于伯克庞杂的词汇表。单个来看，他使用的词汇是相对简单的，但他常常把它们应用在新的语境里。"[12]伯克还喜欢在文本中大量使用典故，因此更让人难以明辨。他的学生可能会在伯克著作的某页纸上同时看到柯勒律治①的《古舟子咏》、奥古斯丁②的《忏悔录》和弗洛伊德的《日常生活精神病理学》中的段落。伯克的跳跃性思维和广博的知识提供了大量信息，但也时常令学生们觉得沮丧。

热衷于伯克思想的人会争辩说，发现的过程中也有不少乐趣。如同选择省略三段论一样，伯克的著作在介绍某种思想时，也会邀请积极的读者参与。无论这种思想在表达修辞学的哪一方面，读者绝不会再认为这些文字仅仅具有修辞学上的意义。通过尽情展示语言的鲜活程度，伯克做了对我们所有人都有益的事情。

毋庸置疑，戏剧五元素是伯克著作中获得最多认可的命题。这一整体程序为评论家提供了5种具有艺术气息的"饼干切块模型"，将人际关系互动切分为大小适中、便于消化的小块。许多人发现戏剧五元素在确定演讲者动机以及该演讲达成目的和愿望的方式时非常有效。

伯克的修辞学等于认同的观念，对于这个在许多学者看来已经基本完备的领域，是又一次的巨大进步。伯克没有推翻亚里士多德的观念，而是赋予它当代的意义，指出共同点是情感诉求的基础。传播领域的实证主义者无法验证伯克的所谓无意识认同会产生行为及态度改变的理论假设，但他们确信可感知的相似性有助于说服的达成。

在伯克所有的动机原则中，救赎策略最具有争议性。这或许是因为，对于那些无信仰者来说，他的"世俗宗教"过于重视上帝，而在信徒看来，又重视得远远不够。两个阵营都不能全然接受伯克未经验证的假设，即罪感是隐含在一切公共演说中的基本人类情感。的确，马尔科姆·艾克斯在《选票还是子弹》中建立了罪感—替罪羊的联系，但是，是否每个重要公共事件中都会上演同样的宗教戏剧呢？那又是另外的问题。

---

① 塞缪尔·泰勒·柯勒律治（1772—1834），英国诗人和评论家。《古舟子咏》是一首令人难以忘怀的音乐叙事诗，该诗用简洁的结构和朴素的语言向人们讲述了一个生动的罪与赎罪的故事。
② 奥古斯丁（354—430），古罗马帝国时期基督教思想家及基督教神学、教父哲学的重要代表人物，代表作有《忏悔录》《论三位一体》《上帝之城》等。

我欣赏伯克对伦理道德的坚守，拒绝因目的的合理性而使不正当的方法合理化。他告诫演说者，不能为了和听众达成共识，而任意将他人变成牺牲品。戏剧主义理论的信徒认为在对伯克的思想有所了解以前，妄谈传播是不明智的。本章的选入，正是我对他们这一主张的一种回应。

帮助你深入思考的问题：

1. 伯克认为没有**认同**就不可能说服他人。本书已介绍过的理论中有许多都涉及到认同的概念。你能从中举出5种吗？
2. 伯克认为修辞评论家应通过分析传播者采用的**神圣术语**和**魔鬼术语**以发现其**动机**。参阅本章，伯克的神圣术语和魔鬼术语又是什么？
3. 运用**戏剧五元素**的方法来分析校园周末晚会中的非语言修辞行为。在5种元素中，你会特别强调哪一种以捕捉人生戏剧的意义？
4. 伯克认为所有修辞手段最终都是为了**通过牺牲获得救赎**。如果他是正确的，那么被推卸掉的究竟是演说者的罪过、倾听者的罪过，还是牺牲品的罪过？

扩展阅读：

推荐阅读：Sonja Foss, Karen Foss, and Robert Trapp, *Contemporary Perspectives on Rhetoric*, 3rd ed., Waveland, Prospect Heights, IL, 2002, pp. 187–232.

戏剧主义：Kenneth Burke, "Dramatism," in *The International Encyclopedia of the Social Sciences*, Vol. 7, David L. Sills (ed.), Macmillan, New York, 1968, pp. 445–451.

领军人物：Barry Brummet (ed.), *Landmark Essays on Kenneth Burke*, Hermagoras, Davis, CA, 1993.

认同：Kenneth Burke, *A Rhetoric of Motives*, Prentice–Hall, Englewood Cliffs, NJ, 1950, pp. 20–46.

戏剧五元素：Kenneth Burke, *A Grammar of Motives*, Prentice–Hall, Englewood Cliffs, NJ, 1945, pp. xvii–xxv.

罪感及救赎循环：Kenneth Burke, "On Human Behavior Considered 'Dramatistically,'" in *Permanence and Change*, Bobbs–Merrill, Indianapolis, 1965, pp. 274–294.

人的天性：Kenneth Burke, "Definition of Man," in *Language as Symbolic Action*, University of California, Berkeley, 1966, pp. 3–24.

当代分析：Ross Wolin, *The Rhetorical Imagination of Kenneth Burke*, University of South Carolina, Columbia, 2001.

当代对伯克的分析：Robert L. Ivie, "The Rhetoric of Bush's 'War' on Evil," *KB Journal*, Vol. 1, No. 1, 2004, www.kbjournal.org/modules.php?name=News&file=artice&sid=2．

伯克对马丁·路德·金的分析：Edward C. Appel, "The Rhetoric of Dr. Martin Luther King, Jr.: Comedy and Context in Tragic Collision," *Western Journal of Communication*, Vol. 61, 1997, pp. 376–402.

戏剧主义的局限性：James W. Chesebro, "Extensions of the Burkean System," *Quarterly Journal of Speech*, Vol. 78, 1992, pp. 356–368.

有关罪感及救赎循环的阐释与评论：Kristy Maddux, "Finding Comedy in Theology: A Hopeful Supplement to Kenneth Burke's Logology," *Philosophy and Rhetoric*, Vol. 39, 2006, pp. 208–232.

女性主义评论：Celeste Michelle Condit, "Post-Burke: Transcending the Substance of Dramatism," *Quarterly Journal of Speech*, Vol. 78, 1992, pp. 349–355; also in Brummet, pp. 3–18.

如欲获得更多有关肯尼斯·伯克的网址链接，请至www.afirstlook.com点击"相关链接"。

第23章　叙事范式

创立人：沃尔特·费希尔（Walter Fisher）

实证性　　　　　　　　　　　　　　　　　　阐释性
修辞学派

　　人类是会讲故事的动物。这个简单的结论是费希尔对哲学问题——**人性的本质是什么？**——的回答。

　　在之前各章出现过的理论学者，曾分别针对这一重要问题给出了回答。例如，蒂鲍特和凯利的社会渗透理论的前提是人类是理性的动物。伯杰的不确定性递减理论假设人有基本的好奇心。至于传播系学生更熟悉的米德的符号互动论，强调人类之所以独特就在于我们拥有使用符号的能力（见第9章、第10章和第5章）。

　　费希尔不反对这些观点，然而，他认为人际沟通显示了比理性、好奇心及符号运用能力更本质的东西。他确信人类是有叙事能力的生物，"体验和理解生活，把它看作一系列含有冲突、个性、开端、发展和结局的进行中的叙事。"[1]如果确是如此，一切诉诸理性的人际沟通就基本上都可以被看成故事。[2]

　　费希尔是南加利福尼亚大学安嫩伯格传播学院的教授。他在学术生涯中一直拒绝认同修辞学仅与证据、事实、论据、理性和逻辑有关，最适用于在法庭、立法院或其他审议机构加以表现的通行观点。1978年，他提出**充分理由**（good reasons）的概念；1984年，他基于这一概念进一步提出叙事范式。[3]他指出提供充分理由更多的是指讲述动人的故事，而不是指搜集证据或建构严密的论证。

　　费希尔相信所有诉诸人类理性的沟通模式都应被看作由历史、文化和个性形塑的故事。当我们听到**故事**一词时，大多数人会联想到小说、戏剧、电影、电视连续剧及夜晚围坐在篝火旁交换的小故事。一些人会回忆起过去的经历——这是我们会向他人讲述的以自己为主角的故事。除了笑话、**近来好吗**一类的招呼用语以及**寒暄**的其他形式，费希尔认为，几乎所有类型的沟通都是故事。他当然注意到，美国诗人罗伯特·弗罗斯特的诗作、普利策奖得主安妮·泰勒（Anne Tyler）的小说、戏剧《李尔王》，与哲学论文、历史报告、政治辩论、神学探讨及科学专著，属于表现形式全然不同的两个类别。如果你想知道我们是否应该相信上述任何一种体裁的文字所宣称的"真相"，费希尔认为所有这些表达都可以、也应该被视为叙事。他选用**叙事范式**一词来凸显他的信念，即任何思想的沟通都不会是纯粹的描述或教导。

23.1 讲述一个动人的故事

大多数宗教传统通过复述故事得以代代传承。忠实信徒总是会讲起"很久很久以前的故事"，以激励信心和说服那些仍抱有疑虑的同伴。美国作家弗雷德里克·布赫纳（Frederick Buechner）用新的方法来讲述宗教故事。他的著作《罕见的珍宝》以21世纪的表现风格重新讲述了发生在公元前12世纪、路得向婆婆拿俄米无私奉献的《圣经》故事。[4]在本章接下来的部分，布赫纳对这段真正情谊的表述将伴随我们一步步地理解费希尔的叙事范式。这个故事开始于拿俄米的丈夫和两个儿子的离世：

> 路得是一个摩押（Moabite）女孩，嫁给了因家乡饥荒而转至摩押生活的以色列移民家庭的次子。路得年轻的丈夫去世后，她的婆婆拿俄米决定重返家乡以色列。饥荒已经结束，而摩押不再有任何东西值得她留下，她的丈夫在路得丈夫死后没多久就过世了。拿俄米建议路得留在摩押，找个摩押的男子结婚。
>
> 拿俄米是一个意志坚定的老人，当路得表示她愿意追随婆婆到以色列时，极力说服路得打消这个念头。拿俄米说，即使她可以再侥幸受孕，生个儿子迎娶路得，等到这个儿子长大成人，路得也已经衰老不堪了。然而，路得也是一个意志坚定的人，她和婆婆共同经历了许多事情，对她而言，拿俄米在哪里，哪里就是家。"你往哪里去，我也往那里去。你在哪里住宿，我也在那里住宿。"路得对拿俄米说，"你的国就是我的国，你的神就是我的神。"（《路得记》1:16）。最后，拿俄米让步了，当她们抵达拿俄米的故乡伯利恒（Bethlehem）时，有一个乐队在驿站等着迎接她们。
>
> 路得步履轻盈，说话带有迷人的摩押口音，很快就吸引了富有的农场主波阿斯。他虽然有点老，但对美丽的女孩所知颇多，很快他就用父亲一般的方式，把路得保护在他的羽翼之下。他告诉雇工不要欺负路得，帮她在田里劳作，还邀请她一块吃饭。一天，路得用好听的摩押语调问波阿斯，为什么对她这么好。波阿斯回答说，他听说过她对他的远方亲戚拿俄米的好意，今后只要有他在，她就应当过上最好的日子。

拿俄米不是傻瓜，也比路得更会察颜观色。她坚信这是路得的好机会，路得显然已经抓住了老波阿斯的心——不管路得自己是否意识到。路得应该做的只是以正确的方式乘胜追击。拿俄米给了她一些指点。波阿斯每次享用丰盛的晚餐并喝过一两杯睡前酒之后，都会睡在麦堆旁边。快午夜的时候，拿俄米告诉路得，她应该溜进麦堆和波阿斯一起睡觉。假如波阿斯的脚恰好没盖上，而她又恰好足够接近可以给它温暖，这都不能算作世界上最糟糕的事情（《路得记》3：1—5）。但是，路得不能做得过分。在耶利哥（Jericho），波阿斯的母亲拉哈伯就是因为这一类的事而留下恶名，任何与之相似的举动都可能永远地吓跑波阿斯。

路得遵从了婆婆的建议，它们十分奏效。波阿斯喜出望外，因为尽管路得身边围绕着许多对她倾心的年轻男子，但她不为所动，却只对他这个年老的男人情有独钟。经过一系列必要的法律程序，路得成为了波阿斯的合法妻子。

不久之后他们生了个儿子取名俄备得，拿俄米前来照顾他，在他身边度过了余生。俄备得生下了儿子耶西，耶西又生下了7个儿子，最小的儿子取名为大卫，后来成为以色列最伟大的国王。有路得和拿俄米这样的先辈，难怪大卫会永垂青史。[5]

23.2 叙事和范式：基本术语的定义

叙事：有序列的符号行为——文字和（或）事件——对依赖、创造和诠释它们的人有意义。

费希尔把**叙事**定义为"有序列的符号行为——文字和（或）事件——对依赖、创造和诠释它们的人有意义"。[6] 路得的一生和布赫纳对它的重述，显然符合这一标准。费希尔的定义是宽泛的，而且特别以宽容著称。我基于他进一步的加工[7]给出以下的定义：

> 叙事是植根于时空的沟通。就个性、动机和行为而言，它涵盖了人类生活中的各个方面。叙事也指使人们相信某种方法或按其行事的语言或非言语的努力。有些信息因缺少形象而显得抽象——但只要它被嵌入在演说者具有开端、发展和结局的进行性故事之中，就仍然是叙事。叙事会邀请听众根据他们自己的生活解读其意义，评估其价值。

根据这一延伸定义，路得的**你的神就是我的神**的表达不仅是宣示信仰，更是一个与爱和信任有关的故事。处于与大卫王的谱系相关联的语境之中，它又是**史上最伟大的故事**的早期桥段。这一叙事中的爱情、信任、忠诚和承诺，使得听众情不自禁地感受到一个怀有忠诚信念的大家族的团结与纽带。

范式：概念性框架；引导人们透过共同的阐释镜头看待事件的一般模型。

费希尔用**范式**一词特指**概念性框架**。你或许还记得迪利亚的建构主义，它认为人们的认知不仅仅关乎视觉、听觉，还应被归于阐释的范畴（见第8章）。所谓意义，不是固生在事件之中，而是与思想相连。范式是引导人们透过共同的阐释镜头看待事件的一般模型。

在《科学革命的结构》(*The Structure of Scientific Revolutions*) 一书中，美国科学哲学家托马斯·库恩（Thomas Kuhn）指出，广泛接受的范式是学科成熟的标志。[8] 为了回应这样的挑战，在20世纪70年代，传播领域的实证主义者共同致力于寻找解释沟通行为的一般模型。费希尔的叙事范式就是其中一项阐释性理论成果。费希尔提供了一种理解一切沟通行为和指引修辞学质询方向的方法。他不认为叙事范式是一种特定的修辞学。相反地，他认为它是"建立一门完善的修辞学所必备的基础。这一结构为符号信息的产生、构成、适应、呈现和接收提供综合性的解释"。[9]

23.3 范式转换：从理性世界范式转至叙事范式

费希尔在其著作《作为叙事的人际沟通》中，引用了《约翰福音》的开场白"太初有道（**理性**）"。他强调在希腊语中**理性**（logos）最初包括了故事、原因、理由、概念、论述、思想——即人际沟通的所有形式。想象和思想之间没有显著不同。因此，拿俄米和路得的故事就是**理性**。

费希尔认为自柏拉图和亚里士多德的著作中能看到**理性**一词从泛指到特指的演化——即从故事到叙述。**理性**自此开始专指哲学论述，一种把想象、诗歌及其他审美问题降至次等地位的高尚事业。修辞学沦落至**理性**和**神话**间的某个位置。与抽象的哲学论述相对立，修辞学专指实用的演说——是纯粹的逻辑与激发情绪的情感故事二者在世俗意义上的融合。只关心真理的希腊公民应避开修辞学，去请教智慧领域的专家——哲学家。

费希尔接着指出，两千年后的科学革命摘掉了哲学的王冠。几个世纪以来，学术界值得了解的学问似乎全部来自于物理世界。假如人们想要了解事物的运行方式，就应该去请教医生、科学家、工程师或其他技术专家。尽管哲学与科技的地位有了变化，但这两种决策模式的精英主义倾向极为相似，"把那些逻辑**不正规**或**不具专业性**的知识归于低等人类的行为框架。"[10] 费希尔认为哲学和技术上的讨论是学者们获取知识的标准方法。他把这种思维模式称为**理性世界范式**。广川和古伦的群体决策功能视角理论堪称一个典型的范例（见第17章）。

费希尔列出了目前居于主导地位的理性世界范式五大假设。请看看它们与你在学校里学到的知识是否符合。[11]

- 人是理性动物。
- 我们以论据为基础做出决定。
- 演说情境的类型（法律情境、科学情境、立法情境）决定整个辩论过程。

理性世界范式：获取知识的科学方法或哲学方法，假定人类是逻辑动物，且根据证据和有条理的论据做出决策。

- 理性取决于我们知道多少及我们是否善辩。
- 世界是一系列逻辑的迷宫，只有依靠理性分析才能穿越。

根据理性世界范式的视角，路得的故事令人满心疑惑。路得无视拿俄米的论据，这一论据基于不可抗的生物事实。路得也没有任何离开摩押或者信奉耶和华的令人信服的理由。在她们返回以色列后，拿俄米要路得"俘获"波阿斯的计划毫无逻辑可言，全然基于情感的纽带。除了《旧约》中的段落，作者没有任何证据足以证明拿俄米和路得是历史人物，无法证实神的存在，甚至也提供不了任何一本与友谊、血缘和爱情有关，同时严守《旧约》教义的著作。因此，从理性世界的观点来看，这个故事缺乏合理性。

费希尔认为理性世界范式的假设过于局限化。他主张建立新的概念框架（范式转换），以更好地理解人际沟通。他的**叙事范式**与理性世界范式一样基于五大假设，但两者的内容截然不同。[12]

叙事范式：把叙事看成一切人际沟通的基础的理念框架。

- 人是会讲故事的动物。
- 我们根据充分理由做出决定，而它会随沟通情境、媒介和沟通类型（哲学类、科技类、修辞类或艺术类）的变化而改变。
- 历史、经历、文化和个性决定了我们认为什么才是充分理由。
- 叙事理性取决于故事的一致性和逼真度。
- 世界由一系列我们选择的故事构成，也由此持续再造着我们的生活。

认为人是用多种方式进行推理的故事讲述者，这是一次重要的概念转换。举例来说，在逻辑体系中，价值观是情感范畴的胡说八道。然而，一旦转换成叙事的视角，价值观就成为故事的"内容"。从严格的逻辑出发，美学依据是无关紧要的，而在叙事框架中，风格和美将决定我们是否对故事产生兴趣。最大的思想转换或许是，认定谁才更有资格评估传播品质。理性世界范式主张只有专家才能呈现和辨别正确的论据，叙事范式则认为，任何具备一些常识的人都能看出好故事的重点，并判断其作为信念和行动基础的价值。费希尔认为，每个人都能基于**叙事理性**，就布赫纳有关路得的叙述（或任何故事）做出自己的判断。

叙事理性：根据叙事一致性和叙事逼真度这两种标准来判断故事价值的方法。

23.4 叙事理性：一致性和逼真度

在费希尔看来，不是所有故事都是好故事。人们有可能接纳坏的故事，但费希尔认为个体会运用**叙事理性**的同一标准，来判断他（她）所听到的故事。鉴于文化差异，我们会理解一个年轻寡妇向婆婆全身心奉献以及拿俄米帮助路得再嫁并给另一个男人生孩子的热情吗？费希尔认为我们的答案取决于布赫纳的叙述在何种程度上满足了**叙事一致性**和**叙事逼真度**的双重测试。它们是检验故事是否真实和富有人情味的工具。

叙事一致性：故事前后是一致的吗？

叙事一致性决定对倾听者而言故事的真实度有多大。这段叙事前后一致吗？它刻画的人物和事件是有机整体吗？它们是否构成了有机整体的一部分？人物的行动是否前后一致？

布赫纳把远古时期路得与拿俄米彼此忠诚的情感故事转换到当代的情境之中。他多多少少提及了车站前的乐队、睡前酒以及围在路得身边、穿着紧身裤的年轻男子等一些当代因素，整个故事因此获得结构性的一致。费希尔认为，叙事内在的一致性与理性世界范式的推理是相类似的。从这个意义上看，他的**叙事范式没有贬低或取代逻辑**。相反地，费希尔把逻辑验证看成唯一一个影响叙事一致性的因素。

如果我们确信叙事者不会遗漏重要细节、伪造事实或无视其他貌似真实的解释，故事就是前后一致的。我们通常用来判断叙事是否前后一致的方法，就是把它和我们听过的同一主题的其他故事相比较。布赫纳将如何描述"俘获"老男人与之结婚的女性小花招，确保它不会比电影《偷心俏佳人》中的诱惑场景更过分？在某种程度上，路得的策略要比女星珍妮弗·洛芙·休伊特和西格妮·韦弗在电影中露骨的计谋更可信，因此，我们可以确定布赫纳对《圣经》故事的创新具有一致性。

对费希尔来说，叙事一致性的最终考验，在于我们是否愿意相信故事中的人物在用真实可信的方式行动。我们会质疑人物表现"不够典型"的叙述，而倾向于相信人物思想、动机和行为表现出一致性的故事。无论你认为布赫纳笔下的拿俄米是一位聪明的媒人还是一位过度控制的婆婆，拿俄米对路得再嫁的持续关注使故事的情节紧密地编织在一起。

叙事一致性：在故事中，人物以真实可信的方式行动并保持前后一致；故事的一致性。

叙事逼真度：故事听起来真实而有人情味吗？

叙事逼真度是指故事所具有的、与倾听者的真实生活产生共鸣的特质。假如一个故事听起来就像在倾听者生活中发生过一样真实，它就具有逼真度；它恰好与倾听者自己的故事相匹配。[13]

我们是否曾像波阿斯一样，对深深吸引我们的某个人给予特别关照和爱护？是否曾像拿俄米一样，挑战传统的礼法以成就一桩姻缘？或者，是否曾像路得一样，与某个亲戚建立了一种超越家庭义务的纽带？这个有3000年历史的故事的叙事是否具有逼真度，取决于它在多大程度上展示了我们所生活的世界的细节。

费希尔的著作《作为叙事的人类传播》的副标题是——**走向理性、价值观和行为的**

叙事逼真度：信息中内嵌的价值观与听众理念中的真实性和人性化的一致；故事引发的共鸣。

哲学。他认为假如一个故事有逼真度，它会提供充分理由引导我们下一步的行为。我们接受一个故事，其实就是在接受我们将要成为的人物类型。可以看出，价值观的存在使叙事范式的逻辑——充分理由——区别于理性世界范式逻辑——纯粹的推理。

"充分理由的逻辑"关注以下5个与价值观有关的问题。费希尔认为，我们所关注的是：（1）文本中内嵌的价值观；（2）这些价值观与决策的相关性；（3）遵从这些价值观的后果；（4）它们与听众的世界观的重叠程度；（5）是否遵照了听众所相信的就是"理想的行为基础"的准则。[14]最后两点——与听众最认可的价值观及行为保持一致——构成费希尔的理论基础，即人们更易于接受在他们看来真实和有人情味的叙事。然而，当听众评价一个故事是否真实或逼真时，有哪些特定价值观在引导他们呢？费希尔认为存在**理想听众**或永恒公众，这些人的口味可以决定好故事应拥有哪些具有人性的价值观：

理想听众：跨越时间存在的真实的社群，笃信真善美、健康、智慧、勇气、节制、正义、和谐、秩序、共享、友谊以及与宇宙的和谐统一。

> 永恒公众似乎是存在的，它是跨越时间存在的真实的社群，笃信在"现实"生活中被定义和实践的多种多样的价值观，譬如真善美、健康、智慧、勇气、节制、正义、和谐、秩序、共享、友谊以及与宇宙的和谐统一。[15]

费希尔不否认存在其他社群的可能——如基于贪欲或权力的社群。然而他坚持认为，当人们面对"自身较好的一面"时，这些不理想的价值体系无法"与他们全部的生活或最想要过的生活相一致"。[16]费希尔因此认为理想听众的人性与美德为我们塑造了充分理由的逻辑。如果我们相信这些理想听众会嘲笑波阿斯庇护路得的行为，为路得在夜间造访谷仓而局促不安的话，布赫纳版的《圣经》叙事就将缺乏逼真度。正因为我们想象得到这些理想听众会称赞路得对拿俄米的奉献——同时欣赏这位老妇人接地气的求爱策略——所以布赫纳的文字听起来真实而具有人情味。

在费希尔看来，我们判断一个故事是否逼真时，我们不仅仅是在确认共享的价值观，甚至有可能以开放的态度让它们影响我们的信念和行动。一些由衷相信路得经历的订婚男女把路得对拿俄米的表白作为婚礼上的誓言：

> 你往哪里去，我也往那里去。你在哪里住宿，我也在那里住宿。
> 你的国就是我的国，你的神就是我的神。[17]

好故事是说服他人的强大工具。

23.5 评论：费希尔的故事前后一致和逼真吗？

相对于亚里士多德式的分析这种统御传播领域的修辞学理论，费希尔的叙事范式提供了一次全新修订。费希尔的研究方法显然是民主化的。如果传播可以被视为叙事，人们通常不需要专业训练和专家指导，就能确定一个故事是否前后一致，以及是否提供了足以使人相信的充分理由。在专业领域里，专家们仍有提供信息和解释的必要，但是，如果只是评估一致性和逼真度，具有普通常识的人就能胜任修辞学评论员的角色。

在《作为叙事的人际沟通》一书中，费希尔用叙事一致性和叙事逼真度分析了各种类型的传播。他解释了为什么有时毫无逻辑的罗纳德·里根总统被称为"伟大的沟通者"是恰当的；反复推敲过美国著名话剧《推销员之死》①中将男主人公威利·洛曼引向崩溃的错误价值观；并且对遵循两位希腊思想家——苏格拉底和卡利克勒斯（Callicles）的相互对立的哲学观的后果做了参照对比。费希尔认为叙事范式可以应用在如此广泛的传播类别中，这一事实本身足以证明它的理论生命力。

当然，费希尔的理论也是故事，或许你也想象得到，不是所有人都对他的理论表示接受。例如，许多评论人指责他和亚里士多德一样过于乐观，认为人们的天性更倾向于真实和公正。华盛顿大学修辞学评论家芭芭拉·沃尼克（Barbara Warnick）挑战了费希尔的积极人性，呼吁人们要小心如希特勒《我的奋斗》那样邪恶、偏执，却又具有巨大传播能量的故事。费希尔回应说希特勒的自传"当然是个坏故事"[18]，但是正如沃尼克所指出的，它"在一个疏离、分裂和绝望的民族中引起了共鸣"。[19]希特勒成功地让犹太人当上了替罪羊，这可谓是史上最臭名昭彰的修辞学行为之一，然而，在当时的历史时点，它却同时具备了一致性和逼真度。费希尔认为，沃尼克混淆了希特勒的**有效话语**和人们易于接受的**充分话语**。他坦承邪恶有时的确可以压制善的趋势，但这正是我们要辨识和推广叙事范式所描述的人性价值的理由。

沃尼克的质疑中另一个让人不安的焦点是，控制大众传媒的大人物们所讲述的故事的内生力量。具有特权的故事因不断重复而淹没或妖魔化了其他选项，同时其自身的影响也被戏剧性地夸大。这个问题未能否定费希尔的叙事范式，但是，它指出费希尔——还有读者们应该更多地关注在利于维持现状的故事中有可能存在压制性的权力。这一议题是第26章**文化研究**的核心，将在"媒介与文化"的部分介绍。

以略显嘲弄的口吻，费希尔写道，他认为批评者帮助他撑起了叙事范式的有效性：

> 我想要谢谢批评我的人，因为他们将不得不证实我的立场。他们用两种方式达到了这一目的：无论他们用哪种方式攻击，他们总归要或者批评一致性，或者批评逼真度，再或者对两者都进行批评。而无论他们持有的是何种异议，其基础都是一个与我的观点相对立的故事，显然，这个故事在他们的假设中一定具有一致性和逼真度。[20]

---

① 《推销员之死》由剧作家亚瑟·米勒创作，完成于1949年，是一部极具影响力的戏剧。该剧于1949年获得普利策奖，剧中的主角威利·洛曼也成为了美国家喻户晓的人物。

是不是绝大多数的传播故事，或者我们听到的每一条文本，都要用一致性或是否与我们的价值观相符来进行判断呢？如果你认真思考了费希尔的观点，就一定不需要由我或其他训练有素的修辞学者为你提供最后的答案。你和别人一样，都有能力分辨出好故事与坏故事。

帮助你深入思考的问题：

1. 根据费希尔对**叙事**的定义，你可以在笑话或寒暄交流之外，想到任何不符合**叙事范式**的传播形式吗？
2. 费希尔指出**理性世界范式**统御了西方教育。参照这一概念框架的假设，你能不能列出你上过的一些大学课程对它加以证实？
3. **叙事一致性**和**叙事逼真度**的差别是什么？
4. 把**充分理由逻辑**运用到你听过的故事中。什么样的**价值观**撑起了布赫纳版路得的故事？其中你最赞赏的是哪一项？你所持有的哪些**价值观**让你最终接受或拒绝了布赫纳的叙事？

扩展阅读：

推荐阅读：Walter R. Fisher, *Human Communication as Narration : Toward a Philosophy of Reason, Value, and Action*, University of South Carolina, Columbia, 1987.

早期理论表述：Walter R. Fisher, "Narration as a Human Communication Paradigm : The Case of Public Moral Argument," *Communication Monographs*, Vol. 51, 1984, pp. 1–22.

沟通研究中的讲故事与叙事性：*Journal of Communication*, Vol. 35, No. 4, 1985, entire issue.

作为故事的科学性沟通：Walter R. Fisher, "Narration, Knowledge, and the Possibility of Wisdom," in *Rethinking Knowledge : Reflections Across the Disciplines*, Robert F. Goodman and Walter R. Fisher (eds.), State University of New York, Albany, 1995, pp. 169–197.

社群与叙事：Walter R. Fisher, "Narration, Reason, and Community," in *Memory, Identity, Community : The Idea of Narrative in the Human Sciences*, Lewis Hinchman and Sandra Hinchman (eds.), State University of New York, Albany, 1997, pp. 307–327.

叙事伦理：Walter R. Fisher, "The Ethic(s) of Argument and Practical Wisdom," in *Argument at Century's End*, Thomas Hollihan (ed.), National Communication Association, Annandale, VA, 1999, pp. 1–15.

用新方法讲老故事：Frederick Buechner, *Peculiar Treasures*, Harper & Row, New York, 1979.

一致的生活故事：Dan McAdams, "The Problem of Narrative Coherence," *Journal of*

Constructivist Psychology, Vol. 19, 2006, pp. 109–125.

故事中的伦理：Richard Johannesen, "A Rational World Ethic Versus a Narrative Ethic for Political Communication," in *Ethics in Human Communication*, 5th ed., Waveland, Prospect Heights, IL, 2002, pp. 269–277.

神话中的叙事：Kathleen G. Roberts, "Texturing the Narrative Paradigm: Folklore and Communication," *Communication Quarterly*, Vol. 52, 2004, pp. 129–142.

评论：Barbara Warnick, "The Narrative Paradigm: Another Story," *Quarterly Journal of Speech*, Vol. 73, 1987, pp. 172–182.

第四部分 大众传播

单元引言　传媒与文化
第 24 章　传媒生态学
第 25 章　符号学
第 26 章　文化研究

单元引言　传媒效果
第 27 章　涵化理论
第 28 章　议程设置理论
第 29 章　沉默的螺旋假说

单元引言　传媒与文化

那些开始着手学习传媒和文化二者关系的学生很快就会碰到对后现代主义一词的大量引用。大多数人知道这个术语指代了当代西方社会的某些元素，却说不出有哪些特定的价值观和行为可以明确地区分后现代文化与其他文化。鉴于传媒表达是后现代主义的核心，我将通过被加拿大社会学家大卫·莱昂（David Lyon）誉为"后现代电影巅峰之作"[1]的电影《银翼杀手》，阐明后现代主义的六大核心。

电影《银翼杀手》的背景设于公元2019年的洛杉矶。一群居住在"地球之外"、由生物工程制作的类人类，重返地球挑战它们的制造者——泰瑞高科技公司。类人类的愤怒很简单而且容易理解，它们不愿接受只有4年的寿命，希望过上与正常人类一样的生活。"银翼杀手"狄克的艰巨工作就是追踪这些叛逃的复制人，消灭它们或使之"瘫痪"。[2]

1. 后现代描述的是现代主义已开始令人沮丧的未来前景。 在《银翼杀手》中，洛杉矶成了脏乱和充满污染的九反之地，普通市民根本看不到生活的意义。男主角狄克并不想成为银翼杀手，只是为了生存下去才追杀复制人。

后现代主义极度排斥现代主义的意识形态，如工业革命、国家帝国主义、理性启蒙、科学狂热以及任何认为世界处于上升轨道的观念。欧洲学者在"二战"结束后不久就发起对西方文化的批判，但直到20世纪80年代，他们的社会学思想才在美国风行开来。

法国后现代主义者、社会思想大师让·鲍德里亚（Jean Baudrillard）①，在《论虚无主义》中表明他和同事们的态度既不能说是过分乐观，也算不上过分悲观。然而，他所描述的思想虚无的状态显然令大部分读者感到绝望。

> 我对后现代主义的印象是，它企图用嘲讽一切的方式获得快乐。现在，人们陷入了绝望——所有定义、任何事情，都被做完了。人可以做什么？还可以成为什么？后现代性就是一种尝试，希望使人类能够容忍危机四伏的现状。它不是别的，只是关乎如何在幸存者中存活下去。[3]

---

① 让·鲍德里亚（1929—2007），法国哲学家、现代社会思想大师、后现代理论家、知识的"恐怖主义者"。鲍德里亚作为家族中上大学的第一人，在巴黎获得了社会学博士学位，曾任教于巴黎第九大学和第十大学，从1968年出版《物的体系》开始，撰写了一系列分析当代社会文化现象、批判当代资本主义的著作，最终成为享誉世界的法国知识分子。

鲍德里亚与美国著名的美林证券公司不一样，他可不会"看涨美国"。

2.**人们已沦为工具的工具。**在《银翼杀手》的未来世界中，一家生物科技公司造出了比"自然造物"更优越的复制人，让它们在太空殖民地从事危险、脏乱的工作。为了确保对它们的掌控，制造者设定复制人只能有很短的寿命，其活动范围也被限定在地球外部空间。在一次人类自我毁灭的弗兰肯斯坦式的活动（即无法控制后果的科学发明）中，6个失控的复制人中的一个挑战了它的制造者并最终杀死了他。

远在《银翼杀手》拍摄前的20年，加拿大人马歇尔·麦克卢汉就开始研究传媒技术的历史，并观察到我们制造工具，它们反过来也在制造我们。他认为一切媒介都是某种人类功能的延伸——或为生理功能或为心理功能。例如，轮子是脚的延伸，书是眼睛的延伸，衣服是皮肤的延伸，电力是中枢神经系统的延伸。[4]观众们在《银翼杀手》中看到高科技复制人对抗它的制造者，而麦克卢汉并未在著作中描绘密谋传播病毒、试图掌控整个世界的超级电脑。在他看来，传媒对人类的影响是极其微妙和精细的。

按照麦克卢汉的观点，如果我们持续使用某种传媒技术，它就会改变我们的符号化环境——基于感官且经由社会建构，同时塑造了我们的认知、经验、态度和行为的意义世界。我们过于重视分析或抵制传媒所传播的信息的内容，却忽略了传媒本身即为信息的事实。他指出，理解传媒的最佳方式是运用生态学的视角。第24章介绍了麦克卢汉的传媒生态学理论。

3.**在后现代世界中，任何真理或道德准则都是存疑的。**在《银翼杀手》中，人类从来不曾基于正义的一般准则或代表大众利益来评判自身的行为。女复制人瑞秋救了狄克一命后，问他是否仍想杀她。基于个人原则，狄克回答说："不，因为我欠你人情。"但他仍然继续捕猎并让其他的复制人"崩溃"。至于真相，复制人绝望地固守着它们是真正的人类的渺茫希望，然而家庭成员合影和植入的记忆却并不能让它们感到确定。在这部悲剧色彩浓郁的影片末尾，观众不禁会怀疑在所谓人类和复制人之间是否存在任何差别。

鲍德里亚的同胞让-弗朗索瓦·利奥塔尔（Jean-Francois Lyotard）①在著作《后现代状态》中第一次使描述当代文化的后现代一词流行开来。利奥塔尔写道："简而言之，我把后现代定义为对宏大叙事的怀疑态度。"[5]他尤其针对那些自称对任何人都适用的思想体系，例如，马克思主义、弗洛伊德主义和基督教教义。任何自称真理的论调都忽略了知识具有相对性。根据后现代的观点，我们无法确知任何事情。我们获知的不是事实，而是对它的阐释。

---

① 让-弗朗索瓦·利奥塔尔（1924—1998），法国哲学家、后现代思潮理论家、巴黎第八大学教授。他的第一部著作为《现象学》，使他从此走上了以理解历史为真实任务的漫长教学与研究道路。他对意识形态的深刻批判扩展到美学、政治、经济、社会学等诸多领域，对思辨叙事的怀疑是他的思想的中心主题，也成为他所说的后现代主义的特征。

根据后现代的怀疑论，任何看上去稳固的事物终将烟消云散。影评人正是根据这一点将《黑客帝国》和《记忆碎片》贴上了后现代艺术的标签。美国热播的电视情景剧《宋飞正传》的成功则说明，连轻喜剧也同样具有善变的特性。正如它的制作人常说的："它的主题就是没有主题。"

4.**影像远比它们呈现的事物重要。**在《银翼杀手》的开头，人类和复制人的差别十分明显。人类是真实的；复制人则只是拟真——完美的"换肤人"。随着故事的展开，二者之间的界限变得模糊。复制人比人类更聪明、更强壮、更迅速，而且尽管它们的制造者不肯承认，但它们确实拥有人类的情感。在电影的结尾，二者的差别已经不复存在。事实上，瑞秋可能永远地活下去，而狄克的真实身份很有可能是复制人。人们永远处于不确定感之中。

后现代主义者确信，不断重复的传媒影像呈现出一种超现实——它比真相还要真实。我们对身材、住房、饮食、假期和性关系等的美好冀望都来自于不断重复且毫无事实依据的传媒勾勒的影像——这些影像创造了我们的预期。正如鲍德里亚指出的，"电视传媒不是社会的镜像，恰恰相反，社会才是电视传媒的镜像。"[6]对后现代主义者而言，问题不在于传媒是否会扭曲现实。在当代社会中，传媒才是我们唯一拥有的现实。

研究影像及其所指物的关系的学问，被称为符号学。第25章将介绍法国文学评论者罗兰·巴特的符号学理论，分析传媒影像以及它如何适应不同的终端。

5.**在传媒的帮助下，我们混合调配多种风格及品位以创造独一无二的身份。**《银翼杀手》就是一个混合的经典案例——它融合了科幻、爱情、动作、惊悚等众多电影类型。电影中的洛杉矶，有着破落的街道、哥特风格的建筑、以玛雅皇室元素装潢的公寓、外观模仿金字塔而内部装修简约现代的高达700层的办公大楼。主人公的个性同样是复杂多元的，每个人都在追寻内心3个问题的答案：我来自何方？我将前往何处？我还能活多久？

利奥塔尔认为，折中主义是后现代主义文化的特征之一。"一个人听雷鬼乐（reggae）①，看西部片，在麦当劳吃午餐而晚餐选择地方美食，身在东京却喷着巴黎香水，穿着来自香港的复古服饰，所谓知识就是电子游戏技能。"[7]在电视频道成百上千以及高速互联网相互联通的城市之中，身份建构的可能性永无止境。后现代主义不需要集体主义，它是个人主义的时代。

6.**后现代主义也可以被视作一种新的经济秩序——基于跨国资本主义的消费社会。**《银翼杀手》中的世界是由高科技企业集团——泰瑞公司，而非任何国家或政治联盟主导的。在这样的世界里，信息比生产更能决定利润。在消费社会，金钱的地位至高无上，个人既是消费主体，也是消费客体。

---

① 雷鬼乐是一种发源于牙买加的中美洲加勒比地区音乐，有明显的节拍而且节奏欢快跳跃。

著名的后现代主义者——杜克大学文学教授弗雷德里克·詹姆森（Frederic Jameson）在研究中采用了新马克思主义以及经济学的视角。他从我们生活的当下，即资本主义晚期阶段，看到"新的社会生活和经济秩序正在出现"。[8]他毫不惊讶，过去在高雅文化和所谓的流行文化之间的差距已经消逝。由于审美标准缺失，利润成为衡量艺术优劣的标准。迪士尼和时代华纳公司这一类的传媒集团，不得不按照那些具有金融控制权的人的兴趣来运转。

第26章将介绍斯图尔特·霍尔的文化研究，它采用类似于新马克思主义的研究法。霍尔的目的在于揭露传媒在维系当下社会权力现状时的作用。可以说，霍尔是受到制度性挤压的社会边缘人群的代言人。

麦克卢汉、巴特和霍尔都不曾明确地自称后现代主义理论学者，然而他们的理论对于解读传媒与文化关系的后现代主义式的分析的确助益颇多。与一些立场鲜明的后现代主义学者一样，他们的研究方法论具有高度的阐释性。相比之下，选择科学研究方法的传媒理论学者在研究传媒与文化二者关系时，侧重的是可测量的传媒效果，那些理论将在这一部分的后半段（见第27章至29章）介绍。

第24章　传媒生态学

创立人：马歇尔·麦克卢汉（Marshall McLuhan）

社会文化学派

纪录片《难以忽视的真相》在评论界和电影观众中大受好评，这一事实几乎令每一个人都感到吃惊。环保主义者们不曾预料美国前副总统艾尔伯特·戈尔①有关全球变暖的演讲会引起如此巨大的反响，更不会想到戈尔会因在环保方面的努力获得2007年诺贝尔和平奖。《难以忽视的真相》不但是史上票房大热的纪录片之一，还获得2006年奥斯卡该类别的最佳影片，似乎是触碰到了美国人对于全球变暖影响的引爆点。

当然，不可能每个人都喜欢这部电影。有些人不受影响，因为他们只在意他们所看到和听到的（见第16章）；另一些人则强烈反对戈尔的论点。尽管科学数据确实证明，大气气温在逐渐变暖，但气候变化是动态的。这些人认为，当前气温上升是由于大气的温度正处于它的循环上升期，以后还将降下去。这些持怀疑态度的人还追问，如何确定人类要对眼前的气候变化负起直接责任。[1]

有关全球变暖的争论表现出人们看待现代文明与环境的关系的不同态度。人类发明及其行为真的能影响到全球气温的稳定程度吗？我们是不是真的在影响我们的大气？如果这是真的，那它会反过来影响我们吗？

在20世纪60年代，多伦多大学英文教授马歇尔·麦克卢汉突然闯入了公众的视野，当时他曾就**传媒和文化**之间的关系提出类似的问题。如同《难以忽视的真相》一样，麦克卢汉的《理解媒介》一书也在短时间内激起了数量惊人的赞许和批评。麦克卢汉的理论认为，应从生态学的角度去理解传媒。技术进步改变了**符号环境**——即经

传媒：扩展传播范围、速度和渠道的技术变革的总称。

符号环境：由社会所建构的、感官性的意义世界。

---

① 艾尔伯特·戈尔（1948— ），美国政治家，曾于1993—2001年担任副总统，其后成为一名国际知名的环境学家，由于在全球气候变化与环境问题上的贡献受到国际上的肯定，因而在2007年获得了诺贝尔和平奖。

由社会建构、感官性的意义世界，它能反过来影响人类的认知、经验、态度和行为。

24.1 媒介即信息

麦克卢汉的名言"媒介即信息"，准确传达了他的传媒生态学的理论精髓。它有意打破我们惯常的思维，因为我们往往认为信息独立于传媒本身。**媒介**传递信息。麦克卢汉打破了信息与媒介之间的界线，认为这二者统一且同质。

提及**传媒**文化影响时，我们常常因**内容**的假象而迷惑。麦克卢汉写道："媒介'内容'就像是窃贼手中鲜美多汁的牛肉，其用途是分散思想领域看门狗的注意力。"[2] 我们关注内容，却忽略了**媒介**——实际上内容在媒介之外并不存在。《白鲸记》是一本书，《白鲸记》是一部电影，《白鲸记》还是一则口口相传的叙事。它们是不同的故事。从这一角度出发，我们不必抱怨电影和书籍不尽相同，因为电影从来就不同于书籍。电影就只能是电影而已。

无论一档电视节目关乎虎鲸、新闻事件、犯罪现场调查，还是为了发现下一个美国流行巨星，它的信息总是电视化的，传递了电视改变符号环境的直接体验。按照传媒生态学的视角，本书第 2 章提及的万事达信用卡广告的核心不在于它的内容，而在于它的电视化特征，譬如它对幽默感的依赖以及要在 30 秒长的商业广告中反复投放 10 次等等。传媒生态学者有可能会指责行为学家格伦、修辞学者马蒂在各自的分析中甚至不曾提到过上述特征。

媒介：传媒的特定类型；如书、报纸、广播、电视、电话、电影、网站及电子邮件。

24.2 传媒生态学的挑战

假如不了解传媒是以大环境的方式在施加影响这一前提，就不可能理解任何社会和文化变化。[3] 环境在本质上是易变和内部相关的，因此评价**传媒生态学**有相当难度。环境不仅是待辩识的事物；而且是许多事物之间错综复杂的联系。根据这一定义，这些事物仍只是大背景的一个部分。它们是所有一切，同时又什么都不是。麦克卢汉强调说："它们共同的准则、发散的结构和整体性模式是任何简单认知无法捕捉的。"[4]

传媒生态学：对由不同传播技术创造的、多种人际和社会环境的研究。

环境的隐身性

麦克卢汉喜欢引用人类学家的箴言："我们不知道谁发现了水，但我们知道那一定不是鱼。"同样地，人们很难认识"传媒在以大环境的方式施加影响"，因为我们是如此地沉浸其中。

麦克卢汉的传媒理论与传统的反对技术进步的警示不同。影片《弗兰肯斯坦》《侏罗纪公园》和《黑客帝国》中都有技术扭曲发展，最终对抗其人类发明者的情节假设。这些幻想中的威胁事实上是惊人地显而易见。只要我们的科技成果还没有在我们身后紧追不舍，我们倒还是暂时可以相信这些创造物不会对我们造成伤害。

在麦克卢汉看来，人们很难忽略新技术及其差异。影片提示的危机不是值得我们警惕的技术紊乱，相反，我们最需要留心的是已经融入日常生活的**科技**。当我们反复使用一种媒介，直到它成为我们自身的延展，它就改变了我们。由于每种媒介强调不同的感官，培养不同的习惯，反复使用某一媒介会使我们的感官有条件地只接收某些特定的刺激，而忽略掉其他的刺激。正如盲人会发展出格外灵敏的听觉一样，社会也会因时代中占据主流的媒介而改变。

正是由于传媒变得愈加普遍才使之具有隐身性。每当一种新媒介进入社会，人们总要花上一段时间去适应它的新奇。只有当它隐入我们的生活之中，我们才真正受到其模式的影响——即它的环境化的影响。加利福尼亚长大的女孩会毫无意识地吸收西海岸人的举止风度，而成长在电子时代的男孩则会不自觉地养成数字时代的作风。

> **科技**：麦克卢汉认为是强化传播的人类发明。

环境的复杂性

在《难以忽视的真相》中，戈尔提供的数据证实地球气候确实出现了显著变化。全球变暖的怀疑论者虽然不情愿地承认了平均气温的上升，但他们也指出，气候变化和人类活动排放的二氧化碳及其他温室气体之间不存在直接联系。鉴于环境有让人难以置信的复杂性，反对者总是能找到一些据称是导致气候变化的其他因素或条件。正如我们在第13章中读到的，系统性传播理论将其定义为**多因素决定论**（overdetermination）。谈到环境时，不会有一个容易套用的因果关系公式，如**每燃烧100万加仑的汽油，全球气温就上升0.0001度**。

> **多因素决定论**：殊途同归性；认为某一既定结果可能是由多种或其中任何一种相关因素引起的系统理论假设。

正因缺少明确的因果对应关系，人们很容易忽略自身对全球变暖因素的影响。如果每次我们给油箱加满汽油，都会使阳光更耀眼更炙热，我们会有动力去寻找替代性能源。同样，如果每次我们使用手机，耳朵就会重听而眼睛变得失焦，我们就有提醒自己注意的必要。理解传媒环境和社会之间的相互影响是一种微妙但却至关重要的努力，需要人们对渐生和突然的变化具有综合认知。基于这一理由，麦克卢汉追溯了人类历史上重要的传媒生态变革。

24.3　对人类历史上传媒工具的分析

麦克卢汉对那些不考虑符号环境（可分为口述符号环境、文字符号环境或电子符号环境）的影响就试图分析西方世界的社会批判家们持有批评的态度。他尤其指责现代学者拒绝承认电子传媒对当代社会中认知经验的革命性影响，认为他们就像鸵鸟一样把头埋在沙子里。

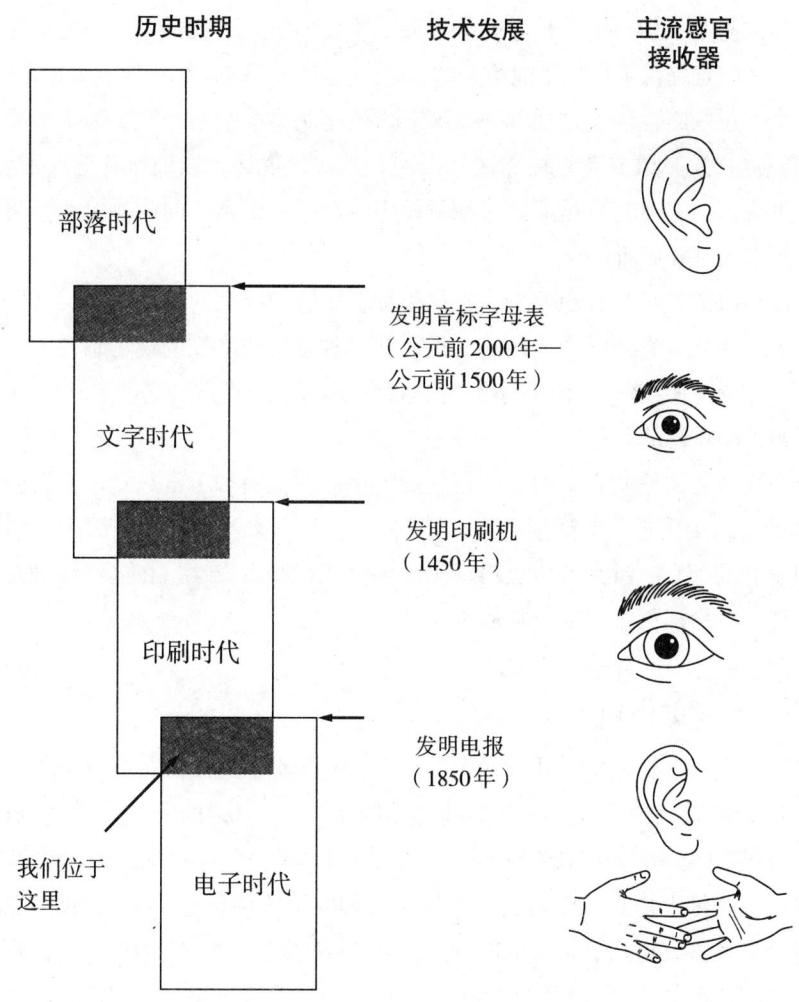

图24-1 马歇尔·麦克卢汉的历史传媒地图

正如图24-1所示，麦克卢汉把整个人类历史分为4个时期——部落时代、文字时代、印刷时代、电子时代。在麦克卢汉看来，改变人类生活最至关重要的发明是音标字母表、印刷机和电报。传媒技术每一次的突破，将推动世界从一个时代转换到另一个新的时代。20世纪出生的人身处印刷时代的末端和电子时代的开端，经历的恰好就是这种重大转换阶段。

部落时代：历史上的听觉时代

在麦克卢汉看来，部落村庄是依赖听觉的环境，听觉、触觉、味觉和嗅觉的发展远远超过视觉。在原始社会里，听觉比视觉更有价值。听觉让人更迅速地了解周围环境。视力在方向和距离上受到限制。视觉只能使我们感知到位于前方的事物。而对于跟

部落时代：听觉时代；社群时代，耳朵是主要的感知器官。

在我们身后或隐身在树丛中的掠食动物，假如不依靠听觉、嗅觉，我们无法感知它的存在。听觉和嗅觉提供了视觉不能给予的信息，这在部落时代是一种至关重要的能力。

声音全方位的特性可促进社群的凝聚。口语是基本的沟通经验。为了传递一个秘密，人们只能窃窃私语或者直接靠在某人的耳朵边上说话，以确保其他人不会听见。运用听觉的方式与私有化背道而驰。在群体中倾听某人讲话是向内凝聚的行为。在同一时间，每个人都在倾听。

口语是即时的，且具有现场感。它仅仅存在于它被听到的那一瞬间。口语表达不能被固定或具象化。它缺乏物质性。为了维持某种思想或事件的现场感，人们必须不断地分享、复述和传递。口语漂浮不定的特性不允许对它做剥离的分析。在部落时代，听觉是值得重视的。

麦克卢汉认为"原始人"的生活比他们识字的后代更加丰富、复杂，因为与眼睛不同，耳朵的运用更强调对环境的整体感知。"原始"人对社群有更深的情感，更能感知周边事物的存在。听觉环境也培育了更多的热情和自发性。在这种环绕立体声的世界里，任何事物都更加直接、即时和真实。

文字时代：视觉的视角

> **文字时代**：视觉时代；个人独立的时代，眼睛是主要的感知器官。

把声音信息转换为可视物从根本上改变了符号环境。眼睛成了耳朵的继承者。听觉的价值和作用日渐衰减。麦克卢汉认为在阅读文本大行其道的世界，属于左脑的个人"观点"将随即出现，假如读者不赞同这一判断，这恰好说明这一观念是正确的。

固着在一张纸上的文字将语义（意）从即时语境中剥离开来。在听觉环境中，脱离语境谈论某事某物几乎是不可能的。但在文字时代，这已成为现实。作者和读者都是与文本相分离的。语言不再是即时的，也不再具有现场感。它们既可以被反复阅读，也能够得到透彻的分析。听觉不再那么值得信赖，而"在书本里看见过"成为判断真伪的有力证据。

读写能力使人们脱离集体主义的部落生活，迈向"更加文明"的个人独立。阅读文字，而不是倾听讲话，将社群成员转化为互相独立的个体。尽管讲话和文本使用的单词有可能是一样的，但阅读文本的行为与讲话全然不同。前者需要的只是单一焦点。部落成员不再需要聚集到一起以获取信息。距离问题变得不再那么重要。

麦克卢汉认为音标字母表把线性方式确立为人类生活的组织原则。在写作时，字母与字母以相互关联、有秩序的方式排列。逻辑在一步步的线性进程中形成。在麦克卢汉看来，当具有读写能力的人说"我不赞同你"，他的意思其实是"我认为你的逻辑不合理"。他断言，字母的发明是数学、科学和哲学在古希腊突然出现的一大原因。他把20世纪非洲殖民地的政治突变看作是文字触发的从耳朵到眼睛的转换、非洲读者因此被相互区隔的现代证明。一旦受压迫的人学会阅读，他们就成为独立的思考者。

印刷时代：工业革命的雏形

如果说音标字母表使视觉依赖成为可能，印刷机的出现使其传播得更为广泛。在《古腾堡群星》（Gutenberg Galaxy）一书中，麦克卢汉强调活字印刷最重要的一个特征就是多次复制同一文本的能力。《理解媒介》这本书在美国多达10万本的印量验证了他的看法。印刷革命显示了同一产品大批量生产的能力，麦克卢汉因此称之为工业革命先驱。

麦克卢汉也注意到古腾堡的发明的一些潜在影响。具有微妙差异的地方口音被综合为一种固化的民族语言，民族主义随之兴起。与这种全新的统一感相伴而生的是，与之相对立的孤立和分离感。

印刷机这种重复性设备，肯定和延伸了新的视觉压力。它创造了便携的书籍，人们能够在私下里、与其他人毫无关联地进行阅读。[5]

许多大图书馆在主入口的石碑上刻着"知识使人自由"的警句。[6] 根据麦克卢汉的观点，图书馆为读者提供了与他人以及即时的周边环境保持距离的自由。

印刷时代： 视觉时代；书籍批量生产宣告了工业革命与民族主义的来临，此时的个体仍是孤立的。

电子时代：地球村的兴起

伴随着电报机的敲击声，批量印刷的媒介失去了它的力量。塞缪尔·摩斯（Samuel Morse）的发明还仅是第一代电子传媒装置，接下来目不暇给的进步使得位于街角的电子器材体验店对于老一代人来说像是充满了奇幻的魔术店。

电子时代： 即时通信的时代；重返即时听觉和即时触觉的地球村。

电报	电话	收音机
电影放映机	留声机	电视
复印机	电话应答机	
计算机	VCR（盒式录像机）	光盘
手机	传真机	电子游戏机
互联网	DVD	PDA（掌上电脑）	MP3播放器

麦克卢汉认为电子传媒使人类社会重回部落时代。即时通信重拾了前文字时代的对话传统，那时听觉和触觉比视觉更加重要。我们"重返未来"，建立了一个与从前村落全然不同的村落。我们现在处于**地球村**中。

电子媒介使我们即时地与任何人、任何地域保持联系。书籍延伸的是视觉，而电子环路延伸的却是中枢神经系统。[7] 保持与世界的持续联系成为常态。即时性（all-at-once-ness）是我们的现状。紧密的人类组织不复存在。孟买穷人腹中的咕噜作响与巴格达路边隆隆的炸弹响声，可以一直回响在波士顿的起居室中。我们作为后文字时代的第一代人，认为隐私既是过去时代的奢侈品，又是一种诅咒。地球像是一家百货商

地球村： 任何人都能了解所有人的事务、行事匆忙的世界性的电子社区。

店，爱管闲事的人关注着所有其他人的事务。"新部落主义就是指每个人的事务都是其他所有人的事务，人人都变得有些急不可耐。"[8]人类世界重返依赖听觉的空间。

线性逻辑在麦克卢汉描述的电子社会里不再重要。依赖听觉的人不再追问，"你明白我说的这一点了吗？"现在我们会追问，"怎样才能引起你的注意？"人们的感受比他们的思想更为重要。

数字时代？地球村的再度连线

数字时代：可能出现的第5个传媒时代，对各种信仰及价值观争论不休的个性化电子部落时代。

当基于数字文化的《连线》杂志在1992年创办时，它的主编把马歇尔·麦克卢汉奉为杂志的"守护神"。人们隐约感觉到又一场革命即将来临，并重新阅读麦克卢汉的著作以寻求指引。数字技术并没有使电子时代戛然而止，坦率地说，它仍然依赖电子时代的能源。数字时代完完全全是电子化的。

然而，毋庸置疑，数字技术的引进正在改变电子化的环境。电子传媒的大众时代正日益变得个性化。不同于一个单一向心的电子部落，我们看到围绕着极具个性的思想、信仰、价值观、兴趣和崇拜，越来越多的数字部落正在形成。与麦克卢汉非常乐意看到的大众意识不同，一种部落间混战的思想状态正在出现。这种部落化差异容易引发争论，但许多人从权力和控制力的去中心化中看到了新的希望。

如果麦克卢汉活到今天，他一定会发现数字传媒改变当前环境的新方式。他或许还会猜想电子环境是否真的是人类的最终宿命，是否还有一种新的传媒力在等着推翻上一世纪的传媒生态。

24.4 伦理反思：波兹曼与浮士德式交易

麦克卢汉的研究激发了其他学者的思辨，即某种特定的传媒环境对于沉浸其中的人类有益还是有害？尼尔·波兹曼在纽约大学创建传媒生态学项目，大多数人把他视为麦克卢汉的接班人。像麦克卢汉一样，波兹曼确信传媒形式控制甚至支配了该种特定传媒形式所能承载的内容。[9]举例来说，烟雾信号天然地无助于哲学辩论（这是自电影《切罗基族孩子》得出的结论）。

> 一阵阵的烟雾在表达关于存在的本质时显然不具有充足的复杂性。即使它有此能力，一位切罗基族哲人在达成第二公理时也可能已长久陷入缺衣短食的困境。你不能用烟雾来表达哲学。它的形式排除了表达这一内容的可能。[10]

波兹曼与麦克卢汉不同的是，他相信传媒生态学的主要任务就是进行道德判断。"老实说，"他有一次宣称，"一位学者若不是在道德（伦理）的语境中做传媒研究，我就不知道它还能有什么意义。"[11]

在波兹曼看来，新技术总是提供**浮士德式交易**——与魔鬼的私下交易。波兹曼最爱说的就是，"技术既能给予，也会夺走……有时，新技术的创造性超过它的破坏性；有时，它的破坏性则超过了创造性。事情从来不是只有单一的一面。"[12] 他的传媒生态学研究法致力于追问以下这些问题：**一项交易的道德内涵是什么？它的后果是更加人性化还是与之相反？从人类社会整体的视角，我们的所得是否多过所失？抑或是恰恰相反。**

> **浮士德式交易**：与魔鬼的交易；为了短暂的世俗利益而出卖灵魂。

波兹曼认为电视导致严肃的公共对话缺失，因而对整个社会是有害的。电视改变了信息形式，"从东拉西扯到全无推论，从建议到直觉，从理性到情感。"[13]《芝麻街》《60分钟》和《幸存者》等综艺节目拥有同样的气质——娱乐化。综艺节目风行使每件事情都成为娱乐，把每个人都变成未成年人。鸡毛蒜皮战胜了一切严肃性。

2004年美国总统选举前不久，脱口秀节目《每日秀》的喜剧演员乔恩·斯图尔特（Jon Stewart）就破坏美国公共对话一事控诉电视节目《交火》主持人的行为。这一事件震惊了美国的电视观众。斯图尔特指出《交火》把论战变得戏剧化，进而成为毫无意义的扯皮。一些人将斯图尔特的批评与波兹曼在《娱乐至死》一书中的观点相比较。斯图尔特的批评似乎是有道理的，然而它完全不同于波兹曼对于电视新闻节目的批评。斯图尔特认为像《交火》这样的电视节目应该承担更多的社会责任，而波兹曼则确信，只要是通过电视这一渠道，研讨专家就无法用严肃的态度作出反应。现已不再播出的《交火》，确实对公共对话有负面的影响，而这只是因为，它对于浅薄和愚蠢的电视化过于适应。

与麦克卢汉一样，波兹曼喜欢提问更胜于回答问题，我们不妨将他的理论总结为他一直鼓励我们要对任何新技术提出的3个问题：

1. 把这种技术当作解决方案的问题是什么？
2. 实际上，它究竟是谁的问题？
3. 假如我们有一个合理的问题有待解决，那么采用新技术的行为会带来哪些新的问题？

最后，波兹曼表达了对即将到来的计算机技术时代的忧虑。他质疑我们在科学计算的"权威"以及效率和量化价值面前是否过于轻易地做出了让步。他想知道对技术的探寻是否变得越来越比人性重要，人们是否愿意把信息当作智慧的替代选项。波兹曼的研究主要集中在电视生态学方面，但他的工作为一切符号环境树立了如何衡量其道德后果的先例。

24.5 评论：他怎么可能是正确的？如果他正确又该如何呢？

麦克卢汉把自己比作"告诉医生其最大的敌人既不可见、也不易辨识的微生物学家路易·巴斯德（Louis Pasteur）"。[14] 显然，两者之间最主要的区别是，巴斯德是一名最终为其细菌理论提供了切实证据的科学家。麦克卢汉理论的问题在于,他在缺乏科学依据的前提下指出了客观现实。换句话说,他用主观的方法得出客观的结论。

麦克卢汉面临学术团体对他的尖锐批评。他是电视时代的首批学术明星之一,巨大的知名度为他的方法和观点招致更多的轻蔑。批评麦克卢汉思想的论文集《麦克卢汉:热与冷》(*McLuhan:Hot & Cold*)及《麦克卢汉:支持与反对》(*McLuhan:Pro & Con*)中,到处充满着对他的指责:

(麦克卢汉)更喜欢破坏我们的注意力而不是引导我们去理解。[15]

他劫掠从岩画到《疯狂》(*Mad*)杂志的一切文化,以巩固他的思想体系防止坍塌。[16]

风格……是一种粘滞状的烟雾,透过它能隐约看见摇摇晃晃的隐喻。[17]

福德汉姆大学传播系主任乔治·戈登(George Gordon)把麦克卢汉的著作标注为"麦克卢汉式",斥责其毫无价值。戈登认为,"找不到一点可维持、可复制的科学证据,无论它是归纳的还是演绎的,能使麦克卢汉那些最著名的口号、隐喻和格言得以合理化。"[18]的确,谁会知道怎样证明音标字母表创造了希腊哲学,印刷机如何刺激民族主义的发展,电视为何是一种触觉型媒介呢?

不过,你也很难说麦克卢汉就是错的,因为搞不清他在说些什么。作为作家的麦克卢汉经常放弃他所宣称的印刷技术的遗产——线性逻辑和秩序。作为演讲者,麦克卢汉极其擅长打造名言佳句,然而他的理论高深莫测,并且从来没有被组织为便于理解的系统。他更喜欢提供理论性的隽永台词,任由人们按其表面价值接受或拒绝。

对于把可证伪性看作杰出理论的标志的人来说,麦克卢汉思想的跳跃性令人难以重视。然而,历史上不乏一些超越时代、不能被立即验证的理论。汤姆·沃尔夫(Tom Wolfe)反向地提出了以下的问题:"如果麦克卢汉是正确的,又该如何呢?听上去他岂不就是继牛顿、达尔文、弗洛伊德、爱因斯坦和巴甫洛夫之后最重要的思想家?"[19]

麦克卢汉的历史分析强化了人们对传媒新技术可能造成的文化影响的关注。尽管有些学者在叙述方式上有所缓和,或以更为严谨的态度处理文献资料,但至今没有人能像麦克卢汉那样,仅用迷人的陈述和戏剧化的隐喻就将传媒意识提升至一定层次。

如果按照麦克卢汉自己的理论体系对其批判的话,焦点或许是他的著作的实际"效果"。他精辟的观点是否如同出色的广告,只会让人产生浅薄的意识?麦克卢汉是否仅仅把一种重要的思想麦当劳化了?名言或佳句是否真能产生显著的差异?

曾在科罗拉多大学主持行为科学研究院的已故经济学家肯尼思·博尔丁(Kenneth Boulding),用以下一番话来概括或支持或反对麦克卢汉的反应,"麦克卢汉的理论或许是具有创见的思想的典范,但它并没有确实地击中要害。"[20]

帮助你深入思考的问题：

1. 麦克卢汉对于互联网对**地球村**的影响会发表什么看法？联系美国人在公共政策、政治和宗教领域参与度持续下降的事实。[21] 你认为**电子技术**是否加强了社会联系？

2. 掌上电脑、便携式电话、MP3 播放器和掌上电子游戏等便携式传媒设备是怎样改变**传媒环境**的？这些设备对人类的感知力有何影响？

3. 除了内容上的变化以外，在阅读一本书并看完由这本书改编的电影和电视节目以后，你认为它们之间有什么不同？

4. 你能否找到一种方法将麦克卢汉的**传媒生态学**观点证伪？

扩展阅读：

推荐阅读：Marshall McLuhan, "Playboy Interview: A Candid Conversation with the High Priest of Popcult and Metaphysician of Media," March 1969, p. 53ff. Reprinted in *Essential McLuhan*, Eric McLuhan and Frank Zingrone (eds.), BasicBooks, New York, 1995, pp. 233–269.

麦克卢汉入门：Marshall McLuhan and Quentin Fiore, *The Medium Is the Massage*, Gingko, Corte Madera, CA, 2005.

印刷媒体影响：Marshall McLuhan, *The Gutenberg Galaxy*, University of Toronto, Toronto, 1962.

电子传媒影响：Marshall McLuhan, *Understanding Media*, McGraw-Hill, New York, 1964.

麦克卢汉与数字媒体影响：Paul Levinson, *Digital McLuhan: A Guide to the Information Millennium*, Routledge, London, 1999.

麦克卢汉早期及晚期思想：Bruce E. Gronbeck, "McLuhan as Rhetorical Theorist," *Journal of Communication*, Vol. 31, 1981, pp. 117–128.

知识的根源：Harold Innis, *The Bias of Communication*, University of Toronto, Toronto, 1964.

方法论：Paul Levinson, "McLuhan and Rationality," *Journal of Communication*, Vol. 31, 1981, pp. 179–188.

传媒生态学后续发展：Walter Ong, *Orality and Literacy: The Technologizing of the Word*, Methuen, London, 1982.

尼尔·波兹曼的新媒体伦理观：Neil Postman, *Amusing Ourselves to Death: Public Discourse in the Age of Show Business*, Viking, NY, 1985; Neil Postman, *Technopoly: The Surrender of Culture to Technology*, Knopf, New York, 1992.

批判理论与对麦克卢汉的再思考：Paul Grosswiler, *Method Is the Message*, Black Rose, Montreal, 1998.

后现代联系：Gary Genosko, "McLuhan's Legacy of Indiscipline," in *Undisciplined Theory*, Sage, London, 1998, pp. 154–182.

评论：Gerald Stearn (ed.), *McLuhan: Hot & Cool*, Dial, New York, 1967.

第25章 符号学

创立人：罗兰·巴特（Roland Barthes）

实证性　　　　　　　　　　　　阐释性
符号学派

1991年海湾战争期间，美国发动"沙漠风暴"行动推翻萨达姆·侯赛因对伊拉克的统治，此时，得克萨斯大学人文学院的学生正在展开一场奇怪的户外装饰竞赛。该竞赛由某个服务组织发起，它的成员在校园里几乎所有的树木上系上大大的黄丝带。而在停战前夕，另一个学生团体通过往这些树木上系黑丝带来表达他们的抗议。学生们这些复合性的符号运动给校园社区里的人带来了困惑、沮丧和娱乐化等不同感受。

传播学者如何看待这些刻意陈列、相互对立的丝带？法国文学评论家和符号学家罗兰·巴特认为，它们是复杂的、多面的、有待解读的符号。1980年，巴特因受到洗衣店的卡车撞击而当场死亡时还出任着法兰西学院文学符号学的教职，对他而言，解释符号是符号学的目标。在颇负盛名的经典著作《神话学》中，巴特致力于解释各式各样的视觉符号的文化意义——从电影《凯撒大帝》中演员脸上的汗水到一位年轻的非洲士兵向法国国旗敬礼的杂志照片。

和大多数知识分子不同的是，巴特经常为大众期刊写作，还偶尔出现在电视上评论法国中产阶级的弱点。他的同事认为他的语言机智诙谐、一针见血、富有文采，甚至意味深长——总之，从来不致枯燥乏味。显然，他启发公众思考。在4卷本的《世界传播百科全书》中，除了亚里士多德，巴特被提到的次数比书中任何一个理论学者都要多。[1]

符号学（英文有两个对应单词：semiotics 和 semiology，前者多用于美国）关注的是**能代表其他东西的任何事物**。意大利符号学家、小说家翁贝托·艾柯（Umberto Eco）

符号学： 由符号系统产生的社会意义的研究；对能够代表其他东西的任何事物的分析。

机智地表达了上述关切。他认为，符号学是"一门研究一切用来撒谎的事物的学科，如果某一事物不能用来叙述谎言，相应地，它们就不能用来说明真相；简而言之，它们什么都无法表明"。[2]巴特感兴趣的是看似简单明确的符号所传递出的意识形态或言外之意以及它所延续的社会主流价值。就这一点而论，它们都具有欺骗性。

巴特是一位多变的思想家，在他的一生中，曾不止一次地改变对符号运作途径的看法。目前，大多数符号学实践者仍在追随他最初的理论分析及基本概念。巴特针对符号运作方式，尤其是那些经由大众传媒传递的符号，提供了了不起的见解。

25.1 绞尽脑汁处理符号

巴特最初把他的符号学理论描述为对**神话**（myth）的解释。后来，他又改用**内涵**（connotation）一词来表达符号无论走到哪儿都背负着意识形态的包袱。巴特的大部分学生认为，内涵一词更好地表达了他的真实关切。

倘若不提前了解巴特看待符号结构的方式，我们就无法理解他的**内涵**理论。巴特的思想受到瑞士语言学家弗迪南·德·索绪尔（Ferdinand de Saussure）的强烈影响。索绪尔创造了**符号学**一词并提倡符号学研究。[3]为了说明巴特的核心理念，我将节选他一篇支持像美国摔跤明星胡克·霍根（Hulk Hogan）那样摔跤的文章。然后，我们再用符号学的理论解释"沙漠风暴"行动期间系在树上的丝带的意义。

神话：符号在任何地点出现都携带着的隐含意义；神话使所谓的文化看上去较为自然。

符号是能指和所指的组合

能指和所指的区别可以在巴特对摔跤选手的生动描写中找到。这位摔跤选手由比赛承办人挑选，代表的是令人反感的懒汉：

> 一旦对手进入摔跤场，观众就会立即明白各自的角色。就像在剧场，每一个肢体动作都可能意味着打败对方。塞恩，一个身体肥胖松垮的50岁男人……身体状态体现了他卑贱的个性……我从一开始就知道塞恩所有的行为，他的背叛、残暴以及懦弱的表现会符合他给我留下的卑劣的第一印象……因此，摔跤选手的身体构成了一个基本符号，就像一粒种子包含着所有的生长信息一样。[4]

巴特指出，摔跤手的身体意象是**能指**（signifier）。下流或不公平的概念是**所指**（signified）。两者的结合——邪恶的身体——就是**符号**。

符号：能指与所指不可分割的组合。

能指：人们通过感官可以感知的符号的物理形式；一幅图画。

所指：人们附着在符号上的意义。

这种定义符号的方式与语词的惯用法不同。我们通常认为，摔跤手的身体是他卑贱——或者任何出现在脑海中的形容词的符号。但是巴特认为，摔跤手的身体只是整个符号的**一部分**，即能指的部分。另一部分是隐藏着的卑劣的概念。能指不是所指的符号。相反，它们要通过一条不能分开的纽带结合在一起才能构成统一的符号。

巴特把符号描述为能指和所指的组合，这一观点借鉴自索绪尔的思想。这位瑞士语言学家视符号为一张两面都写字的纸——一面是能指，另一面是所指。如果你从一面切开它，同样地，另一面也会被切开。

能指的意象和所指的内容之间有任何逻辑联系吗？索绪尔坚持认为二者的关系是随意的——是一种相关的关系而不是因果关系。巴特却没有这么肯定。他认同索绪尔以及英国文艺评论家 I.A.理查兹的主张，语词没有与生俱来的意义。例如，裁判这个语词既不能代表赛场上的第三方，也无法让摔跤手塞恩遵守规则。然而，非语言性的能指似乎和它们的所指之间具有天然的关联。巴特指出，塞恩的身体是如此丑陋而令人作呕。因此，他把能指和所指的关系界定为"准随意性"。毕竟，塞恩确实将卑劣的个性呈现给大家。

一个符号并不能代表自身：它只是系统的一部分

巴特把他的文章命名为《摔跤的世界》，因为和其他符号系统一样，摔跤的过程创造了它自己独有的相互关联的符号世界：

> 因此，摔跤的每一个片断都像是代数算式，这个算式可以立刻解开原因和它所引起的结果之间的关系。摔跤迷们在看到道德机制如此完美地发生作用时，一定体验了一种智力上的愉悦……摔跤手很有经验，深知如何引导打斗时自然迸发的情节，让它们符合公众对其神话主题的期待。一个摔跤手可以让人兴奋或厌恶，但他从不会让人失望，因为他总是以一个渐进的稳固符号来满足观众对他的期待。[5]

巴特指出，摔跤手的角色是被一板一眼勾勒的，几乎不存在创新空间；摔跤场上的人按照封闭的符号系统运作。通过对观众定向期待的回应，摔跤手也与那些不时喝彩或起哄的粉丝一样，成为比赛的旁观者。

摔跤只是众多符号系统其中之一。巴特还探究过名牌服装、法国菜、汽车、日本人送礼的风俗、家具、都市布局以及性的公开展示等文化现象。他尝试界定和分类所有符号系统的共同特征。这种结构分析被称为**分类学**（taxomomy），而巴特的著作《符号学原理》是一本"名副其实的分类手册"。[6]巴特宣称他的分类学"冒着让人厌烦的风险"，但却强化了他的如下信念：符号系统尽管有明显的差异，却是以相同的方式在运作。

巴特相信文化的符号系统有助于维持现状。围绕某些社会核心符号的神话呈现的是今天的世界——不管多么混乱和不公正——却**自然**、**不可避免**、而且**永恒**。神话的功能在于庇佑混乱。我们接下来介绍巴特的内涵理论（神话理论）。该理论指出，看似中立或单调的符号其实暗藏玄机。

25.2　黄丝带的转变：从宽恕到自豪

根据巴特的观点，不是所有的符号系统都带有神话性质，也并不是每个符号都带有意识形态的包袱。当其他符号用强烈的感染力或言外之意促使人们认同特定的世界观时，某个符号要怎样才能保持情感的中立呢？巴特认为神话系统（内涵系统）是一个**二级符号系统**——建立在已有的符号系统之上。第一系统的符号将变成第二系统的能指。下面这个具体案例将会帮助我们理解巴特的阐释。

在《美国符号学学刊》的一篇文章中，爱默生学院的唐纳德·弗赖伊（Donald Fry）和弗吉尼亚·弗赖伊（Virginia Fry）研究了20世纪80年代伊朗人质危机期间美国普遍流行的系黄丝带行为。[7]他们追溯了这种直白的黄色符号如何转变成一个具有意识形态的符号。10年之后，美国在"沙漠风暴"行动期间大量使用黄丝带，又为弗赖伊夫妇的分析增添了新的内容。我将采用他们有关黄丝带的升级案例来说明巴特的符号学理论。

《在老橡树上绑一根黄丝带》这首歌是美国1972年最畅销的流行歌曲。[8]它是由托尼·奥兰多和道恩演唱的，歌词表达的是一个在狱中服刑的囚犯的故事。这个囚犯不断写信给他深爱的女人。在狱中服刑3年后，他即将出狱，准备搭乘巴士回家。由于害怕被心爱的人拒绝，他想出了一个既能让她表明心意、又能避免面对面造成尴尬的办法。

每当巴士经过城镇时，车内的乘客总能看见她家门前的那棵大橡树，他要求她把这棵树当成信息板。如果她还爱着他，不计前嫌希望他归来，在橡树的树干上系一根黄色的丝带，他就会知道她已经原谅了他，两人可以一起开始新的生活。如果和解的标志没有出现，他将留在巴士上，接受关系破裂的惩罚，一个人独自开始新的人生。

很明显，这时黄丝带是接纳的符号，但不是一般意义上的接纳，双方关系已有裂痕，伤痛需要治愈。弗赖伊夫妇认为，黄丝带在歌中的原义是"宽恕耻辱"。

1991年，美国陆军开展"沙漠风暴"行动时，黄丝带仍带有"我们希望你们回来"的信息。不管是系在树上、别在头发上还是缝在衣领上，黄丝带依然意味着"欢迎回家"。这时，不再有任何羞愧的行为需要宽恕或不光彩的过去需要克服。越南战争已是陈年旧事，美国成为"世界新秩序"的领导者。人们想要颂扬凯旋而归的英雄。

围绕黄丝带的心态已变成胜利的喜悦、自豪甚至自负。美国军队在空中拦截了飞毛腿导弹，把"精密制导炸弹"引导至空调系统的通风井，穿越沙漠击溃了萨达姆·侯赛因的部队。人们沉浸在"黄色热潮"中。超过90%的美国公民支持美国政府在波斯湾采取的行动。黄丝带不再代表单纯的私人和解，而演变为炫耀民族主义的符号。它的所指由最初的宽恕耻辱变为胜利的骄傲。

25.3 神话的制造：剥除符号的历史

根据巴特的理论，从"宽恕耻辱"到"胜利骄傲"的转变遵循了典型的符号学模式，图25-1展示了这一模式。

巴特宣称，每一个带有意识形态的符号都由两个相互联系的符号系统叠加而成。第一系统具有严格意义上的描述性——能指的意象和所指的概念结合并构成一个外延符号。符号系统的3个元素都基于"系上一根黄丝带……"。图25-1的左上角的名词标有阿拉伯数字。内涵系统的3个部分则以罗马数字表示。值得注意的是，第一系统的符号有双重作用，它同时还是海湾战争内涵系统的能指。按照巴特的观点，这个横向转变，或者说内涵的横向跨越，是中立符号转变为意识形态工具的关键。顺着他的思路，我们逐步分析这一图表。

外延符号系统的能指（1）是黄丝带的意象，它深刻地烙印在听过1972年这首流行金曲的人们心中。所指的内容（2）包括犯罪以及狱中服刑的耻辱，这名受刑人愿

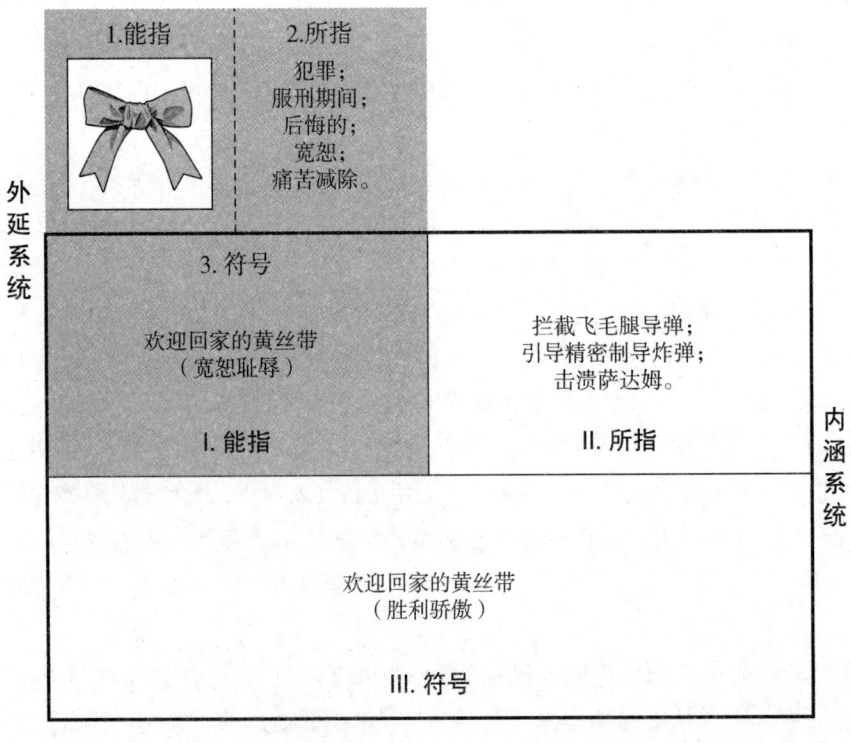

图25-1　作为二级符号系统的内涵系统　　根据巴特《今日神话》改编

意为3年的分离承担责任。当这位美国灰狗长途巴士的旅客看到橡树上系满黄丝带而高声欢呼时,先前的紧张一扫而空。相对应的外延符号(3)就是"宽恕耻辱"。对那些从广播中听到这首歌的人来说,黄丝带的符号代表的就是这个意思。它是一个充满遗憾和宽慰的符号。

最新的用法延用外延系统中符号的意义,并让它成为第二(内涵)系统的能指(Ⅰ)。"欢迎回家"的黄丝带和所指(Ⅱ)向世界大声宣告有意向性的内容——"我们的科技能击败你们的科技"相匹配。当黄丝带的象征意义被僭越为支持美国民族主义的神话时,这个符号随之失去了它的历史。

作为**内涵符号系统**的能指,黄丝带不再源于歌曲的细节。它不再代表赋予其意义的狱中3年艰难时光、忏悔、罪行和宽恕,不再表示有太多的事情需要原谅。服务于新的神话符号系统的黄丝带成为空洞、失去时间意义和有其形而无其物的一个符号。然而,巴特认为,这并不意味着符号的最初意义已经消失:

> 这一切的关键点在于形式不能抑制意义,它只是在耗尽意义、将其搁置一边、使之任由某人控制。人们相信,意义即将死去,但这一死亡是附带缓期的死亡;意义失去了它的价值,却保全了生命,在这个生命中……神话将汲取它的养分。[9]

在内涵系统中,黄丝带的普遍意象已和其所指——我们在CNN上看到的有关在海湾战争中取胜的内容相匹配。但是,这个能指不能唤起有历史意义和文化意义的过去,所以,神话符号(Ⅲ)的其中一部分就承载了"虚假外壳"(crust of falsity)。[10]例如,直到萨达姆·侯赛因入侵科威特时,美国人才意识到供应武器给他是有罪的。而且由于神话传播无法想象任何疏离的、新的或其他的意义,这个符号扫除了一切有关老百姓命丧巴格达的念头。意义发生转变的黄丝带现在成了至高无上的符号,不容许任何的质疑,譬如说觊觎石油才是美国鼓吹联合国"人道"干预的主要动机。

在我为这本教材的第7版撰写本章评论时,美国发动了对伊拉克的第二次战争,一场持久而血腥的遭遇战。数以百万计的黄丝带磁贴被贴在汽车和卡车尾部,上面印着"支持美军"的字样。基地组织发起的"9·11"恐怖袭击和黄丝带上的文字能够改写巴特分析这些神话符号系统的方式吗?恐怕不能。如果巴特还活着,他肯定会指出,符号仍然在掩盖某些罪恶的历史和羞耻感——即使在萨达姆·侯赛因被剥夺权力之后,美国仍爆出在阿布格莱布和关塔那摩湾虐囚的丑闻,不能给悍马部队配备装甲,也提不出任何保卫和平的计划。

作为一位从直观符号中寻找潜在意识形态的符号学家,巴特也可能注意到,支持美国军队的黄丝带呼吁民众写鼓舞人心的信件,为军人的安全祈祷,而且当他们回家时,要大力赞扬他们的付出。实际上,它还可能使对总统乔治·W·布什入侵伊拉克的决定的公开批评被贴上"不爱国"的标签。在2004年大选前夕，黄丝带和两党候选人布什及切尼的汽车保险杠贴纸的并置，以及售卖黄丝带磁贴的网站的保守立场都清晰地说明，它们不是中立的外延符号。

25.4 揭秘同质社会的神话

巴特认为，只有熟稔符号学的人才能发现内涵符号的空洞性。而对于大多数的美国人，黄丝带将不断引发他们未经反省的"我们世界第一"的民族自豪。人们热爱自己的国家是理所应当的。然而，这正是神话符号的问题所在。它们过于**理所应当**。它们不需要解释、不需要辩护，确定而且毋庸置疑。符号学家因此需要曝光或解构这些神话系统。

类似的解构冲动激发了左倾反战学生群体在校园的树木上系黑丝带的行为。以他们的观点来看，爱国学生系上的黄丝带是附着在国家意义上的具有破坏力的民族主义的辐射。这些社会行动者扮成符号学家，系上一个与之相竞争的符号，以揭露黄丝带所传播的、带有侵略性的内涵系统。

罗兰·巴特终其一生都在解释和揭发强加于天真的影像消费者的**意识形态**。能指的出发点各不相同，但在巴特看来，社会内涵的终结点通常是殊途同归。**神话符号将强化它们所属文化的主流价值观**。例如，我们之前叙述的摔跤比赛乍看上去似乎只是无伤大雅的周六夜晚的多元化娱乐。但在巴特善于观察的眼中，这可能就是危险的神话制造地。他解释道，高尚正直的摔跤手最终打败破坏规则的恶汉，代表的是生造出的纯"正义"的意识形态。观众看到的"邪不胜正"对生活在道德观模棱两可、不平等根深蒂固的世界中的他们而言，只是一种虚假的宽慰。

> 因此，摔跤中所描述的内容是对事物理想化的解读；这对于那些在模糊化的日常情境中成长起来，却要面对一个符号最终将被还原为动机的全景式的真实世界的人来说是一种极大的欣喜。[11]

依照巴特的观点，意识形态符号通过将历史转变成自然秩序来维持社会现状——假装社会现状是事物的自然秩序。以丝带和摔跤比赛为例，有关个人、前提、文化和突发的一切全都消失不见，我们能看到的只是让这个世界看来理所应当和永恒不变的符号。巴特的分析让人回想起与"天主经"、"圣母经"齐名的"圣三光荣颂"最后几句歌词，许多基督徒在做礼拜时都会吟唱它：

> 起初这样。
> 现在这样，以后也这样。

永无穷尽。阿门。阿门。

对于忠诚的信徒而言，吟唱这首只关乎上帝的圣音是极为自然的反应。即便是这样的特例，巴特也不认为它就应该是理所当然的。他的符号学致力于揭露他眼中的控制社会意识形态的异端邪说——或说历史的异化。

25.5　大众传播符号学："我想成为像乔丹那样的人"

就像摔跤选手和黄丝带一样，大部分符号学符号一经电子和印刷媒介传播，就具有了文化显著性。符号——以及权力和优势议题——对大众传播而言是不可或缺的，巴特的符号学分析也因此成为影响深远的传媒理论。正如一位讨论符号学的学者金庆（Kyong Kim）所总结的：

> 大众传媒传递的信息不再是信息，而是被想象的主题浸泡过的商品。它的受众除了是这类商品的消费者以外，什么也不是。人们不应该忘记，与自然界不同，传媒现实总是具有政治性。回应大众传媒符号时出现的大众意义并不是一个自然的过程。它更像是一种虚假的效果，由想要达到其他目的的大众传媒精心计算和制造。[12]

使商业电视获得丰厚利润的广告同样会制造层层内涵以重新确定现状。1998年NBA季后赛期间，一支播出次数最频繁的商业广告演绎的是，芝加哥公牛队的超级巨星迈克尔·乔丹在过掉一堆无力反应的防守队员之后扣篮，接着他在主场的欢呼声和球迷的赞美声中畅饮佳得乐运动饮料。在球迷中，让人印象最为深刻的是一名学龄前非裔美国男孩，他抬起头仰望巨人般的乔丹。我们听到他在唱："有时候我梦见他就是我。"他**确实**想成为像乔丹那样的人！

显然，广告把佳得乐和篮球巨星的非凡成就联系起来，是为了销售这种运动饮料。畅饮这个饮料就是为了向这位巨星靠近。就这个意义而言，小男孩（而非迈克尔本身）成为该商业广告的关键符号。在外延系统，小男孩热切的注视是能指，他要成为一名伟大运动员的梦想是所指。导向性的外延符号——热切的注视——可能会让佳得乐成为畅销饮料。但是，作为第二内涵系统的能指，它具有更大的文化影响力。

在内涵层面，最初的"热切注视"是一个新的二级系统的所指——广告的受众受邀参与这个有关个人未来的大众梦想。广告鼓励观众期待即使在最好的环境下也难以企及的生涯和目标。微软的CEO、纽约交响乐团指挥、好莱坞最具魅力的天才、美国总统以及全球最顶尖的艾滋病研究员都成了与"热切注视"所衍生的内涵符号相匹配的生活高度。借由迷人的视觉影像、振奋人心的配乐和戏而不谑的幽默，商业广告美化了**无法满足的欲望**，这就是它的二级符号的本质所在。这就是美国，想入非非、目标高大，而且不到顶峰绝不满足。要做人上人——就得尽力去做并购买所需要的。从意识形态的观点来看，这类渴望奴役了普通民众并推动资本主义制度的发展。商业广告激发了观众热情、想当然的反应，它还隐秘地强化了我们基本的文化神话，即成功具有无限的可能性。在巴特看来，这种神话——是为了让握有商业和权力的统治者维持他们的统治。

巴特毫不犹豫地致力于揭露符号的诡计，即被二级内涵系统耗尽的原始符号所隐含的历史真实。在这一事例的外延层面，广告片中对乔丹着迷的非裔美国男孩，必然成长于种族不平等和经济困难的环境中。迈克尔·乔丹的成就及身材短小的球迷的梦想，存在于非裔美国人必须特别努力才能出人头地的现实中。纪录片《篮球梦》曾生动地刻画美国都市街头的篮球场上随处可见、充满憧憬的少年，它也反映出充斥在大城市周边的贫穷、滥用毒品、家庭破碎和艰苦生活，往往构成足以吞噬这些年轻人的威胁。相比之下，广告片中二级系统所隐含的渴望，脱离了这可怕的社会现实。小男孩、他的生活与梦想巧妙地被这个系统所吸收。至少，巴特会这样解析。

25.6 评论：神话符号能永远维系现状吗？

巴特对文化符号的阐释令人着迷且很有说服力。但是，内涵系统一定带有意识形态，而且无可避免地代表统治阶级的价值吗？现实中有可能存在一些表达不同观点或支持另类声音的符号学系统。有些学生认为，巴特用单一的马克思主义研究方法分析隐喻的方式，与阴谋论较为相近。他们不同意一切符号再现都是资本主义的密谋，以及诸如黑丝带的视觉符号不能抵御主流文化价值的观点。

宾夕法尼亚大学政治科学家安妮·诺顿（Anne Norton）[①]将巴特的符号学研究方法做进一步扩展以解释其他的可能性。例如，她认为著名女歌手麦当娜的MTV中的人物角色意味着自主、独立的性，鼓励年轻女孩控制环境——而非被环境所控制。事实上，麦当娜"将自己建构为'拜金女郎'（material girl）从而颠覆掉大量文献资料所积累的体系和实践"。[13]

得克萨斯大学传媒学者道格拉斯·凯尔纳（Douglas Kellner）[②]则表示，通过麦当娜对刻板成见和意象的故意操纵，女性的"欲望"在其争取个人身份认同时被赋予了权力。她挑逗的装扮以及不加掩饰的情欲流露，乍看上去似乎在强化传统的父权社会

[①] 安妮·诺顿（1954— ），美国政治科学和比较文学教授，著有《反思政治认同》《符号共和国》等。
[②] 道格拉斯·凯尔纳（1943— ），美国媒介批评理论家，又被称为法兰克福学派第三代批评理论家，著有《批评理论、马克思主义和现代性》《后现代转折》等。

中对女性的看法，然而她在舞台上的角色把女性的身体重新建构为"取得财富的手段"，而且将其性意识塑造为"女性力量的一种形式"。[14]同样，黑丝带也是挑战现状的反文化内涵系统的一个例子。通过在树上系上黑丝带，抗议者提醒校园里大力支持"沙漠风暴"行动的人们，战争往往意味着双方人员的死伤。史蒂文·斯皮尔伯格的电影《拯救大兵瑞恩》提供了类似逼真的内涵认知。

真理或许介于二者之间。社会学家迪克·赫伯迪格（Dick Hebdige）[①]在其著作中分析英国劳工阶级中的年轻人，研究摩登派、朋克、嬉皮士、古惑仔和其他反文化群体的外表和风格。他认为这些人的行为符号最终会被主流社会吸收，但他们与众不同的风格经常带来短暂的颠覆意义上的快感。在一段时间内，性手枪乐团的服饰、发型和吉他弹奏方式表达了朋克摇滚乐队在风格上对主流社会秩序的挑战，然而这些表达拒斥的符号不久就会变成陈腐的现状。[15]

不管我们是否接受巴特的一切内涵符号都会强化主流价值的观点，他对意象的符号学研究法仍主导着大量传播学者的核心视角，尤其对那些强调传媒和文化的学者而言。例如，文化研究大师斯图尔特·霍尔直接在巴特对神话分析的基础上，建立了对大众传播"支配权"的批判[16]，他创新性的分析值得专辟一章来进行介绍。

帮助你深入思考的问题：

1. 一款令人喜爱的服饰或珠宝的**能指**和**所指**是什么？你能想到一种这个符号**已被剥除的历史内涵**吗？

2. 为什么巴特认为**揭开**或**解构**符号的原始**外延**很重要？

3. 从不同的电视真人秀中识别两个以上不同的**非语言能指**，它们有基本相同的**所指**——"你不属于这里"。

4. "胜负到要最后一刻才见分晓"：这句陈述最初指向的**外延能指**、**所指**和**符号**是什么？如果将其用于棒球比赛，什么**内涵变化**改变了原始符号的意义？

扩展阅读：

推荐阅读：Roland Barthes, *Mythologies*, Annette Lavers (trans.), Hill and Wang, New York, 1972, especially "The World of Wrestling" and "Myth Today," pp. 15–25, 109–159.

巴特的结构主义：Annette Lavers, *Roland Barthes*: *Structuralism and After*, Harvard University, Cambridge, MA, 1982.

---

① 迪克·赫伯迪格（1951— ），著名当代文化批评家和理论家，早年在文化研究的发源地——伯明翰大学的当代文化研究中心攻读硕士学位，师从伯明翰学派的灵魂人物——斯图尔特·霍尔，著有《亚文化：风格的意义》《切割与混合：文化、认同和加勒比海音乐》《躲在壳中：形象和物品的研究》等。

与符号学有关的论文：Roland Barthes, *The Semiotic Challenge*, Richard Howard (trans.), Hill and Wang, New York, 1988.

索绪尔有关符号的思想：Ferdinand de Saussure, *A Course in General Linguistics*, McGraw-Hill, New York, 1966.

符号学简介：Daniel Chandler, *Semiotics：The Basics*, Routledge, London, 2002.

媒介符号学：Kyong Kim, *Caged in Our Own Signs：A Book About Semiotics*, Ablex, Norwood, NJ, 1996.

应用符号学：Wendy Leeds-Hurwitz, *Semiotics and Communication：Signs, Codes, Cultures*, Lawrence Erlbaum, Hillsdale, NJ, 1993.

二级符号系统中的黄丝带：Donald Fry and Virginia Fry, "Continuing the Conversation Regarding Myth and Culture：An Alternative Reading of Barthes," *American Journal of Semiotics*, Vol. 6, No. 2/3, 1989, pp. 183–197.

传媒符号释读：John Fiske and John Hartley, *Reading Television*, Methuen, London, 1978.

符号学与修辞学的关系：Don Paul Abbott, "Splendor and Misery：Semiotics and the End of Rhetoric," *Rhetorica*, Vol. 24, 2006, pp. 303–323.

罗兰·巴特传记：Roland Barthes, *Roland Barthes*, Richard Howard (trans)., Hill and Wang, New York, 1977.

巴特对其理论的评论：Roland Barthes, "Inaugural Lecture, College de France," in *A Barthes Reader*, Susan Sontag (ed.), Hill and Wang, New York, 1982, pp. 457–478.

如欲了解查尔斯·奥斯古德（Charles Osgood）的与语言指示性有关的意义中介理论，请在www.afirstlook.com点击"理论档案"。

第26章 文化研究

创立人：斯图尔特·霍尔（Stuart Hall）

实证性　　　　　　　　　　　　　阐释性
　　　　　　　批判学派

文化研究从符号学驻足的地方开始起步。因此，我将继续用1991年海湾战争的案例来说明斯图尔特·霍尔的传媒理论。就在得克萨斯大学人文学院业余的符号学家们为在树枝上系黄色还是黑色的丝带争执不休之际，在报刊上、电视里，甚至美国传媒消费者的头脑中，展开了一场规模更大的极为相似的冲突。这场传媒战争关乎意识形态，双方运用宣传活动、现场报道、民族主义和审查制等强大的武器相互竞争。霍尔强调说，大学校园里的符号歧见只是大众传媒冲突的一个缩影。黄丝带的数量远远超出黑丝带。大众传媒巧妙地将民众拉拢至支持入侵伊拉克的主流意识形态，以此维系社会的现状。

牙买加裔的斯图尔特·霍尔是英国米尔顿·凯恩斯公开大学社会学系的荣休教授。在本书之前的部分，你已经学习过法兰克福学派社会学家以及斯坦利·迪茨、罗兰·巴特的思想（见第4章、第20章和第25章）。霍尔是这些批判学者中的一员，斥责"主流"传播学研究过于经验主义，流于量化，而且仅仅关心对因果关系的发现。霍尔特别怀疑所谓的实证主义社会学家是否有能力就传媒影响力等重要问题找出答案。他反对"数人头式"的调查研究，认为这种研究"经常将与意义、含义、语言和象征有关的问题转换为粗糙的行为指标"。对霍尔而言，问题的关键不在于有多大比率的美国人支持美国参与和领导1991年推翻萨达姆·侯赛因的战争，而在于传媒如何使曾经对这一问题持分裂态度的民众空前一致地支持入侵伊拉克。

文化研究理论学者选择不同的传播主题进行研究，但在一点上他们是相似的，即这些人皆深受**马克思主义的社会阐释理论**的影响，质疑任何忽视权力关系的社会分

文化研究：致力于说明大众传媒如何为统治阶层意识形态制造协调一致的新马克思主义批评。

析。以霍尔为代表的理论学者以马克思的墓志铭来说明他们的使命:"哲学家们只是以不同的方式**阐释**世界,而问题在于**改变**世界。"霍尔以及大多数批判理论学者想要达成的社会变化是,赋予那些处于社会边缘、无力左右生活方向、挣扎求生的人们以权力。

26.1 传媒是强有力的意识形态工具

霍尔确信大众传媒在维系那些手握权力的人的统治。广告和纸质媒体都在为这个世界中的比尔·盖茨、史蒂夫·福布斯①和特德·特纳②之类的人服务。传媒向穷人和无权者实施剥削。霍尔指责道,传播领域一直"在社会学的角度上保持顽固的天真"。他极度怀疑并且敌视"不设立场的经验性研究,因为这种'不设立场'只说明它对自身立场毫无认识"。[1] 非批判性研究者将其研究视为未预设立场的纯科学,然而任何传媒理论都天然地带有意识形态的内容。霍尔把**意识形态**界定为"为我们借以呈现、阐释、理解以及'合理化'某些领域的社会存在提供了框架性的意象、概念和前提"。[2]

意识形态:我们借以阐释、理解以及合理化社会存在的框架。

至于美国主流的大众传播研究,霍尔相信,它服务于**多元主义民主**的神话——假装社会是由机会平等、对多元化的尊重、一人一票制、天赋人权和法律精神等一般准则凝聚在一起的。认为传媒信息少有效果的一般发现支持了主张民主制度优越性的政治宣言。这一类的发现宣称美国梦已经获得实践检验,而发展中国家成为"共识俱乐部完全付费成员"则属于不应存有异议的科学的召唤。

多元主义民主:认为社会由机会平等、对多元化的尊重、一人一票制、天赋人权和法律精神等一般准则凝聚在一起的神话。

霍尔宣称有关个体投票行为、品牌忠诚度或对戏剧性暴力反应的典型性研究,往往无力揭露被传媒遮掩的权力斗争。他认为把传播学看成独立学科是一种错误(这一观点可能使霍尔得到高校教师们的衷心爱戴,但也可能完全不被接受)。学术隔离倾向于把信息与它孳生的文化分隔开来:

> 净化过的**信息**一词的所有重复和符咒,以及它的具有净化功能的控制论特性,不会洗净或抹去媒介在其文化维度中根本的污点,即符号、语义、话语的性质。[3]

因此,霍尔称其研究为**文化研究**而非**传媒研究**。在20世纪70年代,他主持了伯明翰大学的当代文化研究中心(CCCS)。在霍尔的领导下,CCCS研究员和研究生试图表达有产者和无产者之间的文化斗争。霍尔使用**表达**一词有双重的含义,一方面大声

表达:大声说出压迫现象并建立镇压和传媒联系的过程;文化研究的任务。

---

① 史蒂夫·福布斯(1947—),美国福布斯集团的总裁兼首席执行官以及《福布斯》杂志的总编辑。
② 特德·特纳(1938—),有线电视新闻网CNN的创办者,开创了世界上第一个全天候滚动播送新闻的频道,也是世界上最早出现的国际电视频道,被评为1991年《时代》周刊年度风云人物。

说出压迫现象，另一方面建立了镇压和传媒的联系，因为传媒是塑造意义的平台。霍尔说，他并不想在大众面前卖弄口舌，而是渴望为大众声音受到关注而"赢取一些空间"。要想撼动那些牢牢占据权位的人，必须借助大声的痛斥，"志同道合的学者之间惬意的闲聊"无法消除附着在大部分传播研究上的意识形态。

霍尔使用的语言反映出他认同宏大的、马克思主义式的历史阐释。揭示社会研究权力的不平衡性是霍尔的目标之一，他认为如果文化研究的研究方法能"解构"传媒研究的当前结构为何无法处理意识形态，即说明它是有效的方法。如同迪茨想赋予受企业决定影响的利益相关者发声的机会（见第20章）一样，霍尔想将人们从对文化中占据主流地位意识形态的无意识认同中解放出来。显然，**批判理论和文化研究**是相似的，只是霍尔较少强调理性，而更多地突出对抗。霍尔最为关注的是，如果能够唤起大众对传媒在维系社会现状方面的作用的认识，文化研究的意义就确立了。

26.2 早期的文化批判学者

文化研究是一个复杂的运动。为了掌握霍尔的理论，我们必须先了解它的根源。霍尔深入了解过法兰克福学派的分支——持马克思主义观点的学者的经济决定论（见第4章）、符号学的深度文本分析（见第25章）以及我之前未曾提及的法国学者米歇尔·福柯（Michel Foucault）的哲学及语言学批判理论。这些欧洲学者彼此熟知且相互影响。

第二次世界大战结束后，**无产阶级**并未如马克思所预测的那样建立一个平等、无压迫的社会，在世界上占据主流地位的资本主义经济也没有出现衰退。可是，为什么没有产生马克思预想的结果呢？

法兰克福学派的理论学者最先面对这个问题。其结论是，马克思所未能预测到的只是现代社会中私有化工业对公共话语的接管。他们指出工人阶级之所以没有揭竿起义，是因为私有化传媒有效地裁切出大量支撑资本主义制度的信息。[4]新闻传媒和娱乐传媒所勾勒的画面都在表现资本主义是自然、永恒且不可改变的世界图景。

法兰克福学派的理论学者多半是相对正统的马克思主义者，坚持**经济决定论**的强硬路线。马克思认为"生产工具"的拥有者即为社会的统治者，法兰克福学派理论学者则写道，"文化生产工具"的拥有者在意识形态和政治权利方面拥有过大的影响力。**文化工业**的观点显然比30年后霍尔的分析更冷酷。而在霍尔看来，通过限制自由表达，对公共传播的集团控制的确有助于维持现状。他还认为，一般公民对这一事实一无所知，其实是更快乐的。

霍尔在谈到传媒的文化角色时，采用了**领导权**（hegemony）一词。[5]在国际化的背景下，**领导权**经常指的是一国对另一国占优势的影响或控制。美国人很少用这个词，或许是因为它描述了很多国家对美国的看法。霍尔用它表示在特定的文化语

无产阶级：缺乏资本和生产工具、必须靠出卖自己的劳动力生活的劳动阶级。

经济决定论：认为人类行为和关系由经济资源的差异和由此带来的权力不平等最终决定的理论。

文化工业：文化的生产者；电视、广播、音乐、电影、时装、杂志、报纸等。

领导权：社会的有产者对无产者的微妙支配。

境中**有产者**对**无产者**的微妙支配。他强调传媒领导权既不是有意识的密谋，也不是公开化的强制，它的影响更不是全面性的。广播电台和印刷品介绍各式各样的观点，对已为人们接受的社会现实的阐释方法给予特别优待，以达到维系现状的目的。其结果是大众传媒的作用转化为**制造共识**，而不是对业已存在的**共识的反映**。

我们不妨回想一下，斯坦利·迪茨用**共识**一词描述工人在不知情的情况下实现了体系中管理者的愿望，还以为实现了自己的利益（见第20章）。同样，霍尔相信大众传媒制造共识的假象，使读者和观众确信他们与掌权者享有同样的利益。我在本章中没有给出任何与文化工业或领导权有关的具体案例。而这正是法兰克福学派的问题所在。它擅长抽象的分析，但几乎从不提供支撑其理论的案例研究。这反衬出巴特的符号学的可贵。

罗兰·巴特提供了一种从静态的传媒画面着手、系统化地解构符号意义转换的方法。回想一下巴特一再重申的主题之一，即神话符号强化文化中的主流价值观。通过第25章的符号学分析，我们看到"宽恕一切"的黄丝带如何被巧妙地转换为夸耀美国强权和全力争取胜利的神话符号。我们能够感受到，符号学提供了一个明确的渠道，足以说明社会权力如何借助日常生活中的事物和符号而得以存在和传播。

符号学的问题之一在于它无法区分意识形态（神话符号）与非意识形态（对立的符号）。比如，从哪一个时点开始，穿带有性手枪标识的T恤从反社会性的叛逆符号变成中年式的怀旧及企业破产的标志？符号学无法充分解释为什么某种意义在某个历史时刻会附着在某些特定的符号上。既然巴特不能提供答案，霍尔就只好转而求助于激进且略有几分古怪的法国哲学家福柯的思想。

米歇尔·福柯宣称马克思主义者和符号学家都忽视了社会权力和传播之间的关系。他认为在一定程度上脱离大众传媒信息来看符号和标识是错误的。黄丝带的符号学微观层次和来自巴格达的CNN现场报道的宏观层次，通过它们共同的**离题**的特性而达成统一。福柯想说明的是二者皆需要**阐释框架**以达成合理化。他确信在某个时代占据主流地位的对话可为人们提供该框架。[6]

对话： 阐释的框架。

福柯的**对话**概念在符号学和经济决定论之间搭起桥梁。他的建构可以解释意义随时间变化的特性，同时又对权力关系保持持续的关注。霍尔用革命般热情的口吻谈到福柯的著作对于传播学研究的贡献："在社会科学和文化科学领域的'偏向'是近年来我们在社会学知识领域最重要的方向转换。"[7]现在，我要开始介绍霍尔文化研究理论的核心原则，记住你会不断在其背景中感受到来自福柯的思想。

26.3 通过对话制造意义

在其《再现》一书中，霍尔论述道，对话的主要功能在于**制造意义**。大多数传播系的学生会同意，单词和其他符号没有固定的意义。这就是为什么在I.A.理查兹的语义三角中，底部那条连接单词及其所指的线是虚线而不是实线（见第4章图4-2），简要地说，即"单词没有意义，人赋予其意义"。霍尔希望我们更深入地思考并追问：**人们从何处获取意义**？毕竟，人类也不是天生携带现成的意义的。霍尔的答案是，他们通过对话——传播和文化——学习到符号的意义：

> 首先，文化关乎社会或群体成员之间意义的生产和交换——"意义的给予与获取"。说两个人隶属同一种文化，等于是说他们以大致相同的方式解释世界，而且以彼此了解的方式表达自我以及对世界的看法和感受。[8]

为了说明意义是通过对话获得的，霍尔询问他的读者为何会知道红灯**停**，绿灯**行**。人们的答案通常是多年前曾有人告诉他们这样做。当我们联想到奥萨马·本·拉登的照片、麦当劳的"M"或**福利**这个单词时，过程是相同的。然而，仅仅认识到意义是从对话的过程中被创造出来还是不够的。我们还必须考察对话，尤其是首次开启这类对话的人或"演说者"的**来源**。

福柯对不同历史时期的精神病、性欲望和犯罪的广泛研究，深深地震撼了霍尔。福柯关心人们所说的内容、他们**不曾被**提及的内心以及由**谁**最终说出了这些看法。正如你可能怀疑的那样，透过历史，福柯发现社会里不存在平等的发言权或权力。在今日的美国确实如此。创立CNN的特德·特纳显然比我更有东拉西扯的权力。然而，由于我曾编写过一本大学教材，我知道我比读这本书的学生更有权力构建意义。

就精神病而言，福柯发现，精神病的界定以及如何治疗精神病在不同时期有巨大的变化。[9]有权力的人在正常和不正常之间随意划线，而这些界定发展为**话语的形构**，对被认为分属于各个群体的人产生真实、有形的影响。[10]经过一段时间，这些未受质疑且看似自然的阐释世界的方式就进化为意识形态，通过进一步的对话长久存在。创造意义的权利成为让别人疯癫的权力。

话语的形构：
未受质疑且看似自然的阐释世界的方式进化为意识形态的过程。

26.4 大众传播的集团控制

霍尔希望将传播学研究移出构成本书框架的各个单元，如关系发展、影响力、传媒效果、性别与传播，等等。他认为我们应该研究所有这一切存在且孳生的整体**氛围**，即人类文化。与马克思主义理论相一致，他也坚持传播学研究应该考察权力关系和社会结构。对霍尔来说，将传播学研究从其文化语境中剥离，以及忽视社会中权力分配不平等的现实等于在削弱这一领域，降低它的理论相关性。

霍尔与其他文化研究理论的倡导者，希望将学术焦点直接对准传媒中的文化再现如何复制社会不公，以及如何使一般公民受限于集团化、商品化的现实世界，并多多少少产生对改变这一现状的无力感。至少在美国，人们接收的绝大多数信息是由大财团制造或发布的。如果你起居室里的电视正在播放CNN，电视柜里摆着一份世界知名的《体育画报》，你的家实际上就是大型传媒集团的广告载体。时代华纳公司拥有《体育画报》、CNN和最有可能将信号传入你家的有线电视公司。你偶尔会把频道转向HBO电视网，观看一部好莱坞最大的电影厂制作的电影，这时你得到的将是由时代华纳制造和赞助的双重剂量的"意义"。

假如订阅率没有上升，垄断所有权会带来怎样的差别？霍尔会回答说，企业控制这种有影响力的信息源，足以切断更多的信息来源。想象一下东帝汶人民的困境。假如你从未听到过这个太平洋岛屿殖民地的"种族清洗"，你就很难为之做些什么；有关制裁印度尼西亚暴行的报道从来不会进入晚间新闻或成为电视剧的主题。而且，即使这一类的新闻获得广泛报道，霍尔也确信它终将会转变为对西方跨国公司的深切同情。文化研究理论的终极议题不是信息在呈现**怎样的内容**，而是要弄清楚它是代表**谁**的信息。

26.5 1991年海湾战争中传媒的作用：变为戏剧的战争

对于符号学家和文化研究学者而言，1991年遍布全美、系在树枝上的黄丝带是重要的符号行为。然而，不管是有意为之还是恰恰相反，它只是致力于达成统一意识形态终端的文化活动这幅精巧的镶嵌画上的一块碎片。早期文化研究理论的先锋、加州大学洛杉矶分校的道格拉斯·凯尔纳（Douglas Kellner）认为借助系列文化产品的搭配足以形成对主流意识形态的狂热支持，还介绍过其中一些非常重要但往往被忽略的方法。[11]如果我们要写下这套方法的脚本，它应该是对对话过程的管控和形塑，某些信息由大众传媒编码，再由受众解码、内化并参照执行——与此同时，其他分歧性的观点保持静默。霍尔称此为**领导权式编码**（hegemonic encoding）。凯尔纳称这个词描述了1991年海湾战争期间媒体的真实行为。

根据凯尔纳的观点，最重要的电视网络可以有效地将战争伪装成一场戏剧。通过把这场战争处理成戏剧化、充满特效和英雄气概的重大转播事件，媒体成功地消除了战争令人恐惧的一面，如伊拉克平民的伤亡：

> 媒体把这场战争建构为令人振奋的系列事件，像是充满戏剧冲突、行动和冒险的午夜短剧，不时表现同盟国部队和平民面临的危险、邪恶的伊拉克人散播的罪恶以及美军指挥官、科技人员和部队联手上演的英雄事迹。CBS和ABC这两家电视台在开战最初的几个小时里采用"在海湾一决胜负"的标题，将这一事件界定为善与恶之间的战争。海湾战争的电视转播有如一部有始有终的战争大片。[12]

再没有一幅与海湾战争有关的画面，可与负载摄像机传送的"激光制导炸弹"穿梭在伊拉克建筑物的通风孔中的画面相提并论。在长达100天的战争期间，这个镜头一再重播，充分凸显出美军科技水平的优越与现代战争有如外科手术般精准的特点。凯尔纳指出这类影像为主流意识形态的编码带来多重好处。其中最重要的是，这种武器精确的瞄准和隐蔽性，不仅令观众叹为观止，更隐藏了武器真正的目的——破坏工事和杀伤人民。

将建筑物夷为平地的影像经过编码，传达了美国军队与生俱来的优越以及伊拉克军队负隅顽抗的不自量力。一再重播这类精密武器大显神通的画面，将观众的注意力从战争**伦理**移开，转而聚焦于策略美学。凯尔纳指出为威力强大的武器体系喝彩，当然比追问这些武器到底应不应该被采用要容易得多。武器爆破的画面看来真的很酷，何况它们都是美国军队的武器。

由于回避了采取军事行动的伦理问题，媒体建构的战争报道可以被有意地用来**制造战争**。凯尔纳指出美国媒体不但未能提供对前线的客观报道，而且预设立场，变身为联军"积极的宣传员"。它们的叙事方式是一种被简化了的"好人与坏人对抗"的决胜。这种框架需要制造英雄和恶棍，美国文化工业显然乐于分担其中的工作。

霍尔曾谈论过媒体有将其呈现的一切商品化的倾向，对海湾战争的直播也不例外。凯尔纳指出战争本身就是一件有利可图的商品。高收视率会带来持续上升的广告收入，与此相关的T恤、小徽章、汽车保险杠贴纸、玩具、录影带甚至是黄丝带在直播期间被大举出售。绝大多数商品带有明显的种族歧视。比如，一件印有美国军机从骑着骆驼的阿拉伯人头顶飞过的图案的T恤，在旁边的配文中写道："我飞了一万公里，就是为了抽一下骆驼牌香烟。"[13]

这些文本、影像和行为放在一起，就构成反战不是合理选项的对话框架。如果你是一位"好美国人"，你当然应该支持军队。霍尔称这种传播过程为**强制性意识形态对话**。它的作用是限制可选项的范围，让有限的选择看起来像是人们仅有的选择。[14]

26.6 后"9·11"事件的传媒报道——强制性的恐惧

在"9·11"事件当晚，海湾战争已过去大约10年的时候，ABC电视网知名主播彼得·詹宁斯和特德·科佩尔在节目中讨论许多美国人心中的疑问：为什么有些人如此憎恶美国，以致他们会以雀跃的心情来看待恐怖分子滥杀无辜的行为？他们两位谈到美国在亚洲、非洲，特别是中东的扩张政策，而当地过着悲惨生活的老百姓只看到美国的财富、权力和傲慢。在15分钟的时间里，两位美国顶尖的新闻评论员以私人和反省的方式谈到在占据整个世界三分之二的其他国家的穷困百姓心中的怒火。他们避免使用我在其他电视频道听到的好人或坏人的刻板成见。这肯定不是霍尔所说的发生在

1991年海湾战争期间的强制性意识形态对话。

然而，这种立场只持续了一个晚上。这是唯一一次由电视主播指出美国政治和财团政策是导致敌视的原因。一个星期后，CBS主播丹·拉瑟出现在著名脱口秀节目《大卫深夜秀》里，声明将无条件支持小布什总统及"针对恐怖主义发动战争"。

> 我比以往更坚强，大卫，这是考验我们的时刻——我不是在说教——乔治·布什是我们的总统。他做出了决定，而且——你知道只要是身为美国人——不管他希望我去哪里，只需把地点告诉我就行。[15]

在"9·11"袭击后不久，有两名不太知名的新闻记者批评布什的作风。其中一个人说他表现得"生硬且幼稚"，另一个人对总统将美国应对恐怖主义的行动描述为"圣战"有所非议。两位评论者很快就不得不为他们的直言不讳而道歉。接下来一个月，**再也没有听到令人丧气的话。**

"9·11"事件后最不寻常的、对爱国主义的呼吁可能是布什总统将爱国等同于掏腰包的论调。他表示这是买新车的绝佳时机，还允诺汽车广告可免费使用他这番话。[16]不知道是爱国心抑或零利率贷款使然，"9·11"事件后两个月内新车销售率增加了31%。在这时，还是没有电视网络新闻站出来质疑政府将消费购物和爱国主义相联系的行为。喜剧演员乔治·卡林面无表情地说，"出去买些珠宝和新车。否则恐怖分子就赢了"，这时他引来脱口秀节目《今夜秀》观众的一阵讪笑。

霍尔确信大众传媒提供指导性神话，并由此形塑我们对世界的感知。大众传媒是实施社会控制的重要工具。[17]美国媒体把消除大规模杀伤性武器说成2003年美国入侵伊拉克的正当理由，这一事件验证了霍尔的观点。尽管媒体忠实地报道了联合国武器核查委员会主席汉斯·布利克斯（Hans Blix）以及布什政府在入侵前并未发现大规模杀伤性武器的迹象，但他们从来不质疑是否真的存在化学武器或核武器的威胁。相反，新闻报道不停地在讨论什么时候、在哪里会发现大规模杀伤性武器。传媒所创造的大众共识是如此的全面、完整，以至于在"9·11"委员会得出萨达姆·侯赛因不拥有这种武器的结论后，大部分民众仍然相信它们的存在。直到2004年下半年，媒体才开始反思为什么它们从未质疑政府的立场。

为什么多家媒体对一个重大议题的看法竟然能不谋而合？鉴于全国人民都看到飞机撞上世贸双塔以及大楼一段段坍塌的画面，再考虑到对布什总统回应方式的高达95%的支持率，新闻编辑们会做出看似容易的决定。霍尔指出尽管不是有意为之，但领导权式编码存在于任何时代。新闻评论员亚历山大·科伯恩（Alexander Cockburn）在《洛杉矶时报》专栏写了一则寓意颇深的小故事：

> 我父亲在20世纪20年代加入《伦敦时报》时，曾问在《时报》董事会任职

的叔叔，谁在制定《时报》政策。他的叔叔说："小伙子，《伦敦时报》的政策由从未见过面的委员会来制定。"[18]

26.7 固执的受众

即使媒体最终给出的是对重大事件的偏向性阐释，但我们不能就此认为受众会对此"照单全收"。我曾听过罗伯特·弗罗斯特（Robert Frost）朗诵他的著名诗作《雪夜林畔小驻》。在他朗诵完最后一节：

> 林子很美——昏暗而幽深，
> 但我已有约定。
> 沉醉前还有一段路要走
> 沉醉前还有一段路要走。[19]

这位新英格兰诗人用低沉的声音说："有些人认为我在这里谈的是死亡，但这不是我的用意。"诗作就像传媒表述一样，有自己的生命。举例来说，尽管他这样说，我还是会把这些诗句解读为我们死前要履行的义务。

霍尔认为无权无势的公民群体在抵制主流意识形态时可能同我一样固执，坚持按照更适合他们自己兴趣的方式来解读信息。他总结出以下3种解码方式：

1. **符合主流代码**。传媒制造信息；大众消费信息。**受众的阐释**和**偏好性阐释**是一致的。

2. **选择性应用代码**。从总体上受众接受主流意识形态，但对将其运用在某些特定案例中表示反对。

3. **代之以对立代码**。受众看透传媒表达中的选择性偏向，调动组织化的力量以消除媒体新闻的神话色彩。

由于所有大众传播渠道都在不知不觉中服务于主流意识形态，霍尔不认为无权无势的公民群体有能力改变这一体制（理性的悲观主义）。然而，他下定决心尽一切可能的力量，揭露并改变传媒对现实的建构（意志的乐观主义）。霍尔对人们对抗主流代码的行为怀有深深的敬意。他从不认为大众是文化傻瓜，可以轻易地被传媒操纵，但他不能预测对抗的力量会在何时何处生根发芽。

霍尔引用了这样一个例子，积极人士通过有组织的斗争成功确立了"黑即是美"的观念。通过坚持使用**黑人**（black）一词取代**黑鬼**（Negro）或**有色人种**（colored），在20世纪70年代，非裔人士赋予种族歧视的标志以尊严感。美国黑人民权领袖杰西·杰克逊（Jesse Jackson）呼吁非裔美国人要继续努力控制符号的使用。这不像一些人争辩的那样，只是纯粹的语义学问题。任何种族名称在本质上并不带有正面或负面因素，但它的内涵差异仍相当重要，会导致现实的后果。意识形态斗争就是掌握语言的斗争。霍尔看到社会边缘人士在传媒竞技场上展开语义学的斗争，在那里，竞技双方的实力从来不曾旗鼓相当。

26.8 评论：你的意识形态决定你的判断

在马歇尔·麦克卢汉的早期著作中，他曾大肆批评电视的出现。霍尔指责麦克卢汉在晚年接受了传媒集团的笼络。霍尔把麦克卢汉最后的姿态形容为"向后躺倒，任由传媒从身上碾过；他为之喝彩的正是他曾施以最严厉攻击的"。不曾有人向霍尔提出类似的指责。不过，不少传播学学者质疑在高举意识形态大旗的同时是否还能理性地发展学术。

如此鲜明的价值选择会不会不可避免地损害学术研究的完整性？美国前卫生部部长埃弗里特·库普（C. Everett Koop）悲叹道，支持堕胎的研究者总是认为，堕胎对母亲不构成心理伤害，反对堕胎的心理学家则永远认定，堕胎给母亲留下持续的情感创伤。同理，坚持保守经济政策的华盛顿美国企业研究所的研究结果，完全不同于霍尔领导的当代文化研究中心的研究结论。自从哥白尼向"地球是宇宙中心"的观念发出挑战，真理得以发扬的原因一直是我们调查事物**是**什么，而避免想当然地认为它**应该**是什么。霍尔似乎模糊了这两者的区别。

霍尔被视作文化研究理论的奠基人，然而在这个快速成长的领域中确实有一些人在质疑他的领导。尽管欣赏霍尔为少数民族和穷人代言，但不少女性责备他对于女性面对领导权的同样伤害时却保持着相对的静默。霍尔进入伯明翰中心后才终于开始为女性发声，并且默许她们分享权力的要求。他有一段关于女性主义进入英国文化研究领域的著名论断。这一论断表明，对他而言，这种变化带来混乱并且令人痛苦："就像夜间的窃贼，破门而入，躲着别人，静悄悄地，抓住机会，在文化研究的桌子上拉屎。"[20]

针对霍尔的研究本身，最常见的批评就是，霍尔对他提出的问题未能提供明确的解决方案。霍尔的确不曾提出宏大的行动计划，以降低为精英阶层服务的传媒影响力，但他一直在努力地揭露被新闻报道强化的种族主义。例如，某个委员会在2000年曾就英国多元种族的未来发出一篇很有影响力的报告，而霍尔正是这个委员会的核心成员。以下摘录足以说明该委员会在呼吁媒体转换对不同种族群体的表述方式时，霍尔在其中的影响：

《卫报》在调查1999年某个特定阶段的它与伊斯兰教有关的报道时发现，它曾16次把形容词"伊斯兰教的"和"好战分子"联系在一起，有15次与"极端分子"相联系，"原教旨主义者"8次，"恐怖主义"6次；在同一时期的报道中，形容词"基督教的"却总是与正面的词语和概念,或者至多与诸如传统、信仰这样的中性词相联系。[21]

霍尔在大众传播研究领域最大的贡献在于他不断地提醒人们,在不涉及权力的情况下谈论意义是徒劳的。克利福德·克里斯琴斯(Clifford Christians),伊利诺伊大学传播研究学院的主任以及传媒伦理学领域的重要作者,对霍尔的观点深表赞同,认为不受权力影响的理想化的传播环境是一种神话。克里斯琴斯大力赞扬霍尔的论文《意识形态与传播理论》,"他的论文有如泰姬陵一般,是引人朝拜的技术杰作。"[22]

斯图尔特·霍尔唤起了学界浓厚的研究兴趣,并拥有一大批拥趸。塞缪尔·贝克尔(Samuel Becker),前爱荷华大学传播研究系主任,把自己描述为受围攻的经验主义者,并且指出霍尔的攻击所暗含的反讽意味。霍尔给传播学研究的主流意识形态当头一棒,然而,"他自己在今天的传播学研究领域中也已成为主流或最具影响力的人物之一。"[23]

帮助你深入思考的问题:

1. **领导权**在美国不是一个家喻户晓的词。你如何向你的室友解释这个词的意思?你能否用一个比喻说清楚这个批判性的概念?

2. 霍尔对**美国传媒学术研究**的不满的本质是什么?

3. 霍尔称**传媒对我们文化中的主流意识形态进行编码**。如果你不同意他的主张,他要向你提供哪些**证据**来证明他是对的?你又会提出哪些证据反驳他的观点?

4. 罗兰·巴特的**符号学**的观点(见第25章)在何种意义上与霍尔的文化研究理论有相似之处?二者又有什么不同?

扩展阅读:

推荐阅读: Stuart Hall, "Introduction" and "The Work of Representation," in *Representation : Cultural Representations and Signifying Practices*, Stuart Hall (ed.), Sage, London, 1997, pp. 1–64.

学人传记: Helen Davis, *Understanding Stuart Hall*, Sage, Thousand Oaks, CA, 2004.

霍尔对于主流传媒范式的评论: Stuart Hall, "Ideology and Communication Theory," in *Rethinking Communication Theory*, Vol. 1, Brenda Dervin, Lawrence Grossberg, Barbara O'Keefe, and Ellen Wartella (eds.), Sage, Newbury Park, CA, 1989, pp. 40–52. (See also multiple reactions following.)

学界评论: David Morley and Kuan-Hsing Chen (eds.), *Stuart Hall : Critical Dialogues in Cultural Studies*, Routledge, New York, 1996.

马克思主义释读：Samuel Becker, "Marxist Approaches to Media Studies: The British Experience," *Critical Studies in Mass Communication*, Vol. 1, 1984, pp. 66–80.

为黑人发声：Stuart Hall, "Signification, Representation, Ideology: Althusser and the Post-Structuralist Debates," *Critical Studies in Mass Communication*, Vol. 2, 1985, pp. 91–114.

美国文化研究：Lawrence Grossberg, *Bringing It All Back Home: Essays on Cultural Studies*, Duke University Press, Durham, NC, 1997.

历史视角：Stuart Hall, "Cultural Studies and Its Theoretical Legacies," in *Cultural Studies*, Lawrence Grossberg, Cary Nelson, and Paula Treichler (eds.), Routledge, New York, 1992, pp. 277–294.

专题研究：Paul du Gay et al., *Doing Cultural Studies: The Story of the Sony Walkman*, Sage, London, 1997.

伊拉克战争中的媒体覆盖：Deepa Kumar, "Media, War, and Propaganda: Strategies of Information Management During the 2003 Iraq War," *Communication and Critical/Cultural Studies*, Vol. 3, 2006, pp. 48–69.

赏析与回顾：Paul Gilroy, Lawrence Grossberg, and Angela McRobbie (eds.), *Without Guarantees: In Honour of Stuart Hall*, Verso, London, 2000.

评论回顾：Chris Rojek, *Stuart Hall*, Polity, Cambridge, 2003.

从量化视角给出的评论：Justin Lewis, "What Counts in Cultural Studies?" *Media, Culture & Society*, Vol. 19, 1997, pp. 83–97. Patrick Murphy, "Media Cultural Studies' Uncomfortable Embrace of Ethnography," *Journal of Communication Inquiry*, Vol. 23, 1999, pp. 205–221.

如欲进一步了解本书讨论的理论及理论学者，请到www.afirstlook.com点击"链接"。

单元引言　传媒效果

1940年，电视时代尚未来临，由保罗·拉扎斯菲尔德（Paul Lazarsfeld）率领的哥伦比亚大学研究小组前往俄亥俄州伊利县，这一地区在20世纪的每一次总统选举中都能基本反映全国的投票模式。通过从6月到11月每月一次对该区选民的调查，这个研究小组试图发现报纸和广播如何影响人们在总统大选期间的决定。[1]

与当时被广为接受的、认为传媒具有直接影响力的**魔弹论**（Hypodermic needle）不同，研究小组发现没有证据表明选民们接收的信息会对他们产生影响。政治上的反转少之又少。传媒似乎只能强化已做出决定的人的决定。

保罗·拉扎斯菲尔德将传媒效果的缺失归因为选择性曝光（见第16章）。比如，共和党人避免看有利于持有民主党派执政理念的富兰克林·罗斯福的文章和节目；民主党人则回避有利于共和党对手温德尔·威尔基（Wendell Willkie）的新闻报道和专栏特写。选择性曝光的原则不太能通过实验室研究得出测试结果，在自由思想市场，选择性曝光决定大众传播只能产生有限的短期效果。

伊利县选举研究结果迫使传媒学者认识到亲朋好友的意见能够影响传媒信息效果。他们总结道，印刷品和电子媒介通过间接的**二级传播**（two-step flow of communication）影响大众。在第一阶段，信息被直接传递给消息灵通的少数人。第二阶段，这些意见领袖才在面对面的情况下继续向他人传递信息并对之作出阐释。

二级传播理论出现在美国医学和农业领域飞速发展的时代。这一理论模型准确描述了20世纪50年代创新发明在美国医生和农民中扩散的过程，但在当下这个电视新闻和互联网信息狂轰烂炸的时代，这一理论有必要进行再度修正。**经过修正的二级传播理论**认为，就媒体影响力而言，在第一阶段信息先被传递至广大受众，第二阶段才由观众认可的精英来确认信息。[2]

1953年，耶鲁大学博士弗雷德里克·沃瑟姆（Fredric Wertham）的著作《引诱无辜》指出漫画书有一种美化暴力的倾向。[3]自此之后，大众传播学者一直致力于建立传媒运用和攻击行为之间的关系。点对点的研究产生了冲突性的结论，但有两个具备理论基础的研究计划确立了在电视和暴力行为之间的因果关系。

亚拉巴马大学传媒学者道尔夫·兹尔曼（Dolf Zillmann）的**兴奋转换理论**认识到电视有能力激发强烈的情绪。[4]人们用**恐惧**、**愤怒**、**幽默**、**爱**和**肉欲**等标签来形容的情绪状态，不管是由怎样的电视节目唤起的，但高度被唤醒的生理状态却总是一致的。在节目结束后，人们的情绪很容易出现纠结。兹尔曼指出，高度唤醒的状态需要一段时间才能获得平复，残余的兴奋会强化我们在当时感受到的任何情绪。如果一名男子对他太太发狂，而他从电视播放的攻击性节目里获得的情绪刺激，可能使这一事件升级为家庭暴力。兹尔曼还表示，色情画面或滑稽喜剧引发的唤醒往往具有相同的效果。

兴奋转换理论可解释在看电视之后立即实施的暴力行为。斯坦福心理学家阿尔伯特·班杜拉（Albert Bandura）的**社会学习理论**则再向前迈进了一步，认为当下从电视中模仿而来的暴力行为可能在数年后滋长为反社会行为。[5] 班杜拉的理论可解释许多文化语境下的模仿行为，但读过他的著作的学生大多会把这一理论与通过电视间接性地学习暴力行为相联系。

社会学习理论认为，在电视与我们未来可能承受的实际身体伤害之间，要经历3个必要阶段，分别是注意、保留、动机。电视暴力因其简单、独特、流行、有效和正面定位而抓住我们的眼球。你或许对最后一个特质有所怀疑，想想看电视是靠把有魅力的人拉入镜头而吸引观众的，身体肥胖和脸上长满粉刺的人从不出现在电视上。当富有魅力的影星与一群蒙面人大打出手，试图营救可爱的女孩时，暴力就被赋予了正面的定位。

观看媒体呈现的暴力行为，不但扩展了我们过去通过不断试错的学习才能罗列出的行为选项，同时自身不必冒任何风险。例如，我们能看到一名打斗者以45度角握持着一把弹簧折刀，向上刺而不是向下刺。这种街头经验以视觉化的图像被保存在脑海中。班杜拉强调说，当我们把间接获取的知识编码成语言时，**保留**最为强烈：**两只手持枪。不要猛拉扳机，一点点地按下它，瞄准时略放低0.15米以抵消反冲**。

如果没有足够的动机，我们通常不会模仿看到和记住的暴力行为。但多年以后，我们有可能会认为枪杀潜伏在院子里的小偷不会坐牢，狠揍一个骚扰朋友的混蛋能提升我们在朋友圈里的地位。这时，从前学到的、储存在记忆中的知识就可以任由我们使用了。

传播学者对电视广告动力学研究毫无兴趣。电子传媒界专业人士托尼·施瓦茨（Tony Schwartz）的理论指出，商业广告只有在激起观众的**共鸣**之后，它才是有效的。[6] 他认为传媒影响力不是靠把观念硬塞入消费者的脑海里，而是试图引发消费者的情绪反应。最好的商业广告应运用视听效果以产生与受众经验的共鸣。

这一部分的3种理论对于重新认识大众传媒影响力很有帮助。第27章介绍乔治·格伯纳的**涵化理论**，该理论假定电视瘾与世界观存在关联。具体地说，格伯纳指出观众暴露于电视屏幕播放的大量符号暴力中，因而认为世界充满危机。他不在意电视观众是否会实施暴力行为，但他确信过度依赖电视的人会产生不现实的恐惧，生活因此而受到损害。这种焦虑将影响人们的思维方式和行为。

第28章介绍马克斯韦尔·麦库姆斯和唐纳德·肖的传媒**议程设置理论**。这一理论首次指出，新闻传媒从未试图告诉人们要认真思考什么，它们通过新闻选择有力地影响了公众的关注点。

第29章介绍伊丽莎白·诺埃勒-诺伊曼的**沉默的螺旋假说**。她的理论描述了舆论对于异见表达的寒蝉效应。她认为当大多数传媒渠道反复强化同一种观点时，寒蝉效应还会继续加强。

这一部分介绍的3种理论针对传媒影响力提供了不同的解释，但它们都认为传媒影响的效果可以用客观方法加以测量。涵化理论、议程设置理论和沉默的螺旋假说都是被斯图尔特·霍尔大加指责的行为理论。霍尔认为它们忽视了意义、权力和意识形态的问题。然而，如果读者想解释、预测甚至是改变传媒信息的效果，那么，这些理论将是不错的起点。这些理论的论述过程都表明，一旦它们出现错误，就会及时被加以证伪。上述3种理论积累了大量可支持其观点的经验性证据。

第27章　涵化理论

创立人：乔治·格伯纳（George Gerbner）

实证性　　　　　　　　　　　　　　　　阐释性
　　　　　　　社会文化学派
　　　　　　　社会心理学派

　　在接下来的一周内，你被卷入某种暴力行为的可能性是多少？十分之一？百分之一？千分之一？还是万分之一？

　　在生于匈牙利的美籍学者乔治·格伯纳看来，你给出的答案更多地与你看了多久时间的电视相关，而与你在下一周将面对的实际风险关联较少。于2005年去世的格伯纳，曾是宾夕法尼亚大学安嫩伯格传播学院的荣誉院长以及文化环境运动的发起人。他宣称过度依赖电视的人沉浸在一种**世界危机四伏**的认知里。他们在荧幕上看到的暴力行径会培养出社会化的偏执，与人们值得信赖或社会足够安全等宣传恰恰相反。

　　就像麦克卢汉一样，乔治·格伯纳把电视看作形塑现代社会的主导力量。他与麦克卢汉把媒体看作信息不同的是，更相信电视的力量来自数小时、数星期连续播放的生活戏剧的符号化内容。从根源上讲，电视是社会中的叙述者，而这些社会故事将给我们描述出一幅世界上"存在什么事物、哪些事物更为重要、它们相互之间有怎样的联系，以及何为真理的前后接续的画面"。[1]

　　在广播及电视出现之前，家庭外唯一被接受的叙述者就是传承宗教传统的圣徒。而今天，电视是家庭里的核心，和每个成员有着无限接触。电视统御符号环境，讲述大部分的社会故事，占据大量时间。格伯纳认为，现在人们看电视就和做礼拜一样，"只是他们看电视的心态更加虔诚。"[2]

　　他们在每天的"祈祷"中看到了什么？依据格伯纳的说法——是暴力。在20世纪60年代后期的大动荡中，美国暴力原因及其预防委员会指出，暴力行为已像樱桃馅饼一样美国化了。[3]男性力量及其威胁被看作是人们赢得大部分美国梦的传统方式，而不是通往权力的非常规路径。格伯纳写道，暴力是"展现谁在生活竞赛中获胜，以及这一竞赛所遵循的规则的最简单、最廉价的戏剧化方式"。⁴沉浸在电视剧世界里的人，比偶尔看看电视的人，能更好地学习到这些"生活真相"。

指责电视暴力的人担心，沉浸其中的年轻观众有可能模仿荧幕暴力。正如这一部分导论所指出的，斯坦福心理学家阿尔伯特·班杜拉的研究显示，这种担心事实上是有基础的，至少对少部分受众而言确是如此。⁵然而，格伯纳关注的是更为广泛、潜在危害也更大的情感效果——电视暴力让观众深信"外面的世界的确很复杂"。

格伯纳只是声明传媒与暴力之间存在关联的众多学者之一。批判学者早已向公众警示漫画、摇滚乐、电脑游戏和电视带来的社会混乱。担任《传播学刊》(Journal of Communication)编辑多年的格伯纳认为，电视是其中的特例。20多年来，他一直主持着一个大型研究项目，监控电视节目的暴力水平，根据人们看电视的时间长短对其分类，搜集有关观众对潜在风险的感知度以及其他社会文化态度的数据。他对研究结果的涵化阐释是大众传播领域被讨论得最多也最具争议的理论之一。

27.1 暴力指数

警惕的家长、老师及电视评论人认为呈现暴力的现象在逐年恶化。电视剧暴力的水平是否真的在上升呢？作为**文化指标研究计划**的领衔者，格伯纳致力于建立一种客观的测量方法，令电视的支持者与反对者可以基于事实而非感情来讨论。他把**电视剧暴力**定义为"成为剧情的一部分的身体力量的公开表现（无论是否持有武器，施于自己或他人），以伤害和（或）谋杀的痛苦或与之类似的威胁迫使个体做出违反其意志的行为"。⁶

这个定义排除了语言暴力、虚声恫吓及无厘头闹剧，但包含以卡通形式呈现的身体暴力。猎捕长尾巴鸟的郊狼被蒸汽压路机碾压，恐龙战队的英雄们击溃他们的敌人，格伯纳把它们都视为暴力。他认为电视剧中车祸和自然灾害的场景同样也是暴力。从艺术的视角，它们的出现绝非偶然。编剧为提升戏剧效果而植入创伤，人物的死亡或受伤就如同他们取出胸口的一颗子弹那样有戏剧性的表现力。

20多年来，文化指标研究学者在每年秋季随机选择一周时间，录制每天黄金时段（晚上8点至11点）的有线电视节目。他们还录制了周六、周日（早上8点到下午2点）的儿童节目。通过统计符合其定义的节目时长，学者们借助一个公式计算电视暴力整体水平，该公式以节目脚本中的暴力比率、最终出现在节目里的暴力比率，以及剧中人物受伤或被害的比率为参数。最终，研究者发现年度指数相对平稳，但已达到相当高度。

电视剧暴力：成为剧情一部分的身体力量的公开表现或威胁。

文化指标计划：系统性地追踪电视节目内容的变化以及这些变化怎样影响观众对世界的认知。

27.2 相等的暴力，不等的风险

格伯纳报告说，无论是《拉斯维加斯》《黑道家族》《迷失》《犯罪现场调查》，还是很多在一个播放周期后就被撤掉的节目，根据该计划每年的累计，展现暴力的数字变化不大。超过一半的黄金时段节目带有实质性的身体伤害或暴力威胁。《办公室》和《人人都爱雷蒙德》则不属于这一类型。含有暴力内容的电视剧平均每小时出现5次创伤事件。几乎所有的周末儿童节目都在大量地展示暴力，平均每小时会出现20次。当一个普通的电视观众高中毕业时，他（她）已经通过电视看到13 000件暴力致死事件。

按照任意一个星期来看，电视剧的主人公有三分之二卷入某种暴力。英雄和恶棍同样会涉及暴力，而受害者因年龄、种族和性别的不同，存在明显的机会不均。老人和小孩受伤害的比率比年轻人或中年人大很多。就"受害者"的排名而言，非裔美国人和西班牙裔比与之地位相对应的白人更容易被杀或被打。格伯纳强调说"纯白种人以外的人"是要冒风险的。而身为女性同样危险。在电视剧开头出现受难女性的画面是编剧们最喜爱的戏剧手法之一，这足以促使英雄立即采取行动。另外，蓝领工人通常比白领管理者更容易"遭受重罚"。

鉴于少数族群在电视剧中总的出镜率并不高，其符号的脆弱性更是惊人。格伯纳对电视节目的分析记录表明，剧中角色有50%是中产阶级白人男性，女性角色的数量只及男性的三分之一。美国社会总人口的三分之一是儿童和青少年，但他们在黄金时段节目中出现的概率却只有10%。美国劳动人口有三分之二从事蓝领或服务性的工作，这一群体在电视节目中也仅占到10%的出镜率。非裔美国人和西班牙裔只是偶尔才会出现。不过，老人显然才是最受排斥的少数群体。只有不到3%的角色是由超过65岁的演员填补的。假如保险公司按照电视剧角色的平均寿命开列保险精算表，他们会发现一位穷困潦倒的非裔老妇人在一小时内不受伤害的机会几乎为零。

总的来说，格伯纳的文化指标项目表明，美国社会边缘人群处于符号的双重险境之中。他们的存在被低估，在暴力面前的脆弱性又被过度夸大。这些人一旦被写进剧本，就成为最显而易见的受害者。不足为奇，一旦关掉电视机，这些人恰恰是那些最害怕暴力的人。

27.3 电视观众分类

在充分了解电视连续剧的暴力内容之后，格伯纳和他的同事着手收集针对观众行为和态度的调查问卷。一些研究学者试图在实验环境下创造饱和曝光，但格伯纳指出涵化理论的本质使得实验室内的检测不可接受。他确信过度依赖电视的结果，只有在经过多年的缓慢累积后才能显现。电视的无处不在使得设置控制组不太可能。格伯纳把每个个体都看成电视节目消费者,关键在于区分"轻度"和"重度"的使用。

格伯纳的工作主要是建立一份每天最多看2小时电视的调查报告。他将那些坦承每天看4小时电视或更多的人称为**重度观众**。重度观众又被称为**电视人**,一个比**沙发土豆**略显温和的词。沙发土豆是漫画中一种长着许多眼睛的植物,有固定消费电视和薯片的习惯。重度观众的人数比轻度观众略多,两个群体大约各占总人口的四分之一。剩下的二分之一人口习惯于每天收看2小时至4小时电视,格伯纳希望利用有明显差异的收看习惯对这些人群进行比较。

格伯纳指出电视人打开电视不是为了收看《急诊室》或《胜利之光》。他们仅仅就是想看电视而已。轻度观众具有选择和控制能力,喜爱的节目一播完就关掉电视。格伯纳之所以要区分受众,是为了测试重度观众是否比轻度观众或偶尔收看电视的人,认为这个世界更加危险。涵化理论的结论是事实确是如此。

27.4 受电视影响的意识造就可怕的思想

格伯纳确信暴力是电视连续剧的支柱,以及人们因收看电视时间多少而产生差异。他试图由此揭示**涵化差异**。在他看来,涵化差异即指"轻度观众与重度观众的比较组给出'电视答案'的百分比差异"。[7]他称其为**涵化差异**而非**传媒效果**,是因为后者意味着电视曝光之前与电视曝光之后的比较。格伯纳认为不存在电视曝光之前的阶段,电视从一个人的婴幼儿时期就已进入他的生活。格伯纳的调查以以下4种心态为标的:

1. 牵涉暴力的比率。这是本章开头的问题。轻度观众预测他们在未来一周成为受害者的可能性为1/100;而重度观众的恐惧使对风险的预测上升至1/10。真实的犯罪统计表明1/10 000的概率较为合理。重度观众的预测结果,可能缘于他们有将身体暴力合理化的强烈意识。习惯看电视的儿童认为"如果你有充分理由生某人的气,打人总是可以接受的"。

2. 害怕在晚上独自行走。不足为奇,女性比男性更害怕黑暗的街道。然而,男性和女性对受到暴力侵害的恐惧,也与收看电视节目的时长有关。重度观众倾向于高估犯罪行动概率,认为犯罪率比真实情况高出10倍。实际上,街头劫匪造成的人身伤害比交通事故少。

3. 感知到的警察活动。重度观众认为社会活动的5%与执法有关。电视世界里到处都是警察、法官和政府官员。轻度观众的评估是较为现实的1%。格伯纳评定的电视人认为警察几乎天天都要掏出手枪,但这种判断是错误的。

4. 对他人普遍不信任。重度观众总是怀疑他人的动机。他们认同警告人们要有最坏打算的说法:

> 大部分人都只为自己着想。
> 跟他人相处时，你不能太认真。
> 先下手为强。

危机世界综合征： 重度观众的普遍性不信任他人的偏激心态。

格伯纳把这种偏激心态称为**危机世界综合征**。

文化指标项目的数据指出，重度观众的头脑会发展为散布危险思想的肥沃土壤。格伯纳进一步发现造成重度观众更大差异的两种机制。个人的社会经济条件和教育背景本应明确地对应自由或保守的政治立场，但**主流化**是改变该种现象的机制。**共鸣**则是影响曾经遭受暴力侵害的重度观众的一种机制。

27.5 主流化：观众立场的模糊、混合与转向

主流化： 由于持续暴露在相同的画面与标识符号里，重度观众因而在模糊、混合与转向的过程中形成不利于社交的一般观念。

主流化被格伯纳用来形容重度观众"模糊、混合及转向"的过程。他认为由于持续暴露在相同的画面与标识符号里，电视人发展出广播听众不会形成的公共特征。广播电台对听众的精确划分，可以达到专为周五晚上打保龄球的左撇子卡车司机制作一档节目的程度。电视制作人则不能**受限**于渠道，而必须尽可能地**扩展**受众，因为他们寻求"通过颂扬主流的自我节制以吸引最大可能的受众"。[8] 电视使观众同质化，重度观众共享相同的定位、观点和意义。我们不必追问这种对世界的集体阐释与主流文化有多接近。在格伯纳看来，电视给出的答案即为主流文化。

格伯纳借助电视人如何模糊经济与政治的分野这一实例，说明主流化机制的效果。电视节目颂扬中产阶级生活，重度观众因此无视自己的实际收入而假定拥有这一标签，而轻度观众中从事蓝领工作的人仍将自己定位为工人阶层。

同样，重度观众倾向于将自己定位为政治上的**温和派**。电视剧里的大多数角色不赞成过于激进的政治态度——无论是左派或右派。这种非极端主义的伦理显然被经常收看电视的人接受了。格伯纳发现只有那些偶尔看电视的人才会给自己贴上**自由派**或**保守派**的标签。

实证主义社会学家一直在调查富人和穷人、黑人和白人、天主教和新教、城市居民和农民之间的政治差异。在调查那些偶尔看电视的人时，群体差异仍然存在。格伯纳继续报告说，然而，这些差异在重度观众群体中被弱化了，仿佛电视机的荧光足以冲刷掉任何能对各个群体加以区分的明显特质。

尽管重度观众自称温和派，然而文化指标项目的研究团队注意到，他们关于社会议题的立场极为保守。重度观众一直在表达对于低税收、加强安保与扩张国防的支持，反对大政府、言论自由、军队同性恋、男女平权修正案、堕胎、不同种族通婚以及平权法案。**主流化**并不**中立**。

饱和性地观看电视节目似乎会将电视人转化为政治右派，虽然这些人也确实支持给予社会安全、健康服务和教育更多经费。格伯纳把他们这种心态称为**新民粹主义**，并把它的崛起看成是重度观众被主流文化接纳的证据。新民粹主义与里根总统的政策几乎完美地重叠在一起，这足以解释在电视上这位前总统直接走向人群时所获得的**伟大的沟通者**的声誉。与他有关的信息在黄金时段不断播出，他成为陪伴观众成长的老朋友。同样地，前总统乔治·W·布什以一位"悲悯的保守主义者"身份出现时，受到了同一种主流化趋势的推动。

27.6 共鸣：现实生活中暴力行为的再现

格伯纳认为一些重度观众在共鸣的过程中变得更加忧虑。这些人至少有过一次人身伤害的亲身经验——持械抢劫、强奸、酒吧斗殴、行凶抢劫、撞车事故、战争、反目成仇的恋人间的争执，等等。现实中的伤害够糟糕了。而格伯纳认为，电视荧幕上不断重复的符号化再现，会在观众脑海中一再地重放他（她）的真实经验："电视节目和现实生活的重叠可能引起'共鸣'并导致显著放大的涵化模式。"[9] 经历过人身伤害的重度观众会感到双倍的痛苦。

共鸣：电视中符号化的暴力行为与现实生活中的暴力伤害相互重叠并因此放大了对危机世界的恐惧的过程。

我曾自愿参加一个为期3年的低收入住户计划。在计划进行期间，我自觉相对安全，不过，警察和社会工作者向我讲述过一些枪击和持刀伤害的案例。即便是爱好和平的居民，对暴力也不陌生。我简直回想不起我曾经进入的公寓里有哪一户没有打开电视。格伯纳能够预见，持续接收这种符号化的野蛮行径，将会增加人们对家门口暴力事件的担心，使生活变得更令人恐惧。大部分居民不敢冒险走出公寓，这似乎证实了格伯纳的共鸣假说。

所谓共鸣，是针对一大群看了大量电视节目的人把世界看得极度恐怖这一现象提出的事后解读。格伯纳指出绝大多数传媒效果研究关注的只是模仿电视暴力的一小部分人。

> 但是，观察这样一群日益变得恐惧、不安全感增强和过度依赖权威的人也同样重要；这些人可能变得以安全之名要求越来越多的保护，甚至对压制也表示欢迎。[10]

27.7 电视暴力还在培育恐惧吗？

格伯纳在30多年前就启动了他的涵化分析。30年来，传媒领域已发生巨大变化。过去观众只有4个频道可供选择，而今天大多数家庭能接收到40多个电视台，在寻找某个节目时可以用遥控器在各个频道里冲浪。现代电视剧替代了以枪战著称的西部片、电脑与智能手机缩减了人们坐在电视荧屏前的时间。那么，电视连续剧还会继续培育人们对危机世界的恐惧吗？传媒消费者的世界是不是变得比以往安全了？

直到去世的数年前，格伯纳还一直忙于追踪电视节目中暴力因素的量化数字，建立受害者在人口统计学意义上的数据，测试观众社会性的感受和心态。格伯纳发现，科技进步得愈多，观众就愈趋于同化。电脑游戏的暴力景象和地方新闻发表的暴力事件的现场图片，相较于闭路电视中暴力因素的下降趋势，反而在持续地增长。显然，人们将看到这些画面，并且很快就会忘记哪些是真实的，哪些是虚构的。[11]

如果格伯纳活到今天，他一定会强调被强化的个人焦虑对于公共政策的意义。在文化指数研究项目进行到半途时，格伯纳在美国国会传播委员会讨论传播领域应对恐惧的社会学成本这一话题时给出如下声明：

> 感到恐惧的人们更依赖他人，更容易被操纵和控制，更容易被貌似简单、坚定、强硬的措施和政治姿态所感染。如果能减轻他们的不安全感，他们甚至愿意接受和欢迎对他们的压迫。这是与满载暴力的电视有关的深层问题。[12]

27.8 评论：涵化差异是否真实、巨大而且至关重要？

对于大多数观察家而言，格伯纳宣称电视剧制造了令人恐惧的氛围是说得通的。常看电视的人在观看过如此多的暴力节目后，怎么可能不受到持续影响？然而，在过去的30年，传播学学术刊物充斥着对格伯纳的批评与反批评。批评者质疑格伯纳对暴力的定义、在做内容分析时选择的节目、对各类连续剧的一概而论（动作片、肥皂剧、情景喜剧……）、认为存在调查问卷标准答案的假设、选择受试者的非随机方法、用简单的每天小时数的标准划分观众、用多选项的方法测试观众对被抢劫的风险预测、分析数据的统计方法、对相关数据的解释，等等。

马萨诸塞大学迈克尔·摩根（Michael Morgan）和康奈尔大学詹姆斯·沙纳汉（James Shanahan）将对格伯纳的各种批评分门别类，并系统地回应了它们的指控。[13]这两位涵化理论的拥护者承认在某些案例中这些批评是有道理的，同时也坚持认为，批评者过于关注**方法论的细枝末节**，从而转移了对作为社会叙述者的电视的关注。两位学者比较了格伯纳的**大图像**（big picture）视角以及格伯纳批评者的**方法论实践研究法**：

> 提升特性和准确度的努力有助于深化分析，但看起来它经常会导致对其现实社会意义的完全偏离。在20年后，我们建议研究者将小的分歧放到一边，以便将注意力集中于对电视的社会作用的批判研究。[14]

摩根和沙纳汉进一步指出，至少有一部分对涵化理论的激烈攻击是由政治因素引起的。如果真是如此，我们也不必感到惊讶。毕竟，涵化理论驳斥了电视产业轻率的承诺：符号化暴力不会造成社会伤害。格伯纳的言论里还带有一点对美国著名主持人拉什·林博（Rush Limbaugh）之类的民粹主义者隐晦的批评；他确信持保守立场的民粹主义者每晚受到黄金时段电视节目的叙事意象的煽动。学术界要判断的最重要的议题是，格伯纳和一些学者建立了重度观众和相信世界充满危机的观念的相关性，然而，二者之间一致但仍很微少的联系又该如何解释。

为了给涵化理论的学习者提供一幅指示图，以避开模糊的、有时甚至是冲突性的结论雷区，摩根和沙纳汉对82种相互独立的涵化研究进行了**元分析**。[15] 元分析是一种统计方法，将探索相关性的独立研究糅合到一起——就涵化理论而言，就是在电视机前停留的时间以及在被问及对暴力、性歧视、政治观点等问题时给出所谓**电视答案**这二者的联系。摩根和沙纳汉的结论是一致性的正相关（r=0.091）。

元分析：在发现两个变量（例如收看电视与恐惧暴力）的相关性时，将许多个经验性和独立的调查研究结果糅合到一起的统计过程。

这个数字意味着什么？我们有3种不同的方式回答这个问题。首先，涵化研究采用大量多样性的样本，0.091的正值相关具有**统计显著性**。这意味着在观看的电视节目与个人观点之间如果没有实质联系，二者绝不会表现出相关性。简而言之，格伯纳认为暴露在电视机前与社会态度的形成是相关的；摩根和沙纳汉的分析证实了他的说法。

接下来，用第2种方式解释元分析。这需要我们注意到人们有很多理由认为世界充满危机，电视暴力只是其中一种。摩根和沙纳汉的研究显示，在电视前的时间多少**与现实全景画面的表现相一致，但只能说明其中很小的比例**。这说明观看符号化暴力似乎对人们只起到微小的影响。想象一下把每个人对受到暴力伤害的恐惧放进一块酸苹果或苦柠檬馅饼里。假设馅饼被分成很多块，而你只在其中的一小块上咬了一小口。这一小口足以代表重度观众的恐惧程度。剩下来的——几乎是完好的馅饼——则是人们因其他理由感受到的恐惧。[16] 那么，格伯纳所发现的这一小部分足以带来重要的差异吗？

为了回应这类批评，摩根和沙纳汉要我们想象两块樱桃馅饼，分别有1%是波旁威士忌酒或是炭疽菌之类的成分，吃下去的味道和后果当然极为不同。要知道，在20世纪90年代这10年中，总统选举投票中1%的摇摆曾两次改变美国的政治景观。下面，我们还要对元分析提出第3种可能的解释。

要回答数据会显示怎样的结论，首先应确定议题的**重要性**。害怕暴力是有麻痹性的情绪。正如格伯纳一再指出的，恐惧把人们囚禁在自己家里、改变他们投票的方式、影响对自身的认知，并且大幅降低其生活品质。

鉴于过度依赖电视会影响人们的世界观已获得一致性的验证，摩根和沙纳汉呼吁传媒学者超越方法论上的争论，致力于发展应由谁来控制文化叙事的生产和散布的理论。斯图尔特·霍尔的**文化研究理论**试图精准地进行这项工作（见第26章）。

至于格伯纳，他于1996年发起文化环境运动，这是一个由众多机构和社会活动者组成的联盟，该联盟认为在某一文化中谁负责叙事、谁的故事未被讲述在本质上是极为重要的社会议题。该组织承诺要改变美国电视网络的叙事方式，并且确信只有在大众从传媒集团手上夺取控制权之后，改变才会出现。格伯纳反复引用苏格兰爱国主义者安德鲁·弗莱彻（Andrew Fletcher）的名言以强调这一运动的目的：

假如有人获得创作所有民歌的权利，他就不用在乎由谁制定国家法律。[17]

帮助你深入思考的问题：

1. 你要如何修改格伯纳对**电视暴力的定义**，这样一来，他的电视暴力指数才可以测量你认为重要的一些因素？

2. 哪些类型的人物在电视剧中被忽略了？哪些类型的人物被过度强调？还有哪些类型的人物是电视荧屏上符号化暴力的受害者？

3. 你的**政治立场**与**社会价值观**与格伯纳所谓的**电视人**的主流态度是有所不同，还是保持一致？为什么？

4. 电视曝光与个人的世界观之间存在0.091正相关的**元分析**结果可被视为**显著**、**微小**，还是**决定性**的？这些解释有何差异？你认为哪一个最重要？

自我测试: www.mhhe.com/griffin7

扩展阅读：

推荐阅读: George Gerbner, Larry Gross, Michael Morgan, Nancy Signorielli, and James Shanahan, "Growing Up with Television: Cultivation Processes," in *Media Effects: Advances in Theory and Research*, 2nd ed., Jennings Bryant and Dolf Zillmann (eds.), Lawrence Erlbaum, Mahwah, NJ, 2002, pp. 43–67.

早期理论表述: Michael Morgan (ed.), *Against the Mainstream: The Selected Works of George Gerbner*, Peter Lang, New York, 2002.

暴力指数: George Gerbner, Larry Gross, Marilyn Jackson-Beeck, Suzanne Jeffries-Fox, and Nancy Signorielli, "Cultural Indicators: Violence Profile No. 9," *Journal of Communication*, Vol. 28, No. 3, 1978, pp. 176–207.

暴力升级: Stacy L. Smith, Amy I. Nathenson, and Barbara J. Wilson, "PrimeTime Television: Assessing Violence During the Most Popular Hours," *Journal of Communication*, Vol. 52, No. 1, 2002, pp. 84–111.

核心观点入门: George Gerbner, "Cultivation Analysis: An Overview," *Mass Communication &*

Society, Vol. 1, 1998, pp. 175–194.

格伯纳小传：Profile of Gerbner：Scott Stossel, "The Man Who Counts the Killings," *Atlantic*, May 1997, pp. 86–104.

主流化与共鸣：George Gerbner, Larry Gross, Michael Morgan, and Nancy Signorielli, "The 'Mainstreaming' of America：Violence Profile No. 11," *Journal of Communication*, Vol. 30, No. 3, 1980, pp. 10–29.

主流化与共鸣研究：L. J. Shrum and Valerie D. Bischak, "Mainstreaming, Resonance, and Impersonal Impact：Testing Moderators of the Cultivation Effect for Estimates of Crime Risk," *Human Communication Research*, Vol. 27, 2001, pp. 187–215.

研究回顾与元分析：Michael Morgan and James Shanahan, "Two Decades of Cultivation Research：An Appraisal and a Meta-Analysis," in *Communication Yearbook 20*, Brant Burleson (ed.), Sage, Thousand Oaks, CA, 1997, pp. 1–45.

电视新闻暴力：Daniel Romer, Kathleen Hall Jamieson, and Sean Aday, "Television News and the Cultivation of Fear of Crime," *Journal of Communication*, Vol. 53, 2003, pp. 88–104.

电子游戏暴力：Dmitri Williams, "Virtual Cultivation：Online Worlds, Offline Perceptions," *Journal of Communication*, Vol. 56, 2006, pp. 69–87.

相关数据的因果性：Constanze Rossmann and Hans-Bernd Brosius, "The Problem of Causality in Cultivation Research," *Communications*, Vol. 29, 2004, pp. 379–397.

评论：Dolf Zillmann and Jacob Wakshlag, "Fear of Victimization and the Appeal of Crime Drama," in *Selective Exposure to Communication*, Dolf Zillmann and Jennings Bryant (eds.), Lawrence Erlbaum, Hillsdale, NJ, 1985, pp. 141–156.

如欲进一步了解由阿尔伯特·班杜拉创立的认为观众会模仿他们在电视上看到的暴力行为的社会学习理论，请到www.afirstlook.com点击"理论档案"。

第28章　议程设置理论

创立人：马克斯韦尔·麦库姆斯（Maxwell McCombs）
和唐纳德·肖（Donald Shaw）

实证性  阐释性
社会心理学派

1972年6月，原因不明，5名未知身份的人闯进民主党全国委员会总部搜寻信息。这类事件通常会用大致两个段落刊载在《华盛顿邮报》第17版的地方犯罪新闻上。起初大众对这一事件并未在意，然而该报编辑本·布拉德利以及两名记者鲍勃·伍德沃德和卡尔·伯恩斯坦却一再给予它高度的曝光。

时任总统尼克松将这起事件轻描淡写地称为"三级窃案"。但在这一年接下来的日子里，美国人愈发关注所谓水门事件的公共意义。1972年夏季，全国已有半数人口知道水门事件。1973年4月这个数字增加到90%。1年后，美国电视台全程报道参议院就此事件召开的听证会，几乎美国所有的成年人都知道了什么是水门事件。听证会举行6个月后，尼克松总统仍大声抗辩"我不是骗子"。然而，到了1974年春天，由于大多数市民与议员都认为他应该辞去职务，尼克松最终被迫下台。

28.1　初始议程：不是思考的对象，而是聚焦的目标

新闻学教授马克斯韦尔·麦库姆斯和唐纳德·肖认为水门事件完美地展示了大众传媒的议程设置功能。虽然水门事件在《华盛顿邮报》头版见报数月之后才开始发酵，但他们对此并不感到意外。麦库姆斯和肖确信"大众传媒有能力将新闻议程中项目的显著性向公众议程转移。"[1]他们并非是在暗示广播电视和平面媒体处心积虑地影响听众、观众或读者对于某一议题的意见。自由世界的记者有维护独立和公正的义

务。但麦库姆斯和肖表示，公众通常会根据新闻专业人士的判断转移他们的注意力。
"**传媒**判断它重要，**我们**就认为它重要。"[2]

麦库姆斯和肖于1972年最先提出传媒议程设置功能，许多时事评论员也曾指出人们在判断政治现实时希望得到媒体协助。普利策奖得主沃尔特·李普曼在解释美国为何被拖进第一次世界大战时，称传媒是"外在世界和我们脑海中图景"[3]的中介。麦库姆斯和肖引述威斯康星大学政治科学家伯纳德·科恩（Bernard Cohen）对传媒的特定功能的观察："传媒从来不曾成功地告诉读者他们要思考些什么，而在告诉读者哪些事件需要聚焦时却往往惊人地有效。"[4]

政治分析学者西奥多·怀特（Theodore White）详细记录了自1960年肯尼迪与尼克松竞选起的4次总统大选。怀特的结论与麦库姆斯和肖不同，且与当时的大众传媒对受众影响效果有限的看法相对立。他指出传媒左右了这几次选举运动：

> 美国报业的力量是原生力量。它设定公众讨论议程；这是一种不受法律限制、势如破竹的政治力量。它决定人们谈论和思考什么——在其他国家，这样的权威是暴君、神父、政党和官吏所特有的。[5]

议程设置理论： 大众传媒有能力将新闻议程中项目的显著性向公众议程传移。

28.2 恰逢其时的理论

麦库姆斯和肖的议程设置理论获得了一些大众传播研究学者的认同。一度流行的选择性曝光假说曾认为，人们只会关注那些不会威胁其既有信念的报道。换句话说，传媒的作用只限于强化既有的观念。20多年之后，学术界不再认同低估报纸杂志及广播电视影响力的研究方法。而议程设置理论值得夸耀的特点正是：重新肯定传媒影响力，主张个体有自由选择的权利。

麦库姆斯和肖的议程设置理论，代表大众传播研究领域里的一种返璞归真的研究方法。正如最初的伊利县选举研究[6]，它的焦点就是选举活动。该理论假设在传媒内容与选民认知度之间存在因果关系。后续研究则继续探索传媒议程发挥最大影响力的条件。不过议程设置理论在显示传媒议程与随后的公众议程的对应关系时表现并不稳定。麦库姆斯和肖用他们在北卡罗来纳大学教堂山分校合作推进的调查结果支撑其重要推论[7]，麦库姆斯目前任教于得克萨斯大学。两位学者对1968年理查德·尼克松和民主党候选人休伯特·汉弗莱（Hubert Humphrey）的竞选分析，为之后的议程设置理论研究确立了规范。该项研究为深入考察斯图尔特·霍尔及其他批判学者强烈反对的量化调查研究提供了一次良机。

28.3　传媒议程与公众议程：高度匹配的一对

传媒议程：根据显著性和篇幅衡量的新闻报道在主要印刷品和广电媒体上的覆盖模式。

麦库姆斯和肖的第一项任务是测试**传媒议程**。他们指出教堂山地区的居民获取政治新闻的来源是7份报纸和两家电视台——北卡罗来纳州州府罗利的两份地区性报纸、杜伦大学的两份报纸、《时代》《新闻周刊》《纽约时报》的外埠版以及CBS、NBC的晚间新闻。

两位学者把新闻报道的**位置**和**篇幅**确立为显著性的两个主要标准。就报纸而言，头版头条、占据内页三栏以及社论的位置即代表对某一议题重要性的强调。就新闻期刊而言，封面报道或主编用整栏报道的政治话题，足以彰显其重要性。电视新闻报道的显著性由是否被归入前3条报道或讨论是否超过45秒来决定。

鉴于议程设置理论总是指向真实议题，两位学者剔除了与竞选策略、民意定位和候选人个人特质有关的报道，将余下的报道分为15个主题，并最终浓缩为5大议题。传媒显著性的综合指数表明议题的重要性在该地区按以下的序列排列：外交政策、法律与秩序、财政政策、公共福利和公民权利。

公众议程：由舆论调查给出的最重要的公众议题。

为了测试**公众议程**，麦库姆斯和肖要求每一位教堂山选民对竞选活动的关键议题作出总结，且不必考虑对候选人的评论。已经决定要给谁投票的选民将从调查名单上删除。两位学者再把选民的明确答案归入相应类别，以便进行传媒分析。他们比较了从犹豫未决的选民那里搜集来的资料统计以及传媒内容的综合描述。他们认为，就两种议程而言，五大议题的排序几乎完全一致。

28.4　何者为因，何者为果？

麦库姆斯和肖确信，他们在传媒和公众议程优先序列中发现的几近完美的匹配程度，是由传媒议程设置功能引起的。

传媒议程 → 选民议程

然而，正如涵化理论的批评者的提醒，高度相关不一定就是因果关系，也有可能报纸、电视的报道只是在反映业已存在的公众关切。

选民议程 → 传媒议程

教堂山一地的研究结果也可以被解释为佐证了以下观念：传媒在做新闻报道时，与做娱乐新闻一样受到市场驱动。麦库姆斯和肖的发现令人印象深刻，但其意义仍有模糊之处。要真正地验证议程设置的猜想，必须证明公众议程要稍微滞后于传媒议程。我将简要介绍3个研究项目，以确认传媒议程为因，而公众议程是相对滞后的果。

1976年吉米·卡特参与总统大选期间，麦库姆斯和另外3名研究学者在美国国内3个区域进行民意调查。从2月到12月，他们巡访了新罕布什尔州莱巴嫩、印第安纳州印第安纳波利斯以及伊利诺伊州埃文斯顿等地，记录下同一时间美国三大主要电视网与当地报纸针对大选的相关报道。二者的相关性时滞分析表明，在4周至6周之内，公众议程确实跟随着传媒议程的轨迹。相关性在选举活动最为鼎盛的时期达到最高值，而在整个竞选活动期间，传媒议程的优先序列也的确会随后反映在选民的优先序列中。[8]

但是，有没有可能传媒议程和公众议程都在反映当下人们发现的事件，只不过新闻专业人士往往会比绝大多数人更迅速地意识到发生了什么呢？为检查这种可能性，从宾夕法尼亚州立大学退休的传播研究学者雷·芬克豪泽（Ray Funkhouser）对20世纪60年代至70年代的新闻杂志报道做了全面的回顾。[9]他用图表绘出传媒对各种议题关注度的升降趋势，并把它和盖洛普公司的年度调查"美国面对的最重大问题"相比较。芬克豪泽的研究结果清晰地表明，两种新闻议程不只是纯粹的现实反映。例如，越南境内美国驻军的人数在1968年前一直持续增长，而有关的新闻报道的热度在1966年就已达到顶峰。城市暴力和校园骚动的情况同样如此。当城市和大学校园的混乱仍在升温之际，传媒的兴趣却已冷却下来。沃尔特·李普曼所言似乎是对的——现实环境和我们头脑中的图景是两个不同的世界。

这些调查和历史研究为麦库姆斯和肖的议程设置的基本假设，提供了有力的证据支持。耶鲁大学研究学者为了建立传媒议程向公众议程传导的影响力因果链条，进行了一组严格控制的实验。[10]政治科学学者仙托·艾英戈（Shanto Lyengar）、马克·彼得斯（Mark Peters）和唐纳德·金德（Donald Kinder）将过去播放过的新闻报道插入当下电视新闻网络的录像带。在接下来的4天，美国纽黑文市的3组居民聚集在一起观看晚间新闻，就他们关心的议题填写调查问卷。每个小组收看的版本都不尽相同——一组收看环境污染的每日播报、一组收看每天的国防焦点，另外一组收看通货膨胀数据的最新参考。接收的传媒议程为环境污染和国防话题的观众，在所关心的议题列表中提升了这两种议题的位置——证明传媒议程和公众议程之间存在因果关系。（该研究的结果还显示，对绝大多数受试者来说，通货膨胀都是一个重要议题，因而在第3小组的议程上通货膨胀的议题已经没有上升空间。）

28.5 谁为议程设置者设置议程？

在上述实验中，艾英戈、彼得斯和金德凸显了通货膨胀、国防和环境污染3种议题的显著性。他们受限于要在已播的新闻里做出选择，否则他们或许会选择其他题材。事实上，经过编辑桌案的75%的新闻报道从未见报或播出。新闻不会自我筛查，那么，是谁在为议程设置者设置议程呢？

有一种观点认为为数不多的新闻主编们堪称政治对话的守门人。任何进入政治议程的议题必须获得某些新闻把关人——美联社、《纽约时报》、《华盛顿邮报》、《时代》、《新闻周刊》、ABC、NBC、CBS、Fox 和 MSNBC 的运营主管们——的同意。右翼保守人士认为这些主编是美国东部自由主义权势集团阴谋的参与者，尽管这一指控并未获得充分的证据支持，但这些关键决策的制定者无可否认地属于传媒精英的一部分，无法代表多样化背景的美国公民。传媒精英由出入高级会议、野餐会和宴会的中年白人男性构成。正如水门事件显示出的，一旦有一家媒体聚焦在某一议题上，其余的美国媒体会跟进相关报道。一旦《纽约时报》点燃导火索，媒体互动的效果就迅速地爆发出来。

另一种观点认为候选人本身是议题是否具有显著性的源头。在1988年总统大选中，乔治·布什成功地使媒体聚焦于威利·霍顿（Willie Horton）是否应被假释的问题。霍顿是在马萨诸塞州监狱服刑的犯人，在假释期间再次奸杀了一名妇女。布什的媒体顾问（有时又称舆论导向专家）把这起悲剧转化成对该州民主党派州长迈克尔·杜卡基斯自由主义立场的批判，而布什几乎每天都在利用霍顿的罪行诋毁他的竞选对手。布什在赢得大选之后，继承了美国总统必须借助一些评论将某些议题上升到国家利益的习惯。在把税收议题摊在桌面上时，布什给出了一句广为人知的短句，"读我的唇形，我说不能增税！"可是，在他违背这一誓言时，他倒也没办法取消人们对这一议题的关注。乔治·布什还试图将任内的经济萧条定义为"温和的技术调整"，可惜新闻界和公众早已认定经济萧条是值得关注的重要议题。

目前人们对于新闻选择的思考，特别关注那些为政府机构、企业和利益集团服务的公共关系专家的至关重要的作用。即使是雇有大量调查人员、素有声望的报纸，如《华盛顿邮报》和《纽约时报》，也有一半以上的报道直接来自新闻通稿及新闻发布会。[11]

利益聚集：要求他们唯一的、超越一切的议题占据媒体核心位置的人群；施压的群体。

在制作必须被报道的新闻时，**利益聚集**（interest aggregations）被愈来愈多地接受。哥伦比亚大学社会学家罗伯特·默顿（Robert Merton）用这一名词来特指要求他们唯一的、超越一切的议题占据媒体核心位置的人群——这些议题可能是反堕胎、反战、反共产主义、反污染、反自由贸易、反移民、反同性恋结婚或者其他什么。正如许多案例显示，这些群体通常会聚集在他们反对的某一特定行为周围，不断地示威、游行并制造其他传媒事件，使电视和报纸被迫关注他们的议题。网络效应反映出不同的权力核心都在争取被关注的权利。媒体总是关注抢夺它的注意力的那些人。

在极个别的情况下，新闻事件本身具有极强的吸引力，以至于编辑们除了延长报道周期往往没有别的选择。2000年，佛罗里达州用一个月的时间重新计票，以决定小布什以及阿尔·戈尔谁能入主白宫，就是这一类的最佳案例。"9·11"恐怖主义袭击垄断了美国报纸和广电传媒的新闻频道，在当年年底以前没有任何新闻能挤得上头版头条或占据电视荧屏的中心。2004年，印度洋海啸夺去了20万人的生命，从而把其他新闻议题从传媒议程中挤了出来。2005年卡特里娜飓风袭击美国，席卷新奥尔良的洪水也引发了同样的效果。

28.6 哪些人最受传媒议程的影响？

早在最初对教堂山一地的研究中，麦库姆斯和肖就认识到"人们不是等着被新闻传媒键入程式的机器人"。[12] 他们怀疑有些受众可能比其他人更能抵抗媒体的政治优先序列——正是由于这个原因，他们要过滤掉那些已决定给谁投票的选民。在后续研究中，麦库姆斯和肖转向**使用和满足**的研究方法，该方法认为受众有能力对收看的电视节目类型做出选择。两位理论学者希望能准确地发现，哪一类人最容易受到传媒议程的影响。他们最终得出结论，乐于让传媒形塑思想的人具有很高的**取向需求**，一些学者也称之为**好奇指数**。

取向需求源于高相关性和高度不确定性。例如，假如我是某只猫或狗的主人，任何虐待动物的报道都会吸引我（高相关性）。然而，我也不是很清楚在何种程度上医学进步需要对活体动物进行实验（高度不确定性）。在麦库姆斯和肖看来，这种组合使我容易受到媒体有关活体解剖报道的影响。如果《时代》和ABC电视台的新闻编辑认为一则相关报道是重要新闻，我有可能也这样认为。

很难想象报纸和广播电视会对动物福利议题给予全面集中的报道，即便它们这样做了，而我对这一议题又具有高度的取向需求，事实上，我对这类报道的反应还是会依照它们报道的**角度**而定。他们有可能会强调狗的痛苦、医学上的突破、冷血的科学家或人类替代品——豚鼠的活体解剖。正如接下来的两个小节将要讨论的，这一选择过程会对读者和观众构成强大的影响。

好奇指数：测量个体的取向需求在何种程度上使得他们愿意让媒体形塑其思想的方法。

28.7 架构：特性显著性的转移

直到20世纪90年代，每篇与议程设置理论有关的论文似乎都在重申——**传媒从来不曾成功地告诉读者他们应该怎样思考，而在告诉读者哪些事情有待聚焦时却往往惊人地有效**。换言之，传媒让某些议题更具**显著性**。人们将更关注这些议题并且认为它们更加重要。到20世纪90年代中期，麦库姆斯指出传媒所做的远远不止如此。事实上，传媒确实影响了我们的思考方式。他提到的这一过程就是众多传媒学者在讨论的——**架构**。

大众传播理论领域的先锋作者之一詹姆斯·坦卡德（James Tankard）将传媒框架定义为"应用于某种语境的组织新闻内容的核心思想，同时用**选择**、**强调**、**排除**和**详述**的方法展示出该议题的实质内容"。[13] 加黑的4个名词显示了传媒不仅会根据议题、事件或人物的重要性设置议程，还可以改变潜在的关注对象上述属性的显著性。我的一次有关"四强决赛"的体验或许有助于读者了解其中的区别。

我在写作本书这一部分时恰好到佛罗里达州圣彼得斯堡去拜访亲戚。《圣彼得斯堡时报》当时正大篇幅地报道将于第二天开赛的全美大学体育总会组织的男篮锦标赛决赛。64支队伍只剩下了最后四强。当地居民无法想象报纸或电视台还能怎样突出报道四强决赛事件，因为几乎没有人不在谈论这场赛事。

四强决赛什么地方最吸引人呢？一些人希望看到高水准的篮球比赛，而另一些人则更关注某支特定的队伍。然而，除了这些篮球锦标赛固有的话题之外，新闻记者还可以从中挖掘出其他吸引人的特性：

赌博——押注这次比赛的赌金超过超级碗比赛（Super Bowl）。
盛会景象——一名男子斜倚窗户并大喊："就是这个地方。"
地方经济——这是一个能为佛罗里达州招财进宝的周末。
球员特写——这些球员有多少人可顺利毕业？
天气预报——今明两天天气晴朗炎热。

当地早报就上述话题做了相关报道，与当地经济收益和博彩有关的报道占据了头版位置，长度比内页的球员特写简报多5倍。

在这里，我们看到了双层级的议程设置。麦库姆斯认为，第一层级是把大众传媒描绘的世界图景的**态度目标**的显著性，转移到我们头脑里多个图景中的显著位置。四强决赛因此变得对我们更重要了。这是学者们在传统意义上研究的议程设置功能。

第二层级是传媒将那个最重要的系列属性的显著性与态度目标相联系，再将其转换为投射在我们意识墙上的那幅图景的明确特性。[14]现在每当我想起四强决赛，我会联想到各种形式的金钱换手，而不会想到球员们入学时的GPA成绩或毕业文凭。在麦库姆斯看来，球赛属性的议程设置反映出罗伯特·恩特曼（Robert Entman）在其论文中描述的架构过程：

架构就是选择认知现实的某些特点，并使它们在传播文本中更具显著性，通过这种方式推进被描述的项目的问题界定、因果阐释、道德评估及处理建议。[15]

28.8　不仅主导聚焦的目标，而且影响聚焦的方式

认同议程设置理论的学者定义的架构过程，在人们阅读报纸或接收广电新闻时，真的能改变他们的内心图景吗？媒体用一系列相关属性建构的议程，可以在订阅者、听众与观众心中创造前后连贯的意象吗？麦库姆斯用两次外国选举的研究展示了架构

如何发挥它的作用。这两项研究分别在日本[16]和西班牙[17]进行。然而,我在第三项研究中发现了更具说服力的证据,得克萨斯大学的萨勒玛·加南(Salma Ghanem)在麦库姆斯的指导下将该研究写成了一篇博士论文。[18]

加南在论文中分析了1992年至1995年期间得克萨斯人最重视的犯罪率百分比。受访者认为该数字从1992年的2%平稳上升至1994年的37%,一年后再降低至21%,但仍然是一个历史高点。大众在这一期间的头两年对犯罪率的关注持续增加,但非法行为的频率及严重程度却在下降。基于许多诸如教堂山地区研究一类的第一层级议程设置研究,加南认为大众眼中的罪案显著性的提升是由频繁报道犯罪经过的传媒引起的。她发现传媒报道数量与公众关注的深入度之间存在高度正相关(+0.70)。

让加南更有兴趣的是追踪特定罪案属性的显著性转移——议程设置的第二层级。在传媒描述犯罪经过的10多种架构中,有两大类属性与公众警惕性的提升有强烈关联。最有力的架构将犯罪行为描述成有可能发生在任何人身上的案件。该类报道一直强调抢劫或毫无预兆的枪击事件在光天化日之下就会发生。

第二类架构与犯罪行为发生的地点有关。州外发生的犯罪行为通常不会引起关注,但如果报道的犯罪案件是在当地发生或出现在得克萨斯州,关注度会随之激增。应当注意,上述两类架构是缩减犯罪案件与普通读者、听众之间的心理距离的新闻报道的特征。许多人会因此得出结论:"我可能是下一个受害者。"这些传媒架构与接续出现的大众关注度高达0.78或0.73的正相关,说明新闻曝光之后,诸如此类的属性架构会成为人们做出选择时的重要参考。

不过,架构本身并不等于选择。记者不可避免地要选择描述公众人物的某项个人特征以架构一个故事。例如,传媒经常报道约翰·F·肯尼迪的"年轻活力",却对他的婚外情只字不提,尽管此事在白宫新闻记者圈内众所周知。1988年,《时代》把老布什与迈克尔·杜卡基斯间的竞争架构为"好人VS冰人",在这之后总统竞选差不多就结束了。1996年,一旦传媒开始在报道中强调共和党总统候选人鲍勃·多尔(Bob Dole)缺乏热情,该党的传媒顾问在其候选人的定位包装上就不得不打上一场硬仗——"死囚漫步"(Dead Man Walking)是美国著名媒体评论员马克·希尔兹(Mark Shields)针对这一尴尬局面所用的讽语。在2004年总统大选中,媒体报道集中于候选人个性的冲突。参议员约翰·克里(John Kerry)多次被描述为在重大问题上"临场变卦"。老布什则被赋予"顽固者"之称。媒体不断搜寻它们认为具有**新闻价值**的材料。一旦媒体发现这些材料,媒体告诉受众的,就不仅仅是**关注**而已。

麦库姆斯和肖不曾受限于科恩的传媒议程设置作用有限的经典评论,而是继续对它加以修正和扩充,把议程设置描述为更为强大的传媒功能:

> 传媒可能不仅告诉我们要关注什么,
> 也告诉我们如何去看待它,
> 甚至也许还会影响我们对于它的处理。[19]

28.9　引导观念——传媒议程的行为效应

在400项有关议程设置的实证性研究中，绝大多数研究测试了传媒议程对公众观念的影响。一些有趣的研究结果表明，传媒的议题优先序列对公众行为也有所影响。例如，麦库姆斯的研究生亚历山大·布洛伊（Alexander Bloj）曾获悉美国东北某大城市航空公司的销售记录。[20]他还了解到机场出售的航空保险数据。布洛伊认为《纽约时报》针对坠机与劫机的显著性报道，会降低随后一周的机票销售，并提升购买旅行保险的比例。他把传媒报道对飞行安全的显著性定义为连续两天出现有两位数罹难者的坠机事件或成功的空中劫机事件。

幸运的是，在20世纪70年代的前5年，凸显空难事件的周数远比未关注航空事件的周数少。然而，一旦这样的报道出现，人们就会减少对机票的购买，而更多地购买航空保险。显然，进入21世纪初期，没有人还会怀疑大量的传媒报道是否会影响公众行为。大多数人对飞机撞上世贸中心的电视画面印象深刻，乘机人数直线下降，该数字在两年内都未得到恢复。

康涅狄格大学传播学者德博拉·布拉德（Deborah Blood）与耶鲁大学经济学家彼得·菲利普斯（Peter Phillips）借助《纽约时报》来评估与财经新闻相关的传媒议程的起起伏伏。他们按月份搜集了1980年至1993年的新闻标题作为样本，以研究该报纸对美国经济是看牛或是看熊。他们认为传媒议程与综合领先经济指标（一种与企业和消费者行为相关联的数字指标）所体现的重要经济形势少有关系。然而，他们也确实发现了显著的**传媒负面效果**（media malady effect）：

> 经济新闻负面标题对之后的消费者情绪有重大且消极的影响，（而且）在长达5个月的时滞中对主要经济指标都有不利的影响……显然新闻机构具有影响趋势的力量。[21]

传媒负面效果：经济新闻负面标题和报道对消费者情绪和主要经济指标产生不利的影响。

传媒议程的行为效应在职业联赛的赞助企业身上体现得最为明显。约翰·福尔图纳托（John Fortunato）在他的著作《最后的援助》中探索了电视网议程和北美职业篮球联盟（NBA）之间的商业互动。[22]电视网把最佳球队的比赛安排在黄金时段播出，由此戏剧化地提升了比赛的显著性（议程设置的第一层级）。它也通过把摄像机对准这些球队中的最佳球员来吸引观众的注意力。在迈克尔·乔丹篮球生涯的巅峰期，"乔丹占据了整个时代。"

电视网通过一系列场外架构在观众的头脑中塑造NBA魅力十足的画面（议程设置的第二层级）。天才球员和教练的专访，诙谐的评论、图表，球员精彩动作的即时回放，所有这些都赋予NBA积极向上的形象。至于对洛杉矶湖人队超级明星科比·布莱恩特性侵犯的指控，以及他与队友奥尼尔之间的过节造成的球队分裂，各大媒体选择对这些抹黑NBA形象的事件采取低调处理。

电视网用30年的努力形塑公众议程，不仅对球迷的行为产生惊人影响，而且改变了流行文化的面貌。从1970年到2000年，NBA球队数量和比赛数量基本上翻了一番。球迷人数翻了4倍。然而，最大的差别还是在于金钱。20世纪70年代，电视台每年从NBA获得的收入为1 000万美元。到2000年，这一数字达到了200亿美元——变化可不算小。麦库姆斯对此评论道："所谓议程设置理论，也不妨说成是议程决定商业计划。"[23]

新媒体会继续引导焦点、观念和行为吗？

讽刺的是，麦库姆斯和肖关注的议程设置影响力有可能正在逐渐衰落。在一项具创造性的实验中，伊利诺伊大学学者斯科特·奥尔索斯（Scott Althaus）和大卫·图克斯伯里（David Tewksbury）预言，就设置读者议程而言，传统的印刷媒体比新形式的电子传媒更有效。[24]他们假设读报的人会意识到编辑们认为通栏大标题下的头版头条文章比隐藏在内页里的短篇报道更重要。而电脑屏幕无法显示这些比较性的线索，在线读者也只能点击类似报道的链接，看不到报纸读者在翻阅报纸时能找到的对事件的详细说明。

奥尔索斯和图克斯伯里在实验中招募大学生，让他们每天用30分钟至60分钟在受控的环境里阅读《纽约时报》的纸版和网络版，实验持续的时间为5天。两组同学接触的都只有一周内的新闻报道。从第6天起，研究者测试学生们对该周新闻报道的了解和回顾，并评定学生们个人认为哪些问题是美国面临的最重要的问题。阅读纸版报纸的学生记住了更多的内容，而且他们之中较多的人认为国际议题最重要，更接近时报编辑给予新闻议程的优先顺序。研究者由此得出结论，"新技术向用户提供更多内容选择以及控制曝光的手段，人们得以创造个性化的信息环境，隔绝现实中公共信息洪流对他们的影响。"[25]他们也许还会补充一句，即传统新闻媒体可能不再像过去那样具有转移议题显著性（属性）的力量。

28.10 伦理反思：克里斯琴斯与社群主义伦理

克利福德·克里斯琴斯（Clifford Christians）是伊利诺伊大学厄巴纳—香槟分校传播研究所的教授，也是《杰出新闻：社会伦理和新闻界》一书的作者之一。[26]克里斯琴斯重视言论自由，但他并不认为必须绝对认同《美国宪法第一修正案》这一许多新闻工作者眼中唯一的道德承诺。在当代，大多数记者及编辑基于英国哲学家洛克及其他启蒙时期思想家的个人理性主义而坚持言论自由的绝对权利，但克里斯琴斯反对这一点。在我们当下的伦理相对主义的时代，**持续对话**是哲学能够提供的最佳方式[27]，克里斯琴斯相信，如果我们愿意探察人性，发现真理仍然是有可能的。他所认识的人性，从本质上说就是社群中的人格。[28]

克里斯琴斯认同德国哲学大师马丁·布伯（Martin Buber）的观点，即联系是生命的摇篮。（"一切的开端即为联系。"[29]）他因此确信，关系才是人类的本质。同时为自己和他人而活着的"关系中的人"才是完整意义上的"人"。

> 一个有道德的社群显示了比纯粹相互依赖更多的特质；除了即时性的自我利益之外，这种社群还以相互性、社群意愿以及对他人的恳切关怀为特征。……以维持社群为目的的行为从道德上说是正确的；如果由自我中心意识驱使，该行为则是错误的。[30]

社群伦理：促进社群发展的伦理责任；相互性，既为自己也为他人活着的联系中的个体。

克里斯琴斯认为，从属于互动关系将极大改变媒体的文化及使命。他的**社群主义伦理学**认为媒体的主要目标应该是转变公民而非提供客观信息。因此，记者应该致力于培养由社群标准形塑的新公民——从道德上说，是具有文化修养的、活跃的参与者，而不仅仅是接收信息的读者和观众。[31]编辑、发行人和传媒大亨——传媒议程的把关人——应该遵从相同的标准。克里斯琴斯坚持，传媒评论必须有重建具有正误之分的道德观念的意识。意在分裂社群的自私行为不仅仅是造成误导而已，更是一种邪恶的行径。[32]

圣爱：人类皆按上帝形象所造，因此要无私地去爱他人。

克里斯琴斯的社群主义伦理学基于**圣爱**的基督教传统，由于人类皆按上帝形象所造，因此要无私地去爱他人。他认为记者应担负尊重人类尊严、讲真话、不做伤及无辜人的事等等促进生命神圣性的社会责任。[33]经由社群纽带的建立，社会边缘人群将从社群中得到特殊的关注。克里斯琴斯认为记者的终极标准是，在多大程度上运用传媒力量来达成社会正义。例如，克里斯琴斯问道：

> 媒体会为失业者、阿帕拉契亚山脉的矿工、城市中的穷人、农村窝棚中的西班牙裔居民、年迈者、在雇佣和提升机遇前受歧视的女性以及对北美低迷的经济不抱希望的少数民族群体表达心声吗？[34]

如果传媒设置了上述议程并且做出有助于社群发展的相关报道，克里斯琴斯认为它们履行了社群主义的责任。

28.11 评论：效果有限，而且范围太广？

麦库姆斯和肖最初提出议程设置理论时，认为它是自拉扎斯菲尔德提出**选择性曝光**概念（见"传媒效果"导论）之后由有限效果模式主导的传媒研究的一次重大突破。麦库姆斯和肖并未转向传媒效果领域更具影响力的魔弹论，而是指出广播电视与报纸新闻对公众如何设定政治议题的优先次序具有重大影响。不过，正如多年研究显示，传媒议程设置功能并非屡试不爽。20世纪90年代中期或许是最能与这一理论相吻合的历史时期，传媒议程确实在某些时刻影响了某些人群就某些议题的显著性。1994年，麦库姆斯指出"议程设置是一种有限的传媒效果理论"。[35]这与它最初的承诺相比明显打了很大的折扣。

新的框架提出更有力的传媒效果模型。正如俄亥俄州立大学新闻学教授杰拉尔德·科西茨基（Gerald Kosicki）指出：

> 媒体"把关人"不能仅仅保持对信息的关注，使它们重列组合。相反地，他们应积极地建构信息，强调某一议题的某些特征，而忽略掉其他特征。[36]

科西茨基质疑架构在议程设置标题下能否算作一个合理的研究主题。从麦库姆斯与肖预见阐释框架重要性的初始模型中，科西茨基看不到任何有意义的成分。

麦库姆斯总是喜欢说，证据其实就在那里。在他与肖于1977年编辑出版的一本书的主打文章中，他们清晰地介绍了议程属性与架构的"新疆界"：

> 议程设置这一概念并不只限于传媒标题显著性与受众的一致性。我们也考虑到标题、专题、个体或其他主体的各种不同属性的显著性。我们对某一物体的认识，在多大程度上受到媒体勾勒的图景，特别是媒体认为有新闻价值的属性所形塑或影响？[37]

麦库姆斯对于"架构"的定义似乎相当明确："当讨论特定的对象时，架构是对传媒议程所包含的有限的、与主题相关的属性的选择。"[38]这看上去过滤掉了堕胎等持续引起争议的公共议题中关键词的情感内涵。例如，假如某篇报道的标题是**反堕胎组织VS自由选择权**，或**倡导生命权VS倡导堕胎**，二者对受众的影响可能大为不同。这一定义似乎也排除了那些直观的因素，例如播报者在提及这些词语时竖起的眉毛。

在传媒研究中，"架构"通常被视为阐释性的建构，这往往导致其意义的多样化及模糊性。斯图尔特·霍尔与其他批判学者使用这个词的方式很灵活，以至于它可以意指任何他们不喜欢的事物。因此，我把"架构"的狭义定义视为基于传媒效果研究的实证性的显著优势。

无论我们是否接受"架构"的狭义定义，大众传媒的议程设置功能在传媒效果的领域中已经牢固地占据了一席之地。麦库姆斯和肖确立了一个貌似合理的案例，即一些人认为报纸新闻和广播电视可作为哪些议题更为重要的参考。同时，议程设置理论也提供了一种必要的提醒，即新闻报道也只不过是报道而已。信息总是需要阐释。基于以上理由，麦库姆斯和肖使议程设置理论得以确立，并使它在大众传播理论和研究议程中占据了重要的位置。

帮助你深入思考的问题：

1. 如果传媒没有告诉你要怎样思考，那为什么它要告诉你**哪些事情有待聚焦**的能力如此强大？

2. **哪些类型的人**在**哪种环境**下最容易受到传媒**议程设置功能**的影响？

3. 希拉里·克林顿在美国一直是备受争议的公众人物之一。你将采用哪些**主导属性架构**她访问儿童医院之举以建立她的正面形象？你又将如何架构她的负面形象？

4. 最近是否有**新闻记者**与**评论员**每天滔滔不绝讨论，而你和你周围的人一点也不在乎的话题？你认为在两个月之后你还会对这一话题漠不关心吗？

对话：

在我们的对话中，马克斯韦尔·麦库姆斯探讨了架构的过程与这一概念如何改变了他的理论范畴。他还回答了我的学生们提出的一些问题。一个人在一段时间内可以关注多少种议题？如果他今天重新启动教堂山地区的研究，他还会以CNN作为设置公共议程的传媒吗？电视娱乐节目是否具有传媒设置功能？我则更想知道他如何看待潜在的传媒立场。是不是所有的新闻报道在传播时都含有不客观的成分？他是否认为有目的性地架构新闻报道即是邪恶的行为？全国性媒体中是否存在一种开明的立场？我认为你一定会对他的坦率回答感到惊奇。在www.mhhe.com/griffin7或www.afirstlook.com可以看到这段对话的视频。

扩展阅读：

推荐阅读：Maxwell McCombs and Amy Reynolds, "News Influence on Our Pictures of the World," in *Media Effects*: *Advances in Theory and Research*, Jennings Bryant and Dolf Zillmann (eds.), Lawrence Erlbaum, Mahwah, NJ, 2002, pp. 1–18.

理论研究综合概述：Maxwell McCombs, *Setting the Agenda*, Polity, Cambridge, UK, 2004.

历史发展：Maxwell McCombs and Tamara Bell, "The Agenda-Setting Role of Mass Communication," in *An Integrated Approach to Communication Theory and Research*, Michael Salwen and Donald Stacks (eds.), Lawrence Erlbaum, Hillsdale, NJ, 1996, pp. 93–110.

议程设置研究发展的5个阶段：Maxwell McCombs, "A Look at Agenda-Setting: Past,

Present and Future," *Journalism Studies*, Vol. 6, 2005, pp. 543-557.

大选样本研究: Maxwell McCombs and Donald Shaw, "The Agenda-Setting Function of the Mass Media," *Public Opinion Quarterly*, Vol. 36, 1972, pp. 176-187.

架构: Maxwell McCombs and Salma Ghanem, "The Convergence of Agenda Setting and Framing," in *Framing Public Life*, Stephen Reese, Oscar Gandy, Jr., and August Grant (eds.), Lawrence Erlbaum, Mahwah, NJ, 2001, pp. 67-81.

议程设置、架构与启动的关系: Dietram Scheufele and David Tewksbury, "Framing, Agenda Setting, and Priming: The Evolution of Three Media Effects Models," *Journal of Communication*, Vol. 57, 2007, pp. 9-20.

各类属性: Maxwell McCombs, "New Frontiers in Agenda Setting: Agendas of Attributes and Frames," *Mass Comm Review 24*, 1997, pp. 4-24.

复杂选举研究: Maxwell McCombs, Esteban Lopez-Escobar, and Juan Pablo Llamas, "Setting the Agenda of Attributes in the 1996 Spanish General Election," *Journal of Communication*, Vol. 50, No. 2, 2000, pp. 77-92.

早期议程设置研究中的人种学: David Protess and Maxwell McCombs, *Agenda Setting: Readings on Media, Public Opinion, and Policymaking*, Lawrence Erlbaum, Hillsdale, NJ, 1991.

后续学术发展: Maxwell McCombs, Donald Shaw, and David Weaver, *Communication and Democracy: Exploring the Intellectual Frontiers in Agenda-Setting Theory*, Lawrence Erlbaum, Mahwah, NJ, 1997.

学人简介: William Davie and T. Michael Maher, "Maxwell McCombs: Agenda-Setting Explorer," *Journal of Broadcasting and Electronic Media*, Vol. 50, 2006, pp. 358-364.

评论: Gerald Kosicki, "Problems and Opportunities in Agenda-Setting Research," *Journal of Communication*, Vol. 43, No. 2, 1993, pp. 100-127.

第29章 沉默的螺旋假说

创立人：伊丽莎白·诺埃勒−诺伊曼（Elisabeth Noelle-Neumann）

实证性　　　　　　　　　　　　　　　阐释性
社会心理学派

1980年的美国总统大选看上去旗鼓相当，结局难以预料。民意调查显示总统卡特和竞争对手罗纳德·里根直到选战的最后两个月实际上还是难分上下。但是，在德国美因茨大学传播学研究教授伊丽莎白·诺埃勒−诺伊曼看来，大多数民意调查提出的是错误的问题。他们应该问，**你认为谁在大选中会胜出？**而不是**你打算投票给谁？**

人们或许已经发现，虽然投票人对两位候选人的偏好大致相等，但里根将赢得大选的预期在接下来的几周将越来越高。诺伊曼认为，人们对政治气候的评估，特别是他们对未来趋势的预测是判断竞选结果最早出现和最可靠的信号。就卡特败选这一案例而言，事实正是如此。在投票前一天晚上，民主党民意测验专家帕特·卡德尔走向总统卡特，悲伤地宣布竞争结束了。数百万选民在投票的最后一刻倒向了里根。第二天的投票共和党大获全胜，卡特败北。

沉默的螺旋假说是有关舆论的产生与散播的一种理论。诺伊曼作为德国阿兰斯拔（Allensbach）舆论研究中心（类似于美国盖洛普公司的民意调查组织）的创建者和运营者，逐渐认识到舆论的力量。正如17世纪英国哲学家约翰·洛克一样，她也把舆论看作是使人们保持一致的**真实力量**。洛克概括出3种法律形式——**神意、民法和舆论**。他认为，舆论是人们真正遵从的唯一的法律。[1] 鉴于任何承载道德观念的主题都会带来巨大争议，诺依曼把舆论定义为"个体不冒孤立自己的风险即可表达的态度"。[2]

沉默的螺旋这一术语是指，当人们认为自己成为少数派时，他们为隐藏其观点而感受到的持续增长的压力。诺伊曼确信电视的出现加速了螺旋的上升。为了理解大众

舆论：个体不冒孤立自己的风险即可表达的态度；使人们保持一致的真实力量。

沉默的螺旋：当人们认为自己身为少数派时，他们为隐藏其观点而感受到的持续增长的压力。

传媒在这一过程中的作用，我们必须首先理解公众对于社会中多变的宽容标准的特殊敏感性。

29.1　感知舆论气候的准统计器官

诺伊曼总是为人们察觉舆论气候的能力感到吃惊。科学理论认为人体有5种用来感知周围环境的接受器：眼睛（视觉）、耳朵（听觉）、舌头（味觉）、鼻子（嗅觉）、皮肤（触觉）。在资深民意测验专家之中，有半数的人半开玩笑地指出，人类拥有一种**准统计性器官**——统计社会整体所思考与感受的信息的第六感觉。就像人类装配了触须，颤颤地能感知到社会风气中的每一丝变化。诺伊曼询问人们应该如何解释以下事实："当支持或反对某个政党、某个人或某种特定思想的舆论空气略有摇摆，几乎在同一时间，任何地方的任何人都可以感觉到这一变化。"[3]普通人不依靠随机抽样、采访计划或频数分布，也能在科学的民意调查之前察觉舆论空气的变化。

准统计性器官：统计社会整体所思考与感受的信息的第六感觉。

诺伊曼推荐借助以下两个问题获取人们头脑中舆论空气的指标：

- **当前气压状况**：先不考虑你的个人意见的话，你认为绝大多数人……？
- **未来气压预测**：一年以后，有更多的人还是更少的人会以这种方式思考？

人们的回应很少会是"我怎么知道"或"我可不是先知"[4]。诺伊曼确信评估当下或未来的公众情绪，是人们天生就会做的事。30多年的调查经验使诺依曼相信人们通常会做出正确的预测。即便他们有可能误读当下形势，却仍然能发现未来的趋势。举例来说，每一年快到年底时，诺伊曼研究中心的民意测验专员都会根据德国男性及女性的标准样本，调查"你希望还是恐惧下一年的到来"。对这一问题表示乐观的比率在统计上与下一年实际的经济增长率毫无关系，但是它对未来一年国民生产总值（GNP）增长率的实际波动做出了不可思议的预测。

但是，人类发现舆论风向的能力不会被愚蠢地滥用。诺伊曼指出想弄清楚有哪些观点处于上升期而哪些观点处于衰退期，需要耗费惊人的精力。这种为监测社会趋势的高度关注，只有在与个体因观念不合时宜而存在被孤立的风险这一更大的压力相比时，才具有一定合理性。"观察环境所付出的努力，相比较失去同伴好感的风险——被拒绝、鄙视和孤立而言，显然代价要小得多。"[5]

29.2　被孤立的恐惧：驱动沉默螺旋的引擎

根据诺伊曼的理论，对被孤立的恐惧是加速沉默螺旋的离心力。她在很大程度上借鉴了美国索思摩学院著名心理学家所罗门·阿希（Solomon Asch）① 的从众性研究以支持她的主张。阿希证实人们的确会为了屈从于群体压力而忽视自身明显的感觉。[6]

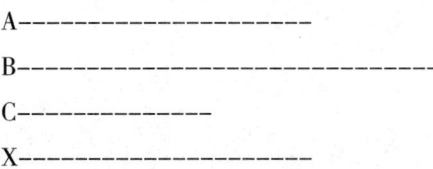

看上面的4条线，A、B、C中哪一条线与X是一样长的。答案很明显，不用说，每个人都会选择A。然而，一旦把某人编入一个存在预设同盟的实验小组，而该小组成员一致认为B是正确的答案时，这个人会感受到巨大压力。即便对于立场坚定的人来说，对被孤立的考虑也是很现实的因素：**这些人会因为我的固执而表示不满、争吵甚至咒骂吗？更糟的是，他们会嘲笑我，对我嗤之以鼻吗？如果我说出真正的想法，他们会排斥我或者把我踢出小组吗？**阿希发现，被置于这种困境中的大多数人即便不会完全，也会时不时地遵从群体判断。

对被孤立的恐惧是美国人特有的性格吗？诺伊曼反对这一类由美国著名心理学家斯坦利·米尔格兰姆（Stanley Milgram）② 在欧洲进行的从众行为研究而得出的结论。米尔格兰姆选择的是法国和挪威这两个文化具有明显差异的国家——美国的社会文化是高度个性化的，挪威文化则具有高度黏着性。研究结果正如他的预料，挪威人比法国人更容易从众。可是，这两个国家的绝大多数公民，也与美国人一样，在面对群体压力时不能保持坚定的立场。[7]

诺伊曼认为与避免被孤立相比，人们与赢家保持一致的欲望更容易导致从众行为。举例来说，在一场重要的选举结束之后，声称自己投了胜利一方一票的人总是比胜利一方统计得出的选票总数要多。这一类的善意谎言不是为了后知后觉地挤入胜利者的队伍并分享其荣耀，相反，它是一种防守策略，避免因与某些负载价值观的议题有所偏差而受到社会歧视。诺伊曼的调查对象报告说，即使这种摇摆的态度会使一个人被贴上墙头草的标签，但与之相反的做法会带来更糟糕的后果。

在世界上绝大多数地区，自群体中被驱逐、长期的单独监禁、背后有社会强制力支持的众人的冥落都被看成对个体的残酷惩罚。诺伊曼认为只有罪犯和有正义感的英雄才不在乎社会的看法，而其他人都需要从这种归属感中获得和平和满足。诺贝尔奖得主特蕾莎修女（Mother Teresa）显然同意诺伊曼的分析："最严重的疾病不是麻风病或肺结核，而是没有一个人愿意给予尊重和爱、被所有人抛弃的感觉。"[8] 这就是人们为什么总是试图判断舆论空气的缘故。

---

① 所罗门·阿希（1907—1996），是一位世界知名的美国格式塔心理学家和社会心理学领域的先驱。
② 斯坦利·米尔格兰姆（1933—1984），在社会心理学领域从事了大量研究，以对从众行为的研究而著称。

29.3 大众传媒的强大作用

诺伊曼相信传媒强化了沉默的螺旋假说中少数派的沉默。虽然每个个体都配备有可分析舆论空气的准统计性器官,但早期预警系统需要数据才能进行处理。个人观察仅能提供我们所需的少量信息,印刷品和电子媒体才是我们获得绝大多数认识周边世界的信息的途径。马歇尔·麦克卢汉认为各种媒体是人体特定感官的延伸,诺伊曼则认为所有媒体都是假想的第六感的代理。诺伊曼还强调媒体并不总是能给人们提供很好的服务,具影响力的传媒所支持的观念经常被过度高估。诺伊曼质疑所谓**多数无知**,即人们在任何时候总是会对舆论真正的状态持有误判,这可能要归因于传媒不能表现与其社会能量相匹配的多元观点。[9]

多数无知: 人们认为每个人的想法都与自己一致的误判。

1940年美国社会学家拉扎斯菲尔德对俄亥俄州伊利县总统选举进行调查研究之后,数十年间美国传媒界的社会学学者始终认为,读者或观众的选择性曝光削弱了纸质传媒及广播电视本来的影响力。然而,与其他欧洲学者一样,诺伊曼不认为传媒只能强化业已存在的观念。她承认书面文字改变态度的能力或许受到选择性曝光的限制。鉴于已有的各式各样的报纸、杂志和时事作品,读者能轻而易举地回避相互对立的观点。但电视完全是另一回事,诺伊曼认为"大众传媒的影响力随着选择性认知难易程度的变化而变化"。[10]下面我要讲一个故事,与偏远乡镇里暗藏圈套的扑克游戏有关,借此说明诺伊曼的观点。

某个农场工人定期在星期五的晚上拿到工资。他每周在这一天都会走进当地的酒馆,在一种类似扎金花的扑克游戏里输掉所有的钱。几个月以后,一位朋友把他拉到一边并建议道,"不要再和那些人玩了——他们在骗你。""哦,我知道游戏有鬼,"农场工人回应道,"可它是镇子里唯一一种游戏。"

电视在多数情况下也是"镇子里唯一的游戏",诺伊曼认为传媒学者常常认识不到这一点。这些人试图在实验室里验证传媒效果,但复制不了赋予电视以力量的"无所不在、调和性和累积性"。她在此强调的是电视在现代社会渗透性的存在、单一的角度以及信息的持续重复。这些因素颠覆了选择性曝光的效应,并因此影响整个国家对流行观念的判断。那么,诺伊曼认为广播电视这种媒体的影响力有多强大呢?

> 我从来没有发现沉默的螺旋能突破传媒的极限,说出来的愿望在一定程度上依赖于是否感受到来自传媒的支持和合法性。[11]

诺伊曼认同斯图尔特·霍尔对民主决策过程中传媒干预的悲观分析(见第26章)。她认为传媒拥有一种超越议程设置的功能(见第28章)。一般意义上的传媒,特别是电视,不仅告诉我们要关注什么,甚至提供了在其他人的头脑中已得到认可的观念。

鉴于传媒固化舆论的作用,对于那些想影响公众情绪的人来说,传媒渠道至关重要。未来的舆论领袖仅仅具备深思熟虑的立场和坚持信念的勇气是远远不够的。他们必须有意愿、有准备、有能力控制传媒的注意力。任何获得一把突击步枪、拥有身在高位的朋友或继承大笔遗产的人，相对于仅具备准统计器官的普通大众，都更具备天然的优势。

诺伊曼以德国记者报道德国民族性格时的消极立场为例，说明媒体宣传带来的负面后果。在20世纪50年代及60年代，德国媒体评论员一致抨击德国人的粗鲁、拜金和渴求权力。这与其他负面成见一起逐渐渗透到传媒散播的观念之中。诺伊曼研究中心的数据显示，持续的打击会造成损害。该中心的年度调查中包含一项关于德国民族性格的调查，"一般来说，你认为德国民族性中最好的品质是什么？"1952年，只有4%的人回答，"完全找不到。"这个数字在1962年上升到14%。1972年，20%的受访者说不出任何一种正面的民族性。诺伊曼对此总结道，大众传媒可以使多数人变得同少数人一样。电视在传送大众舆论，同时它也创造了大众舆论。

29.4 什么时候说话，什么时候沉默？

既然人们能够意识到自己与舆论的不一致，又害怕因持有不同观点而受到孤立，我们不难想象认为自己是少数派的人将保持沉默。这正如诺伊曼的预测：

> 注意到自己的个人观念正处于扩散当中，并且被他人所接受的个体，能够自信地公开发表他的观念；而那些发现个人观念正在失去影响的个体，倾向于采取更加保守的态度。[12]

这并不是说后者会轻易放弃不流行的观念并改变想法。人们可不是风向标。但是，发现自己正在逆风而行的男人和女人会低下头，选择保留他们的意见。人们忽略掉他们的沉默，或者把它当作心照不宣的默认，因此不会出现争议。小布什总统在"9·11"事件之后向恐怖主义宣战，而反对驻军阿富汗的美国公民的选择只剩下要么勇敢，要么愚蠢。而当总统克林顿向波希米亚派遣美军时，情况就全然不同。人们感觉到舆论空气不利于军事干预，传媒又大肆宣传军事任务的危险，于是敢于自由地表达异议。

在1988年总统竞选的首轮辩论中，老布什把他的对手、民主党候选人迈克尔·杜卡基斯（Michael Dukakis）① 定义为自由主义者——一位"美国公民自由联盟"（ACLU）的正式成员，而这一组织为无神论者、罪犯和儿童淫秽作品提供保护。全美国数百万自由主义者在这一污蔑面前唯恐避之不及。十多年来，保守主义势力持续上升，自由主义则不断消退。自由主义者本可以反击说，美国公民自由联盟也为伊朗门

---

① 迈克尔·杜卡基斯（1933—   ），美国民主党成员，是马萨诸塞州在任时间最长、政绩最卓著的州长之一，1988年出任美国总统大选民主党总统候选人，不幸负于老布什。

事件中所谓的"爱国者"奥利·诺思（Ollie North）①提供了保护，何况老布什在社会安全、医疗以及与中国的关系等领域的政策立场都源于自由主义者的呼吁。但是，与诺伊曼的预测相一致，这些自由主义者认为保持沉默更加安全。

德国舆论研究中心找到一种方法判断人们是否愿意大声说出他们的观点。假设某次调查的主题是堕胎，请回答以下的问题：

> 如果你要连续乘坐 5 小时的火车或飞机，坐在你旁边的某个人开始谈论堕胎，你会和这个人交谈还是宁愿不说话呢？[13]

这个**火车/飞机测试**反映出决定人们是否想表达观点的一系列因素。其中，第一个因素是最重要的。

1. 代表多数人立场的人比支持少数派的人更愿意表达他们的观点。只要自己与时代精神相一致，就会尽兴地表达。[14]
2. 如果一个人认为当下的舆论在未来会发生变化，他表达的意愿更多地取决于未来趋势。
3. 人们更愿意跟与他们持有同样观点的人而不是与观点对立的人说话。对于害怕受到孤立的人来说，朋友总比敌人安全。
4. 缺乏自信使人们保持沉默。诺伊曼的研究团队发现这一点，是因为这些调查对象在调查表的关系选项中选择——"**我不认识什么人**"。
5. 男性、青年、中产阶级及地位更高的人更容易表达自己的观点。
6. 尽管所代表的人群人数较少，但受到当下法律保护时，人们倾向于表达自己的观点。美国最高法院对著名的**罗伊诉韦德案**②的裁决鼓励了那些害怕遭到公众斥责但"私底下支持堕胎"的女性。

火车/飞机测试：一个有关于旅行时与陌生人交谈的问题，用来确定人们是否愿意发表支持其观点的看法。

29.5 加速的沉默螺旋

现在你掌握了诺伊曼用来构建其舆论模型的基石：

- 人类评估公众情绪趋势的能力

---

① 奥利·诺思（1943—　），伊朗门事件中心人物之一，上世纪80年代中期在美国国家安全委员会（NSC）任职期间曾指挥秘密的国际活动，导致轰动一时的伊朗门事件。在该事件调查和听证期间，他声称自己的行为是"爱国的"，并暗示里根总统批准了行动计划，因而在部分人心目中成了英雄人物。他曾一度被判刑，后予以撤销。

② 1969年8月，美国德州的女服务生诺玛·麦科维（后化名简·罗伊）声称遭到强暴，由于没有能力生育和抚养孩子，要求医生为她堕胎。但是德州刑法规定，除了"保护怀孕妇女的生命"以外的堕胎行为是犯罪行为，因而没有医生愿意为她实施堕胎。于是，麦科维指控韦德（当地检察官）以及德州禁止堕胎的法律侵犯了她的"隐私权"。

- 正常范围内的个体对被孤立的恐惧
- 人们不愿意表达得不到支持的观点

诺伊曼在描述那些自认为居于少数派的人的困境时，整合了上述因素。她对这一理论的表述表明，这些人的确卷入了沉默的螺旋。

人们总是害怕受到孤立，于是仔细观察环境，以辨别哪些观念在上升，哪些观念在消解。如果他们发现他们的观念占据主流或正在上升，就会公开地自由表达其观念；如果他们发现他们的支持者越来越少，他们就会觉得害怕，在公开场所隐藏自己的观念，陷入沉默之中。由于一个群体自信地表达其观念而另一个群体却保持着沉默，因此在公开场合前者表现得更为强而有力，后者相较其实力而言则更显弱势。这将鼓励双方表达自己的观点或继续保持沉默，螺旋过程就此形成。[15]

图29-1显示了少数派沿沉默的螺旋运动的轨迹。黑色小球代表那些认为其个人观念与流行舆论之间略有差异的人，譬如1980年早秋美国总统吉米·卡特的支持者。在黑球目前所在的这一点，他们暂时觉得可以舒服地公开表达观点，展示其选举徽章或保险杠贴纸。然而，有如重力般永不消退的对被孤立的恐惧——使他们对所说的内容更加谨小慎微。保险杠贴纸不见了，这些人开始避免与里根的支持者争论。卡特没有

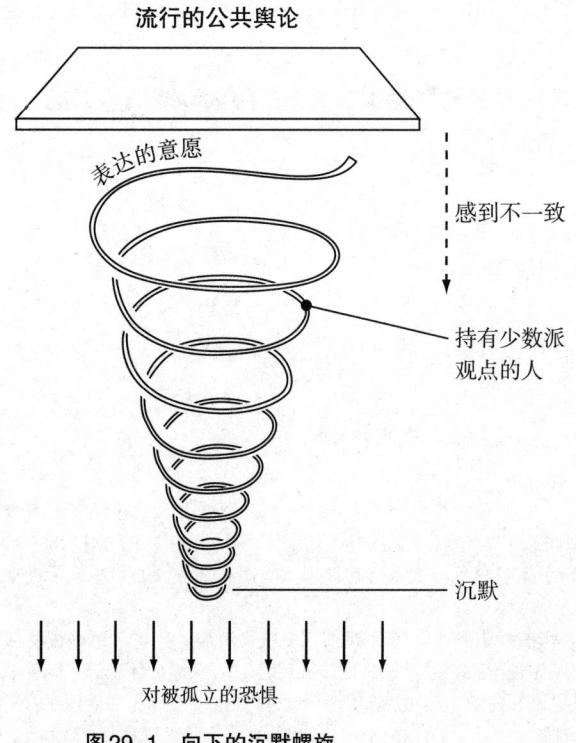

图29-1　向下的沉默螺旋

失去人们的支持；选民表现出的热情却在消减，共和党支持者则一如既往地为里根助威。因此，卡特的支持者的热情看上去就显得不那么明显。

现在，卡特的支持者已经向下滑行了一圈。在民意调查结果出来之前，他们的政治触觉已经感知到自己与公众情绪的相对偏移。里根一方明显的支持率，使民主党人看到了他们自身与流行观念之间日益加深的鸿沟，从而构成一个自证预言。民主党人在公共审察面前愈发退缩，并进入趋向沉默的向下螺旋的又一轮回旋。流行舆论与民主党人观念之间被感知到的差异愈大，民主党人就愈加感到他们向之屈服的社会需求的力量。最终，屈从的压力变得如此巨大，以至于最害怕受到孤立的、尚未表态的选民及摇摆不定的民主党人转换了立场。罗纳德·里根让人吃惊地（但可预测地）大举获胜。

29.6 死硬派和前卫派：改变世界的抵抗者

沉默的螺旋假说早期的评论者指出，有些人永远不会保持沉默。即使他们的事业毫无希望，这些人依然要表达自己的观点。诺伊曼描述了站在螺旋顶部挑战被孤立的威胁的两种敢于发声的少数派。她称之为为**死硬派**和**前卫派**。

不屈从的死硬派，是指那些"始终被压制，在公开场合全然居于防御地位的人"[16]，既然已被击败，表达观点不会使他们损失更多。诺伊曼借用西班牙作家塞万提斯（Cervantes）作品中的人物堂吉诃德为例。堂吉诃德大战风车，"发现自己受到孤立、被嘲笑、被打败，但是仍然忠于骑士的理想"，他的理想属于一个存在不超过200年的世界。[17]死硬派留恋过去的社会，认为孤立是他们不得不付出的代价。

前卫派指的是身为新思想先锋的知识分子、艺术家和改革家。与死硬派不同的是，他们希望公众作出反应，即使其反应通常是负面的。"前卫派献身未来，因此必然会被孤立；走在时代前端的信念使他们获得坚持的力量。"[18]尽管诺伊曼认为存在死硬派和前卫派，但这两类人的存在在她的沉默的螺旋假说中未能有进一步的体现。在这个意义上，这两类人代表了判断该理论是否适用的明确的边界条件。

对于未来摇摆不定的公众情绪，诺伊曼把死硬派和前卫派看作其仅有的希望。

> 只有那些不害怕被孤立的人，才具有改变或塑造舆论的机会。通过表达并践行不受欢迎的观念，通过这种震撼的力量，他们能够使其观念占据主流地位。[19]

法国社会心理学家塞奇·莫斯科维奇（Serge Moscovici）同意诺伊曼的分析，但他认为诺伊曼并没有公正地评价异见人士对舆论的渗透。莫斯科维奇一生都在试图解释为何大多数人的观点和态度会如此轻易地受到少数立场坚定的人的影响。他认为诺伊曼对死硬派和前卫派的讨论是所谓的马后炮或障眼法，是为了掩盖其理论核心无法解释公众情绪变化的缺陷。[20]

不屈从的死硬派：信念不被接受、因此大声表达也不会丧失更多的人。

前卫派：相信自己走在时代前端、敢于发声的少数派中的知识分子、艺术家和改革家。

29.7 评论：勾画螺旋图形时的致命瑕疵？

芝加哥大学社会学家米哈里·契克森米哈伊（Mihaly Csikszentmihalyi）认为诺伊曼沉默的螺旋假说是迄今为止"最具创造力、最具理解力以及最有用"的大众舆论理论。[21]尽管他给出如此高度的评价，但契克森米哈伊和一些学者还是就该理论研究方法的以下3个方面提出了质疑，认为它们或者过度简化或者是纯粹的错误。

1.假设害怕被孤立是人们保持沉默的原因。 诺伊曼基于人们对被孤立的恐惧建立了沉默的螺旋假说，然而她的调查工作很少向保持沉默的人提问，询问他们是否比愿意表达的人更容易感到这种压力。这与利昂·费斯廷格及其追随者的行为相类似，即假定人们改变态度是为了减少认知不协调，但从来不曾查验实验对象是否真的经历过那种焦虑感（见第16章）。诺伊曼借助著名心理学家所罗门·阿希的从众性实验证明其观点，这一做法也让人指摘。当实验对象只是一个说出判断以供分享的"真实的搭档"时，他们比较容易抵抗住群体压力。有一些人比其他人更倾向于保持沉默，但这要归因于害羞、冷漠或不让观点对立的人感到难堪的愿望。

2.用火车/飞机测试衡量表达的意愿。 尽管诺伊曼火车/飞机测试在评估人们是否乐于与他人分享观点时看上去是一种聪明的方法，但人性化的提问可能导致人们在一般的谈话中给出不尽相同的答案。康奈尔大学传播学教授卡罗尔·格林（Carroll Glynn）和两位同事完成了一项由17项研究构成的元分析，这17项研究测试在类似火车/飞机测试的环境中，人们对其观点所获支持的感知与表达的意愿的相关度。结论中极小的相关度（r=0.05）意味着不存在任何有意义的联系。但研究者并不愿意放弃沉默的螺旋假说，并因此总结道，"未来关于沉默的螺旋的研究应集中于观察与假设性的意愿不同的、人们真实的表达意愿。"[22]

3.关注全国舆论空气而非参照组的观念。 诺伊曼认为，舆论是我们从某个未具名的公共群体中的陌生人身上感知到的判断；是一种限制我们能够说些什么的力量。[23]评论家反驳道，全国性显而易示的意见风潮施加的压力远比家庭、朋友以及其他参照组的态度要小。想象一下某些身在美国的虔诚的福音派信徒或罗马天主教信徒，假如他们公开赞成堕胎，将会在教友中感受到怎样的排斥。即使美国允许合法堕胎，而且多数美国人支持罗伊诉韦德案的判决，这依然不会使受排斥的感觉稍有缓解。近来一项与性行为有关的心理研究表明，"在家庭、朋友之类的'微气候'中所感知到的观念与一个人表达的意愿有最紧密的关联。"[24]

以上这些缺点是否会使诺伊曼在传播领域受到孤立或者使她的理论无效？当然不会，但这一类批评确实提供了修正她的研究方法以满足理论假设的线索。康奈尔大学传播学教授迪崔姆·索伊费勒（Dietram Scheufele）近来的一项研究试图解决沉默的螺旋假说调查问卷中这3个主要的缺陷。索伊费勒的研究团队在对有关生物科技的舆论感知度进行取样时，对被孤立的恐惧进行量化——把它看作一种有待验证的变量而不是假定它确实存在。在确定参与者表达意愿时，他们采取的方法是向参与者提出一个真实的邀请，邀请其加入一个讨论支持还是反对基因操作的话题小组，并观察他（她）的反应。最后，研究者就参与者先前已经就这一主题与参照组的同伴进行的讨论提出问题。在恰当地采用这些正确的流程之后，相比前面提到的17项研究结果，舆论感知度被证实能很好地预测表达的意愿。[25]沉默的螺旋假说在21世纪依然表现出它的适应性。

诺伊曼对她的理论经得住时间考验并不惊奇。除了实证性调查研究，她一直在精选哲学家和社会历史学家的著作以收集支持其理论的证据。她收集了启蒙思想家洛克、休谟、卢梭、歌德的深刻见解，以及美国总统詹姆斯·麦迪逊（James Madison）在《联邦党人文集》中的观点，以说明舆论的力量和固结作用。她认为法国历史学家托克维尔在19世纪对法国大革命前夕宗教衰落趋势的分析，可能是对完整的螺旋过程的第一次描述：

> 仍坚持旧传统的人们担心成为唯一这样做的异类。相较于犯错，他们更害怕被孤立，他们加入了大众，尽管并不赞成其做法。在这种情况下，仅代表全体人口中一部分人的观念似乎成为所有人和每一个人的观念，而这恰恰是那些要为这一假象负责的人无法抗拒的原因。[26]

以《瓦尔登湖》名闻天下、从不墨守成规的美国作家梭罗在谈论"公民不服从"时，曾写下以下的生动语句："违反法律容易，但沙漠里的贝都因人（即指过游牧生活的阿拉伯氏族）也抵制不了舆论的力量。"[27]

帮助你深入思考的问题：

1. 诺伊曼写道，舆论是一个人不想让自己被孤立的情况下必须公开表达的态度和行为。这段描述嵌入了哪些基本假设？

2. 在诺伊曼看来，我们的**准统计性的第六感**表现出其神秘的准确性的条件是什么？什么时候我们可能进入**多数无知**？

3. 根据诺伊曼的**火车/飞机测试**，你认为在什么情况下一个人会对争论性话题保持沉默？

4. 就一个**有争议性的道德问题**，你是否曾经成为那种没有**盘旋至沉默**的发声的少数派？当你表达自己的观念时，下列哪个词能最好地描述你？（a）死硬派（b）前卫派（c）厚脸皮（d）无知无畏。

扩展阅读：

推荐阅读：Elisabeth Noelle-Neumann, "The Theory of Public Opinion: The Concept of the Spiral of Silence," in *Communication Yearbook 14*, James A. Anderson (ed.), Sage, Newbury Park, CA, 1991, pp. 256–287.

完整评论：Elisabeth Noelle-Neumann, *The Spiral of Silence: Public Opinion—Our Social Skin*, 2nd ed., University of Chicago, Chicago, 1993.

一致性压力：Solomon E. Asch, "Effects of Group Pressure upon the Modification and Distortion of Judgments," in *Group Dynamics: Research and Theory*, Dorwin Cartwright and Alvin Zander (eds.), Row, Peterson, Evanston, IL, 1953, pp. 151–162.

对被孤立的恐惧：Kurt Neuwirth, Edward Frederick, and Charles Mayo, "The Spiral of Silence and Fear of Isolation," *Journal of Communication*, Vol. 57, 2007, pp. 450–468.

大众传媒的作用：Elisabeth Noelle-Neumann, "Mass Media and Social Change in Developed Societies," in *Mass Media and Social Change*, Elihu Katz and Tamas Szecsko (eds.), Sage, London, 1981, pp. 137–166.

死硬派：Serge Moscovici, "Silent Majorities and Loud Minorities," *in Communication Yearbook 14*, James A. Anderson (ed.), Sage, Newbury Park, CA, 1991, pp. 298–308.

经验数据支持：Dietram Scheufele, James Shanahan, and Eunjung Lee, "Real Talk: Manipulating the Dependent Variable in Spiral of Silence Research," *Communication Research*, Vol. 28, 2001, pp. 304–324.

典型证据：Elisabeth Noelle-Neumann, "Public Opinion and the Classical Tradition: A Reevaluation," *Public Opinion Quarterly*, Vol. 43, 1979, pp. 143–156.

卡特对里根的大选对决研究：Carroll Glynn and Jack McLeod, "Public Opinion du Jour: An Examination of the Spiral of Silence," *Public Opinion Quarterly*, Vol. 48, 1984, pp. 731–740.

对于少数人的有力影响：Elisabeth Noelle-Neumann, "The Effect of Media on Media Effects Research," *Journal of Communication*, Vol. 33, No. 3, 1983, pp. 157–165.

跨文化比较研究：Huiping Huang, "A Cross-Cultural Test of the Spiral of Silence," *International Journal of Public Opinion Research*, Vol. 12, 2005, pp. 324–345.

理论发展及背景：Christopher Simpson, "Elisabeth Noelle-Neumann's 'Spiral of Silence' and the Historical Context of Communication Theory," *Journal of Communication*, Vol. 46, No. 3, 1996, pp. 149–173.

评论：Dietram Scheufele and Patricia Moy, "Twenty-Five Years of the Spiral of Silence: A Conceptual Review and Empirical Outlook," *International Journal of Public Opinion Research*, Vol. 12, 2000, pp. 3–28.

如欲获取每一章提到的重要人物列表，请到www.afirstlook.com点击"教师手册"。

第五部分　文化语境

单元引言　跨文化传播
第 30 章　传播适应理论
第 31 章　面子协商理论
第 32 章　口语代码理论

单元引言　性别与传播
第 33 章　性别方言类型
第 34 章　立场理论
第 35 章　失声群体理论

单元引言　跨文化传播

每当我们想到**文化**，大多数人会联想到具体的景象——巴西的南美文化、沙特阿拉伯的中东文化或日本的远东文化。然而，专攻跨文化传播的华盛顿大学传播学教授格里·菲利普森表示，文化基本上不具备地理特性，也与政治或种族无关。菲利普森把**文化**形容为"经过社会化建构并在历史中传承的，与符号、意义、假设和规则有关的模式"。[1]从本质上来说，文化是一种代码。

民族志学者研究语言与非语言类的沟通，为的就是解开这些代码。我们已学习了米德的参与式观察法（见第5章）和格尔茨如何用深描的方法揭开一个社会（文化）中人们共享的复杂意义网络（见第19章）。菲利普森用3年时间待在多个民族混居、以蓝领工作为主的芝加哥南部一个被他称作提姆斯特维尔（Teamsterville）的地方，研究在那里什么行为才意味着"说话像个男人"。提姆斯特维尔是芝加哥市已故市长理查德·J·戴利（Richard J. Daley）的出生地，同时也是让狂热的球迷有家一般的感觉的地方。在那里，人际沟通主要用来表达邻里间的朋友情谊。[2]

菲利普森在提姆斯特维尔完成他的民族志研究后，又花一年多的时间研究一个他称之为"纳库瑞马人"（Nacirema，即American从后往前拼写）的分散群体的沟通模式。他发现他们的元传播（即与谈话有关的谈话）有一种所谓的仪式，每周5次在一档日间电视节目、由著名主持人奥普拉的前身——唐纳修（Donahue）主持的脱口秀上出现。菲利普森和马萨诸塞州大学传播学教授多纳尔·卡尔鲍（Donal Carbaugh）同时发现对一般道德准则的任何要求，都被该节目的观众视为对其独立人权的侵犯。唐纳修脱口秀中每一次对话的终级议题都只关乎自我呈现。[3]

很多年来，唐纳修脱口秀的录制一直由位于提姆斯特维尔8公里以内的一家芝加哥电视制作公司来完成，但纳库瑞马与提姆斯特维尔二者所反映的文化却是天壤之别。菲利普森不愿止步于仅仅描述他正在研究的两种对立的文化，而希望发展出探讨传播与文化关系的一般理论。第32章将介绍他的**口语代码理论**，这个理论试图解释——甚至预测——语言社群内部的对话。

有没有什么办法可以测量任何两种文化之间不同的沟通模式或意义系统的差异呢？荷兰学者吉尔特·霍夫斯塔德（Geert Hofstede）研究了分布于50多个国家的跨国公司，并总结出4个适用于文化比较的至关重要的标准：[4]

1. 权力距离：社会弱势群体在多大程度上可以接受权力未被平等分配（美国人——小；日本人——中等）。

2. 男性气概：以成功、金钱及其他主导社会的元素这类男性思维来清晰界定性别定位（美国人——高；日本人——非常高）。

3.避免不确定性：人们在多大程度上感到不确定性的威胁，并为此而树立信念、机制以回避它（美国人——低；日本人——非常高）。

4.个人主义：人们自己照顾自己以及直系血亲，而不是以群体忠诚来交换大型机构照顾他们的责任（美国人——非常高；日本人——低）。

不少研究学者同意霍夫斯塔德对个人主义与集体主义的区分是测定文化变量的关键标准。提姆斯特维尔的"我们位于中心"的焦点，使得当地文化有别于美国社会盛行的个人主义，也有别于"我位于中心"的纳库瑞马人亚文化。文化人类学家爱德华·霍尔（Edward Hall）率先提出将集体主义文化的沟通模式定义为**高语境**，个人主义文化的沟通模式定义为**低语境**。这种定义根据人们如何诠释信息对群体作出划分。

> 所谓的高语境沟通或高语境信息是指绝大部分信息或者存在于物理语境之中，或者内化于个人，明确且被赋予代码的信息极为罕见。低语境沟通则恰好相反，绝大部分信息被赋予了明确的代码。[5]

在对比美国和日本的文化之后，霍尔揭示了集体主义社会与个人主义社会的区别，前者具有**信息—语境**的取向，而后者更多地依赖于**信息的内容**。[6]

美国人信奉坦率的对话。果断的作风与对方的目的有关；诚实的品质与对方表达的内容有关，两者都受到高度重视。法律合同或许可以被视作精确沟通的最高艺术。美国律师的梦想就是提出不容许任何解释空间的法律文书。霍尔认为日本人的沟通较为微妙。果断的作风被视为粗鲁的表现，耐心和委婉则是教养的标志。说些什么不太重要，说的方式和主体才重要。意义被嵌入了背景和非语言代码。在日本，沟通能力的最高形式是共鸣——不必对方一一加以说明，就能理解他人的思想与感受。

跨文化传播通常是指在两种及更多的文化之间，比较对话距离、自我暴露程度以及冲突解决方法等特定人际变量的理论与研究。第31章介绍斯特拉·汀–图梅的**面子协商理论**，该理论根据人们所属文化的个人主义（集体主义）取向来判断其解决冲突的方法。她的原始理论反映的是面向沟通问题的跨文化研究方法，而这一理论的后续发展就弥合文化差异提出了一些相应的办法。

霍华德·贾尔斯的**传播适应理论**同样关注在不同类型文化相遇时，双方遵循的是自己的个人身份还是社会身份。贾尔斯指出，将自己看作独特个体的人会调整自己的语言风格并且愿意为了赢得对方的赞同去迎合他人。而具有强烈群体认同的人在与群体之外的人互动时，在谈话中将更强调彼此之间的差异。第30章总结了如何根据情况选择跨文化沟通方法，同时对沟通结果做出了预测。

第30章　传播适应理论

创立人：霍华德·贾尔斯（Howard Giles）

实证性　　　　　　　　　　　　　　　　阐释性
　　　　　　　　社会心理学派

　　我在美国大湖地区出生、长大和接受教育。当我大二时，我们一家人从芝加哥南部搬到南方的腹地，当地的语言对我而言是完全陌生的。暑假时我和大学同学待在一起，每次我和他们说话，我注意到我会放慢语速，停顿很长时间，尽量不与对方对视，并且去掉末尾有"ing"的词语中的"g"。我不会用南方式的拉长腔调的语气，但我显然在调整自己，以便更好地适应我的同学。作为局外人，我想融入他们。

　　我还是有芝加哥人特有的鼻音，以至于我偶遇的一位同学如此评价我竭力与他人和睦相处的努力，"你说话的方式都开始像我们了。"他的笑容表明这一评论是对我的欣赏而不是轻蔑。然而，在第二年圣诞节期间，当我驱车把我姐姐从得克萨斯州圣安东尼奥带到亚拉巴马州安尼斯顿时，她的态度明显不同。她沿途听到我与餐馆及旅馆里的人交谈，显得对我颇为鄙视，"你的声音听起来实在可笑！"

　　1973年，威尔士裔社会心理学家霍华德·贾尔斯在听到我的经历后，认为它很有代表性。他现在是加利福尼亚大学圣芭芭拉分校的一名传播学教授。贾尔斯认为两个来自不同族群或文化群体的人在形成互动时，倾向于通过说话方式彼此适应，以获得对方好感。[1]他特别关注语速、重音和停顿等非语言性调整。由于大多数人都喜欢与其相似的人，贾尔斯认为在赢得不同文化（群体）的他人的好感时，语言调整是极常见的策略。迎合他人的说话方式以寻求认同的过程，正是贾尔斯**语言调适理论**的核心。

30.1 从简单的概念发展成综合性传播理论

贾尔斯及其同事做了大量实验和田野调查，以解答语言适应行为引起的一些问题。例如：

- 有没有我们不愿调适自己的语言方式以迎合他人的时候呢？
- 如果有，我们不愿适应的动机是什么？
- 我们想与其保持一致的群体如何影响我们的适应选择？
- 调适行为总是有意而为之的吗？
- 当我们改变我们的语言方式时，他人会准确地感知我们的目的吗？
- 我们会在多大程度上调适我们说话的内容以及方式？
- 过分适应的社会后果是什么？

解答这些问题的过程使贾尔斯开始关注远比重音移动、停顿和发音更重要的传播问题。他的理论出现了戏剧性的扩展。1987年，贾尔斯将其更名为**传播适应理论**（Communication Accommodation Theory，CAT），认为它是"一种致力于沟通行为研究的跨文化传播理论"。[2]

贾尔斯及其同事的早期研究集中于不同种族间的沟通，通常针对一个国家内部两个语言不同的族群。例如，蒙特利尔魁北克大学心理学家理查德·伯希斯（Richard Bourhis）研究在魁北克，法国人—加拿大人和英国人—加拿大人相互问路时会使用哪一种语言。[3]不过，在过去的20年里，CAT学者对于代际语境中的**传播适应**表现出了持续的兴趣。他们把青少年直至40岁甚至50岁的成年人笼统地定义为**年轻的**沟通者，而65岁或以上的人为**年老的**沟通者。[4]两个群体的成员在彼此交流时，会在多大程度上调整各自的沟通方式呢？鉴于本书绝大多数的读者都是所谓年轻的沟通者，我将用**代际沟通**来说明这一理论的主要观点。这样的话，在学习和理解该理论时，你不得不要冒一点个人风险。我也是如此。本着公开透明的精神，读者有必要知道我应被算作一个年老的沟通者。这意味着我教授的每一堂传播理论课都是一次潜在的代际传播实验。而且，就相反方向的对话而言，我也有确实的经验，我妻子99岁的母亲过去4年中一直与我们生活在一起。

30.2 两种传播适应策略

在传播适应理论全方位的发展过程中，贾尔斯一直在对比不同类型的人在互动时采用的两种传播策略——**融合**与**分歧**。他认为二者都可以通过改变沟通方式引起靠近或背离对方的即时行为，因此都可称之为**适应**。

适应：通过改变沟通方式靠近或背离对方的即时行为。

融合

融合： 通过接近另一个人的方式调整你的沟通行为的策略。

　　融合，即人们以一种与他人更相似的方式调适自身沟通行为的策略。正如我们看到的那样，方法之一就是调整你说话的方式，以便接近你的谈话对象。如果你正在与一位声音低沉、语句简短的八旬老人交谈，你会放弃流畅的长句，代之以简短而迅速的反应。尽管你不会模仿老人的声音，但会试图接近其说话的音量、节奏。你看，这种想法与建构主义的个人中心信息（见第8章）多么相似。不过，在这种情况下，听众的适应能力要求传播者降低非语言性差异。如果老人愿意转换成你说话的风格，他可能要耗费更多精力，做出更多的面部表情，并加强声音的变化。

　　与年长者相融合的另一种方式是，按照其容易理解的对话方式沟通。假如你发现他听不清你的话，你的融合手法应该是提高声量，同时清楚地发音。如果老人好像不能理解抽象的观点，你就要举出实例帮助他理解你说的内容。从老人的角度来说，他应该假定你并不了解朝鲜战争的政治背景或美国老一代歌手斯努克·兰森（Snooky Lanson）的演唱风格，以便使你更容易理解他的对话。

　　话语管理，即审慎地选择讨论主题，是一种消除代沟的额外方法。贾尔斯和英国卡迪夫大学的安吉·威廉姆斯（Angie Williams）找到一些由大学生回忆起的满意或不满意的代际谈话。他们发现如果老人们能够体会大学生们愿意听哪些故事，年轻人将对此非常感恩。例如，一位女孩写道："她就谈起了那一代人的历史和她所知道的所有人，我站在那里听她讲这些迷人的故事。"[5] 年轻人也感激那些知道何时不该触碰隐私的老人，"我很高兴她没有问任何有关贝琪以及我们的关系的问题……我会非常尴尬。"[6]

　　尽管超出了原始理论的范畴，然而，如今CAT研究学者都把满足他人情感需求的沟通看成明确的融合案例。对于大多数与老人相处的年轻人而言，这意味着老人会"聆听、关心、给予支持和赞扬，给他们讲很有趣的故事"。[7]CAT研究项目并未调查过65岁以上老人的情感需求，因此我们只能暂时假定这些沟通行为对老年人来说也是一种适应。

分歧

分歧： 强调自己与他人之间差异的沟通策略。

　　分歧是强调自己与他人之间差异的沟通策略。在跨种族的会面中，你有可能坚持使用令对方不舒服的语言或方言。就语言风格而言，浓重的口音、与他人明显不同的语速、语气过于平淡或夸张都会使你有异于他人。就语言本身而言，公然改换单词是双方产生分歧的信号。贾尔斯为此举了一个年轻人油腔滑调地和长者说话的例子。比如，年轻人说，"好的，老兄，明天3点半在我住处见。"年长一方这时可能倨傲地回答："好的，年轻人，我们明天下午3点半正式会面，就在你的住所。"[8]这些沟通行为可被视作反适应的案例——直接放大了两位对话者之间的差异。

隔代会面时，CAT研究学者发现双方的分歧是常态，而融合仅是个案，特别是在双方不是同一家庭的成员时。年轻人认为老年人的典型特征是**思想封闭**、**落伍**、**易怒**、**爱抱怨**和**对年轻人抱有成见**。[9]老年人经常因**自我设限**（self-handicapping）而加大社交距离，这是一种为了保留脸面、把年龄当作做不好事情的借口的防御性策略。社会语言学领域的学者库普兰（Coupland）等人引用了一位脆弱的老妇人的一些评论：**我不会再做这样的事**；**我这把老骨头不能……**；**在过去的几年中，我记性也不好了……**它们不但合理化了老妇人的无能为力，同时也加大了她与拜访这位老妇人的年轻女性的社交距离。[10]

自我设限：把年龄当作做不好事情的借口；老年人常用来保留脸面的策略。

贾尔斯及其同事还进一步描述了两种更微妙的分歧形式。**维持**（或者**适应不足**）是一种忽略他人的沟通行为而坚持自己最初的沟通风格的策略。原始的语言适应理论曾将"维持"定义为一种与融合及分歧不同的策略，但后续研究表明它与分歧有大致相同的效果，因此我将它列在此处。贾尔斯用一份大学生回忆与老年人之间不愉快的对话的记录来解释"适应不足"，"他一直在不停地说，似乎并不关心我说了什么……他的思想如此保守，不肯接受新的观念。"[11]相应地，老年人在分享他的恐惧或沮丧时，假如年轻人在改变话题之前只简短地说一句"我非常了解你的感受"，对老年人而言，这也可能是让人伤感的适应不足。[12]

维持：忽略他人的沟通行为，坚持自己最初的沟通风格；与分歧相类似；调适不足。

分歧的另一种形式是**适应过度**，沟通者用意可能是好的，但到头来会让接受的一方感觉更糟。贾尔斯描述"适应过度"是"自降身段或有施惠意味的对话……过分注意音节清晰度或颤音、简化信息或不断重复"[13]。这种对话方式又被称为"婴儿式对话"，老年人会因此感到沮丧，并给人留下易怒或脾气暴躁的印象。换句话说，看护者的适应过度不仅让老年人自认无能，而且实际上会促使他们越来越快地丧失能力（见第5章）。

适应过度：自降身段或有施惠意味的对话；过分注意音节清晰度或颤音、简化信息或不断重复。

适应过度的沟通方式经常事与愿违，有时甚至是有害的，年轻人为什么还经常这样说话呢？再说，除非个性特别固执，老年人（年轻人）为什么又宁愿选择分歧策略而不是融合策略呢？下面的部分将说明隐藏在这些对立行为背后的动机往往与人们对自身定位的认识有关。

30.3 融合和分歧的动机

恰如本章开头指出，CAT理论学者通常把**渴望社会认同**看作融合策略的重要动机。你遇见不同于你的人，希望他（她）对你有好感，尊敬你或者认为你魅力无穷。不确定性递减理论的某个公理也指出，相似性和吸引力之间呈正相关（见第10章）。因此，你调整说话的内容和方式，与他人保持一致，是为了表现出更多的相似性。只要双方都是正在形塑个人身份和彼此关系的独特个体，融合就可以被视为两个层级的因果关系：

渴望社会认同（建立个人身份）→融合→积极反应

然而，有以下两个问题：第一，这种动机链条不能解释为什么我们经常采用分歧策略沟通；第二，这一因果性的链条忽略了我们经常作为某个群体的代表而采取行动的事实。贾尔斯及其他CAT理论学者借助英国布里斯托大学的亨利·泰弗尔（Henri Tajfel）以及澳大利亚麦考瑞大学的约翰·特纳（John Turner）的社会认同理论解决了这一问题。[14]

社会认同理论

社会认同： 我们用以定义自己是谁的群组成员身份或社会类别。

泰弗尔和特纳指出，我们通常不是以个体行动者的角色在沟通，而是作为帮助我们界定自己是谁的某个群组的代表在沟通。我们的社会身份基于我们所属的社会团体行为准则。正如亚利桑那大学传播学教授杰克·哈伍德（Jake Harwood）指出的，"我们不是与他人毫无关联、游荡在这个星球上的随机个体，我们与他人的联系也不能被单纯地理解为个体表现的一种功能。"[15]我们所在的群组——不管是正式的协会还是仅是意识中的同盟——都对我们的沟通方式产生了极大影响。

譬如，如果你点击www.afirstlook.com 中的"Meet and Email Em"，你将会发现我所认同的人群有各个圈子中的传播学教授、调节冲突的顾问、虔诚的信徒、飞行员以及在不断发展的世界里主持经济正义的人。而依照我的个人特点，我至少有另外4个群组身份：男性、老人、白人、美国人。在泰弗尔和特纳看来，我和他人交谈时，一旦我联想到这些群组身份，我的动机就是强化和捍卫我与这些群组的联系。毕竟，它们构成了我的社会身份。当我与明显不同的个体互动时，这些群组从一开始就显示了其显著性，因此CAT研究认为我的对话会强调与对方有所分歧，而不是接近对方并与之融合。

泰弗尔和特纳设计了一个动机量表，一端是**个人身份**，另一端是**社会身份**。只要双方都认为自己以及交谈的同伴是毫无负担、按自己的意愿行事的自主个体，学者们确信双方的对话就会建立渴望社会认同→融合→积极反应的因果序列。然而，互动一方（或双方）如果把自己或对方看作群组的代表，泰弗尔和特纳认为，由于需要强调彼此的差异，他们的沟通就有可能出现分歧。因此，假如群体身份是显著的，这个双层级的因果序列就会大为不同：

独特性的需要（建立社会身份）→分歧→消极反应

贾尔斯及其同事认为第二种替代性序列出现的概率非常高。他们接着提出存在以下的可能性：即假如个人身份和社会身份都具有显著性，人们会从同一场对话中寻求认同或独特性。举例来说，在一段跨种族的友谊中，朋友之间绝不会忽视各自的种族特征。在一段婚姻里，丈夫和妻子都会敏锐地意识到彼此的性别身份。当然，读者对传播适应理论的第一认知，很容易会聚焦到人们是否认同泰弗尔和特纳在既定的互动中不是 A 动机就是 B 动机占据主导地位的观念。如果事情是如此发展，我们怎样才能预测对个人身份或社会身份的关注是否会产生作用呢？在贾尔斯看来，世上没有一概而论的硬性规定。不过，个体的**初始取向**在一定程度上是可靠的预示。

初始取向

初始取向是指个体具有的关注个人身份或社会身份的倾向。预测个体会选择哪种路径或许很难，然而，以下 5 种因素会提高传播者把对话看成群组内部会面的几率。我将继续用代际沟通的案例来阐释这些因素。

1. 集体主义文化语境。 正如这一部分导言指出的，集体主义文化和个人主义文化之间的差异可能是测定文化变量的关键标准。集体主义的"以我们为中心"的焦点，重在强调文化内部的相似性和彼此关切——明确地指向社会身份。它的成员与群组外部成员的沟通通常是分歧性的。个人主义的"以我为中心"的焦点，重在强调独立的行动者——明确地指向个人身份。日本、朝鲜、中国和菲律宾等环太平洋国家的国民会把某个远道而来的陌生人看作某个外部群组的成员，并且假定这些外来者会以相同的方式回应。而成长于美国、加拿大、澳大利亚和德国等个人主义文化背景的人就不太可能把国外访客看成是国家文化的微缩复制品。至于隔代关系，尽管东亚文化认可孝敬老人的社会价值，但大量证据表明环太平洋国家的年轻人与西方国家的年轻人一样，把老人看成是有差异的群体。[16]年龄差距压倒了种族文化。

2. 互动的惨痛历史。 假如过去的互动是不舒适、竞争性甚至敌对的，互动双方倾向于将这一结果归因于对方的社会身份。（"男人们都是那样。穷人很懒。"）假如共度的时光是美好的，该结果常被归因于个人，而非他（她）所属的群体。（"最后，我清楚地知道，不是所有老年人都憎恨年轻一代。事实是他很满意，而我对这位老人也很满意。我曾经与之交流的其他老人总是让我感到害怕或想避免变老。"）[17]

3. 刻板成见。 人们对群组外部成员的印象越具体和趋向负面，就越可能根据社会身份去看待他们，并诉诸分歧性的沟通。这是代际沟通中主要的倾向。年轻人容易对老年人形成刻板成见，认为他们**易怒**、**唠叨**、**好抱怨**、**啰唆**和**糊涂**。[18]相反地，年老者对"今天的年轻人"的刻板成见是都**被宠坏了**，经常会抱怨说，"**为什么，当我年轻的时候……**"这些僵化的群体印象令隔代沟通变得更少，也更难实现。

4. 对待不同群体的标准。 所谓标准，是指"群组成员认为在特定情况下某种行为是否应该出现的预期"。[19]这些预期会决定在某个群组成员看来，另一群组的某个成员是独立的个体还是只是"成员之一"。"尊敬老人"的社会惯例表明老人们之所以受到推崇、尊敬，是因为活得够久，而不是因为具有个人价值。应用这种群组标准的结果是尽管年轻人表示出对年长者的尊重，然而只是**装哑巴**、**不抬杠**。这是不满意的

初始取向： 在对话中，传播者具有的关注个人身份或社会身份的倾向。

标准： 指群组成员认为在特定情况下某种行为是否应该出现的预期。

融合。在这个过程中，他们会积累起对这个未来某个时刻他们自己终会加入的群体的厌恶。

5. 高群组团结/高群体依赖。 设想一下，70岁的寡妇露西尔，生活在一个小小的偏僻村落，当地居民因社会、情感甚至物质上的幸福而相互扶持。作为一名成功的食品消费合作社的组织人，露西尔置身于沟通关系的网络中，在她的邻居中拥有了比以往更高的地位。当一位年轻的卫生部门官员质疑该合作社处理食品的方法时，露西尔亲自去找他谈话，把他看成是找麻烦的人。贾尔斯认为，由于露西尔对于群体的强烈认同以及她对该群体关系所能提供的温暖和价值感的高度依赖，她有可能出现初始的群组取向。[20]

单一因素不能决定个体的初始取向，但是假如上述5种因素一致指向社会身份，几乎就可以确定沟通者会以群体思维模式进行对话。在绝大多数代际互动中，事实似乎正是如此。不过，贾尔斯强调说，个体在单次对话中也有可能多次改变他的取向。

30.4　接受者对融合与分歧的评估

现在，我们先从底限开始。经过35年来多次的修改、重申和调查研究，贾尔斯及其同事一直认定他在第一本专著中有关适应的论述——对话的接受方认为融合是积极的，分歧是消极的。具体来说，发起融合对话的一方通常被认为是更具竞争力、更有魅力、更热情，也更乐于合作。[21] 另一方面，"分歧常常被接受方看成侮辱、不礼貌和全面的敌对。"[22] 然而，CAT研究者总是会提醒我们，适应最终存在于接受方的耳朵和眼睛里。起决定性作用的不是发起方选择融合还是分歧的策略，而是接受方如何**认知**发起方的行为。

客观适应与主观适应

在贾尔斯研究的早期阶段，他就认识到他自己以及立场中立的研究者观察到的沟通行为，与对话参与者的所听所闻不一定相同，并把这条鸿沟描述为**客观适应**和**主观适应**的差异。例如，对话发起者的重音、语速、音调、停顿的长短在事实上向另一方的风格靠拢，而另一方仍有可能认为发起者具有分歧倾向。基于这种情况，贾尔斯认为接受者的评估具有决定意义，因为它形塑了接受者的反应。

尽管有些发起者渴望通过融入他人对话的方式以寻求认同，但他有可能对他想融入的对话方式怀有误解。从客观角度出发，他所认识到的对方偏好的沟通，可能根本就没抓住重点。例如，爷爷在对话中用**好极了**、**消息灵通人士**、**够合理**一类的词语，试图获得孙子的认同，殊不知它们代表的只是20世纪60年代后期青少年的对话。贾尔斯强调说，"个体通常不是在融合（分歧）接受者真实的对话，而是在融合（分歧）

他们对接受者对话方式的通常看法。"[23]

归因理论

我们对他人沟通行为的回应基于被认知的对方的行为，也基于我们认为这种行为要归因于何种目的或动机。贾尔斯借助**归因理论**说明人们通常如何理解对话对象的融合和分歧行为。在两种不同版本的归因理论中，堪萨斯大学社会心理学家弗里茨·海德（Fritz Heider）和加利福尼亚大学洛杉矶分校的哈罗德·凯利（Harold Kelley）都指出人们经常把他人的行为归因于一种内在倾向。[24]普通人作为业余心理学家，一般认定**做什么样的事，就是什么样的人**。有3种因素可能起到缓冲作用：（1）对方的能力；（2）外部约束；和（3）所需的努力。

> **归因**：我们观察他人的行为，并试图理解其目的或立场的认知过程。

假设你正与一位反复要你重复说过的话的年长者交谈。如果你知道他的听力很好（高能力），房间又很安静（没有外部约束），他只是注意力不够集中（不努力），你将把他的分歧行为归因于缺乏尊重。如果你知道他听力不好（低能力），你当然乐于给予他更多理解。然而，正如一份研究显示，你还是会因为他的疏于考虑、不及时戴助听器（低努力）而恼火。[25]假如你发现老人耳朵几乎全聋（低能力），房间很嘈杂（外部约束），他戴上了助听器，并且努力地听你说话（非常努力），情况又会怎样？你会感谢老人对这次对话的重视以及竭力理解对话的努力，尽管你仍然认为双方沟通起来很辛苦，让人不很舒服。

整体而言，接受方一旦把发起方的融合行为解读为打破文化壁垒的努力，就会积极地反应。[26]这种反应正是CAT研究的核心。由于社会上约定俗成的观念是弱势阶层（如工人、病人、学生、移民）应该主动适应地位较高的阶层（如老板、医生、教授、合法公民）的沟通行为，因此，向上融合所获的肯定，不如双方地位平等时那样充分。然而，优势阶层惯于表现出的平和反应毕竟比他们针对采取分歧策略的弱势人群的反应要有利得多。要验证这种说法，读者不妨回想一下，大多数盎格鲁裔美国人对于拒绝使用双语的拉丁裔美国移民的愤怒吧。

融合策略和分歧策略各有利弊。CAT研究者一直在记录因融合恰当而带来的积极的人际关系发展。这一实践有利于人们彼此更好地理解。不过，人际关系的新收获有可能冒着妨害其他群组内部成员的风险，恰如我姐姐反感我模仿南方乡下人说话一样。群体内部成员会认为某个成员向群体外部融合的过程就是与该群体分歧的过程。当然，做出调适的个体也有可能经历一种不真实感。

分歧或融合引起的人际关系紧张，确实在妨碍跨群体（跨文化）的人际关系和彼此理解。然而，对传播者而言，积极的一面是在实施分歧策略之后群体成员再度确认了他们的社会身份和团结。就这个意义而言，分歧策略与融合策略一样，也是适应策略的一种，只不过它是针对群体内部而非群体外部的适应。

30.5　CAT如何看待对老人的偏见

贾尔斯的CAT理论为推动代际沟通研究提供了理论基础。该理论认为假如人们持续意识到彼此隶属于不同的群体，对话的风格、内容就会更加倾向分歧，抑制亲密感的增长。被CAT理论激发的许多研究证实，年轻人和老人的互动确实会出现上述情况。例如，亚利桑那大学传播学教授杰克·哈伍德（Jake Harwood）及两位同事发现，老人说话的方式在不断提醒他们年轻的听众，祖父母已经老了。[27]

有关年龄：你真年轻。到今年12月份，我都70岁了。
有关健康：他们要我注意股骨替换手术后留下的血栓。
不理解当前的世界：你所说的IM，是指校内（intramural）的意思吗？
曲意俯就：你们这些孩子现在都不知道努力工作的意义。
痛苦的自我暴露：当她那样对我说话时，我哭了。它仍然让我痛心。
听力很差：请大声说，不要咕哝。
精神混乱：我想不起那个词。我们正在谈论什么？

上述对话一致地向接受者强调发起者的年龄，并且导致负面印象。老人们不如直接在额头上贴上"我是老朽"的字条。事实上，年轻人在忆及老人调适对话风格的企图时，都显得很困窘。而且恰如CAT理论所揭示的，假如年轻人确实体验到一次愉快的对话，他们通常会把它归因于对方是一位不同寻常的"谈话不带老气"的老人。

在和老人沟通时，年轻人多半觉得自己有义务适应老人的兴趣（能力）。尽管他们可能会做出这样的举动，但十分勉强，并会因此产生厌烦、挫折甚至恼怒。鉴于年轻人抱有老年人观念陈旧的成见，他们的融合企图又常常导致适应过度，以至于把思想成熟的老人当成孩子对待。贾尔斯曾给出一份针对33位年龄在65岁至94岁之间的老年女性的研究报告，其中40%的女性报告说别人用居高临下或有施惠意味的口气跟她们交谈。[28]在贾尔斯看来，这种贬损人格的谈话可不仅仅是会让人生气而已。

对老人过度适应的危险是，它有可能成为自证预言。用贬低老人能力的方式来对待他们，可能会促使老人用同样的方式看待自己。[29]如果成为一位老人意味着经常接触适应过度的行为或在各种场合下被迫降低身段，这可能会使一个擅于自我调节的人不愿被划归于"老人"或"过去时代的人"。[30]

年轻人和老人如何才能打破这种令人泄气的循环？除了贾尔斯在前一部分提到的多聆听、多肯定、多赞美之外，哈伍德还找到3种不显得"过时"、受到孙辈赞赏的对话方式：讲述过去发生的有趣故事（但不能漫无主题）、提供富含人生智慧的生活秩事（但不涉及说教）、谈论孙辈的父母小时候的事情。[31] 对于尚未进入老年阶段的人，贾尔斯建议他们现实可行且重要的目标是"把老人看成独立的个体，而不是某个社会群体正面或负面的代表"。[32] 人们假如采取这种方式沟通，他们就有可能获得贾尔斯的实验对象报告的那种经历："我们之间巨大的年龄差异算不上什么。"[33]

最后，我要给出一个激励，或说是劝告。我之所以要用代际传播的案例阐明传播适应理论，是因为老年群体是每个人都有可能经历的一个少数群体。我个人认为它是生命中值得欣喜的一段岁月，只要CAT理论的原则能平等地运用到国别、种族、性别、经济阶层、宗教、族群及教育背景彼此不同的人们的各式各样的跨文化会面之中。假如还没有与老人交谈的经历，我建议你在上述任何一种跨文化的对话中应用传播适应理论。

30.6 评论：以降低清晰度的代价来扩展应用范围

传播适应理论最初是一个目标有限的社会心理学理论，但现在已转变为具有广泛适应性的传播理论。**群体行为的社会认同理论**以及**归因理论**，是CAT构建对调适的阐释时不可或缺的两种理论，贾尔斯对它们的接纳表明他的理论不曾抛弃社会心理学的根源。因此，用本书开头所介绍的、完备的实证性理论的5种标准来评价CAT是非常恰当的。

1. **数据解释**。CAT理论既描述沟通行为，也解释行为产生的原因。**渴望认同和维持明确的社会身份的需要**的理论双引擎给差异巨大的两种传播策略提供了令人信服的解读。贾尔斯及其同事还进一步提供了多个因素说明在任何既定的时间里何种动机会产生作用。不过，你应该知道，我在竭力简化这项长达35年的理论研究，以便入门者在第一时间就能对它有所认识。对该理论深入学习后，你会发现它是众多学者努力合作的结果——而不仅仅是贾尔斯个人的成就。

2. **预测未来**。贾尔斯没有回避对在特定场合里将会发生何种事件的预测。随着他的理论的适用范围的不断扩展，他发现有必要修改或优化许多之前的推断，不过CAT理论还是提前投下了赌注。作为一名最早接受实证性方法论训练的传播学学者，我认为这种要么行动要么闭嘴的研究方法很有效。贾尔斯在预测接受者如何解读对方的调适行为时，果断地转向定性方法，这一点使我颇为赞赏。

3. **相对简单**。CAT是一个被表述成多个版本的极为复杂的理论，而它的多个版本又总是被同时展示出来。几乎每一篇公开发表的、关于传播适应理论的论文或著作都把贾尔斯标注为合作著者，这既说明学者间的精诚合作——同时也说明在该领域，每一种新的观点都不得不溯源至贾尔斯的工作。澳大利亚昆士兰大学的辛迪·伽罗伊斯（Cindy Gallois）、瑞士日内瓦大学塔尼亚·奥盖（Tania Ogay）及贾尔斯在某一总结性章节中承认，CAT的"结构和基本术语在正文和命题中并未得到一致的描述"。[34] 即使**适应**一词的定义都是不确定的。有时这一定义似乎与融合是同义的（与分歧相对立），有时它指的又是任何一种沟通行为调整。在上述章节中，伽罗伊斯、奥盖和贾尔斯挑战了如何"用一套简洁而独特的整合原则来阐明不断提升的命题复杂性"。[35] 这种简化不是为了人类脆弱的心灵。公正地说，作者可能如此回应，"跨文化传播极为复杂。我们不应假装它很简单。"

4. **可验证的假设**。复杂性的问题使得对该理论的证伪变得不太可能。1998年，伽罗伊斯和贾尔斯写道：

> CAT已经变得极为复杂，以至于该理论作为一个整体不可能被一次性地加以验证。这意味着，使用CAT的研究者必须发展出子理论以适应他们研究的语境，同时头脑里还要存有理论整体的概念。[36]

在最近发表的某段文字中，这些学者回顾过去并坦承，"整个理论"实际上仍不是很清晰。[37] 如果他们尚不能确认整体理论，其他人就更难做到这一点。因此，它是**不可证伪**的。

5. **实用性**。该理论在代际传播领域的应用，表明CAT适用于人类生活的重要领域。在用人类生活的主题说明该理论时，我选择说明它的理论深度而非广度。如果你误以为这样的着眼点说明它的应用性有限的话，我向你保证事实绝非如此。在不同群体（文化）的人们形成互动时，CAT可以有效运用在各种各样的情境中。

帮助你深入思考的问题：

1. 你能想到他人**语言风格**上的**分歧策略**令你高兴或**融合策略**令你痛苦的时刻吗？

2. 假如你知道某个人的**年龄**、**性别**、**种族**、**国籍**、**性取向**、**宗教信仰**和**政治意识形态**等个人特质，而其中有一项或多项与你不同，你可能在多大程度上与之互动又不**凸显**出彼此的不同？

3. 你曾采取哪些方式对两性之间沟通行为的刻板成见**适应过度**？

4. 当你阅读**代际研究**中指出的年轻人的行为和反应，你认同哪些策略和反应？你认为其中哪一种不符合你的个性？

自我测试：www.mhhe.com/griffin7

扩展阅读：

推荐阅读：Howard Giles and Tania Ogay, "Communication Accommodation Theory," in *Explaining Communication : Contemporary Theories and Exemplars*, Bryan Whaley and Wendy Samter (eds.), Lawrence Erlbaum, Mahwah, NJ, 2007, pp. 293–310.

传播适应理论的早期表述：Howard Giles, "Accent Mobility : A Model and Some Data," *Anthropological Linguistics*, Vol. 15, 1973, pp. 87–109.

由"语言适应"扩展并重命名为"传播适应"：Howard Giles, Anthony Mulac, James Bradac, and Patricia Johnson, "Speech Accommodation Theory : The First Decade and Beyond," in *Communication Yearbook 10*, Margaret L. McLaughlin (ed.), Sage, Newbury Park, CA, 1987, pp. 13–48.

命题推理：Cindy Gallois, Tania Ogay, and Howard Giles, "Communication Accommodation Theory : A Look Back and a Look Ahead," in *Theorizing About Intercultural Communication*, William Gudykunst (ed.), Sage, Thousand Oaks, CA, 2005, pp. 121–148.

社会认同理论：Henri Tajfel and John C. Turner, "The Social Identity Theory of Intergroup Behavior," in *The Psychology of Intergroup Relations*, L. Worchel and W. Austin (eds.), Nelson Hall, Chicago, 1986, pp. 7–24.

社会认同的重要性：Jake Harwood, "Communication as Social Identity," in *Communication as... Perspectives on Theory*, Gregory Shepherd, Jeffrey St. John, and Ted Striphas (eds.), Sage, Thousand Oaks, CA, 2006, pp. 84–90.

隔代沟通：Nikalos Coupland, Justine Coupland, Howard Giles, and Karen Henwood, "Accommodating the Elderly, Invoking and Extending a Theory," *Language and Society*, Vol. 17, 1988, pp. 1–41.

隔代沟通研究：Angie Williams and Howard Giles, "Intergenerational Conversations : Young Adults' Retrospective Accounts," *Human Communication Research*, Vol. 23, 1996, pp. 220–250.

家庭内部适应：Jake Harwood, Jordan Soliz, and Mei-Chen Lin, "Communication Accommodation Theory : An Intergroup Approach to Family Relationships," in *Engaging Theories in Family Communication*, Dawn O. Braithwaite and Leslie A. Baxter (eds.), Sage, Thousand Oaks, CA, 2006, pp. 19–34.

近期研究与修正后的假设：Howard Giles, Michael Willemyns, Cindy Gallois, and M.C. Anderson, "Accommodating a New Frontier : The Context of Law Inforcement," in *Social Communication*, Klaus Fiedler (ed.), Psychology Press, New York, 2007, pp. 129–162.

第31章　面子协商理论

创立人：斯特拉·汀-图梅（Stella Ting-Toomey）

实证性　　　　　　　　　　　　　　　　阐释性
社会心理学派

过去10年来，我一直担任着某个大都市冲突预案解决中心的志愿调解顾问。作为顾问，我要帮助冲突双方达成彼此满意的和解。我既不是法官，也不是律师，因此尽力不去做谁是谁非的道德判断。作为中立的第三者，我唯一的工作就是促成双方和解。然而，这并不表示这一过程会很轻松。

大多数来到解决中心的冲突双方是为了最后试试能否避免上法庭的成本与精力耗费。我们提供的服务是免费的，并且尽一切可能避免对簿公堂。鉴于之前未能解决分歧，冲突双方在走进解决中心大门时带有不同程度的愤怒、受伤、恐惧或困惑。一方面，他们希望这次调解有助于解决他们之间的纷争；另一方面，他们怀疑只是坐下来谈一谈是否能减少情绪对立，或者改变貌似已经无法更改的心态。

解决中心的专业人员向志愿者传授了一套协调模式，能够最大化人们达成互相可接受的协议的概率。从培训的第一天起，专业人员就一直强调"调解顾问应控制过程，而非结果"。图31-1列出了该中心调解顾问的一些实战技巧，它们可以推动谈判进展，但不涉及最终解决方案。假如运用得当，这些技巧相当有效。大多数的协调最终以双方达成一致而结束。

不过，这种协调模式不是对每个人都有效。我参与的这个解决中心服务于多民族混居的城市，因此，我和我的同事注意到来寻求调解的亚裔居民人数非常之少。偶尔有中国人、日本人、越南人或韩国人走进办公室时，他们看上去不是怒气冲天，反倒是局促不安。假如他们最终达成了协议，更令他们感到满意的似乎是对话的结束，而不是协议的达成。

> **确保公正**："你们双方以前都不认识我，我也不可能从你们的决定中获得任何好处。"
>
> **保证隐私**："今天你们所说的话只限于我们之间。你们临走前我会销毁我的笔录。"
>
> **显示争论双方的平等**："奈特，当贝丝讲述她的故事时，谢谢你没有打断。现在轮到你了，你想告诉我什么？"
>
> **避免"为什么"的问题**：有害的方式——"你为什么做这件事？"有益的方式——"你希望未来发生什么事？"
>
> **在缓和双方冲突的同时承认情感的存在**："我能理解当你发现自行车坏了时，你会很烦躁。"
>
> **经常总结**："我想复述一下我听到的你的解释。如果我理解得不对，请你补充。"
>
> **启动针对个人的、私下的会议**："我想单独和你碰面，看你是否有贝丝在房间里时你觉得不能说而想私下告诉我的内容。"
>
> **把"对"和"错"的议题重新架构为利益问题**："贝丝，我不太理解。告诉我，为什么奈特去坐牢就能让你满意？"
>
> **头脑风暴**："我们来看看你们能想到多少种解决问题的方案。先把你们的想法抛出来，然后我们再来筛选。"
>
> **核查现状**："你是否检查过这辆自行车能不能恢复最初的状态？"
>
> **考虑替代方案**："如果今天你们没有达成一致，你们打算怎么办？"
>
> **推动协议的达成**："你们已经就很多个重要的议题达成了一致。现在我要把它们写下来。"

图31-1 来自第三方调解的优选技巧

斯特拉·汀-图梅的面子协商理论有助于解释人们回应冲突时表现出的文化差异。图梅是加利福尼亚州立大学富尔顿分校的传播学教授，认为各种文化里的个体总是在就**面子**进行协商。所谓面子是指公共形象，是我们希望别人如此看待和对待我们的方式。所谓**面子功夫**，意指"用来维系与恢复面子的损失、支持和褒扬面子的增益而采用的特定的语言或非语言信息"[1]。经常受到质疑的身份，以及随冲突而来的焦虑与不确定感，特别容易令我们受伤。面子协商理论假定美国、德国这类个人主义文化语境里的面子功夫，与日本、韩国等集体主义文化语境里的面子功夫迥然不同。它还认为维系面子是将文化与人们处理冲突的方式相联系的最关键的中间变量。在接下来的部分，我将逐步解释以下因果链条上4个互相联系的概念：

文化类型──→自我构念类型──→面子维系类型──→冲突管理类型

面子：我们自己投射在社会关系上的影像。

面子功夫：维系与恢复面子的损失、支持和褒扬面子的增益而采用的特定的语言或非语言信息。

31.1　集体主义文化和个人主义文化

图梅的面子协商理论基于**集体主义**和**个人主义**的区别。伊利诺伊大学心理学家哈里·特里安迪斯（Harry Triandis）对这两种文化做出了最全面的区分。他表示集体主义文化和个人主义文化有3种最重要的区别，即其成员如何感知**自我**、**目标**和**责任**。[2]

假设有一位名叫埃姆的男性。具有集体主义意识的埃姆认为他是父亲、基督徒和老师，具有个人主义意识的埃姆则定义他自己就是埃姆，不从属于任何群体；具有集体主义意识的埃姆会遵循群体目标，个人主义的埃姆则自然而然地追逐个人利益；具有集体主义意识的埃姆在社会化的过程中学习履行责任，牺牲自己服务他人，具有个人主义意识的埃姆则会利用最小最大原理确定他认为愉快且有利于个人的行动方式（见第9章）。

世界上超过2/3的人出生在集体主义文化环境里，只有不到1/3的人口受到个人主义文化熏陶。[3]为了让读者更清楚两者的区别，我将遵照跨文化研究学者的指导，分别以日本和美国作为集体主义文化和个人主义文化的样本。注意，我们同样可以用亚洲、非洲或拉丁美洲的大多数国家作为集体主义文化的代表，也可以把澳大利亚、德国、瑞士或任何一个斯堪的纳维亚国家当成个人主义文化的模型。图梅把民族文化区分成集体主义文化及个人主义文化两个类别，这使得她的冲突管理理论不致沦为一张纯粹的民族特性清单。

特里安迪斯指出日本人将集体需求及目标置于个人利益之上。日本文化假设从长期来看，个体的决定将影响群体里的每一个人。个体行为因此受到群体规范的限制。美国人把个人需求与目标置于群体利益之上，习惯用"**我**"的概念定义身份，因此把日本人以"**我们**"的概念定义身份的做法看成异域文明。美国人的行为受个人原则掌控，随心所欲的自我只关注个人权利而非群体责任。在美国，标新立异是常态，而非个案。

特里安迪斯进一步指出日本人强烈的群体身份意识导致他们以我们—他们的分类来认识他人。对日本人来说，辨识外来者的背景与所属群体，要比辨识此人的态度与情感更为重要——这不是因为他们对客人漠不关心，而是个人差异看上去不如群体信息那么值得重视。在美国出生长大的人则会表现出全然不同的好奇心。他们关心从其他文化地区远道而来的访客的内心世界。他们在想什么？他们的感觉如何？他们计划要做什么？美国人认为每个个体独一无二，并且通过对有模糊性的重点提问以减少不确定性。

在学习过集体主义文化与个人主义文化的区别之后，我们再来看看图31-1描述的调解技巧。就整体来看，这个列表是一个窗口，可以展示主导这类冲突解决方案的价值观。显然，寻求调解的当事人被看成根据个人需要自行做出决定、能为自己负责的个体。调解顾问鼓励双方直接解决分歧，使对话一直聚焦于如何达成最终一致。调

集体主义文化：在这种文化环境中，人们认同某个有责任照顾他们的大型机构，同时以献出群体忠诚为代价；以"我们"的概念定义身份；高语境文化。

个人主义文化：在这种文化环境中，人们自己承担照顾自己及直系血亲的责任；以"我"的概念定义身份；低语境文化。

解顾问小心翼翼地避免为达成协议而向冲突双方施压，但调解现场的氛围会暗示这是冲突双方在可接受的条件下将一切混乱抛诸脑后、重新开始生活的最佳机会。在这个过程中，调解顾问努力确保双方的个人权利都受到尊重。

无论争议双方最终是否达成协议，图31-1显示的调解路径似乎提供了一个任何人都不会感觉尴尬的安全场所——然而，只有受美国式个人主义文化影响的人才这样看！对于在高语境文化中成长的人来说，公开讨论冲突、鼓励表达具体需求和个人利益、记录任何一条协议的文本，决定了这个过程自始至终令他们感到不舒服。难怪集体主义文化背景的用户要么选择不向调解中心求助，要么就是不满意地离开。

31.2 自我构念：文化中多样的自我镜像

个体不等于某个文化的简单克隆。文化可以沿着以个人主义、集体主义为两端的量表移动，文化内部的成员也是如此。图梅强调，**文化内**的人在分配个体自足与群体团结的比重时是不同的。她用**独立**及**依存性自我**指代"人们构想中的自我相对自治或与他人关联的程度"。[4] 心理学家黑兹尔·马库斯（Hazel Markus）和北山志信（Shinobu Kitayama）则称之为**自我构念**，或更常用的**自我镜像**。[5]

独立的自我以**我**的概念定义身份，更多呈现出自我面子的指向，这种自我构念在美国等个人主义文化世界里较为盛行。但是，鉴于美国社会里种族的多样性，一些在美国出生长大的人也具有高度的依赖性。依存性自我以**我们**的概念定义身份，强调相互联系，更认同集体主义文化。不过，刻板地看待集体主义文化背景中的一切成员，认为他们具有相同的自我构念，是极危险的。尽管文化可被视作面子功夫的整体框架，但个体会因冲突情境中给他人面子或为自己保留面子的程度不同，而具有不同的自我镜像和多样的观念。

下页示意图显示出两种文化里自我镜像差异的关系现实（relational reality）。每个圆点（•）代表集体主义文化背景下个体的自我构念，这样的社会使成员在社会化过程中相互依赖，将每个个体都纳入面子问题。每个三角形（▴）则代表在强调独立与自主的个人主义文化里成长的个体的自我构念。两种文化明显不同。但二者的重叠部分表明，某个美国人的自我构念，与具有相对较高独立性的日本人的自我构念相比，有可能表现出更高的依赖性。

你在接下来的部分将会看到，图梅的理论基于一个基本假设：即集体主义/高语境文化中的人，与个人主义/低语境文化中的人，处理面子和冲突情境的方式有显著的不同。她用12篇学术论文为这一观念提供论据。然而，近年来，图梅与新墨西哥大学的约翰·奥策尔（John Oetzel）发现，"与种族/文化背景相比，自我构念是冲突处理方式的更确切的风向标。"[6] 你现在应该能明白为什么面子协商理论在"持续进步"，图梅写道："需要更多理论化的工作，以便对'个人主义'和'集体主义'这样泛化

自我构念：自我镜像；人们构想中的自我相对自治或与他人关联的程度。

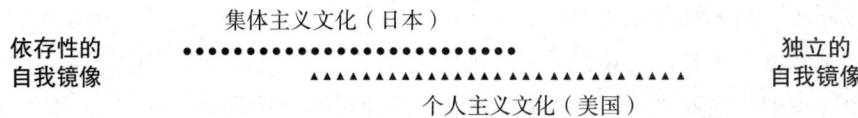

的概念'去类别化'……以达到更完善的文化层面的阐释性归类。"[7]

图梅和奥策尔借助调查问卷获知人们对现实或想象中冲突情境的反应,由此辨别其自我构念。在下列4种陈述中,前两种代表独立的自我意识,后两种代表依存性自我意识。[8]

"像一个自由、独立的人那样采取行动,对我而言非常重要。"
"我试着不要依赖别人。"
"为了我们的关系着想,我愿意牺牲我的个人利益。"
"我对于他人提出的期望很敏感。"

集体主义文化和个人主义文化的差异很重要,因为它们对个人的自我构念产生重要的影响。但是,对个人身份的认知对于个人偏好的冲突处理方式有更加显著的决定作用,比泛文化概念更好地预测了冲突行为。

31.3 面子的多面性

西方文明通常认为**面子**是亚洲人才在乎的事,但图梅和其他学者发现在乎面子举世皆然。面子是自我概念的延伸,是一种易受损的基于身份的资源。图梅表示大多数人都会脸红,这正是人们感到尴尬、不好意思、丢脸或得意的明证——全都关乎面子问题。[9]剑桥大学的语言学家佩内洛普·布朗(Penelope Brown)与斯蒂芬·莱文森(Stephen Levinson)在其格外严谨的行为礼节理论中,将面子定义为"每一个社会成员都想为自己伸张的、公共的自我镜像"[10]。不少西方作家将面子视为有形物品,如期货市场里黄豆期货一样有涨有跌。中国作家林语堂则描述面子是:"一种可以给予、丧失、争取,甚至如礼物一般被赠送的心理镜像"。[11]这个单词里含有尊严、荣耀和地位等贵族才有的关切。它还包括篮球场上一记重扣之后自鸣得意地炫耀"扣你脸上!"背后的意味。至于图梅,她简略地把面子看成"在人际环境中个体自我的投射镜像"。[12]

将面子整体性地看成公共自我镜像是一种简便的做法,而且与米德概化他人的观念相一致(见第5章),但图梅特别强调在把面子转换为多层面研究目标时出现的几个问题。首先由于文化上的不同,其次是由于个体分析个人身份方式的不同,面子对不同的人具有不同含义。

在绝大多数美国人或个人主义文化的成员看来,"你想保护谁的面子?"这问题简直荒唐可笑。答案是明摆着的:"当然是我自己的面子!"但是,图梅会提醒说在这个世界上超过三分之二的地域里,面子问题是对他人的关切。即便正置身于冲突之中,集体主义文化背景下的人们还是更注意维系对方的面子,而不是保护自己的面子。这些人就**面子问题**给出的答案可能真的是利他性的**对方的**面子。

自我面子和他人面子还不是问题的全部,图梅指出了第三种可能性,即对双方形象及双方关系的公共形象给予同样的关注。她称之为**相互面子**问题。这类人在回答保护谁的面子时,答案将是**我们**的面子。

挽回面子是一种为了保有生活中的特殊地位、维护自主性以及捍卫个人自由而采取的面子策略。显然,挽回面子是个人主义文化中典型的面子策略。因关注他人而产生的**给面子**则是以融入为目的而采取捍卫、力挺对方面子的策略。它意味着要小心不在公开场合令别人下不了台。给面子是集体主义文化所特有的面子策略。

威胁我们的自我形象就像在打脸。这种情况发生时,我们是否感觉如被针扎,试图通过修正自身行为或推诿于环境来减少人个损失呢?还是我们更愿意奋起回击?个人主义社会里的个体倾向于用挽回面子的策略来重新获得失去的面子。[13]我们又会不会选择在威胁变为现实之前及早地回避它呢?在图梅看来,集体主义文化背景下的个体有可能用谦抑自我的策略主动挡掉对他人面子或自我面子的威胁。这都属于维系他人面子或相互面子的行为。

当然,集体主义与个人主义的概念不是非此即彼。在意他人面子及自我面子的界线也并不绝对泾渭分明。关系辩证法认为处于亲密关系中的个体既想联结,又想分离,就本章的理论而言也是一样,在任何特定的社会里,人们既想获得亲密关系,也想拥有自主性(见第12章)。日本或亚洲其他国家的公民同样有个人需求;美国人与北欧人也会渴望融入并成为较大群体的成员。文化差异往往只是程度问题。

但是,在紧要关头,集体主义文化下的大多数人倾向于照顾他人面子或相互面子,而不是维护自我面子。个人主义文化背景的个体则关心自我面子多过关心他人面子。

31.4 可预测的冲突管理方式

图梅基于西肯塔基大学管理与营销学教授阿夫扎卢尔·拉希姆(M. Afzalur Rahim)的研究,首次提出在需求、利益及目标不能兼容的情况下会出现的5种反应——回避(撤退)、屈从(投降)、妥协(协商)、整合(解决问题)和主导(竞争)。[14]注意,绝大多数西方学者在提到上述5种冲突解决方式时更常用的是括号里的术语。[15]

假设你是班上某个研究计划合作小组的负责人。你们的老师最终将根据小组研究结果的优劣给学生们评分,该成绩占到这门课最终成绩的2/3。一种经常发生的情况是

面子问题:对自我面子、他人面子或相互间的面子的关注。

挽回面子:自我用以维护自主性、捍卫个人自由的面子策略。

给面子:以融入为目的而采取捍卫和力挺对方需求的、关注他人的面子策略。

回避:用放弃公开讨论的方式回应冲突。

屈从:适应或屈从冲突中另一方的愿望。

妥协:用协商或交易的方式管理冲突;寻求中间道路。

主导:人们的利益发生冲突时,用竞争的方法取胜。

整合:通过公开讨论解决问题;通过合作达成双赢的冲突解决方案。

有些小组成员给出的小组作业粗陋不堪，而这时距离上交小组作业的截止期限往往又只剩下3天。你对这名小组成员不是很了解，但你知道要修补他的这个部分需要在接下来3天不眠不休才能做好。这时你会采取下面哪一种冲突管理方式？

　　回避："我会避免与这个小组成员讨论我们之间的分歧。"
　　屈从："我会对这个小组成员的愿望让步。"
　　妥协："我会用互让一步的办法达成妥协。"
　　主导："在这个问题上，我会坚定地维护我的立场。"
　　整合："我会与这个小组成员认真地沟通，共同解决这个问题。"

　　在传播学界，以上5种冲突管理方式有如被镌刻在石头上的碑文，曾被反复讨论、研究。然而，图梅与奥策尔提醒人们，它们仅仅是西方国家的研究成果。通过采用多元种族样本，图梅与奥策尔发现了基于个人主义的美国学者所忽略的另外3种冲突管理方式。它们是**情感表达**、**被动进攻**以及**第三方帮助**。[16]用之前的学生研究项目为例，它们分别表达如下：

　　情感表达："无论我的'本能'与我的'心灵'告诉我什么，我会表达出这些情感。"
　　被动进攻："我不会真的指责谁在偷懒，但我会试着让他（她）有罪恶感。"
　　第三方帮助："我会请教授帮我们解决这个冲突。"

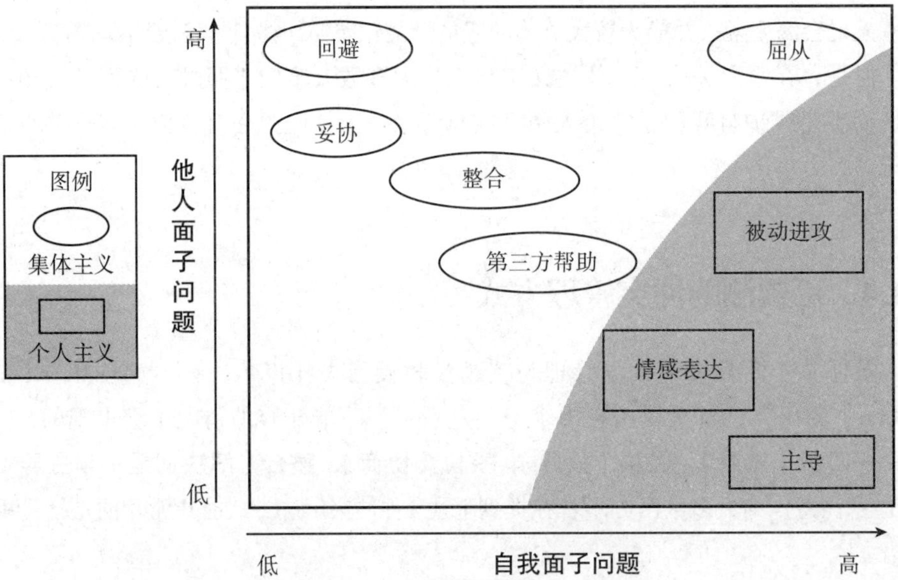

情感表达：通过情感的暴露或发泄来管理冲突。

被动进攻：通过间接的谴责、表达憎恨、拖延及其他行为，阻挠对方的冲突解决方式。

第三方帮助：争执双方寻求在调解人、仲裁者或受尊敬的中立人的帮助下解决他们的分歧的冲突管理方式。

图31-2　8种冲突管理方式的文化地图

图31-2勾勒了图梅与奥策尔以与文化关联的面子问题为坐标的冲突管理地图。坐标横轴的标注是自我面子问题，纵轴的标注是他人面子问题。例如，屈从是关切他人公共形象的人做出的选择；主导则是试图挽回自我面子而不顾忌他人面子的人采取的行动。图右侧小块的阴影区域代表个人主义文化里通常采纳的冲突管理方式：情感表达、被动进攻和主导。左侧的浅色区域代表集体主义文化里的解决方式：屈从、回避、妥协、第三方帮助和整合。这些解决方式的排列井然有序。

你可能会惊讶地发现，在他人面子问题的坐标方向，回避的评级几乎与屈从一样高。退缩难道不是因为对议题或谈话对象不够尊重吗？图梅并不这样认为：

> 应该注意的是，在美国与冲突管理有关的文献里，屈从和回避一类的冲突管理方式通常会承载西方式的偏见，被认为是消极不作为（即"讨好"或"惊走"），企图脱离冲突现场。然而，集体主义者不认为屈从和回避是负面的。这两种方式是他们用来维护相互面子和关系网络的典型做法。[17]

图梅也指出集体主义文化践行的**第三方帮助**，完全不同于我在本章开头描述的基于利益的调解。在集体主义社会，冲突双方自愿去咨询他们非常景仰、且与双方都保持良好关系的要人。为了使这位智慧的长者或地位较高的人有面子，冲突双方会很愿意遵从他（她）的建议，这个过程还可以提升冲突双方的形象。[18]或许这正是为什么集体主义文化里冲突双方愿意寻求第三方帮助，而绝大多数西方社会的调解要靠法庭主持。具有独立的自我构念思维的人通常首先会想到要请一位律师。

上页的图表显示出某种特定文化里的人在设想其自我镜像时，会与他所身处的社会的集体主义或个人主义特性相一致。在一项多元种族的研究中，图梅与奥策尔进一步发现一些人的自我镜像既有独立性又有依存性。

研究者目前认为具有"双重构念"的个体拥有适应不同冲突情境的行为选择抗体。[19]面子协商理论认为无论他（她）的文化根源是什么，"双重构念个体会积极地采取妥协/整合的冲突管理方式。"[20]

可是，如果西方理论学者以及实践者高度认可整合或双赢的冲突解决方式，为什么它在文化地图里的位置是紧靠集体主义区域的呢？[21]图梅指出，集体主义者采取人际之间的解决方式，关注关系层面的合作。相应地，个人主义者是用一种把麻烦解决掉的方式应对问题。[22]"解决麻烦"，是个替代性标签，明显带有非个人化的色彩。

图31-2是在瞬间捕捉到的静态画面，显示了某一特定时刻不同文化背景的个体行为及行为背后的原因（根据面子协商理论的分析）。正如本章开头的概括，面子协商理论可以用多阶段**过程**捕捉冲突反应的动态过程，从而显示过程中面子问题的关键点位于何处。图31-3包含的信息与前述的文化地图基本相同，但用流动的动态过程体现人们面对不同类型面子问题时的反应。它包含了图梅理论框架中的24种命题的绝大多数。

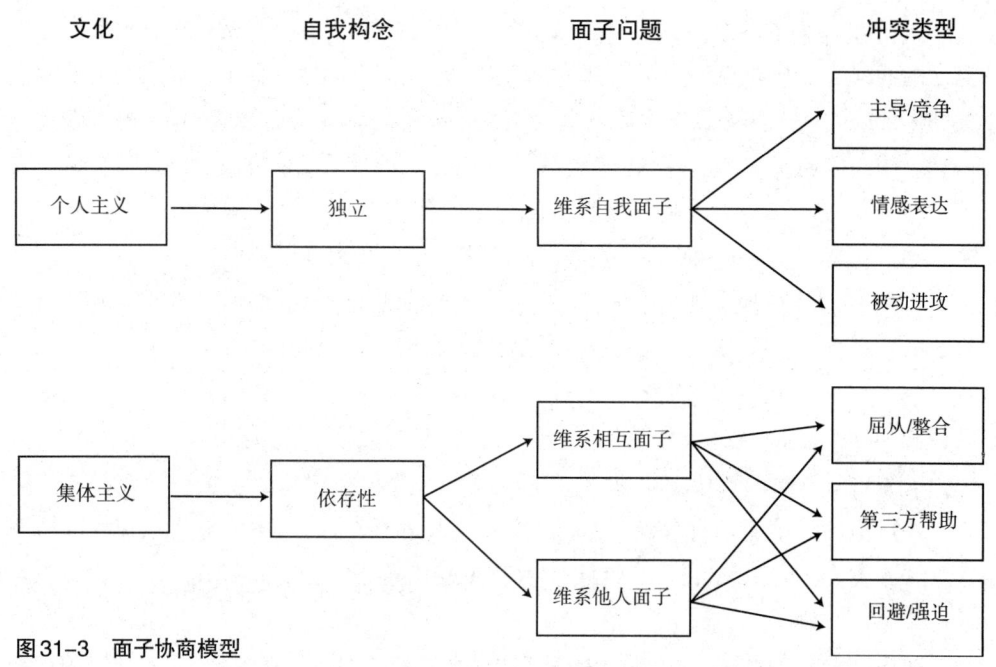

图 31-3　面子协商模型

31.5　应用：充分的跨文化面子功夫

图梅最高的理论目标不仅仅是找出不同文化背景中人们协商面子或处理冲突的方式。她认为文化领域的**知识**、**知觉**以及面子功夫**互动技巧**是跨文化有效沟通的3个必要条件。假设你是一名在美国大学就读的日本学生。作为班级研究项目的指定负责人，你觉得与同组的态度消极的美国同学对话很有难度。你要如何履行充分的跨文化面子功夫呢？

知识是面子功夫技能最重要的因素。假如你不能认识到你与同组同学在某些行为方式上有所不同，就很难建立文化敏感度。图梅的理论针对集体主义和个人主义文化、自我构念、面子问题、冲突类型等概念提供详尽的基础性介绍，有助于你理解同组美国学生的立场、观念，反之亦然。如果你已经认真地阅读过本章，这些知识会对你大有裨益。

知觉即认识到事情并不总是表面看上去的样子。它是对同一事件寻找多元视角的有意识的选择。对方交来不合格的作业可能不是因为他太懒散，而是因为这是他在当下做到的最好表现。对方可能遇到学习障碍，有情绪问题，对作业要求不太了解，甚至只想及格通过就好。当然，如果你主动找他就该项目进行对话，就等于你准备接受各种各样的解释。图梅在其著作中写道：

> 知觉是指在进入任何不熟悉的环境时，特别谨慎地对待我们自己的假设、观

知觉：认识到事情并不总是表面看上去的样子；因此在冲突情境中寻求多元视角。

点和种族倾向。同时，知觉也是指在看待一段跨文化插曲时，留意自己并不熟悉的他者的角度和阐释视角。²³

假如你足够小心翼翼，你的头脑就会关闭自动导航，以ELM理论所介绍的中心路径处理眼前的局面和对话（见第15章）。你将试着理解这名美国学生，以开放或创造性心态与他展开讨论。鉴于你更换了思路，最终结果很可能是获得体面的解决方案。

互动技巧是你在特定情境中恰当、有效、灵活地与他人沟通的能力。或许你学习传播学正是为了获得这类技能。希望你所在的学院为你提供了结构化练习、角色扮演、模仿等人际沟通或跨文化沟通课程。缺少对经验的总结以及他人对你行为举止的反馈，你将难以获得提高。调解中心的志愿者通过经验学习来践行他们的调解技巧。图31-1列出了大量在图梅看来在跨文化沟通中相当重要的技巧。例如，**展示争论双方地位的平等**以及**承认情感的存在**旨在保留对方的颜面，而非威胁对方的公共自我镜像。在与你的项目小组成员对话时，你会发现它们是很有用的技巧。它们也同样适用于个人主义/低语境文化背景的人所习惯的直来直往的美国式对话。同时运用这两种技巧，你就能维系相互面子并顺利地把班级里的研究项目拉回正轨。

31.6 评论：高分通过测试的理论

与克利福德·格尔茨一样，大多数跨文化研究者以高度阐释性的视角分析不同类型的文化（见第19章）。但是，图梅及合作者约翰·奥策尔略有一点不同，致力于用实证的社会科学研究方法发现可量化的跨文化共性。接着，他们将跨文化共性（个人主义和集体主义）与随后的行为后果——此处即指冲突情境中对他人的反应——相互联系。在本章中，你学习了面子协商理论如何运用面子问题的概念，对冲突解决方式进行解释、预测，最终给出建议。这一理论的价值要看它能在多大程度上被验证，以及是否经得起严密的审查。如同所有实证的社会科学理论一样，它最终必须满足"或者举证或者闭嘴"的测试。

2003年，奥策尔和图梅推进一场四国调查以检验该理论的核心理念。²⁴来自中国、日本等集体主义文化国家和美国、德国等个人主义文化国家的700多名学生，接受了可以准确测量自我构念的量表测试。这些学生先是详细叙述了他们与某个同胞之间的冲突事件，然后就他们在这一事件中感到的面子问题以及随后采取的行为填写问卷。这个项目经过简化，相互面子的因素未被考虑，研究者也仅测量了3种主要的冲突解决方式——**主导、整合和回避**。

图31-4显示了该项目的结果。其中，实线代表被该项目的调查数据证实的变量相关性。这一次的调查结果是如此充分，因而不能被视作偶然概率。两条虚线代表未被证实的预测关系。尽管有两处失败，但我认为压倒性的积极成果已足以支撑起面子协

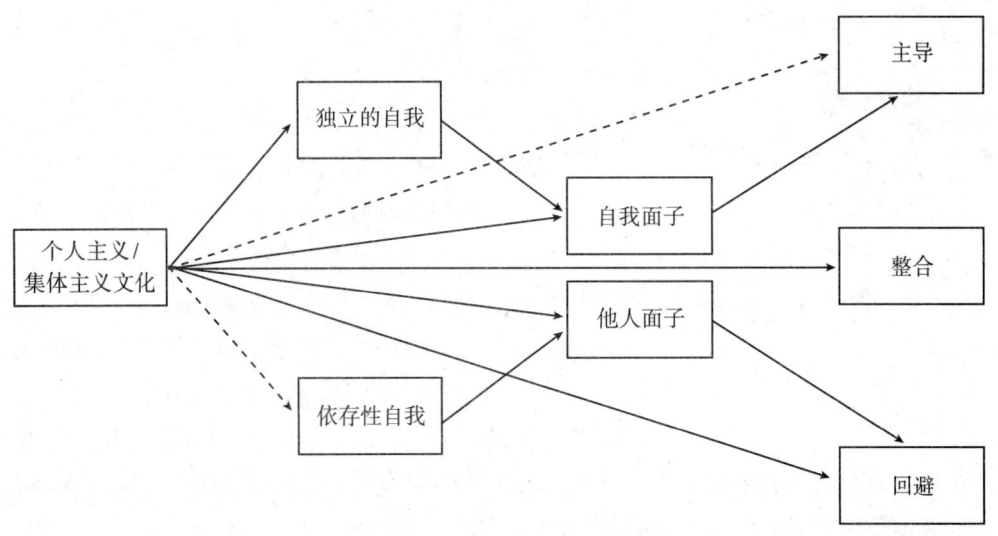

图31-4　面子协商理论的四国文化测试

商理论。

　　与面子问题有关的发现给人以特别深刻的印象。在很久以前评论该理论时，我曾质疑知道某人的面子问题是否能实质性提高该模型对冲突解决行为的预测。请注意图31-4中那条从流程起点的个人主义/集体主义文化指向流程终点3种冲突解决方式的直线，它代表学者们想弄清楚如果去除面子问题是否还能建立一个与调查数据相符合的模型。结论是否定的。调查结果显示**文化→自我构念→面子问题→冲突解决方式**的路径，与**文化→冲突解决方式**的简单路径相比，能更好地预测调查问卷的最终结果。事实上，当人们对自我面子给予高分时（"我关心的是保护我的自我镜像"），他们总是采取主导立场（"我坚持在冲突中别人要接受我的立场"）。

　　当然，奥策尔和图梅的流程和结论仍有需改进之处。首先，我们必须知道他们的分析完全基于调查问卷。调查问卷的确是一种辨别自我构念及面子问题内在态度的适当方式，但个人行为调查报告常常带有私念，受访者或者试图保留自己的面子，或者想给他们在意的某人面子，有时甚至会揣摩研究者的用意，以便给足研究者面子。不过，即使存在这类潜在问题，询问人们在现实冲突中做过什么，还是要比询问他们在虚拟情境中有可能怎样做，要高明得多。

　　我是一名高度重视整合、合作及双赢结果的调解顾问，问卷中那些用来评估冲突解决方式的问题让我感到困惑。指向"让对方获得一半满足"的调查问卷，建议采取"中间立场"或"各让一步"，以便达成妥协。它们是评估屈从方式的有效路径，但是无法测试我及其他调停顾问使用的整合手法。我也不相信这些问题能恰当地反映被图梅描述为由高度他人面子和高度自我面子问题引起的行为。

　　两位研究学者最终的结论是："集体主义及个人主义文化样本的独立性和自我面

子倾向，高于依存性和他人面子倾向。"[25]这或许是因为集体主义文化背景的大学生与其他类型人群相比更具有竞争性（或者说更自私？）。不过，在这一意外发现获得进一步进展之前，我们有足够理由怀疑集体主义国家的公民是否真如面子协商理论所暗示的那样具有他人指向。

我对图梅主持的雄心勃勃的研究小组印象深刻，也赞赏她在不如预期的结果面前及时调整的态度。建立并测试一个随即获得经验数据充分支持的理论，当然是令学术团队十分有面子的事情。然而，假如其中某一部分理论无法得到证实，适度和及时的修改也同样令人有面子。图梅在这方面做得非常好。我很期待她的理论的再一次更新。

帮助你深入思考的问题：

1. 根据你所知道的阿富汗，它的文化是**个人主义**还是**集体主义**？它的社会的**权力距离**很大还是很小？你有哪些依据？

2. 你认为自己有更多的**独立性自我**还是**依存性自我**？它是顺应了你所在的社会文化，还是反其道而行之？

3. 你的宗教信仰、政治意识形态或个人价值观包含了哪些**面子问题（即自我面子、他人面子、相互面子）**？你在处理与他人的关系时，你所做的**面子功夫**在多大程度上与你的面子问题相一致？

4. 当群组成员的工作完成得不好时，你会采取哪一种**冲突管理方式**？你认为你的反应是基于你的文化、自我构念、性别和地位吗？有没有其他因素能影响你的决定？

对话：

在和图梅交谈时，我提出了一个令人困窘的问题，如果我们的学生在看这段视频时感到厌烦该怎么办。假如真的出现这种情况，我和她都不得不做一些严肃的面子功夫。图梅展示了她作为一名集体主义文化背景的年轻人如何给学生们面子。她又用角色扮演的方式说明个人主义文化背景下的我应该怎样挽回面子。在谈话的后半部分，我问她发现自我构念比文化根源更好地预示冲突解决方式时，是否曾感到困扰——这是一个潜在的威胁面子的问题。有兴趣的话，你不妨看一下图梅如何展示她在真实生活中的面子功夫。在www.mhhe.com/griffin7或www.afirstlook.com可以看到这段对话的视频。

扩展阅读：

推荐阅读：Stella Ting-Toomey, "The Matrix of Face: An Updated Face-Negotiation Theory," in *Theorizing About Intercultural Communication*, William Gudykunst (ed.), Sage, Thousand Oaks, CA, 2004, pp. 71–92.

理论进展：Stella Ting-Toomey and Atsuko Kurogi, "Facework Competence in Intercultural Conflict: An Updated Face-Negotiation Theory," *International Journal of Intercultural Relations*, Vol. 22, 1998, pp. 187–225.

原始理论：Stella Ting-Toomey, "Intercultural Conflict Styles: A Face-Negotiation Theory," in *Theories in Intercultural Communication*, Young Yun Kim and William Gudykunst (eds.), Sage, Newbury Park, CA, 1988, pp. 213–235.

著作评论：Stella Ting-Toomey and John Oetzel, "Cross-Cultural Face Concerns and Conflict Styles," in *Handbook of International and Intercultural Communication*, 2nd ed., William Gudykunst and Bella Mody (eds.), Sage, Thousand Oaks, CA, 2002, pp. 143–163.

面子问题的综合处理：Stella Ting-Toomey (ed.), *The Challenge of Facework*, State University of New York, Albany, 1994.

集体主义文化与个人主义文化：Harry C. Triandis, *Individualism & Collectivism*, Westview, Boulder, CO, 1995.

理论实践：Stella Ting-Toomey, "Translating Conflict Face-Negotiation Theory into Practice," in *Handbook of Intercultural Training*, 3rd ed., Dan Landis, Jane Bennett, and Milton Bennett (eds.), Sage, Thousand Oaks, CA, 2004, pp. 217–248.

跨文化沟通中的冲突：Stella Ting-Toomey and John Oetzel, *Managing Intercultural Conflict Effectively*, Sage, Thousand Oaks, CA, 2001.

职场中的面子协商：Frances Brew and David Cairns, "Styles of Managing Interpersonal Workplace Conflict in Relation to Status and Face Concern: A Study with Anglos and Chinese," *International Journal of Conflict Management*, Vol. 15, 2004, pp. 27–56.

有关"面子"的介绍：William Cupach and Sandra Metts, *Facework*, Sage, Thousand Oaks, CA, 1994.

对"面子"的个人说明：Stella Ting-Toomey, "An Intercultural Journey: The Four Seasons," in *Working at the Interface of Cultures: Eighteen Lives in Social Science*, Michael Bond (ed.), Routledge, New York, 1997, pp. 202–215.

理论测试与评论：John Oetzel and Stella Ting-Toomey, "Face Concerns in Interpersonal Conflict: A Cross-Cultural Empirical Test of the Face-Negotiation Theory," *Communication Research*, Vol. 36, 2003, pp. 599–624.

如欲进一步了解约翰·蒂鲍特和哈罗德·凯利的另一种有关冲突的理论研究方法——社会交换理论，请到www.afirstlook.com点击"理论档案"。

第32章　口语代码理论

创立人：格里·菲利普森（Gerry Philipsen）

社会文化学派

我在一个青年组织工作3年之后，便辞职在西北大学脱产攻读传播学研究生学位。当时，格里·菲利普森是我的同班同学。在我拿到博士学位后，劳动市场出现紧缩；我很幸运能到惠顿学院任教。不久我听说菲利普森在芝加哥南部做青年组织工作。当时我曾心想我的事业有了进步，菲利普森却退步了。我实在错得离谱。不久后，菲利普森在《演讲季刊》发表的论文证实，那时他是在当地进行人种学研究。[1]

我在第1章曾介绍说民族志是这样一种研究方法，鼓励发掘人们在既定文化中共享的意义。符号互动论者的研究方法正是如此，以参与者的身份观察社群生活（见第4章）。我们学习过如何在组织环境中开展民族志研究（见第19章）。帕卡诺夫斯基对戈尔公司独特的企业文化的分析证实了人类学家格尔茨的观点，即民族志研究"不是寻找规则的实证性科学，而是发现意义的阐释性科学"。[2]

菲利普森在西北大学就读时，读过弗吉尼亚大学人类学家和语言学家戴尔·海姆斯（Dell Hymes）的文章《口语民族志》（The Ethnography of Speaking）。海姆斯呼吁对世界各地丰富多样的沟通行为进行"实地"研究。[3]菲利普森决定就从他工作的芝加哥当地社群着手，由于开卡车是这个社区里男人们最典型的工作，他把这个地方取名为"提姆斯特维尔"。菲利普森花了3年的时间跟街角的孩子、走廊上的女人、小酒吧里的男人以及他工作场所中的每一个人谈话，描述得出提姆斯特维尔居民的口语代码。菲利普森认为**口语代码**是指"经由历史产生以及社会建构的名词、意义、假设和规则构成的系统，该系统归属传播行为"。[4]

菲利普森发现，即使在提姆斯特维尔的人说英语的时候，他们的表达方式也与菲利普森的家人、他在学校里的朋友，以及他在许多广播电视的脱口秀节目中感受到的口语代码大为不同。这种显著差别促使他再一次投入长期的民族志研究，从他在加州大学圣芭芭拉分校教授传播学开始，一直持续到他转到华盛顿大学任教。他的大部分"文化调查对象"来自圣芭芭拉或西雅图，但这些人各自所属的口语代码社群并不仅限于美国西海岸。菲利普森把他们称为"纳库瑞马人"，这些人使用语言的方式是大多数美国人所熟知且正在实践的。典型的纳库瑞马语言就是"公共层面（如在电视脱口秀上）及面对面互动的私人层面践行的一般意义上的美国对话"。[5]对于我、菲利普森以及许多正在读这本教科书的人而言，"纳库瑞马人就是我们。"

菲利普森用口语实践而非地理边界或族群背景来定义纳库瑞马文化。正如"跨文化传播"这一部分的导言中提到，唐纳修脱口秀的主持人、他的嘉宾以及观众的对话正是纳库瑞马式对话的缩影。[6]它是一种关乎自我、人际关系以及沟通方式本身的对话方式，菲利普森在用数百个小时倾听餐桌上的谈话、各种人生故事和民族志访谈的录音带之后，已经对这种方式颇为熟知。

就像文化标记会逐渐显现在民族志学者面前那样，纳库瑞马代码的重要特征在你接下来的阅读中会变得逐渐清晰。对于初学者而言，该口语代码的一大特征是对元传播的关注——他们谈论对话。[7]

恰如菲利普森的预期，提姆斯特维尔与纳库瑞马的民族志研究提供针对两种不同文化的、丰富的比较资料。菲利普森希望他的研究能超越纯粹的地域风俗描述。他的最终目标是建立起传播和文化两者关系的一般性理论。它可以引导文化研究者及实践者的探索，并且提供诠释人们对话方式的线索。

根据戴尔·海姆斯的建议，菲利普森最初将他创立的理论称为**民族志传播学**。然而，菲利普森随即发现许多人仅把民族志当成一种研究方法，而现在他的理论已从描述转向阐释，因此将他的研究更名为**口语代码理论**。具体而言，该理论致力于回答**口语代码**是否存在、它的内容、发现它的方式及它在某一文化内对人们的影响等问题。

菲利普森用以下6个假设性命题概括口语代码理论的核心。他希望这些命题能与他的田野调查以及其他学者的理论相结合，并促进口语代码理论的概念开发。我将努力在本章有限的空间里尽力涵盖这些内容。

民族志：为了理解某种文化的概念意义网络，自然主义者在自然环境中观察、倾听和记录沟通行为的工作。

口语代码：经由历史产生以及社会建构的名词、意义、假设和规则等构成的系统，该系统从属于沟通行为。

32.1 口语代码的独特性

命题1：存在一种特定的文化，就可以发现一种特定的口语代码。

菲利普森形容研究口语的民族志学者是"在自然环境中观察、倾听以及记录沟通行为的博物学者"。[8]他一开始进入提姆斯特维尔工人阶级的世界时，认为那里的对话模式听上去非常奇怪。待了几个月后，他逐渐熟悉了在提姆斯特维尔长大、时任芝加哥市长理查德·戴利式的发音和语法，但对当地人在"每一次谈话时都要提到地点"

的行为仍大感诧异。[9]他意识到提姆斯特维尔的居民在确认对方的国籍、民族、社会地位与居住地之前，几乎很少会谈些什么。大部分的对话都是从**你从哪里来**以及**你的国籍是什么**这类的问题开始（或结束）。

菲利普森最终发现关注"地点"实际上是为了判断一个人是否来自"周边地域"。人们关心的不仅仅是地理方位。一个人是否来自"周边地域"关乎文化一致性的问题。与热播的电视剧《罗杰斯先生的街坊四邻》不同，提姆斯特维尔不欢迎多元性。菲利普森第一次走进一家街角的小酒馆时就曾听到："我们这里不欢迎上等人。"

菲利普森发现提姆斯特维尔的对话总是在确认当地人熟知的地点，而纳库瑞马的对话则不停地在表达和庆祝独特的精神。晚餐是纳库瑞马家庭成员对话的典型场合，鼓励大家有话就说。每个人都"有些话题要分享"，每个想法都被视为具有"独一无二的价值"。

在提姆斯特维尔，人们从来不听孩子们说些什么，而纳库瑞马人认为不应让小孩在晚餐时保持沉默。沟通是儿童建立"积极自我镜像"的途径，能够"使他们对自己有信心"。通过对话，家庭成员"可以表现彼此之间的平等，并证明他们不在意地位上的差别——这些行为与观念会使一个正常的提姆斯特维尔人感觉受到冒犯，并大惑不解"。[10]

菲利普森成长于一个纳库瑞马大型口语社群，在到提姆斯特维尔从事研究之前，从未把他的家庭的沟通方式当成一种特殊的文化行为。他的想当然的心态验证了民族志学者中流行的俗谚："不知道谁发现了水，但肯定不会是鱼。"

32.2 口语代码的多样性

命题2：在任何一个特定的口语社群里，人们会运用多种口语代码。

菲利普森直到近期才把这个命题补充入他在1997年首次提出的五大命题。[11]他之所以这样做，是因为他和他的学生多次观察到人们受到另外一种代码影响或者同时运用双重代码。在提姆斯特维尔的民族志研究中，菲利普森强调过相邻地域的居民的口语模式具有一致性。然而，他注意到人们有时通过比较自己与邻近城市居民的说话风格来评估他们自身的相对价值。提姆斯特维尔人尊敬，同时也憎恶居住在北边的、说一口标准英语的中产阶级。另一方面，他们又因为自己说的英语比低阶层的"山地人、墨西哥裔和非洲裔美国人"更标准，而觉得受到肯定。正如霍华德·贾尔斯的描述，对于少数群体的成员而言，面向群体外部的沟通融合具有一定风险，个体"改善"其对话模式的企图经常被视作背叛朋友的不忠行为（见第30章）。因此，人们通常将自己的对话方式与其他代码相比较，然后再确定下来。

纳库瑞马人对于另一种口语代码的反应同样强烈。他们反复提及"好的对话"或"有意义的对话"的重要性，以此来区别"真正的谈话"与"废话连篇"。菲利普森指出纳库瑞马人"通过与他们业已抛弃的另一种对话方式或沟通行为相互参照，以强调他们当下的对话方式（真正的沟通）的特点"。[12]

戴尔·海姆斯指出在口语社群里有可能有一种以上的代码在运行。[13]菲利普森在华盛顿的同事丽莎·库图（Lisa Coutu）对前美国国防部长罗伯特·麦克纳马拉在其著作《回忆：越战中的悲剧与反思》中的语言进行了一次深度分析。[14]麦克纳马拉是美国越南政策的缔造者，其政治对手往往将越南战争直称为"麦克纳马拉战争"。他之所以写这本书是为了"让美国人了解为什么他们的政府及领导人做出了这样的选择，以及人们能从中获得哪些经验"。[15]

根据库图的观点，麦克纳马拉的解释是**理性代码**的展示。麦克纳马拉深深遗憾自己未能就越南作战的军事特点推动一场激烈的讨论。在回忆录中，他确信如果他坚持进行一次坦率深入的讨论，美国就不会卷入战争。

库图对媒体及公众对该书的反应进行分析，结果显示了竞争性代码的存在迹象。与麦克纳马拉政治立场对立的评论者，用**精神代码**发表他们的评论。无论评论的内容是什么，这些评论者使用了大量与道德有关的单词，如**邪恶、罪孽、羞耻、忏悔、痛悔、宽恕、赎罪、赦罪和信仰，等等**。库图得出结论，口语社群中存在多种代码。麦克纳马拉用理性代码进行创作，质疑战争最终是否可能赢取胜利，而评论者则运用伦理/精神代码论证这场战争是否符合道德正义。

32.3 口语代码的本质

> 命题3：每一种口语代码都包含在文化上具有独特性的心理学、社会学和修辞学。

菲利普森提出这个命题，说明他在修正大多数民族志者深信不疑的文化相对主义。他相信每种文化都有其独特的口语代码；人们绝不会把纳库瑞马人对个人价值的讨论混淆于提姆斯特维尔人保持邻里一致性的对话。命题3断言不管是什么文化，口语代码都将显示自我、社会与策略性行为的结构。提姆斯特维尔人何时应该说话，何时应该保持沉默的代码展示了以下3种功能性的社会生活。

心理学。根据菲利普森的观点，每种口语代码都以特定方式再现个体的特征。提姆斯特维尔代码将人们划分为几个类别的社会角色。而在纳库瑞马代码中，个体的独特性被概念化——清清楚楚地定义某个个体的本质。这与传播适应理论对强调**社会身份**的人群和关切**个人身份**的人群加以区分的做法是一致的（见第30章）。

社会学。菲利普森写道："就哪些自我与他人的连接可以被完全找到，以及在寻找这些连接时哪些符号资源可以被恰当并有效地使用等问题，每种口语代码都提供了系统性的答案。"¹⁶ 对于提姆斯特维尔不成文的代码而言，语言沟通在与较低地位的人（妻子、孩子或来自邻近地区以外且社会等级较低的人）相处，以及与老板、政府官员或其他较高地位的外来者会面时，都称不上是有价值的资源。如果有必要与后者建立联系，提姆斯特维尔人必须依靠他与某个较高地位的中间人的私人联系来说明他的状况。只有在年龄、性别、民族、职业和居住地相匹配的人中间，在对等的关系中，语言才有它的用武之地。朋友之间可以无所不谈。

修辞学。 菲利普森在使用**修辞**一词时有两个含意：**发现真相**与**有说服力的诉求**。提姆斯特维尔的年轻人或成年男子在谈论女人时，两种含意会同时出现。质疑某个男子的妻子、母亲或姊妹的个人卫生或贞洁等于攻击这个男子的**名誉**。所谓名誉，是根据对社群价值的忠诚度而赋予个人以价值的代码。提姆斯特维尔街头使用的语言，明白地显示出男子的社会地位受到与其有姻亲关系的女子的影响。"如果她在性行为上很放纵、爱搬弄是非或外貌有缺陷，这些因素会直接反映在男性身上，进而影响他的名誉。"¹⁷ 相应地，菲利普森发现描述尊严的口语代码在纳库瑞马人中是主导性的。所谓**尊严**，意指人之所以为人的价值。"按照尊严代码进行的对话在沟通过程中将剥离一切社会强加于个体的身份或准则，而以个人固有的天性来对待他们。"¹⁸ 在尊严代码的框架内，个人经验具有比逻辑推理或诉诸权威更有力的伦理力量，传播即是建立个人独特性的资源。

> **修辞**：发现真相与有说服力的诉求。
> **名誉**：根据对社群价值的忠诚程度而赋予个人以价值的代码。
> **尊严**：人之所以为人的价值。

32.4　口语代码的阐释

> 命题4：口语的意义取决于传播者与倾听者在建立和阐释双方沟通时所用的口语代码。

命题4可视为菲利普森的口语代码理论针对I.A.理查兹的座右铭——语词本身不具有意义，是人们赋予它们以意义（见第4章）——的延伸。假如我们想要了解某种文化中某一重要对话行为的意义，我们必须观察人们如何谈论它，如何对它做出反应。这是他们的行为；这些人将决定它的意义。

纳库瑞马人最重要的对话行为莫过于他们如何使用**沟通**一词。菲利普森与塔马尔·卡特里尔（Tamar Katriel）指出纳库瑞马人用它特指**亲密**、**开放**、**建设性的演讲**。¹⁹ 这3项标准使得沟通有别于他们摒弃的**纯聊天**、**短小对话**或**一般的闲谈**。

1. **亲密**关系与谈话双方保持一臂距离的**陌生**关系相对立。
2. 双方在**开放**关系中认真倾听并表现出改变的意愿，而在日常联系中，人们的反应相对迟缓。
3. 在**建设性**关系中，人们全心全意地"支持"对方，而在**中立**的互动中，只有在一定条件下人们才会给出积极的回应。

你或许已经发现我突然从描述**沟通**转到对**人际关系**的讨论。这是为什么呢？菲利普森与卡特里尔指出，纳库瑞马的对话者认为这两个词几乎可以互换使用。套用肯尼斯·伯克的术语（第22章），在未加入修饰性形容词"非正式"时，**传播**和**关系**是纳库瑞马人的"神圣术语"。**自我**一词的地位也同样神圣。

提姆斯特维尔人虽然知道而且偶尔也使用**沟通**一词，但它对他们来说不像对纳库瑞马人那么重要。提姆斯特维尔的男人在处理与地位较高或较低的人的关系时，沟通被认为是缺少男子气概。菲利普森通过与该社群中心的年轻人的共事经历，首次认识到提姆斯特维尔人的这一口语代码。他回忆说："我与那些不守规矩的提姆斯特维尔男孩对话并教训他们，他们却认为我是个娘娘腔，因为在这种情况下我居然只是跟他们聊了聊天。"[20]他们"天然"地认为年长男性会用权力或体罚来逼他们乖乖就范。菲利普森运用纳库瑞马人的口语代码，坐下来把事情谈开，却让这些男孩感到一头雾水，他们对此唯一的解读是这位年轻领导有可能是个同性恋。菲利普森很久之后才知道他们对此事的反应。

32.5 口语代码的定位

命题5：口语代码的术语、规则和假设无可避免地与对话本身交织在一起。

我们如何辨识某个特定文化——我们自己或他人的文化——的口语代码？答案是分析本地人的对话。菲利普森确信人们一开口说话就公开表达了他们的口语代码，任何有足够耐心的观察者都能发现它。命题5指出这是辨识口语代码的唯一方法。

戴尔·海姆斯建议我们从谈话的对象、环境、目的和主题下手找出对话方式。这个研究框架曾使菲利普森注意到提姆斯特维尔的男人在酒吧闲聊时，"一个人来自何处"是很重要的信息。海姆斯还建议了一种很好的了解对话意义的方法，即检视那些人们用来定位自己的对话。例如，卡特里尔在回到她的祖国以色列时，用这种民族志的技巧分析了以色列犹太人独特的"**都格里**"（dugri）对话方式。[21]都格里是一种直言不讳的对话，基于对方愿意维护整个社群的利益，而且有足够的适应力应对批评的假设。（"我告诉你，**都格里**，我可不喜欢你的所作所为。"）

菲利普森特别注意高度结构化的文化形式，它通常会展示出日常对话鲜少涉及的符号、内涵、假设及规则的文化意义。例如，观看**社会戏剧**（social drama）时公众要面对一方以道德规范挑战另一人的行为的局面。被批评者的反应可以被用来测试被嵌入特定口语代码的"生活准则"的合法性。

菲利普森分析了已故芝加哥市长戴利在市议会如何回应对他滥用裙带关系——任用好朋友的儿子担任要职——的指控。[22]戴利反击了所有对他的指责。大多数记者认为他这番辩论只是非理性的谩骂，然而戴利对地域、名誉和传统性别角色的重视与提姆斯特维尔的价值观是一致的。菲利普森问邻近地区的人戴利偏袒好友是否正确，他们回答说："那他该任命谁，他的敌人吗？"

图腾化仪式（Totemizing ritual）提供了发现某个文化口语代码的另一扇窗。所谓图腾化仪式，是指小心翼翼地推进某个向神圣对象表示敬意的结构性行为序列。菲利普森与卡特里尔发现纳库瑞马人的**沟通仪式**，是对自我、传播与关系神圣三位一体的崇敬。[23] 作为一种"好的对话"，它的核心是这样一个变量，即如何在成为独特且独立的自我的同时，仍能获得亲密的他者的肯定。仪式的目的不在于从本质上解决问题，而是人们要在一起表达个体的独特、使彼此的身份获得肯定并且从中感受亲密的关系。

> **图腾化仪式：**
> 是指小心翼翼地推进某个向神圣对象表示敬意的结构性行为序列。

传播仪式的典型序列如下所示：

1. 开始——某个朋友表达出他需要和人们一起解决某个人际关系问题。
2. 认同——密友愿意"坐下来对话"，从而确立该议题的重要性。
3. 协商——这个朋友先说出问题，他的密友设身处地倾听但不发表意见，最后这个朋友表示希望听到反馈以及愿意做出改变。
4. 再次确认——朋友及其密友尝试使彼此的分歧最小化，并重新表达对彼此的欣赏与认同。

通过恰当地推动这一沟通仪式，双方再度确认纳库瑞马人口语代码的核心理念："无论遇到什么问题，沟通即是答案。"

32.6 口语代码在对话中的力量

> 命题6：如果想预测、阐释和控制与沟通行为的可理解性、审慎性以及伦理有关的对话形式，它的充分条件是技巧性运用共享的口语代码。

假如观察者或对话参与者预知某一情景中人们的口语代码，这是否有助于他**预测**或**控制**对方的谈话以及他对这次对话的阐释？菲利普森认为答案是肯定的。然而，重要的是，我们还应清楚地了解菲利普森的**言下之意**。

我们不妨假设菲利普森又一次与提姆斯特维尔的年轻人共事，这一回他对一个男人何时才应对话的当地代码已有所了解。命题6并不是指菲利普森应该大力拍打那些不守规矩的孩子们的脑袋，让他们从此乖乖就范。口语代码理论只与一种人类行为有关，即对话行为。命题6也不是指纳库瑞马式家庭里的父亲要鼓励他的孩子在餐桌旁滔滔不绝。正如我们从命题3中看到的，即使人们使用了某种口语代码，他们仍然有能力，有时甚至是有欲望来抵制它。或许某一天这位父亲的心情很糟糕，正希望安静下来。不过，命题6确实暗示了经由深思熟虑地使用共享的口语代码，对话参与者能够引导元传播——对对话的谈论。这可不是一件小事。

以餐桌旁的父亲为例，我们可以了解预测或控制如何产生作用。假设一名纳库瑞马父亲向孩子大声咆哮，让他们赶快吃饭。由于我们预知了这个家庭的口语代码，我们能信心满满地预测孩子会反驳说父亲的指令太不公平，他的太太也会抗议他的这种口气。至于口语代码的技巧性运用，太太可能选择私下处理此事，好让她的丈夫不会在孩子面前丢脸，也可能会就共同的价值观提出反对意见，"如果你不跟孩子沟通，他们会在不满中长大，而且长大后不会喜欢你。"她用这种方式就能代入她的先生认为合理的话题，并在接下来的讨论中继续说出她对她的先生与孩子谈话方式的看法。

这个例子基于菲利普森探讨过的一个真实案例。[24]他用这个例子证明共享口语代码的修辞学力量。尽管命题6的适用范围仅限于元传播，但评判个体沟通行为的清晰度、恰当程度及伦理标准也是日常生活中的重要话题。用纳库瑞马人的行话来说，"这是一件大事。"而对于研究传播学的人来说，这绝对是一件不得了的大事。

32.7 表现民族志

在扩展及批判菲利普森进行的民族志研究时，有一些学者已经不再讨论用**行为**民族志取代**表现**民族志。已故的西北大学表现民族志学者德怀特·康奎尔古德（Dwight Conquergood）与菲利普森一样，花好几年时间与芝加哥小贝鲁特区的青少年待在一起。康奎尔古德住在多种族混居的廉价公寓里，用参与者的方式观察当地的街头帮派。**表现民族志**不仅仅是一种研究工具；它基于多项理论原则。

表现民族志：
关乎与研究对象和方法有关的表现、研究者的表现性工作以及可行的田野研究工作的研究方法。

它的第一项原则，表现既是表现民族志的**主体**又是它的**方法**。一切社会互动都是表现，因为正如菲利普森所说，口语不仅反映世界也改变世界。康奎尔古德把帮派成员在街头打混时的日常对话看成表现。他尤其感兴趣的是仪式、节庆、表演、戏剧、游戏以及其他类别的元表现。对帮派分子来说，仪式性的握手与精致的壁上涂鸦是具有象征意义的行为，因此可被视为现实中的元表现。元表现既非虚幻也非闹剧，而是一种提醒，告诫我们生活是由一系列表现组成的。[25]

这些学者认为他们的工作也具有表现性。田野调查是一种表现，因为参与式观察者与当地文化之间的不信任会引起工作的停顿。研究者在体验性学习中认识到他们是在与某个人群一起而非独立地进行民族志研究——双方是相互合作的表演者。康奎尔古德不仅仅观察帮派分子如何在街头互相打招呼，自己也会跟他们打招呼。

在田野调查的报告中，表现民族志学者特别关注表现性。他们认为传统上的深描工作略显薄弱。从语境中分离对话，再从对话中分离口语行为，已出版的民族志著作借助这些方法将该领域的多种声音汇成"多少可以交换的'资料提供者'的说明性散文"。[26]因此，表现民族志的目标就在于创立可以表演的民族志。正如康奎尔古德所说："造就出好剧院的因素也能造就出更敏感、在政治上更坚定的人类学创作。"[27]

康奎尔古德通过公共阅读、甚至扮演帮派分子表现他的民族志。这类表现令民族志学者认识到其著作的局限性，并致力于揭露这些著作中的文化偏向。就那些以观众身份参与的学者而言，表现手法即指能引发积极回应而非被动理解的、复杂的角色和情境。

表现民族志几乎总是在边缘人群中获得推进。这一事实背后的理论理性是受压迫的人并不被动，他们在创造并维系他们的文化与自尊。面对日常生活的侮辱，他们创造出"精巧、复杂且极为微妙的表现手法，以颠覆性地表达事件并批判权力层级结构"。[28] 与那些秉持着传播理论在权力结构与政治面前无法保持中立的批判学者相一致，康奎尔古德竭尽全力记录受压迫者的表现手法，希望将他们的声音传递到更为广大的社会之中。他在提及自己有关芝加哥地区帮派的研究时说，"就是想为不一样的声音创造出被聆听的空间。"[29]

32.8 评论：传播学理论中的各种口语代码

当我还在研究生院学习时，一位讨人喜欢的教授总是说："假如你不能面面俱到，你应该知道在这个问题上你的定位是错的。"依照这一"中庸"标准，菲利普森正走在一条正确的学术道路上。

大多数阐释学派学者赞赏菲利普森长期投身于参与式观察，也认同他有洞察力的理论阐释，但对其过分概化不同文化的努力却持有批评态度。诚然，菲利普森并未将文化的变异简化成类似于个人主义与集体主义的二分对立。然而，每一次菲利普森谈及说明、预测和控制等传统意义上的科学目标时，都会使他的批评者望而生畏。任何采用这些目标的理论，不管如何限定范围，都会被视为还原主义。

采取女性主义、批判主义或文化研究视角的理论学者（见第34章及第35章、第20章、第26章），指责菲利普森在权力关系面前保持静默，甚至过于幼稚。他未能揭开纳库瑞马口语代码的主导模式，也并未出声反对提姆斯特维尔的男性领导权。但是，菲利普森强调说他建议的民族志实践就是在为被观察的人群发声。

> 对于大多数口语代码研究学者而言，其开放的眼睛和倾听的耳朵将始终关注被研究的人群。学者们在明确的调查问卷中应切入由他们设计的对话，并在他们体验到的对话中发现问题。[30]

如果权力是问题所在——正如戴利市长在市议会的激辩所展示的——菲利普森相信它会清楚地体现在人们对话的方式里。如果它本身不能构成问题，民族志学者不应该让其成为问题。

作为接受过传统实证训练的学者，我总是希望在提出结论前尽可能地坚守科学的严谨。菲利普森在提姆斯特维尔进行的基础研究令人印象深刻；但他对纳库瑞马的研究引发了很多问题。这一口语社群的边界在哪里？先是基于一般性的话语实践确定一个分散的口语社群，随后进行民族志研究以决定其口语代码，这难道不是循环论证吗？这类口语社群的语言是否过于深入地融入了传播学各个流派，以至于学者们无法客观地对它进行分析？

最重要的是，我希望可以获得比菲利普森目前提供的两组资料多得多的资料。提姆斯特维尔代码与纳库瑞马代码截然相反，这使得人们倾向于把世界划分为两个不同的文化聚落：

提姆斯特维尔	纳库瑞马
集体主义	个人主义
阶级性	平等性
名誉代码	尊严代码
男人的世界	女人的世界

菲利普森的用意当然不是这样，然而如果没有一种与上述两个文化聚落不同的文化作为案例，我们就提不出反证。

我的这些小小忧虑与菲利普森的成就相比实在微不足道。菲利普森勇于接受海姆斯的挑战，成长为我们这个流派中的首位民族志学者。他训练了越来越多的文化学者，沿着各自的方向从事民族志研究。最有意义的是，菲利普森将过去在传播学领域很少使用的民族志研究方法提升至目前的高度，使它成为令人兴奋的新的理论视角。

帮助你深入思考的问题：

1. 大部分的**口语代码理论**关注**跨文化传播**（across-culture）多过于**文化间传播**（interculture）。二者之间有什么区别？本章描述的哪些事件可以被视为体现后者的案例？

2. 口语代码理论的哪3个**命题**表明口语代码研究采用了**科学方法**？

3. 许多学者仍然认为菲利普森的研究是**传播学民族志研究**。你是否认为**口语代码理论**对菲利普森的研究而言是更好的名字？

4. 菲利普森认为**纳库瑞马**对话方式是在美国盛行的**口语代码**。本章引用的哪些**研究**支持了他的主张？

对话：

　　我与格里·菲利普森的对话是一次比较性的探索。菲利普森列举了印第安苏族的人际沟通教材所涉及的主题，它与强调自我暴露的、典型的纳库瑞马同类教材恰好相反，从而反映出了两种文化的差异。随后，他对传播学民族志研究以及他的口语代码理论做了明确的区分。菲利普森进而指出为什么用某种文化的口语代码解释、预测甚至控制人们行为的能力与人种学的阐释性研究方法是不一致的。最后，他探讨了他如何看待试着理解和评价他人如何观察世界以及坚守自己的伦理标准这二者之间的差异。在 www.mhhe.com/griffin7 或 www.afirstlook.com 可以看到这段对话的视频。

扩展阅读：

推荐阅读：Gerry Philipsen, "A Theory of Speech Codes," in *Developing Communication Theory*, Gerry Philipsen and Terrance Albrecht (eds.), State University of New York, Albany, 1997, pp. 119–156.

修订与更新：Gerry Philipsen, Lisa M. Coutu, and Patricia Covarrubias, "Speech Codes Theory: Restatement, Revisions, and Response to Criticisms," in *Theorizing About Intercultural Communication*, William Gudykunst (ed.), Sage, Thousand Oaks, CA, 2005, pp. 55–68.

扩展处理：Gerry Philipsen, *Speaking Culturally: Explorations in Social Communication*, State University of New York, Albany, 1992.

对文化与传播研究的回顾：Gerry Philipsen, "Cultural Communication," in *Handbook of International and Intercultural Communication*, 2nd ed., William Gudykunst and Bella Mody (eds.), Sage, Thousand Oaks, CA, 2002, pp. 51–67.

提姆斯特维尔地区田野调查：Gerry Philipsen, "Speaking 'Like a Man' in Teamsterville: Culture Patterns of Role Enactment in an Urban Neighborhood," *Quarterly Journal of Speech*, Vol. 61, 1975, pp. 13–22; Gerry Philipsen, "Places for Speaking in Teamsterville," *Quarterly Journal of Speech*, Vol. 62, 1976, pp. 15–25.

纳库瑞马田野调查：Tamar Katriel and Gerry Philipsen, "'What We Need Is Communication': Communication as a Cultural Category in Some American Speech," *Communication Monographs*, Vol. 48, 1981, pp. 302–317.

在种族主义辩论中失声的口语代码理论：Gerry Philipsen, "Permission to Speak the Discourse of Difference: A Case Study," *Research on Language and Social Interaction*, Vol. 33, 2000, pp. 213–234.

口语社群中的矛盾代码：Lisa M. Coutu, "Communication Codes of Rationality and Spirituality in the Discourse of and About Robert S. McNamara's In Retrospect," *Research on Language and Social Interaction*, Vol. 33, 2000, pp. 179–211.

沟通类民族志的原始号召：Dell Hymes, "The Ethnography of Speaking," in *Anthropology and Human Behavior*, T. Gladwin and W. C. Sturtevant (eds.), Anthropological Society of

Washington, Washington, DC, 1962, pp. 13–53.

对话民族志：Gerry Philipsen and Lisa M. Coutu, "The Ethnography of Speaking," in *Handbook of Language and Social Interaction*, Kristine L. Fitch and Robert Sanders (eds.), Lawrence Erlbaum, Mahwah, NJ, 2005, pp. 355–379.

回顾性论文：Donal Carbaugh, "The Ethnographic Communication Theory of Philipsen and Associates," in *Watershed Research Traditions in Communication Theory*, Donald Cushman and Branislav Kovačić (eds.), State University of New York, Albany, 1995, pp. 241–265.

表现民族志：Dwight Conquergood, "Homeboys and Hoods: Gang Communication and Cultural Space," in *Group Communication in Context*, Lawrence Frey (ed.), Lawrence Erlbaum, Hillsdale, NJ, 1994, pp. 23–55.

评论：John Stewart, "Developing Communication Theories," in *Developing Communication Theories*, Gerry Philipsen and Terrance Albrecht (eds.), State University of New York, Albany, 1997, pp. 183–186.

如欲获取与口语代码理论（或任何一种本书所涉理论）相关的传播理论文本，请到www.afirstlook.com点击"比较文本"。

单元引言　性别与传播

　　大多数人认为女性和男性的互动方式不同。每当我们想到性别差异（大多数人就此很有心得）时，我们通常会利用日常生活中的大量数据去建构自己的有关男性—女性沟通的微理论。

　　例如，我最近陪同100名准陪审员在联邦法院大厅从早上9点一直坐到下午4点。我们进入大厅时彼此互不认识，在接近中午时，女性已经三五成群地凑在一起热烈讨论，所有男性还都独自坐着。我想到每次我走进人际沟通的课堂时，也能看到如此明显的差异。浏览一下点名表，我会发现70%选这门课的学生是女性。相应地，选择影响力课程的学生里有2/3是男性。基于这些有限的个人经验，我得出结论，即女性通常说话比男性多，而且她们沟通的目的是建立联系而非发挥影响力。

　　怀有成见当然会冒很大的风险。在传播研究学者的视野中，女性关注亲密度而男性关注权力的观点一直受到肯定。但是，大多数涉及性别差异的研究表明在男女混合的群组里，实际上女性说话的概率要比男性小。

　　加利福尼亚大学伯克利分校语言学家罗宾·莱考夫（Robin Lakoff）试图找出女性对话的规律性，以区分"女性对话"和"男性对话"。[1]莱考夫声称女性的对话以易变及顺从为特征。但不幸的是，她的结论主要基于个人的思考和趣闻轶事——正如我把法庭和教室经验理论化一样。然而，我认为，这一领域30年的系统研究至少提供了以下3种警示：

　　1. **男性和女性之间相似性多于差异性**。威斯康星大学密尔沃基分校传播学教授凯瑟琳·迪迪亚（Kathryn Dindia）在对数百个以对话时间、自我暴露与冲突管理方式为主题且与性别差异有关的研究进行元分析之后，发现二者的差异真的微不足道。人们通常认为男性与女性来自两个不同的世界，对此迪迪亚嘲笑地说她的研究成果可以用类似的口吻归结成："男性来自北达科他州，而女性来自南达科他州。"[2]你真的能找出二者的差异吗？如果我告诉你帕特说话时喜欢直视对方、语速快、好用生僻词——你猜中帕特性别的概率只会略微高于50%。[3]

　　2. **沟通风格上的差异在男性群体和女性群体内部比在两性群体之间大得多**。斯坦福大学心理学家桑德拉·利普希茨·贝姆（Sandra Lipsitz Bem）设计的**性别角色调查**的得分，证实了存在于群体内部的差异。[4]贝姆在调查中要求人们以一系列与性别有关的描述来评价自己，其中大量描述与对话有关。选择**轻声细语**、**迫切想抚慰受伤的情感**、**不说脏话**的人，具有较高的女性特质；而选择**斩钉截铁**、**坚定信念**、**愿意选择立场**的人，具有较高的男性特质。正如你所料想，男性通常符合男性性别角色，而女性大多符合女性性别角色，但同一性别小组里的人得分往往有高有低。有时，某个个体——无论是男性或女性——在两种量表上的得分都很高。贝姆认为这种特质融合了两个世界的精华，并且将这些有混合特质的人称为**阴阳人**。显然，与性别有关的对话不是非此即彼的命题。

    3. **生理性别**（sex）**关乎事实，社会性别**（gender）**关乎思想。**[5]从这个领域的文献来看，与性别有关的术语——**男性**（male）、**女性**（female）一般用来从生物学意义上，即依照染色体与生殖器来划分人类，正如奥林匹克运动会所做的那样。然而，另一些术语——**男人**（men）和**女人**（women），**男性气质**（masculine）和**女性气质**（feminine），通常用来描述一些从他人那里习得并且不断强化的思想。一旦我们忘记我们的性别观念来自于社会建构，我们就会落入思想陷阱，认为自然界中存在一个被称为**男人**的类别，他们抽着万宝路香烟、不吃法式乳蛋、没有眼泪，按照**男人就要做男人应该做的事**的信念生活，就像美国影星克林特·伊斯特伍德早期的电影角色那样。生理性别固然是既成事实，但人们对社会性别的概念却是与生活中接触到的所有人协商或计算出的结果。

    这一部分介绍的3种理论试图区分沟通中男性风格与女性风格的重要差异，并解释为什么这些差异会持续存在。第33章介绍黛博拉·坦嫩的性别方言类型，这种理论将男女之间的误解归因于女性对话关注联系而男性沟通则是为了获取地位并保持独立。**性别方言**一词说明坦嫩确信两性之间的对话是一种跨文化传播。既然错误无可避免，就没人应该为此受责。尽管迪迪亚强调坦嫩忽视了男性沟通与女性沟通之间惊人的相似性，但她同时也认为坦嫩的畅销书《你为什么就是不明白》是两性文化猜想中最严谨的一种。

    桑德拉·哈丁和朱莉娅·伍德认为男性与女性有不同的视角，但她们不认为二者具有相同的效应。由于人们在社会阶层中的不同地位会影响他们看见的事物，两位学者认为与掌握特权和权力的人相比，女性及其他受压迫的群体看到的是一个不同的世界。第34章介绍哈丁与伍德的**立场理论**。该理论指出从女性、同性恋、少数民族与穷人的生活着手的研究，与以优势群体视角进行的学术研究相比，更有助于提供正确的世界观。

    切瑞丝·克拉马雷的**失声群体理论**植根于女性主义分析，把男女间的对话看作是有权力者与无权力者之间不平等的交流。第35章将讨论她的这一理论。克拉马雷认为女性在公开场合不像男性那样善于表达，是由于人们的用语及其规范都由男性设计。只要把女性的对话描述为易变和不足取的，男性对世界的主宰就能持续下去。正如男性乐于评判两性对话之间的差异那样，**失声群体理论**也要求对语言的男性偏向做出改革。克拉马雷深信一旦女性不再沉默，她们就能逐步掌控自己的生活。

第33章　性别方言类型

创立人：黛博拉·坦嫩（Deborah Tannen）

实证性　　　　　　　　　　　　　　　　阐释性
符号学派
社会文化学派

"男性—女性的对话是一种跨文化传播。"[1]这一简短叙述是坦嫩的著作《你为什么就是不明白》的基本前提，这本书试图解释为什么男性与女性经常会鸡同鸭讲。

黛博拉·坦嫩是乔治城大学的语言学教授，她的研究方向是对话类型——关注人们说话的方式，而非内容。在她的第一本有关对话类型的著作中，坦嫩以6位朋友在感恩节晚餐桌旁一段长达两个半小时的对话为例，进行了微量分析。[2]

坦嫩引用英国小说家福斯特（E. M. Forster）的《印度之旅》一书说明她的社会语言学研究，"在错误的地点停顿，某个语调被曲解，整个对话就会随之走样。"[3]福斯特的小说描述了出身于不同文化的、抱有良好意愿的人们怎样全然误解了彼此。坦嫩相信类似的误会在男女两性之间经常发生。通常，由于双方并未意识到他们正进行跨文化的沟通，对话效果可能有潜伏性。相比之下，当我们跨越地理疆界时，我们至少会对接下来的沟通障碍有所准备。坦嫩强调说我们与异性对话时，常常意识不到不同的对话类型会把我们卷入大麻烦。绝大多数的男人和女人都不懂得，如果从一开始就是他们迥然不同的对话方式导致了问题的出现，那么他们"把问题谈清楚"的想法只会让情况变得更糟。

坦嫩的作品中充满了对毫无相似之处的两种对话类型的富有想象力的描述。她比较小学二年级男生和女生的对话，觉得好像是"两个不同的物种"在进行对话。两个女孩会舒适地面对面坐着，认真讨论她们熟识的某个人。然而，假如男孩子们被要求说点"严肃话题"，他们根本静不下来，也不会注视对方，他们的话题不断跳跃，从游戏一直说到竞赛。大一点的孩子身上同样表现出相似的风格差异。坦嫩指出"六年级男孩与同龄女孩的差异，简直如同两个不同的星球"。[4]没有证据表明人们在长大以后，这些差异会随之消失。坦嫩形容成年男女之间就像"来自不同世界的人在用不同语言"对话，即使他们用同样的词语，彼此的"频率也大为不同"。

坦嫩以跨文化的方法研究性别差异，与许多女权主义学者的研究不尽相同，后者认为男女间的对话反映出男性统治女性的企图。坦嫩则假设男性与女性的对话类型同等有效，"我们试着恳切地交谈，不过有时我们似乎在说两种不同的语言——或者至少可以说成不同的性别方言。"[5] **性别方言**一词并非坦嫩的原创，但恰当地表达了她的观点，即男性与女性的对话类型最好被视为两种不同的文化方言，没有优劣之分。

坦嫩可以想象对于许多男人和女人而言，用性别来划分人和沟通方式是一种冒犯之举。没有人喜欢被别人嘲笑，"你看你说起话来就像个男人（女人）。"每个人都把自己看成独一无二的个体。然而，尽管听上去与基因决定命运这类过于简化的还原主义论调很相似，坦嫩仍坚持认为两性的对话方式存在性别差异。

> 尽管有这些危险，我仍然加入了日益增多的、有关性别与语言的讨论，因为忽视这些差异性的风险远远高于指出它们的风险。[6]

性别方言：男性与女性的对话类型最好被视为两种不同的文化方言。

33.1 当哈利遇到莎莉：两种文化的碰撞

男人与女人真的生活在不同世界吗？坦嫩从美国小说家安妮·泰勒的《意外的旅客》、瑞典电影大师英格玛·伯格曼执导的《婚姻生活》、美国当代黑人女性作家艾丽斯·沃克的《我知交的神殿》、美国作家及教育家艾瑞卡·琼的《害怕飞行》以及美国著名漫画家吉尔斯·菲勒的《成长》等大量作品中引用人物对话，以论证她的观点，即男性与女性不同的对话方式反映了他们彼此迥异的文化背景。

每当我在课堂上讨论坦嫩的理论时，学生们会立即联想到1989年美国导演罗伯·莱纳执导的电影《当哈利遇到莎莉》，特别是其中男女主角的对话。因此，我将用该片编剧诺拉·艾芙恩笔下哈利与莎莉的对白来说明坦嫩理论阐释的性别差异。

电影从两个素昧平生的芝加哥大学学生即将共度一段历时18个小时、终点是纽约的旅程开始。哈利正在和他的旅伴莎莉的好友阿曼达约会。上路没几个小时，哈利用语言挑逗他的旅伴，双方的对话显示出他们观念上的巨大差异：

莎莉：阿曼达是我的朋友！
哈利：怎么样？
莎莉：所以，你在跟她约会。
哈利：那又怎样？
莎莉：你现在又来挑逗我。

哈利：不，我可不是……

莎莉：我们只会成为朋友，好吗？

哈利：太好了，朋友，再好不过了。（停顿一下）你当然知道我们不可能成为朋友。

莎莉：为什么不？

哈利：我所说的是……而这些话也不是有纠缠的意思……男人和女人不能成为朋友，因为跟性有关的事总会参与进来。

莎莉：那不是事实。我有不少男性朋友，而且都与性无关。

哈利：不，你没有……

莎莉：有，我有。

哈利：不，你没有……

莎莉：有，我有。

哈利：你只是以为你有。

莎莉：你是说我和这些人发生了性关系而我自己却不知道？

哈利：不，我说的是他们都想与你发生性关系。

莎莉：他们没有。

哈利：确实是有。

莎莉：他们没有。

哈利：他们肯定有。

莎莉：你怎么知道？

哈利：因为没有一个男人把他认为有魅力的女人当成朋友。他一定会想与她发生关系。

莎莉：所以你是说男人可以与他认为没有魅力的女人成为朋友？

哈利：不，你还是很想得到她们。

5年后，哈利在飞机上再次遇见莎莉。他突然向她宣布自己即将结婚的消息。莎莉给予了祝福，但接下来的对话显示出二人的想法依然分处于两个世界：

莎莉：那太好了。看到你用这种态度拥抱生活真好。

哈利：是啊！加上你总是会到达某个令你厌倦这一切的点。

莎莉：什么一切？

哈利：单身生活的一切。你遇见一个人，一起吃了一顿不错的午餐，觉得你们彼此喜欢，大可以再跨进一步共享晚餐。你们一起跳舞……回到她家，发生关系，在结束的那一刻你知道你脑子里会想些什么吗？在起床回家之前，我还得躺在这里抱着她多久？30秒钟够了吗？

> 莎莉：（不可置信的语调）你就只想到那些？那是真的吗？
>
> 哈利：真的。所有男人都那么想。你在事后希望被抱多久呢？一整夜，对吗？这就是问题。在30秒到整整一晚之间的某处就是你的问题。
>
> 莎莉：我没有问题。
>
> 哈利：有，你有。

不经意看到这几幕的观众会以为这不过是两个人因性爱话题在争吵。然而以上对话与性爱的满意程度等问题无关，它说的是双方投入性爱的方式。坦嫩的性别方言类型理论认为哈利与莎莉的对白，充分反映出男人与女人所处的不同世界。哈利可能认为莎莉是儿童电视节目《罗杰斯先生的街坊四邻》里过于幼稚的角色，而莎莉或许觉得哈利来自充满野兽气息的《人猿星球》或《动物之家》。显然，二人都认为对方的看法不可理解且具有威胁。莎莉作为女性，希望建立亲密关系；哈利作为男性，乐于保持独立。

33.2 女性渴望联系，男性渴望地位

坦嫩指出女人对人际之间的**联系**的追求高过一切。哈利最初的挑逗惹恼了莎莉，因为他怂恿她背叛与阿曼达的友谊。当哈利断言男人与女人不可能成为朋友时，莎莉愈加感到悲伤。尤其令她震惊的是，哈利后来透露的，对他而言性行为代表亲密关系的结束而非开始。哈利在两次相遇时都坚称他的看法代表了所有男性。假如哈利所言都是真的，莎莉确实会面临极大困扰。哈利的言论暗示着女性与男性真正的结合即使不是不可能，也非常难于达成。

在坦嫩看来，男人在乎的主要是**地位**。他们在竞争层级中向上攀爬，同时努力维持自己的独立。在两次对话中，哈利总是引导话题、启动辩论、说得很多并且做出总结陈词的那个人。换言之，他占尽了上风。对哈利来说，性行为代表的是成就而非共享。"逮住"一个女人是在谁占上风的游戏中得分的方法。女性对**亲密**的渴望威胁哈利的自由，让他要在所有关系里占尽**上风**的诉求就此偏离目标。

你或许认为哈利觉得**所有**男人都跟他一样的想法过于偏激。坦嫩也有同感。她相信确有一些男人乐于接受亲密关系，就像有一些女人在意权力一样。你可能会联想到巴克斯特和蒙哥马利的关系辩证法，该理论假设人们在人际关系中感到介于亲密与分离之间的张力（见第12章）。坦嫩认为假如可以的话，大多数男人和女人希望在任何场合既能保持亲密又有相对的独立空间，不过，这几乎是不可能做到的事。这些先天差异令男人和女人对同一情境产生不同的看法：

女孩，甚至女人，认为得到同龄人的喜爱非常重要，这是一种着眼于对称性联系的参与方式。男孩及男人则认为获得同龄人的尊重很重要，他们的参与方式强调不对称的地位。[7]

33.3 融洽对话与报告对话

坦嫩为什么如此肯定女人注重联系而男人在意地位？她回答说她是从男人和女人的对话中倾听到这一点的。就像民族志学者研究土著语言以发现重要的社会意义那样，坦嫩审视女性文化和男性文化代表的对话，从而判断其文化的核心价值。她提供了她在日常沟通中观察到的大量男女分歧的案例。其中的语言差异令坦嫩确信，联系—地位的差异是两性对话的主要结构。

认真思考以下的对话类型，其中大部分在电影《当哈利遇到莎莉》中有所体现。从本质上说，这些对话类型证实女人重视**融洽**对话，而男人看重**报告**对话。

1. 私下对话与公开对话

民间流传一种说法，女人比男人爱说话。坦嫩以一个老笑话为例，一位妻子向丈夫抱怨："过去10年来你从不告诉我你在想些什么？"丈夫嘲讽地说："那是因为我不想打断你。"坦嫩认为夫妻相处时确实存在女人唠叨—男人寡言的模式。她不仅发现女人私下里的确比男人更多话，也认同艾丽斯·沃克的观念，即女人爱上男人是因为她发现他很能"洗耳恭听"。[8]在电影中，莎莉一直试着用对话与哈利建立联系，在喝咖啡时跟密友爱丽丝与玛丽分享生活细节。坦嫩指出在公共场合莎莉的对话风格就不是如此。相形之下，男人在公共场合争取主导权，说话远比女人更多。

哈利的对话风格是男人建立优势地位的典型手法。坦嫩认为男人把对话当成武器。他们发表长篇大论，目的在于引导注意力、传达信息以及要求达成一致。哈利罕见地向密友杰西吐露心事，多半发生在慢跑、打棒球与看足球赛等竞技语境里。男人一旦从战场退回安全的家，就不再有动力以对话来维持自己的地位。他们放下武器，退回静默之中。

哈利愿意与莎莉谈他的生活细节是不寻常的。大多数男人避免这类闲聊。然而在私下对话时，哈利说起话来仍然像在法庭上辩论。他负责界定关系的准则，每次莎莉提出质疑，他就宣告"对前述准则加以修正"。男人独白式的对话风格适合报告，无法使关系走向融洽。

2. 讲故事

与克利福德·格尔茨、迈克尔·帕卡诺夫斯基、沃尔特·费希尔等学者（见第19章、

融洽对话： 女人典型的对话风格，寻求建立与他人的联系。

报告对话： 男人典型的独白风格，致力于提请注意、传达信息和赢得辩论。

第23章）一样，坦嫩认为在很大程度上口口相传的故事体现了人们的希望、需求与价值观。坦嫩强调通常男人说的故事比女人更多——特别是笑话，这与男人对地位的关注相一致，正如饰演哈利的老牌笑星比利·克里斯托的演绎。男性用说笑话的方式调整彼此的地位。趣味横生的故事在吸引注意力及抬高讲述者地位的同时，还含有"你有比这更高明的故事吗"的挑战意味。

男人不讲笑话时，多半会大谈自己的英雄事迹。相应地，女人倾向于谈论别人的故事，表达融入社群的愿望。女人只有偶尔才会以自己作为故事的主角，把自己描述得笨笨傻傻的，而不是精明能干的样子。她靠自我贬低将自己置于与听众相同的地位，并加强她的关系网络。

3.倾听

女人在倾听故事或某种解释时，倾向于与对方保持眼神接触、点头称是、用肯定的单音节词回应，以表达她正在认真倾听以及支持的态度。而对于在意关系地位的男人而言，过于明显的积极倾听表达的是对对方的认同，他通常会避免这种屈从或被动的角色。女人们总结说男人从不倾听，其实是她们并未看清真相。

合作重叠： 表示对说话的人的赞同及一致的肯定性的打断。

倾听中的女人一般先等别人讲完话，再开始说话，而且通常只说些附和的话以表达肯定，或者用一句话做出总结。坦嫩称之为**合作重叠**。她指出就女人而言，合作重叠是融洽的表征，而非控制对话的竞争策略。男人则不一样。男人打断谈话，而且认为这是掌控对话的举动，他们的世界就是这么回事。对话游戏的赢家可以采取"我打断你的时候，不要说话"的立场并将现状维持下去。坦嫩总结说管理对话的风格不同是两性对话一直令人不快的根源。"女人的合作重叠让男人觉得是对他们指指点点，而男人抢夺或改变话题的行为常令女人感到不快。"⁹

4.问问题

在莎莉和哈利踏上赴纽约之旅之前，莎莉制作了地图及详细的行进路线。哈利当然绝不会用这些东西。坦嫩认为，男人不会主动要求这类协助。自承无知会削减男人最重视的自主形象。她解释说："如果多付出一些旅行时间就能维系自尊心，那绝对值得。"¹⁰

标签式提问： 女人在声明末尾附加的简短问句，用来软化潜在的不一致或邀请对方加入开放友好的对话。

女人的询问则是为了建立与他人的联系。利用在加油站停靠的5分钟核实一下去纽约的最佳路线，也足以创造社群感，即使那相当短暂。坦嫩强调，女人在表达意见时，通常在句末附加一个问句（"这部电影真好看，你不觉得吗？"）。**标签式提问**能够软化造成彼此分歧的、潜在的不一致。同时，它也是在邀请对方加入开放友好的对话。但是对男人而言，标签式提问会让说话的人看起来优柔寡断。

《你为什么就是不明白》出版之后，坦嫩对于她在电视访谈、在线广播及演讲后的讨论中被提问的问题一直有极大兴趣。女性总是找来更多信息或用她们的亲身经历来证实坦嫩的观点。甚至有一部分男人也开始这样做。当然，鉴于这本书在一段时间内高居畅销书榜单，也有一些男人提出一些质疑，试图让坦嫩当众难堪或建立自己的专家地位。坦嫩对此表示理解，因为面子问题对男人至关重要。她老是提起一则与夫妻对话差异有关的小寓言，妻子说："我为我的错误感到不安——不是因为人们知道我犯了错。面子问题对我来说不算大事。"她的嘴硬的丈夫则回应说："哦，难道对我来说那算得上大事吗？"[11]

5. 冲突

在《当哈利遇到莎莉》的下半部分，哈利对好友杰西、玛丽大吼大叫，狂怒着离开了房间。莎莉为他找了个借口解释，然后追出去试图安抚哈利。

哈利：我知道，我知道，我不该那么做。
莎莉：哈利，你得想个办法不要随时随地表现出你的感受。
哈利：哦，真的吗？
莎莉：是，做任何事都要分时间、地点。
哈利：下次你要作社交礼仪系列演讲时，请通知我好吗？因为我要参加。
莎莉：嘿，你不用将怒气发泄在我身上。
哈利：哦，我觉得我有权利把一些怒气转移到你身上。特别是当医院角落小姐告诉我应该如何过我的日子。
莎莉：这话是什么意思？
哈利：我是说什么事都不会困扰你。你也从来不为任何事感到难过。

电影中的这一幕证实了坦嫩对大多数两性冲突的描述。男人把人生看成一场竞争，对冲突较为适应，因此不太保持克制。莎莉试着安抚哈利并帮他找借口向朋友解释，在坦嫩看来恰恰是女性应对冲突的典型方式。"对大多数女人而言，冲突会威胁到人际关系——要不惜一切代价避免冲突。"[12]

上述对话说明了两性战争的另一个特征。与往常一样，莎莉避免在未来发生类似冲突的企图，总是会引发她与哈利新的冲突。坦嫩表示男人装备有早期预警系统，专门侦测别人要告诉他们应该怎么做的企图。哈利一想到莎莉试图限制他的自主性就会愤怒，并抵制莎莉的努力。

33.4 "现在才算开始明白了"

如果坦嫩是正确的，两性之间的对话最好被理解成跨文化沟通，那又会怎么样？这意味着性别方言可以像法语、斯瓦希里语或任何外语一样在课堂上讲授吗？坦嫩的答案是绝对可以。她认为敏感度训练可以教会男人用女性的特质说话，魄力训练则帮助女人学会以男性特质发言。不过坦嫩指出男女两性都有种族中心主义倾向，认为只有对方需要改变，因此她对男人与女人对自己的语言风格做出改变一事仅抱审慎的乐观。

坦嫩对跨文化的相互理解抱有更大信心。她确信两性了解彼此的对话类型及背后的动机是克服破坏性反应的第一步。

> 解决的方法是，男人和女人都要试着用他们自己的方式来接受对方，而不是将其中一个人群的标准硬套到另一个人群身上……理解彼此风格上的差异有可能消除两性之间的障碍。[13]

坦嫩指出衡量我们能够理解异性的一大标准是，"你怎么就是不明白"这类抱怨出现的频率降低了。当哈利在几个月冷战之后选择在圣诞派对上向莎莉告白，莎莉说了好多类似的话。她哭着说："这根本没用。"幸好哈利表现出这一次他真正了解莎莉所在意的事情，也愿意用融洽对话来跨越性别文化的疆界。

> 那么听听这个。我喜欢，你在外面零下20度的气温下挨冻。我喜欢，你花上一个半小时预定三明治。我喜欢，你在看我发疯时鼻子上的小皱纹。我喜欢，跟你在一起一整天后，仍可以在衣服上闻到你的香水味。我喜欢，在我上床入睡之前，你是那个我最后还想说说话的人。

莎莉惊讶得目瞪口呆，这才发现哈利对她的了解远比她想象的多，而且这一次他用她的语言风格来证实这一点。观众们希望莎莉能对报告对话形成同样的了解，因为那是哈利与其他生活在层级世界的男人们天然的表达方式。

33.5 伦理反思：卡罗尔·吉利根的不同立场

美国心理学家卡罗尔·吉利根（Carol Gilligan）[①]30多年来一直担任哈佛教育学研究生院的教育学教授。她在著作《不同的声音》中提出了一种伦理发展理论，该理论认为女人倾向于用与男人不同的伦理标准思考、对话。[14]吉利根对于性别差异的观点与黛博拉·坦嫩的分析一致，即男人渴望独立，而女人渴望人际间的联系。吉利根相信，绝大多数男人追求自主，按照**公正**的标准看待伦理成熟，而女人渴望与他人建立

[①] 卡罗尔·吉利根（1936—   ），美国女权主义者、伦理学家和心理学家，1982年因出版《不同的声音》而闻名。

联系，认为终极的伦理责任是**关怀**。

基于女性关系的数量和质量，吉利根对比了注重**关怀的女人**和注重**公正的男人**。个人权利、法律面前人人平等、公平竞争、诚实交易——这些男性化的伦理目标都能在缺乏与他人联系的条件下得以实现。而女性的道德判断更多地附着于语境，沉浸于关系和叙事的细节。[15]体贴、忠诚、自我牺牲和一团和气，反映的都是人际间的联系。

吉利根在哈佛的同事劳伦斯·科尔伯格（Lawrence Kohlberg）①也曾提出一种伦理发展理论，通过分析对假设性道德困境的回应来鉴别逐渐提升的伦理成熟水平。[16]吉利根的研究是对该理论的回应。根据科尔伯格以公平为基础的得分体系，年轻的成年女性的得分远远落后于同龄男性。女人因此被认为在道德成熟度方面逊于男人，因为她们较少关注正义、真理和自由等抽象概念，更多基于情感、忠诚和责任的考虑做出道德选择，以回避内心的痛苦。她们的道德理性更多地让人联想起马丁·布伯对真诚的你—我关系的呼吁，而不是康德的绝对道德。

吉利根比较喜欢这样的观点，即男人和女人以不同的伦理标准对话。令她担心的是，假如女人没有迁就男人设定的规范路径，"结论通常会怪罪是女人出了问题。"[17]她指出："不平等的悖论是，传统意义上'好'女人的标准恰恰是指出她们伦理发展存在缺陷的那些特征。"[18]

吉利根的理论的描述性多于规范性，基本假设是事物的实然反映事物的应然。现实中，大多数伦理学者受到思想的双重标准困扰——一些理论强调正义，另外一些则强调关怀。传统上的伦理哲学学者通常不认为不同群体可以适用不同的伦理标准，然而，两种性别的读者全都认为吉利根的理论非常吻合他们各自的人生经验。

33.6 评论：是否对传播学研究和男人过于宽厚？

两性对话是否真的是一种跨文化传播？坦嫩指出我们可以用**啊哈因素**（aha factor）检测她的两性文化假设的效度：

> 如果我的阐释是正确的，读者在听到我的解释时会在头脑里惊叫："啊哈！"他们靠个人直觉感受到的某些事物将会变得鲜明起来。……当分析的主体是我们自己也投入其中的人类互动时，每一位读者可参照他（她）自己的经验来衡量这一阐释。[19]

假如我们认同这种主观的效度标准，坦嫩就可轻而易举地建立该理论的合理性。

啊哈因素：描述某种思想与个体经验相吻合的效度的主观标准。

---

① 劳伦斯·科尔伯格（1927—1987），美国心理学家、芝加哥大学以及哈佛大学教授。他专门研究伦理教育、伦理推理与伦理发展，以伦理发展阶段理论著称。

例如，在《你为什么就是不明白》一书中，她描述了当女人向男性倾诉自己的问题时，男人提供解决方案的反应经常令女人感到沮丧。坦嫩指出女人不需要建议，她们寻求的是"理解"的礼物。第一次读到上述推论时，我确实产生了那种坦嫩认为足以证明其理论效度的**啊哈**反应。我突然了解到她说的正是我。不管何时我太太简告诉我她面临的问题，我要不就是给予冷静的分析，要不就是投身其中，试着为我爱的女人解决难题。现在我了解到简可能宁愿我耐心地倾听，或者说些"**我理解你的痛苦**"之类的话。

坦嫩对男人与女人常见误解的分析，打动了数百万读者的心弦。《你为什么就是不明白》一书在20世纪90年代长期跻身畅销书排行榜。10年来，有数百位精神心灵专家将该书评为1 000种健康自助类书籍中最好的一本。[20]但是一声啊哈的惊叹能否证明坦嫩理论的正确性？已故占星家和特异功能者珍妮·狄克逊（Jeane Dixon）大约提出过10个预言，只要有一项应验，人们就会认定并争相传诵她未卜先知的能力。他们会忘记其他9个预言都失败了的事实。一些社会学家指出，坦嫩所谓的"证据"或许也是如此。

使用选择性资料可能是唯一能够支持男女差异这种化约论的方式。坦嫩亲密与独立的主题与第12章巴克斯特和蒙哥马利的辩证法的部分内容相呼应。但是，坦嫩全然不曾提及关系辩证法描述的流动性、内部矛盾及人类存在的复杂性。在坦嫩的观念里，女人被限定在她们强调联系的性别文化里，对于自主性没有渴望，男人则寻求自主性但回避亲密。两种性别在内心世界都没有察觉到任何矛盾。事情说着说着就成了真——自我实现预言是一种强大的力量。然而，正如我在这一部分的导言中指出，大多数两性研究学者发现**性别内部**的歧异性大过**性别之间**的歧异性。

传播学学者肯·伯克（Ken Burke，不是第22章介绍的肯尼斯·伯克）、南希·伯勒斯－登哈特（Nancy Burroughs-Denhart）与格伦·麦克克利西（Glen McClish）就坦嫩的研究提出修辞批判。[21]他们指出尽管坦嫩声称女性风格与男性风格具有同等效力，但她的许多评论与案例都有贬低男性价值观的倾向。有这一类行为的，当然并非只有坦嫩一人。北卡罗来纳大学的朱莉娅·伍德（Julia Wood）与克里斯托夫·英曼（Christopher Inman）在《**应用传播学研究学刊**》一篇受到热议的论文中指出，当时流行的与亲密关系有关的意识形态对男人建立亲密关系的方式过于贬斥。[22]它们认为融洽对话是建立联系的唯一一种途径。

堪萨斯大学的阿德里安娜·库恩凯尔（Adrianne Kunkel）和布兰特·伯利森（Brant Burleson）则直接挑战了作为坦嫩理论核心的文化差异视角。不妨回想一下，伯利森主持的主题为"安慰性沟通：作为有能力制造个人中心信息的高认知复杂度的个体的技巧"的研究项目（见第8章）。根据坦嫩的两性文化差异的世界观，这类语言支持应是女性世界极度渴望的，但在男性充满竞争的世界里则完全没有市场。然而，库恩凯尔和伯利森的实证性研究并未支持坦嫩的观点。他们指出女性的确在安慰性沟通方面**做得更好**，但两性对安慰性沟通都表现出足够的重视。

> 男女两性都认为高度个人中心的安慰信息最为敏感和有效；低度个人中心的信息相对而言既不敏感、也缺少效果……男女两性都认为安慰技巧在各种人际关系语境中是非常重要的，而且从本质上来说，比技巧性地聚焦于沟通技巧更为重要。[23]

根据以上观点，库恩凯尔和伯利森否定了两性文化的差异。他们确信它是一个已经失掉叙事力量的神话。男人和女人可以相互理解。

女性主义学者提出另外一种批判。例如，德国语言学家森塔·特勒梅尔－普洛茨（Senta Troemel-Ploetz）指控坦嫩的著作不够坦诚，回避了男性主导、控制、权力、性别歧视、性骚扰与言语侮辱等问题。她说："离开权力，你就不会了解对话。"[24] 两种性别方言从未达成平等。"男人习惯支配女人；特别是在对话中……女人接受取悦他人的训练；即使只在对话里也必须去取悦对方。"[25]

相对于坦嫩认为两性之间的相互了解可以缩小文化上的鸿沟，普洛茨相信"男人非常了解女人想要什么，但他们只在对自己有利的时候才愿意给予。许多情况下，他们拒绝给予而且**女人也无法促使他们给予**"。[26] 普洛茨指出认为男人会自动放弃权力是可笑的。为了证明她的观点，她要求对阅读过坦嫩畅销作品的男人进行追踪调查。许多《你为什么就是不明白》的女性读者会把这本书拿给丈夫看。普洛茨认为假如坦嫩的理论是对的，追踪调查应该显示出这些男人会在早餐时放下手中的报纸，体贴地与妻子聊天。然而，在普洛茨看来，这样的事显然不会发生。

在接下来的两章，我们将继续讨论与性别和权力有关的话题。

帮助你深入思考的问题：

1. 根据坦嫩的**性别方言**分析，你同意哈利所说男人和女人不可能成为朋友吗？为什么？

2. 除了冲突、提问、倾听、讲故事以及公开与私下对话等主题，你是否能以自己的经验说明**融洽对话**与**报告对话**的区别？

3. 假如两性对话的确是一种**跨文化传播**，它对你有哪些实践意义？

4. 坦嫩的**啊哈因素**与卡尔·罗杰斯所谓"知识基于个人经验"的观点（见第4章）相类似。过度依赖啊哈因素会带来哪些风险？

自我测试：www.mhhe.com/griffin7

扩展阅读：

推荐阅读：Deborah Tannen, *You Just Don't Understand*, Ballantine, New York, 1990.

对立风格：Deborah Tannen, *That's Not What I Meant!*, William Morrow, New York, 1986.

关于对话的语言元分析：Deborah Tannen, *Conversational Style: Analyzing Talk Among Friends*, Ablex, Norwood, NJ, 1984.

儿童对话中的性别差异：Deborah Tannen, "Gender Differences in Topical Coherence: Creating Involvement in Best Friends' Talk," *Discourse Processes*, Vol. 13, 1990, pp. 73–90.

有关多种方法论的深入研究：Deborah Tannen, "Discourse Analysis: The Excitement of Diversity," *Text*, Vol. 10, 1990, pp. 109–111.

对话分析：Deborah Tannen, *Gender and Discourse*, Oxford University, Oxford, UK, 1994/96.

职场中的性别语言：Deborah Tannen, *Talking from 9 to 5: Women and Men at Work—Language, Sex, and Power*, Avon, New York, 1994.

家庭中的性别语言：Deborah Tannen, *I Only Say This Because I Love You: Talking in Families*, Ballantine, New York, 2002.

支持两性文化假设的数据：Anthony Mulac, James Bradac, and Pamela Gibbons, "Empirical Support for the Gender-as-Culture Hypothesis: An Intercultural Analysis of Male/Female Language Differences," *Human Communication Research*, Vol. 27, 2001, pp. 121–152.

对两性文化假设的批评：Adrianne Kunkel and Brant Burleson, "Social Support and the Emotional Lives of Men and Women: An Assessment of the Different Cultures Perspective," in *Sex Differences and Similarities in Communication*, Daniel Canary and Kathryn Dindia (eds.), Lawrence Erlbaum, Mahwah, NJ, 1998, pp. 101–125.

传播学者之间有关两性文化假设的对话："Reflections on the Different Cultures Hypothesis: A Scholars' Symposium," Sandra Metts (ed.), *Personal Relationships*, Vol. 4, 1997, pp. 201–253.

改革学术对话的呼吁：Deborah Tannen, "Agonism in Academic Discourse," *Journal of Pragmatics*, Vol. 34, 2002, pp. 1651–1669.

针对权力差异的批判：Senta Troemel-Ploetz, "Review Essay: Selling the Apolitical," *Discourse and Society*, Vol. 2, 1991, pp. 489–502.

如欲了解学生们如何在他们的生活中运用性别方言，请到www.afirstlook.com点击"应用日志"。

第34章　立场理论

创立人：桑德拉·哈丁（Sandra Harding）和朱莉娅·伍德（Julia Wood）

实证性　　　　　　　　　　　　　　阐释性
　　　　　　　批判学派

你在这本书里经常会看到一些传播学理论提出了与知识有关的问题。例如：

- 认知复杂度有助于我们制造个人中心信息吗？
- 减少你刚见面的陌生人的不确定性的最佳方法是什么？
- 年度报告中的"净利润"能否反映企业现实？
- 我们如何确定电视是否具有强大的影响力？
- 男性与女性是否来自不同的文化背景？

如果你对传播学感兴趣，你就会想要找出这些问题的答案（所谓"求知若渴"）。而立场理论学者桑德拉·哈丁和朱莉娅·伍德宣称，发现世界运作规律最好的方法，是从女性以及其他社会边缘群体的立场着手探究。

立场是指我们借以观察周边世界的出发点。无论我们处于哪个位置，它会将我们的注意力聚焦于自然环境及社会环境的某些特征，同时模糊化另外一些特征。**立场**的同义词包括**观点**、**视角**、**见解**与**定位**。注意以上单词均特指在观察的瞬间，时空中某个明确的位置，同时也指向价值观或态度。哈丁和伍德认为这种联系不是偶然的。作为立场理论学者，她们指出"我们身处的社会群体，强有力地塑造了我们的经历，并且知道我们如何理解自己、他人以及世界并建立其间的沟通"。[1]我们的立场反映了我们的世界观。

立场：批判性地看待周边世界的出发点。

哈丁是一位在加利福尼亚大学同时从事女性文化、教育以及哲学研究的学者。为了解释立场这一观点,她让我们想象自己正在注视着某个池塘,池塘中有一根看似弯曲的棍子。[2]棍子真的是弯曲的吗?假如我们换一个位置再看,这根棍子好像又变直了——事实上它就是直的。物理学家建立光线折射理论以解释这种视觉假象。立场理论学者同样建议,我们应该利用性别、种族、阶级与性取向等方面的不平等,观察为什么社会层级的不同地位会造成对自然及社会关系的不同解释。具体而言,哈丁宣称"当人们站在权力关系的对立两端发表言论时,大众的视角往往比当权者的视角更为客观"。[3]她最为关注的是被边缘化的女性立场。

哈丁被誉为女性主义学者中给立场理论带来广泛推动的哲学家[4],而北卡罗来纳大学传播学教授朱莉娅·伍德是在传播领域内广泛且持续地应用立场逻辑的学者。她认为一切视角都不全面,然而"由于社会层级的不同地位会影响观察到的内容,某些立场因而比其他立场更加片面"。[5]尽管伍德确信社会地位使女性生活明显有别于男性生活,但她同时强调女性个体处于社会边缘的地位并不一定赋予其女性主义立场。只有对不平等的权力关系进行批判性的反思,以及在努力对抗这种压迫之后,女性主义立场才得以形成。从这个意义上来说,女性主义立场是一项**成就**,而非女性天然具有的特权。[6]

在传播领域的研究者看来,认真对待女性立场,意味着响应伍德的号召,审慎选择与女性问题相关的研究主题:

> 对于压迫现象的持续关注使得许多女性主义学者对一些主导两性关系的研究主题提出批评。北美每天有4名女性被其伴侣凌虐至死,有关家暴现象如何形成持续的研究,貌似比研究大学生的爱情法则更有必要。研究没有经济负担的青少年的友谊,又是否比研究使性骚扰与强奸正常化的社会行为更有意义呢?[7]

作为一名研究过私立大学校园里的爱情与友谊的男性学者,我不得不关注哈丁与伍德立场理论的逻辑,因为她们的立场知识论有可能引发其他问题。是否所有女性秉持共同的立场?为什么哈丁与伍德认为女性主义立场比其他调查出发点更客观或较不偏颇?为了给未来对女性生活的研究奠定基础,我是否会因此认为每一篇与女性经历有关的报告都具有同样的真实性?人们是否应该漠视男性的观点?本章接下来的部分将探究以上以及立场理论引发的其他问题。如果能提前了解立场理论学者借以建构理论的智慧源泉,我们或许能更深刻地理解这些问题的答案。

34.1 源于哲学与文学的女性主义立场

1807年,德国哲学家黑格尔对主奴关系的分析,显示出人们会按照他们所属的群体去"理解"自身、他人以及社会。[8]例如，受奴役的人与其主人置身于相同的"现实"，但对于镣铐、法则、生育与惩罚的理解，绝对有迥然不同的视角。主人由于受到社会既有结构的保护，有能力维持其观念的影响力。他们是书写历史的人。

继黑格尔之后，马克思与恩格斯揭示了**无产阶级立场**。他们指出提供劳力的赤贫者，一旦认识到他们置身其中的阶级斗争，就会成为社会中理想的认知者。[9]哈丁强调立场理论"是熟知马克思认识论的女性主义社会理论家'移花接木'的计划"。[10]在用**女性**取代**无产阶级**、用**性别歧视**取代**阶级斗争**之后，早期的女性主义立场理论学者获得了一个现成的架构，借以提倡用女性的方式认识世界。

乔治·赫伯特·米德反对马克思的经济决定论，宣称文化通过沟通"对个体产生影响"（见第5章）。根据符号互动论的核心原则，伍德坚称性别是一种文化建构而非生理特征。"性别不仅仅是一个变量，更是一个意义系统，通过把大多数男性及女性定位于全然不同的物质、社会与符号环境之中，从而塑造个体的立场。"[11]

后现代主义的阴影也时时在立场理论中闪现。当法国后现代主义哲学家让-弗朗索瓦·利奥塔尔宣布"对元叙事抱有怀疑"时，他同时也在质疑启蒙理性与西方科学。[12]许多女性主义者认为启蒙理性与西方科学是由不肯承认它们的男性中心偏向的男性所支配的，因而转而拥抱后现代的批判观点。后现代主义者以互惠的形式，褒扬立场理论强调所谓知识由人的视野限制、决定的观点，尽管后来又把这种观点推至不能无依据地认为某种视角优于另一种视角的高度。我们知道，哈丁与伍德不认同这种绝对化的相对主义。

哈丁与伍德一直在利用这些多少有点相互冲突的知识体系，但并没有让其中任何一种支配立场研究方法的形式或内容。如果她们不是反复强调从女性及其他边缘人群的生活着手进行学术研究，立场理论很可能被看成是让人迷惑的观点的混合体。为了向立场理论的核心原则致敬并说明哈丁与伍德提出的认知方法，我将在此摘录非裔女作家托尼·莫里森的小说《宠儿》中的片段。莫里森摘得1993年的诺贝尔文学奖，并以此书获得普利策小说奖。该书描述的是逃离奴役的非裔美籍妇女塞丝的故事。

塞丝是在一个肯塔基农庄成长并结婚生子的黑奴，这个农庄属于拥有6个奴隶、但还比较仁慈的主人。主人过世后，他的一位被称作"教师"的姻亲接管农庄，让"各种事务井井有条"。在监管农庄之外，他还在撰写一本描述奴隶生活的书。经由对民族志分析法残酷而可笑的模仿，"教师"向奴隶提出很多问题并在他随身携带的笔记本上写下他们的回答。他还教他两个小侄子如何鞭打塞丝，却不损害她的精神，让他们详细记录她的动物特性，并从繁殖潜力——无须代价即能增值的特性——看待塞丝的价值。

小说的高潮出现在塞丝与她的孩子逃到俄亥俄州婆母家后一个月。某天，她在花园劳作时，远远看到4名男子——教师、两个侄子其中的一个、奴隶捕捉者与警长——骑马朝着她的住处而来。塞丝疯狂地驱赶孩子到房子后面的柴房。教师在几分钟之后打开柴房的门，看到可怕的死亡景象——两个男孩睁眼倒在木屑中，一个女孩的喉咙被木锯割过，喷发出鲜红的血液，而塞丝正用力殴打她幼女的头部。那个侄子困惑地问出了4名男子心中共同的问题，"她这么做要干吗？"莫里森在整本书里描述了男性奴隶主（"教师"）与女性奴隶（塞丝）对立的立场，正是为了回答这个问题。

34.2 作为边缘人群的女性

立场理论学者看到了男性与女性之间重大的区别。伍德把自主—联系这一矛盾看成很好的例子（见第12章）："人们似乎既追求自主也渴求联系，但对两者偏好的比例显示了两性的差异而非一致。"[13]男性想要更多自主，女性渴望更多联系。两种性别的对话类型也有明显差异。男性社群利用对话达成任务、证明自我并获取权力；女性社群利用对话建立关系、吸纳他人并给出反应。[14]

伍德不认为性别差异应归因于生物性、母性本能或女性直觉。那么，女性在何种程度上有别于男性呢？伍德认为在很大程度上两性差异是文化期望以及用不同方式对待彼此的结果。例如，塞丝每次听到对有色女性的谩骂都会"眼睛充血"。保罗·D这个塞丝还是奴隶时就认识而且唯一活到现在的黑奴，告诉塞丝他认为塞丝带回来的一名无家可归的年轻女性有可能"会惹麻烦"时，塞丝反驳他：

> 那好，你何不感受一下这个呢？尝尝这个滋味：有了一张床睡，人家却绞尽脑汁琢磨，你每天该干些什么来挣它。尝尝这个滋味。要是这还不够，再尝尝做一个黑女人四处流浪、听天由命的滋味。尝尝这个吧！[15]

保罗·D反驳说他这一生从未虐待过女人。塞丝轻声说："那世上也就独你一个。"

塞丝的话反映出男性的回应如何在女性身上引起他者性。她描述的现实也回应了哈丁与伍德在一切社会中发现的权力差异，"文化中的所有成员对它的体验并不一致。文化具有层级结构，不同群体在各自位置上获取不同的权力、机会与经验。"[16]沿着这些线索，女性主义立场理论学者指出女性居于不利地位，而男性的地位相对有利——两性差异带来巨大的不同。

哈丁与伍德随即又提醒人们不要把女性看成性质单一的群体。她们指出不是所有女性都有相同的立场，对男性来说也是如此。除了性别，哈丁还强调了经济条件、人种与性取向等附属性文化身份的作用，它们既能将人们拉入社会核心，也能将他们推至边缘。少数群体立场的交叉点在社会层级结构里造就了一个被高度轻视的圈子。贫困的美籍非裔女同性恋几乎总是被边缘化的群体。相应地，高地位、手握大权的位置一面倒地由富裕的异性恋男性白人所"霸占"。

伍德比哈丁更忧心一些女性主义者表现出来的思想倾向，这些女性主义者认为存在某种"女性本质",并宣称要"固化"这些品质。伍德确信卡罗尔·吉利根在宣称女性与男性不同,在对话时采用关怀的伦理立场时,就犯了这种错误(见第33章)。对伍德来说,生物性不是宿命。她担心"倡导任何一种单一化的女性气质,将建立一个不是所有女性都能自在适应的模型"。[17]然而,身为一名致力于推动所有人生而平等的信念的女性主义者,伍德理解如果女性希望对男权世界形成有力的批判,女性内部的某种一致性在政治上就是非常必要的。

立场理论学者之所以强调社会定位的重要,是因为他们深信那些位于社会层级顶端的人,有足够的权力界定当下文化里女性、男性,以及任何事物理应是什么样子。当塞丝回想起有次教师指控一名叫西索的奴隶偷了一只小猪时,我们从中能够看到上述这种权力。当时西索否认偷了猪,于是教师扮演起伟大的阐释者的角色:

"你说你没有偷,而我正亲眼看着你?"

"不,主人。"

教师微笑。"你杀了它?"

"是的,主人。"

"你切下它的肉?"

"是的,主人。"

"你把它煮熟了?"

"是的,主人。"

"好,那,你吃了它?"

"是的,主人,我的确吃了它。"

"那你告诉我没有偷窃这回事?"

"不,主人。那不是偷。"

"那是怎么回事?"

"让您的财产获得收益,主人。"

"什么?"

"……西索让土地变得肥沃,让您有更多的收成。西索拿东西喂饱西索,为您做更多的工作。"

很聪明,但教师还是揍了他一顿,以显示定义权属于定义者——而不是那些被定义者。[18]

34.3 本然知识与局部知识

立场为何如此重要?哈丁认为"有机会定义某个领域最重要的问题意识、概念、假设及猜想的社会群体，最终会把它的社会指纹留在自该领域研究中浮现的世界图景上"。[19]想象一下"教师"所写的名为《奴隶》的作品与塞丝（可向莫里森口述）的同名书籍会是何等的不同。两个文本的出发点、方法论和最终结论绝对不可能一致。

局部知识：因时空、经验和相对权力的变化而变化的知识，与假设价值中立的本然知识相对立。

哈丁所坚称的**局部知识**，与西方科学传统宣扬的价值中立以及能被任何一位客观的观察者所感知的"真理"构成了强烈的冲突。哈丁在她的著作《谁的科学？谁的知识？》中把经验主义所宣扬的脱离实体的真理看成"本然的观点"，抑或是如女性主义作家唐纳·哈拉韦（Donna Haraway）① 所说的"上帝的把戏"。[20]至于价值中立的科学，哈丁称之为促销"等待雇主的快枪手"，并斥责价值超然的科学家，认为"与贫穷、不幸、痛苦或残忍有关的社会事件不可能是价值中立的"。[21]甚至连伽利略有关可互换的认知者的民主理想也受到了质疑。伽利略的名言"任何人都能看出我的望远镜的本质"，在实证主义社会学家看来，等于是否认在认知者与被认知对象之间存在任何的联系。

哈丁及其他立场理论学者坚称，不存在一种不偏不倚、价值中立甚至全然超越特定历史情境的视角。物理科学与社会科学都要依据时空的变化而变化。她写道，"每个人只能从他/她在社会层级的位置出发，获得对现实的部分认知"。[22]然而，不同于后现代主义者，哈丁并不愿意就此放弃对现实的找寻，只是认为对现实的认知应从底层的生活着手。

假设你正在进行与**家庭观念**有关的主题研究。哈丁会建议你不要去分析当前的政治修辞，也不用去探求日益增多的在家教育运动的起源，而应该从像塞丝的婆婆贝比·萨格斯（Baby Suggs）那样的人的家庭观念入手，来架构你的研究方向与假设。例如，莫里森解释了这个被解放的奴隶为什么认为儿子比男人更重要：

> 这话说得通，有很多理由，因为在贝比的一生里，还有在塞丝自己的生活中，男男女女都像是棋子一样任人摆布。所有贝比·萨格斯认识的人，更不用提爱过的了，只要没有跑掉或吊死，就得被租用，被出借，被购入，被送还，被储存，被抵押，被赢被偷窃被掠夺。所以贝比的8个孩子有6个父亲。她惊愕地发现人们并不因为棋子中包括她的孩子而停止下这盘棋，这就是她所说的生活的龌龊。[23]

哈丁与伍德从不认为女性或其他边缘人群的立场就足以帮助他们清楚地认识事物的本质。**情境知识**——唯一存在的知识——总是偏颇的。不过，立场理论学者认为："社会里的低等人群的视角相对完整，优于特权群体的视角。"[24]

---

① 唐纳·哈拉韦（1944— ），当代西方著名的跨学科学者，在生物学、科学史学等方面都有很深造诣。她思想前卫激进，提出了"宁愿成为赛博格（cyborg，即半机械人）而不是女神"的女性主义口号。

34.4　强实证性：缘于女性立场的客观观念

哈丁使用**强实证性**一词指代从女性及其他边缘群体的生活入手的研究策略。[25] 这一选择不仅表明她具有将所有视角纳入考量的智慧，同时也指出从优势群体立场衍生的知识，相较而言，只具备**弱实证性**。为说明这一观点，她谈起莫里森在《宠儿》一书中描述的立场对立："想象一下美国奴隶主对于非洲人与非裔美国人生活的看法，竟比他们的奴隶对自己及奴隶主生活的看法，更公正、更超然、更无私、更客观，那简直是荒谬可笑的。"[26]

强实证性：从女性和其他边缘群体的生活入手的研究策略，能够避免更多对现实的错误认知。

为什么女性及其他边缘群体的立场，与居于支配位置的男性立场相比，就更不偏颇、更少扭曲呢？伍德给出了两种解释："首先，从属群体有更强烈的动机了解特权群体的视角，反之则不然。"[27] 弱势群体虽然不拥有地球，但他们有兴趣去发现是什么原因让它转动，扮演他人的角色是无法掌控自己生活的人的生存技能。握有权力的人缺少这样的动机，也没有理由去了解"另一半的人群"如何看待这个世界。

伍德支持被压迫者群体的立场的第二个理由是，这些人没有理由捍卫现状。手握权力的人就不一样了。她强调"由于系统优势而获得有利地位的群体，总是竭力回避认知那些牺牲他人以使自己获益的社会不公"。[28] 对享受特权的人来说，无视他人立场是莫大的幸福，做个聪明人反而愚蠢。当然，小说中要把塞丝和她的孩子带回去重新做奴隶的人要归于蠢人那一类。"她这么做是要干吗？"他们这样问是出于真心的困惑。他们或别的什么人如果真想知道为什么逃跑的奴隶会割断自己女儿的喉咙，有必要从奴隶，甚至是女奴，而不是主人或者非裔男性的立场来着手探究，才会发现塞丝的绝望：

> 她看到他们赶来并且认出教师的帽子……如果说她在想什么，那就是不。不。不不不。很简单。她就飞了起来。收拾起她创造出的每一个生命，她所有宝贵、优秀和美丽的部分，拎着、推着、拽着他们穿过幔帐，出去，走开，到没人能伤害他们的地方去。到那里去。远离这个地方，去那个他们能获得安全的地方……
>
> 当她从牢里归来时，她很高兴栅栏不见了。那正是他们拴马的地方——她蹲在菜园里看见的，教师的帽子从栏杆上方飘来。等到她面对他，死死盯住他的眼睛的时候，她怀里抱着的什么东西止住了他的追踪。婴儿的心每跳一下，他就退后一步，直到最后，心跳彻底停息。
>
> "我止住了他。"她凝视着曾经有过栅栏的地方，说道："我把我的宝贝们带到了安全的地方。"[29]

这些话句句扣人心弦，但是，哈丁并不要求人们仅仅因为这些对话与行动出自一位被边缘化的女性，就自动接受塞丝的解释，认同她的极端反应。毕竟，在莫里森的小说中，许多自由的非裔美籍女子也谴责了塞丝让女儿宠儿逃离教师魔掌的极端做法。塞丝对她孩子的命运感到极度恐惧，这对于世界各地受奴役的女性而言是赤裸裸的现实（参见电影《苏菲的选择》）。哈丁强调这正是"**女性生活的客观视角**"为何能为研究项目、假设与理论阐释提供更佳的立场。[30] 或许，这一类的研究能够严肃地探索何为"比死亡更悲惨的命运"。

34.5 理论应用：基于女性生活的传播学研究

如果我们想要了解一下如何从女性生活着手传播学研究，不妨从朱莉娅·伍德对美国护理行业的深度研究开始。为了呼应立场理论所有知识都与具体时空相关联的理念，伍德在其著作《谁来照顾？女性、照顾与文化》第一章中描述了她自己的状况，作为白种人、异性恋、职业女性，她用9年的时间照顾生病的父母直到他们过世。她的经历与其后来的研究发现是相一致的：

> 首先，在认可、尊重护理工作与护理人员的语境下，只要具有知情权及自由选择权，护理可以成为健康且使人心灵丰富的工作。另一方面，目前的研究表明，如果护工没有意识到这一特殊身份所面临的危险，对自身怀有不切实际的期望，或者社会环境尚未认识到护理工作的重要性与价值，护理工作也可能给护工带来巨大的伤害。[31]

伍德发现两性沟通往往反映并强化了大众的社会期待，即护理是属于女性的工作。伍德的父亲在拒绝女儿聘请兼职护士的提议之后，用很低的音量轻轻地说："这很有趣，朱莉娅。我原本希望有个儿子，但现在我很高兴我有个女儿，因为我无法要求儿子花时间，不做工作只照顾我。"[32] 伍德从所在大学那些看轻护理工作的男同事那里听到过类似的话。他们一方面颂扬伍德做出的牺牲，但同时又肯定另一位男教授将母亲安置到养老院的体面做法，"哦，她当然会了解你的工作这么忙，不可能指望你负起那样的责任。"[33] 伍德表示这些评论显示了我们社会中的基于性别的、相互对立的特权与限制。正如畅销小说及电影《亲情无价》（*One True Thing*）所刻画的那样，女性拥有把承担护理工作摆在第一位的自由，但不拥有把工作摆在第一位仍可成为"好女人"的权利。相应地，男性具有将工作摆在第一位的自由，但不拥有把精力花在护理上而仍可称为"好男人"的权利。

伍德指出基于立场的研究方法具有实用性，足以引发对不平等的社会行为的批判。她相信"我们的文化必须加以变革，有必要解开由历史赋予的、护理工作与女性及血缘关系之间的联系,将它重新界定为我们集体公共生活中相当重要且不可或缺的部分"。[34]克林顿总统在1999年国情咨文演讲中的提议迈出了第一步。克林顿批准对正照顾家中失能成员的家庭免征1 000美元税金。一位新闻网的男性评论员嘲笑这种做法"象征意义大过实质意义"。而与他一起主持的女评论员则反驳说这一象征性的认可意义**非常重大**。她站在伍德这一边。

34.6 黑人女权主义的特殊立场

帕特丽夏·希尔·科林斯(Patricia Hill Collins),布兰迪斯大学非裔美国社会学家,认为美国黑人女性经历的"多重镇压"(intersecting oppressions),将她们置于与白种女性或黑人男性都不同的社会边缘。在其著作《黑人女权思想》中,科林斯说道,"与家庭内部和学校的种族隔离相伴相生,美国黑人女性操持家务高度集中的现象"使她们建构了如何在这个世界上生存的通用智慧。[35]她认同其他黑人女权主义者的看法,"我们必须清楚地看到,我们是一个因种族、性别而被隔离的独特群体,我们面临着一系列独特的挑战。"[36]不同的社会地位决定黑人女性的认知不同于哈丁和伍德的立场认识论。

我将用科林斯的语言来介绍她所谈及的4种黑人女性验证知识理念的方式:[37]

1. 作为意义标准的真实经历。对于绝大多数非裔美国女性而言,在专业领域有过亲身经历的人,比那些在该领域仅有大量阅读或思考的人可信度更高,也更加可靠。

2. 评估知识理念时对话的运用。群体中的每个成员必须亲自实践那些有待测试和验证的观点。拒绝加入,将被视作"欺骗",特别是对于那些激烈反对该主张的成员而言。

3. 基于关怀的伦理。情感能够显示演讲者对其论据的深信不疑。讲述时的音调与内容本身一样重要,在某种意义上,这也是理性和情感的对话。

4. 个人问责制。评价某个人的知识理念,同时也评价这个人的性格、价值观和伦理观。

科林斯并不认为黑人女权主义的立场为非裔美国女性提供了最好的视角以发现这个社会的运行规律。她反对那种认为穷人、黑人和女同性恋者比其他边缘群体受到更多迫害的加性模型(additive model)。一旦类似的观点为黑人女权思想以及其他受压迫群体的立场所证实,它们就会成为可找到的、"偏见最少、最为客观"的真理。

34.7 伦理反思:本哈比与互动性普适主义

塞拉·本哈比(Seyla Benhabib)从事的是一件可怕的工作。回想一下康德、洛克、哈贝马斯等启蒙思想家所确信的,"理性是人类思想的天然禀性,人在适当的教育驱动下,能够发现绝对真理。"[38] 作为哈佛大学政府学教授的本哈比,希望切实地推动一种普适的伦理标准。本哈比感受到来自启蒙理性以及哈贝马斯的话语伦理的3种主要阻力(见第17章"伦理反思")。因此,她"引用女性主义、社群主义和后现代主义的观点,以抵御这一批判传统普适性的三叉戟"。[39] 同时,她希望借鉴和吸收这些理论的精华,运用到她的互动性普适主义中。在此我将用倒序来讨论这几种理论。

后现代主义批判。让－弗朗索瓦·利奥塔尔在1984年出版的、颇受争议的专著《后现代状态》中宣布,不再有基于普适真理的**宏大叙事**。[40] 后现代主义者否认一切企图将启蒙及西方自由、民主的道德理想合法化的**先验性**假设。他们对于常识以及哈贝马斯建立理性法则的企图充满疑虑。本哈比如此概括后现代主义的批评:"先验的真理已死;……只剩下为竞争合法性而无休止争斗的地方性叙事。"[41] 本哈比赞扬后现代主义对伦理视角而言是一项成就,而非一种新发现的观点,并"不满足于吟唱规范伦理学的终曲"。[42] 本哈比坚持一种可能性,那就是,即使无法一致规定所有人的**行为方式**,但互动中的个体至少可以根据**共同利益**达成协调。

社群主义批判。如果存在一项把社群主义者和后现代主义者拉到一起的事业,那就是"对西方所谓理性的批判,这种批判既源自边缘人群的视角,也源自那些被排斥、被压迫、被支解,被渲染成疯子、愚人和幼稚病患者的人群的立场"。[43] 本哈比认识到把局部情境嵌入全球道德模板的危险性。如果我们把人们看成是脱离肉体之外的,与历史、人际关系或义务毫无关联的道德代理人,我们就无法应对现实语境中的混乱。为了避免这种错误,本哈比坚持认为,任何普适伦理都应该由生活在社群中的普通成员的互动来达成,而不能任由理性精英强加给他们。

女性主义批判。卡罗尔·吉利根、黛博拉·坦嫩、桑德拉·哈丁、朱莉娅·伍德和切瑞斯·克拉马雷(参见第35章)一致同意,女性的经历以及她们谈论这种经历的方式都与男性不同。然而,作为一种典型的理性主义研究方法,哈贝马斯实际上忽视了性别差异。他的话语伦理学探讨如何在男性主导的公共领域中达成政治与经济平等。他把那些历史上限定由女性担任的工作——抚养孩子、操持家务、满足男性的情感需求和性需求、照顾老人和病人等等归入私人领域,而自由、平等和互惠的原则并不适用这一领域。[44] 本哈比的互动性普适主义强调严肃对待任何主题的公开对话,它避免将女性经历私人化。

尽管存在以上3种理论批判,本哈比相信仍有可能存在一种普适伦理的新类型。"这种普适主义应该是互动的,而不是规范性的,充分认识到性别差异,而不是漠视它,对语境足够敏感,而不是将其无差异化。"[45] 它应该成为一种珍视人类多元信仰的道德框架,否认信仰差异具有伦理上的重要意义。[46] 它甚至可能成为帮助地球上的人类共同生存和繁衍的事业。

34.8 评论：边缘人群的立场更客观吗？

科林斯曾警示说，"假如非裔美籍女性经历的差异性多于相似性，黑人女权思想就不会存在。"[47]正如第六节中的叙述，科林斯认为它的相似性要多于差异性。但这一说法适用于所有女性吗？朱莉娅·伍德指出女性作为独立的社会群体的概念在政治上是有益的，可以促进必要的变革，然而它究竟是一种现实，还是仅是必需的虚构？随着该理论的支持者对于特定女性群体沟通的立场愈来愈清晰，居于立场理论核心的群体一致性的概念也引发了更多的质疑。

女性主义学者如苏珊·赫克曼（Susan Hekman）和南希·赫希曼（Nancy Hirschmann）所关注的焦点是哈丁的立场理论可能低估了语言在表达个体的自我及世界观念时所起到的作用。[48]正如本书中多位理论家所主张的，人的沟通选择从来不是中性的或与价值无涉，因此立场与描述它的语言无法分离。人们无可回避的词汇选择会受到文化以及社会滤网的影响。这种对立场理论的批判不否定情境知识的重要性，但它使我们认为任何人都在呈现现实，无论它来自社会的核心还是边缘。事实上，边缘人群的声音有可能难以表达，因为语言规则一般是由特权者控制的。下一章的**失声群体理论**将详细介绍这一观点。

还有一些对哈丁与伍德立场理论的批评，认为**强实证性**的概念本质上是矛盾的。[49]按照后现代的思维方式，立场理论学者反驳说立场具有相对性，无法由绝对标准来评判。但是，他们却认为受压迫者的视角比掌权者更少偏差或更公正，这似乎又是在运用普适标准做判断。因此，就先验性的真理而言，该理论似乎想二者兼备。

尽管有这些问题存在，我仍然认为立场理论的逻辑很吸引人。如果一切知识都将因认知者的社会地位受到影响，那么我们最好从对权力不公最敏感的人群的视角着手寻找真理。如果结论将颠覆现状，他们是最不可能有损失的人。伍德承认我们很难弄清楚哪个社会群体比其他群体更边缘化。作为白种的职业女性，伍德在社会层级中是否比她的非裔美籍男性同事地位更低呢？立场理论没有明说，但显然在暗示我们应质疑并替换掉大量由男性支配的西方研究体系得出的智慧，因为**强实证性**将提供更完整的世界图景。伍德的思想使以威斯康星大学密尔沃基分校的社会学家林恩·沃斯汉姆（Lynn Worsham）为代表的一部分人受到了鼓励，他们确信少数群体立场对目前被误认为真理的有偏向性的知识而言多多少少是一种修正：

> 在这方面我从心底里认为，它是一个英雄般的、有如奇迹的概念。哈丁掀了哲学和科学的桌子，并建构了一种女性主义的魔力，经由后现代哲学修正的立场观念成为哲学家新的试金石，这一试金石有能力把西方的基础材料转化为资源，形成一种"在普适意义上更为有效的对世界的说明"。[50]

帮助你深入思考的问题：

1. 帮助**女性**、**非裔美国公民**、**穷人**与**同性恋**以更客观的视角认识社会的立场，上述行为有哪些共性？

2. 我们如何验证**女性生活的强实证性**，与由居于主导地位的男权化研究体系所铸就的知识相比，能够提供更准确的世界观？

3. 作为作者，我是享有特权的白种男性，能够决定这本教材要包含哪些理论。如果我是居于相对弱势的非裔美籍女性，我会剔除哪些理论，又保留哪些理论？这又为什么会成为一个可笑的问题？

4. 立场认识论吸收了**马克思主义**、**符号互动论**与**后现代主义**等理论的精髓。基于你对本章的阅读，你认为上述哪一种构成了最强大的理论影响？为什么？

扩展阅读：

推荐阅读：Julia T. Wood, *Communication Theories in Action*, 3rd ed., Wadsworth, Belmont, CA, 2004, pp. 212–220.

理论综合表述：Sandra Harding, *Whose Science? Whose Knowledge? Thinking from Women's Lives*, Cornell University Press, Ithaca, NY, 1991.

实证性的重构：Sandra Harding, *Is Science Multicultural? Postcolonialisms, Feminisms and Epistemologies*, Indiana University, Bloomington, 1998.

针对科学的立场批判：Sandra Harding, *Science and Social Inequality*：*Feminist and Postcolonial Issues*, University of Illinois, Urbana, 2006, pp. 80–97.

避免本质主义：Julia T. Wood, "Gender and Moral Voice：Moving from Woman's Nature to Standpoint Epistemology," *Women's Studies in Communication*, Vol. 15, 1993, pp. 1–24.

女性与关怀：Julia T. Wood, *Who Cares? Women, Care, and Culture*, Southern Illinois University Press, Carbondale, 1994.

沟通准则中的女性立场：Lynn O'Brien Hallstein (ed.), *Women's Studies in Communication*, Vol. 23, Spring 2000, special issue on standpoint theories.

立场理论的多种形式：Sandra Harding (ed.), *The Feminist Standpoint Theory Reader*：*Intellectual and Political Controversies*, Routledge, New York, 2004.

黑人女性思想：Patricia Hill Collins, *Black Feminist Thought*：*Knowledge, Consciousness, and the Politics of Empowerment*, 2nd ed., Routledge, New York, 2000.

科林斯关于立场理论的立场：Patricia Hill Collins, *Fighting Words*：*Black Women and the Search for Justice*, University of Minnesota, Minneapolis, 1998, pp. 201–228.

两种女性主义的比较：Julia T. Wood, "Feminist Standpoint Theory and Muted Group Theory：Commonalities and Divergences," *Women and Language*, Vol. 28, 2005, pp. 61–64.

互动性普世主义：Seyla Benhabib, *Situating the Self*：*Gender, Community and Post-*

modernism in Contemporary Ethics, Routledge, New York, 1992.

女性主义批判：Lynn Worsham, "Romancing the Stones: My Movie Date with Sandra Harding," *Journal of Advanced Composition*, Vol. 15, 1995, pp. 565–571.

如欲了解与某些特定理论或理论学者相关的网站，请到www.afirstlook.com点击"链接"。

第35章 失声群体理论

创立人：切瑞丝·克拉马雷（Cheris Kramarae）

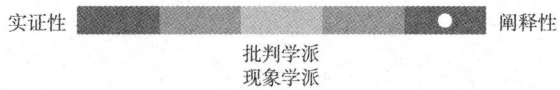

实证性　　　　　　　　　　　　　　　　阐释性
批判学派
现象学派

切瑞丝·克拉马雷始终在强调从字面意义来说，语言确实是由男人创造的结构。

某种文化的语言对它所有的使用者来说，意义可能不尽相同，因为每个人对它的规范和形成可能起到了不同的作用。女性（及其他从属性群体的成员）不像男性那样能够自由地表达他们的愿望，因为他们使用的词汇与规范都是由主流群体——男性所构建的。[1]

在克拉马雷及其他女权主义理论学者看来，女性话语在我们的社会里似乎是无关紧要的，女性的思想受到低估。如果女性试图消除这种不平等，男性对传播的控制会将她们置于非常不利的位置。男性创造的语言"有助于定义、贬斥以及排斥女性"。[2]女性因此成为无声的群体。

许多年来，克拉马雷一直在伊利诺伊大学担任语言传播与社会学系的教授。如今她是俄勒冈大学女性研究中心的客座教授，最近还出任了德国一所国际女子大学的学院院长。她的研究生涯从1974年开始，当时她正进行一项与漫画中的女性形象有关的系统性研究。[3]她发现了漫画中女性地位的显著缺失。假如简略调查一下我在本书中引用的漫画，结果将表明自克拉马雷的项目直至今天，上述情况没有出现太大变化。52幅漫画中只有20幅包含女性人物，而且其中只有11位女性在表达。所有的漫画家中只有两位不是男性。

克拉马雷发现，漫画中的女性人物往往是情绪化的、怀有歉意的或者乏善可陈的。漫画中的男性人物通常会给出简洁有力的表达，而女性人物设定中的对话却常常是含糊的、不切实际的，而且用**可爱**与**漂亮**这类形容词到处装点。克拉马雷即刻就注意到，不能欣赏这种披着喜感外衣的讥讽的女性，常被男人指责说是缺乏幽默感，或者收获"别那么严肃"的劝告。在克拉马雷看来，这一类型的男权只是把女性塑造成社会里不擅表达的群体的诸多方式之一。在过去25年来，在试图解读并改变女性及其他边缘群体失声状态这方面，克拉马雷一直担任着领袖的工作。

35.1　失声群体：他人宇宙中的黑洞

女性是失声群体这一思想，最早由牛津大学社会人类学家埃德温·阿登勒（Edwin Ardener）提出。他在专著《信仰和女性的问题》中强调了一种奇怪的趋势，即许多民族志学者在未曾引述任何由女性构成的半个社会的文献的前提下，却敢于声称已"破解"了某种文化的密码。田野调查研究学者常以很难找到足以作为文化信息源的女性资料等理由来辩解这一类的疏忽。女性"年轻时爱傻笑，年老时怨念十足，拒绝回答问题，嘲笑研究主题"，通常会让接受科学（男性化）调查方法训练的学者无所适从。[4]阿登勒承认这是事实，但他也提醒他的同事们，一个把与女性的对话作为唯一基础来描述部落男性的人类学家，是多么值得怀疑。

阿登勒最初认为忽视女性经验是社会人类学独有的性别问题。但在跟牛津的合作者雪莉·阿登勒（Shirley Ardener）一起研究时，他开始认识到这种失声现象的根源是缺乏权力，这困扰着占据图腾柱底端的每一个群体。不具备影响力的群体很难表达他们的感受。埃德温·阿登勒表示，这些人的"失声结构是'存在'的，但无法被主流结构的语言所'认识'"。[5]他们被忽视、被消声，最终被视而不见——"只是别人宇宙内的黑洞"。[6]

雪莉·阿登勒警示说，失声理论不意味着**失声群体**总是沉默的。重点在于这些人是否在他们需要的任何时候都可以自由地表达，还是他们必须"要对自己的想法重新编码，使得它们能够在公共领域里被人了解"？[7]克拉马雷认为男性在社会中的主导权确保了公共表达代码不可能直接适用于女性。她延伸了阿登勒最初的概念，以解释为什么女性是沉默的，以及她们怎样才能解开男人对公共传播模式的封锁。

克拉马雷认为，一度盛行的、语言中的公私差异方便人们夸大性别之间的不同，据此划分两性活动各自的半球。当然，这是黛博拉·坦嫩已经踏入的陷阱（参见第33章）。按照两性各自占据一个半球的逻辑，人们认为女性对话适宜的场地就是在家里——人际沟通的"小世界"。这一私人世界与重要的公共辩论之"大世界"——男性对话交流的地方——相比，多少显得不太重要。克拉马雷想知道假如有这样一个单词，兼指公共联系与私人沟通，情况又会怎样？如果每个人的词汇表里确实有这样的单词，人们就会认为两性活动的半球同等重要，而且两性之间的相似性远远比相异性

失声群体： 由于必须将自己的想法重新编码才能被公众所理解，因此在表达感受时会遇到障碍的无权势群体；比如女性。

更为重要。

可惜我们的词典里没有这样的词。假设你面前的这本书是一种沟通的**公共**模式。作为男性，我认识到虽然我努力地试着完整表达失声群体理论，但有可能无意识地在克拉马雷的思想以及女性感受中混入男性的视角。为了使这种偏差最小化，我将大量引用克拉马雷及其他女性主义学者的说法。克拉马雷只是诸多想揭示女性系统性沉默的传播学学者之一。因此，我也将引用其他女性的对话与经验来说明克拉马雷所说的双重困境，又或说是女性生活的现实。这种对个人叙事的依赖，与认真看待女性经验的女权主义研究是相一致的。

35.2　为人类经验命名的男权

克拉马雷最初的假设是，"女性与男性认知世界的不同方式，缘于劳动分工使两性产生不同的经验与活动。"[8]克拉马雷反对弗洛伊德"解剖学即命运"这种过于简单化的观念。她确信正是两性间的权力差异决定了女性会以不同于男性的视角看世界。尽管女性自身有很多不同，但在大多数文化中，即使不是所有文化中，女性对话受制于男性的控制与审查。法国存在主义学者西蒙娜·德·波伏娃（Simone de Beauvoir）宣称，"我是女性：这个事实有必要再进一步讨论"，强调的正是女性这种共同的感受。[9]

在克拉马雷看来，女性面对的问题是，有关世界如何运转的深入讨论从来没有被放入公平的赛场。"男性在政治上占据主导地位，认知系统居于主流，这阻碍女性自由地表达对世界的另一种认识。"[10]

请注意我所用的**公平的赛场**一词源于竞技运动——男性比女性更熟稔的一类经验。克拉马雷强调的正是这个。男性占据公共表达模式，主导类似讨论的架构。假如男性想要为不公平的赛场一类的观点抗辩，他们可以借助体育领域类似的用语进行争论。但如果女性想参与这个有关竞技比喻的讨论，她们也必须用男性的语言模式来进行。

米德的符号互动论认为，认知的程度就是命名的程度（见第5章）。如果真是这样，有能力命名的人，就拥有可怕的力量。克拉马雷指出，男人对主流表达模式的控制，已经制造出大量针对女性对话的贬抑之词——**刁钻刻薄**、**恶毒**、**尖刻**、**饶舌**、**闲谈**、**说话尖酸**等等。值得注意的是，社会上并不存在相应的贬低男性对话的单词。

你或许会认为这类词语偏向仅限于描述人际对话，那不妨考虑一下英语中用来形容个人性生活放纵的单词。仔细数下来，有22个与性别有关的单词指称行为放纵的男人——**花花公子、种马、浪子、小白脸、吊儿郎当者、淫荡、好色之徒、色鬼**，等等。而指称性行为放纵的女性，则有200个以上的单词——**荡妇、淫妇、妓女、娼妓、堕落女、情妇、浪荡女、贱妇、妾、拉客妓女、婊子、顺从女**，等等。[11]绝大多数与性行为有关的调查显示，拥有多个性伴侣的男性，在人数上远远超过女性，因此，毫无疑问，女性如此之多的骂名是服务于男性利益的。

在第4章中介绍"社会文化学"的部分，我曾经介绍过萨丕尔与沃尔夫的理论猜想，即语言塑造人们对现实的认知。克拉马雷指出，女人时常保持沉默，是因为她们缺少公众认可的词汇足以表达她们的感受。她表示："总是被忽视的对话有可能逐渐发展为闭嘴，甚至连思考都会随之停止。"[12] 一段时间之后，沉默的女性甚至会怀疑她们存在的意义及情感的合法性。

35.3　作为传播守门人的男性

即便公共表达模式提供充分的描述女性经验的词汇，如果**女性的**表达方式被忽视或遭到嘲弄，她们仍有可能保持沉默。事实上，被克拉马雷形容为"随性男孩"的文化机制将女性的艺术、诗作、戏剧、电影剧本、公共演说及学术论文统统排除在社会主流传媒的视线之外。历史上女性在长达500年的时间里无法涉足出版业。直到上世纪70年代西方世界出现了女性传媒，女性才能通过印刷品持续行使其影响力。因此，克拉马雷认为传统主流媒体是**由男性主导的表达**。

守门人： 决定哪些书籍、文章、诗歌、戏剧、电影剧本可以在大众媒体出现的编辑或其他文化主宰者。

早在埃德温·阿登勒指出女性角色缺席人类学研究很久之前，弗吉尼亚·沃尔夫（Virginia Woolf）就因女性在历史上缺乏地位而提出抗议。这位英国小说家发现男性在虚构类作品中刻画的女性，与同一时期出现在历史书上的女性很不一致。"在想象的世界，她至高无上；在现实的世界，她无足轻重。她的气息浸满了一页又一页的诗篇；在历史上却从来看不见她的身影。"[13]

女性主义作家多萝西·史密斯（Dorothy Smith）认为女性在历史上的缺席，是男性学术圈的封闭造成的。

> 男性倾向于而且只重视男性的话语。回溯最早的人类记录，男人们只重视他们自己这个写作与对话的圈子。男性一切的所作所为都与这个性别有关。男性有聆听者并且当对方开始说的时候，他们也乐于倾听。[14]

克拉马雷把自己改名字的经历看成男性控制公共记录的典型案例。当她在俄亥俄州注册结婚时，法律要求她冠夫姓。根据该州的规定，她的名字成了**切瑞丝·雷·克拉马**（Cheris Rae Kramer）。后来，法律变化了，克拉马雷可以不冠夫姓重做自己，于是她重新组合字母，成为**切瑞丝·克拉马雷**。许多人质疑克拉马雷改名这件事是否足以构成爱或智慧的象征。然而，从来没有人过问克拉马雷的丈夫为什么能保有**他**的名字。克拉马雷指出，社会中的法律及礼仪惯例所服务的对象都是男性。

35.4 互联网尚未履行的承诺

人们一度认为网络的到来会终结男性守门人的角色——至少从接入网络的便利性来看。然而，克拉马雷进行的研究表明事态并非如此。她指出："就在我们发展用于研究男性的必要工具时，女性与男性传统的权力关系得以迅速地在网络空间建立起来。"[15]在上世纪70年代和80年代，互联网早期的设计者与使用者几乎全是男性。在2000年，网络的使用者中有半数是女性，但"如果考虑到使用电脑的时间、设备类型以及编程影响等因素，各个方面的精英几乎一面倒的全是男性……"。[16]例如，虐待女性是被广泛研究的主题，但网络中有大量的数据库没有为**暴打**一词设立独立标签。搜索"网络中的女性"一词时排名第一的链接是《花花公子》的裸照，这时你会意识到你使用的网络类别搜索绝不是由女性设计的。[17]克拉马雷认为，尽管网络能增加女性之间跨越时空互动的便利性，但它看上去更像是男性的论坛与游乐场。

克拉马雷确信是对话造成了性别差异，因而要人们特别注意用来描述网络的比喻。以下4种常见的比喻表明了女性为什么在网络中依然保持沉默，以及两性间的平等尚有待实现。这些比喻能够说明问题；每一种比喻都勾勒出一种对应的思考方式。

信息高速公路。这一早期乌托邦式的比喻忽视了现实的社会及经济结构。接入网络的启动成本使得早期的网络成为所谓的付费"公路"，全世界只有很小比例的女性负担得起。数字鸿沟还在增大。付得起费用的女性将会发现"互联网的基本概念、分类系统及内容反映出，它基本上既不欢迎现实中的女性，也不在意她们的兴趣"。[18]

新疆界。克拉马雷指出这一比喻让人联想到冒险者可以为所欲为的荒野。针对初级教育的研究显示，小男孩们很快就知道他们**可以**而且**能够**把女孩子从学校的电脑旁推开。在许多女性看来，网络上混乱的无政府氛围不具吸引力，尤其是当她们每次在论坛上发贴都会遭到谩骂时。为了避免网络骚扰，一些女性在参与讨论时会假扮成男性。

民主。个人在网络空间可以匿名表达意见，就像是在保护隐私的投票亭里一样。这种隔离对女性而言是有好处的。"与喧哗、浮夸、自我驱动的谈话性广播节目不同，安静的网络使女性获得真挚的坦露自我的空间。"[19]但是，作为个体，她必须熟悉网络表达，而且最好能流畅运用网络通用语——英语。克拉马雷指出网络民主化的负面影响是任何人都可以上网发贴，哪怕是发一些没有事实基础的内容。她又补充说：

> 当然，对女性而言，试图弄清真相将是终其一生的工程。我们从来不是知识的制造者。但我们已经学会对被告知的"真理"保持怀疑。现在，我们对于猜想必须更加小心翼翼，这对我们来说不再是新的问题。[20]

全球社区。在克拉马雷看来，网络有可能成为一个便于全世界志同道合的女性互相联系、用户界面友好的地点。女性可分享对乳癌、饮食失调、育儿、同性旅游、生态、和平、灵性等全球性题材的信息和想法，或者仅仅是她们对老板的怨念，特别是在某些不便当面表达的时候。不过，网络似乎只能为在线的网友提供社群交流，而无法鼓励那些不在线上的人参与。而且，经过伪装的男性闯入者总是破坏那些试图建立信任感的"女性专属"网络空间。

互联网规范已经确立了它的男性指向，但克拉马雷认为由于技术的互动性，网络空间仍有很大潜力成为适于女性的人性空间。在她的想象中，"计算机终端将连接诸如自助洗衣店、庇护所、日托中心等等社区系统——它们提供足够的支持，大多数人利用互联网就可获得服务。"[21] 而在这之前，许多女性还会持续保持沉默。

35.5　转译的问题：男性话语里的女性真相

假设男性支配公共传播确是当下的现实，克拉马雷指出："为了参与社会，女性不得不依照所感知到的男性表达体系，转换自己的对话模式。"[22] 这种转换就像用第二语言表达，不仅费时费力，而且让女性怀疑她所说的是否"正确"。一位女作家指出男人可以"有话直说"，女人却必须"拐弯抹角"。[23]

我们再回想一下米德的符号互动论（见第5章）。这一理论把**思想**定义为我们说话前自动的短暂停顿，以便考虑听者可能做出的反应。假如我们词穷了，犹豫的时间会随之延长。以克拉马雷之见，女人在公共场合必须对她们说的话字斟句酌。"女人想说的与能说的无法轻易地说出口，因为语言模板并非由她们铸造。"[24]

我在与3位女性朋友讨论克拉马雷的思想后，对女性将其感受转化为男性主导的语言的困难有了全新的认识。这3位女性——玛莎、凯西与苏珊努力地在各自的专业领域做到领导者的位置，这些专业领域里通常听不到女性的声音。

玛莎是一位诉讼律师，也是佛罗里达州希尔斯伯勒郡律师协会的首位女主席，曾被前任美联储主席艾伦·格林斯潘推荐出任美联储某分部的负责人。佛罗里达州坦帕湾当地的杂志选出地方上"5名最有权力的人"，1991年海湾战争英雄诺曼·施瓦茨科普夫（Norman Schwarzkopf）上将是其中一位，而玛莎也名列其中。玛莎认为她的成功是由于她在陈述法律条文时始终刻意地变换了她的角色。

> 我学会像男性一样说话。我刻意降低我的声音、语速放缓、考虑得更深远并且多用体育竞赛的比喻。我注意我的外形，太妩媚或太平庸的女性形象都有问题。可是男性不管外表多么光鲜体面或其貌不扬都不会碍事。有人说我是公司里最可怕和最受敬重的律师，但那不是日常生活中的我。下班后我会回家跟女儿一起做狗食饼干。

凯西是一位与高中生及青年人共事的神职人员。她是我在公共演说课上见过的最棒的演说家。宗教领域习惯上总是将女性排除在发言人的角色之外，凯西却被她的同僚视为明星沟通人。但是，与玛莎一样，凯西指出女性在公开演讲时，实在不能犯一丁点错误。

女性要成功就得刚柔并济。我让我的外表与表达方式较女性化——珠宝、口红、轻柔但温暖的声音。我演说的内容则尽量贴近男性诉求。我无法浑水摸鱼式地搭混过去。我很用心地准备，熟记讲稿，花很多时间考虑男性的视角。女孩从小就学会对男性想谈论的任何事情感兴趣，但男人并不习惯于倾听女性对什么感兴趣。我很少提到烹饪或《末路狂花》一类的电影。

苏珊是某个大学某分部的教务长。苏珊之前所在的学院被关闭，因此，她必须负责将整个教学组及工作人员迁移至另一所大学。苏珊在她的专业领域获得"年度专业人士奖"。当她首次加入全国教务长协会时，该协会的50名会员里只有8人是女性。

我非常沉默。我讨厌待在那里。如果你不以男性的规则进行沟通，你就成了隐形人。有出色表现的人都是男性，个个让人印象深刻。然而，没有人愿意倾听，每个人都忙着准备自己的答复。会议显露出高人一等的作风。欢迎会上每个人都礼貌热情。可是，你不敢说："你看，我现在有这样一个棘手的问题要应对。你遇到过类似的问题吗？"只有与女性朋友聚在一起喝咖啡或逛街时，我才能畅谈我的感受。

玛莎、凯西与苏珊的地位及能力明白表示出她们都是杰出的个体。作为女性，她们在男性层级结构内部的经历证实了失声群体理论。克拉马雷指出，"男性建构了一个价值体系，并创造了反映这种价值体系的语言。女性不得不借助这个由男性组织的体系。"[25] 对于那些能力和自信不如玛莎、凯西与苏珊的女性来说，这样的前景已经足以使人却步。

35.6 私下表达：女性之间的沟通

苏珊对有机会与其他女性教务长畅所欲言感到很欣慰，这再一次验证了失声群体理论的核心原则。克拉马雷指出："女性在语言习惯及非语言行为方面，均可以找到有别于男性主流公共表达模式的方法来表达自己。"[26]

克拉马雷列出了许多女人用来讨论其感受的备用渠道——数百年来一直被女性所采用的日记、日志、信件、口述历史、民间传说、八卦、吟诵、艺术、涂鸦、诗歌、歌曲、非语言行为的模仿、妇科医学手册，以及一大群"有待于我们了解其丰富性与多样性的'非正统'作家"。[27] 她称这些表达是掩藏在男性正统性下的女性"颠覆"。

阿妮塔·迪尔蒙特（Anita Diamant）的小说《红帐篷》的迅速轰动就是一个例子。作者以维护女性权力的立场讲述了女主人公狄娜的故事。这本书没有做广告，仅仅靠3年多女性之间的口口相传，就登上了《纽约时报》畅销书排行榜。[28]

男性通常会忽略女性通过备用渠道进行分享的意义。事实上，克拉马雷深信"相对于女性而言，男性在理解异性时会遇到更大的困难"。[29] 她认为这既不是由于两性间的生物差异，更不是因为女性试图隐藏她们的感受。克拉马雷指出，男性对女性所思所想浑然不察，只是因为他们从来不曾试着去了解。英国作家戴尔·斯彭德（Dale Spender）担任《国际女性研究季刊》主编时，对于男性的无知给出了进一步的解释。她建议说，男性必须要认识到，倾听女性的意愿必然伴随着对特权地位的放弃。"这里最关键的问题在于，如果女性停止沉默而男人不再支配，某些男性就觉得这很不公平，因为他们丧失了许多权利。"[30] 男性可以故作无辜地宣称，"我从来理解不了女人"，这样就能回避对平等的要求。

35.7　公共表达：女性主义词典

与其他一些批判理论一样，女性主义不满足于仅仅指出权力的不对称。失声群体理论的最终目标，在于改变男性创造的让女性"安于其位"的语言系统。克拉马雷指出，她的改革还包括挑战那些"忽视由女性创造的单词与定义，并纳入许多性别歧视的定义与案例"的词典。[31] 传统意义上的词典是帮助人们恰当运用语言的权威指导，由于过度依赖男性化的文献资源，编撰者往往会系统性地排除由女性创造的单词。

克拉马雷与保拉·特莱切勒（Paula Treichler）于1985年编撰了一本女性主义词典，为未被收入《韦氏新国际大词典》的女性词汇提供定义，而对某些被收入《韦氏》的词汇则给出了女性视角的解读。该词典于1992年再版，它"将**女性**置于中心地位，从全然不同的视角重新思考语言"。[32] 当然，克拉马雷与特莱切勒不认为所有女性都以同一种方式使用这些词汇，更不认为女性是一个单一性的集体。她们在词典中纳入了由女性定义的大约2 500个单词，足以说明女性在语言方面的创造力，这一努力有助于改变女性沉默的地位。图35-1提供了一些简要的词条并给出相关出处。

35.8　性骚扰：用创造的新词来表达感受

克拉马雷与特莱切勒的词典里可能再找不出一个单词像**性骚扰**那样，足以说明女

性骚扰：在权力不对等的关系中强加给对方的性需求。

性主义传播学者的重大成就——为女性经历编码，使其进入被社会接受的主流语言。尽管工作中使人不快的性关注数不胜数，但直到近些年来，女性才创造了这样一个通用语，以标注女性生活中的既成事实。

1992年，《应用传播研究学刊》刊载了30个发生在传播系教授与学生身上的故事，故事的主角都曾因受到某个具有学术权威的人的性骚扰而饱受羞辱和创伤。其中只有两个事件与女性无关。正如克拉马雷所指出的，"性骚扰的现象无处不在，并非随机发生。"[33]以下这个匿名故事是其中一起典型案例。

> 他50岁；我21岁。他是我们专业的知名教授；而我是硕士一年级的学生。他的地位很稳固；而我的地位模糊不定，视乎我能否得到他的支持。他觉得他有权力；我则感到要依附什么人。他可能没怎么考虑过正在发生的事；我则对此永生难忘。
>
> 就跟大多数新生一样，我对自己以及自己的能力没有把握，因此渴望获得赞美以及有人能指出我的才能……就这样，11月的某天早上我在信箱中发现X教授写给我的一张便笺，X教授是我们领域的资深教授，对我而言，他是非常重要的人。X教授在纸条上邀我在那天晚上到他的办公室，讨论我写给他的报告。
>
> 对话结束后他告诉我，我们应该了解彼此而且紧密合作。我希望跟他一起工作，就同意了。我们站起来，他抱着我而且吻了我。我回想自己当时很震惊。我真的不知道这是怎么发生的。他笑着告诉我，"做朋友"只是为了增进我们的工作关系。我没说什么，但觉得很混乱……这个人是让人敬重的师长，而且他肯定比我了解师生关系的分寸。因此我想我觉得他的行为不当一定是我的错，一定是我误解了他的动机，夸大了"做朋友"的意义……因此我想要跟他"开诚布公"地谈谈。
>
> 在我们"恳谈"时我位居下风，因为我把它当成澄清情感的机会，而他却把它当成为了达成他的目的，重新解释与定义发生过的事情的机会。我告诉他我觉得跟他"如此友好"不太对。他回应说我过度反应，而且指出这是因为我出身于南部小镇……我跟他说我担心他无法客观地对待我的研究，因他希望与我做"朋友"而给我加分；他曲解我的意思，解释说他会公平地评估我的工作。然而，成为"朋友"确实会使他在专业上更有兴趣来帮助我。不管我说什么，他都以我的情绪不当来回应。[34]

失声群体理论可以解释这位女性混乱且失去主导权的感觉。她的故事既关乎性，也关乎语言。只要这位教授能自圆其说，将其行动解释为"表现友好"，女学生的感受就不能百分之百地被确信——甚至连她自己也是这样。然而，一旦她掌握了"性骚扰"这一语言工具，她就能确定她的感受并察觉教授的进逼既不合理也不合法。

克拉马雷指出，**性骚扰**一词首见于上世纪70年代末的一场官司，它是唯一一个由女性定义的法律术语。参照1991年女律师安妮塔·希尔（Anita Hill）因指控最高法院大法官克拉伦斯·托马斯（Clarence Thomas）性骚扰而在国会听证会上陈述证词时参议员们的反应[①]，它足以说明女性如果想获得定义权，还有待更多的努力。而失声群体理论也将继续它对抗男性话语权的斗争。

35.9 评论：男性希望女性沉默吗？

女性主义学者坚持认为"女性经验中最重要的传播活动——仪式、词汇表、比喻与故事——是重要的研究资料"。[35] 我在本章中引述了30位女性的言论，这些女性针对仅仅因为自己不是男性而承受的失声经历而表达意见。诸如此类的论调，我可以轻松地引出数百条。让我吃惊的是，对她们的言论的忽视或不信任，最终恰恰验证了克拉马雷的失声群体理论。

与第33章坦嫩所持的性别差异观点不同，克拉马雷主张权力问题是一切人际关系的核心。在本书第二部分的"关系维持"，关系辩证法和互动观点两大理论都支持克拉马雷的论点（见第12章和13章）。巴克斯特与蒙哥马利的关系辩证法认为，放弃一部分个人权力的意愿是分离与联系这场拉锯战的关键。瓦茨拉威克的互动观点则指出所有沟通或为对称或为补充。这些理论学者讨论的当然不是克拉马雷所谓的"我们生活在一个父权社会"的主题，然而他们的研究成果间接证明克拉马雷关注两性之间的**控制**是正确的。

至于男性的动机显然更难确认。坦嫩指责克拉马雷等女性主义学者认为男性有意控制女性的观点。尽管坦嫩认为两性沟通风格的差异有时会导致权力的不平衡，然而与克拉马雷不同，她倾向于认为这些问题主要是由两性之间的"不同风格"造成的。坦嫩警告说，"即使不存在支配或运用权力的动机，也会导致不良情绪以及对恶意动机或品行的指责。"[36]

克拉马雷则斥责坦嫩为男性滥用权力提供辩护的行为，即使从最善意的角度去看，也是过于天真的。她指出在男性统治的社会里，男人们经常无视甚至嘲笑女性对某些问题发表看法。克拉马雷不认为这是风格差异。她把研究焦点放在政治、教育、宗教、法律和传媒等体系上，它们正是那个涵盖性别、种族、阶级等因素的层级结构的支撑。个人对失声群体理论的反应，取决于你是这些体系的受益者还是被害人。

对于那些愿意倾听克拉马雷主张的男性及女性而言，由失声群体理论培育的意识会促使他们停止使用那些代表着权力不对等的语言。性骚扰一词显示了女性语言如何

---

① 此案为美国著名的办公室性骚扰事件，因其中掺杂种族与性别歧视因素而广受媒体关注。

外表：女性的外表就是她的工作服……女性对外表的关注不是被洗脑的结果，而是一种自然反应。（妇女解放组织"红袜子"中的一位姐妹）

戴绿帽子的人：妻子不忠的丈夫。然而丈夫有不忠行为的妻子还是被称为妻子。（切瑞丝·克拉马雷）

沮丧：精神病态的标签之一……隐藏了家庭主妇感到孤独、缺少自尊、产生工作不满足感的社会事实。（英国女性主义作家安·奥克利，Ann Oakley）

玩偶：别人给的玩具式的玩伴，有时也是孩子们自己做的。一些成年男性把成年女性伴侣定位为"玩偶"，以此延续他们的童年。（切瑞丝·克拉马雷）

家庭妇男：指的是比一般人更关心家庭成员的男性。然而，家庭妇女这个单词是理所当然的，没有任何值得奇怪的地方。（切瑞丝·克拉马雷）

女性主义者："我从来就不知道女性主义准确的定义是什么。我只知道每次我表达出与受气包有别的情绪时，人们就把我叫做女性主义者。"（英国女性主义者、小说作者瑞贝卡·怀斯特，Rebecca West）

八卦：女性间常见的、私人或家庭式的亲密谈话。源于和不断汲取女性社会角色的特性，女性在其中能获得肯定感的女性文化事件。（女性主义者狄波拉·琼斯，Deborah Jones）

罪感：这种情绪阻止女性做任何有益于她们自己的事情，如果它恰好妨碍到随便别的什么人的话。（女性主义者玛丽·艾伦·夏恩塞，Mary Ellen Shanesey）

女性史观：由女性讲述、与女性有关的人类历史……（女性主义者安娜·富弗狄姆 Anne Forfreedom）

女士（Ms.）：被那些想被当做独立个体而非某个男士的附属物的女性所采纳的称谓。（女性主义者米基·伦纳特和诺玛·威尔逊，Midge Lennert and Norma Wilson）

男人那一伙的：意味着不像女人。（切瑞丝·克拉马雷）

为人父母：新晋妈妈面临的巨大生活变化——"工作、收入和地位方面的损失；人际关系和社会网络的断裂；为成为'家庭主妇'而付出的努力。在绝大多数新晋父亲身上，不会出现类似的社会错位。"（女性主义者洛纳·麦基和玛格丽特·奥伯里恩，Lorna McKee and Margaret O'Brien）

淫秽：淫秽是理论，强奸是行动。（女性主义者安德里亚·德沃金，Andrea Dworkin）

性骚扰：指的是在权力不对等的关系中强加给对方的性需求。

沉默："沉默是金"这一说法是错的。"没有任何痛苦比得上内心感受无人分享。"（女性主义者、著名黑人女作家左拉·尼尔·赫斯顿，Zora Neale Hurston）"在语言和命名权被视作权力的世界里，沉默就是压迫，就是暴力。"（美国著名女诗人艾德里安娜·里奇，Adrienne Rich）

图35-1 摘录自克拉马雷与特莱切勒的女性主义词典

被纳入公共词典，代表女性共同体验而发声。克拉马雷与特莱切勒1985年编撰女性主义字典时，诸如**约会强暴**、**玻璃天花板**与描述职业女性生活变化的**二次换挡**等词甚至还不曾出现，而现在它们常常被用来表示女性直面的社会与职业上的不平等。克拉马雷提出的女性是由男性制造出的失声群体的观点，有助于改变两性之间传统的沟通模式。

帮助你深入思考的问题：

1. 你和你的同性朋友在一起时，会使用哪些你和异性在一起不会使用的词语？它们能够支持克拉马雷的**男性控制公共表达模式**的假设吗？

2. 在一篇有关**词典偏向**的期刊论文中，克拉马雷写了这样的句子："在那一点上，我很久都无法释怀（vaginated）。"[37]你能根据失声群体理论的原则解释她的双关语吗？当你用另外一个动词替代她的挑衅性用语时，这个句子的意思发生了怎样的变化？

3. **性骚扰**是指"在权力不对等的关系中强加给对方的性需求"，你能回想起自己骚扰他人或被别人骚扰的时候吗？

4. 你更同意坦嫩的性别方言类型理论还是克拉马雷的失声群体理论？作为**男性**或**女性**，在多大程度上你的选择受到你自身性别的影响？

对话：

在我与切瑞丝·克拉马雷的对话中，她强调在大学里设置女性研究专业是让人振奋的信号，女性不是命中注定只能保持沉默的。当我问及是否应该相应设立"男性研究"专业时，她出人意料的回应不仅使我开怀大笑，同时也再次强调了她的理论的基本原理。克拉马雷在描述她的**女性体验百科全书**中的**巫婆**一词时，风趣地说明了这个单词如何被转换成用来指代女性的缺点。我要求克拉马雷回顾我们的对话，看我的谈话和行为是否限制了她想表达的内容，并以此来结束我的访谈。你是否会同意她在对话结束前的分析呢？在www.mhhe.com/griffin7或www.afirstlook.com可以看到这段对话的视频。

扩展阅读：

推荐阅读："Cheris Kramarae," in *Feminist Rhetorical Theories*, Karen A. Foss, Sonja K. Foss, and Cindy L. Griffin, Sage, Thousand Oaks, CA, 1999, pp. 38–68.

综合表述：Cheris Kramarae, *Women and Men Speaking*, Newbury House, Rowley, MA, 1981, pp. v–ix, 1–63.

失声群体的原始定义：Edwin Ardener, "Belief and the Problem of Women" and "The

'Problem' Revisited," in *Perceiving Women*, Shirley Ardener (ed.), Malaby, London, 1975, pp. 1–27.

克拉马雷关于这一理论的反思: Cheris Kramarae, "Muted Group Theory and Communication: Asking Dangerous Questions," *Women and Language*, Vol. 22, 2005, pp. 55–61.

女性主义词典: Cheris Kramarae and Paula Treichler, *A Feminist Dictionary: Amazons, Bluestockings and Crones*, 2nd ed., Pandora, London, 1992.

世界范围的女性主义研究: Cheris Kramarae and Dale Spender (eds.), *Routledge International Encyclopedia of Women: Global Women's Issues and Knowledge* (4 vol.), Routledge, New York, 2000.

互联网未履行的承诺: Jana Kramer and Cheris Kramarae, "Women's Political Webs: Global Electronic Networks," in *Gender, Politics and Communication*, Annabele Sreberny and Liesbet van Zoonen (eds.), Hampton, Cresskill, NJ, 2000, pp. 205–222.

有关女性在CMC使命中的回顾: Cheris Kramarae, "Women, Work and Computing/Unlocking the Clubhouse," *NWSA Journal*, Vol. 15, No. 2, Summer 2003, pp. 207–210.

性骚扰: Julia T. Wood (ed.), "Special Section—'Telling Our Stories': Sexual Harassment in the Communication Discipline," *Journal of Applied Communication Research*, Vol. 20, 1992, pp. 349–418.

通过线上学习让女性发声: Cheris Kramarae, *The Third Shift: Women Learning Online*, American Association of University Women Educational Foundation, Washington, DC, 2001.

对话中性别差异的另一种阐释: Candace West, Michelle M. Lazar, and Cheris Kramarae, "Gender in Discourse," in *Discourse as Social Interaction*, Vol. 2, Teun van Dijk (ed.), Sage, Thousand Oaks, CA, 1997, pp. 119–143.

基于失声群体理论与立场理论的进一步理论建构: Mark Orbe, "From the Standpoint(s) of Traditionally Muted Groups: Explicating a Co-Cultural Communication Theoretical Model," *Communication Theory*, Vol. 8, 1998, pp. 1–26.

评论: Celia J. Wall and Pat Gannon-Leary, "A Sentence Made by Men: Muted Group Theory Revisited," *European Journal of Women's Studies*, Vol. 6, 1999, pp. 21–29.

第六部分　回顾与整合

单元引言　传播理论
第 36 章　传播理论的共享线索

单元引言　传播理论

那些知道我写过传播理论专著的朋友们经常会问我哪种理论是最好的。我的确有我自己的偏爱，可我还是无法给出一个令人满意的答案。密歇根大学组织行为学和心理学教授卡尔·维克（Karl Weick）的言论使我略感安慰，因为他向我们保证任何一种理论都有不可回避的效益背反。[1] 我也确信，维克根据创立者的妥协而创造的分类理论使我们不必表现得过度焦躁，特别是当我们发现这些理论结构中的瑕疵时。理论的建立可不容易。

维克引述了阿尔伯塔大学心理学者沃伦·索恩盖特（Warren Thorngate）的复杂性对称假设（Postulate of Commensurate Complexity），以说明实验取向的理论学者的困境，"同时具备实用性、简单性（简易性）和准确性的社会行为理论，几乎是不存在的。"[2] 复杂性对称这一术语指的是为了使某种理论能够解释某些特殊情况而增设限定性条件的必要性。索恩盖特进一步扩展了他的假设：

> 一个简化理论愈是具有实用性，在预测特殊情况时，它就可能愈发不准确……一个简化理论愈是准确，它就愈是除了简化至极或人造条件下的事物什么都解释不了，同时具备实用性和准确性的理论不可能是简单的。[3]

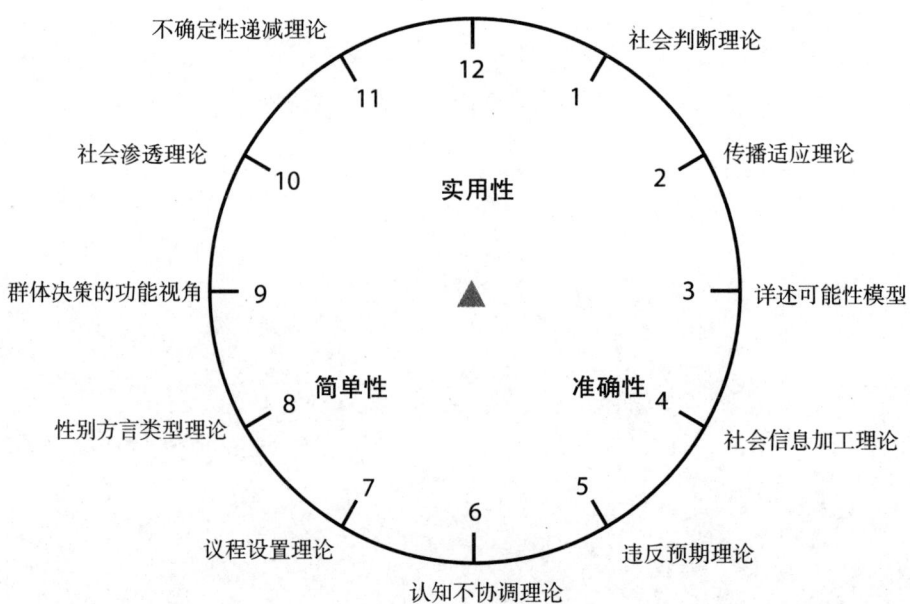

图CT-1　理论建构中的理论效益背反　基于卡尔·维克的钟面模型

图CT-1的时钟表面显示维克如何描述3种理想标准之间的关系。12点、4点和8点的位置分别对应3种标准——实用性、准确性、简单性。余下的位置则代表落于两种标准之间的理论的不同组合。

你可以看出，钟面上任何一个位置都不能涵盖上述3种理想标准，接近其中一个意味着离另外一个甚至两个更远。

为了理解维克指出的传播理论学者面临的效益背反，你必须能鉴别某种理论所处的时区，我将沿顺时针方向逐个介绍，以便你能弄清楚每个数字所代表的意义。每一种理论在钟面上的具体位置反映了我如何评定理论创立者做出的高难度的优先选择。

在第3章我已经说过，好的实证性理论应具有实用性。这样一来，位于12点位置的理论应适用于任何情况，但这个要求很难达到。维克指出，任何研究方法都不能彻底脱离语境而研究社会行为。威斯康星大学传播学教授大卫·莫特森（David Mortensen）认为："传播从来不发生在真空里；它不是一个去除掉背景或情境暗示的'纯粹'过程。"[4]

处在2点位置上的理论，它的创立者放弃了该理论广泛适用于各种情境的幻想，而选择保留准确性。该研究方向扩充了问题，增加了限定条件，以便能够认识某一行为背后的多重成因。在大多数情况下，含有某种真理的理论必然是复杂的。贾尔斯的传播适应理论可以精确预测融合或分歧策略的最终结果，因此很适合这个位置。

4点方向的理论学者称得上是纯粹的实证主义者——陈述、验证且反对无效假设。第3章曾强调过，好的实证性理论应具备可验证性，要求准确性的4点位置必须配备一种经得起验证的阐释，就像社会信息加工理论那样。这时，人们经常会回应说，"那又怎么样"。

钟盘6点方向的特征是强调与具体语境的一一对应。这一方向的理论学者在对未来做出预测时，他们通常说，"它取决于……"。由此而创设的定量研究要在高度控制的实验室环境中进行。认知不协调理论是一个典范。6点方向的定性研究则是对案例分析、基础理论、参与式观察、民族志等方法的阐释性融合。尽管数据相当丰富，但应用于具体情境时会受到限制。某种文化的语言代码并不能让我们对另外一种文化了解得更多。

8点方向的理论倾向于把数据压缩成简单结论或有限几个便于理解的原则。例如，黛博拉·坦嫩认为，男性性别方言表明他们生活在一个一切与地位相关的文化中，女性则生活在联系的世界里。坦嫩与其他类似的理论学者一样，被指责过分地应用了简化论。

我发现学生们对于10点方向的社会渗透理论极为着迷。这个位置代表着简单性与实用性的结合。在这里，知识被精炼成便于记忆的格言或生动的比喻。这些在一定程度上获得广泛适用的推理，充分尊重直觉和内心感受。10点方向的调查研究有可能会引起立场的错误，但维克认为这不是什么致命性危险：

> 一切理论阐释，无论怎样荒唐，都有可能在某个时期显示出合理性。它仅仅取决于该思想的创始者是否足够聪明或者足够幸运，足以发现那些能够给该理论提供精准支持的场所。[5]

维克基于索恩盖特假设提出的钟面类比，说明了为何本书中任何一种研究方法都不能避免批评。每种理论至少有一个"软肋"或致命的弱点。许多人质疑不确定性递减理论的信息—搜寻公理的有效性，这一现象毫不奇怪，该理论距离钟面上的准确性标志有5个小时的距离！同样，从多个维度对态度进行精细描述，使得谢里夫的社会判断理论无法成为简单的理论。追求两种美德，总会以第三种美德为代价，维克认为三占其二就相当不错了。他指出试图尽善尽美的理论学者到头来总是一事无成。研究结果永远是琐碎、乏味的，让人觉得厌倦——很容易成为那些将学术争议玩乎掌上的人的目标。

英国著名的蒙提·派森喜剧团（Monty Python）的一部以理论化为主题的讽刺剧揭示了其中的奥妙。该喜剧团对超级恐龙——雷龙的素描恰恰是对那些过分沉浸于自己观点的理论学者的讽刺。伪学者安妮·艾尔克参与了一档电视脱口秀，骄傲地介绍她的理论，认为它包容了一切。

> 下面我要介绍那个专属于我的理论，……现在开始吧。所有雷龙都是一头尖，在中间逐渐变粗，在另一头又会变尖。好啦！这就是我的理论，它是我的，而且只属于我，只有我才拥有它的所有权。[6]

"她"的理论当然是准确的，足够简单，适用于这一类的任何动物。可是，它毫无价值。为了回避这类陷阱，维克建议理论学者要有意识地选择钟面上的偏好位置，在应对该领域的问题时可以"合理地放松"。

索恩盖特假设描述的是实证性理论中固有的折中性。不难想象，阐释学派的理论学者面临着类似的效益背反。回想一下第3章的内容，好的阐释性理论应该是：（1）陈述对人类的理解；（2）价值澄清；（3）激发美学诉求；（4）促进社群认同；（5）改变社会。现在，比较一下本书中两个研究性别与社会传播的理论。克利福德·格尔茨在巴厘岛上有关性别角色的文化研究，或切瑞丝·克拉马雷的失声群体理论，二者都无法实现全部的上述功能。

格尔茨对于巴厘岛斗鸡习俗中男性关乎地位的争斗的深描，在全世界的男性心灵中引起了共鸣。他讲述这些男人们冒险下注的故事，其中所运用的想象，对于两性读者而言具有极大的审美意义。但格尔茨优美的文笔和他提出的群体一致理论抑制了任何改变印度尼西亚社会的设想。可以说，格尔茨并不是一个变革者。

变革却刚好是克拉马雷的强项。女性主义理论有意挑战因男性控制主流表达模式而滋生的权力分配不平等。克拉马雷有强烈的变革欲望，而且显然并不期待多数手握权力的男性会认同她的理论。在审美的意义上，控诉权力滥用从来就不优雅。

与维克一样，我深信所有理论学者面对使其理论无法尽善尽美的效益背反时，都有些身不由己。自发性的、一定程度的克制是合理的。我们应该尽力理解学者们做出的选择。

最后一章提出了就本书介绍的传播理论而言至关重要的10条准则，以帮助读者更好地吃透这些理论。我之所以把这些原则看作"线索"，是因为它们不但把各个学派的理论联系在一起，还解决了不同传播语境面临的问题。假如读者觉得这种整合的努力不能令人满意，我只好向你请求维克曾给予理论学者的宽容。毕竟，在一片混乱之中并不总是能找到清晰的线索。

第36章　传播理论的共享线索

本书前4章做过一些基础性工作，以便读者理解即将学习的跨越各个领域的传播理论的关系。第1章介绍理论和传播的定义，由此读者可以认识到本书中所有传播理论的共性。第2章介绍实证性与阐释性的区别，这是判定理论创立者研究方向的基础知识。第3章针对两种理论类型分别给出5种评判标准——这是找出理论的相似性和差异性的另一种方法。第4章详细地勾勒了传播学领域里滋生多项理论的七大学术流派，每一流派内部的理论彼此之间有很大的相似性。我希望在整个学习期间，以上这些整合性工具能够帮助读者比较和对比所学的各个理论。

现在，在最后一章，我要介绍一种找出理论相似性和差异性的新方法。我只能在最后一章介绍这种方法，因为假如读者还不了解本书的这些理论，就无法掌握这一方法。接下来，我要介绍以多种形式出现在诸多传播理论之中的十大准则。我把它们称为**线索**，由于这些线索的穿插，看似不相关的传播理论被紧密地编织在一起。

线索：在多个具差异性的传播理论中不可或缺的、或显著或暗藏的传播准则。

要成为传播学理论的线索，我认为它至少要出现在本书涉及的5个或更多理论之中，而且是作为理论的重要特征出现。它应该能促进对理论、信息共性的发现，揭示与传播过程有关的变量或符号互动结果。为了使这些线索不致沦为前4章工作的重新包装，我规定它们至少要覆盖第4章中介绍的两种以上的流派，还要适用于两种以上的传播语境——人际关系语境、社群或公共语境、大众语境和文化语境之中的两种。

最后一章要比其他章略长，然而阐明这些线索并不意味着穷尽所有可能。每个线索串联的理论不会超过7种，只有两个线索例外。或许，读者会有兴趣再补充一些被我遗漏或忽视掉的理论。

介绍每条线索时，我通常会给出一个**快捷标签**，以及一段以黑体呈现的概括性叙述。随后，我用一个与之严密匹配的**典型理论**来说明该线索。余下的部分将详细讲述另外一些理论学者如何运用这一核心准则，他们的应用会略带一点偏差，有时甚至会与典型理论中的用法相悖。这是归纳法里比较法和分析法中的**分析方法**。

回顾理论学者运用某种思想原则时的不同，将会使你产生"原来如此"的感叹，有助于读者深理解本书所介绍的思想方阵。类似于每章末尾的评论环节，在对每条线索的讨论结束时，我会给出"**有待提高**"的建议，谨供那些热诚拥护该线索的人认真思考。我在这一章涉及的多数思想在第5章至第35章已有详述，仅有少数例外。

我最后再补充一点。当我在传播学理论课堂上介绍以下线索时，我的学生向我反映它们具有双重作用：不但加强了理论之间的联系，还可视作是对本书的一次整体回顾。我希望它们对读者也有类似的作用。

1. 动机

传播由我们基本的社会需要驱动，这些需要包括归属感、成就感、控制欲以及减少不确定性和焦虑感的强烈愿望。

社会交换理论认为人际关系的发展基于感知到的收益与互动成本。回想一下**社会渗透理论**，它的创立者阿特曼和泰勒运用**社会交换理论**原则，预测人们在自我暴露的深度和广度上何时才开始愿意展示弱点（见第9章）。可能的结果（收益减去成本）愈大，个体就愈愿意自我暴露。当然，潜在回报和成本是以旁观者的标准来评判的。每个个体的比较层级各不相同。所谓比较层级是表示人际关系变得令人满意的阈值。假如我们认为换一个人进行互动会得到更好的结果，我们的人际关系会因此变得不够稳定——这即是替代性比较层级。正如动机线索的解释指出的，由于每个人有不同的需要，感知到的收益与成本会因人而异。然而，本书中几乎任何一种理论都会唤醒至少一种由该原则定义的动机。我将各选用两种理论来阐述以下5种需要产生的强烈驱动力。

动机：驱使我们思考、感觉、行动的需求和欲望。

归属感的需要。社会渗透理论描述亲密关系如何发展，它假定人类需要有归属感，并把研究焦点放在人们的归属感如何通过相互的自我暴露达到满足（见第9章）。诺伊曼的**沉默的螺旋假说**把公众舆论定义为个体不冒孤立自己的风险即可表达的态度（见第29章）。对被孤立的恐惧（丧失归属感）迫使少数代表保持沉默，并因此造成一致同意的假象。两种理论都认为，对他人的归属是一种强烈的人性需求。

成就感的需要。广川与古伦的**群体决策的功能视角理论**指出，为了达成高品质的解决方案，决策群体必须分析问题、设定目标、识别可替代项以及评估积极及消极结果（见第17章）。不能达成以上4种必要功能中至少一种的成员评论，会被看成是妨碍群体实现目标的干扰。迪利亚的**建构主义理论**描述了制造信息计划以达成沟通目标的过程（见第8章）。迪利亚认为认知复杂度是制造成功率极高的个人中心信息的必要条件。只有当说话的人提前设定明确的目标，这种技巧才可被激发。

控制欲的需要。掌握权力的群体或组织领导者对于控制的过度需求，充分表现了批判理论的重要性。迪茨的**组织沟通的批判理论**揭露了所谓"公司殖民"的现象。在迪茨看来，管理主义坚持不必要和不公正的公司控制，并因此降低雇员和其他股东的生活品质（见第20章）。克拉马雷的**失声群体理论**则宣称，男性控制语言及其规则，从而迫使女性在公共领域里保持沉默（见第35章）。说到动机，上述两种理论都认为边缘群体需要获得更大的发言权。但掌握权力的人不愿与他人分享权力；维持现状对他们更加有利。

减少不确定性的需要。 伯杰的**不确定性递减理论**指出，大多数沟通的动机是获取知识和建立理解。当我们第一次与他人见面时，我们希望获取信息，并由此提升对双方未来互动的预测（见第10章）。假如我们认为还会再次见到某个人、对方身上有我们需要的特质或者某个人行为方式非常奇怪时，我们减少不确定的欲望特别高。这种求知的需要在某些人身上体现得比另一些人更加强烈。根据麦库姆斯和肖的**议程设置理论**，广电传媒和报纸对于好奇心最强烈——理论学者称之为高需求取向——的人具有极大的影响力（见第28章）。

减少焦虑的需要。 伯克的"人的定义"指出，语言的独特性使得所有人都在为为何不能做得更好而感到有罪。伯克用罪感一词描述固着在人类社会里的各式各样的恐惧、紧张、窘迫、羞愧和厌恶。他的**戏剧主义理论**提供两种去除负面情绪的方法。第一种选择是认罪和承认自身的不完美，同时请求宽恕。第二种选择是归咎于他人——借由牺牲来达成拯救（见第22章）。而费斯廷格认为，**认知不协调**是一种令人厌恶的驱动力。为了回避引发焦虑的不协调，我们有选择性地向自己曝光信息，它们或者有助于强化已有的信念，或者是在紧急决策之后寻求社会支持，或者改变我们的观念，以便与反态度行为保持一致（见第16章）。

有待提高： 假如我的沟通行为，包括写这本书，仅是为了满足我个人的需要和利益，这等于告诉我这样一个事实：我是一个彻头彻尾自私的人。我并不怀疑归属感、成就感在主导我大多数的谈话，同样地，我也希望降低我的疑虑和恐惧。但是，我宁愿认为我受到这些欲望的推动，也不愿我是因为某种不可抗力量而屈从于它们。我在某些时刻总是能够，也有理由表示拒绝，把这些需要从对他人的关怀或道德感中拔除出去。正如责任（responsibility）一词的词根所显示的，它意味着有能力（able）做出反应（respond）。社会交换理论以及其他动机理论认为人没有能力做出选择，对于这一点，我表示怀疑。

2. 自我镜像

沟通行为影响我们的身份认同，同时也受到它的反作用，身份认同是在相应的文化语境中被培育出来的。

米德的**符号互动论**认为，自我概念通过沟通而形成（见第5章）。通过角色互换以

自我镜像： 身份；想象中自我的样子，很大程度上取决于他人给自己的反馈。

及感知他人怎样看待我们，我们建立了自己的身份认同。反过来，这一镜中自我会影响我们在社群内的思考方式和行为。在皮尔斯和克罗嫩的**意义协调管理理论**中，两位学者认为人们在创造过程中并不像米德认为的那样被动（见第6章）。该理论的意义层级模型表明，就我们每个人对意义的管理而言，如何共同构建自我镜像是其中至关重要的因素之一。根据阿伦森和库珀的修正版认知不协调理论，在找到清除的方法之前，不协调对我们的自我镜像一直产生消极影响（见第16章）。

以下3种关注文化的理论阐释了文化与身份认同的关系。在**面子协商理论**中，图梅把面子定义为公共自我镜像（见第31章）。她指出个人主义文化背景下成长的人建立的是"独立个体的认同"，关心如何保住自己的面子；集体主义文化背景下的个体则会建立"群体认同"，在意如何给他人保留面子。贾尔斯的**传播适应理论**假定，在不同团体的会面中，认同于某个社会或文化群体的个人，会采取与群体外成员有分歧的对话方式（见第30章）。菲利普森对纳库瑞马人和提姆斯特维尔人的口语代码研究更深入地阐释了贾尔斯的观点。这位民族志学者发现，纳库瑞马人寻求独特且独立的自我，而提姆斯特维尔的口语代码把居民们定义为无差别的社会角色（见第32章）。

有待提高：自我概念在传播学领域是非常重要的议题。一般认为，大多数人受到他人压抑，需要用一定方法提升自尊。持相反意见的观点则指出，社会心理学家已发现一个重大的归因错误——常见于人性中的基本认知偏差。[1] 成功时，我们往往认为它是个人能力和勤奋的结果，假如他人也获得同样的成就，我们却往往认为他们只是幸运而已。相应地，在别人失败时，我们总是认为一切只能怪他们自己，而假如我们自己遭遇了挫折，我们会把责任推到别人身上或怨恨世事的无常。为了矫正这种认知偏差，每个人都应当尽量宽以待人，严于律己。

3. 可信度

他人对我们的能力和个性的认知将取决于我们的语言和非语言信息是被其接受还是受到忽视。

2000多年前，亚里士多德的《**修辞学**》用道德论证一词表示某场演说的影响力在多大程度上受到演说者可信度的影响。亚里士多德把**道德论证**定义为演说者可被感知的智慧（能力）、品质（可信度）以及释放给听众的善意（见第21章）。道德论证由旁观者评判，因此人们在演说时，听众对演说者的能力、品质以及对他们幸福的关怀程度的认知会有所变化。伯克的**戏剧主义理论**指出，影响力取决于听众对演说者的品质是否认同。如果在外貌特性、才能、职业、背景、个性、信念、价值观等方面不能构成认知重叠，影响力就不会形成（见第22章）。沃尔瑟确信以计算机为媒介的沟通可以造成双方的共性比现实生活中更多的印象。而**社会信息加工理论**的超人际视角是指，通过线上聊天认识的人会高估彼此的相似性，因为促成交往和互动的原因正是使

可信度：受众在信息源中感知到的智慧、品质和善意。

他们走到一起的共同兴趣（见第11章）。

另外两个人际关系理论则用可信度来解释人际关系变化。伯贡的**违反预期理论**认为传播者的结果效价在预测令他人惊讶的对话或行为效果时是一个关键变量。它是人们带给会面之人的正值和负值属性加上他或她在未来必须回报和实施惩罚的可能的总和（见第7章）。

谢里夫的**社会判断理论**宣称，相对较宽泛的接受区域会加大听众或读者重大态度改变的可能（见第14章）。高度可信信源是人们扩展其分辨不一致信息的数量的有效方式。佩蒂和卡乔波的**详述可能性模型理论**是一个关乎公共和个人影响力的理论，认为可信度虽然有助于提升影响力，但长期效果并不乐观。因为人们经常用边缘路线处理可信度线索，而这一路线所导致的短期态度改变，不仅经常面临挑战，而且难以对后续行为作出预测（见第15章）。哈丁和伍德的**立场理论**认为，女性、少数民族和其他边缘群体在有身份的人看来可信度较低。讽刺的是，相对于那些居高临下、手握权力的人，失权者的社会定位使得他们以更为客观的视角来认识社会现实。这两位理论学者宣称为了提高理论的可信度，研究者必须立即着手考察女性和边缘群体成员的生活（见第34章）。

有待提高：这一线索涉及的理论一致认为可感知的可信度是沟通过程中重要的价值资产。但是，正如**详述可能性模型理论**指出的，人们对于信源的关注可能导致对信息内在价值的忽视。在接受演说者的观点之前，我们或许要先问问自己，"如果是由某个不那么有魅力、性感和受欢迎的人来陈述，我还会认为它是这么好的主意吗？"假如情况恰恰相反，我们则应该问另一个问题，"这个想法的确是由那个我无法忍受的无脑生物提出的，但这是否就意味着它毫无可取之处呢？"

4.预期

人们的预期将会影响互动中的认知、阐释和反应。

预期：在人际互动中，我们期待他人如何行动或回应我们。

伯贡的**违反预期理论**认为预期是我们预计将要发生而非我们盼望发生的事件（见第7章）。个人会面时，文化和环境语境，传播者年龄、性别、外貌、个性及对话方式，双方关系的本质，都将形塑我们的预期。如果感到吃惊，我们就会做出相应的回应。根据伯贡后续的**互动调适理论**，我们可以改变在互动中的位置。蒂鲍特和凯利的**社会交换理论**中的比较层级预测的也正是这一点（见第9章）。基于以往经验，比较层级是我们理性预期中衡量收获的满意度的基准。假如所获远超或远逊于预期，比较层级将在未来的互动中有所变化。

预期在其他一些人际关系理论中也是不可或缺的一部分。在米德的**符号互动论**中，自我实现预言是镜中自我的重要内涵。他人倾向于按照我们的期待采取行动，成为受到我们瞩目的对象（见第5章）。伯杰的**不确定性递减理论**认为，对未来互动的预期会提升我们减少不确定性的动机（见第10章）。这一预测在沃尔瑟的**社会信息加工理论**里也有体现。社会信息加工理论的超人际视角认为，伴随着夸大双方相似度的现象，对未来互动的预期会促成自我实现预言。被视作英雄的人将以英雄的方式采取下一步行动（见第11章）。

"传媒效果"部分的理论把预期视为一个关键变量。格伯纳的**涵化理论**认为电视持续播放的符号化暴力，创造了一种被夸大的观众遭受人身威胁的恐惧。它造成重度观众对他人普遍的不信任感，这些观众倾向于用更多的限制和暴力对付那些令他们感到恐惧的人（见第27章）。诺伊曼的研究则指出人们花费大量时间、精力试图勾画公众舆论的指向。假如他们预期舆论正在偏离他们现有的观念，他们就倾向于保持沉默，沉默的螺旋随之形成（见第29章）。

伯贡曾指出文化对预期构成强烈的影响。根据图梅的**面子协商理论**，集体主义文化背景下高依存性的个体预期他人会帮助他维系其公共形象，给他"留面子"；而个人主义文化背景下成长的独立个体则不会产生类似预期（见第31章）。

有待提高： 预期是对未来将会发生的经历的阐释；而认知则是对当下可感知的经验的阐释。两个概念不但容易混淆，而且不便测量。我们从来无法确知他人的经验，因此，诉诸预期概念的传播学理论实际上可能不如它们听上去那样确实。

我目前列出的动机、自我镜像、可信度和预期4条线索，均指向对传播有显著影响的心理变量。目前尚未涉及的是，"创造和阐释信息"——在第1章中我曾指出正是这种行为使得传播学成为独立学科。接下来的6条线索将聚焦于这一点。

5. 受众适应

通过有意识地创造针对特定环境的个人中心信息，人们提高了实现沟通目标的可能性。

迪利亚的**建构主义理论**描述的个人中心信息就是单一受众适应的典型。在选择多重目标后，传播者会根据特定的环境和对象设计信息计划（见第8章）。在迪利亚看来，不是每个人都拥有足够的认知复杂度。那些善于建立更为丰富的人际关系建构的人将更容易达成目标。

在一个多少有些类似的**基于计划的策略沟通理论**中，伯杰讲解了在考虑到他人可能的反应后，我们如何构建信息计划以实现人际关系目标（见第10章）。伯杰关注的不是个体在认知复杂度上的差异，而是信息计划的复杂程度。高度精细且内在一致的信息计划看上去或许很有说服力，然而如果它需要耗尽我们全部注意力匆匆忙忙地做出调适，我们的表现恐怕就不那么让人满意了。

谢里夫的**社会判断理论**表明，那些想影响他人的人在以下情况里是最容易成功的，即首先确定对方的接受区域，再制造一个恰好能落于其中的、有说服力的信息

受众适应： 根据受众特征和特定环境，对信息做出策略性的创造和调整。

（见第14章）。佩蒂和卡乔波的**详述可能性理论**给出的建议则是，传播者应首先评估目标受众是否愿意且有能力认真思考那些支撑倡议者立场的相关论据。假如答案是否定的，传播者应将注意力集中于边缘线索，以达成暂时性的态度改变（见第15章）。

至于那些想要通过自己的言行使他人震惊的人，伯贡的**违反预期理论**提供了一些实用性建议（见第7章）。如果你确定对方喜欢这一违反预期的方式，那就这样去做吧。假如违反预期是中性或含义模糊的，你必须首先评估对方的感受。如果对方重视你或你的行为，你的意想不到的行为有可能带来积极结果。如果不是这样，你最好还是与对方的预期保持一致。万一对方对我们意外行为的反应不是我们所期待的，违反预期理论并没教我们要如何去做，不过伯贡的后续理论——**互动调适理论**倒是指出，我们要相应地调整我们对未来的预期和行为。

适应受众的想法不仅存在于与人际关系有关的传播理论。在公开演说的语境里，亚里士多德的**修辞学**建议如果演说者确信受众已经接受了大前提及小前提，就可以用省略三段论代替三段论（见第21章）。在文化语境里，图梅的**面子协商理论**强调在跨文化互动的过程中内观的重要性（见第31章）。贾尔斯的**传播适应理论**则表明，人们在寻求不同文化背景的支持时，倾向于用对方的对话风格以与对方达成融合（见第30章）。

有待提高：上述理论的建议是，为了使影响力最大化，人们应当有意识地调整自己的信息以适应受众的态度、行为或能力。不错！然而，这样做的危险是，我们会失掉信息的真实性以及信念的完整。假如无论对方想听什么我们就立即说，调适就变成了曲意逢迎。美国社会学家雷蒙德·鲍尔（Raymond Bauer）的文章《顽固的受众》指出存在三分之一的可能——受众适应最终改变了演说者，而不是演说者改变受众。[2]如果此说确实，费斯廷格的**认知不协调理论**的反态度宣传（counterattitudinal advocacy）研究可以给出与之相应的解释（见第16章）。

6.社会建构

对话中的人共同建构他们身处其中的社会现实，同时也被他们创造的世界所改造。

社会建构：现实和美好生活的共同创造。

社会建构这一概念直接引自皮尔斯和克罗嫩的**意义协调管理理论**（见第6章）。两位学者认为自己是对多元世界充满好奇的参与者，而不是像实证主义社会学家那种为寻找绝对真理而扮演的独立观察者。**意义协调管理理论**宣称人们共同建构了他们身处其中的社会，理论学者自然而然会追问："我们正在做什么？我们在共同建构什么？我们怎样才能创造更好的社会？"与**意义协调管理理论**一样，迪茨的**组织沟通的批判理论**驳斥了传播是纯粹的信息传递或它描述了独立的现实这一类旧的思想。语言是构成的，不代表已存在的现实（见第20章）。但是与**意义协调管理理论**不同的是，迪茨版的社会建构关注权力的议题。迪茨揭露管理者借助语言获取工人共识的隐秘方法，以及他们如何通过这一途径扩大公司对工人生活的控制。

另有一些理论认为传播是在创造意义而不仅仅是对它的反映。米德的**符号互动论**讲解了自我概念如何在与重要他者的语言或非语言沟通中形成（见第5章）。巴克斯特修正版的**关系辩证法**指出，沟通是构成性的，制造了关联各方体验到的对立统一。沟通也可以制造圆满、完整和性灵合一的美感瞬间，就像它在辩证冲突中维系亲密关系那样（见第12章）。瓦茨拉威克的**互动观点理论**认为每个家庭根据内部规则进行一个独一无二的游戏，这个游戏创造了家庭内部的现实——往往是破坏性的。瓦茨拉威克认为诊疗的功能就是帮助家庭成员构建他们能够适应甚至从中受益的替代性现实（见第13章）。

接下来的3种理论强调了社会建构的微妙本质。普尔的**适应性结构化理论**采用吉登斯的观点，即群体成员通过在互动中使用规则与资源，使社会系统得以生产和再生产（见第18章）。这意味着群体成员正在创造他们身处其间的群体，尽管他们自己可能没有认识到这一点。格伯纳的**涵化理论**讲述的是传媒对暴力的表现如何使重度观众建构了一个处处危机、令人恐惧的世界（见第27章）。这种表现持续的时间长达数十年，而非想象中的10多个小时，观众因此意识不到电视施加于他们的强烈影响。麦克卢汉**传媒生态学**也认为，电视和电子沟通改变了我们身处的环境。格伯纳把信息内容看成促变因素，而麦克卢汉则认为，正在改变我们感官环境的其实是传播的形式，媒介即为信息。我们塑造了传播工具，而现在它们正在塑造我们（见第24章）。

有待提高： 上述理论充分表明，社会建构的思想在传播领域里获得广泛运用。事实上，克雷格认为传播理论的七大流派都具有社会建构性（见第4章）。然而，是否存在一种语言可以粗略描述的基本现实呢？而且，正如我在**意义协调管理理论**一章末尾"帮助你深入思考的问题"里所追问的，你愿意为了一个只存在于口头或文字意义上的社会现实，而放弃你可以信赖的真理吗？

7. 共享的意义

如果我们对使用的符号有共同的阐释，在这个意义上，我们的沟通是有效的。

格尔茨和帕卡诺夫斯基的**组织文化的研究方法**将文化定义为意义网络，即共享意义的系统。正因如此，格尔茨认为我们不仅要关注文化网络结构，更要关注它运转的过程——传播。帕卡诺夫斯基将格尔茨的思想运用到组织机构之中，着重于对故事、隐喻和仪式的集体诠释（见第19章）。菲利普森把口语代码定义为与传播行为相关的，经由历史产生以及社会建构的名词、意义、假设和规则等构成的系统（见第32章）。他支持用民族志的方法，即融入社群的参与式观察，来调查口语代码对使用者而言具体意味着什么。

共享的意义： 人们对于语言或非语言信息意指的含义的共同阐释或相互理解。

米德及其他符号互动理论的拥护者发现，人们采取的行动通常基于他们赋予他人的意义（见第5章）。符号互动论者赞同格尔茨、帕卡诺夫斯基和菲利普森的观点，认为在社群内部评估意义的唯一方法是民族志研究。这些理论一致强调共享的阐释。

另外一些理论则全然不同，它们认为相互理解之路充满崎岖、争议。由皮尔斯和克罗嫩的**意义协调管理理论**的名称可以看出，两位学者认为意义经由社会创造，而且必须持续性地加以管理。当然，共享阐释不意味着要面对面的参与。皮尔斯认为两个人中的任何一方都可以协调对话和行为，即使是在另一方并不同意——甚至也不必要表示同意——的时候（见第6章）。

与大多数阐释性理论学者一样，迪茨认为意义存在于人群而非词汇之中。他进而追问，"存在于人群当中的意义是属于谁的？"他的**组织沟通的批判理论**谴责集团公司管理层试图以公开或秘密的方式将意义强加给工人和其他股东。迪茨将这一行为定义为公司殖民（见第20章）。

霍尔的**文化研究理论**向传媒操控者提出类似行为霸权的指控。霍尔不认为它出自传媒从业者的共谋，但最终的结果是由传媒集团和文化工业建立了形塑社会的意义。霍尔用马克思主义的视角审视文化，认为传媒是服务于有产阶级而非无产阶级利益的、强而有力的意识形态工具（见第26章）。巴特的**符号学**则从微观层面解释上述过程。传媒携带指示性符号，将其作为能指并配合以不同的所指。随后形成的图像是一个全新的内涵符号，尽管借用了原始符号却已经丢失了历史意义（见第25章）。

有待提高：决定意义的是人而非语言，而基于这一观念，文本就不能进行自我阐释。共享的阐释因此无法借助信息而得以清晰化，这一目的只能由受众达成。更进一步地说，人决定意义的观念，等于是说面对面交流、在纸上书写或在屏幕上描绘等不同的沟通方式对于内容的本质几乎不产生任何影响。不管传播者的本意是什么，一段文本可以被阐释成任何意义。作为一名作者，这一观念令我很不舒服，因此在写作本书时我对用词和图片更加精挑细选。在我看来，成功的交流是作者和读者之间、说者和听者之间、导演和观众之间的互相理解，它必须与作者、说者、导演的思想保持一致。假如达成这一点，我认为沟通是成功的。至于读者、听者、观众，他们尽可以按自己的意愿做出回应。

8. 叙事

我们乐于回应我们有能力与之认同的故事和戏剧化影像。

叙事：故事；有序列的对话和事件，对依赖、创造和诠释它们的人具有意义。

费希尔的**叙事范式理论**主张人的本质是讲故事。我们对生活的感受即是一系列正在进行的叙事——比如冲突、人物、开端、发展、终结（见第23章）。所有的传播都是故事，我们通过它们在叙事上的一致性和逼真度作出判断。叙事前后是连贯的吗？听上去是否真实？这一线索涉及的另外3种理论，相应地把叙事概念看成该理论所描述的组织特征。

伯克认为一切生活都是戏剧。他与费希尔的不同之处，在于认为隐藏在文本背后的意义很难辨察。伯克的**戏剧主义理论**提供包含戏剧五元素在内的整套文学技巧，便于修辞批评家弄清楚演说者或作者的动机（见第22章）。伯克确信大多数公共传播的主要剧情就是将不幸或失败归罪于他人，并以此来消除罪感。

皮尔斯和克罗嫩的**意义协调管理理论**认为，人们讲述的故事是管理意义的一种方式（见第6章）。个体的身份认同、与他人的关系、故事指向的情节，甚至所处的文化，都对其听到的故事有所限定。协调我们听到的故事与我们自己制造的故事，是终其一生永无止境的工程。

格伯纳的**涵化理论**讲述的则是，电视讲述过多的故事，占据人们绝大多数的时间，并已发展为整个社会的支配性力量。电视里的故事充满符号暴力，使得重度观众认为世界处处危机，令人恐惧。这些故事以不引人注目的方式改变着观众对社会环境的认知，在大众心中埋下恐惧的种子（见第27章）。

接下来的3种理论把讲故事看成建立美好未来的重要方法。博尔曼的**符号聚合理论**认为，假如群体成员对另一时空中的事件生发出具有创造力和想象力的阐释，群体会变得更有凝聚力（见第3章）。绝大多数的这一类幻想以故事的形式被描述。格尔茨和帕卡诺夫斯基的**组织文化的研究方法**认为再三重复的故事是使新员工社会化的途径之一。对于参与式观察者而言，故事相当于一面棱镜，折射出企业独特的文化（见第19章）。研究两性关系的学者坦嫩指出通过观察两性如何讲故事，就能够发现他们之间**性别方言类型**的差异。男性希望提升自己的地位，在他们的故事中自己往往扮演英雄；女性希望建立与他人的联系，往往只讲述别人的故事，甚至在叙事时贬低自己的地位（见第33章）。

有待提高：我相信故事本身是具有吸引力、感染力的。在本书大多数章节中，我利用拓展案例使呆板的理论变得鲜活起来。然而，恰如沃尼克对**叙事范式**的评论给我们的提醒，有些"不好"的故事会引人走上迷途或者伤害别人。我们必须根据费希尔以及美国传播协会公布的道德传播信条所倡导的公正、仁慈、诚信等价值观，过滤接收到的一切叙事，否则就有鼓励谎言的危险。娓娓动听的故事固然有吸引力，然而它们不一定全都对人们有益。

9.冲突

不对等的沟通抑制必要的冲突；健康的沟通则使冲突更富有成效。

迪茨的**组织沟通的批判理论**指出管理层不是通过公开讨论解决合乎情理的不满，而是借助话语闭合对冲突实施镇压（见第20章）。迪茨确信这只会给集团和他们的股东带来更多冲突。管理层日益提高的对有效控制的需求与建立工厂民主的努力是背道

冲突：认识到价值观和目标无法兼容或因稀缺资源而对抗的人们之间的斗争。

而驰的。尽管雇员发泄不满的渠道是不错的解压阀，然而它们很少能促成对足以影响雇员生活的决策的有效参与。从**文化研究**的视角，霍尔从大众传媒阐释时事热点的方式中观察到类似的传播领域的集团控制。争端获得了讨论，但讨论的方式却被限定成仅能对掌权者的意识形态造成推动的方式。这真是有钱能使鬼推磨！

那些研究现实互动的理论也经常聚焦权力的运用为何只致力于压制冲突，而非解决分歧。瓦茨拉威克在**互动观点**中提出的**双重束缚**可被看成经典案例，在补充关系中占支配地位的一方坚持要求地位较低的另一方按照事实上并不存在的对称关系采取行动（见第13章）。克拉马雷的**失声群体理论**宣称，女性是边缘群体，而且因不平等的沟通行为将始终停留在社会边缘（见第35章）。皮尔斯和克罗嫩的**意义协调管理理论**认为如今的文化战争仅意味着妖魔化对手的相互谩骂，而不是邀请发言人在认真思考后做出回应（见第6章）。意义协调管理理论提供的沟通模型可替代项，或许不能使分歧最小化，但却在有意识地寻求远离政治的高压攻势。皮尔斯版的世界化传播者一方面要以他人愿意倾听的方式说话，另一方面要以鼓励他人说话的方式倾听。

有一些理论学者进而断言，厌恶冲突和保持沉默的人在表达意见时，事实上可以使冲突更具创造性。科林斯基于**立场理论**的著作《**黑人女权思想**》坚持认为，任何拒绝加入讨论的女性，特别是如果她发自内心地反对该议题的话，她的行为等同于欺骗（见第34章）。巴克斯特和蒙哥马利的**关系辩证法**基于巴赫金思想的核心理念，即**生活，或说存在，至少需要两种声音**（见第12章）。这里提到的大多数理论学者都把**对话**——最后一条线索——看成使冲突富有成效的一种沟通模式。

有待提高：图梅并不倡议迪茨和霍尔反对的话语闭合，然而她**面子协商理论**强调说，在集体主义文化背景下，以冲突的观念和利益为议题的、自由开放的讨论有可能是反生产性的（见第31章）。在西方，人们普遍接受的冲突解决方案一般原则是面对问题，而不是应付相关的人。但是，图梅认为在习惯于给他人保留面子的社会里，这一类坦率的对话只会造成不安。

10. 对话

对话是透明的谈话，各方充分尊重不同的声音，因而往往产生意想不到的人际关系结果。

对话：对异议表示充分尊重而产生意外的人际关系结果的、坦率透明的谈话。

根据巴赫金的对话理念，巴克斯特的修正版**关系辩证法**将对话定义为审美上的成就，对异议表示充分尊重而达成瞬间的同一感（见第12章）。巴克斯特强调，对话不能消除亲密关系中双方体验到的矛盾。然而，致敬多重意见的对话和关系仪式，令处于变化的张力中的生活变得愉快，而不是令人厌烦。

皮尔斯和克罗嫩在**意义协调管理理论**中采取相较巴赫金更为积极的、布伯的对话观点。他们认为对话无法按需生产，然而只要人们为之努力并做好准备，就能够获得它。布伯表示只有在我们把对话的对象视为同类的我—你关系之后，对话才有可能存在。人们维护自身的立场，同时充分开放和尊重他人的立场。假如我们在"两者之间"达成一致，结果经常会出乎意料。对话当然不是达成任务的方法，我们从中收获的是真挚的人际关系。皮尔斯确信对话式的沟通是可以学习、教授和广泛传播的（见第6章）。

在用**现象学的研究方法**研究健康的人际关系时，卡尔·罗杰斯甚至认为只要人们试图寻找，对话就伸手可及。他为我们列出了在对方回报前实现对话的3个充要条件。我们必须显示：（1）言行一致；（2）给予他人无条件的尊重；（3）以同情心来倾听（见第4章）。罗杰斯确信只要我们遵守这些沟通准则，对方以及我们与对方的关系都会变得愈来愈健康。

大多数探讨对话的传播理论学者最关注罗杰斯的第一个充要条件，即开放或透明。根据阿特曼和泰勒的**社会渗透理论**，自我暴露的脆弱性是亲密关系获得发展的途径（见第9章）。而两种性别理论认为相较于男性而言，这一类开放更具有女性气质。在坦嫩对**性别方言类型**的分析中，她总结称女性对话反映了她们对联系的急切渴望，男性对话则表明地位才是他们首要关注的对象（见第33章）。女性的方言类型有利于对话，男性的方言类型抑制对话。根据克拉马雷的观点，女性在公共空间里是**失声群体**，因此她们建立备用渠道，以便与其他女性公开分享她们的感受——使对话重新显著起来（见第35章）。

哈贝马斯的**话语伦理学**构想了一个理想的演说环境，人们在其中无需害怕，不会受到任何限制，自由地表达他们的思想（见第17章）。他确信舆论的合法性取决于以下条件：（1）无论身份，每个人都有参与的机会；（2）所有参与者本着互惠和相互理解的精神交换看法；（3）道德判断应平等地适用于所有个体。这样一个论坛，正是迪茨在**组织沟通的批判理论**中宣称所有公司股东都有资格享用的论坛，正是广川和古伦在**群体决策的功能视角**所竭力称赞的论坛，正是皮尔斯的公共对话联盟正在努力建立的论坛（见第20章、第17章及第6章）。

有待提高：在传播学这一学科里，对话是使用频率极高的术语。然而，即使是它的倡导者对于如何描述或实现对话，同样会感到有些棘手。位于每条线索最前列、以黑体显示的叙述体现了我在尽最大努力用文字表达概念的尝试，然而，我不能确定我是否抓住了理论学者在使用它们时想要表达的本质。

在实践中，对话也是罕见的。用巴克斯特、皮尔斯、罗杰斯或哈贝马斯等任何一位学者的标准，1 000次的谈话中恐怕找不出一次符合对话的标准。不过，稀缺性不能否定这种诚挚且具积极力量的沟通模式。一个足够成熟的人际沟通理论必须考虑到合理的权威性、猜忌、厌烦、不安全、干扰、发散、时间压力、头痛以及其他使日常沟通不够理想的"要素"。但即便如此，我仍期待下一次我能足够幸运地感受对话沟通所带来的惊喜。

厘清线索

我希望上述10条线索能帮助读者以新的方式整合本书涉及的所有理论。很有可能，书中描述的75种关系已经把你搞得混乱不堪。10条线索缠搅在你的大脑里，有如抽屉里混作一团的丝线。图36-1可以帮助你从这团混沌之中理出头绪。

在图36-1中，每条主线是独立的、垂直向下延伸。本书介绍的32种理论在水平方向上与这些线索形成交叉。交叉部分的标记代表在本章叙述的联系。你可以沿着一条线索向下，快速地回顾那些采纳这一思想的理论。之前学习社会建构、受众适应、对话或任何其他线索时，它也可以提供同样的帮助。相应地，你也可以选择一个理论，浏览一下看它运用了哪些线索。我希望其中有一些联系是你之前学习时忽略掉的，而此时却能给你提醒并激发你的兴趣。

最后的说明

在第1章中，我把这本书比喻为图表的集合，它可以被视作一本专业人士认为值得一观、由传播理论地图构成的优美图集。我希望你对它的第一印象是让人兴奋的，而现在则有进一步探索某些领域的欲望。我鼓励你不要满足于观看他人的"旅行剪辑"，学习传播学并不是一项安逸的工作。无论如何，要思考伯贡、巴克斯特、伯克和所有其他人的视角，但也要审视自己的内心。不像许多学术性的学科，传播学习意味着我们所有人都是从业者。然而，要牢记，未经审视的无经验性的体验不能够替代真实的理解。如果你想利用日常谈话作为该学科丰富的数据库，你就需要沉思、摸索、推测，再跟随直觉走。

附录二列出了可以辅助解读传播过程各个环节的故事片。假如你喜欢我的扩展提示，你可能想去租DVD，挑选出符合自己喜好的、足以说明理论原则的影片。

传播领域永远不排斥新观点。你没有理由停留在对传播理论的初级认识上，或者只满足于审视别人提供的二手理论。你可能一直在思索本书中不曾涉及的某些观点。很有可能，你的观点能够获得继续发展，并成为本书修订版中一个新章节的重点。选择让你着迷的理论视角或传播语境，从偶然的观察转向集中的省思。持续关切传播学吧！

帮助你深入思考的问题：

1.哪一条**线索**最让你感兴趣？它关联的理论是**实证性**的还是**阐释性**的？你学习过的或发现的哪些**传播准则**没有在这章中呈现？你为什么认为它被忽略了？

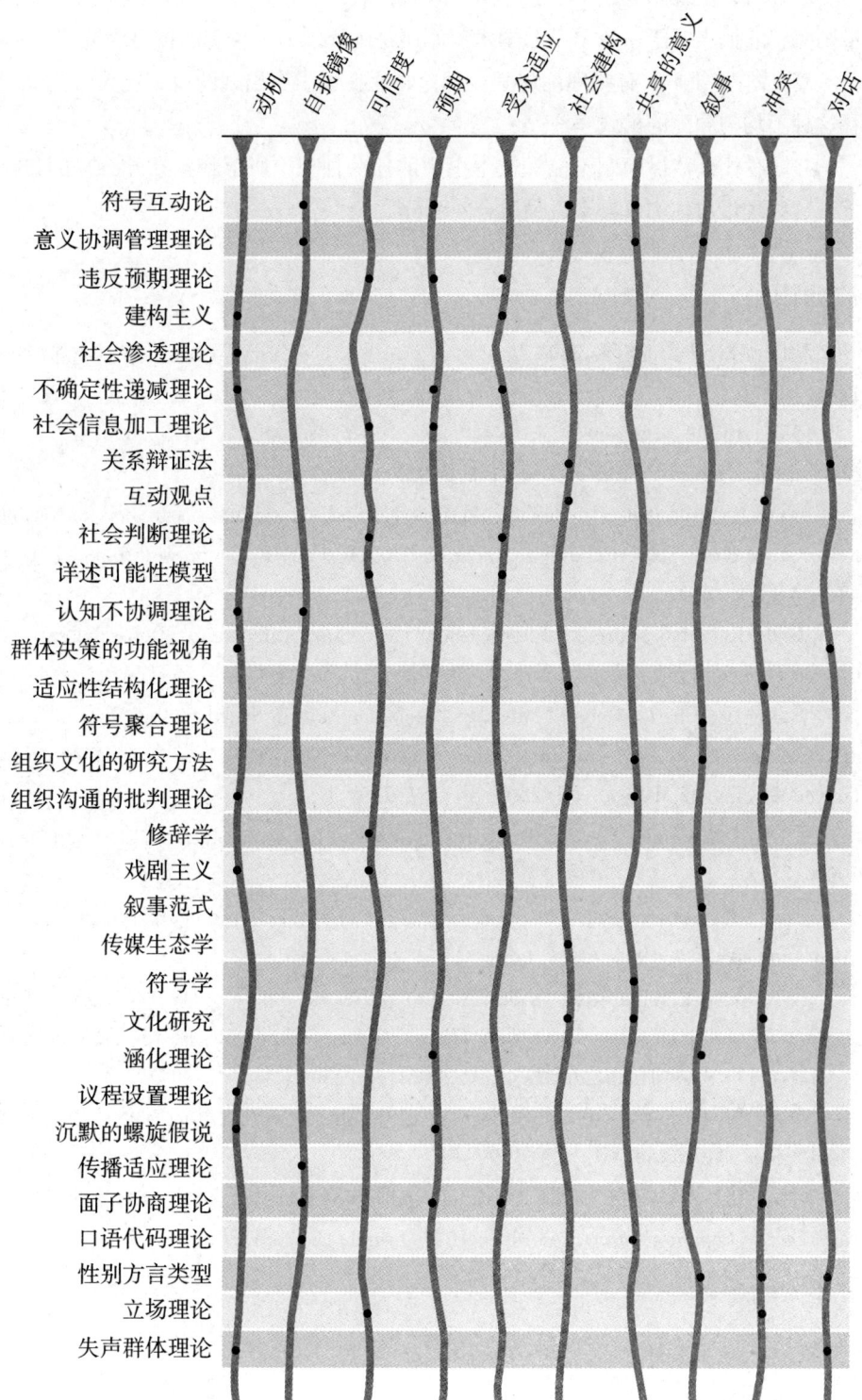

图36-1 贯穿传播学理论的一般线索

2.本书中呈现的哪5种理论是你个人最喜欢的？它们在一条**主线**上或依据同一种**准则**吗？它们来自于一个单一的**学术流派**还是阐释了一个特定的**传播语境**？

3.在图36-1中，有些理论与其他理论相比在线索中出现的概率更大。你能发现解释这种不均匀分配的模式吗？

4.你有什么传播问题不能够被本书中的任一种理论所解释？在什么样的**传播语境**下，这些理论对你的议题来说最适合？

扩展阅读：

动机：David C. McClelland, *Human Motivation*, Cambridge University, Cambridge, UK, 1988.

自我：Bruce Bracken (ed.), *Handbook of Self-Concept: Developmental, Social, and Clinical Considerations*, Wiley, New York, 1995.

可靠性：Charles Self, "Credibility," in *An Integrated Approach to Communication Theory and Research*, Michael Salwen and Don Stacks (eds.), Lawrence Erlbaum, Mahwah, NJ, 1996, pp. 421–441.

预期：Robert Rosenthal, "Interpersonal Expectancy Effects: A 30-Year Perspective," *Current Directions in Psychological Science*, Vol. 3, No. 6, 1994, pp. 176–179.

听众适应：Charles Berger, "Message Production Skill in Social Interaction," in *Handbook of Communication and Social Interaction Skills*, John O. Greene and Brant Burleson (eds.), Lawrence Erlbaum, Mahwah, NJ, 2003, pp. 257–289.

社会建构：Kenneth Gergen, *An Invitation to Social Construction*, Sage, Thousand Oaks, CA, 1999.

共享的意义：Steve Duck, *Meaningful Relationships: Talking, Sense, and Relating*, Sage, Thousand Oaks, CA, 1994.

叙事：Eric Peterson and Kristin M. Langellier, "Communication as Storytelling," in *Communication as . . . Perspectives on Theory*, Gregory Shepherd, Jeffrey St. John, and Ted Striphas (eds.), Sage, Thousand Oaks, CA, 2006, pp. 123–131.

冲突：W. Barnett Pearce and Stephen Littlejohn, *Moral Conflict: When Social Worlds Collide*, Sage, Thousand Oaks, CA, 1997.

对话：Rob Anderson, Leslie A. Baxter, and Kenneth Cissna (eds.), *Dialogue: Theorizing Difference in Communication Studies*, Sage, Thousand Oaks, CA, 2003.

附录一 理论概要

以下是本书介绍的32种理论的简要概述。想用短短几行含意隐晦的文字来捕捉理论主旨，当然要冒一些潜在的风险。我制作这一摘要不是为了介绍新概念，而是为了唤起读者对已学习过的理论的记忆。除了博尔曼的符号聚合理论（见第3章），这些理论均按照与正文相同的顺序排列。在每段末尾，我标注了该理论隶属的传播流派，以定位每一位理论学者的思想。我希望这一部分会对读者有所助益。

人际传播

米德的符号互动论：人们对于人、物、事件采取的行动，基于人们赋予它们的意义。一旦人们认定某一情景为真，它就会产生真实的后果。假如不存在语言，就不会产生思想、自我认知，甚至个体对社会的社会化呈现。（社会文化学）

皮尔斯和克罗嫩的意义协调管理理论：对话中的人共同建构他们自己的社会现实，同时也被他们创造的世界所形塑。他们通过对被告知的故事的共同阐释来达成一致，黏合和修补故事以达成协调。对话传播，既可以学习，也可以教授，而且容易形成传播。它改善每个人的生活质量。（社会文化学及现象学）

伯贡的违反预期理论：认为违反对方的预期是达成一致的优胜策略。如果违反的意义是有歧义的，高效价的传播者借助意想不到的行为，可以提升他们的魅力、可信度和影响力。如果违反的效价为负，传播者则应以社会认可的方式行事。（社会心理学）

迪利亚的建构主义：认知他人时拥有更高认知复杂度的人，具备建构复杂信息计划以达成多重目标的心理能力。他们还具备传递个人中心信息以实现其目标的能力。（社会心理学和修辞学）

阿特曼和泰勒的社会渗透理论：人际关系的亲密度是从一知半解到密切沟通，以渐进、有序的方式进行，是预测当下和未来结果的一种功能。持久的亲密关系需要双方在深度和广度两个方向上持续和相互地暴露弱点。（社会心理学）

伯杰的不确定性递减理论：人们在见面时，首要的关注点是降低对于彼此以及双方关系的不确定性。随着语言沟通、非语言支持、自我暴露、相似性以及共享网络的增加，不确定性随之递减——反之也是如此。信息的搜索和互换与不确定性呈正相关。（社会心理学）

沃尔瑟的社会信息加工理论：线上相遇的双方，基于以计算机为中介、仅具备文字信息功能的沟通，就能建立如现实中面对面一样的亲密关系——尽管这个过程用时更长。由于线上信息发送者的选择、接收

者的放大、渠道的促进及反馈，都有利于建立好印象，以计算机为中介的沟通有可能建立超人际关系。（社会心理学）

巴克斯特和蒙哥马利的关系辩证法：社会生活是矛盾的动态结点，是整合—分离、稳定—变化、表达—非表达等对立趋势中无休止的相互作用。高质量的人际关系通过对话得以建立，这是一种审美上的成就，通过对不同意见表示充分尊重而达成瞬间的同一感。（现象学）

瓦茨拉威克的互动观点：家庭系统内部的人际关系紧密联结，具备高度的抵制变化的能力。成员之间的沟通既包括内容层面，也包括基于控制的关系层面。只有在家庭成员接受外部帮助并重构元传播之后，系统才有可能发生改变。（控制论）

谢里夫的社会判断理论：传播者的立场与接收者的观点之间差异越大，态度转变就越明显——条件是该信息恰好落在接收者的接受区域之内。高度自我投入通常意味着较宽泛的拒绝区域。落于这一区间的信息有可能产生反效果。（社会心理学）

佩蒂和卡乔波的详述可能性模型：信息详述是实施影响的中心路线，产生重大且积极的态度转变。假如听者是无偏向的，有能力审视在他们看来足够充分的论据，上述效果就会出现。边缘路线由与信息无关的因素主导，该路线是更常见的信息处理途径，仅带来临时性的态度转变。（社会心理学）

费斯廷格的认知不协调理论：认知不协调是一种使人不快的驱动力，造成人们：（1）回避冲突的观点；（2）在做出艰难的决策后寻求再次确认；（3）若某一行为符合最小合理化，就改变私人信仰以迎合公共行为。自洽性、责任感及自我肯定可以解释不协调递减的现象。（社会心理学）

群体和公共传播

广川与古伦的群体决策的功能视角：成员完成下列4个必要功能后，群体就可做出高质量的决策。（1）分析问题；（2）设定目标；（3）确认可替代项；（4）评估积极及消极结果。大多数群体沟通是对达成上述功能任务的进程的扰乱，与之对抗的沟通能把人们带回理性的审查。（社会心理学和控制论）

普尔的适应性结构化理论：结构化是指群体成员在互动中使用规则、资源，使社会系统得以生产和再生产。群体制订决策时，沟通发挥它的影响。结构的二元性指群体成员使用规则、资源影响群体决策，反过来，上述结构性因素也将受到决策的影响。（社会文化学和控制论）

博尔曼的符号聚合理论：怀有共同的想象使个体集合转化为一致的群体。当群体成员自发地建立想象链条，以显示对共同主题的积极且一致的反应时，符号聚合就产生了。跨群体的想象主题分析将揭示一个含有建立共同想象的动机的修辞想象。（修辞学和社会心理学）

格尔茨和帕卡诺夫斯基的组织文化的研究方法：人类悬于他们自己编织的意义之网。组织并不拥有文化，组织即是文化。所谓文化，即是共享意义的独特系统。非侵入性的民族志研究法解读故事、仪式及其他象征符号，完成组织文化的合理化。（社会文化学）

迪茨的组织沟通的批判理论：它认为沟通仅是纯粹的信息传送的狭隘观念，造成管理主义、话语闭合、公司殖民在日常生活中被广泛接纳。语言是社会现实生产和再生产的基本媒介。管理者若能通过协调使股东参与公司决策，就可以推动公司的健康发展和民主意识的形成。（批判学和现象学）

亚里士多德的修辞学：修辞学是发现一切可能的说服方法的艺术。传播者通过逻辑论证、道德论证和情感论证使得某一信息得以成立。准确的受众分析能够实现有效的创造、组织、风格、表达；或许还有记忆。（修辞学）

伯克的戏剧主义：生活即是戏剧。戏剧五元素——行动、场景、行动者、方法和目的是评论人发掘传播者动机的工具。修辞的终极动机是消除罪感，如果受众对传播者缺乏认同，说服就不会产生。（修辞学和符号学）

费希尔的叙事范式：人是会讲故事的动物；人际沟通的一切形式几乎都是叙事。听众用理想听众的标准来判断故事，即它是否前后一致，听起来是否真实。叙事理性即为一致性与逼真度。（修辞学）

大众传播

麦克卢汉的传媒生态学：认为我们应从生态学的角度理解传媒。传播技术的变迁改变了符号环境——由社会建构、以感官认知的意义世界。我们改造我们的工具——音标字母、印刷媒介和电报——它们反过来塑造了我们的认知、感觉、态度和行为。因此，媒介即为信息。（社会文化学）

巴特的符号学：文化中重要的视觉符号系统，通过当下世界理所当然、不可回避且永恒存在的暗示，实现维护现状的目的。通过使中性的指代符号变为二级内涵符号系统中失去历史内涵的能指，神话制造者达成了目的。（符号学）

霍尔的文化研究：大众传媒的运转是为了维持掌权者的意识形态。受集团控制的传媒提供时代中占据主流地位的话语，并成为解读事件的框架。评论人不仅要致力于解读文化，更要致力于改变它。传媒受众有能力抵制领导权的影响。（批判学）

格伯纳的涵化理论：电视已经成为我们社会的故事讲述者。重度观众收看数量惊人的戏剧化暴力，形成世界处处危机、令人恐惧的夸张印象。在主流化和共鸣的过程中，同质化和充满恐惧的大众就此形成。（社会文化学和社会心理学）

麦库姆斯和肖的议程设置理论：传媒告诉我们：（1）哪些事件有待关注；（2）应以何种方式关注。第一步（议程设置）是把大众传媒新闻议程的诸项显著性转移到受众议程之中。第二步（架构）是把被选项的显著性转移至我们头脑中较为重要的画面上。（社会心理学）

诺伊曼的沉默的螺旋假说：人们生活在自己将受到孤立的恒久恐惧之中，因此认真跟踪舆论，以判断哪些观点可被接受。一旦他们的观念看上去不受欢迎，这些人就会保持沉默。电视对某种单一观点的不断重复，使人们对舆论的认知出现偏差，从而加速了沉默的螺旋。（社会心理学）

文化语境

贾尔斯的传播适应理论：在跨文化背景的会面中，将自己看成独立个体的人会调整对话风格及内容，以便融入他们想从中获得支持的人群。试图进一步加强群体认同的人在与群体外部成员互动时，会强调彼此之间的差异。（社会心理学）

图梅的面子协商理论：集体主义文化背景下的个体，具有依存性的自我镜像，注意给他人留面子或保存彼此的颜面，因此通常采取回避或整合的冲突解决方案。个人主义文化背景下的个体，具有独立的自我镜像，注意保护自己的面子，往往采取主导的冲突解决方案。（社会文化学和社会心理学）

菲利普森的口语代码理论：借助传播领域的民族志研究，我们认识到一切文化都含有多个涵盖独特的心理学、社会学和修辞学的口语代码。口语代码的意义由传播者和受传者决定，并且被交织在对话之中。对代码的艺术性运用，可以解释、预测和控制与对话有关的对话。（社会文化学）

坦嫩的性别方言类型：认为两性对话是一种跨文化沟通。男性对话风格和女性对话风格最好应被视作两种不同的文化方言，而不是有优劣高下之分的对话方式。男性报告式的对话强调地位和自主；女性和谐的对话则致力于建立人际间的联系。（符号学和社会文化学）

哈丁和伍德的立场理论：社会等级的不同地位决定个体视野。相对于掌权者的特权化的视角，边缘人群的立场提供了对世界更为客观的认知。强实证性的策略，要求科学研究从女性、穷人、同性恋、少数民族的生活入手。（批判学）

克拉马雷的失声群体理论：由男性创造的语言有助于限制、贬低和排斥女性。女性在公共场合的不擅表达，是由于她们一直使用由男性制定的语言和规则。如果女性不再沉默，男性就无法继续维系他们在社会中的优势地位。（批判的现象学）

附录二 印证传播学理论的电影

我的研究电影的同事拉斯·普罗克特（Russ Proctor）和罗恩·阿德勒（Ron Adler）为以下内容的提供给予了极大帮助。

人际信息

《奇迹的缔造者》The Miracle Worker（总论）
《窈窕淑女》Pygmalion/ My Fair Lady（符号互动论）
《妮尔的芳心》Nell（符号互动论）
《幽灵世界》Ghost World（符号互动论）
《像我这样的黑人》Black Like Me（符号互动论）
《紫色》The Color Purple（符号互动论）
《面具》Mask（符号互动论）
《为人师表》Stand and Deliver（符号互动论）
《窈窕美眉》She's All That（符号互动论）
《浓情巧克力》Chocolate（意义协调管理）
《天生爱情狂》Don Juan DeMarco（意义协调管理）
《美丽人生》Life Is Beautiful（意义协调管理）
《愤怒管理》Anger Management（意义协调管理）
《非洲女王号》The African Queen（违反预期理论）
《成名在望》Almost Famous（违反预期理论）
《十日拍拖手册》How to Lose a Guy in 10 Days（违反预期理论）
《撞车》Crash（违反预期理论）
《骗中骗》The Sting（违反预期理论）
《卢旺达饭店》Hotel Rwanda（建构主义）
《死囚上路》Dead Man Walking（建构主义）
《杀死一只知更鸟》To Kill a Mockingbird（建构主义）
《绿山墙的安妮》Anne of Green Gables（建构主义）

关系发展

《四个婚礼和一个葬礼》Four Weddings and a Funeral（总论）
《心灵捕手》Good Will Hunting（总论）
《安妮·霍尔》Annie Hall（总论）
《猜猜谁来吃晚餐》Guess Who's Coming to Dinner（总论）
《麦克马伦兄弟》The Brothers McMullen（总论）
《BJ单身日记》Bridget Jones Diary（总论）
《爱在黎明破晓前》/《爱在日落黄昏时》Before Sunrise /Before Sunset（社会渗透理论）
《怪物史瑞克》Shrek（社会渗透理论）
《回家》Coming Home（社会渗透理论）
《早餐俱乐部》The Breakfast Club（社会渗透理论）
《为戴茜小姐开车》Driving Miss Daisy（不确定性递减理论）
《我盛大的希腊婚礼》My Big Fat Greek Wedding（不确定性递减理论）

《证人》Witness（不确定性递减理论）

《亲情密西西比》Down in the Delta（不确定性递减理论）

《杯酒人生》Sideways（不确定性递减理论）

《抉择》The Chosen（不确定性递减理论）

《电子情书》You've Got Mail（社会信息加工理论）

《西雅图夜未眠》Sleepless in Seattle（社会信息加工理论）

关系维持

《突破》Breaking Away（总论）

《悲怜上帝的女儿》Children of a Lesser God（关系辩证法）

《情比姐妹深》Beaches（关系辩证法）

《我们的故事》The Story of us（关系辩证法）

《霍兰德先生的乐章》Mr. Holland's Opus（关系辩证法）

《鲸骑士》Whale Rider（关系辩证法）

《阳光小美女》Little Miss Sunshine（互动观点）

《精神食粮》Soul Food（互动观点）

《普通人》Ordinary People（互动观点）

《四月碎片》Pieces of April（互动观点）

《为人父母》Parenthood（互动观点）

《不一样的天空》What's Eating Gilbert Grape（互动观点）

《当男人爱上女人》When A Man Loves A Woman（互动观点）

《亲情无价》One True Thing（互动观点）

影响力

《诺玛·蕾》Norma Rae（总论）

《死囚漫步》Dead Man Walking（社会判断理论）

《法网边缘》A Civil Action（社会判断理论）

《辛德勒名单》Schindler's List（社会判断理论）

《难以忽视的真相》An Inconvenient Truth（详述可能性模型）

《十二怒汉》12 Angry Men（详述可能性模型）

《我的表兄维尼》My Cousin Vinny（详述可能性模型）

《摇摆狂潮》Swing Kids（认知不协调理论）

《谢谢你抽烟》Thank you for Smoking（认知不协调理论）

《对面的恶女看过来》10 Things I Hate About You（认知不协调理论）

《卡萨布兰卡》Casablanca（认知不协调理论）

群体决策

《老兄，你在哪儿？》O Brother, Where Art Thou?（总论）

《关山飞渡》Stagecoach（总论）

《阿波罗13》Apollo 13（群体决策的功能视角）

《凤凰劫》The Flight of the Phoenix（群体决策的功能视角）

《海神号》Poseidon（群体决策的功能视角）

《异形》Alien（群体决策的功能视角）

《梦之队》The Dream Team（适应性结构化理论）

《蝇王》Lord of the Flies（适应性结构化理论）

《四十岁的老处男》The 40 Year Old Virgin（符号聚合理论）

《死亡诗社》Dead Poets Society（符号聚合理论）

《曲别针》Paper Clips（符号聚合理论）

组织沟通

《上班一条虫》Office Space（总论）

《打工好汉》Gung Ho（组织文化的研究方法）

《早安越南》Good Morning, Vietnam（组织文化的研究方法）
《桃李满门》Up the Down Staircase（组织文化的研究方法）
《糖衣陷阱》The Firm（组织文化的研究方法）
《义海雄风》A Few Good Men（组织文化的研究方法）
《永不妥协》Erin Brockovich（批判理论）
《罗杰和我》Roger & Me（批判理论）
《惊爆内幕》The Insider（批判理论）
《丝克伍事件》Silkwood（批判理论）

公共修辞

《克莱伦斯·丹诺》Clarence Darrow（总论）
《向上帝挑战》Inherit the Wind（总论）
《纽伦堡审判》Judgment at Nuremberg（总论）
《凯撒大帝》Julius Caesar（修辞学）
《传教士》The Apostle（修辞学）
《我的表兄维尼》My Cousin Vinny（修辞学）
《大审判》The Verdict（修辞学）
《断锁怒潮》Amistad（修辞学）
《尼克松》Nixon（戏剧主义）
《黑潮》Malcolm X（戏剧主义）
《凯撒大帝》Julius Caesar（戏剧主义）
《飓风》Hurricane（戏剧主义）
《爱在冰雪纷飞时》Snow Falling on Cedars（戏剧主义）
《圣皮埃尔的寡妇》The Widow Of St. Pierre（戏剧主义）
《烟》Smoke（叙事范式）
《大鱼》Big Fish（叙事范式）
《阿甘正传》Forrest Gump（叙事范式）

传媒与文化

《银翼杀手》Blade Runner（传媒生态学）
《电视台风云》Network（传媒生态学）
《收播新闻》Broadcast News（传媒生态学）
《冷酷媒介》Medium Cool（传媒生态学）
《富贵逼人来》Being There（传媒生态学）
《死亡幻觉》Donnie Darko（符号学）
《阿玛柯德》Amarcord（符号学）
《谍网迷魂》The Manchurian Candidate（符号学）
《星尘往事》Stardust Memories（符号学）
《第七封印》The Seventh Seal（符号学）
《危险年代》The Year of Living Dangerously（文化研究）
《迷惑》Bamboozled（文化研究）
《晚安，好运》Good Night and Good Luck（文化研究）
《血钻》Blood Diamond（文化研究）
《华氏911》Fahrenheit 9/11（文化研究）

传媒效果

《电视台风云》Network（总论）
《天生赢家》Bob Roberts（总论）
《迷魂陷阱》The Candidate（总论）
《阿瓦隆》Avalon（涵化理论）
《富贵逼人来》Being There（涵化理论）
《总统班底》All the President's Men（议程设置理论）
《摇尾狗》Wag the Dog（议程设置理论）
《没有恶意》Absence of Malice（议程设置理论）
《机智问答》Quiz Show（议程设置理论）
《密西西比在燃烧》Mississippi Burning（沉默的螺旋假说）

跨文化传播

《印度之行》A Passage to India（总论）
《为所应为》Do the Right Thing（总论）
《黑帮暴徒》Tsotsi（总论）

《孤独的星》Lone Star（总论）
《太空英雄》The Right Stuff（传播适应理论）
《变色龙》Zelig（传播适应理论）
《喜福会》The Joy Luck Club（面子协商理论）
《铁与丝》Iron and Silk（面子协商理论）
《小蚁雄兵》Antz（面子协商理论）
《打工好汉》Gung Ho（面子协商理论）
《谈谈情跳跳舞》Shall We Dance?（面子协商理论）
《克莱默夫妇》Kramer vs. Kramer（口语代码理论）
《篮球梦》Hoop Dreams（口语代码理论）
《跳出我天地》Billy Elliot（口语代码理论）
《贱女孩》Mean Girls（口语代码理论）
《独领风骚》Clueless（口语代码理论）

性别与传播

《当哈利遇到莎莉》When Harry Met Sally（性别方言类型）
《西雅图夜未眠》Sleepless in Seattle（性别方言类型）
《餐馆》Diner（性别方言类型）
《钢木兰花》Steel Magnolias（性别方言类型）
《总有骄阳》The Cider House Rules（立场理论）
《宠儿》Beloved（立场理论）
《待到梦醒时分》Waiting To Exhale（立场理论）
《白人教父》White Man's Burden（立场理论）
《北方风云》North Country（失声群体理论）
《小美人鱼》The Little Mermaid（失声群体理论）
《油炸绿蕃茄》Fried Green Tomatoes（失声群体理论）
《万福玛丽亚》Maria Full of Grace（失声群体理论）
《窈窕淑男》Tootsie（失声群体理论）

附录三 美国传播协会的传播道德信条

道德问题是传播过程中永恒的话题。在各种语境、文化、渠道和传媒中，传播伦理对于负责任的思考、决策以及社群及人际关系发展而言是至关重要的。它促进真理、公正、责任、坦诚、自尊和尊重他人，使人类获得更高的存在意义和更多的光荣。我们深信不道德的传播行为将威胁一切沟通，进而影响个人幸福和我们身处的社会。因此，作为美国传播协会（NCA）成员，我们宣誓认同并有义务践行传播伦理的下列原则：

- 我们倡导把真理、准确、诚实、理性视作传播不可分割的一部分。
- 我们支持表达自由、多元化视角以及宽容异己，借此达成公民社会必需的有知情权且负责任的决策。
- 我们在评估和回应其他传播者的信息之前，应尽最大努力理解和尊重对方。
- 我们鼓励对传播资源的利用，将其视为发挥人类的潜能，实现家庭、社群乃至整个社会的幸福的良机。
- 我们弘扬充满关爱和互相理解的传播氛围，尊重传播个体的独特需要及特性。
- 我们谴责用扭曲、恐吓、强迫与暴力的手段以及缺乏宽容、传递憎恶的表达而达成的歧视个体和造成人性堕落的传播行为。
- 我们有勇气表达追求公平、正义的个人信念。
- 面对重大选择时，我们既要倡导信息、观念及情感的共享，也表示对隐私和秘密的尊重。
- 我们承诺对个人传播行为的短期和长期后果负责，并且期待他人也能这样做。

注 释

第1章 从理论的"定义"开始

1 Judee Burgoon, "Expectancy Violations Theory," in *Conversations with Communication Theorists*, 2.0, McGraw–Hill, 2006. (DVD) Band 2.

2 Ernest Bormann, *Communication Theory*, Sheffield, Salem, WI, 1989, p. 25.

3 Burgoon, *Conversations*...

4 Fred Casmir, *Building Communication Theories: A Socio/Cultural Approach*, Lawrence Erlbaum, Hillsdale, NJ, 1994, p. 27.

5 Sir Karl Popper, *The Logic of Scientific Discovery*, Hutchinson, London, 1959, p. 59.

6 参见www.afirstlook.com 网站中"理论档案"Alfred Korzibski 的《语义学概论》。

7 Frank E. X. Dance, "The Concept of Communication," *Journal of Communication*, Vol. 20, 1970, pp. 201–210.

8 Dance, p. 210.

9 Jennifer Daryl Slack, "Communication as Articulation," in *Communication as . . . Perspectives on Theory*, Gregory Shepherd, Jeffrey St. John, and Ted Striphas (eds.), Sage, Thousand Oaks, CA, 2006, p. 223.

10 Robert T. Craig, "Communication as a Practice," in *Communication as . . . Perspectives on Theory*, p. 39.

11 如欲了解关于布鲁默以及这一陈述的更多讨论，请参见第5章。

12 Wendell Johnson, *People in Quandaries*, Harper, New York, 1946, p. 26.

13 Celeste Condit, "Communication as Relationality," in *Communication as . . . Perspectives on Theory*, p. 3.

14 *Cool Hand Luke*, Warner Brothers, 1967.

第2章 基本分类：实证还是阐释？

1 "Best Spots," *Adweek*, December 11, 2006, http://www.vnuemedia.com/aw/creative/best_spots_06/1106_06.jsp.

2 Carl Hovland and Walter Weiss, "The Influence of Source Credibility on Communication Effectiveness," *Public Opinion Quarterly*, Vol. 15, 1951, pp. 635–650.

3 Herbert Kelman, "Processes of Opinion Change," *Public Opinion Quarterly*, Vol. 25, 1961, pp. 57–78.

4 Kenneth Burke, *A Grammar of Motives*, Prentice-Hall, Englewood Cliffs, NJ, 1945, p. xv.

5 Kenneth Burke, *The Philosophy of Literary Form: Studies in Symbolic Action*, 3rd ed., University of California, Berkeley, 1973, p. 71.

6 James A. Anderson, *Communication Theory: Epistemological Foundations*, Guilford, New York, 1996, p. 27.

7 该视频可在www.mhhe.com/griffin7观看。

8 Anderson, p. 120.

9 哲学家称之为存在论（有关存在的研究）的问题之一。

10 Poet William Henley, "Invictus," in *The Home Book of Verse*, 9th ed., Burton E. Stevenson (ed.), Holt, Rinehart and Winston, New York, p. 3501.

11 Anderson, p. 133.

12 C. S. Lewis, *The Abolition of Man*, Macmillan, New York, 1944, p. 309.

13 哲学家称之为价值论（有关道德准绳的研究）的问题之一。

14 George C. Homans, *The Nature of Social Science*, Harcourt, New York, 1967, p. 4.

15 William Melody and Robin Mansell, "The Debate over

Critical vs. Administrative Research：Circularity or Challenge," *Journal of Communication*, Vol. 33, No. 3, 1983, p. 112.

16 Stan Deetz, "Fundamental Issues in Communication Studies," unpublished paper distributed to students enrolled in his communication theory class.

17 Robert Ivie, "The Social Relevance of Rhetorical Scholarship," *Quarterly Journal of Speech*, Vol. 81, No. 2, 1995, p.138a.

18 Lawrence R. Frey, Carl H. Botan, and Gary L. Kreps, *Investigating Communication：An Introduction to Research Methods*, 2nd ed., Allyn and Bacon, Boston, 2000. 该教材作者将第4种方法定义为自然调查法。由于他们描述的自然调查法几乎等同于民族志，因此我选用在学术界被广泛接受的"民族志"来定义这种方法。

19 James McCroskey and Jason Teven, "Goodwill：A Reexamination of the Construct and Its Measurement," *Communication Monographs*, Vol. 66, 1999, pp. 90–103.

20 *Dances with Wolves*, TIG Productions, 1990.

21 Clifford Geertz, "Thick Description：Toward an Interpretive Theory of History," in *The Interpretation of Culture*, Basic Books, New York, 1973, p. 5.

第3章 何为成熟的理论？

1 Richard Rodgers and Oscar Hammerstein II, "The Farmer and the Cowman," from *Oklahoma!*, Rodgers & Hammerstein Library, New York, 1943, pp. 140–142.

2 Ernest Bormann, *Small Group Communication：Theory and Practice*, 3rd ed., Harper & Row, New York, 1990, p. 122.

3 Ernest Bormann, *The Force of Fantasy：Restoring the American Dream*, Southern Illinois University, Carbondale, IL, 2001, p. 5.

4 Alan D. DeSantis, "Smoke Screen：An Ethnographic Study of a Cigar Shop's Collective Rationalization," *Health Communication*, 2002, Vol. 14, p. 185.

5 Alan D. DeSantis, "Sometimes a Cigar [Magazine] Is More Than Just a Cigar [Magazine]：Pro-Smoking Arguments in Cigar Aficionado, 1992–2000," *Health Communication*, Vol. 15, 2003, pp. 457–480.

6 Alan D. DeSantis, "A Couple of White Guys Sitting Around Talking：The Collective Rationalization of Cigar Smokers," *Journal of Contemporary Ethnography*, Vol. 32, 2003, p. 462.

7 Abraham Kaplan, *The Conduct of Inquiry*, Chandler, San Francisco, 1964, p. 295.

8 Ernest Bormann, "Fantasy and Rhetorical Vision：The Rhetorical Criticism of Social Reality," *Quarterly Journal of Speech*, Vol. 58, 1972, p. 399.

9 博尔曼指出这一见解是由哈佛大学心理学者罗伯特·贝尔斯（Robert Bales）提出的。我在"群体决策"部分的导言中介绍了贝尔斯用于分析群体讨论的互动理论。贝尔斯发现群体成员通常用比喻的方式消除关系中的不协调，因此显示压力释放的原始模式改为戏剧化的模式。

10 DeSantis, "Smoke Screen," p. 193.

11 Francis Heylighen, "Occam's Razor," *Principia Cybernetica Web*, http：//pespmc1.vub.ac.be/OCCAMRAZ.html, accessed March 12, 2007.

12 Ernest Bormann, *Small Group Communication*, p.122.

13 Karl Popper, *Conjectures and Refutations：The Growth of Scientific Knowledge*, Harper & Row, New York, 1965, pp. 36–37.

14 John Cragan and Donald Shields, *Symbolic Theories in Applied Communication Research*, Hampton, Cresskill, NJ, 1995, p. 42.

15 Ibid., pp. 40–47.

16 Ernest G. Bormann, *Communication Theory*, Sheffield, Salem, WI, 1989, p. 214.

17 Klaus Krippendorff, "The Ethics of Constructing Communication," in *Rethinking Communication*,

Vol. 1: *Paradigm Issues*, Brenda Dervin, Lawrence Grossberg, Barbara J. O'Keefe, and Ellen Wartella (eds.), Sage, Newbury Park, CA, 1989, p. 83.

18 Bormann, *The Force of Fantasy*, p. ix.

19 Eric Rothenbuhler, "Communication as Ritual," in *Communication as . . . Perspectives on Theory*, Gregory Shepherd, Jeffrey St. John, and Ted Striphas (eds.), Sage, Thousand Oaks, CA, 2006, p. 19.

20 Krippendorff, "The Ethics of Constructing Communication," p. 88.

21 William H. Melody and Robert Mansell, "The Debate over Critical vs. Administrative Research: Circularity or Challenge," *Journal of Communication*, Vol. 33, No. 3, 1983, p. 103.

22 Bormann, *The Force of Fantasy*, pp. 223–242.

23 DeSantis, "Smoke Screen," p. 168.

24 From Robert Frost, A Masque of Reason, cited in Ernest Bormann, "Symbolic Convergence Theory: A Communication Formulation," *Journal of Communication*, Vol. 35, No. 4, 1985, p. 135.

25 Barbara Warnick, "Left in Context: What Is the Critic's Role?" *Quarterly Journal of Speech*, Vol. 78, 1992, pp. 232–237.

26 Leigh Arden Ford, "Fetching Good out of Evil in AA: A Bormannean Fantasy Theme Analysis of The Big Book of Alcoholics Anonymous," *Communication Quarterly*, Vol. 37, 1989, pp. 1–15.

27 David Zarefsky, "Approaching Lincoln's Second Inaugural Address," in *The Practice of Rhetorical Criticism*, 2nd ed., James R. Andrews (ed.), Longman, New York, 1990, p. 69.

28 John Stewart, "A Postmodern Look at Traditional Communication Postulates," *Western Journal of Speech Communication*, Vol. 55, 1991, p. 374.

29 Ernest Bormann, John Cragan, and Donald Shields, "In Defense of Symbolic Convergence Theory: A Look at the Theory and Its Criticisms After Two Decades," *Communication Theory*, Vol. 4, 1994, pp. 259–294.

30 参见第22章伯克的戏剧主义与第23章费希尔的叙事范式。

31 Kenneth Gergen, *Toward Transformation in Social Knowledge*, Springer-Verlag, New York, 1982, p. 109.

32 Ernest Bormann, "Fantasy Theme Analysis and Rhetorical Theory," in *The Rhetoric of Western Thought*, 5th ed., James Golden, Goodwin Berquist, and William Coleman (eds.), Kendall/Hunt, Dubuque, IA, 1992, p. 379.

第4章 绘制传播学的导引地图

1 Robert T. Craig, "Communication Theory as a Field," *Communication Theory*, Vol. 9, 1999, p. 122.

2 Robert T. Craig, "Communication as a Practical Discipline," in *Rethinking Communication, Vol. 1: Paradigm Issues*, Brenda Dervin, Lawrence Grossberg, Barbara J. O'Keefe, and Ellen Wartella (eds.), Sage, Newbury Park, CA, 1989, pp. 97–122.

3 Craig, "Communication Theory as a Field," p. 120.

4 Ibid., p. 130.

5 第7种流派的定义参照了克雷格的观点（见注释3）。我改变了他的排列顺序以配合图4-3。在每个流派的标题下方、以黑体字给出的传播学定义，完全符合克雷格的思想。至于每个流派的代表人物则是由我选定的，我认为他们代表了该流派的特征。

6 威尔伯·施拉姆（Wilbur Schramm），斯坦福大学传播研究学院的负责人，认为哈罗德·拉斯韦尔（Harold Lasswell）、库尔特·勒温（Kurt Lewin）、保罗·拉扎斯菲尔德（Paul Lazarsfeld）和卡尔·霍夫兰这4位实证主义社会学家是传播学最初的奠基人。参见 Wilbur Schramm, "Communication Research in the United States," in *The Science of Human Communication*, Wilbur Schramm (ed.), Basic Books, New York, 1963, pp. 1–16.

7 Carl Hovland, Irving Janis, and Harold Kelley, *Communication and Persuasion*, Yale University, New Haven, CT, 1953, p. 17.

8 Norbert Wiener, *The Human Use of Human Beings*, Avon, New York, 1967, p. 23.

9 威尔伯·施拉姆的学生、斯坦福大学传播研究学院的教授唐纳德·罗伯茨认为这个无所不包的定义是由他的老师提出的。参见注释6。

10 Claude Shannon and Warren Weaver, *The Mathematical Theory of Communication*, University of Illinois, Urbana, 1949, p. 66.

11 Cicero, De Oratore, E. W. Sutton and H. Rackham (trans.), Harvard University, Cambridge, MA, 1942, p. 25.

12 V. F. Ray, "Human Color Perception and Behavioral Response," *Transactions of the New York Academy of Sciences*, Vol. 16, No. 2, 1953; reproduced in Nancy Hickerson, Linguistic Anthropology, Holt, Rinehart and Winston, New York, 1980, p. 122.

13 Paul Kay and Willet Kempton, "What Is the Sapir-Whorf Hypothesis?" *American Anthropologist*, Vol. 86, 1984, pp. 65–79.

14 Edward Sapir, "The Status of Linguistics as a Science," in *Selected Writings*, David Mandelbaum (ed.), University of California, Berkeley, 1951 (1929), p. 160.

15 James Carey, *Communication as Culture*, Unwin Hyman, Boston, 1989, p. 23.

16 关于这一定义的更多讨论，请参见第6章意义协调管理理论。

17 John Torpey, "Ethics and Critical Theory: From Horkheimer to Habermas," *Telos*, Vol. 19, No. 3, 1986, p. 73.

18 Herbert Marcuse, "Philosophy and Critical Theory," in *Negations: Essays in Critical Theory*, Free Association, London, 1988, p. 143.

19 Herbert Marcuse, "Repressive Tolerance," in *Critical Sociology*, Paul Connerton (ed.), Graham Bartram (trans.), Penguin, Middlesex, UK, 1978, pp. 310–311.

20 Theodor Adorno, "Sociology and Empirical Research," in *Critical Sociology*, p. 245.

21 Herbert Marcuse, cited in Tom Bottomore, *The Frankfurt School*, Routledge, London, 1989, p. 38.

22 Max Horkheimer, *Critical Theory: Selected Essays*, Herder & Herder, New York, 1972 (1937), p. 183.

23 Theodor Adorno, "Sociology and Empirical Research," in *Critical Sociology*, p. 256.

24 Theodor Adorno, "Cultural Criticism and Society," in *Critical Sociology*, p. 276.

25 Craig, "Communication Theory as a Field," p. 148.

26 Carl Rogers, "This Is Me," in *On Becoming a Person*, Houghton Mifflin, Boston, 1961, p. 24.

27 Carl Rogers, "The Necessary and Sufficient Conditions of Therapeutic Personality Change," *Journal of Consulting Psychology*, Vol. 21, 1957, pp. 95–103.

28 Rogers, "This Is Me," p. 16.

29 Carl Rogers, "The Characteristics of a Helping Relationship," in *On Becoming a Person*, p. 52.

30 Heidi L. Muller and Robert T. Craig (eds.), *Theorizing Communication: Readings Across Traditions*, Sage, Los Angeles, 2007, p. 499.

31 Richard L. Johannesen, "Communication Ethics: Centrality, Trends, and Controversies," in *Communication Yearbook 25*, William B. Gudykunst (ed.), Lawrence Erlbaum, Mahwah, NJ, 2001, pp. 201–235.

32 "NCA Credo for Communication Ethics," National Communication Association, Washington, DC, www.natcom.org/conferences/ethics/ethicsconfcredo99.html, accessed October 20, 2007.

33 哲学家将这3项分别称为：（1）目的论伦理；（2）义务论伦理；（3）美德伦理。

人际信息

1 这些与游戏有关的比喻最早出现于Em Griffin,

Making Friends, InterVarsity Press, Downers Grove, IL, 1987, pp. 12–18.

第5章 符号互动论

1 *Nell*, 1994, Egg Pictures, Twentieth-Century Fox.

2 有关这3个假设，请参照 Herbert Blumer, *Symbolic Interactionism*, Prentice-Hall, Englewood Cliffs, NJ, 1969, p. 2. 为了文体的一致，我在叙述时略有修改，并且回避了有性别色彩的用语。

3 See W. I. Thomas and Dorothy Thomas, *The Child in America*, Knopf, New York, 1928.

4 Jane Wagner, *The Search for Signs of Intelligent Life in the Universe*, Harper Perennial, New York, 1990, pp. 15, 18.

5 有关一只大猩猩如何用小猫一词建立类似的符号联系，请参见 Francine Patterson, *Koko's Kitten*, Scholastic, New York, 1985. 米德毫不奇怪在美国手语中一个动物可以成为数百种符号的代表。他认为人类与其他灵长类动物运用符号的能力不是一个量级，但二者只是数的区别，而不是质的区别。

6 Peter M. Hall, "Structuring Symbolic Interaction: Communication and Power" in *Communication Yearbook 4*, Dan Nimmo (ed.), Transaction, New Brunswick, NJ, 1980, p. 50.

7 Douglas Hofstadter, "Changes in Default Words and Images Engendered by Rising Consciousness" in *The Production of Reality*, 3rd ed., Jodi O'Brien and Peter Kollock (eds.), Pine Forge, Thousand Oaks, CA, 2001, p. 158.

8 George Herbert Mead, *Mind, Self, and Society*, University of Chicago, 1934, p. 43.

9 Peter Kollock and Jodi O'Brien, *The Production of Reality*, Pine Forge, Thousand Oaks, CA, 1994, p. 63.

10 Kingsley Davis, "Final Note on a Case of Extreme Isolation," in Jodi O'Brien (ed.), *The Production of Reality*, 4th ed., Pine Forge, Thousand Oaks, CA, 2006, pp. 89–95.

11 Harper Lee, *To Kill a Mockingbird*, Warner, New York, 1982, p. 282.

12 Ralph Waldo Emerson, "Astraea," *The Works of Ralph Waldo Emerson*, Vol. III, Nottingham Society, Philadelphia, n. d., p. 121.

13 Greg Shepherd, "Transcendence," *Communication as . . .Perspectives on Theory*, Gregory Shepherd, Jeffrey St. John, and Ted Striphas (eds.), Sage, Thousand Oaks, CA, 2006, p. 24.

14 George Herbert Mead, "The Social Self," *Journal of Philosophy,Psychology and Scientific Methods*, Vol. 10, 1913, p. 375.

15 Mead, *Mind, Self, and Society*, p. 174.

16 他们的阐释是有待质疑的。正如人们随后会在电影里看到的，妮尔发出"May"的声音有时是在指代她死去的姐姐。妮尔向镜子伸出手，有可能在镜中看到孪生姐妹的身影而不仅仅是她自己。如果是这样，心理学家的阐释就为赫伯特·布鲁默的第一假设提供了更多的支持。他们给予妮尔的沟通行为以意义，并由此向妮尔做出回应。

17 Kollock and O'Brien, p. 63.

18 William Shakespeare, *As You Like It*, Act II, Scene VII, line 139, in The Riverside Shakespeare, G. Blakemore Evans (ed.), Houghton Mifflin, Boston, 1974, p. 381.

19 Erving Goffman, *The Presentation of Self in Everyday Life*, Doubleday Anchor, Garden City, NY, 1959.

20 Ibid., p. 56.

21 Joan P. Emerson, "Behavior in Private Places: Sustaining Definitions of Reality in Gynecological Examinations," in *The Production of Reality*, 4th ed., pp. 201–214.

22 Jean Mizer, "Cipher in the Snow," *Today's Education*, Vol. 53, November 1964, pp. 8–10.

23 George Bernard Shaw, "Pygmalion," *Selected Plays*, Dodd, Mead, New York, 1948, p. 270.

24 Saul Alinsky, *Reveille for Radicals*, Vintage, New York, 1969 (1946), pp. 77–78.

25 Randall Collins, "Toward a Neo-Meadian Sociology of Mind," *Symbolic Interaction*, Vol. 12, 1989, p. 1.

第6章 意义协调管理理论

1 W. Barnett Pearce, "The Coordinated Management of Meaning (CMM)" in *Theorizing About Intercultural Communication*, William B. Gudykunst (ed.), Sage, ThousandOaks, CA, 2004, pp. 35–54.

2 Vernon Cronen, "Practical Theory, Practical Art, and the Pragmatic-Systemic Account of Inquiry," *Communication Theory*, Vol. 11, 2001, pp. 14–35. See also Kevin Barge, "Articulating CMM as a Practical Theory," *Human Systems*, Vol. 15, 2004, pp. 193–203.

3 Edited and paraphrased from Jonathan G. Shailor, "The Meaning and Use of 'Context' in the Theory of the Coordinated Management of Meaning," in *Context and Communication Behavior*, James Owen (ed.), Reno, NV, 1997, pp. 102–103.

4 Edited and paraphrased from John Burnham, "CMM: Report from Users," W. Barnett Pearce (ed.), unpublished manuscript.

5 www.publicdialogue.org.

6 Kimberly A. Pearce, *Making Better Social Worlds: Engaging in and Facilitating Dialogic Communication*, Pearce Associates, Redwood City, CA, 2002.

7 Edited and paraphrased from W. Barnett Pearce and Kimberly A. Pearce, "Extending the Theory of the Coordinated Management of Meaning (CMM) Through a Community Dialogue Process," *Communication Theory*, Vol. 10, 2000, pp. 405–423; and W. Barnett Pearce and Kimberly A. Pearce, "Combining Passions and Abilities: Toward Dialogic Virtuosity," *Southern Communication Journal*, Vol. 65, 2000, pp. 161–175.

8 W. Barnett Pearce, "'Listening for the Wisdom in the Public's Whining' or 'Working to Construct Patterns of Public Communication,'" unpublished manuscript.

9 W. Barnett Pearce and Kimberly A. Pearce, "Transcendent Storytelling: Abilities for Systemic Practitioners and Their Clients," *Human Systems: The Journal of Systemic Consultation & Management*, Vol. 9, 1998, pp. 178–179.

10 W. Barnett Pearce, *Interpersonal Communication: Making Social Worlds*, HarperCollins, New York, 1994, p. 71.

11 Naomi Eisenberger, Matthew Lieberman, and Kipling Williams, "Does Rejection Hurt? An fMRI Study of Social Exclusion," *Science*, Vol. 302, 2003, pp. 290–292.

12 Ibid., p. 75.

13 Ernest T. Stringer, *Action Research*, 2nd ed., Sage, Thousand Oaks, CA, 1999. 皮尔斯对斯特林格的行为研究模型的引用是在1999年5月国际传播协会大会期间录制"对话"视频时提出的。

14 Pearce and Pearce, "Transcendent Storytelling."

15 Hierarchy model: W. Barnett Pearce, Vernon Cronen, and Forrest Conklin, "On What to Look at When Studying Communication: A Hierarchical Model of Actors' Meanings," *Communication*, Vol. 4, 1979, pp. 195–220; Serpentine model: W. Barnett Pearce, *Interpersonal Communication: Making Social Worlds*, HarperCollins, New York, 1994, p. 32.

16 Ibid., p. 112.

17 Ibid., p. 123. 皮尔斯将这一定义的提出归功于传播学者约翰·舒特（John Shotter）。

18 W. Barnett Pearce, *Communication and the Human Condition*, Southern Illinois University, Carbondale, 1989, pp. 32–33.

19 Vernon Cronen, "Coordinated Management of Meaning: The Consequentiality of Communication and the Recapturing of Experience," in *The Consequentiality of Communication*, Stuart Sigman (ed.), Lawrence Erlbaum, Hillsdale, NJ, 1995, p. 38.

20 W. Barnett Pearce, Stephen W. Littlejohn, and Alison Alexander, "The Quixotic Quest for Civility: Patterns of Interaction Between the

New Christian Right and Secular Humanists," in *Secularization and Fundamentalism Reconsidered*, Jeffrey K. Hadden and Anson Shupe (eds.), Paragon, New York, 1989, pp. 152–177.

21 如欲了解美国世贸中心爆炸案中法官约瑟夫·杜菲与被告拉齐姆·阿哈穆德·尤塞夫在判决前的对话的分析，请参照 W. Barnett Pearce, "The Coordinated Management of Meaning," in *Theorizing About Intercultural Communication*.

22 Pearce, *Making Social Worlds*, p. 12.

23 类似的表达与皮尔斯的相关推理，请参见 Pearce, *Making Social Worlds*, pp. 12–25.

24 Pearce, *Interpersonal Communication*, p. 366.

25 Pearce, *Communication and the Human Condition*, pp. 167–195.

26 Pearce and Pearce, "Combining Passions and Abilities," p. 172.

27 W. Barnett Pearce and Stephen W. Littlejohn, *Moral Conflict: When Social Worlds Collide*, Sage, Thousand Oaks, 1997, p. 37.

28 Pearce and Pearce, "Combining Passions and Abilities," p. 173.

29 Martin Buber, *I and Thou*, 2nd ed., R. G. Smith (trans.), Scribner's, New York, 1958, pp. 60, 69.

30 Martin Buber, *Between Man and Man*, Macmillan, New York, 1965, p. 204.

31 Ronald Arnett, *Communication and Community*, Southern Illinois University, Carbondale, 1986, p. 37.

32 Pearce, *Making Social Worlds*, p. x.

33 Edited and paraphrased from Gabrielle Parker, "CMM: Report from Users," W. Barnett Pearce (ed.), unpublished manuscript.

第7章 违反预期理论

1 Judee K. Burgoon, "A Communication Model of Personal Space Violations: Explication and an Initial Test," *Human Communication Research*, Vol. 4, 1978, pp. 129–142.

2 Ibid., p. 130.

3 Edward T. Hall, *The Hidden Dimension*, Doubleday, Garden City, NY, 1966, p. 1.

4 W. H. Auden, "Prologue: The Birth of Architecture," in *About the House*, Random House, New York, 1966, p. 14.

5 Judee K. Burgoon and Jerold Hale, "Nonverbal Expectancy Violations: Model Elaboration and Application to Immediacy Behaviors," *Communication Monographs*, Vol. 55, 1988, p. 58.

6 *Random House Webster's Electronic Dictionary and Thesaurus*, College Edition, WordPerfect, Orem, UT, 1994.

7 Judee K. Burgoon, "Cross-Cultural and Intercultural Applications of Expectancy Violations Theory," in *Intercultural Communication Theory*, Richard Wiseman (ed.), Sage, Thousand Oaks, CA, 1995, pp. 194–214.

8 Judee K. Burgoon and Joseph Walther, "Nonverbal Expectancies and the Evaluative Consequences of Violations," *Human Communication Research*, Vol. 17, 1990, p. 236.

9 Edward Hall, "A System of Notation of Proxemic Behavior," *American Anthropologist*, Vol. 41, 1963, pp. 1003–1026.

10 Cited in Judee K. Burgoon, Valerie Manusov, Paul Mineo, and Jerold Hale, "Effects of Gaze on Hiring, Credibility, Attraction, and Relational Message Interpretation," *Journal of Nonverbal Behavior*, Vol. 9, 1985, p. 133.

11 Douglas Kelley and Judee K. Burgoon, "Understanding Marital Satisfaction and Couple Type as Functions of Relational Expectations," *Human Communication Research*, Vol. 18, 1991, pp. 40–69.

12 Beth A. LePoire and Judee K. Burgoon, "Two Contrasting Explanations of Involvement Violations: Expectancy Violations Theory Versus Discrepancy Arousal Theory," *Human Communication Research*, Vol. 20, 1994, pp. 560–591.

13 Graham Chapman, John Cleese, Terry Gilliam, Eric Idle, Terry Jones, and Michael Palin, *The Complete Monty Python's Flying Circus : All the Words*, Volume One, Pantheon, New York, 1989, p. 40.

14 Judee K. Burgoon, "Nonverbal Violations of Expectations," in *Nonverbal Interaction*, John Wiemann and Randall P. Harrison (eds.), Sage, Beverly Hills, CA, 1983, p. 101.

15 Paul A. Mongeau, Colleen Carey, and Mary Lynn Williams, "First Date Initiation and Enactment : An Expectancy Violation Approach," in *Sex Differences and Similarities in Communication*, Daniel J. Canary and Kathryn Dindia (eds.), Lawrence Erlbaum, Mahwah, NJ, 1998, pp. 413–426.

16 Judee K. Burgoon, Lesa Stern, and Leesa Dillman, *Interpersonal Adaptation : Dyadic Interaction Patterns*, Cambridge University, Cambridge, UK, 1995.

17 如欲了解我对马斯洛需求层级理论的介绍，请至www.afirstlook.com点击"理论档案"。

18 Burgoon, "Cross-Cultural and Intercultural Applications," p. 209.

19 Peter A. Andersen, Laura K. Guerrero, David B. Buller, and Peter F. Jorgensen, "An Empirical Comparison of Three Theories of Nonverbal Immediacy Exchange," *Human Communication Research*, Vol. 24, 1998, pp. 501–535.

20 Immanuel Kant, "On a Supposed Right to Lie from Altruistic Motives," in *Critique of Practical Reason and Other Writings in Moral Philosophy*, Lewis White Beck (trans. and ed.), University of Chicago, 1964, p. 346.

21 Immanuel Kant, *Groundwork of the Metaphysics of Morals*, H. J. Paton (trans.), Harper Torchbooks, New York, 1964, p. 88.

第8章　建构主义

1 Walter H. Crockett, "Cognitive Complexity and Impression Formation," in *Progress in Experimental Personality Research*, Vol. 2, B. A. Maher (ed.), Academic Press, New York, 1965, pp. 47–90.

2 Ann Mayden Nicotera, "The Constructivist Theory of Delia, Clark, and Associates," in *Watershed Research Traditions in Human Communication Theory*, Donald Cushman and Branislav Kovačić (eds.), State University of New York, Albany, 1995, p. 52.

3 Brant R. Burleson, "Constructivism : A General Theory of Communication Skill," in *Explaining Communication : Contemporary Theories and Exemplars*, Bryan Whaley and Wendy Samter (eds.), Lawrence Erlbaum, Mahwah, NJ, 2007, pp. 105–128.

4 Brant R. Burleson and Michael S. Waltman, "Cognitive Complexity : Using the Role Category Questionnaire Measure," in *A Handbook for the Study of Human Communication*, Charles Tardy (ed.), Ablex, Norwood, NJ, 1988, p. 15.

5 Ruth Ann Clark and Jesse Delia, "Cognitive Complexity, Social Perspective-Taking, and Functional Persuasive Skills in Second-to-Ninth-Grade Students," *Human Communication Research*, Vol. 3, 1977, pp. 128–134.

6 Jesse Delia, Barbara J. O'Keefe, and Daniel O'Keefe, "The Constructivist Approach to Communication," in *Human Communication Theory*, Frank E. X. Dance (ed.), Harper & Row, New York, 1982, p. 163.

7 See Shereen Bingham and Brant R. Burleson, "Multiple Effects of Messages with Multiple Goals : Some Perceived Outcomes of Responses to Sexual Harassment," *Human Communication Research*, Vol. 16, 1989, p. 192.

8 James Price Dillard, "The Goals-Plans-Action Model of Interpersonal Influence," in *Perspectives on Persuasion, Social Influence, and Compliance Gaining*, John Seiter and Robert Gass (eds.), Pearson, Boston, 2003, pp. 185–206.

9 Bingham and Burleson, p. 192.

10 Dillard, p. 188.

11 Burleson, "Constructivism," p. 116.

12 John O. Greene, "Action Assembly Theory: Metatheoretical Commitments, Theoretical Propositions, and Empirical Allocations," in *Rethinking Communication*, Vol. 2, Brenda Dervin, Lawrence Grossberg, Barbara J. O'Keefe, and Ellen Wartella (eds.), Sage, Newbury Park, CA, 1989, pp. 117–128; 如欲了解本教材旧版介绍过的格林（Greene）的行为编译理论，请到www.afirstlook.com点击"理论档案"。

13 Dillard, "The Goals-Plans-Action Model."

14 Bingham and Burleson, p. 193.

15 以上3段安慰性的对话摘自Brant R. Burleson, "Comforting Messages: Significance, Approaches, and Effects," in *Communication of Social Support*, Brant R. Burleson, Terrance Albrecht, and Irwin Sarason (eds.), Sage, Thousand Oaks, CA, 1994, p. 12.

16 Ibid., p. 22.

17 Brant R. Burleson and Wendy Samter, "A Social Skills Approach to Relationship Maintenance," in *Communication and Relationship Maintenance*, Daniel Canary and Laura Stafford (eds.), Academic Press, San Diego, 1994, pp. 61–90.

18 这是某个学生在日志中的表达。

19 Beverly Davenport Sypher and Theodore Zorn, "Communication Related Abilities and Upward Mobility: A Longitudinal Investigation," *Human Communication Research*, Vol. 12, 1986, pp. 420–431.

20 Brant R. Burleson, Jesse Delia, and James Applegate, "The Socialization of Person-Centered Communication: Parental Contributions to the Social-Cognitive and Communication Skills of Their Children," in *Perspectives in Family Communication*, Mary Anne Fitzpatrick and Anita Vangelisti (eds.), Sage, Thousand Oaks, CA, 1995, pp. 34–76.

21 Burleson, "Constructivism," p. 124.

22 Delia, O'Keefe, and O'Keefe, p. 167.

关系发展

1 Harold H. Kelley, Ellen Berscheid, Andrew Christensen, John Harvey, Ted Huston, George Levinger, Evie McClintock, Letitia Anne Peplau, and Donald Peterson, *Close Relationships*, W. H. Freeman, New York, 1983, p. 38.

2 See Jacqueline Wiseman, "Friendship: Bonds and Binds in a Voluntary Relationship," *Journal of Social and Personal Relationships*, Vol. 3, 1986, pp. 191–211; and Robert Hays, "Friendship," in *Handbook of Personal Relationships*, Steve Duck (ed.), John Wiley & Sons, New York, 1988, pp. 391–408.

3 Robert Sternberg, "A Triangular Theory of Love," *Psychological Review*, Vol. 9, 1986, pp. 119–135.

4 Robert Frost, "The Death of the Hired Man," in *The Poetry of Robert Frost*, Edward Lathem (ed.), Holt, Rinehart, and Winston, New York, 1969, pp. 34–36.

5 Keith Davis and Michael Todd, "Friendship and Love Relationships" in *Advances in Descriptive Psychology*, Vol. 2, Keith Davis (ed.), JAI, Greenwich, CT, 1982, pp. 79–122.

6 See Ron Adler and Neal Towne, *Looking Out/Looking In*, 10th ed., Wadsworth, Belmont, CA, 2002; and John Stewart, *Bridges Not Walls*, 9th ed., McGraw-Hill, New York, 2005.

第9章 社会渗透理论

1 Dalmas Taylor and Irwin Altman, "Communication in Interpersonal Relationships: Social Penetration Processes," in *Interpersonal Processes: New Directions in Communications Research*, Michael Roloff and Gerald Miller (eds.), Sage, Newbury Park, CA, 1987, p. 259.

2 C. Arthur VanLear, "The Formation of Social Relationships: A Longitudinal Study of Social Penetration," *Human Communication Research*, Vol. 13, 1987, pp. 299–322.

3 Harold H. Kelley and John W. Thibaut, *Interpersonal*

Relationships, John Wiley & Sons, New York, 1978.

4 John Stuart Mill, *A System of Logic*, J. W. Parker, London, 1843, Book VI, Chapter XII.

5 J. M. Rist, *Epicurus: An Introduction*, Cambridge University, Cambridge, England, 1972, p. 124.

6 Epicurus, "Leading Doctrines, 8," cited in R. D. Hicks, *Stoic and Epicurean*, Charles Scribner's Sons, New York, 1910, p. 183.

7 Ayn Rand, *The Fountainhead*, Signet, New York, 1971, p. x.

8 Irwin Altman, Anne Vinsel, and Barbara Brown, "Dialectic Conceptions in Social Psychology: An Application to Social Penetration and Privacy Regulation," in *Advances in Experimental Social Psychology*, Vol. 14, Leonard Berkowitz (ed.), Academic Press, New York, 1981, p. 139.

9 Sandra Petronio, *Boundaries of Privacy: Dialectics of Disclosure*, State University of New York, Albany, 2002, p. 10.

10 Ibid., p. 203.

11 Ibid., p. xv.

12 Paul H. Wright, "Self-Referent Motivation and the Intrinsic Quality of Friendship," *Journal of Social and Personal Relationships*, Vol. 1, 1984, pp. 115–130.

13 Richard Conville, *Relational Transitions: The Evolution of Personal Relationships*, Praeger, New York, 1991, pp. 19–40.

14 From John 15: 13, *The New American Bible*, J. P. Kennedy & Sons, New York, 1970.

第10章 不确定性递减理论

1 Charles R. Berger, "Uncertainty and Information Exchange in Developing Relationships," in *Handbook of Personal Relationships*, Steve Duck (ed.), Wiley, New York, 1988, p. 244.

2 Charles R. Berger and Richard Calabrese, "Some Explorations in Initial Interaction and Beyond: Toward a Developmental Theory of Interpersonal Communication," *Human Communication Research*, Vol. 1, 1975, p. 100.

3 Charles R. Berger, "Beyond Initial Interaction: Uncertainty, Understanding, and the Development of Interpersonal Relationships," in *Language and Social Psychology*, H. Giles and R. St. Clair (eds.), Basil Blackwell, Oxford, UK, 1979, pp. 122–144.

4 Charles R. Berger and William B. Gudykunst, "Uncertainty and Communication," in *Progress in Communication Sciences*, Vol. X, Brenda Dervin and Melvin Voigt (eds.), Ablex, Norwood, NJ, 1991, p. 23.

5 如欲了解更多有关归因理论的知识，请参见 Kelly Shaver, *An Introduction to Attribution Processes*, Lawrence Erlbaum, Hillsdale, NJ, 1983. 本教材最早的两个版本（1991年版、1994年版）曾介绍过海德的归因理论，请在www.afirstlook.com点击"理论档案"查看相关信息。

6 Berger and Calabrese, pp. 99–112.

7 Joseph Cappella, "Mutual Influence in Expressive Behavior: Adult–Adult and Infant–Adult Dyadic Interaction," *Psychological Bulletin*, Vol. 89, 1981, pp. 101–132.

8 Berger and Gudykunst, p. 25.

9 Malcolm Parks and Mara Adelman, "Communication Networks and the Development of Romantic Relationships: An Extension of Uncertainty Reduction Theory," *Human Communication Research*, Vol. 10, 1983, pp. 55–79.

10 Ellen Berscheid and Elaine Walster, *Interpersonal Attraction*, 2nd ed., Addison-Wesley, Reading, MA, 1978, pp. 61–89.

11 Charles R. Berger, *Planning Strategic Interaction*, Lawrence Erlbaum, Mahwah, NJ, 1997, p. 17.

12 Charles R. Berger, "Goals, Plans, and Mutual Understanding in Relationships," in *Individuals in Relationships*, Steve Duck (ed.), Sage, Newbury Park, CA, 1993, p. 34.

13 Charles R. Berger, "Message Production Under Uncertainty," in *Developing Communication*

Theories, Gerry Philipsen and Terrance Albrecht (eds.), State University of New York, Albany, 1997, p. 39.

14 Charles R. Berger, "Producing Messages Under Uncertainty," in *Message Production : Advances in Communication Theory*, John O. Greene (ed.), Lawrence Erlbaum, Mahwah, NJ, 1997, p. 222.

15 这是查尔斯·伯杰个人的回应。

16 Berger, "Message Production Under Uncertainty," p. 39.

17 Charles R. Berger, "Inscrutable Goals, Uncertain Plans, and the Production of Communicative Action," in *Communication and Social Influence Processes*, Charles R. Berger and Michael Burgoon (eds.), Michigan State University, East Lansing, 1995, p. 17.

18 Berger, *Planning Strategic Interaction*, pp. 132–135.

19 Proverbs 15：22, New Revised Standard Version of the Bible.

20 William B. Gudykunst, "Uncertainty and Anxiety," in *Theories in Intercultural Communication*, Young Yun Kim and William B. Gudykunst (eds.), Sage, Newbury Park, CA, 1988, pp. 125–128.

21 William B. Gudykunst, *Bridging Differences : Effective Intergroup Communication*, Sage, Newbury Park, CA, 1991, p. 13.

22 William B. Gudykunst and Robin Shapiro, "Communication in Everyday Interpersonal and Intergroup Encounters," *International Journal of Intercultural Relations*, Vol. 20, 1996, pp. 19–45.

23 William B. Gudykunst, "An Anxiety/ Uncertainty Management (AUM) Theory of Effective Communication : Making the Mesh of the Net Finer," in *Theorizing About Intercultural Communication*, William B. Gudykunst (ed.), Sage, Thousand Oaks, CA, 2005, p. 289.

24 William B. Gudykunst, "Toward a Theory of Effective Interpersonal and Intergroup Communication：An Anxiety/Uncertainty Management (AUM) Perspective," in *Intercultural Communication Competence*, R. L. Wiseman and J. Koester (eds.), Sage, Newbury Park, CA, 1993, p. 70, note 4.

25 Ibid., p. 286.

26 Ellen Langer, *The Power of Mindful Learning*, Addison-Wesley, Reading, MA, 1997.

27 Charles R. Berger, "Communicating Under Uncertainty," in *Interpersonal Process : New Directions in Communication Research*, Michael Roloff and Gerald Miller (eds.), Sage, Newbury Park, CA, 1987, p. 40.

28 Kathy Kellermann and Rodney Reynolds, "When Ignorance Is Bliss : The Role of Motivation to Reduce Uncertainty in Uncertainty Reduction Theory," *Human Communication Research*, Vol. 17, 1990, p. 7.

29 Ibid., p. 71.

30 Michael Sunnafrank, "Predicted Outcome Value During Initial Interaction : A Reformulation of Uncertainty Reduction Theory," *Human Communication Research*, Vol. 13, 1986, pp. 3–33.

31 Charles R. Berger, "Communication Theories and Other Curios," *Communication Monographs*, Vol. 58, 1991, p. 102.

32 Berger, "Communicating Under Uncertainty," p. 58.

第11章 社会信息加工理论

1 John Short, Ederyn Williams, and Bruce Christie, *The Social Psychology of Telecommunications*, John Wiley, London, 1976.

2 Richard Daft, Robert Lengel, and Linda K. Trevino, "Message Equivocality, Media Selection, and Manager Performance : Implications for Information Systems," *MIS Quarterly*, Vol. 11, 1987, pp. 355–368.

3 Lee Sproull and Sara Kiesler, "Reducing Social Context Cues : Electronic Mail in Organizational Communication," *Managerial Science*, Vol. 32, 1986, pp. 1492–1512.

4 Mary J. Culnan and M. Lynne Markus, "Information Technologies," in *Handbook of Organizational Communication*, Fredric Jablin, Linda L. Putnam, Karlene H. Roberts, and Lyman Porter (eds.), Sage, Newbury Park, CA, 1987, pp. 420–443.

5 Joseph B. Walther, "Interpersonal Effects in Computer-Mediated Interaction: A Relational Perspective," *Communication Research*, Vol. 19, 1992, pp. 52–90.

6 2003年11月，美国传播协会在迈阿密海岸召开盛会，沃尔瑟获得2002年度伍尔伯特大奖，在颁奖时华盛顿大学传播学教授马尔科姆·帕克斯首次提出这个有关液体的比喻。

7 Joseph B. Walther, Tracy Loh, and Laura Granka, "The Interchange of Verbal and Nonverbal Cues in Computer-Mediated and Face-to-Face Affinity," *Journal of Language and Social Psychology*, Vol. 24, 2005, pp. 36–65.

8 如欲简略了解非语言线索的影响力，请参见 Judee Burgoon, "Nonverbal Signals," in *Handbook of Interpersonal Communication*, 2nd ed., Mark Knapp and Gerald Miller (eds.), Sage, Thousand Oaks, CA, 1994, pp. 234–236.

9 Joseph B. Walther, "Relational Aspects of Computer-Mediated Communication: Experimental Observations Over Time," *Organization Science*, Vol. 6, 1995, pp. 186–202; Joseph B. Walther, "Time Effects in Computer-Mediated Groups: Past, Present, and Future," in *Distributed Work*, Pamela J. Hinds and Sara Kiesler (eds.), MIT, Cambridge, MA, 2002, pp. 235–257.

10 Walther, "Time Effects," p. 248.

11 Joseph B. Walther and Lisa C. Tidwell, "Nonverbal Cues in Computer-Mediated Communication, and the Effect of Chronomics on Relational Communication," *Journal of Organizational Computing*, Vol. 5, 1995, p. 362.

12 Joseph B. Walther and Lisa C. Tidwell, "Computer-Mediated Communication: Interpersonal Interaction On-Line," in *Making Connections: Readings in Relational Communication*, 2nd ed., Kathleen M. Galvin and Pamela J. Cooper (eds.), Roxbury, Los Angeles, 2000, p. 326.

13 Joseph B. Walther, Celeste L. Slovacek, and Lisa C. Tidwell, "Is a Picture Worth a Thousand Words? Photographic Images in Long-Term and Short-Term Computer-Mediated Communication," *Communication Research*, Vol. 28, 2001, p. 110.

14 Ibid., p. 122.

15 Martin Lea and Russell Spears, "Paralanguage and Social Perception in Computer-Mediated Communication," *Journal of Organizational Computing*, Vol. 2, 1992, pp. 321–341; Russell Spears and Martin Lea, "SocialInfluence and the Influence of the Social," in *Contexts of Computer-Mediated Communication*, Martin Lea (ed.), Harvester-Wheatsheaf, London, 1992, pp. 30–65.

16 Joseph B. Walther and Shawn Boyd, "Attraction to Computer-Mediated Social Support," in *Communication Technology and Society*, C. A. Lin and D. Atkin (eds.), Hampton, Cresskill, NJ, 2002, pp. 153–188.

17 Joseph B. Walther, "Computer-Mediated Communication: Impersonal, Interpersonal, and Hyperpersonal Interaction," *Communication Research*, Vol. 23, 1996, p. 26.

18 Walther and Tidwell, "Computer-Mediated Communication," p. 325

19 Joseph B. Walther and Judee K. Burgoon, "Relational Communication in Computer-Mediated Interaction," *Human Communication Research*, Vol. 19, 1992, pp. 50–88; Joseph B. Walther, "Anticipated Ongoing Interaction Versus Channel Effects on Relational Communication in Computer-Mediated Interaction," *Human Communication Research*, Vol. 20, 1994, pp. 473–501.

20 Walther, "Relational Aspects of Computer-Mediated Communication," p. 197.

21 Walther, "Anticipated Ongoing Interaction," p. 494.
22 Joseph B. Walther and Malcolm R. Parks, "Cues Filtered Out, Cues Filtered In: Computer-Mediated Communication and Relationships" in *Handbook of Interpersonal Communication*, 3rd ed., Mark Knapp and J. A. Daly (eds.), Sage, Thousand Oaks, CA, 2002, p. 542.
23 Joseph B. Walther, "Group and Interpersonal Effects in International Computer-Mediated Collaboration," *Human Communication Research*, Vol. 23, 1997, p. 350.
24 Walther and Parks, p. 551.
25 Walther and Tidwell, "Computer-Mediated Communication," p. 329.

关系维持

1 John Stewart, "Interpersonal Communication: Contact Between Persons," *Bridges Not Walls*, 5th ed., John Stewart(ed.), McGraw-Hill, New York, 1990, pp. 13–30.
2 Daniel Canary and Laura Stafford, "Maintaining Relationships throuh Strategic and Routing Interaction," in *Communication and Relational Maintenance*, Daniel Canary and Laura Stafford (eds.), Academic Press, San Diego, CA, 1994, pp. 3–22.
3 Laura Stafford and Daniel Canary, "Maintenance Strategies and Romantic Relationship Type, Gender and Relational Characteristics," *Journal of Social and Personal Relationships*, Vol. 8, 1991, p. 224.
4 Ibid., pp. 217–242.

第12章 关系辩证法

1 Leslie A. Baxter, "Interpersonal Communication as Dialogue: A Response to the 'Social Approaches' Forum," *Communication Theory*, Vol. 2, 1992, p. 330.
2 Ibid., p. 335.
3 Leslie A. Baxter and Barbara Montgomery, *Relating: Dialogues and Dialectics*, Guilford, New York, 1996, p. 3.
4 Baxter and Montgomery, p. 8.
5 Leslie A. Baxter, "A Dialectical Perspective on Communication Strategies in Relationship Development," in *A Handbook of Personal Relationships*, Steve Duck (ed.), John Wiley & Sons, New York, 1988, p. 258.
6 Baxter and Montgomery, p. 43.
7 Leslie A. Baxter, "Relationships as Dialogues," *Personal Relationships*, Vol. 11, 2004, p. 14.
8 Baxter, "Dialectical Perspective," p. 259.
9 Irwin Altman, Anne Vinsel, and Barbara Brown, "Dialectic Conceptions in Social Psychology: An Application to Social Penetration and Privacy Regulation," in *Advances in Experimental Social Psychology*, Vol. 14, Leonard Berkowitz (ed.), Academic Press, New York, 1981, pp. 107–160.
10 Leslie A. Baxter, "A Tale of Two Voices," of *Family Communication*, Vol. 4, 2004, p. 188.
11 Baxter, "Relationships as Dialogues," p. 3.
12 Leslie A. Baxter and Lee West, "Couple Perceptions of Their Similarities and Differences: A Dialectical Perspective," *Journal of Social and Personal Relationships*, Vol. 20, 2003, pp. 491–514.
13 Mikhail Bakhtin, *Four Essays* by M. M. Bakhtin, M. Holquist (ed.), C. Emerson and M. Holquist (trans.), University of Texas, Austin, 1981, p. 272.
14 Baxter, "Relationships as Dialogues," p. 11.
15 Ibid., p. 12.
16 Ibid., p. 13.
17 Leslie A. Baxter and Dawn O. Braithwaite, "Performing Marriage: The Marriage Renewal Ritual as Cultural Performance," *Southern Communication Journal*, Vol. 67, 2002, pp. 94–109.
18 Mikhail Bakhtin, *Speech Genres and Other Late Essays*, C. Emerson and M. Holquist (eds.), V. McGee (trans.), University of Texas, Austin, 1986, p. 94.
19 Mikhail Bakhtin, *Problems of Dostoevsky's*

Poetics, C. Emerson (ed. and trans.), University of Minnesota, Minneapolis, 1981.

20 Mikhail Bakhtin, *Rabelais and His World*, H. Iswolsky (trans.), Indiana University, Bloomington, 1984.

21 G. Morson and C. Emerson, *Mikhail Bakhtin: Creation of a Prosaics*, Stanford University, Palo Alto, CA, 1990, p. 443.

22 Leslie A. Baxter and Carma Byland, "Social Influence in Close Relationships," in *Perspectives on Persuasion, Social Inflence, and Compliance Gaining*, John Seiter and Robert Gass (eds.), Pearson, Boston, 2004, pp. 317–336.

23 *FLM Magazine*, Landmark Theatres, 2003. 24 Sissela Bok, *Lying: Moral Choice in Public and Private Life*, Vintage, New York, 1979, p. 48.

25 Ibid., p. 32.

26 Ibid., p. 263.

27 Baxter and Montgomery, "Rethinking Communication," p. 326.

28 Baxter, "Relationships as Dialogues," p. 17.

29 Baxter, "A Tale of Two Voices," p. 189.

30 Em Griffin and Glenn Sparks, "Friends Forever: A Longitudinal Exploration of Intimacy in Same-Sex Friends and Platonic Pairs," *Journal of Social and Personal Relationships*, Vol. 7, 1990, pp. 29–46; Andrew Ledbetter, Em Griffin, and Glenn Sparks, "Forecasting 'Friends Forever': A Longitudinal Investigation of Predictors of Relational Closeness," *Personal Relationships*, Vol. 14, 2007, pp. 343–350.

31 Barbara Montgomery, "Relationship Maintenance Versus Relationship Change: A Dialectical Dilemma," *Journal of Social and Personal Relationships*, Vol 10, 1993, p. 221.

第13章 互动观点

1 Alan Watts, *The Book*, Pantheon, New York, 1966, p. 65. 如欲了解瓦茨拉威克对于"生活像一场游戏"的比喻的运用,请参见 Alan Watts, "The Game of Black-and-White," *The Book*, pp. 22–46; and Alan Watts, "The Counter Game," *Psychology East & West*, Ballantine, New York, 1969, pp. 144–185.

2 Paul Watzlawick, "The Construction of Clinical 'Realities,'" in *The Evolution of Psychotherapy: The Second Conference*, Jeffrey Zeig (ed.), Brunner/Mazel, New York, 1992, p. 64.

3 瓦茨拉威克、比文和杰克逊一共列出5条公理。我省略了其中不那么必要的一条,该公理认为由于差异对读者而言不显著,人们也可以采用数字及推理式的沟通。

4 Paul Watzlawick, *The Language of Change*, W. W. Norton, New York, 1978, p. 11.

5 Paul Watzlawick, Janet Beavin, and Don Jackson, *Pragmatics of Human Communication*, W. W. Norton, New York, 1967, p. 54.

6 L. Edna Rogers, "Relational Communication Theory: An Interactional Family Theory," in *Engaging Theories in Family Communication: Multiple Perspectives*, Dawn O. Braithwaite and Leslie A. Baxter (eds.), Sage, Thousand Oaks, CA, 2006, p. 119.

7 R. D. Laing, *Knots*, Pantheon, New York, 1970, p. 27.

8 Watzlawick, Beavin, and Jackson, p. 99.

9 L. Edna Rogers and Frank E. Millar III, "Domineeringness and Dominance: A Transactional View," *Human Communication Research*, Vol. 5, 1979, pp. 238–245.

10 Paul Watzlawick, John H. Weakland, and Richard Fisch, *Change*, W. W. Norton, New York, 1974, p. 95.

11 Watzlawick, *Language of Change*, p. 122.

12 Watzlawick, "The Construction of Clinical 'Realities,'" p. 61.

13 "Helping," Families Anonymous, Inc., Van Nuys, CA, n. d.

14 Janet Beavin Bavelas, "Research into the Pragmatics of Human Communication," *Journal of Strategic and Systemic Therapies*, Vol. 11, No. 2, 1992, pp. 15–29.

影响力

1 Kathy Kellermann and Tim Cole, "Classifying Compliance Gaining Messages: Taxonomic Disorder and Strategic Confusion," *Communication Theory*, Vol. 4, 1994, pp. 3-60.

第14章 社会判断理论

1 Muzafer Sherif and Carolyn Sherif, *Social Psychology*, Harper, New York, 1969.

2 Muzafer Sherif, "Experiments in Group Conflict," *Scientific American*, Vol. 195, 1956, pp. 54-58.

3 Carolyn Sherif, Muzafer Sherif, and Roger Nebergall, *Attitude and Attitude Change: The Social Judgment-Involvement Approach*, W. B. Saunders, Philadelphia, 1965, p. 222.

4 Ibid., p. 225.

5 Ibid., p. 214.

6 Gian Sarup, Robert Suchner, and Gitanjali Gaylord, "Contrast Effects and Attitude Change: A Test of the Two-Stage Hypothesis of Social Judgment Theory," *Social Psychology Quarterly*, Vol. 54, 1991, pp. 364-372.

7 Kathryn Greene, Roxanne Parrott, and Julianne M. Serovich, "Privacy, HIV Testing, and AIDS: College Students 'Versus Parents' Perspectives," *Health Communication*, Vol. 5, 1993, pp. 59-74.

8 Stephen Bochner and Chester Insko, "Communicator Discrepancy, Source Credibility and Opinion Change," *Journal of Personality and Social Psychology*, Vol. 4, 1966, pp. 614-621.

9 Interview on *Morning Edition*, National Public Radio, May 31, 1995.

10 Hee Sun Park, Timothy Levine, Catherine Y. K. Westerma, Tierney Oregen, and Sarah Foregger, "The Effects of Argument Quality and Involvement Type on Attitude Formation and Attitude Change," *Human Communication Research*, Vol. 33, 2007, pp. 81-102.

第15章 详述可能性模型

1 Richard E. Petty and John T. Cacioppo, *Communication and Persuasion: Central and Peripheral Routes to Attitude Change*, Springer-Verlag, New York, 1986, p. 7.

2 Richard E. Petty and John T. Cacioppo, *Attitudes and Persuasion: Classic and Contemporary Approaches*, Wm. C. Brown, Dubuque, IA, 1981, p. 256.

3 Robert B. Cialdini, *Influence: Science and Practice*, 4th ed., Allyn and Bacon, Needham Heights, MA, 2001.

4 Richard E. Petty and Duane Wegener, "The Elaboration Likelihood Model: Current Status and Controversies," in *Dual Process Theories in Social Psychology*, Shelly Chaiken and Yaacov Trope (eds.), Guilford, New York, 1999, pp. 44-48.

5 John T. Cacioppo et al., "Dispositional Differences in Cognitive Motivation: The Life and Times of Individuals Varying in Need for Cognition," *Psychological Bulletin*, Vol. 119, 1996, pp. 197-253.

6 Richard E. Petty and John T. Cacioppo, "The Elaboration Likelihood Model of Persuasion," in *Advances in Experimental Social Psychology*, Vol. 19, Leonard Berkowitz (ed.), Academic Press, Orlando, FL, 1986, p. 129.

7 Louis Penner and Barbara Fritzsche, "Magic Johnson and Reactions to People with AIDS: A Natural Experiment," *Journal of Applied Social Psychology*, Vol. 23, 1993, pp. 1035-1050.

8 Ibid., p. 1048.

9 Michael Hawthorne, "Madigan: Video Busts Band's Bus in Dumping," *Chicago Tribune*, August 25, 2004, sec. 1, p. 1.

10 Petty and Wegener, pp. 51-52.

11 Duane Wegener and Richard E. Petty, "Understanding Effects of Mood Through the Elaboration Likelihood and Flexible Correction Models,"

in *Theories of Mood and Cognition*: *A User's Guidebook*, L. L. Martin and G. L. Clore (eds.), Lawrence Erlbaum, Mahwah, NJ, 2001, pp. 177–210.

12 Thomas R. Nilsen, *Ethics of Speech Communication*, Bobbs-Merrill, Indianapolis, 1966, p. 38.

13 Ibid., p. 35.

14 John Milton, *Areopagitica*, John Hales (ed.), with introduction and notes, 3rd ed., revised, Clarendon, Oxford, UK, 1882.

15 John Stuart Mill, *On Liberty*, Gateway, Chicago, 1955.

16 Søren Kierkegaard, *Philosophical Fragments*, Princeton University, Princeton, NJ, pp. 17–28.

17 Em Griffin, *The Mind Changers*, Tyndale, Carol Stream, IL, 1976, pp. 27–41; Em Griffin, *Getting Together*, Inter-Varsity, Downers Grove, IL, 1982, pp. 159–167.

18 Petty and Wegener, p. 46.

19 Paul Mongeau and James Stiff, "Specifying Causal Relationships in the Elaboration Likelihood Model," *Communication Theory*, Vol. 3, 1993, pp. 67–68.

20 Petty and Cacioppo, *Communication and Persuasion*, p. 32.

第16章 认知不协调理论

1 Aesop, "The Fox and the Grapes," in *Aesop, Five Centuries of Illustrated Fables*, Metropolitan Museum of Art, New York, 1964, p. 12.

2 Leon Festinger, *A Theory of Cognitive Dissonance*, Stanford University, Stanford, CA, 1957, p. 4.

3 "Smoke! Smoke! Smoke! (That Cigarette)," Merle Travis, performed by Tex Williams, Capitol Records, 1947.

4 Leon Festinger, "Social Communication and Cognition: A Very Preliminary and Highly Tentative Draft," in *Cognitive Dissonance: Progress on a Pivotal Theory in Social Psychology*, Eddie Harmon-Jones and Judson Mills (eds.), American Psychological Association, Washington, DC, 1999, p. 361.

5 Festinger, *A Theory of Cognitive Dissonance*, pp. 5–6.

6 Ibid., pp. 84–97.

7 Dave D'Alessio and Mike Allen, "Selective Exposure and Dissonance After Decisions," *Psychological Reports*, Vol. 91, 2002, pp. 527–532.

8 Festinger, *A Theory of Cognitive Dissonance*, pp. 153–156.

9 D'Alessio and Allen, pp. 527–532.

10 Jeffrey Kluger, "Hollywood's Smoke Alarm," *Time Magazine*, April 12, 2007, http://www.time.com/time/magazine/article/09171,1609773,00.html, accessed October 22, 2007.

11 American Legacy Foundation, www.dontpassgas.org; "I Will Not Pass Gas," http://www.adcouncil.org/default.aspx?id=58, accessed May 1, 2007.

12 Dieter Frey, "Recent Research on Selective Exposure to Information," in *Advances in Experimental Social Psychology*, Vol. 19, Leonard Berkowitz (ed.), Academic Press, Orlando, FL, 1986, pp. 41–80.

13 Festinger, *A Theory of Cognitive Dissonance*, pp. 32–47.

14 Alan DeSantis and Susan E. Morgan, "Sometimes a Cigar [Magazine] Is More Than Just a Cigar [Magazine]: Pro-Smoking Arguments in *Cigar Aficionado*, 1992–2000," *Health Communication*, Vol. 15, 2003, p. 460.

15 Festinger, *A Theory of Cognitive Dissonance*, p. 95.

16 Leon Festinger and James Carlsmith, "Cognitive Consequences of Forced Compliance," *Journal of Abnormal and Social Psychology*, Vol. 58, 1959, pp. 203–210.

17 Elliot Aronson, "The Theory of Cognitive Dissonance: A Current Perspective," in *Advances in Experimental Social Psychology*, Vol. 4, Leonard

Berkowitz (ed.), Academic Press, New York, 1969, p. 27.

18 Ibid., pp. 26–27.

19 Lynn R. Kahle, "Dissonance and Impression Management as Theories of Attitude Change," *Journal of Social Psychology*, Vol. 105, 1978, pp. 53–64.

20 Joel Cooper, "Unwanted Consequences and the Self: In Search of the Motivation for Dissonance Reduction," in *Cognitive Dissonance*, Harmon-Jones and Mills (eds.), p.153.

21 Ibid., p. 151.

22 Richard Heslin and Michael Amo, "Detailed Test of the Reinforcement-Dissonance Controversy in the Counterattitudinal Advocacy Situation," *Journal of Personality and Social Psychology*, Vol. 23, 1972, pp. 234–242.

23 Anne E. Kornblut, "But Will They Love Him Tomorrow," *The New York Times*, Nation, March 19, 2006, sec. 4, p. 1.

24 Jeff Stone and Joel Cooper, "A Self-Standards Model of Cognitive Dissonance," *Journal of Experimental Social Psychology*, Vol. 37, 2001, p. 231.

25 R. B. Zajonc, "Leon Festinger (1919–1989)," *American Psychologist*, Vol. 45, 1990, p. 661.

26 Daryl Bem, "Self-Perception: An Alternative Interpretation of Cognitive Dissonance Phenomena," *Psychological Review*, Vol. 74, 1967, pp. 183–200.

群体决策

1 Robert Bales, *Interaction Process Analysis*, Addison-Wesley, Reading, MA, 1950.

2 Irving Janis, *Groupthink*, 2nd ed., Houghton Mifflin, Boston, 1982. See also Em Griffin, *A First Look at Communication Theory*, 3rd ed., McGraw-Hill, New York, 1997, pp. 235–246. 请到 www.afirstlook.com 查看 "理论档案"。

3 Randy Hirokawa and Abran J. Salazar, "An Integrated Approach to Communication and Group Decision Making," in *Managing Group Life: Communicating in Decision-Making Groups*, Lawrence Frey and J. Kevin Barge (eds.), Houghton Miffl in, Boston, 1996, pp. 156–181.

第17章 群体决策的功能视角

1 一些学者也在质疑群体决策的沟通效果。See Dean Hewes, "A Socio-Egocentric Model of Group Decision-Making," in *Communication and Group Decision-Making*, Randy Hirokawa and Marshall Scott Poole (eds.), Sage, Beverly Hills, CA, 1986, pp. 265–291.

2 Randy Hirokawa, "Avoiding Camels: Lessons Learned in the Facilitation of High-Quality Group Decision Making Through Effective Discussion," the Van Zelst Lecture in Communication, Northwestern University School of Speech, Evanston, IL, May 24, 1993.

3 Dennis Gouran, "Group Decision Making: An Approach to Integrative Research," in *A Handbook for the Study of Human Communication*, Charles Tardy (ed.), Ablex, Norwood, NJ, 1988, pp. 247–267.

4 Proverbs 15: 22, Revised Standard Version of the Bible.

5 Dennis Gouran, Randy Hirokawa, Kelly Julian, and Geoff Leatham, "The Evolution and Current Status of the Functional Perspective on Communication in Decision-Making and Problem-Solving Groups," in *Communication Yearbook 16*, Stanley Deetz (ed.), Sage, Newbury Park, CA, 1993, p. 591.

6 Randy Hirokawa and Dirk Scheerhorn, "Communication in Faulty Group Decision-Making" in *Communication and Group Decision-Making*, Randy Hirokawa and Marshall Scott Poole (eds.), Sage, Beverly Hills, CA, 1986, p. 69.

7 广川对于政治因素与理性因素之间的差异的认

识，基于 Peter Senge, *The Fifth Discipline*, Doubleday, New York, 1990, p. 60.

8 Dennis Gouran and Randy Hirokawa, "The Role of Communication in Decision-Making Groups: A Functional Perspective" in *Communications in Transition*, Mary Mander (ed.), Praeger, New York, 1983, p. 174.

9 Randy Hirokawa, "Understanding the Relationship between Group Communication and Group Decision-Making Effectiveness from a Functional Perspective: Why 'It□s Not All Bad' Isn't Quite 'Good Enough,'" Thomas M. Scheidel Lecture, University of Washington, Seattle, April 24, 1998.

10 Randy Hirokawa, "Functional Approaches to the Study of Group Discussion," *Small Group Research*, Vol. 25, 1994, p. 546.

11 Randy Hirokawa and Poppy McLeod, "Communication, Decision Development, and Decision Quality in Small Groups: An Integration of Two Approaches," paper presented at the annual meeting of the Speech Communication Association, Miami, November 18-21, 1993.

12 Marc Orlitzky and Randy Hirokawa, "To Err Is Human, to Correct for It Divine: A Meta-Analysis of the Functional Theory of Group Decision-Making Effectiveness," paper presented at the annual meeting of the National Communication Association, Chicago, November 19-23, 1997.

13 Andrea B. Hollingshead, Gwen Wittenbaum, et al., "A Look at Groups from the Functional Perspective," in *Theories of Small Groups: Interdisciplinary Perspectives*, Marshall Scott Poole and Andrea B. Hollingshead (eds.), Sage, London, 2005, pp. 21-62.

14 具体例子请见, J. Richard Hackman, "Work Teams in Organizations: An Orienting Framework," in *Groups That Work (and Those That Don't)*, J. Richard Hackman (ed.), Jossey-Bass, San Francisco, 1990, pp. 1-14.

15 Ivan Steiner, *Group Process and Productivity*, Academic Press, New York, 1972, p. 9.

16 Randy Hirokawa, "Avoiding Camels," p. 8.

17 Dennis Gouran and Randy Hirokawa, "Counteractive Functions of Communication in Effective Group Decision-Making," in Randy Hirokawa and Marshall Scott Poole(eds.), *Communication and Group Decision-Making*, Sage, Beverly Hills, CA, 1986, p. 82.

18 Randy Hirokawa, "Group Communication and Problem-Solving Effectiveness I: A Critical Review of Inconsistent Findings," *Communication Quarterly*, Vol. 30, 1982, p. 139.

19 Cited in Randy Hirokawa, "Researching the Role of Communication in Group Decision-Making: A Functional Theory Perspective," paper presented at the annual meeting of the Central States Communication Association, Chicago, April 11-14, 1991, p. 19.

20 Randy Hirokawa, "From the Tiny Pond to the Big Ocean: Studying Communication and Group Decision-Making Effectiveness from a Functional Perspective," 1999 B. Aubrey Fisher Memorial Lecture, Department of Communication, University of Utah, Salt Lake City.

21 Randy Hirokawa, "Group Communication and Decision-Making Performance: A Continued Test of the Functional Perspective," *Human Communication Research*, Vol. 14, 1988, p. 512.

22 Hirokawa, "From the Tiny Pond to the Big Ocean," p. 6.

23 Ibid.

24 Hirokawa, "Understanding the Relationship."

25 Hirokawa, "From the Tiny Pond to the Big Ocean," p. 11.

26 Gouran, Hirokawa, Julian, and Leatham, pp. 574-579.

27 Robert Craig, "Treatments of Reflective Thought in John Dewey and Hans-Georg Gadamer," paper presented at the 1994 Convention of the International Communication Association, Sydney,

Australia, July 11–15, 1994.
28 John Dewey, *How We Think*, Heath, New York, 1910.
29 我对于哈马贝斯的对话伦理学的分析基于以下著作，Theodore Glasser and James Ettema, "Ethics and Eloquence in Journalism: A Study of the Demands of Press Accountability," presented to the Media Ethics Division of the Association for Education in Journalism and Mass Communication, Miami Beach, FL, August 2002.
30 Sonja Foss, Karen Foss, and Robert Trapp, *Contemporary Perspectives on Rhetoric*, Waveland Press, Prospect Heights, IL, 1991, pp. 241–272. 与其他翻译哈贝马斯著作的人一样，这3位译者也特别强调了哈贝马斯的缜密文风。这本反思伦理观念的著作中的所有引用都来源于二手资料。如欲了解哈贝马斯的整体思想，请参见 Jane Braaten, *Habermas's Critical Theory of Society*, State University of New York, Albany, 1991. 如欲获得一手资料，请参见 Jürgen Habermas, "Discourse Ethics: Notes on a Program of Philosophical Justification," Shierry Weber Nicholsen and Christian Lenhardt (trans.), in *Communicative Ethics Controversy*, Seyla Benhabib and Fred Dallmayr (eds.), MIT Press, Cambridge, MA, 1990, pp. 60–110.
31 Theodore Glasser, "Communicative Ethics and the Aim of Accountability in Journalism," *Social Responsibility: Business, Journalism, Law, Medicine*, Vol. 21, Louis Hodges (ed.), Washington & Lee University, Lexington, VA, 1995, pp. 41–42.
32 Ibid., p. 49.
33 John Cragan and David Wright, "Small Group Communication Research of the 1980s: A Synthesis and Critique," *Communication Studies*, Vol. 41, 1990, pp. 212–236.
34 Cynthia Stohl and Michael Holmes, "A Functional Perspective for Bona Fide Groups," in *Communication Yearbook 16*, Stanley Deetz (ed.), Sage, Newbury Park, CA, 1993, p. 601.
35 See John Cragan and David Wright, "The Functional Theory of Small Group Decision-Making: A Replication," *Journal of Social Behavior and Personality*, Vol. 7, 1992 (Special Issue). Reprinted in John Cragan and David Wright (eds.), *Theory and Research in Small Group Communication*, Burgess, 1993, pp. 87–95.
36 B. Aubrey Fisher, "Decision Emergence: Phases in Group Decision Making," *Speech Monographs*, Vol. 37, 1970, pp. 53–66.
37 B. Aubrey Fisher, *Small Group Decision Making*, 2nd ed., Mc-Graw-Hill, New York, 1980, p. 149.
38 Dennis Gouran, "Reflections on the Type of Question as a Determinant of the Form of Interaction in Decision-Making and Problem-Solving Discussions," *Communication Quarterly*, Vol. 53, 2003, pp. 111–125.

第18章 适应性结构化理论

1 Marshall Scott Poole, "Adaptive Structuration Theory," *Conversations with Communication Theorists* (video), Em Griffin (ed.), McGraw-Hill, New York, 2000. The order of the second and third sentences is inverted.
2 Marshall Scott Poole, "Decision Development in Small Groups I: A Comparison of Two Models," *Communication Monographs*, Vol. 48, 1981, p. 4.
3 Marshall Scott Poole and Jonelle Roth, "Decision Development in Small Groups IV: A Typology of Group Decision Paths," *Human Communication Research*, Vol. 15, 1989, pp. 323–356.
4 Poole, "Decision Development in Small Groups I," p. 4.
5 Anthony Giddens, *The Constitution of Society: Outline of the Theory of Structuration*, University of California, Berkeley, 1984, p. 14.
6 Robert Boynton, "The Two Tonys: Why Is the Prime Minister So Interested in What Anthony Giddens Thinks?" *The New Yorker*, October 6, 1997, p. 67.

7 Giddens, *Constitution of Society*, p. xvi.
8 Marshall Scott Poole, "Group Communication and the Structuring Process," in *Small Group Communication*, 7th ed., Robert Cathcart, Larry Samovar, and Linda Henman (eds.), Brown & Benchmark, Madison, WI, 1996, p. 87. 该定义根据 Anthony Giddens, *Central Problems in Social Theory : Action, Structure and Contradiction in Social Analysis*, University of California, Berkeley, 1979, pp. 64–76.
9 Giddens, *Central Problems*, p. 5; *Constitution of Society*, p. 6.
10 Giddens, *Constitution of Society*, pp. 19–22.
11 Marshall Scott Poole, David Seibold, and Robert McPhee, "The Structuration of Group Decisions," in *Communication and Group Decision Making*, 2nd ed., Sage, Thousand Oaks, CA, 1996, p. 115.
12 有关结构化的民族志研究的具体案例，请参见 Lisa A. Howard and Patricia Geist, "Ideological Positioning in Organizational Change : The Dialectic of Control in a Merging Organization," *Communication Monographs*, Vol. 62, 1995, pp. 110–131.
13 Poole, "Group Communication," p. 86.
14 Poole, Seibold, and McPhee, "Structuration of Group Decisions," p. 119.
15 Marshall Scott Poole, David Seibold, and Robert McPhee, "Group Decision-Making as a Structurational Process," *Quarterly Journal of Speech*, Vol. 71, 1985, p. 79.
16 Poole, "Group Communication," p. 90.
17 Poole, Seibold, and McPhee, "Structuration of Group Decisions," p. 141.
18 Poole, "Group Communication," p. 87.
19 Ibid.
20 Poole, Seibold, and McPhee, "Structuration of Group Decisions," p. 122.
21 Marshall Scott Poole and Gerardine DeSanctis, "Understanding the Use of Group Decision Support Systems : The Theory of Adaptive Structuration," in *Organization and Communication Technology*, Sage, Newbury Park, CA, 1990, p. 179.
22 Wynne W. Chin, Abhijit Gopal, and W. David Salisbury, "Advancing the Theory of Adaptive Structuration : The Development of a Scale to Measure Faithfulness of Appropriation," *Information Systems Research*, Vol. 8, 1997, pp. 342–367.
23 Giddens, *Central Problems*, p. 71.
24 Marshall Scott Poole and Gerardine DeSanctis, "Microlevel Structuration in Computer-Supported Group Decision Making," *Human Communication Research*, Vol. 19, 1992, p. 7.
25 Marshall Scott Poole, "Do We Have Any Theories of Group Communication?" *Communication Studies*, Vol. 41, 1990, p. 243.
26 Poole, Seibold, and McPhee, "Structuration of Group Decisions," p. 120.
27 Poole, "Group Communication," p. 94.
28 John Cragan and David Wright, "Small Group Communication Research of the 1980s : A Synthesis and Critique," *Communication Studies*, Vol. 41, 1990, pp. 212–236.
29 Poole, "Do We Have Any Theories of Group Communication?" p. 240.
30 Kenneth Chase, "A Spiritual and Critical Revision of Structuration Theory," *Journal of Communication and Religion*, Vol. 16, No. 1, 1993, p. 8.
31 Poole, "Do We Have Any Theories of Group Communication?" p. 246.

第19章 组织文化的研究方法

1 Clifford Geertz, "Thick Description : Toward an Interpretive Theory of Culture," in *The Interpretation of Cultures*, Basic Books, New York, 1973, p. 5.
2 Michael Pacanowsky and Nick O'Donnell-Trujillo, "Organizational Communication as Cultural Performance," *Communication Monographs*, Vol. 50, 1983, p. 129.（这本书是帕卡诺夫斯基早期与南卫理公会大学传播系的尼克·奥唐奈·特

鲁西略合著的。由于帕卡诺夫斯基是这本书的主要作者，而特鲁西略的学术后来转向另外的方向，因此我在本章必要的地方只提及了帕卡诺夫斯基。如欲了解更多有关批判民族志的内容，请参见 Nick Trujillo, "Interpreting November 22: A Critical Ethnography of an Assassination Site," *Quarterly Journal of Speech*, Vol. 79, 1993, pp. 447–466.）

3 Michael Pacanowsky and Nick O'Donnell-Trujillo, "Communication and Organizational Cultures," *Western Journal of Speech Communication*, Vol. 46, 1982, p. 121.

4 Pacanowsky and O'Donnell-Trujillo, "Organizational Communication," p. 146.

5 Ibid., p. 131.

6 Pacanowsky and O'Donnell-Trujillo, "Communication and Organizational Cultures," p. 116.

7 Clifford Geertz, "Deep Play: Notes on the Balinese Cockfight," in *Myth, Symbol, and Culture*, Norton, New York, 1971, p. 29.

8 Geertz, "Thick Description," p. 5.

9 Gareth Morgan, *Images of Organization*, Sage, Newbury Park, CA, 1986, pp. 130–131.

10 Clifford Geertz, *A Life of Learning* (ACLS Occasional Paper No. 45), American Council of Learned Societies, New York, 1999, p. 14.

11 Pacanowsky and O'Donnell-Trujillo, "Communication and Organizational Cultures," p. 127.

12 Michael Pacanowsky, "Communication in the Empowering Organization," in *Communication Yearbook 11*, James Anderson (ed.), Sage, Newbury Park, CA, 1988, pp. 357, 362–364; for an update on the culture of W. L. Gore & Associates two decades later, see Alan Deutschman, "The Fabric of Creativity," *Fast Company*, December 2004, pp. 54–62.

13 Ibid., p. 357.

14 Ibid., p. 358.

15 Ibid., pp. 366–368.

16 Ibid., p. 123.

17 Michael Pacanowsky, "Slouching Towards Chicago," *Quarterly Journal of Speech*, Vol. 74, 1988, p. 454.

18 Bryan Taylor and Nick Trujillo, "Qualitative Research Methods," in *The New Handbook of Organizational Communication*, Fredric Jablin and Linda L. Putnam (eds.), Sage, Thousand Oaks, CA, 2001, pp. 161–194

19 Geertz, "Deep Play," pp. 5, 26.

20 Pacanowsky and O'Donnell-Trujillo, "Organizational Communication," p. 137.

21 Linda Smircich, "Concepts of Culture and Organizational Analysis," *Administrative Science Quarterly*, Vol. 28, 1983, pp. 339–358.

22 Taylor and Trujillo, p. 169.

23 T. M. Luhrmann, "The Touch of the Real," *London Times Literary Supplement*, January 12, 2001, p. 3.

第20章 组织沟通的批判理论

1 *Erin Brockovich*, Universal, 2000.

2 Stanley Deetz, *Transforming Communication, Transforming Business: Building Responsive and Responsible Workplaces*, Hampton, Cresskill, NJ, 1995, p. 33.

3 Stanley Deetz, *Democracy in an Age of Corporate Colonization: Developments in Communication and the Politics of Everyday Life*, State University of New York, Albany, 1992, p. 349.

4 *Time Magazine*, February 5, 1996, p. 45.

5 Deetz, *Democracy*, p. 43.

6 Deetz, *Transforming Communication*, p. 68.

7 Deetz, *Democracy*, p. 129.

8 Deetz, *Transforming Communication*, p. 4.

9 Stanley Deetz, "Future of the Discipline: The Challenges, the Research, and the Social Contribution," in *Communication Yearbook 17*, Stanley Deetz (ed.), Sage, Newbury Park, CA, 1994, p. 577.

10 Deetz, *Democracy*, p. 222.

11 Ibid., p. 217

12 Ibid., p. 235.
13 Ibid., p. 310.
14 Deetz, *Transforming Communication*, p. 114.
15 Ibid., p. xv.
16 已获授权。如同引用其他学生的案例一样，我更改了该学生的名字以保护隐私。如欲了解与其他理论相关的学生应用日志，请参见 www.afirstlook.com。
17 Deetz, *Transforming Communication*, p. 85.
18 Stan Deetz, personal correspondence, 2001.
19 Deetz, *Democracy*, p. 47.
20 Deetz, "Future of the Discipline," p. 587.
21 Deetz, *Transforming Communication*, p. 3.
22 Ibid., pp. 50–51.
23 Ibid., p. 2.
24 Deetz, *Democracy*, p. 169.
25 Deetz, *Transforming Communication*, pp. 175–184.
26 Donna Fenn, "The Power of Conviction," *The American Benefactor*, Winter 1998, p. 43.
27 George Cheney et al., "Democracy, Participation, and Communication at Work: A Multidisciplinary Review," in *Communication Yearbook 21*, Michael Roloff (ed.), Sage, Thousand Oaks, CA, 1998, p. 79.
28 Jack Stack, *The Great Game of Business*, Bantam, New York, 1994, p. 4.
29 Jack Stack, as quoted by Shel Horowitz, "'Stacked' for Success in the Game of Business," www.umass.edu/fambiz/ great_game.html, accessed December 12, 2004.
30 Cornel West, *The American Evasion of Philosophy: A Geneology of Pragmatism*, University of Wisconsin, Madison, 1989, p. 86.
31 Ibid., p. 239.
32 Reinhold Niebuhr, *Christian Realism and Political Problems*, Charles Scribner's Sons, New York, 1953, pp. 1–14. See also Niebuhr's Moral Man and Immoral Society.
33 See Cornel West, *Prophecy Deliverance*, Westminster Press, Philadelphia, 1982, pp. 95–127.
34 West, *American Evasion*, p. 233.
35 The Good Samaritan, Luke 10: 25–37.
36 Cornel West, "Why I'm Marching in Washington," *The New York Times*, October 14, 1995, p. 19.
37 Robert McPhee, "Comments on Stanley Deetz' Democracy in an Age of Corporate Colonization," paper presented at the 1995 Annual Convention of the Speech Communication Association, San Antonio, November 15–18, 1995.
38 Deetz, "Future of the Discipline," p. 581.
39 Stanley Deetz, "Critical Theory," in *Engaging Organizational Communication Theory: Multiple Perspectives*, S. May and Dennis Mumby (eds.), Sage, Thousand Oaks, CA, 2004, p. 101.
40 Ibid., p. 103.

公共修辞

1 Aristotle, *On Rhetoric: A Theory of Civil Discourse*, George A. Kennedy (ed. and trans.), Oxford University Press, New York, 1991, p. 36.
2 Plato, *Gorgias*, Lane Cooper (trans.), Oxford University Press, New York, 1948, p. 122.
3 1 Corinthians 2: 4, New Revised Standard Version of the Bible.
4 1 Corinthians 9: 22, New Revised Standard Version of the Bible.
5 Hugh C. Dick (ed.), *Selected Writings of Francis Bacon*, Modern Library, New York, 1955, p. x.

第21章 修辞学

1 Clarke Rountree, "Sophist," in *Encyclopedia of Rhetoric and Composition: Communication from Ancient Times to the Information Age*, Theresa Enos (ed.), Garland, New York, 1996, p. 681.
2 Aristotle, *On Rhetoric: A Theory of Civil Discourse*, George A. Kennedy (ed. and trans.), Oxford University Press, New York, 1991, p. 35.
3 David J. Garrow, *Bearing the Cross*, William Morrow,

New York, 1986, p. 284.

4 Aristotle, 1991, p. 33.

5 Lloyd Bitzer, "Aristotle's Enthymeme Revisited," *Quarterly Journal of Speech*, Vol. 45, 1959, p. 409.

6 Attributed to Ralph Waldo Emerson by Dale Carnegie, *How to Win Friends and Influence People*, Pocket Books, New York, 1982, p. 29.

7 James McCroskey and Jason Teven, "Goodwill: A Reexamination of the Construct and Its Measurement," *Communication Monographs*, Vol. 66, 1999, pp. 90–103.

8 Jeffrey Walker, "Pathos and Katharsis in 'Aristotelian' Rhetoric: Some Implications," in *Rereading Aristotle's Rhetoric*, Alan Gross and Arthur Walzer (eds.), Southern Illinois University, Carbondale, 2000, pp. 74–92.

9 Aristotle, p. 122.

10 Lane Cooper, *The Rhetoric of Aristotle*, Appleton-Century-Crofts, New York, 1932, introduction.

11 Aristotle, p. 258.

12 Ibid., p. 244.

13 Ibid., p. 223.

14 Sara Newman, "Aristotle's Notion of 'Bringing-Beforethe-Eyes': Its Contributions to Aristotelian and Contemporary Conceptualizations of Metaphor, Style, and Audience," *Rhetorica*, Vol. 20, 2002, pp. 1–23.

15 Amos 5:24, Revised Standard Version of the Bible.

16 Theodore White, *The Making of the President, 1964*, Atheneum, New York, 1965, p. 288.

17 Aristotle, *Nicomachean Ethics*, H. Rackham (trans.), Harvard University, Cambridge, MA, 1934, book 4, chapter 7.

18 Alan Gross and Marcelo Dascal, "The Conceptual Unity of Aristotle's Rhetoric," *Philosophy and Rhetoric*, Vol. 34, 2001, p. 288.

19 Voltaire, *Dictionnaire Philosophique*, "Aristotle," Oeuvres Complètes de Voltaire, Vol. 17, Librairie Garnier, Paris, p. 372.

第22章 戏剧主义

1 Marie Hochmuth Nichols, "Kenneth Burke and the New Rhetoric," *Quarterly Journal of Speech*, Vol. 38, 1952, pp.133–144.

2 Kenneth Burke, "Rhetoric—Old and New," *The Journal of General Education*, Vol. 5, 1951, p. 203.

3 Marshall Prisbell and Janis Anderson, "The Importance of Perceived Homophily, Levels of Uncertainty, Feeling Good, Safety, and Self-Disclosure in Interpersonal Relationships," *Communication Quarterly*, Vol. 28, 1980, No. 3, pp. 22–33.

4 Ruth 1:16, Revised Standard Version of the Bible.

5 Kenneth Burke, *A Grammar of Motives*, Prentice-Hall, Englewood Cliffs, NJ, 1945, p. xv.

6 Kenneth Burke, *Language as Symbolic Action: Essays on Life, Literature, and Method*, University of California, Berkeley, 1966, pp. 44–52.

7 Kenneth Burke, "Definition of Man," in *Language as Symbolic Action*, University of California, Berkeley, 1966, p. 16.

8 Paul Dickson, *The Official Rules*, Dell, New York, 1978, p. 165.

9 Kenneth Burke, *Permanence and Change: An Anatomy of Purpose*, Bobbs-Merrill, Indianapolis, 1965, pp. 69–70, also entire Part II; Burke, *Attitudes Toward History*, Hermes, Los Altos, CA, 1959, pp. 308–314.

10 Burke, *Permanence and Change*, p. 283.

11 Malcolm X, "The Ballot or the Bullet," in *Great Speakers and Speeches*, 2nd ed., John Lucaites and Lawrence Bernabo(eds.), Kendall/Hunt, Dubuque, IA, 1992, pp. 277–286.

12 Nichols, p. 144.

第23章 叙事范式

1 Walter R. Fisher, *Human Communication as Narration: Toward a Philosophy of Reason, Value, and Action*, University of South Carolina, Columbia,

1987, p. 24.

2 Ibid., p. xi.

3 Walter R. Fisher, "Toward a Logic of Good Reasons," *Quarterly Journal of Speech*, Vol. 64, 1978, pp. 376–384; Walter R. Fisher, "Narration as a Human Communication Paradigm: The Case of Public Moral Argument," *Communication Monographs*, Vol. 51, 1984, pp. 1–22.

4 请参见《旧约·路得记》。

5 Frederick Buechner, *Peculiar Treasures*, HarperCollins, New York, 1979, pp. 166–168.

6 Fisher, *Human Communication as Narration*, p. 58.

7 Walter R. Fisher, "Clarifying the Narrative Paradigm," *Communication Monographs*, Vol. 56, 1989, pp. 55–58.

8 Thomas Kuhn, *The Structure of Scientific Revolutions*, University of Chicago, 1962.

9 Fisher, *Human Communication as Narration*, p. 194.

10 Ibid., p. 20.

11 Ibid., pp. 59–62.

12 Ibid., pp. 62–69.

13 Ibid, pp. 105–123.

14 Ibid., p. 109.

15 Ibid., pp. 187–188.

16 Ibid., p. 188.

17 Ruth 1:16, New Living Translation of the Bible.

18 Fisher, *Human Communication as Narration*, p. 76.

19 Barbara Warnick, "The Narrative Paradigm: Another Story," *Quarterly Journal of Speech*, Vol. 73, 1987, p. 176.

20 Walter R. Fisher, "The Narrative Paradigm: An Invitation, Not a Demand; A Proposal, Not a Panacea," paper presented at the Speech Communication Association Annual Meeting, San Francisco, 1989.

传媒与文化

1 *Blade Runner*, The Ladd Company, 1982.

2 David Lyon, *Postmodernity*, 2nd ed., University of Minnesota, Minneapolis, 1999, p. 1.

3 Jean Baudrillard, "On Nihilism," *On the Beach*, Vol. 6, Spring 1984, pp. 38–39.

4 Marshall McLuhan and Quentin Fiore, *The Medium Is the Massage*, Random House, New York, 1967, pp. 26–40.

5 Jean-Francois Lyotard, *The Postmodern Condition: A Report on Knowledge*, University of Minnesota, Minneapolis, 1984, p. xxiv.

6 Jean Baudrillard, *America*, Verso, London, 1988, p. 166.

7 Lyotard, *The Postmodern Condition*, p. 76.

8 Fredric Jameson, "Postmodernism and Consumer Society," in *The Anti-Aesthetic: Essays on Postmodern Culture*, H. Foster (ed.), Bay Press, Port Townsend, WA, 1983, p. 113.

第24章 传媒生态学

1 See Richard S. Lindzen, "There Is No 'Consensus' on Global Warming," *The Wall Street Journal*, June 26, 2006, p. A14.

2 Marshall McLuhan, *Understanding Media: The Extensions of Man*, Gingko, Corte Madera, CA, 2003, p. 31.

3 Marshall McLuhan and Quentin Fiore, *The Medium Is the Massage: An Inventory of Effects*, Touchstone, New York, 1989, p. 26.

4 Ibid., pp. 84–85.

5 Ibid., p. 50.

6 John 8:32, New International Version of the Bible.

7 McLuhan and Fiore, *The Medium Is the Massage*, p. 40.

8 Maurice Charland, "McLuhan and the Problematic of Modernity: Riding the Maelstrom of Technological Mediation," unpublished manuscript.

9 Neil Postman, *Amusing Ourselves to Death*, Penguin, New York, 1985, p. 6.

10 Ibid., p. 7.

11 Neil Postman, "The Humanism of Media Ecology," Keynote Address, Inaugural Media Ecology

Association Convention, Fordham University, New York, June 2000. Available at http://www.media-ecology.org/publications/proceedings/v1/humanism_of_media_ecology.html.

12 Neil Postman, "Informing Ourselves to Death," German Informatics Society, Stuttgart, Germany, October 11, 1990. Available at: http://www.eff.org/Net_culture/Criticisms/informing_ourselves_to_death.paper.

13 Neil Postman, *The Disappearance of Childhood*, Vintage, New York, 1994, p. 73.

14 McLuhan, *Understanding Media*, p. 17.

15 Dan M. Davin in *McLuhan : Hot & Cool*, Gerald Stearn (ed.), Dial, New York, 1967, p. 185.

16 Dwight Macdonald in *McLuhan : Hot & Cool*, p. 203.

17 Christopher Ricks in *McLuhan : Hot & Cool*, p. 211.

18 George N. Gordon, "An End to McLuhanacy," *Educational Technology*, January 1982, p. 42.

19 Tom Wolfe in *McLuhan : Hot & Cool*, p. 31.

20 Kenneth Boulding in *McLuhan : Hot & Cool*, p. 57.

21 Robert Putnam, "Bowling Alone : America's Declining Social Capital," *Journal of Democracy*, Vol. 6, No. 1, 1995, pp. 65–78.

第25章 符号学

1 James R. Beniger, "Who Are the Most Important Theorists of Communication?" *Communication Research*, Vol. 17, 1990, pp. 698–715.

2 Umberto Eco, *A Theory of Semiotics*, Indiana University, Bloomington, 1976, p. 7.

3 Ferdinand de Saussure, *Course in General Linguistics*, Wade Baskin (trans.), McGraw-Hill, New York, 1966, p. 16.

4 Roland Barthes, "The World of Wrestling," in *Mythologies*, Annette Lavers (trans.), Hilland Wang, New York, 1972, p. 17.

5 Ibid., pp. 19, 24.

6 巴特对这一定义的运用请参见 *The Semiotic Challenge*, p. 85. 巴特用这些词语来描述修辞学家对演讲技巧的分类，如押韵、夸张、反讽等等。它甚至也可用来定义符号学的诸项要素。

7 Donald Fry and Virginia Fry, "Continuing the Conversation Regarding Myth and Culture : An Alternative Reading of Barthes," *American Journal of Semiotics*, Vol. 6, No. 2/3, 1989, pp. 183–197.

8 Irwin Levine and L. Russell Brown, "Tie a Yellow Ribbon Round the Ole Oak Tree," Levine and Brown Music, Inc., 1973.

9 Barthes, "Myth Today," in *Mythologies*, p. 118.

10 W. Thomas Duncanson, "Issues of Transcendence and Value in a Semiotic Frame," paper presented to a joint session of the Religious Speech Communication Association and the Speech Communication Association Convention, San Francisco, November 19, 1989, p. 29.

11 Barthes, "The World of Wrestling," p. 25.

12 Kyong Kim, *Caged in Our Own Signs : A Book about Semiotics*, Ablex, Norwood, NJ, 1996, p. 189.

13 Anne Norton, *Republic of Signs : Liberal Theory and American Popular Culture*, University of Chicago Press, Chicago, 1993, p. 60.

14 Douglas Kellner, "Cultural Studies, Multiculturalism, and Media Culture," in *Gender, Race and Class in Media : A Text-Reader*, Gail Dines and Jan M. Humez (eds.), Sage, Thousand Oaks, CA, 1996, p. 15.

15 Dick Hebdige, *Subculture : The Meaning of Style*, Methuen, London, 1979, p. 130.

16 Stuart Hall, "The Work of Representation," in *Representation : Cultural Representations and Signifying Practices*, Stuart Hall (ed.), Sage, London, pp. 13–74.

第26章 文化研究

1 Stuart Hall, "Ideology and Communication Theory," in *Rethinking Communication Theory, Vol. 1 : Paradigm Issues*, Brenda Dervin, Lawrence

Grossberg, Barbara J. O'Keefe, and Ellen Wartella (eds.), Sage, Newbury Park, CA, 1989, p. 52.

2 Jorge Larrain, "Stuart Hall and the Marxist Concept of Ideology," in *Stuart Hall : Critical Dialogues in Cultural Studies*, David Morley and Kuan-Hsing Chen (eds.), Routledge, New York, 1996, p. 49.

3 Ibid., p. 48.

4 Theodor W. Adorno, "The Culture Industry : Enlightenment as Mass Deception," in *The Dialectic of the Enlightenment*, Max Horkheimer and Theodor W. Adorno (eds.), Continuum, New York, 1995, pp. 120–167.

5 Antonio Gramsci, *Selections from the Prison Notebooks of Antonio Gramsci*, ed. and trans. by Quintin Hoare and Geoffrey Nowell Smith, International Publishers, New York, 1971.

6 Michel Foucault, *The Archaeology of Knowledge*, Tavistock, London, 1982, p. 80.

7 Stuart Hall, *Representations : Cultural Representations and Signifying Practices*, Sage, London, 1997, p. 6.

8 Ibid., p. 2.

9 Michel Foucault, *Madness and Civilization : A History of Insanity in the Age of Reason*, Random House, New York, 1965.

10 Foucault, *The Archaelogy of Knowledge*, p. 46.

11 Douglas Kellner, *Media Culture : Cultural Studies, Identity and Politics Between the Modern and the Postmodern*, Routledge, New York, 1995, pp. 198–228.

12 Ibid., p. 210.

13 Ibid., p. 218.

14 Stuart Hall, "The Whites of Their Eyes : Racist Ideologies and the Media," in *Silver Linings*, George Bridges and Rosalind Brunt (eds.), Lawrence and Wishart, London, 1981, pp. 31–33.

15 Quoted and discussed, "On the Media," National Public Radio, September 22, 2001; www.wnyc.org/new/talk/onthemedia/transcripts_092201_bob.html .

16 Quoted and discussed, "On the Media," National Public Radio, December 15, 2001; www.wnyc.org/new/talk/onthemedia/transcripts_121501_president.html .

17 Helen Davis, *Understanding Stuart Hall*, Sage, Thousand Oaks, CA, 2004, p. 42.

18 Alexander Cockburn, "Redwoods, Tutus and Power," *Los Angeles Times*, June 21, 2001; www.latimes.com/news/comment/20010621/t000051554.html .

19 Robert Frost, "Stopping by Woods on a Snowy Evening," *Poetry of Robert Frost*, Holt, Rinehart and Winston, New York, 1969, p. 224.

20 Cited by Davis, *Understanding Stuart Hall*, p. 128.

21 *Parekh Report of the Commission on the Future of Multi-Ethnic Britain*, Profile/The Runnymede Trust, London, 2000, p. 169.

22 Clifford Christians, "Normativity as Catalyst," in *Rethinking Communication Theory, Vol. 1 : Paradigm Issues*, Brenda Dervin, Lawrence Grossberg, Barbara J. O'Keefe, and Ellen Wartella (eds.), Sage, Newbury Park, CA, 1989, p. 148.

23 Samuel Becker, "Communication Studies : Visions of the Future," in *Rethinking Communication Theory*, Vol. 1, p. 126.

传媒效果

1 Paul Lazarsfeld, Bernard Berelson, and Hazel Gaudet, *The People's Choice*, Duell, Sloan and Pearce, New York, 1944.

2 A. W. van den Ban, "A Review of the Two-Step Flow of Communication Hypothesis," in *Speech Communication Behavior*, Larry L. Barker and Robert Kiebler (eds.), Prentice-Hall, Englewood Cliffs, NJ, 1971, pp. 193–205.

3 Fredric Wertham, *Seduction of the Innocent*, Rinehart, New York, 1954.

4 Dolf Zillmann, "Excitation Transfer in Communication-Mediated Aggressive Behavior," *Journal of Experimental Social Psychology*, Vol. 7, 1971, pp. 419–434.

5 Albert Bandura, *Social Learning Theory*, Prentice-Hall, Englewood Cliffs, NJ, 1977.

6 Tony Schwartz, *The Responsive Chord*, Doubleday, New York, 1973.

第27章　涵化理论

1 George Gerbner and Larry Gross, "Living with Television: The Violence Profile," *Journal of Communication*, Vol. 26, 1976, No. 2, p. 76.

2 Ibid., p. 77.

3 Jerome H. Skolnick, *The Politics of Protest*, Simon and Schuster, New York, 1969, pp. 3–24.

4 George Gerbner, Larry Gross, Nancy Signorielli, Michael Morgan, and Marilyn Jackson-Beeck, "The Demonstration of Power: Violence Profile No. 10," *Journal of Communication*, Vol. 29, No. 3, 1979, p. 180.

5 Albert Bandura, *Social Learning Theory*, Prentice-Hall, Englewood Cliffs, NJ, 1977.

6 George Gerbner, Larry Gross, Michael Morgan, and Nancy Signorielli, "The 'Mainstreaming' of America: Violence Profi le No. 11," *Journal of Communication*, Vol. 30, No. 3, 1980, p. 11.

7 George Gerbner, Larry Gross, Michael Morgan, and Nancy Signorielli, "Charting the Mainstream: Television's Contributions to Political Orientations," *Journal of Communication*, Vol. 32, No. 2, 1982, p. 103.

8 Ibid., p. 117.

9 Gerbner, Gross, Morgan, and Signorielli, "The 'Mainstreaming' of America," p. 15.

10 Gerbner, Gross, Signorielli, Morgan, and Jackson-Beeck, p. 196.

11 Cees Koolstra, "Social Confusion as an Explanation of Cultivation: A Test of the Mechanism Underlying Confusion of Fiction with Reality on Television," *Perception and Motor Skills*, Vol. 104, 2007, pp. 102–110.

12 International Communication Association Newsletter, Jan/Feb 2006, George Gerbner Obituary.

13 Michael Morgan and James Shanahan, "Two Decades of Cultivation Research: An Appraisal and a Meta-Analysis," in *Communication Yearbook 20*, Brant R. Burleson (ed.), Sage, Thousand Oaks, CA, 1997, pp. 1–45.

14 Ibid., p. 20.

15 Ibid., pp. 27–28.

16 感谢普渡大学传媒效果研究学者格伦·斯帕克斯提供的这一比喻。

17 Morgan and Shanahan, p. 5.

第28章　议程设置理论

1 Maxwell McCombs, "News Influence on Our Pictures of the World," in *Media Effects: Advances in Theory and Research*, Jennings Bryant and Dolf Zillmann (eds.), Lawrence Erlbaum, Hillsdale, NJ, 1994, p. 4.

2 Maxwell McCombs and Donald Shaw, "A Progress Report on Agenda-Setting Research," paper presented to the Association for Education in Journalism and Mass Communication, Communication Theory and Methodology Division, San Diego, CA, April 18–27, 1974, p. 28.

3 Walter Lippmann, *Public Opinion*, Macmillan, New York, 1922, p. 3.

4 Bernard C. Cohen, *The Press and Foreign Policy*, Princeton University, Princeton, NJ, 1963, p. 13.

5 Theodore White, *The Making of the President, 1972*, Bantam, New York, 1973, p. 245.

6 Paul Lazarsfeld, Bernard Berelson, and Hazel Gaudet, *The People's Choice*, Duell, Sloan and Pearce, New York, 1944.

7 Maxwell McCombs and Donald Shaw, "The Agenda-Setting Function of the Mass Media," *Public Opinion Quarterly*, Vol. 36, 1972, pp. 176–187.

8 David Weaver, D. A. Graber, Maxwell McCombs, and C. H. Eyal, *Media Agenda-Setting in a Presidential*

Election: Issues, Images, and Interests, Praeger, New York, 1981.

9 Ray Funkhouser, "The Issues of the Sixties: An Exploratory Study in the Dynamics of Public Opinion," *Public Opinion Quarterly*, Vol. 37, 1973, pp. 62-75.

10 Shanto Iyengar, Mark Peters, and Donald Kinder, "Experimental Demonstrations of the 'Not-So-Minimal' Consequences of Television News Programs," *American Political Science Review*, Vol. 76, 1982, pp. 848-858. 此处提到的实验仅是仙托·艾英戈与唐纳德·金德进行的一系列实验之一。

11 McCombs, "News Influence," p. 11.

12 Maxwell McCombs and Tamara Bell, "The Agenda-Setting Role of Mass Communication," in *An Integrated Approach to Communication Theory and Research*, Michael Salwen and Donald Stacks (eds.), Lawrence Erlbaum, Hillsdale, NJ, 1996, p. 100.

13 James Tankard et al., "Media Frames: Approaches to Conceptualization and Measurement," paper presented at the annual meeting of the Association for Education in Journalism and Mass Communication, Boston, August 1991.

14 Maxwell McCombs, "New Frontiers in Agenda Setting: Agendas of Attributes and Frames," *Mass Communication Review*, Vol. 24, 1997, pp. 4-24.

15 Robert Entman, "Framing: Toward Clarification of a Fractured Paradigm," *Journal of Communication*, Vol. 43, No. 3, 1993, p. 52.

16 Toshiro Takeshita and Shunji Mikami, "How Did Mass Media Influence the Voters' Choice in the 1993 General Election in Japan? A Study of Agenda Setting," *Communication Review*, Vol. 17, pp. 27-41.

17 Esteban Lopez Escobar, Juan Pablo Llamas, and Maxwell McCombs, "The Spanish General Election in 1996: A Further Inquiry into Second-Level Agenda-Setting Effects," paper presented to the World Association for Public Opinion Research, Edinburgh, Scotland, September 1997.

18 Salma Ghanem, "Media Coverage of Crime and Public Opinion: An Explanation of the Second Level of Agenda Setting," unpublished doctoral dissertation, University of Texas at Austin, 1996. The study is also described in McCombs, "New Frontiers in Agenda Setting," pp. 11-12.

19 McCombs, "New Frontiers in Agenda Setting."

20 布洛伊对飞行恐惧心理的研究被麦库姆斯和肖引用在论文"A Progress Report on Agenda Setting Research"里，该论文于1974年8月美国传播协会在加州圣迭戈召开的以新闻和大众传播领域的教育为主题的会议上提出。

21 Deborah Blood and Peter Phillips, "Economic Headline News on the Agenda: New Approaches to Understanding Causes and Effects," in *Communication and Democracy: Exploring the Intellectual Frontiers in Agenda-Setting Theory*, Maxwell McCombs, Donald Shaw, and David Weaver (eds.), Lawrence Erlbaum, Mahwah, NJ, 1997, pp. 111-112.

22 John Fortunato, *The Ultimate Assist: The Relationship and Broadcasting Strategies of the NBA and Television Networks*, Hampton, Cresskill, NJ, 2001.

23 Maxwell McCombs, *Setting the Agenda*, Polity, Cambridge, UK, 2004, p. 140.

24 Scott Althaus and David Tewksbury, "Agenda Setting and the 'New' News: Patterns of Issue Importance Among Readers of the Paper and Online Versions of The New York Times," *Communication Research*, Vol. 29, 2002, pp. 180-207.

25 Ibid., p. 197.

26 Clifford Christians, John Ferré, and Mark Fackler, *Good News: Social Ethics and the Press*, Oxford University Press, New York, 1993.

27 Richard Rorty, *Philosophy and the Mirror of Nature*, Princeton University, Princeton, NJ, 1979,

p. 373.

28 Christians, Ferré, and Fackler, p. 192.
29 Martin Buber, *I and Thou*, 2nd ed., R. G. Smith (trans.), Scribner's, New York, 1958, pp. 60, 69.
30 Christians, Ferré, and Fackler, pp. 69, 73.
31 Ibid., p. 89.
32 Ibid., pp. 78, 111–113.
33 Clifford Christians and Kaarle Nordenstreng, "Social Responsibility Worldwide," *Journal of Mass Media Ethics*, Vol. 19, 2004, pp. 3–28.
34 Christians, Ferré, and Fackler, p. 92.
35 McCombs, "News Influence," p. 6.
36 Gerald Kosicki, "Problems and Opportunities in Agenda Setting Research," *Journal of Communication*, Vol. 43, No. 2, 1993, p. 113.
37 Donald Shaw and Maxwell McCombs (eds.), *The Emergence of American Political Issues*, West, St. Paul, MN, 1977, p. 12.
38 McCombs, "New Frontiers in Agenda Setting," p. 9.

第29章 沉默的螺旋假说

1 Elisabeth Noelle-Neumann, *The Spiral of Silence：Public Opinion—Our Social Skin*, 2nd ed., University of Chicago Press, Chicago, 1993, pp. 70–71.
2 Ibid., p. 178.
3 Ibid., p. 19.
4 Ibid., p. 9.
5 Ibid., p. 41.
6 Solomon E. Asch, "Effects of Group Pressure upon the Modification and Distortion of Judgments," in *Group Dynamics：Research and Theory*, Dorwin Cartwright and Alvin Zander (eds.), Row, Peterson, Evanston, IL, 1953, pp. 151–162.
7 Stanley Milgram, "Nationality and Conformity," *Scientific American*, Vol. 205, 1961, pp. 45–51.
8 Noelle-Neumann, *The Spiral of Silence*, 2nd ed., p. 182.
9 Ibid., pp. 216–217.
10 Elisabeth Noelle-Neumann, "Return to the Concept of Powerful Mass Media," *Studies of Broadcasting*, Vol. 9, 1973, p. 77.
11 Elisabeth Noelle-Neumann, "The Theory of Public Opinion：The Concept of the Spiral of Silence," in *Communication Yearbook 14*, James A. Anderson (ed.), Sage, Newbury Park, CA, 1991, p. 276.
12 Elisabeth Noelle-Neumann, "Turbulences in the Climate of Opinion：Methodological Applications of the Spiral of Silence Theory," *Public Opinion Quarterly*, Vol. 41, 1977, p. 139.
13 Elisabeth Noelle-Neumann, *The Spiral of Silence：Public Opinion—Our Social Skin*, University of Chicago, Chicago, 1984, pp. 17–18.
14 Noelle-Neumann, *The Spiral of Silence*, 2nd ed., p. 26.
15 Elisabeth Noelle-Neumann, "Mass-Media and Social Change in Developed Societies," in *Mass Media and Social Change*, Elihu Katz and Tamas Szecsko (eds.), Sage, London, 1981, p. 139.
16 Noelle-Neumann, "The Theory of Public Opinion," p.274.
17 Noelle-Neumann, *The Spiral of Silence*, 2nd ed., p. 218.
18 Ibid.
19 Elisabeth Noelle-Neumann, "Public Opinion and the Classical Tradition：A Re-Evaluation," *Public Opinion Quarterly*, Vol. 43, 1979, p. 155.
20 Serge Moscovici, "Silent Majorities and Loud Minorities," in *Communication Yearbook 14*, James A. Anderson (ed.), Sage, Newbury Park, CA, 1991, pp. 298–308.
21 Mihaly Csikszentmihal, "Reflections on the 'Spiral of Silence,'" in *Communication Yearbook 14*, p. 297.
22 Carroll Glynn, Andrew Hayes, and James Shanahan, "Perceived Support for One's Opinions and Willingness to Speak Out：A Meta-Analysis of Survey Studies on the 'Spiral of Silence,'" *Public Opinion Quarterly*, Vol. 61, 1997, pp.452–467.
23 Noelle-Neumann, *The Spiral of Silence*, 2nd ed., pp. 214–215.
24 Patricia Moy, David Domke, and Keith Stamm,

"The Spiral of Silence and Public Opinion on Affirmative Action," *Journalism and Mass Communication Quarterly*, Vol. 78, 2001, pp. 7–25.

25 Dietram Scheufele, James Shanahan, and Eunjung Lee, "Real Talk: Manipulating the Dependent Variable in Spiral of Silence Research," *Communication Research*, Vol. 28, 2001, pp. 304–324.

26 Alexis de Tocqueville, *L'Ancien Régime et la Révolution*, Michel Lévy Frères, Paris, 1856, p. 259.

27 Noelle-Neumann, *The Spiral of Silence*, 1984, p. 184.

跨文化传播

1 Gerry Philipsen, *Speaking Culturally: Exploration in Social Communication*, State University of New York, Albany, 1992, p. 7.

2 Gerry Philipsen, "Speaking 'Like a Man' in Teamsterville: Cultural Patterns of Role Enactment in an Urban Neighborhood," *Quarterly Journal of Speech*, Vol. 61, 1975, pp. 13–22.

3 Donal Carbaugh, "Communication Rules in Donahue Discourse," in *Cultural Communication and Intercultural Contact*, Donal Carbaugh (ed.), Lawrence Erlbaum, Hillsdale, NJ, 1990, pp. 119–149.

4 有关文化变异性的进一步了解，请参见 William B. Gudykunst and Stella Ting-Toomey, *Culture and Interpersonal Communication*, Sage, Newbury Park, CA, 1988, pp. 39–59.

5 Edward T. Hall, *Beyond Culture*, Anchor, New York, 1977, p. 91.

6 Ibid., pp. 85–128.

第30章 传播适应理论

1 Howard Giles, "Accent Mobility: A Model and Some Data," *Anthropological Linguistics*, Vol. 15, 1973, pp. 87–109.

2 Cindy Gallois, Tania Ogay, and Howard Giles, "Communication Accommodation Theory: A Look Back and a Look Ahead," in *Theorizing About Intercultural Communication*, William B. Gudykunst (ed.), Sage, Thousand Oaks, CA, 2005, p. 123.

3 Richard Bourhis, "Cross-Cultural Communication in Montreal: Two Field Studies Since Bill 101," *International Journal of the Sociology of Language*, Vol. 46, 1984, pp. 33–47.

4 Nikolas Coupland, Justine Coupland, Howard Giles, and Karen Henwood, "Accommodating the Elderly: Invoking and Extending a Theory," *Language and Society*, Vol. 17, 1988, p. 3.

5 Angie Williams and Howard Giles, "Intergenerational Conversations: Young Adults' Retrospective Accounts," *Human Communication Research*, Vol. 23, 1996, p. 237.

6 Ibid., p. 239.

7 Howard Giles, Kimberly Noels, et al., "Intergenerational Communication Across Cultures: Young People's Perceptions of Conversations with Family Elders, Non-Family Elders and Same-Age Peers," *Journal of Cross-Cultural Gerontology*, Vol. 18, 2003, p. 4.

8 Howard Giles, Nikalos Coupland, and Justine Coupland, "Accommodation Theory: Communication, Context, and Consequence," in *Contexts of Accommodation: Developments in Applied Sociolinguistics*, Howard Giles, Justine Coupland, and Nikalos Coupland (eds.), Cambridge University, Cambridge, England, 1991, p. 10.

9 Howard Giles, Kimberly Noels, et al., "Intergenerational Communication," p. 9.

10 Coupland, Coupland, et al., "Accommodating the Elderly," p. 24.

11 Williams and Giles, "Intergenerational Conversations," p. 233.

12 Giles, Coupland, and Coupland, "Accommodation Theory," p. 46.

13 Ibid., p. 42.

14 Henri Tajfel and John C. Turner, "The Social Identity Theory of Intergroup Behavior," in *The

Psychology of Intergroup Relations, L. Worchel and W. Austin (eds.), Nelson Hall, Chicago, 1986, pp. 7–24.

15 Jake Harwood, "Communication as Social Identity," in *Communication as . . . Perspectives on Theory*, Gregory Shepherd, Jeffrey St. John, and Ted Striphas (eds.), Sage, Thousand Oaks, CA, 2006, p. 89.

16 Giles, Noels, et al., "Intergenerational Communication," p. 24.

17 Williams and Giles, "Intergenerational Conversations," p. 238.

18 Ibid., p. 221.

19 Cynthia Gallois and Victor Callan, "Interethnic Accommodation: The Role of Norms," in *Contexts of Accommodation*, p. 249.

20 Cynthia Gallois, Arlene Franklyn Stokes, et al., "Communication Accommodation in Intercultural Encounters," in *Theories in Intercultural Communication*, Young Yun Kim and William B. Gudykunst (eds.), Sage, Newbury Park, CA, 1988, p. 166.

21 Gallois, Ogay, and Giles, "Communication Accommodation Theory," p. 128.

22 Giles, Coupland, and Coupland, "Accommodation Theory," p. 28.

23 Gallois, Ogay, and Giles, "Communication Accommodation Theory," p. 126.

24 Fritz Heider, *The Psychology of Interpersonal Relations*, John Wiley, New York, 1958; Harold Kelley, "The Process of Causal Attribution," *American Psychologist*, Vol. 28, 1973, pp. 107–128.

25 Ellen B. Ryan, Ann P. Anas, and Melissa Vuckovich, "The Effects of Age, Hearing Loss, and Communication Difficulty on First Impressions," *Communication Research Reports*, Vol. 24, 2007, pp. 13–19.

26 Howard Giles, Anthony Mulac, James Bradac, and Patricia Johnson, "Speech Accommodation Theory: The First Decade and Beyond," in *Communication Yearbook 10*, Margaret L. McLaughlin (ed.) Sage, Newbury Park, CA, 1987, p. 26.

27 Jake Harwood, Priya Raman, and Miles Hewstone, "The Family and Communication Dynamics of Group Salience," *Journal of Family Communication*, Vol. 6, 2006, pp. 181–200.

28 Karen Henwood and Howard Giles, "An Investigation of the Relationship Between Stereotypes of the Elderly and Interpersonal Communication Between Young and Old," Final Report to the Nuffield Foundation, London, 1985.

29 Williams and Giles, "Intergenerational Conversations," p. 223.

30 Giles and Ogay, "Communication Accommodation Theory," p. 302.

31 Harwood, Raman, and Hewstone, "The Family and Communication Dynamics," p. 191.

32 Williams and Giles, "Intergenerational Conversations," p. 222.

33 Ibid., p. 239.

34 Gallois, Ogay, and Giles, "Communication Accommodation Theory," p. 134.

35 Ibid., p. 130.

36 Cindy Gallois and Howard Giles, "Accommodating Mutual Influence in Intergroup Encounters," in *Progress in Communication Sciences*, Vol.14, M. T. Palmer and G. A. Barnett (eds.), Ablex, Stamford, UK, 1998, p. 158.

37 Gallois, Ogay, and Giles, "Communication Accommodation Theory," p. 134.

第31章 面子协商理论

1 Stella Ting-Toomey and Atsuko Kurogi, "Facework Competence in Intercultural Conflict: An Updated Face Negotiation Theory," *International Journal of Intercultural Relations*, Vol. 22, 1998, p. 190.

2 Harry C. Triandis, *Individualism & Collectivism*, Westview, Boulder, CO, 1995, pp. 10–11.

3 Ting-Toomey and Kurogi, p. 190.

4 Ibid., p. 196.

5 Hazel Markus and Shinobu Kitayama, "Culture and the Self: Implications for Cognition, Emotion, and Motivation," *Psychological Review*, Vol. 2, pp. 224–253.

6 John Oetzel, "The Effects of Self-Construals and Ethnicity on Self-Reported Conflict Styles," *Communication Reports*, Vol. 11, 1998, p. 140; see also William B. Gudykunst et al., "The Influence of Cultural Individualism—Collectivism, Self-Construals, and Individual Values on Communication Styles Across Cultures," *Human Communication Research*, Vol. 22, 1996, pp. 510–540.

7 Ting-Toomey and Kurogi, p. 218.

8 John Oetzel and Stella Ting-Toomey, "Face Concerns in Interpersonal Conflict: A Cross-Cultural Empirical Test of the Face-Negotiation Theory," *Communication Research*, Vol. 30, 2003, p. 619.

9 Ting-Toomey and Kurogi, p. 187.

10 Penelope Brown and Stephen Levinson, "Universals in Language Usage: Politeness Phenomenon," in *Questions and Politeness: Strategies in Social Interaction*, Esther N. Goody (ed.), Cambridge University Press, Cambridge, UK, 1978, p. 66.

11 Lin Yutang, *My Country and My People*, John Day, Taipai, Republic of China, 1968, p. 199.

12 Stella Ting-Toomey, "Intercultural Conflict Styles: A Face Negotiation Theory," in *Theories in Intercultural Communication*, Young Yun Kim and William B. Gudykunst (eds.), Sage, Newbury Park, CA, 1988, p. 215.

13 Ting-Toomey and Kurogi, p. 192.

14 M. A. Rahim, "A Measure of Styles of Handling Interpersonal Conflict," *Academy of Management Journal*, Vol. 26, 1983, pp. 368–376.

15 Robert Blake and Jane Mouton, *The Managerial Grid*, Gulf, Houston, 1964; Ralph Kilmann and Kenneth Thomas, "Developing a Forced-Choice Measure of Conflict-Handling Behavior: The 'Mode' Instrument," *Educational and Psychological Measurement*, Vol. 37, 1977, pp. 309–325.

16 Stella Ting-Toomey, John Oetzel, and Kimberlie Yee-Jung, "Self-Construal Types and Conflict Management Styles," *Communication Reports*, Vol. 14, 2002, pp. 87–104.

17 Stella Ting-Toomey, "Translating Conflict Face-Negotiation Theory into Practice," in Dan Landis, Jane Bennett, and Milton Bennett (eds.), *Handbook of Intercultural Training*, 3rd ed., Sage, Thousand Oaks, 2004, pp. 229–230.

18 Ibid., p. 230.

19 Ting-Toomey, Oetzel, and Yee-Jung, pp. 87–104.

20 Stella Ting-Toomey, "The Matrix of Face: An Updated Face Negotiation Theory," in *Theorizing About Intercultural Communication*, William B. Gudykunst (ed.), Sage, Thousand Oaks, CA, 2004, p. 86.

21 Roger Fisher, William Ury, and Bruce Patton, *Getting to Yes: Negotiating Agreement Without Giving In*, 2nd ed., Penguin, New York, 1991.

22 Ting-Toomey and Kurogi, p. 194.

23 Stella Ting-Toomey, *Communicating Across Cultures*, Guilford, New York, 1999, p. vii.

24 Oetzel and Ting-Toomey, pp. 599–624.

25 Ibid., p. 617.

第32章 口语代码理论

1 Gerry Philipsen, "Speaking 'Like a Man' in Teamsterville: Culture Patterns of Role Enactment in an Urban Neighborhood," *Quarterly Journal of Speech*, Vol. 61, 1975, pp. 13–22; Gerry Philipsen, "Places for Speaking in Teamsterville," *Quarterly Journal of Speech*, Vol. 62, 1976, pp. 15–25.

2 Clifford Geertz, "Thick Description: Toward an Interpretive Theory of History," in *The Interpretation of Culture*, Basic Books, New York, 1973, p. 5.

3 Dell Hymes, "The Ethnography of Speaking," in T.

Gladwin and W. C. Sturtevant (eds.), *Anthropology and Human Behavior*, Anthropological Society of Washington, Washington, DC, 1962, pp. 13–53.

4 Gerry Philipsen, "Cultural Communication," in *Handbook of International and Intercultural Communication*, 2nd ed., William B. Gudykunst and Bella Mody (eds.), Sage, Thousand Oaks, CA, 2002, p. 56.

5 Ibid., p. 60.

6 Donal Carbaugh, "Deep Agony: 'Self' vs. 'Society' in a Donahue Discourse," *Research on Language and Social Interaction*, Vol. 22, 1988/89, pp. 179–212.

7 Tamar Katriel and Gerry Philipsen, "'What We Need Is Communication': Communication as a Cultural Category in Some American Speech," *Communication Monographs*, Vol. 48, 1981, pp. 302–317.

8 Gerry Philipsen, *Speaking Culturally: Explorations in Social Communication*, State University of New York, Albany, 1992, p. 7.

9 Ibid., p. 4.

10 Ibid., p. 6.

11 Gerry Philipsen, "A Theory of Speech Codes," in *Developing Communication Theory*, Gerry Philipsen and Terrance Albrecht (eds.), State University of New York, Albany,1997, pp. 119–156.

12 Gerry Philipsen, Lisa M. Coutu, and Patricia Covarrubias, "Speech Codes Theory: Restatement, Revisions, and Response to Criticisms," in *Theorizing About Intercultural Communication*, William B. Gudykunst (ed.), Sage, Thousand Oaks, CA, 2005, p. 59.

13 Dell Hymes, "Ways of Speaking," in *Explorations in the Ethnography of Speaking*, Richard Bauman and Joel Sherzer (eds.), Cambridge University, London, 1974, pp. 433–451.

14 Lisa M. Coutu, "Communication Codes of Rationality and Spirituality in the Discourse of and About Robert S. Mc-Namara's *In Retrospect*," *Research on Language and Social Interaction*, Vol. 33, 2000, pp. 179–211.

15 Robert S. McNamara (with Brian VanDeMark), *In Retrospect: The Tragedy and Lessons of Vietnam*, Times Books, New York, 1995, p. 183.

16 Philipsen, "A Theory of Speech Codes," in *Developing Communication Theory*, Gerry Philipsen and Terrance Albrecht (eds.), State University of New York, Albany, 1996, p. 139.

17 Philipsen, *Speaking Culturally*, p. 110.

18 Ibid., p. 113, citing P. Berger, B. Berger, and H. Kellner, *The Homeless Mind: Modernization and Consciousness*, Vintage, New York, 1973, p. 89.

19 Ibid., p. 76. See also Katriel and Philipsen, "'What We Need Is Communication,'" p. 308.

20 Philipsen, "A Theory of Speech Codes," p. 140.

21 Tamar Katriel, *Talking Straight: Dugri Speech in Israeli Sabra Culture*, Cambridge University Press, Cambridge, UK, 1986.

22 Philipsen, "Mayor Daley's Council Speech," in *Speaking Culturally*, pp. 43–61.

23 Philipsen, *Speaking Culturally*, pp. 77–80.

24 Philipsen, "A Theory of Speech Codes," p. 148.

25 Dwight Conquergood, "Poetics, Play, Process, and Power: The Performance Turn in Anthropology," *Text and Performance Quarterly*, Vol. 1, 1989, pp. 82–95.

26 James Clifford, *Predicament of Culture*, Harvard University Press, Cambridge, MA, p. 49.

27 Conquergood, "Poetics, Play, Process, and Power," p. 87.

28 Dwight Conquergood, "Ethnography, Rhetoric, and Performance," *Quarterly Journal of Speech*, Vol. 78, 1992, p. 90.

29 Robin Wilson, "A Professor's Commitment to 'Shattered Cultures,'" *The Chronicle of Higher Education*, Vol. 40, No.20, 1994, p. A6.

30 Philipsen, Coutu, and Covarrubias, p. 65.

性别与传播

1 Robin Lakoff, *Language and Women's Place*, Harper & Row, New York, 1975.
2 Kathryn Dindia, "Men Are from North Dakota, Women Are from South Dakota," paper presented at the National Communication Association convention, November 19-23, 1997.
3 Julia T. Wood and Kathryn Dindia, "What's the Difference? A Dialogue About Differences and Similarities Between Women and Men," in *Sex Differences and Similarities in Communication*, Daniel Canary and Kathryn Dindia (eds.), Lawrence Erlbaum, Mahwah, NJ, 1998, pp. 19-38.
4 Sandra L. Bem, "Androgyny vs. the Tight Little Lives of Fluffy Women and Chesty Men," *Psychology Today*, Vol. 9, 1975, pp. 58-62.
5 Cheris Kramarae, "Gender and Dominance," in *Communication Yearbook 15*, Stanley Deetz (ed.), Sage, Newbury Park, CA, 1992, pp. 469-474.

第33章 性别方言类型

1 Deborah Tannen, *You Just Don't Understand*, Ballantine, New York, 1990, p. 42.
2 Deborah Tannen, *Conversational Style: Analyzing Talk Among Friends*, Ablex, Norwood, NJ, 1984.
3 Ibid., p. vii.
4 Tannen, *You Just Don't Understand*, p. 259.
5 Ibid., p. 279.
6 Ibid., p. 16.
7 Ibid., p. 108.
8 Ibid., p. 48.
9 Ibid., p. 212.
10 Ibid., p. 62.
11 Ibid., p. 72.
12 Ibid., p. 150.
13 Ibid., pp. 120-121, 298.
14 Carol Gilligan, *In a Different Voice: Psychological Theory and Women's Development*, Harvard University, Cambridge, MA, 1982.
15 Summary statement of Seyla Benhabib, "The Generalized and the Concrete Other: The Kohlberg-Gilligan Controversy and Feminist Theory," in Seyla Benhabib and Drucilla Cornell (eds.), *Feminism as Critique*, University of Minnesota, Minneapolis, 1987, p. 78.
16 Lawrence Kohlberg, *Essays on Moral Development, Volume One: The Philosophy of Moral Development*, Harper & Row, San Francisco, 1981, p. 12.
17 Gilligan, p. 18.
18 Carol Gilligan, "In a Different Voice: Women's Conceptions of Self and Morality," *Harvard Educational Review*, Vol. 47, 1977, p. 484.
19 Tannen, *Conversational Style*, p. 38.
20 J. W. Santrock, A. M. Minnett, and B. D. Campbell, *The Authoritative Guide to Self-Help Books*, Guilford, New York, 1994.
21 Ken Burke, Nancy Burroughs-Denhart, and Glen Mc-Clish, "Androgyny and Identity in Gender Communication," *Quarterly Journal of Speech*, Vol. 80, 1984, pp.482-497.
22 Julia T. Wood and Christopher Inman, "In a Different Mode: Masculine Styles of Communicating Closeness," *Journal of Applied Communication Research*, Vol. 21, 1993, pp. 279-295.
23 Adrianne W. Kunkel and Brant R. Burleson, "Social Support and the Emotional Lives of Men and Women: An Assessment of the Different Cultures Perspective," in *Sex Differences and Similarities in Communication*, Daniel Canary and Kathryn Dindia (eds.), Lawrence Erlbaum, Mahwah, NJ, 1998, p. 116.
24 Senta Troemel-Ploetz, "Review Essay: Selling the Apolitical," *Discourse & Society*, Vol. 2, 1991, p. 497.
25 Ibid., p. 491.
26 Ibid., p. 495.

第34章 立场理论

1 Julia T. Wood, *Communication Theories in Action*,

Wadsworth, Belmont, CA, 1997, p. 250.

2 Sandra Harding, "Comment on Hekman's 'Truth and Method: Feminist Standpoint Theory Revisited': Whose Standpoint Needs the Regimes of Truth and Reality?" *Signs: Journal of Women in Culture and Society*, Vol. 22, 1997, p. 384.

3 Sandra Harding, *Whose Science? Whose Knowledge? Thinking from Womens Lives*, Cornell University Press, Ithaca, NY, 1991, pp. 269–270.

4 Meenakshi Gigi Durham, "On the Relevance of Standpoint Epistemology to the Practice of Journalism: The Case for 'Strong Objectivity,' " *Communication Theory*, Vol. 8, 1998, p. 117.

5 Julia T. Wood, "Gender and Moral Voice: Moving from Woman's Nature to Standpoint Epistemology," *Women's Studies in Communication*, Vol. 15, 1993, p. 13.

6 Julia T. Wood, "Feminist Standpoint Theory and Muted Group Theory: Commonalities and Divergences," *Women and Language*, Vol. 28, 2005, pp. 61–64.

7 Julia T. Wood, "Feminist Scholarship and the Study of Relationships," *Journal of Social and Personal Relationships*, Vol. 12, 1995, p. 110.

8 Georg Wilhelm Friedrich Hegel, *The Phenomenology of Mind*, Macmillan, New York, 1910, pp. 182–188.

9 Friedrich Engels, "Socialism: Utopian and Scientific," and "The Origin of the Family, Private Property, and the State," in *The Marx–Engels Reader*, Robert Tuckeer (ed.), W. W. Norton, New York, 1978, pp. 701–702, 734–736. See also Sandra Harding, "The Instability of the Analytical Categories of Feminist Theory," in *Sex and Scientific Inquiry*, Sandra Harding and Jean O'Barr (eds.), University of Chicago Press, Chicago, 1987, p. 292.

10 Harding, "Comment on Hekman's 'Truth and Method,' " p. 389.

11 Wood, "Feminist Scholarship," p. 111.

12 Jean-Francois Lyotard, *The Postmodern Condition: A Report on Knowledge*, University of Minnesota Press, Minneapolis, 1984, p. xxiv.

13 Wood, "Engendered Relations: Interaction, Caring, Power and Responsibility in Intimacy," in *Social Context and Relationships*, Steve Duck (ed.), Sage, Newbury Park, CA, 1993, p. 37.

14 Wood, "Feminist Scholarship," p. 112.

15 Toni Morrison, *Beloved*, Alfred Knopf, New York, 1987, pp. 67–68.

16 Wood, *Communication Theories*, p. 251. See also Harding, *Whose Science? Whose Knowledge?* p. 59.

17 Wood, "Gender and Moral Voice," p. 8.

18 Morrison, p. 190.

19 Harding, *Whose Science? Whose Knowledge?* p. 192.

20 Ibid., p. 269; Donna Haraway, "Situated Knowledges: The Science Question in Feminism and the Privilege of Partial Perspective," *Feminist Studies*, Vol. 14, 1988, p. 3.

21 Harding, *Whose Science? Whose Knowledge?* pp. 159, 58.

22 Ibid., p. 59.

23 Morrison, p. 23.

24 Wood, *Communication Theories*, p. 257.

25 Harding, *Whose Science? Whose Knowledge?* pp.149–152.

26 Ibid., p. 270.

27 Wood, *Communication Theories*, p. 254.

28 Ibid.

29 Morrison, pp. 163–164.

30 Harding, *Whose Science? Whose Knowledge?* p. 167.

31 Julia T. Wood, *Who Cares? Women, Care, and Culture*, Southern Illinois University Press, Carbondale, 1994, p. 4.

32 Ibid., p. 6.

33 Ibid., pp. 8–9.

34 Ibid., p. 163.

35 Patricia Hill Collins, *Black Feminist Thought: Knowledge, Consciousness, and the Politics of*

Empowerment, 2nd ed., Routledge, New York, 2000, p. 24.

36 Pearl Cleage, *Deals with the Devil and Other Reasons to Riot*, Ballantine, New York, 1993, p. 55.

37 黑人女性认知的这4条准绳以及与之相关的引用引自于Collins, *Black Feminist Thought*, pp. 257–266.

38 Seyla Benhabib, *Situating the Self: Gender, Community and Postmodernism in Contemporary Ethics*, Routledge, New York, 1992, p. 4.

39 Ibid., p. 2.

40 Jean-Francois Lyotard, *The Postmodern Condition: A Report on Knowledge*, Geoff Bennington and Brian Massumi(trans.), University of Minnesota, Minneapolis, 1984.

41 Benhabib, *Situating the Self*, p. 209.

42 Ibid., p. 229.

43 Ibid., p. 14.

44 本哈比对哈贝马斯的评论依据 Nancy Fraser, "Rethinking the Public Sphere," *Justice Interruptus*, Routledge, New York, 1997, pp. 69–98.

45 Benhabib, *Situating the Self*, p. 3.

46 Benhabib, "The Generalized and the Concrete Other: The Kohlberg-Gilligan Controversy and Feminist Theory," in *Situating the Self*, pp. 148–177.

47 Patricia Hill Collins, *Fighting Words: Black Women and the Search for Justice*, University of Minnesota, Minneapolis, 1998, p. xvii.

48 Susan Hekman, "Truth and Method: Feminist Standpoint Theory Revisited," *Signs*, Vol. 22, 1997, pp. 341–365; Nancy Hirschmann, "Feminist Standpoint as Postmodern Strategy," *Women and Politics*, Vol. 18, No. 3, 1997, pp. 73–92.

49 John Michael, "Making a Stand: Standpoint Epistemologies, Political Positions, Proposition 187," *Telos*, Vol. 108, 1996, pp. 93–103.

50 Lynn Worsham, "Romancing the Stones: My Movie Date with Sandra Harding," *Journal of Advanced Composition*, Vol. 15, 1995, p. 568.

第35章 失声群体理论

1 Cheris Kramarae, *Women and Men Speaking*, Newbury House Publishers, Rowley, MA, 1981, p. 1.

2 Barrie Thorne, Cheris Kramarae, and Nancy Henley (eds.), *Language, Gender and Society*, Newbury House Publishers, Rowley, MA, 1983, p. 9.

3 Cheris Kramarae, "Folklinguistics," *Psychology Today*, Vol.8, June 1974, pp. 82–85.

4 Edwin Ardener, "Belief and the Problem of Women," in *Perceiving Women*, 1975, p. 2.

5 Edwin Ardener, "The 'Problem' Revisited," in *Perceiving Women*, p. 22.

6 Ibid., p. 25.

7 Shirley Ardener, "The Nature of Women in Society," in *Defining Females*, Halsted, New York, 1978, p. 21.

8 Kramarae, *Women and Men Speaking*, p. 3.

9 Simone de Beauvoir, *The Second Sex*, H. M. Parshley (ed. and trans.), Bantam, New York, 1964, p. xv.

10 Kramarae, *Women and Men Speaking*, p. 3.

11 Julia P. Stanley, "Paradigmatic Women: The Prostitute," in *Papers in Language Variation*, David L. Shores and Carole P. Hines (eds.), University of Alabama, Tuscaloosa, 1977, p. 7.

12 Kramarae, *Women and Men Speaking*, p. 1.

13 Virginia Woolf, *A Room of One's Own*, Hogarth (Penguin edition), 1928, p. 45.

14 Dorothy Smith, "A Peculiar Eclipsing: Women's Exclusion from Man's Culture," *Women's Studies International Quarterly*, Vol. 1, 1978, p. 281.

15 Candace West, Michelle M. Lazar, and Cheris Kramarae, "Gender in Discourse," in *Discourse as Social Interaction*, Vol. 2, Teun van Dijk (ed.), Sage, Thousand Oaks, CA, 1997, p. 137.

16 Cheris Kramarae, "Feminist Fictions of Future Technology," in *Cybersociety 2.0: Revisiting Computer-Mediated Communication and Community*, Stephen Jones (ed.), Sage, Thousand Oaks, CA, p. 109.

17 Jana Kramer and Cheris Kramarae, "Women's

Political Webs: Global Electronic Networks," in *Gender, Politics and Communication*, Annabele Sreberny and Liesbet van Zoonen (eds.), Hampton, Cresskill, NJ, 2000, pp. 214–215.

18 Ibid., p. 212.

19 Women's Leadership Network to Use the Internet to Fight Conservative Policies, KJEnglish@aol.com, April 8, 1995.

20 Kramarae, "Feminist Fictions of Future Technology," p. 111.

21 H. Jeanie Taylor and Cheris Kramarae, "Creating Cybertrust: Illustrations and Guidelines," in *Computing in the Social Sciences and Humanities*, Orville Vernon Burton (ed.), University of Illinois Press, Urbana, 2004, pp. 141–158.

22 Kramarae, *Women and Men Speaking*, p. 3.

23 Tillie Olsen, *Silences*, Delacorte/Seymour Lawrence, New York, 1978, p. 23.

24 Kramarae, *Women and Men Speaking*, p. 19.

25 Ibid., p. 12.

26 Ibid., p. 4.

27 Cheris Kramarae and Paula Treichler, *A Feminist Dictionary*, 2nd ed., Pandora, London, 1992, p. 17.

28 Anita Diamant, *The Red Tent*, St. Martins, New York, 1997; Susannah Meadows, "Meeting Under a Big 'Tent': How a Biblical Tale Became a Word-of-Mouth Phenom," *Newsweek*, February 5, 2001, p. 61.

29 Kramarae and Treichler, p. 4.

30 Dale Spender, *Man Made Language*, Routledge & Kegan, London, 1980, p. 87.

31 Cheris Kramarae, "Punctuating the Dictionary," *International Journal of the Sociology of Language*, Vol. 94, 1992, p. 135.

32 Kramarae and Treichler, p. 4.

33 Cheris Kramarae, "Harassment and Everyday Life," in *Women Making Meaning: New Feminist Directions in Communication*, Lana Rakow (ed.), Routledge, New York, 1992, p. 102.

34 Julia T. Wood (ed.), "Special Section—'Telling Our Stories': Sexual Harassment in the Communication Discipline," *Journal of Applied Communication Research*, Vol. 20, 1992, pp. 383–384.

35 Karen A. Foss and Sonja K. Foss, "Incorporating the Feminist Perspective in Communication Scholarship: A Research Commentary," in *Doing Research on Women's Communication: Perspectives on Theory and Method*, K. Carter and C. Spitzack (eds.), Ablex, Norwood, NJ, 1989, p. 72.

36 Deborah Tannen, *Conversational Style: Analyzing Talk Among Friends*, Ablex, Norwood, NJ, 1984, p. 43.

37 Kramarae, "Punctuating the Dictionary," p. 146.

传播理论

1 Karl Weick, *The Social Psychology of Organizing*, 2nd ed., Addison-Wesley, Reading, MA, 1979, pp. 35–42.

2 Warren Thorngate, "'In General' vs. 'It Depends': Some Comments on the Gergen-Schlenker Debate," *Personality and Social Psychology Bulletin*, Vol. 2, 1976, p. 406.

3 Ibid.

4 C. David Mortensen, "Communication Postulates," in *Contexts*, Jean N. Civikly (ed.), Holt, Rinehart and Winston, New York, 1975, p. 21.

5 Kanl Weick, p. 39.

6 Graham Chapman, John Cleese, Terry Gilliam, Eric Idle, Terry Jones, and Michael Palin, *The Complete Monty Python's Flying Circus: All the Words, Volume Two*, Pantheon, New York, 1989, p. 119.

第36章 传播理论的共享线索

1 如欲了解旧版介绍的海德（Heider）的归因理论，请到www.afirstlook.com点击"理论档案"。

2 Raymond Bauer, "The Obstinate Audience," *American Psychologist*, Vol. 19, 1964, pp. 319–328.

出版后记

传播学的重要性始于人类对于更有效的影响力的追求，而一旦人们发现这些由他们创造的信息会反过来影响甚至改变他们自身所处的社会，这一学科的意义就愈加得到彰显。传播学的正式建立以1963年美国传播大师施拉姆的《人类传播学》的出版为标志，但在此之前，它已广泛地从心理学、社会学、政治学以及哲学等交叉学科中汲取了相当多的养分。而伴随信息爆炸时代的来临，新涌现的传播理论陆续覆盖了对传播及信息本质、人际沟通、影响力、企业决策乃至大众传媒的社会影响等各个层面的探讨，研究范围不断扩大，探究更多的细节，更前沿、更准确的研究方法亦不断出现。至此，对于一个初窥门径的新人，传播学已不啻为一门高深莫测、令人畏难的学问。

拥有多年教学经验的格里芬教授，希望改变这样的状况。因为传播学的知识最终还是为了改善人类生活而服务的。

格里芬教授认为，若想像磁石一样牢牢吸引住它的初学者，在一本传播学的理想教材中，有两个因素不可或缺：一是奠定基础，建立泾渭分明的理论学习框架；二是还原传播学本来的面目，强调它本应被视作优化人类生活的一项工具。在熟读本书之后，读者当能体会到这一理念的充分贯彻使这本教材变得多么不同凡响！这本书在数十年中风靡全美的终极原因也恰在这里。书中大量鲜活的现实案例不但传神演绎了传播界最精髓、最烧脑的32种理论，也解释了许许多多生活中一度让人们大惑不解的沟通现象，从而大大提升了读者的阅读趣味。

21世纪是一个信息浩森无垠的时代，人人都需要了解何为信息，以及如何鉴别与利用信息。传播学，恰恰可以培养一个人最基本的与信息有关的素养。意识是什么？自我又是什么？人与人之间怎样达成沟通和理解？传播理念技术的进化，又对人类社会造成了怎样深远的影响？传播领域包罗万象，而阅读本书的过程更像一场让人脑洞大开的思想之旅。我们深信这本多年来不断再版、时刻不忘强调"以读者体验为核心"的经典传播教材，可以帮助读者轻松地跨越与传播学之间的鸿沟，早日成为理解与运用信息的达人！

本书译者资深媒体人展江老师以及傅茜、彭桂兵以严谨流畅的翻译忠实再现了原著风采，付出大量心力，谨此一并致谢。

补记：

《初识传播学》出版之后，后浪陆续收到读者对它的一些反馈。总的来说，读者大多认为它是传播学领域初涉者的首选读物，面向新手十分友好，可以帮助读者在短时间内掌握众多信息传播理论的要点。然而，十分遗憾，后浪在2019年应版权方的要求不得不删掉书中一些精彩插图，由于这些插图均为格里芬教授精心选出，不免要使本书在趣味性上稍打折扣。此外，后浪听从读者建议，在第二章图2—1中为每个传播理论加注了原文，并修正了之前的一些译名。

衷心希望本书能继续为喜欢传播学和信息、沟通等相关领域知识的读者提供有益的帮助。

服务热线：133-6631-2326　188-1142-1266
读者服务：reader@hinabook.com

后浪出版公司
大学堂编辑部
2019年2月

图书在版编目（CIP）数据

初识传播学 / (美) 格里芬著；展江译. ——北京：北京联合出版公司，2016.6（2022.10重印）
ISBN 978-7-5502-7630-7

Ⅰ. ①初… Ⅱ. ①格… ②展… Ⅲ. ①传播学—教材 Ⅳ. ①G206

中国版本图书馆CIP数据核字（2016）第082595号

A First Look at Communication Theory, 7e by Em Griffin
ISBN: 978-0-07-338502-0
Copyright © 2009,2006,2003,2000,1997,1994,1991 by McGraw-Hill Education.
All Rights reserved. No part of this publication may be reproduced or transmitted in any form or by any means, electronic or mechanical, including without limitation photocopying, recording, taping, or any database, information or retrieval system, without the prior written permission of the publisher.
This authorized Chinese translation edition is jointly published by McGraw-Hill Education and Beijing United Publishing Co., Ltd. This edition is authorized for sale in the People's Republic of China only, excluding Hong Kong, Macao SAR and Taiwan.
Copyright © 2016 by The McGraw-Hill Education and Beijing United Publishing Co., Ltd.

版权所有。未经出版人事先书面许可，对本出版物的任何部分不得以任何方式或途径复制或传播，包括但不限于复印、录制、录音，或通过任何数据库、信息或可检索的系统。
本授权中文简体字翻译版由麦格劳 - 希尔（亚洲）教育出版公司和北京联合出版公司合作出版。此版本经授权
仅限在中华人民共和国境内（不包括香港特别行政区、澳门特别行政区和台湾）销售。
版权 © 2016 由麦格劳-希尔（亚洲）教育出版公司与北京联合出版公司所有。
本书封面贴有 McGraw-Hill Education 公司防伪标签，无标签者不得销售。

初识传播学

著　　者：	（美）埃姆·格里芬
译　　者：	展　江
出 品 人：	赵红仕
选题策划：	后浪出版公司
出版统筹：	吴兴元
特约编辑：	刘晓燕
责任编辑：	李　征
营销推广：	ONEBOOK
装帧制造：	墨白空间·王斑

北京联合出版公司出版
（北京市西城区德外大街83号楼9层　100088）
北京天宇万达印刷有限公司　新华书店经销
字数600千字　720毫米×1030毫米　1/16　34.5印张　插页4
2016年6月第1版　2022年10月第6次印刷
ISBN 978-7-5502-7630-7
定价：88.00元

后浪出版咨询(北京)有限责任公司　　版权所有，侵权必究
投诉信箱：copyright@hinabook.com　fawu@hinabook.com
未经许可，不得以任何方式复制或者抄袭本书部分或全部内容
本书若有印、装质量问题，请与本公司联系调换，电话010-64072833